南京水利科学研究院出版基金资助

工程排水与加固技术及港口工程理论与实践

——第十一届全国工程排水与加固技术研讨会暨港口工程技术交流大会论文集

主　编　戴济群　杨国平
副主编　关云飞　曹凤帅

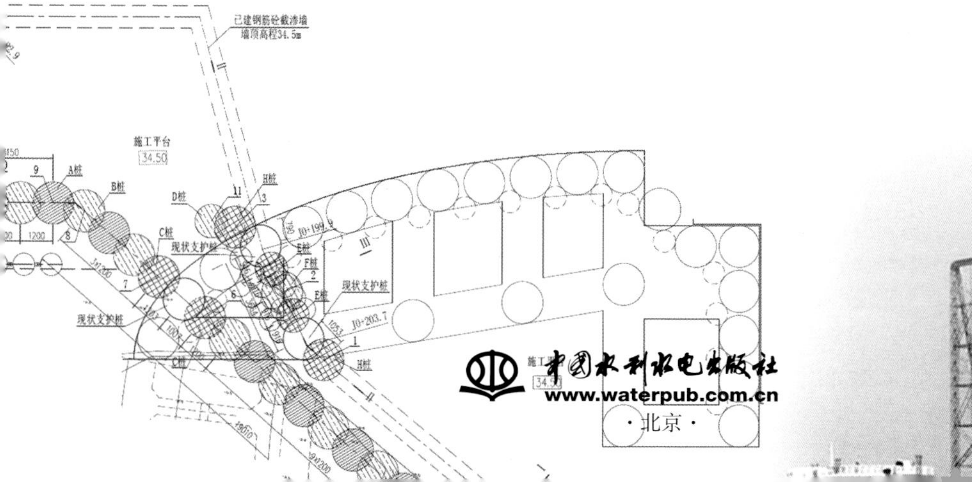

中国水利水电出版社
www.waterpub.com.cn
·北京·

内 容 提 要

本书是第十一届全国工程排水与加固技术研讨会暨港口工程技术交流大会论文集，回顾了自1990年以来，工程排水与加固技术的发展历程及重大工程实例，总结交流了近年来在港口、水利、公路、环境等行业以及工程排水与加固领域的热点、难点问题和创新成果。全书共收录55篇文章，包括排水加固技术回顾与展望、排水加固技术重大工程实例、排水加固技术理论与实践和港口工程技术与实践等内容。

本书适合从事港口工程、岩土工程领域的科研、设计、施工和管理人员参考。

图书在版编目（CIP）数据

工程排水与加固技术及港口工程理论与实践 ：第十一届全国工程排水与加固技术研讨会暨港口工程技术交流大会论文集 / 戴济群，杨国平主编. -- 北京 ：中国水利水电出版社，2020.11
ISBN 978-7-5170-9082-3

Ⅰ. ①工… Ⅱ. ①戴… ②杨… Ⅲ. ①港口工程－学术会议－文集 Ⅳ. ①U65-53

中国版本图书馆CIP数据核字(2020)第213326号

书　　名	**工程排水与加固技术及港口工程理论与实践** ——第十一届全国工程排水与加固技术研讨会暨港口工程技术交流大会论文集 GONGCHENG PAISHUI YU JIAGU JISHU JI GANGKOU GONGCHENG LILUN YU SHIJIAN ——DI-SHIYI JIE QUANGUO GONGCHENG PAISHUI YU JIAGU JISHU YANTAOHUI JI GANGKOU GONGCHENG JISHU JIAOLIU DAHUI LUNWENJI
作　　者	主　编　戴济群　杨国平 副主编　关云飞　曹凤帅
出版发行	中国水利水电出版社 （北京市海淀区玉渊潭南路1号D座　100038） 网址：www.waterpub.com.cn E-mail：sales@waterpub.com.cn 电话：(010) 68367658（营销中心）
经　　售	北京科水图书销售中心（零售） 电话：(010) 88383994、63202643、68545874 全国各地新华书店和相关出版物销售网点
排　　版	中国水利水电出版社微机排版中心
印　　刷	北京瑞斯通印务发展有限公司
规　　格	184mm×260mm　16开本　32.5印张　812千字　10插页
版　　次	2020年11月第1版　2020年11月第1次印刷
印　　数	001—800册
定　　价	**180.00**元

凡购买我社图书，如有缺页、倒页、脱页的，本社营销中心负责调换

第十一届全国工程排水与加固技术研讨会
暨港口工程技术交流大会

主办单位：

中国土木工程学会港口工程分会

承办单位：

水利部 交通运输部 国家能源局南京水利科学研究院

河海大学

江苏省综合交通运输学会港航分会

水文水资源与水利工程科学国家重点实验室

协办单位：

中交水运规划设计院有限公司

苏交科集团股份有限公司

南京瑞迪建设科技有限公司

江苏鑫泰岩土科技有限公司

宜兴市神洲土工合成材料有限公司

深圳市中泰基建设工程有限公司

江苏中联路基工程有限公司

江苏绿盛科技工程材料有限公司

浙江省围海建设集团股份有限公司

阜宁亚明土工材料有限公司

无锡舜宏塑料制品有限公司

《岩土工程学报》

《水利水运工程学报》

第十一届全国工程排水与加固技术研讨会暨港口工程技术交流大会

学术委员会：

顾　　问：刘家豪　盛崇文　吴　澎　赵维炳

主　　任：戴济群　杨国平　郑金海　王昌保

副 主 任（以姓氏拼音为序）：

陈　达　陈思周　陈文华　陈永辉　程泽坤　董志良

高长胜　顾　勇　季则舟　江辉煌　金国强　刘爱民

卢永昌　吕卫清　梅国雄　潘　伟　阮春生　沈雪松

时蓓玲　苏建光　唐云清　田正宏　王宝善　王　晋

王立忠　王仙美　王　园　杨守华　俞元洪　张留俊

赵剑豪　赵　群　赵振清

委　　员（以姓氏拼音为序）：

蔡　建　蔡艳君　曹凤帅　陈　嘉　陈海军　陈平山

陈秀瑛　程永舟　戴雨薇　邓永锋　樊秀峰　冯海暴

高倚山　高兆福　关云飞　郭述军　国　振　胡建新

胡永涛　姜　晔　姜建芳　金亚伟　蓝日彦　李德光

李家义　李照东　梁丙臣　梁发云　刘　勇　刘传新

刘干斌　刘吉福　刘加才　刘忠玉　马　驰　孟宪鹏

齐明柱　孙剑平　唐小微　唐晓武　汪海生　汪自力

王　栋　吴良勇　武亚军　谢新宇　徐东升　徐建国

杨　明　杨明昌　尹利华　余　闯　俞　缙　喻志发
翟　秋　张　曦　张金凤　张亚明　张宇亭　章荣军
郑　彬　周　琦　朱福明　朱鸿鸣

组织委员会：

主　　任：高长胜

副 主 任：关云飞　曹凤帅　陈永辉　马河松　祁　峰　刘传新
钱亚俊

委　　员：耿之周　蒋克东　田　琦　陈　庚　陈　龙　程　璐
郑澄锋　占鑫杰　王加勇

秘 书 处：陈盛原　任　杰　陈　晨　管中林　张志韬　李帅衡

首届研讨会

由河海大学管理系、南京水利科学研究院土工所、天津港湾工程研究所和交通部三航局科研所四个单位共同发起“塑料板排水法加固软基技术研讨会”，首届研讨会于1990年7月25日至30日在安徽黄山河海大学黄山培训中心召开。来自设计、施工、科研、建设、高等院校和塑料板制造厂家等约50个单位80多位代表出席了会议。

会上共有36篇学术论文进行了宣读和交流，从塑料板的制作、指标的测定、打设机具、施工工艺、设计方法、现场监测和工程实录等不同方面，反映了排水加固软基处理方法在我国的应用情况和技术水平。学术论文均收录在由河海大学出版社出版了《塑料板排水法加固软基技术研讨会论文集》。

首届研讨会论文集编委会成员（1990–1992年）：

主编：刘家豪

编委：盛崇文　唐　敏　叶柏荣　汪肇京　刘家豪

首届研讨会会议照片（1990年，黄山）

塑料排水委员会成立

1992 年 2 月 13 日至 14 日，中国土木工程学会港口工程学会塑料排水委员会在南京召开成立大会暨首届学术委员会议，来自全国 30 个单位的 38 位专家、教授出席了会议。会议协商推选刘家豪教授担任委员会负责人，李键宁副教授任委员会秘书并协商产生了 31 名委员。该委员会挂靠河海大学管理系。

会议期间还进行了学术交流，叶柏荣作了关于“塑料板排水法加固软基技术国内外动态”的报告，王铁儒作了“关于排水固结理论应用的几个问题”的报告，朱关年作了“目前塑料排水板质量标准的若干问题”的报告，王盛源作了“关于土壤特性对排水固结法效果的影响”的报告

塑料排水学术委员会成立合影留念（1992 年，南京）

第二届研讨会

1993 年 12 月 18 日至 20 日，中国土木工程学会港口工程学会塑料排水学术委员会在福建厦门组织召开了“第二届塑料板排水法加固软基技术研讨会”。与会代表对塑料板排水法设计、施工、质量检验等相关内容进行了学术交流，同时，对行业标准《塑料排水板质量检验标准》的初稿进行了热烈讨论，标志着我国在塑料排水板的测试标准方面取得了一定的成绩，为制定一个全国性的标准创造了条件。

会议出版了《第二届塑料板排水法加固软基技术研讨会论文集》，收录论文 36 篇。涵盖塑料板排水法的工程应用、设计计算、材料性能测试、施工方法和机具、质量检验等内容。

第二届研讨会论文集编委会成员：

主　编：刘家豪

编　委：盛崇文　汪肇京　唐　敏　叶柏荣　费民康　王铁儒　刘家豪

第二届研讨会国内外代表合影（1993 年，厦门）

第二届研讨会会议合影（1993 年，厦门）

第三届研讨会

1996 年 10 月 18 日至 22 日，中国土木工程学会港口工程学会塑料排水学术委员会在连云港组织召开了“第三届塑料板排水法加固软基技术研讨会”。

本阶段，塑料排水板在软土地基加固中的应用越来越广泛，位于软土地区的一大批公路、铁路、机场、大型罐区工程，多数采用塑料排水板结合堆载预压加固地基，取得了较好的效果。同时，经过有关专家的努力，《塑料排水板施工规程》和《塑料排水板质量检验标准》由交通部批准为推荐性行业标准，并于 1996 年 8 月 1 日正式实施，为设计、施工和监测检测部门提供了可遵循的依据和准则。

本次会议出版了《第三届塑料板排水法加固软基技术研讨会论文集》，收录论文 31 篇。论文内容涵盖了使用塑料板排水法的典型工程实例及分析内容，典型工程如澳门国际机场填海软基加固工程，较全面地反映了我国塑料板排水法的应用现状及发展水平。值得一提的是，本届会议收到了来自日本学者的 5 篇论文，说明塑料板排水法加固软基技术研讨会已经引起国外同行的浓厚兴趣。

第三届研讨会论文集编委会成员：

主　编：刘家豪

编　委：盛崇文　汪肇京　唐　敏　叶柏荣　费民康　王铁儒　刘家豪　朱宪卿

第三届研讨会会议合影（1996 年，连云港）

第四届研讨会

1999 年 11 月 16 日至 20 日，中国土木工程学会港口工程学会塑料排水学术委员会在广州组织召开了“第四届塑料板排水法加固软基技术研讨会”。

本次研讨会回顾了塑料排水板加固软基技术在 20 世纪 90 年代所取得的成果，并展望了 21 世纪特别是世纪初该技术需要研究的问题。日本京都大学教授、大阪土工合成材料学会主席嘉门雅史在会议上作题为“用土工聚合物水平排水材料加筋的粘性土填筑土方工程变形的有限元分析”的特别讲演。

本次会议出版了《第四届塑料板排水法加固软基技术研讨会论文集》，收录论文 38 篇。论文内容涵盖塑料排水板施工控制方法、插设自动检测设备、应用实践成果及失败案例等，较全面反映了我国塑料板排水法在设计、施工、机具、工程应用及研究分析等方面的技术水平和成果。会议期间还发布了《塑料板排水法加固软基工程实例集》，介绍了塑料板排水法在海堤、公路、港口、机场、电厂灰堆场、大面积市政用地、民用建筑、特种工业用地 8 大类 27 个代表性工程的设计方法、施工技术和质量检测，促进了排水加固法的工程应用。

第四届研讨会论文集编委会成员：

主　编：刘家豪

副主编：章恒全

编　委：王铁儒　王盛源　叶柏荣　白植悌　刘家豪　汪肇京　陈文华　郑培成　赵维炳　唐　敏　盛崇文　章恒全　董志良

第四届研讨会会议合影（1999 年，广州）

第五届研讨会

2002年10月12日至16日，中国土木工程学会港口工程学会塑料排水委员会在天津组织召开了“第五届全国塑料排水工程技术研讨会”，会议由天津港湾工程研究所承办。为适应工程实践发展的需要，本届研讨会的主题从排水固结法加固软土地基扩展到边坡、挡墙、隧道、地下结构、环保等工程中的排水、反滤、排水兼顾加筋技术等方面。因此，本届研讨会更名为“第五届全国塑料排水工程技术研讨会”。来自日本及我国香港等地区的高校、科研、设计、施工单位和有关厂家80多位代表出席了本届研讨会。

本届研讨会在总结塑料排水技术进步的同时，规划了学科未来发展，讨论了塑料排水材料加强质量监督和规范市场秩序的措施。本届研讨会的交流主题包括：① 排水板及其他排水材料、反滤和排水兼顾加筋新产品的研制；② 检测技术与标准研究；③ 施工技术与规程研究；④ 加固机理与设计方法研究；⑤ 现场试验研究和工程应用实录。会议期间还与日本专家学者进行了学术交流，着重讨论了在国际标准制定方面进一步合作的有关措施。

本次会议出版了《第五届全国塑料排水工程技术研讨会论文集》，收录论文28篇。论文内容包括综述、理论计算分析、试验研究、工程实践与应用等，较全面反映了我国及日本等地塑料排水工程技术的应用现状及发展水平。

会议期间选举产生了第五届学术委员会。主任委员和秘书长分别由南京水利科学研究院赵维炳教授和郑培成教授级高工担任，为了便于开展学会的各项工作，经协商一致并经上级学会批准，学会办事机构的挂靠单位由河海大学变更为南京水利科学研究院。学会更名为中国土木工程学会港口工程分会工程排水与加固专业委员会。

第五届研讨会论文集编委会成员：

主　编：刘家豪

副主编：赵维炳　高长胜

编　委：马时冬　王铁儒　叶柏荣　白植悌　刘家豪　汪肇京　陈文华　郑培成　张　敬　赵维炳　高长胜　唐　敏　董志良　雷国辉

第五届研讨会会议合影（2002年，天津）

第六届研讨会

2005 年 10 月 25 日至 28 日在南京召开了“第六届全国工程排水与加固技术研讨会”，本届研讨会由中国土木工程学会港口工程分会工程排水与加固专业委员会主办，南京水利科学研究院承办。来自国内外高校、科研、设计、施工、生产等单位 100 多位代表出席了会议。

会议邀请了国内外有关专家作了专题报告，同时组织了从事多年相关工作的专家对工程排水与加固技术中存在的问题以及今后的发展方向进行了研讨。

本次会议出版了《第六届全国工程排水与加固技术研讨会论文集》，收录论文 45 篇。论文集收录了国内外近年来有关工程排水与加固技术的科研成果、实践经验及工程实录等，较全面反映了工程排水与加固技术的应用现状及发展水平。

会议期间发布了由专委会组织编写的《排水固结加固软基技术指南》，系统介绍了排水固结法的设计方法、产品标准、质量建成及施工与验收四方面内容，对排水加固技术的发展和工程质量的提高起到了重要的作用。

第六届研讨会论文集编委会成员：

主　编：赵维炳

副主编：董志良　张　敬　高长胜

编　委：白植悌　陈文华　董志良　高长胜　娄　炎　马时冬　東一鸣　王立忠　王明华　王　园　汪肇京　武良金　杨明昌　杨守华　张　敬　赵维炳　郑培成

第六届研讨会会议合影（2005 年，南京）

第七届研讨会

2008年11月7日至10日在深圳召开了“第七届全国工程排水与加固技术研讨会暨工程排水与加固学术委员会年会”，本届研讨会由中国土木工程学会港口工程分会工程排水与加固专业委员会主办，中国铁道科学研究院深圳研究设计院承办，来自国内外高校、科研、设计、施工、生产等单位的近百名代表出席了会议。

本次会议的主题是：① 围堰及造陆工程技术；② 大面积超软地基处理技术；③ 工程安全与环境监控技术；④ 工程排水与加固新材料及新方法。会议期间邀请相关专家结合会议主题就国内正在进行的大型相关工程进行专题报告，并组织考察了深圳机场扩建陆域形成及软基处理工程。

本次会议论文集《工程排水与加固技术理论与实践》，收录论文35篇。论文集包括综合报告、计算理论研究、材料和测试技术、设计与现场试验研究等方面的内容，这些论文较全面地反映了我国工程排水与加固技术的应用现状及发展水平。

2010年，在天津召开了“围海造陆工程关键技术专题讨论会”，由中交天津港湾工程研究院有限公司承办。

第七届研讨会论文集编委会成员：

主　编：赵维炳

副主编：刘国楠　高长胜

编　委：曹湘波　陈文华　陈振建　董志良　高长胜　郭耿新　刘国楠　刘家豪　東一鸣　王立忠　王明华　王　园　汪肇京　武良金　杨明昌　杨守华　张留俊　张　敬　赵维炳　郑培成

第七届研讨会会议合影（2008年，深圳）

第八届研讨会

2011年11月11日至13日在福州召开了“第八届全国工程排水与加固技术研讨会”，本届研讨会由中国土木工程学会港口工程分会工程排水与加固专业委员会主办，福建省建筑科学研究院承办。来自高校、科研、设计、施工及土工材料生产企业等单位的148名代表出席了本次研讨会。

大会邀请中交水运规划设计研究院吴澎教授和长江科学院包承纲教授分别作了题为《我国港口工程的发展及相关岩土工程问题》和《加筋土结构设计中存在的问题和解决途径》的特邀报告。另外，邀请了国内知名专家就大面积围海造陆技术、基坑工程降水、土工合成材料测试技术、海洋岩土工程进展等方面作主题报告。来自全国各行业从事工程排水与加固的专家、学者、工程技术人员和有关厂家代表汇聚一堂，深入探讨工程排水与加固领域的热点和难点问题，介绍新技术、新材料、新工艺的开发与应用。

本次会议论文集《工程排水与加固技术理论与实践》，收录论文39篇。内容涉及地基加固的理论研究和数值分析、工程排水与加固材料的应用与测试、重大工程的设计、施工与现场试验等。为鼓励青年学者的技术创新，本次大会评选出10篇学会优秀论文。

会议选举产生了新一届学术委员会组成人员，南京水利科学研究院戴济群副院长当选为工程排水与加固专业委员会第八届主任委员。

第八届研讨会论文集编委会成员：

主　编：赵维炳

副主编：陈振建　戴济群　高长胜

编　委：王　园　王立忠　刘国楠　关云飞　李树奇　杨守华　杨明昌　张留俊　陈文华　陈振建　武良金　郑培成　赵维炳　莫景逸　高长胜　郭耿新　董志良　戴济群

第八届研讨会会议照片（2011年，福州）

第九届研讨会

2014 年 5 月 23 日至 25 日在连云港召开了“第八届港口工程技术交流大会暨第九届工程排水与加固技术研讨会”，本届研讨会由中国土木工程学会港口工程分会、工程排水与加固专业委员会联合主办，南京水利科学研究院和连云港港口集团有限公司联合承办。来自交通、水利行业科研院所、高等院校、设计与施工单位、港口管理和运营设计企业的 204 名代表出席了本次研讨会。

会议邀请中国工程院院士、浙江大学龚晓南教授做了题为《滨海岩土工程若干问题思考》的特邀报告，全国水运工程勘察设计大师吴澎、程泽坤、卢永昌等 10 多位行业内知名专家做大会主题报告，与会代表深入探讨港口工程和排水加固领域的热点、难点问题，交流港区选址及总体规划、淤泥质海岸建港技术、围填海工程与滩涂开发、超软土地基加固技术、土工合成材料应用与发展等方面取得的新进展、新经验和新理念，介绍新技术、新材料、新工艺的开发与应用，讨论如何进一步发展和提高我国交通、水利行业基础设施建设的技术水平。

本次会议论文集《港口工程及工程排水与加固技术理论与实践》收录论文 75 篇，内容涵盖港口工程和岩土工程领域的多项关键技术，内容丰富，题材新颖，论点清晰，具有较强的创新性和实用性。

会议期间分别召开了港口工程分会理事会会议和工程排水与加固专业委员会会议，完成了学会换届改选，各位理事（委员）对如何增强对外交流、推动行业标准制定及科技创新、更好地发挥学会平台作用等畅所欲言。

第九届研讨会论文集编委会成员：

主　编：吴　澎　戴济群

副主编：白力群　蔡艳君　高长胜

编　委：陈文华　陈永辉　董志良　高长胜
关云飞　李树奇　刘国楠　莫景逸
沈雪松　王立忠　王卫东　杨守华
张功新　张留俊　赵维炳　朱从富

第九届研讨会会议照片（2014 年，连云港）

第九届研讨会代表合影（2014 年，连云港）

第十届研讨会

2017 年 11 月 17 日至 19 日在宁波召开了“中国土木工程学会港口工程技术交流大会暨第十届工程排水与加固技术研讨会”，本届研讨会由中国土木工程学会港口工程分会、工程排水与加固专业委员会联合主办，浙江省围海建设集团股份有限公司承办。来自我国交通、水利行业科研院所、高等院校、设计与施工单位、管理和运营企业的近 200 名代表出席了本次研讨会。

会议邀请了包括中国工程院王景全院士、港口工程分会理事长吴澎设计大师在内的 27 位知名专家、学者分别做大会主旨报告、特邀报告和主题报告，并通过青年学者论坛、企业交流等形式，共同探讨港口工程和排水加固领域的热点、难点问题，交流人工岛礁建设关键技术、淤泥质海岸建港技术、围填海工程与滩涂开发、淤泥固化技术、超软土地基加固技术等方面取得的新进展、新经验和新理念，介绍新技术、新材料、新工艺的开发与应用，讨论如何进一步发展和提高我国交通、水利行业基础设施建设的技术水平。

会议论文集《港口工程及工程排水与加固理论与技术进展》收录论文 52 篇，内容涵盖港口工程和工程排水与加固领域理论研究、设计计算与分析、新技术新材料及工程应用、现场监测与检测等，研究成果丰富，创新性和实用性较强。

会议期间召开了工程排水与加固专业委员会工作会议，各位委员对如何拓宽学会领域、扩大学会影响力、推动行业技术进步、推进行业标准化建设、更好地发挥学会的平台作用等方面畅所欲言。选举产生了第十届工程排水与加固专业委员会，南京水利科学研究院戴济群副院长担任主任委员，关云飞当选为专委会秘书长。

第十届研讨会学术委员会：

主　任：吴　澎

副主任：戴济群　王掌权

委　员：王立忠　王永平　王　园　王宝善　王　晋
文　立　方家强　卢永昌　田正宏　吕卫清
刘国楠　刘爱民　阮春生　杨守华　沈雪松
张功新　张留俊　陈文华　陈永辉　陈　达
季则舟　俞元洪　高长胜　唐云清　程泽坤
蔡正银

第十届研讨会会议照片（2017 年，宁波）

第十届研讨会代表合影（2017 年，宁波）

历届研讨会论文集

排水加固技术指南及工程实例集

前言

PREFACE

在“生态优先、绿色发展”理念的指引下，交通、水利、市政、环境等行业基础设施建设与维护面临转型升级和新的要求，为港口、水运工程及工程排水与加固领域的技术进步和创新能力带来了新的发展机遇。“十三五”期间，港口与航道工程建设、软土地基处理、疏浚底泥资源化利用及污染土处置等专业领域取得了一系列高效实用、绿色节能的创新科技成果，进一步推动了各行业基础设施建设与维护技术的进步。为及时总结港口工程和工程排水与加固领域的科技成果，促进新理论、新技术、新材料、新设备的交流与推广，展望港口工程、工程排水与加固领域“十四五”技术发展方向，搭建广大科研、设计、施工、管理人员的交流平台，中国土木工程学会港口工程分会于2020年11月27—28日在南京召开全国工程排水与加固技术研讨会暨港口工程技术交流大会。

自1990年以来，工程排水与加固领域的设计理论、土工合成材料、施工装备与技术、监测检测技术都得到了长足发展，应用领域从港口地基拓展到公路、水利、机场、市政等行业，论文集回顾了30年来工程排水与加固技术的发展历程和重大工程实例，展望行业发展趋势，同时总结、交流了近年来在交通、水利等重大工程以及工程排水与加固领域的热点、难点问题和创新成果。论文集共收录论文55篇，包括排水加固技术回顾与展望、排水加固技术重大工程实例、排水加固技术理论与实践和港口工程技术与实践等内容。

本次会议论文征集工作得到了中国土木工程学会港口工程分会各位理事与论文作者的大力支持。在此，对各成员单位、各位理事、论文作者和评审专家表示感谢！

编者

2020年11月

目录
CONTENTS

第四部分　港口工程技术与实践

第一部分　排水加固技术回顾与展望

排水固结法加固深厚软土地基研究进展

戴济群　高长胜　关云飞*　占鑫杰　耿之周

（南京水利科学研究院，江苏南京　210024）

摘　要：排水固结法是软土地基处理的主要方法之一，广泛应用于交通、水利、市政、建筑等各个领域。近 30 年来，排水固结法的理论与设计计算、排水材料、施工装备与施工技术、监测与检测技术得到了长足的发展。文章简要回顾了排水固结技术在我国的发展历程，对排水固结法加固深厚软土地基的研究热点进行了梳理，列举了该方法在港口、水利、公路、机场等重大工程中的典型应用案例，介绍了近年来排水固结法在加固深厚软土地基方面的衍生技术和联合应用等，总结了排水固结和排水材料相关的国家和行业标准，探讨了地基处理技术的发展方向。

关键词：排水固结；地基处理；真空预压；研究进展；技术标准

0　引言

我国东南沿海和内陆地区广泛分布着海相、湖相以及河相沉积的软弱土层。这种土的特点是含水量大、压缩性高、强度低、透水性差且多数情况埋藏深厚，由于其压缩性高、透水性差，在荷载作用下会产生相当大的沉降和沉降差，且延续时间长，影响上部工程结构物的正常使用。另外，地基承载力和稳定性往往也不能满足工程要求。因此，此类地基通常需要采取处理措施，排水固结法是处理软土地基的有效方法之一。

本文首先简要回顾了排水固结技术在我国的发展历程，对排水固结法加固深厚软土地基的研究热点进行了梳理，介绍该方法在港口、水利、公路、机场等大型中的应用案例，总结了近年来排水固结法在加固深厚软土地基方面的衍生技术和联合应用等，总结了排水固结和排水材料相关的国家和行业标准。

1　排水固结技术

1.1　概述

排水固结法是在天然地基中设置竖向排水体，利用上部荷载对地基进行预压，使土体中孔隙水排出，逐渐固结，地基发生压缩沉降，同时强度逐步提高的方法[1]。

排水固结处理软土地基包括排水系统和荷载系统。其中排水系统由竖向排水体和水平排水层组成，用于改变地基原有的排水边界条件，缩短排水路径。竖向排水体包括砂（或碎石）井（桩）、塑料排水板等，水平排水体常采用强透水砂石垫层、透水软管、塑料盲

作者简介：戴济群（1967—　），男，江苏靖江人，二级教授，博士生导师，主要从事岩土工程领域科研，咨询与技术管理工作。

*　通信作者。

沟等。排水加固法的加载方式有堆载、抽真空、真空联合堆载、降低地下水位等。按照设计荷载与加压荷载的大小关系分为欠载预压、等载预压和超载预压三种。

1.2 加固原理

软土地基因加荷、真空、振动等作用后产生超静孔隙水压力；随着土体中孔隙水排出，超静水压力消散，有效应力增大，孔隙比减小，地基发生固结压缩变形，地基土强度逐步增强，地基承载力提高。因软土的塑性特征显著，排水固结产生的加固效果基本上都是永久性的[2]。

排水固结法的加固机理可由图 1 说明。当地基土体的天然固结应力为 σ'_0时，其孔隙比为 e_0，在 $e\sim\sigma'_e$坐标系中其相应的点位为 a 点；当压力增加 $\Delta\sigma'$，固结完成时，孔隙比减小 Δe，变成 c 点，曲线$\overline{abc}$称为压缩曲线。与此同时，土体抗剪强度随着固结应力增大，从 a 点提高到 c 点。所以土体在受压固结时，一方面孔隙比减小产生压缩，一方面抗剪强度也得到提高。

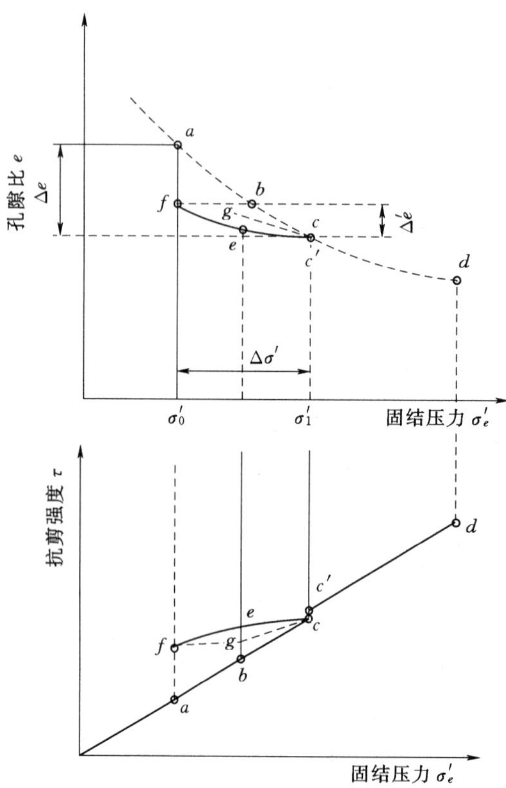

图 1 排水固结法地基应力和变形示意图

在荷载作用下，地基土的排水固结实质是超静孔隙水压力消散和有效应力增加的过程。用堆土等外加荷载对地基进行预压，是通过增加总应力并使孔隙水压力消散而增加有效应力的方法。真空预压是在预压地基内总应力不变的条件下，使土中孔隙水压力减小，有效应力增加的方法[3]。

地基的排水固结效果和排水边界条件有关。黏性土排水固结所需时间和排水距离的平方成正比；因此土层越厚，固结延续的时间越长。为了加速地基土固结，最有效的方法是缩短排水距离，因此工程技术人员在地基中设置砂井和塑料排水板等竖向排水体。

1.3 排水加固技术发展历程

1925 年美国工程师 D. J. Moran 首次将砂井作为处理软土地基的方法，并于第二年取得美国专利，几年后在加利福尼亚实施了第一个砂井地基加固工程。与此同时，瑞典的 Kjellman 采用纸板开始地基试验并获得专利，由于纸板易损坏，直到 1971 年 O. Wager 用塑料槽型芯板代替纸板，才使塑料排水板处理软土地基方法在工程中迅速推广应用。

真空排水预压法最早由瑞典皇家地质学院的 Kjellman 教授于 1952 年提出。此后一段时间内（1950—1980 年），由于抽气设备、密封材料、垂直排水通道打设技术等发展滞后，导致这一技术发展缓慢，没有得到大规模应用。20 世纪 80 年代后，交通部第一航务工程局、天津大学、南京水利科学研究院土工所组成的联合攻关小组，对真空预压加固软土地基技术进行了探索研究和生产性试验，相继研发了射流泵、轻薄、不透气密封材料、塑料排水板插板机等，完善了施工工艺，使真空预压技术满足处理大面积软土地基的要求，并在天津新港、连云港碱厂中完成大规模应用。经过国内外几十年的探索和创新，真空排水预压法日臻完善，其应用领域、深度和广度不断扩大，已成为深厚软土地基中常用的地基处理方法[1]。

随着排水加固软基技术在我国广泛应用，为交流技术、经验和需进一步解决的技术问题和研究方向，河海大学、南京水利科学研究院、天津港湾工程研究所和交通部三航局科研所四家单位共同发起“塑料板排水法加固软基技术研讨会”，于 1990 年 7 月在安徽黄山召开首届会议，并与 1992 年 2 月成立塑料排水委员会，挂靠中国土木工程学会港口工程分会，至今已连续召开了十届技术研讨会（自 2005 年起，更名为全国工程排水与加固技术研讨会），为从事工程排水与加固的国内外高校、科研机构、设计、施工、生产、管理单位的同行搭建交流平台，有力推动了我国工程排水加固技术的发展。

1.4　设计与施工

1.4.1　设计

排水固结加固软土地基的设计遵循排水固结基本原理，并与具体工程经验紧密结合。设计主要内容包括[4]：①合理选用排水体的类型、材料及产品；②确定加固范围，竖向排水体的合理间距、排列方式和打入深度，确定排水垫层的厚度、形式及范围；③确定预压荷载的类型、荷载大小、加荷进度和加荷速率；④确定预压持续时间和预压应消除的沉降量；⑤计算地基的变形和强度的增长，分析地基加固过程中的稳定性与承载力；⑥设计现场监测系统，动态监控地基排水固结过程中的变化，分析地基加固效果，保障地基安全；⑦环境影响及其控制的设计。

随着工程建设规模的日益发展，对软基处理的效果和质量提出了更高的要求，促进了排水固结法设计理论研究的深入发展，广大的专家学者和工程技术人员有针对性地从实践中提炼问题，通过大量的理论分析、计算和试验研究，在设计分析方法、计算理论等方面取得了一些突破[5-6]。在设计思路方面，为保证上部结构的安全运行，从以承载力控制的设计思路逐步转变为控制地基工后沉降的设计理念。在计算理论方面，软土非线性大变形、考虑扰动、流变、黏弹塑性以及卸载再加载特性的软土本构理论以及考虑上部结构与地基相互作用的计算方法，促进了排水固结法的设计计算水平。

1.4.2　施工

排水固结加固软土地基，在理论和实践上已经逐步成熟，但由于我国地域广阔，各地的软土地基存在一定差异，各施工单位的施工设备参差不齐，施工人员的管理水平差别较大，要保证每个工程取得良好的加固效果，符合设计要求，必须进行合理施工和严格管理。

排水固结加固深厚软土地基的施工包括施工准备、工作垫层施工、竖向排水体施工、水平排水体施工、密封系统施工、真空设备安装、堆载体施工、加固过程管理等。施工前应熟悉设计图纸，编写施工组织设计并进行施工、安全技术交底等。

1.5 监测与检测

排水固结加固深厚软土地基的监测内容应满足对加固地基稳定安全和加固效果分析评价的需要。堆载预压时应监测荷载施加过程，真空预压时应监测被加固体不同深度的负压传递情况，真空-堆载联合预压则应两者同时监测。测点布置应遵循平面上大致均匀和深度重点控制的原则，具体监测项目见表1。

表1　　排水固结的监测项目

监测项目	堆载预压	真空预压	真空联合堆载预压	备　注
孔隙水压力	必选	推荐	必选	
膜下真空度	/	必选	必选	1000～1500m²/点
排水板真空度	/	推荐	推荐	
土体真空度	/	必选	必选	
地表沉降	必选	必选	必选	工后沉降有要求时必选
深层沉降	推荐	推荐	推荐	工后沉降有要求时必选
土体深层水平位移	必选	推荐	必选	附近有建构物时必选
堆载荷载	必选	/	必选	

排水固结加固深厚软土地基的检测是通过对加固前后土性、地基承载力等变化来检验地基的加固效果，一般包括以下内容：①钻孔取土与室内土工试验；②现场十字板剪切和静力触探试验；③载荷板试验等。加固前的地基检测应在打设塑料排水板前进行，加固后的地基检测应在卸载3～5天后进行。

2 排水加固法的研究热点

2.1 排水固结理论

排水固结的加固理论一般采用竖井地基固结理论。Barron对竖井地基固结开展了较为系统的研究，提出了等应变条件下的理想井解答[7]。高木俊介[8]提出了逐级加荷条件下竖井地基固结计算方法。Hansbo提出了能考虑井阻和涂抹作用的非理想井解答公式，该公式简洁，物理意义明确，因此被广泛采用。我国学者曾国熙等提出了竖井地基平均固结度表达式和考虑竖井井阻的折减井径法。谢康和[9]推导了考虑井阻和涂抹的竖井固结严格解，赵维炳[10]推导了考虑土体黏弹性的竖井地基固结解答，董志良等将谢康和理论扩展到堆载正压与真空负压组合施加的情况。近年来，排水固结理论在变荷载、竖井未穿透软土层、考虑地基土成层性、考虑土体渗流和压缩非线性等方面取得了很多进展[11-13]。

2.2 排水材料

排水固结法的排水材料主要是以聚乙烯、聚丙烯、聚氯乙烯、丙纶、涤纶、维纶等高分子聚合物为主要原料的单一或复合性材料，现已广泛应用于水利、水运、公路、建筑、铁路、机场、军事、海洋、环保和农业等领域，在工程中可起到排水与加固、防渗与隔离等作用。

某些土工合成材料可以在土体中形成排水通道，聚集土体中水分，沿材料平面排出土体外。这类为增加土体稳定性，用来过滤土粒并集中土体水分，将收集的水进行传输的材料称为排水材料。某些较厚的针刺无纺织物、塑料排水管道及多孔隙的复合土工材料均可作为排水材料来应用。复合土工材料一般指由两种或两种以上的材料复合而成的土工合成材料。复合排水材料以各种结构形式的芯板为排水通道，外覆透水滤布过滤土颗粒。

常用的排水材料包括：

(1) 塑料排水板（带），由不同凹凸截面形态、具有连续排水槽的塑料芯材，外包或外黏无纺土工织物构成的复合排水材料。塑料排水板是我国较早生产和应用的复合土工排水材料，目前已广泛应用于软基处理中，基本取代砂井和袋装砂井。

(2) 塑料盲沟，以聚乙烯丝条缠结的三维网状（俗称丝瓜筋式）耐压多孔芯体，外包土工织物而成的复合排水材料，又称速排龙。塑料盲沟为复合排水材料中历史最早的产品，1977 年在日本已经形成规模生产和应用。

(3) 软式排水管，以高强圈状弹簧钢丝做支撑体，外包土工织物及强力合成纤维外覆层制成的管状透水材料。又称透水软管或软式透水管。软式排水管中包裹材料一般为三层，弹簧钢丝一般需作防腐处理并外覆聚氯乙烯（PVC）或其他材料作保护层，避免氧化生锈。

(4) 土工复合排水网，采用热黏工艺在土工排水网的一面或两面复合具有反滤作用的土工布而形成的土工排水材料。排水网是在土工网和复合土工网的基础上研发创新的产品。

(5) 透水硬管，以高分子聚合物或其他材料制成的多孔材料为排水芯体，外包土工织物为滤材，组合成的圆形土工复合硬式管状制品，又称硬式透水管。其中应用较广的是 HDPE 双壁波纹管，于 20 世纪 70 年代中期研发应用，由高密度聚乙烯经同时挤出的环形外壁和光滑内壁一次熔结挤压成型。

排水加固工程中常用的塑料排水带是由不同截面形状的连续塑料芯板外面包裹非织造土工织物（滤膜）而成。塑料排水板（带）是针对淤泥、淤泥土质、冲填土等饱和黏性土及杂填土地基运用排水固结法进行软基处理的良好垂直通道，可大大缩短固结时间，以增加作用于土颗粒的有效应力来加速地基固结沉降，从而达到提高强度的目的。塑料排水板（带）具有质量容易控制，成本低；在施工过程中没有排水孔断面不均匀和受堵塞的情况；断面小，对地基扰动小；打设机械轻，可用于较软弱的地基等优点。塑料排水带的宽度一般为 100mm，厚度 3.5～6mm，每卷长 100～200m，每米重约 125g。我国目前排水带的宽度最大达 230mm，国外已有 2m 以上的宽带产品。芯板的原材料为高密度聚乙烯、聚丙烯，芯带起骨架作用，与滤布一起构成的纵向沟槽供通水之用。透水滤布一般为涤纶短纤、涤纶长纤纺黏、维纶和丙纶等无纺土工布，单位面积质量一般在 70～150g/m^2，滤布的作用是滤土、透水。随着工程需求的不断提高，近几年出现了多种新型的可测深式排水带，塑料排水带打设到地下后可测量其打入深度。对于环保要求较高的工程，也开始逐步采用可降解式的塑料排水板。

2.3 施工装备与施工技术

塑料排水板施工过程中，合理选择施工机械可有效保障塑料排水板的施工效率[14-16]。选择陆上塑料排水板插板机时，必须考虑这种机械的接地应力，稳定性，打设能力、机动性及打设速度等。目前常用的陆上塑料排水板插板机包括履带静压式、门架轨道式，履带振锤式，液压步履式等。各类插板机均有其优缺点，其中履带静压式插板机综合性能最佳，尤其是在场地转移快捷以及需插打的深度不定时表现更好，但履带静压插板机穿透硬土层的能力较差。陆上履带式插板机和步履式插板机如图 2 所示。

图 2　陆上履带式插板机（左）和步履式插板机（右）

塑料排水板海上施工一般采用插板船，插板船由船体和桩架组成，利用门架式立柱打桩机，采用振动沉桩法，依靠振动锤的激振力来破坏套管壁与黏土的黏结力，在自重作用力下进行沉桩，随后将套管拔回，从而完成了塑料排水板的插设[17-19]。中交第一航务工程局、中交第三航务工程局、浙江围海集团等针对复杂地基条件和风浪大的超深塑料排水板施工，研发了相应的海上插板设备（图 3）。

图 3　港珠澳大桥人工岛工程海上插板船

常规抽真空的射流泵设备结构简单［图 4（a）］，利用抽排水箱中循环水在喷嘴处形成高速射流，在喷嘴周围产生真空压力，在真空压力区连接软土地基中布设的主滤管，在真空压力作用下软土地基中的孔隙水和空气依次从竖向排水体、水平排水管、主滤管被抽吸至地面流入水箱。近年来，国内工程界开发出水气分离抽真空设备[20-21]，其主要由控制器、大型水环式真空泵和水气分离罐三部分组成，通过大型水环式真空泵［图 4（b）］将地基土中的孔隙水和空气混合物吸入水气分离罐中［又称不倒翁集水井[22]，如图 4（c）所示］，在罐内设置真空压力传感器和水位传感器，实现自动控制真空泵工作状态和罐内排水装置的开启闭合。该装置在真空预压地基处理中可有效节约能源：以 10 万 m^2 地基处理区测算，需要设置一台功率为 200kW 的水环式真空泵站并布设 6～8 个水气分离罐（罐内含排水泵），整套设备的总功率不超过 350kW；而使用常规射流泵则需布置 80 台，总功率达 600kW，仅电力能源一项便可节省约 42%。

(a) 传统射流式真空泵

(b) 水汽分离水环式真空泵

(c) 不倒翁集水井

图 4　真空预压真空泵及集水设备

2.4　真空预压处理吹填淤泥中的“抱团”问题

新近吹填淤泥处于“稀泥汤”状态，工程特性极差，几乎无承载力，目前主要采用无砂垫层真空预压技术进行加固。真空预压加固吹填淤泥地基的突出问题是排水体周围存在严重的“抱团”现象[23-28]（图 5），加固处理后地基承载力无法达到设计要求（一般只要求达到 50kPa）。“淤泥抱团区”即为通常所说的“局部密实区”“土桩”或“土柱”等，其在软土上部较为明显，平面上分布在排水体周围 10～20cm 范围内，竖向方向上分布在竖向排水体上部的有限深度内（约 1m）。这主要是由于吹填淤泥颗粒受重力作用，大而重的颗粒先行下沉至下方，吹填土下部粗颗粒较多，渗透性较好，因此深层“抱团现象”并不显著。

吹填淤泥真空预压过程中，“抱团区”（土柱）形成后，继续真空预压的加固效果极差。其原因是：局部密实区形成后，水平向排水通道的渗透性大幅降低；在真空吸力不变的情况下，固结速率大幅降低，继而影响软土强度的增长，“抱团区”以外软土的真空预

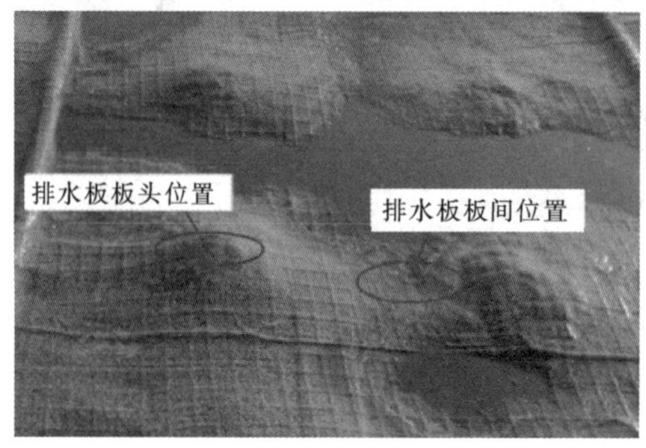

图5　吹填淤泥真空预压局部“抱团”（土柱）现象

压加固处理效果近乎失败。例如天津滨海新区新近吹填淤泥地基加固30d后，仅形成了厚度为15～30cm的硬壳层，硬壳层内土体实测十字板抗剪强度为4.0～9.0kPa，其承载力值仅为27.3kPa，而硬壳层以下土体的强度十分低，几乎无法进行相关原位测试[29]。

图6给出某沿海港区吹填超软土真空预压加固后局部密实区（土柱）及软弱区（板间土）不排水抗剪强度随深度的变化曲线。从图6中可知，真空预压加固处理后排水板间土体不排水抗剪强度增幅并不明显，仅有几千帕；由于水平排水体的作用，表面土体强度有所增加，但不排水抗剪强度仅在4～6kPa；局部密实区，即“土桩”或“土柱”的上部强度增加较大，不排水抗剪强度增长的土体深度仅限于0.5～0.6m深的范围内［图6(b)］。新近吹填淤泥经真空预压加固处理后土体强度和加固效果并不明显。

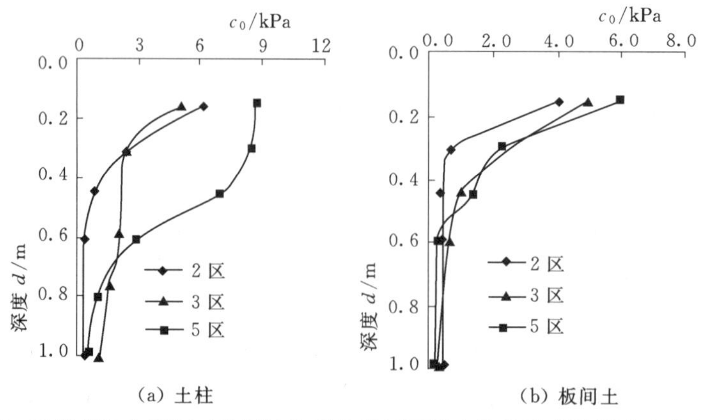

图6　吹填淤泥加固后“抱团区”及软弱区不排水抗剪强度随深度变化曲线

针对吹填淤泥地基真空预压加固处理中出现的抱团现象，诸多学者和工程技术人员对其发生原因和作用机制进行了探讨。鲍树峰等[29]采用3种典型的竖向排水体进行室内真空固结单井模型对比试验研究，深入研究了新近吹填淤泥地基真空固结失效的原因，认为新近吹填淤泥中黏粒含量（$d\leqslant 0.005$mm）过高、竖向排水体反滤层的等效孔径过小、真空加载速度过快是竖向排水体周围出现严重“抱团”现象的原因。宋晶等[30]认为真空预压过程中因细颗粒迁移、积聚在排水板四周，出现抱团现象后形成泥膜，造成后期排水通道堵塞，降低了固结效率。陈允进等[31]针对现场吹填高黏性超软土进行室内模型试验，竖向排水体呈正方形布置、排水板间距分别为0.4m和0.8m，试验研究发现，即便竖向排水体板间距减小至0.4m，仍会出现局部的淤泥抱团区，说明减小排水体板间距并不能从根本上解决真空预压过程中的“淤泥抱团”现象。雷华阳[32]、占鑫杰等[33]认为是由于细颗粒沿渗透路径迁移的过程中在沿途不断滞留，导致渗透路径变短变窄，最终渗透路径完全堵塞形成淤堵泥层。

为了解决排水板周围的泥膜淤堵（或土柱）问题，部分学者提出不同工程控制措施。唐彤芝等提出采用薄砂层＋长短板结合的方法，可平衡和控制负压作用下吹填淤泥土颗粒的径向流动，有效抑制排水板周围淤泥“抱团”现象[34]。周源、邓东升等[35-36]提出采用透气真空技术处理高含水量流泥，可有效解决排水界面周围土体颗粒淤堵问题。鲍树峰等提出可通过改变新近吹填淤泥的初始状态或改变真空荷载的加载方式来解决新近吹填淤泥的“抱团”现象。如施工工期允许的话，可以先让新近吹填淤泥先自重沉积一段时间，以便淤泥中形成结构性孔隙；同时采用分级抽真空的方式，也可有效减缓低渗透层的形成[29]。

2.5　真空预压地下水位的变化

真空预压地基的加固效果来自大气压力的降低和水位变化两部分，水位升降会改变地基有效应力分布，进而影响真空预压加固效果。研究真空预压地下水位的变化情况，有利于进一步认识真空预压法加固地基的机理和进行地基加固效果评价[37-42]。同时，地下水位变化也是评价地基中负压分布的重要条件。目前，多数学者支持真空预压地下水位下降，也有学者认为水位不变或上升。认为地下水位下降的观点也不是完全相同，有的文献只提出地下水位会下降，但对地下水位下降的幅度未做报道。对加固区外的地下水位，有学者认为加固区外的地下水位有所下降但下降不大，也有学者认为抽气后膜外水位下降1m以上。不同真空预压工程由于自身的特殊性，如地基土的渗透性和加固区的水流条件不同，所以地下水位的变化是不同的。现有真空预压地下水位研究成果有较大差异，一方面说明真空预压中地下水位问题的复杂性，另一方面是因为早期研究成果中把测压管水位作为地下水位，采用常规水位管和开盖法来量测地下水位的变化，不能真实反映真空负压下的地下水位。其中测量技术不完善，无法获得可靠的原位地下水位观测资料是存在观点分歧的根本原因[37]。

常规的敞口式地下水位测试法中由于测量时需要打开水位管口进行测试（图7），引起水位管中水位迅速下降（速度可达3.45mm/s），所测水位低于开盖前管中水位，因此该方法不能准确测得膜下负压状态的实际水位。真空预压地下水位现场测量的影响因素众多，高志义等总结了包括地基土欠固结、加固沉降、测试方法、埋管成孔方法、管内局部真空度与实际不符、水位管漏气等影响测量结果的因素[43]。娄炎等分析了管径、滤管段长度、滤管段开口率、测量系统对水位监测的影响[44]。

准确测量真空预压地下水位必须满足两个条件：①加固过程中水位管中的水位必须与地下水位相一致；②测量方法合理，保证水位管中的负压环境。近年来中交四航工程研究院、河海大学、南京水利科学研究院等单位相继提出了多种真空预压地下水位的测量方法，包括电感应浮动磁环法、磁感应浮动磁环法、电阻测试法、浮球液位法、闭口测压管法-激光测试法、图像法等[45-47]，基本达到了准确测量真空预压地下水位的效果。以下简要介绍图像法[40]。其基本原理是通过放置在水位管内的摄像头实时拍摄到水位所处位置的刻度，直观读取地下水位的位置。

测试装置的具体结构如图 8 所示，主要部件及测试方法如下：①新型水位管结构。水位管内壁安置有钢质刻度尺与管口齐平，且钢质刻度尺上的刻度始于管口。水位管采用大直径硬材质材料且内径较浮块外径大 1cm，确保在周围土体产生水平位移时不产生变形并能保证浮块在管内灵活浮动。其他部位，如透水段与非透水段与普通水位管一致。②浮块为圆柱体，采用轻质塑料材料，上部预留镜孔，侧面设有凹槽。凹槽需确保浮块卡住水位管内刻度尺且能灵活滑动。浮块上面设置了由数根钢条组成的定位器，均匀分布在浮块的圆截面上。浮块的高度需要保证水位管内镜孔在水位面以上。③内窥镜摄像头。采用有线接口的内窥镜，型号比浮块上镜孔略小，安置于镜孔中。内窥镜摄像头导线需引出水位管管口，引出后密封管口，确保不漏气。④PC 端可视读数。将引出的导线（USB 端口）连接图像接收器（如电脑等移动设备）即可显示出摄像头照准的刻度。通过矫正数据，即可获得地下水位的实时数据。

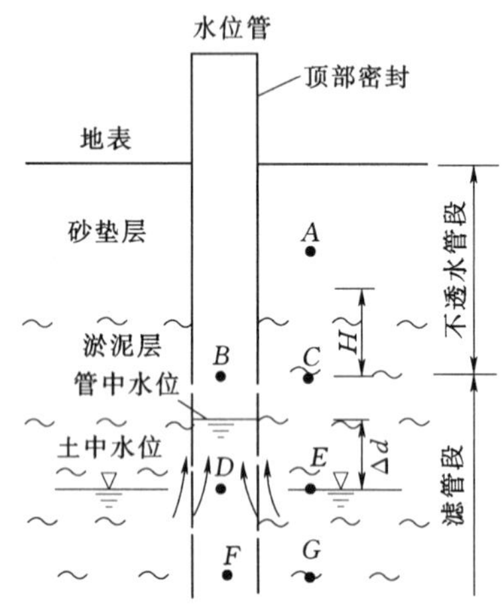

图 7　常规开盖法测量真空预压地下水位

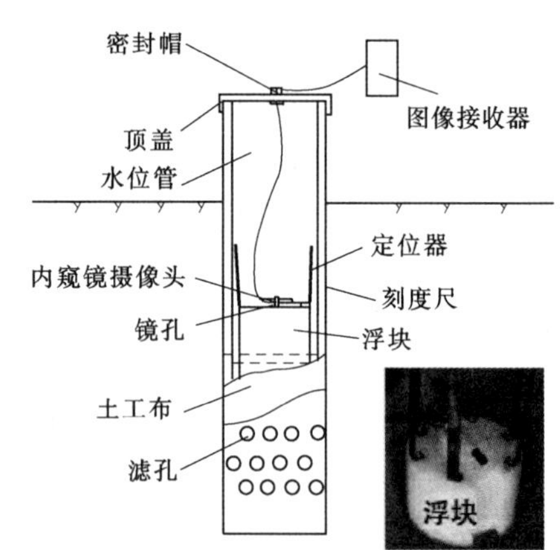

图 8　图像法测量真空原因地下水位装置示意图

2.6　大变形真空预压过程中的土体强度增长

《建筑地基处理技术规范》（JGJ 79—2012）推荐根据以下公式计算软土在真空预压过程中的强度增长[48]：

$$\tau_{ft} = \tau_{f0} + \sigma_z \tan\varphi_{cu} U \tag{1}$$

式中：τ_{ft} 为 t 时刻土体的抗剪强度；τ_{f0} 为地基土天然抗剪强度；σ_z 为真空荷载；φ_{cu} 为土

体的固结不排水抗剪强度指标；U 为土体的固结度。

固结度一般根据实测位移曲线推求。按照上述公式计算正常固结土在真空预压过程中的强度增长是基本合适的，但对于大变形的超软土等，采用以上公式计算时，计算的土体强度远超过实测值。

张文彬等采用规范方法［公式（1）］计算吹填淤泥在真空预压过程中的强度增长。依据固结不排水试验结果，取 $\varphi_{cu}=12°$ 代入公式（1），可得真空预压过程中 40cm、100cm 深度处不排水抗剪强度变化曲线（图 9），其呈现前期增长较快，后期较慢的特征。而根据实测结果，抽真空前 42d，土体的不排水抗剪强度均在 1kPa 以下，呈现前期增长较慢，后期较快的特征。这是因为抽真空初期，土体含有大量的自由水，土颗粒悬浮在水中，是泥水混合物状态，土体几乎无强度。因此张文彬等指出对于大变形土体，采用规范公式计算土体强度增长时，不宜采用沉降固结度[49]。

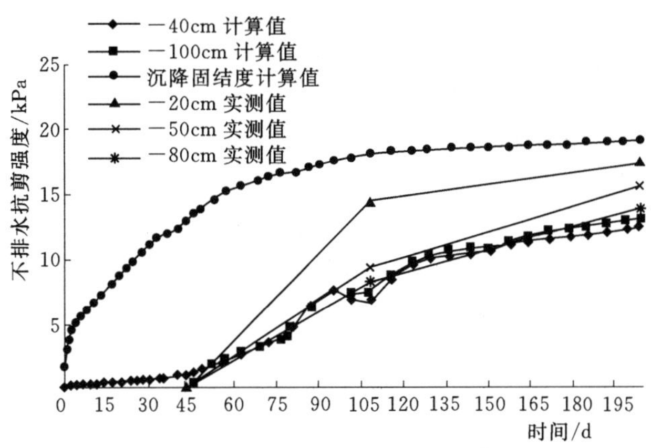

图 9　真空预压过程中吹填淤泥不排水抗剪强度变化曲线

占鑫杰等在高水量的污泥真空预压中也发现了这一规律，并指出对于大变形土体，其固结过程表现出很强的非线性（图 10），采用沉降定义的固结度 U_s 在固结过程的前、中期会远大于采用有效应力定义的固结度 U_p，当 U_s 为 50%时，U_p 为 8%；当 U_s 为 80%时，U_p 为 25%。因此对于大变形土体，采用有效应力定义的固结度 U_p 计算土体真空预压过程中的强度增长更为合理[33]。

2.7　加荷速率与卸荷标准

2.7.1　加荷速率

堆载预压和真空联合堆载预压中由于部分工程技术人员没有严格控制堆载速度，不控制加载速率，工程中发生了路堤滑坡、塌方等事故，影响了该方法的推广应用。《水工建筑物地基处理设计规范》（SL/T 792—2020）中规定：堆载预压和真空联合堆载预压的加载速率应根据地基土强度确定；天然地基土的强度满足预压荷载下地基的稳定性要求时，可一次性加载；不满足时，应分级加载，待前期预压荷载下地基土的强度增长满足下一级荷载下地基的稳定性要求时，方可加载，同时其加荷速率应根据地基安全控制标准进行动态控制[50]。

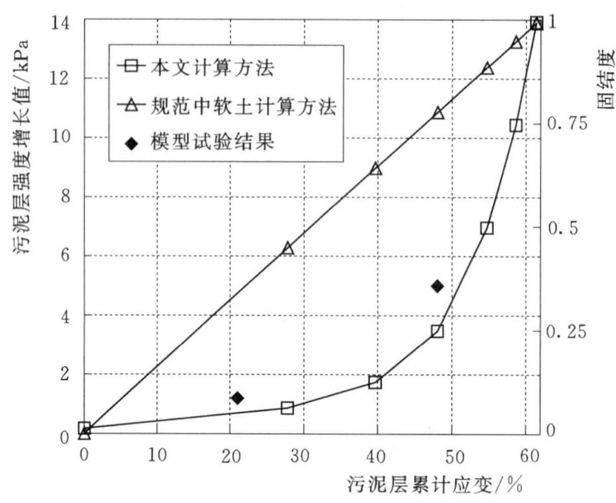

图 10 有效固结应力法和规范方法计算污泥真空预压强度增长对比

《建筑地基处理技术规范》(JGJ 79—2012) 中规定：堆载加载过程中，应满足地基稳定性设计要求；对竖向变形、边缘水平位移及孔隙水压力的监测应满足以下要求：地基向加固区外的侧移速率不应大于 5mm/d；地基竖向变形速率不应大于 10mm/d[48]。林本义、汪肇京等建议对于软土压缩性大、土层深厚的工程，地基的沉降速率安全标准提高到 25mm/d。《真空预压加固软土地基技术规程》(JTS 147-2—2009) 中规定：地基向加固区外的侧向位移速率不大于 5mm/d；地基沉降速率不大于 30mm/d[51]。水电水利工程软土地基施工监测技术规范还补充规定了孔压系数，要求孔隙水压力增量 Δu 与荷载增量 Δp 之比不宜超过 0.6[52]。

2.7.2 卸荷标准

《建筑地基处理技术规范》(JGJ 79—2012) 对真空预压加固卸载标准要求如下：①沉降-时间曲线达到收敛，实测地面沉降速率连续 5～10d 平均沉降量小于或等于 2mm/d；②真空预压所需的固结度宜大于 85%～90%，沉降要求严格时取高值；③加固时间不少于 90d；④对工后沉降有特殊要求时，还需要通过计算剩余沉降量来确定卸载时间[48]。《真空预压加固软土地基技术规范》(JTS 147-2—2009) 明确规定：对控制沉降的工程，卸载标准应根据地基沉降量、残余沉降量、平均应变固结度和沉降速率综合确定；对控制地基承载力或抗滑稳定性的工程，卸载标准应根据地基土强度、平均应力固结度和沉降速率综合确定；卸载时加固深度范围内地基平均总应变固结度不宜小于 80%[51]。目前排水固结法加固软基主要以固结度和沉降速率这两项指标来确定是否卸载，以上指标主要是针对一般软基，对于新近吹填淤泥等超软土仍然存在着局限性。

工程实践表明，新近吹填淤泥采用真空预压处理后，其沉降速率、固结度及加固时间均已满足规范要求，但加固后的强度相对较小，承载力难以满足场地基使用要求，需要进行二次处理。因此，建议对于新近吹填淤泥，应根据使用要求综合考虑固结度、沉降速率，工后沉降、地基强度等指标，必要时应结合原位测试手段判定加固土体的强度及承载力是否满足设计要求，确定是否可以停泵卸载[49]。

3　排水加固技术的主要应用

排水固结法目前已经成功应用于加固公路和铁路路堤、港口码头和电厂堆场、水利堤坝、机场跑道、大型油库、低层民用建筑和大型工业厂房、市政道路和广场、污水处理厂水池和建筑物、围垦造陆等工程中饱和淤泥、淤泥质土、软黏土及其他软弱黏性土地基。

3.1　排水加固法在港口堆场的应用

港口堆场的软土地基主要为滨海相、三角洲相沉积淤泥质软土，或者是从港池、航道中吹填的淤泥，其含水量大，黏粒含量高、结构性强，土层厚度不均。港口堆场后期机械荷载重、体量大，行驶速度快，对场地的平整度有一定要求，一般要求处理后工后沉降及差异沉降较小。以下分别介绍老塘山港区煤堆场软基处理工程和蛇口集装箱码头软基加固工程[53]。

(1) 老塘山港区煤堆场软基处理工程。老塘山港区是舟山港的重要港区，位于浙江省舟山市定海西南的老塘山脚下。该港区分为两期建造，一期工程为1个1.5万t级的散件杂货码头，于1987年8月完工并投入使用。在一期工程建设中，由于对该层土没有足够的认识，未采取任何处理措施，一期工程投入使用后，场地发生了严重的不均匀沉降，仓库墙体发生严重开裂成为危房，通往码头的两头栈桥发生大量下沉导致车辆无法行驶。二期工程包括1个2.5万t级的卸煤码头，1个3000t级的装煤码头和1个500t级的港作码头，码头后方有4个煤堆场，堆场之间为斗轮机轨道，轨道基础宽度11m，主要用于煤的中转。根据地基勘察资料，堆场地基下分布一层20m左右的淤泥质黏土，该涂层含水量高（47%），黏粒含量大（32%），孔隙比大（1.32），压缩性高（$a_v=1.13\text{MPa}^{-1}$），强度低。设计采用塑料排水板真空预压方案，在轨道区采用较密的排水板间距，为正方形布置1.0m×1.0m；堆煤区为正方形布置1.2m×1.2m，排水板打设深度为15m。监测检测结果表明，软土地基取得了预期的加固效果。加固后淤泥泥的十字板强度增长值为12～16kPa，加固后地基承载力达到90kPa。

(2) 蛇口集装箱码头软基加固工程。招商局蛇口工业区位于珠江口的深圳湾畔，依山傍海，平地狭窄，工程现场原为一近岸淤泥滩，原始淤泥面在低潮位以下1m多，拟建设三突堤两个5万t级集装箱码头。典型的工程地质分层自上往下分别为淤泥层、黏土或粉质黏土层、残积层。淤泥层为海相沉积，力学性质差，渗透性很小，是典型的超软黏土，其天然厚度为12～18m，含水量高（83%），压缩性大（$C_c=0.7$），渗透性低（$5\times10^{-4}\text{cm}^2/\text{s}$），十字板抗剪强度仅为6kPa。工程采用的加固方案是：首先采用开山石挤淤的方法填堤围海形成首期造陆范围，然后对被围淤泥区的东半部进行插塑料排水板堆载预压加固，同时东围堤外侧进行码头施工。考虑到集装箱堆场设计为堆放四层重箱，机械荷载重，体量大，行驶速度较快，要求淤泥层工后沉降要求不大于15cm。软基加固方案为堆载超载预压方案，排水板间距1.0m，穿透淤泥层进入下卧土层1.0m，堆载分三层，堆载分为三层进行，最终堆载高程为+8.5m，堆载材料选用中粗砂。根据卸载前的检测结果表明：淤泥地基的排水加固效果良好，十字板平均强度由加固前的6kPa提高到40kPa，建成投产7年后，累计沉降2.4～3.1m，并已基本稳定。

3.2 排水加固法在公路工程的应用

公路工程中的软基主要为三角洲相、湖泊沉积的淤泥或耕植土等，其厚度不均匀，路基填筑过程中软基的稳定及变形问题突出。由于公路工程的堆载特点，真空联合堆载预压法是常用的软基处理方法。

（1）沪宁高速公路软基处理工程[54]。沪宁高速公路江苏段全长248.2km，西起南京马群，东至昆山花桥与上海段连接，是我国“八五”跨“九五”的重点工程，也是江苏第一条高速公路。其沿线大部分地区为河相、海相冲积平原，分布有大量的淤泥质黏土，地质情况复杂，有软土的地段长约92.29km，主要分布在苏州至丹阳地区。沿线软土层厚薄不均，最厚处超过30m，一般在6～15m，占江苏段全长的37.2%，是当时全国建成的高速公路中软土地基线路最长的一条。公路全线平均填土高度3.7m，最高处超过10m。江苏段全线土层主要由亚黏土层、淤泥质黏性土层、亚砂土分层、黏土层和粉砂层等组成。各标段软土位置及厚度变化规律为：①A标段的最大含水量超过50%，淤泥质土层出现在表层30m左右深度内；②B标段的含水量大多小于35%，几乎没有淤泥质土；③C标段最大含水量达60%～70%，淤泥质土大多在表层2m以下20m范围内；④D标段含水量大多小于45%，淤泥质土在表层5～12m深度内；⑤E标段土层中含多层粉土间夹薄淤泥质土层，其中薄层淤泥质土含水量一般在30%～40%。本工程中在不同的地质条件、外荷条件下因地制宜采用经优化的软基处理方法取得了良好效果：①对于中堤路堤，采用路堤堆载或等载预压是最经济的处理方案，消除工后沉降的作用明显；②排水固结辅以等载或超载预压法对高含水量、高压缩性、低强度软土是经济合理的措施，可取得良好效果。在有薄砂层的条件下，塑料排水板间距可适当加大至2m。通过竣工5年的现场观测资料，全线的软基路段和桥头部位均能满足设计规定的允许工后沉降量要求。

（2）京珠高速公路软基处理工程[55-56]。京珠高速公路（北京至珠海）广珠东线全线90%以上路段都建造在深厚软弱地基上，现场勘察钻探查明，该段路基地质情况为：①耕植土，厚度0.7～1.2m，灰色—黄褐，软塑，含有植物根茎；②淤泥，层厚8.4～16m，灰黑色，有腐臭味，流塑状态；③淤泥质黏土夹大量中细砂，层厚3.6～6.4m，灰黑色；④淤泥质黏土，钻探未打穿。淤泥层最厚处达40m左右，最大含水量达到100%，孔隙比最大达2.736，压缩系数为4.4MPa^{-1}，天然地基十字板抗剪强度仅为6～15kPa，在这样深厚超软弱淤泥地基上建造高等级公路，如果不对地基进行科学的加固处理，地基的强度和变形不能满足工程要求。本工程设计采用ϕ7.0cm的袋装砂井和砂垫层，再加二层张拉预应力土工布进行处理。采用不同的砂井间距和砂井长度进行比较，结果表明：袋装砂井长度在15m，间距在1.0～1.5m的效果最佳。路堤施工加预压期为15个月，根据实测沉降推算地基的固结度为90%以上，地基固结基本完成，加固效果良好。孔压监测资料也表明，砂井的排水性能良好，孔隙消散快，对路堤稳定和固结十分有利。

3.3 排水加固法在机场地基处理的应用

机场的软土地基主要为滨海相淤泥质软土，其含水量大，黏粒含量高、结构性强。机场软基处理工程根据使用功能不同，一般分为航站区、跑道区，安全区等，其中跑道区对地基的沉降和差异沉降要求较高，因此不同功能区采用的软基处理方法也有一定差别。

（1）深圳机场软基处理工程[57]。深圳机场位于珠江口伶仃洋东侧，深圳市宝安区新安镇钟屋村与福永镇新和村之间沿海及海域地带，分三期建设。原始地貌为海域和滨海潮间带，地质条件差，历经新建及两次扩建，陆域形成填料不统一，工程条件复杂。场地地基的淤泥层是软基处理的对象，具有以下特点：厚度为6.0～12.0m，表层属于流泥，具有不稳定性，厚度约1.0m，含水量超过100%。其中机场T3、T4航站区采用排水固结堆载预压处理方案。砂垫层作为水平排水通道，填筑至标高1.0m，厚度约1.0m；插板作为竖向排水通道，间距1.0m；分层有控制地填筑开山石并碾压，直到设计要求厚度，航站楼用地填土或填砂；分两层堆填预压土，飞行区场道区预压荷载70kPa，建筑区、广场和道路场地堆载30kPa，已明确的土面区不堆载。监测检测结果表明：软基排水加固处理效果良好，其中堆载预压满载7～8个月后，场道区总沉降量170～270cm，平均沉降速率小于0.5mm/d，根据实测沉降曲线估算的工后沉降量小于15cm。检测效果表明，淤泥含水率小于60%，十字板强度大于30kPa。建筑区沉降量为150～240cm，平均沉降速率小于0.5mm/d，根据实测沉降曲线估算的工后沉降量小于15cm。

（2）澳门机场人工岛软基处理工程[53]。澳门国际机场由澳门政府出资兴建，由中国港湾建设工程总公司设计、施工总承建。整个工程分为航站区、联络桥和人工岛跑道区三个部分。其中人工岛跑道区全长3590m，南端宽381.5m，北段宽269m，分为以下几个部分：①护岸工程，全长7770m，结构为斜坡式抛石堤基钩连块体护面；②跑道、滑行道工程，采取全清淤换砂，打设塑料排水板，软基采用堆载预压处理，上部砂层采用振冲密实，最后碾压整平，上部做刚性路面；③安全区：清淤至－5m，分层抛填砂，打设塑料排水板，表面整平碾压覆盖耕植土。人工岛海域原底面高程为－2～4m，地质构成大致分为三层：表层为淤泥和淤泥质黏土，厚度约为18m，中层为杂色或灰色黏土、亚黏土和砂土，厚度约为40m；下层为花岗岩风化残积层现场监测结果表明，机场人工岛地基处理效果良好。竣工3年后，机场跑道区的平均残余沉降小于12cm，沉降速率小于1.4cm/年。道面曲率半径平均达到152600m，超过国际民航组织规定的30000m的要求。机场安全区总平均沉降为188cm，竣工3年后，沉降速率已经很小，平面差异沉降小，塑料排水板预压后地基土的固结效果良好。

3.4　排水加固法在水利工程中的应用

排水固结法可用于碾压土石坝、堤防、水闸、河道岸坡等水利工程的地基处理[50]。

（1）深圳河一期岸坡软基加固工程[53]。该工程包括两个裁弯取直段，即桩号K4＋040～K5＋700段（福田—落马洲裁弯段）和K8＋100～K9＋826段（渔农村段），其中K4＋040～K4＋804段堤坝和边坡处于滨海相和海陆交互沉积的软基上，地基承载力低，压缩性高，筑堤的安全高度为2.2m，极限高度为3.49m，无法快速筑堤和进行边坡开挖施工，需要建加固处理。本工程的工期非常紧，如果按照原设计采用常规堆载预压法，需要进行长历时分级填筑堤坝和开挖边坡，总工期需要3年，无法满足政府治理深圳河的工期要求。为此，中港四航局科研所和深圳瑞沃公司提出先在边坡区和堤坝区分别采用打设塑料排水板作为竖向排水通道，再进行真空预压和分级筑堤加压，然后进行河道边坡开挖的替代方案，保障了河道开挖边坡的稳定及堤坝填筑安全，将原设计的3年工期缩短为2年，取得了很大的社会经济效益。

（2）杜湖水库土坝软基处理工程。杜湖水库土坝坝高17.5m，坝基表层有厚11～13m的淤泥质黏土层，抗剪强度为15kPa，采用预压排水固结法（砂井）加固后，随坝体增高，坝基强度增长较快，当大坝填筑到14m高度时，坝基土的抗剪强度已增至50kPa，满足了稳定要求。在浙江宁波、舟山和杭州湾等地，坝基软弱黏性土大多为海相沉积的软黏土（淤泥及淤泥质土），采用预压排水固结法已建成了不少堤坝，最高的坝高达26m。

3.5 排水加固法在其他工程中的应用

排水加固技术在石油化工、核电、市政等行业应用广泛。以沿海某石化基地油罐地基处理工程为例[58]，该工程毗邻海域，场地原为池塘，地基为淤泥层。因现有场地陆域需要加高，首先吹填附近港池内淤泥质土形成陆域，随后将吹填土和原场地土层进行处理，地基处理后作为油罐区地基。根据勘探资料，场地地基加固深度范围内均为第四系松散堆积物，按其成因时代、成因类型、岩性特征及其物理力学指标从上至下共划分为4个工程地质层：①黏土层；②淤泥层；③-1粉质黏土层；③-2粉砂层，其中排水板主要穿过①、②工程地质层，进入粉质黏土层。本工程地基处理面积约为88.14万m^2，采用直排式真空预压法进行加固，工程共分为3个标段，30个分区，每个分区的面积为2万～3万m^2。施工工艺为：吹填附近港池内淤泥质疏浚土，在吹填土上部铺设一层150g/m^2编织布，回填50cm厚砂垫层。其后打设B型整体式（防淤堵）塑料排水板（宽度100mm），间距1m，正方形布置。塑料排水板顶部超出砂垫层，通过主管、支管直接与射流泵连接。安装真空泵并开始覆水抽真空，真空度达到80kPa以上，覆水深度约为0.5m，满载抽真空有效时间不少于120天。设计要求加固后的地基承载力大于65kPa，加固深度范围内地基的平均总应变固结度大于80%，在陆域回填荷载作用下，地基工后沉降小于30cm。地基加固结束后，采用双曲线法来推求的地基平均固结度达到87%。油罐区地基加固前的平均十字板强度约为15.5kPa，地基加固后的十字板强度约为33.5kPa，强度增长值为18kPa。载荷试验结果表明，地基承载力大于65kPa，油罐淤泥地基的加固达到了预期效果。

4 排水固结技术的发展

4.1 无砂垫层真空预压技术

传统的真空预压技术需要中粗砂垫层作为水平排水通道，而随着我国环境保护的日益加强，砂资源异常紧缺，砂料价格不断上涨，地基处理常常因为砂资源供应不足和工程费用而影响工程进展。中交四航工程研究院、南京水利科学研究院、天津港湾工程研究院等单位在吹填淤泥地基处理工程中提出了无砂垫层真空预压技术，将真空管与排水板直接连接，不需要铺设砂垫层，真空负压荷载可以较高效的传递到土体中，可有效缩短加固时间。目前无砂垫层真空预压工艺包含以下形式：

（1）直排式无砂法真空预压工艺[59]［图11（a）］，该工艺需取消了传统的砂垫层，将塑料排水板和滤管直接相连进行抽真空，减少真空荷载传递过程中的沿程损失，提高真空荷载的利用能效，可提高加固质量、缩短工期、降低造价。

（2）三维复合土工网真空预压工艺[60]［图11（b）］，采用复合土工网替代传统的砂垫层，一般应用于超软土地基处理。该工艺在泥面铺设编织布和无纺布后，铺设三维土工排水网。由于三维土工排水网重量小，而且整体性好，超软泥面可以承担此荷载。现场施工表明，三维网起到了良好的水平排水和均布荷载作用，完全可以在实际工程中替代砂垫层，在加固后的地表形成了约 30cm 左右的硬壳层，硬壳层的十字板强在 20kPa 左右。

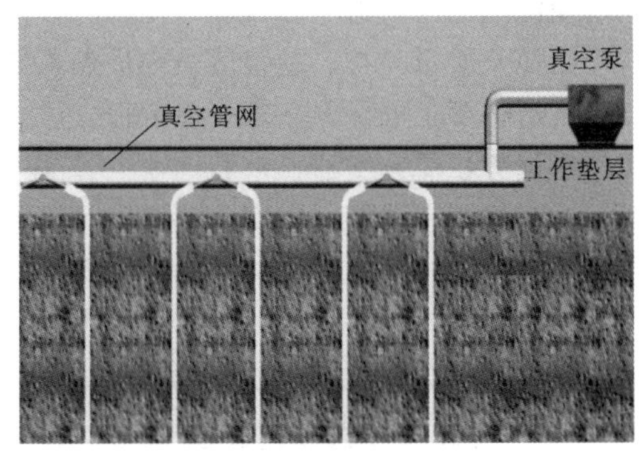

(a) 直排式真空预压工艺

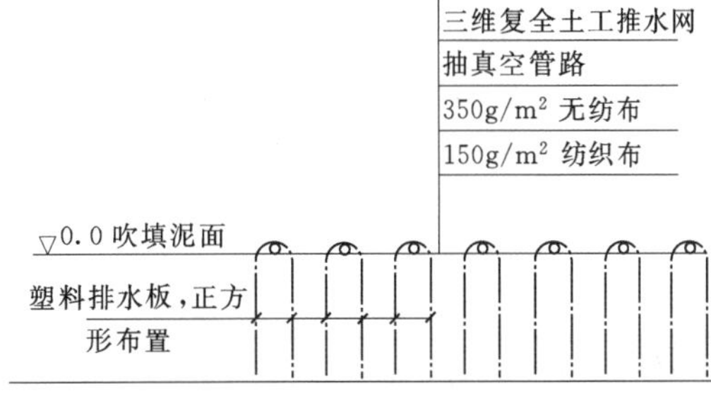

(b) 三维复合土工网真空预压工艺

图 11　无砂垫层真空预压技术示意图

无砂垫层真空预压技术中排水系统的关键技术是排水板和真空管（滤管）的连接，我国的施工企业相继开发出缠绕连接方式［图 12（a）］、承压式接头连接方式［图 12（b）］，保障了真空度从水平管网系统向竖向排水板的有效传递。

(a) 缠绕连接

(b) 承压式接头连接

图 12　排水板与真空管（滤管）的连接

4.2　排水预压法与其他地基处理方法的联合应用

4.2.1　排水固结与复合地基联合应用

1. 混凝土芯砂石桩复合地基法

南京水利科学研究院从控制工后沉降地基处理理念出发，综合排水固结法有利于深厚软土固结和预制桩强度高且质量容易控制等优点，在国内外首创地基处理新技术-混凝土芯砂石桩（简称混凝土芯砂桩）复合地基[61-63]。采用振动沉管或者长螺旋方式在软土地基中成孔，孔中心设立预制钢筋混凝土桩即复合桩体的芯，四周灌砂或碎石屑形成桩的壳。为防止在上部荷载作用下芯桩产生向上的刺入破坏，成桩后可控制桩顶低于地面，用人工稍加修整后在桩头上部形成比混凝土芯砂石桩直径稍大的圆锥形凹槽，灌入碎石压实，随后铺设砂垫层或碎石垫层及1～2层的土工格栅作为褥垫层。混凝土芯砂桩、桩间土和褥垫层一起形成混凝土芯砂桩复合地基，其结构形式见图13和图14。混凝土芯砂桩复合地基能充分利用桩周土层的承载能力，发挥钢筋混凝土芯桩的高承载性能，利用填土荷载使地基变形在堆载期间大部完成，以解决使用期沉降问题，把工后沉降和差异沉降控制在允许范围内。混凝土芯砂桩复合地基具有施工简便，质量易控，造价适当等优点，特别适合于高含水量、高有机质含量地区对工后沉降有严格要求的深厚软基处理工程。

混凝土芯砂石桩复合地基具有明显的经济和技术优势，受到交通、水利行业主管部门和工程技术人员越来越多的关注。目前，该技术已在镇溧高速公路、深圳茅洲河堤防加固工程、南京滨江开发区路网建设等项目中得到成功应用[63]。

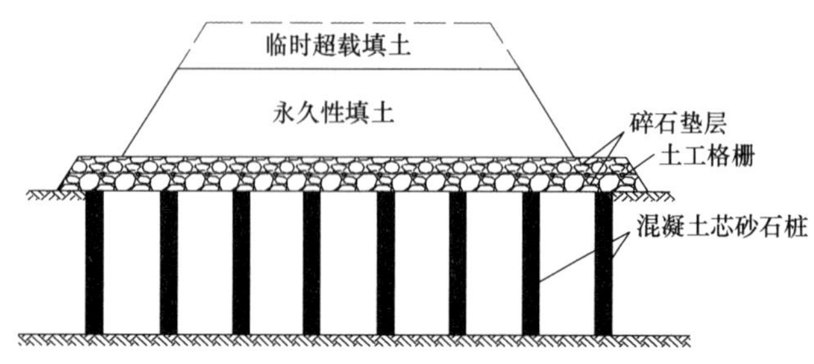

图13　混凝土芯砂桩复合地基剖面示意图

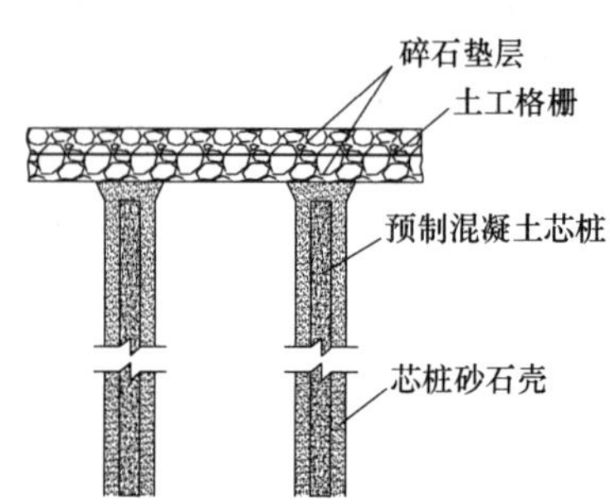

图14　混凝土芯砂桩复合地基结构示意图

2. 长板短桩地基加固技术

在高速公路软土地基处理方法中，应用比较普遍的是排水固结法和水泥土搅拌桩法。然而，对于深厚软土地基的处理，如果单独上述两种方法之一时，一般难以取得令人满意的效果。为此，叶观宝等提出了采用长的塑料排水板与短的水泥土搅拌桩联合处理的方法（简称长板-短桩工法，又称D-M工法，见图15)，并将其成功应用于江苏省淮安—盐城高速公路试验段软基处理工程中[64]。

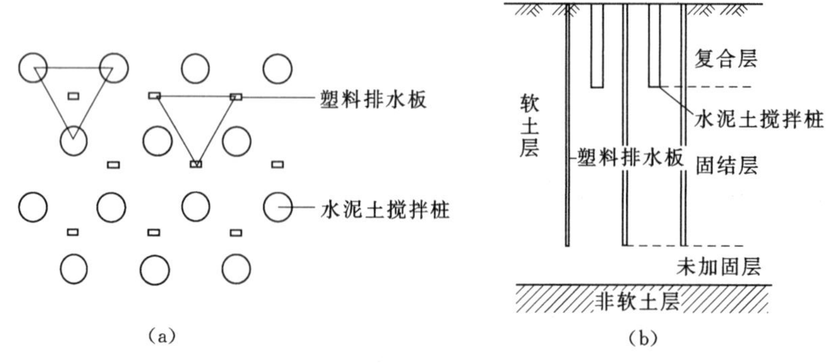

图15　长板-短桩结构示意图

长板-短桩工法是一种新型地基处理方法，与单独预压排水法相比，由于“短桩”的存在，地基土强度得到一定提高，路堤施工期和预压期的稳定性得到了提高，可以加快路堤施工速率，从而缩短建设周期，并部分消除软基沉降；与单独深层搅拌桩相比，由于“长板”的存在，可以加快深部软土的固结沉降，从而将工后沉降控制在一定的范围内。由于长板-短桩复合地基可以充分利用水泥土桩和塑料排水板两种处理方案的优势，对处理深厚饱和软土地基有很好的应用前景，目前已应用于公路、铁路及水利电力工程地基处理工程中。

4.2.2　排水固结与强夯法联合应用

真空预压联合强夯加固软土地基工艺流程图如图 16 所示。

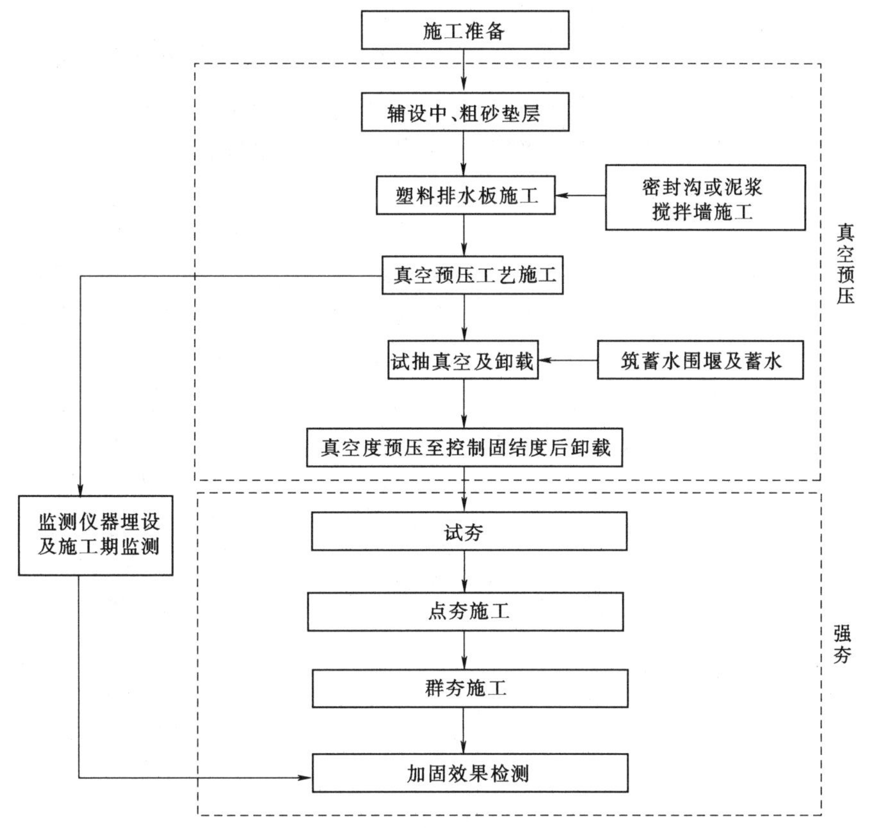

图 16　真空预压联合强夯加固软土地基工艺流程图

真空预压属于静力排水固结，其特点是能加固比较深厚的软土，不会出现地基的失稳问题，加载、卸载方便快速，加固效果前期显著，后期缓慢，达到 80%以上固结度所花费的时间比较长。强夯法属于动力固结法，一般适用于非饱和土或砂性土，其特点是经过强大夯击能的作用可以快速形成一个硬壳层，施工期短，表层加固效果好，但加固深度有限，加固饱和软土时容易形成“橡皮土”。两个方法具有明显的互补性，将他们的优点充分结合起来，会取得更好的效果[65-66]。具体实施时，采用真空预压初期固结速率快的优点，通过短时间的真空预压达到 50%～70%的固结度，快速提高浅层地基的承载力和强度，为强夯施工创造条件。真空预压达到设定的固结度后，再联合强夯法，利用已有的塑料排水板和砂垫层所形成的良好排水通道，加快强夯过程中超静孔隙水压力的消散速度，有效避免强夯过程中形成的“橡皮土”技术难题。地基在冲锤冲击能作用下，经过能量转换、固结压密和触变固化三个阶段后，承载力和强度进一步提高，充分发挥强夯加固地基快速、经济和高效的优势。排水固结联合强夯法中，强夯的能级一般比较低，为1000～3000kN·m，对软土以大间距，低能级、渐加密、多遍数的原则实施处理。

近年来，真空联合强夯法在东莞南玻软基处理工程、厦门港海沧港区围埝软基工程中得到成功应用。加固后表层地基的承载力大于100kPa，工后沉降进一步减小。

4.3 排水加固技术的进一步发展

近年来，在深厚软土地基真空预压技术的基础上，还发展与衍生出不少新技术，形成很多新颖的工法，针对性解决了生产实践中的一些问题。主要有低位真空预压技术，增压式真空预压技术、气压劈裂真空预压技术等，这些技术的出现为真空预压加固软土技术的发展和完善做出了积极贡献，极大扩展和丰富了真空预压的应用范围和内涵。

4.3.1 低位真空预压法

低位真空预压法是在待加固地基上打设塑料排水板作为垂直排水体，同时在待加固地基表面铺设水平管网作为水平排水体，在管网及真空系统安装完成后，在水平排水体上吹填一定厚度的淤泥作为密封层，然后用真空泵等设备抽真空在密封泥层层底形成负压，使待加固地基中的孔隙水在真空荷载的作用下顺着排水板快速排出，使地基产生沉降，提高承载力，达到加固地基的效果[67-69]，如图17所示。该方法用淤泥作为密封层，取消了传统真空预压的砂垫层和密封膜。密封泥层具有密封效果，同时在风吹日晒的蒸发作用及淤泥下管道的真空荷载作用下，也能达到一定的固结程度。与传统真空预压相比，低位真空预压具有以下特点：①采用淤泥土作为真空密封层可以节省材料，并能达到良好的密封效果；②表层淤泥土在风吹日晒的作用以及泥下管道真空压力作用下，泥封层能达到80%以上的固结度，承载力达到50kPa左右，满足一般工程用地的要求；③采用密封集水井水气分离方式抽真空，管网中压力传递均匀，压力损失很小。

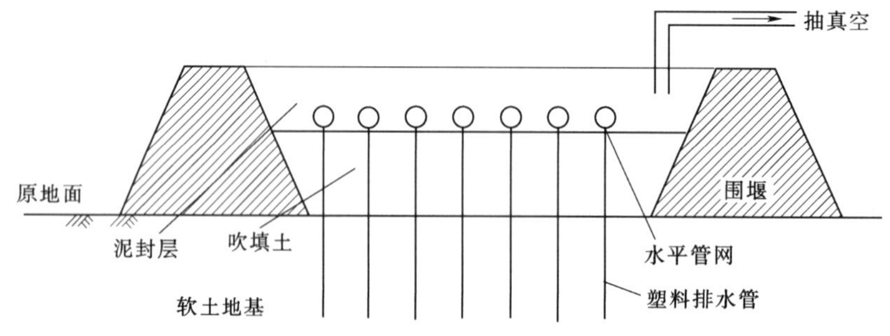

图17 低位真空预压示意图

低位真空预压方法在我国的天津、上海、浙江、江苏、广东、福建等地区的吹填造陆工程中得到成功应用，包括福建省厦门市象屿保税区二期软基处理工程A标段、天津市临港工业区14标段软基加固工程、天津市永定新河建闸软基处理工程、浙江省宁波市东钱湖淤泥加固试验工程、广东省珠海市白蕉联围堤防加固工程等。

4.3.2　增压式真空预压法

增压式真空预压通过向土体中注入一定压力的气体，使增压管与排水板之间产生压力差，土中水在压力作用下向排水板定向流动，加快排水效率，进而使得土体有效应力增加，加速土体的固结[69-70]。雷华阳等对真空预压过程中向土体中注入气体的可行性进行研究[71]，并与传统真空预压、分级加载真空预压、间歇通气真空预压进行对比试验，发现沉降量较其他方法提高至少30%；王军等对增压直排真空预压进行现场试验，注气增压后会使局部土体的孔压上升，增大水力梯度，使得固结沉降趋于稳定的土体再次出现沉降增长的趋势，其沉降增长量达到0.05～0.1m。耿震等采用增压式真空预压地基处理法处理某垃圾填埋场的一个市政污泥填埋坑[70]，处理后，污泥含水率可降至60%左右，表层的地基承载力特征值可达到45kPa，沉降量超过4m。蔡袁强等以温州瓯飞工程为依托[72]，比较了传统真空预压和增压式真空预压在真空压力、孔隙水压力、沉降量、剪切强度等指标的差异，相比与常规真空预压法，增压式真空预压在注气之后的沉降量要高出57mm，而剪切强度提高14%。

4.3.3　气压劈裂真空预压法

常规真空预压由于真空度沿深度衰减，其加固效果随着深度增加而变差，加固后期软土排水固结速率逐渐减缓，加固时间相对较长，长时间抽真空导致成本大幅增加。气压劈裂真空预压法在常规真空预压基础上，增加了气压劈裂系统（图18）。在地表施加真空荷载的同时，在土体内部间歇性施加高压气体。当高压气体压力超过某一临界值以后，土体发生劈裂，产生大量裂隙，裂隙与预先打设的塑料排水板组成有效的排水导气网络，一方面可以提高真空荷载向深层土体的传递效率，另一方面可以提高深部土体的渗透性，加速深部超静孔压的消散，加快土体固结，可以缩短预压时间和有限控制工后沉降[73-74]。

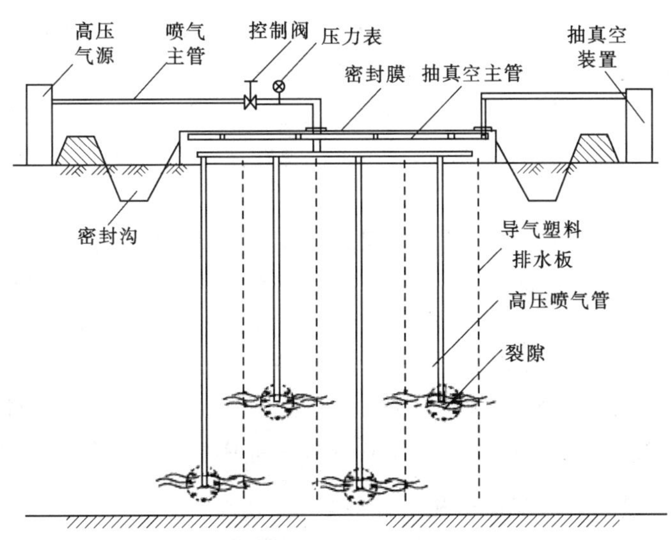

图18　气压劈裂真空预压法加固软土示意图

该方法在软土地基中的加固深度达到30m以上，该方法在江苏省江海高速公路地基处理工程中得到成功应用，形成了地方规程。

5 排水加固技术相关的国家和行业标准

5.1 发展历程

根据1982—1987年以来各地塑料排水板使用的经验及对排水板性能的测试，参考了荷兰制定的关于塑料排水板质量最低标准的建议，和天津新港东突堤大面积软基加固国际招标提出对塑料排水板质量指标要求，由河海大学和南京塑料研制厂合作，于1987年制定了SPB-1系列塑料板的质量标准《土工聚合物排水板（带）》（DB/320 Q18—87），该标准经江苏省教委和南京市经委在1987年组织的塑料排水板鉴定组专家审定，通过南京标准计量局批准，又称南京标准。标准中规定了SPB-1、SPB-2、SPB-3三种型号的塑料排水板材料的截面尺寸、纵向通水量、复合体抗拉强度、复合体延伸率、渗透系数、隔土性、滤膜干态湿态抗拉强度、每米重量及每卷长度。

塑料排水法加固软基技术在大量推广应用中不断发展和完善，逐步形成包括塑料排水板材料、设计方法、施工工艺在内的整套技术。由塑料排水板学会牵头召开的第一届（1990年）、第二届（1993年）塑料排水板法加固软基技术研讨会，总结10余年经验形成“塑料排水板质量要求及检测方法暂行规定（讨论稿）”及“塑料排水板施工技术规程（讨论稿）”。随后在此基础上，交通部组织中国土木工程学会港口分会塑料排水学术委员会编写《塑料排水板质量检验标准》（JTJ/T 257—96）和《塑料排水板施工规程》（JTJ/T 256—96），被交通部批准为推荐性行业标准，于1996年8月1日施行。两部标准现在分别由《水运工程质量检验标准》（JTS 257—2008）及《水运工程塑料排水板应用技术规程》（JTS 206-1—2009）所取代。《水运工程塑料排水板应用技术规程》中新增了D型塑料排水板性能指标。

同时，在水利行业由水利部国际合作与科技司主持，以南京水利科学研究院和中国土工合成材料工程协会为主编单位制定了《土工合成材料测试规程》，经审查批准为水利行业标准。标准规定了塑料排水带芯带压屈强度与通水量试验方法。标准的名称和编号为：《土工合成材料测试规程》（SL/T 235—1999）。现在被《土工合成材料测试规程》（SL/T 235—2012）取代。

随着土工合成材料在各行各业的应用迅速发展，各行业也分别制定了塑料排水板材料的产品标准和试验规程。如公路行业编制了《公路工程土工合成材料塑料排水板（带）》（JT/T 521—2004）、《公路工程土工合成材料试验规程》（JTGE 50—2006）等。

塑料排水学术委员会编写的《塑料排水板质量检验标准》和《塑料排水板施工规程》为各行业推动塑料排水板材料的标准制定打下了坚实基础，对推动塑料排水板在工程中的应用发展，降低建设成本，保障工程建设质量等方面发挥了重要作用。

5.2 关于排水加固技术方面的国家和行业标准

近年来随着我国工程建设的蓬勃发展，科研单位和研究人员对地基处理新技术总结日益重视，修订和新编制了多本规范、标准，这些成果也集中反映了我国近十年来排水固结加固软土地基领域所取得的理论和时间成果。表2列出了排水固结相关的国标和行业标准[48,50,75-78]。

表 2　　排水固结技术相关规范

规范名称	修订或新编年份	主要特点和排水固结相关内容
《铁路工程地基处理技术规程》（TB 10106—2010）	2010	规程适用于铁路工程地基处理的设计、施工和质量检验。排水固结相关内容包括袋装砂井及塑料排水板的一般规定、设计、施工和质量检验
《建筑地基处理技术规范》（JGJ 79—2012）	2012	规范适用于建筑工程地基处理的设计、施工和质量检验。排水固结相关内容包括真空预压、堆载和真空联合预压的一般规定、设计、施工和质量检验
《真空预压法加固软土地基施工技术规程》（HG/T 20578—2013）	2013	规程适用于软土地基真空预压加固工程。排水固结相关内容包括真空预压的施工准备、工作垫层施工、排水系统施工、密封系统施工、真空设备施工、真空加载和卸载等
《水利水电工程软土地基施工监测技术规范》（DL/T 5316—2014）	2014	规范适用于水电水利工程施工期软土地基安全监测设计和施工。排水固结相关内容包括软土地基预压加固工程监测的一般规定、方案设计、监测项目和资料分析等内容
《吹填土地基处理技术规范》（GB/T 51064—2015）	2015	规范适用于吹填土地基处理的勘察、设计、施工及质量检验。排水固结相关内容包括吹填场地勘察、堆载预压法、真空预压法、电渗排水法等
《水运工程地基设计规范》（JTS 147—2017）	2017	规范适用于水运工程地基设计。排水固结相关内容包括堆载预压、真空预压法的设计和监测检测等
《水工建筑物地基处理设计规范》（SL/T 792—2020）	2020	规范适用于各类水工建筑物地基处理设计。排水固结相关内容包括堆载预压、真空预压、真空和堆载联合预压的设计内容，包括加固范围、排水体形式、间距、排列方式和深度；确定施加荷载的大小、范围、分级、加荷速率、分级预压时间，计算地基固结度、强度增长、整体稳定及沉降等

5.3　关于地基处理排水材料的国家和行业标准

现行地基处理排水材料的国家和行业标准种类众多，各领域划分较细，现将常用排水材料相关标准列举如下[79-82]：

（1）塑料排水带的一般性能、技术要求及试验方法的相关标准有《公路工程土工合成材料塑料排水板（带）》（JT/T 521—2004）、《公路工程土工合成材料排水材料》（JT/T 655—2006）、《水运工程塑料排水板应用技术规程》（JTS 206－1—2009）、《公路工程土工合成材料试验规程》（JTGE 50—2006）；塑料排水板的相关标准有《高分子防水材料　第1部分：片材》（GB 18173.1—2012）、《塑料防护排水板》（JC/T 2112—2012）、《铁路隧道排水板》（TB/T 3354—2014）。

（2）塑料盲沟的一般性能及技术要求由《公路工程土工合成材料排水材料》（JT/T 655—2006）规定。

（3）软式排水管一般性能及技术要求由《软式透水管》（JC 937—2004）规定。

（4）土工复合排水网一般性能及技术要求由《垃圾填埋场用土工排水网》（CJ/T 452—2014）规定。

（5）透水硬管，根据其应用领域的不同，现已制定了各领域不同的标准。如给水管标准《给水用硬聚氯乙烯（PVC－U）管材》（GB/T 10002.1—2006）、《给水用硬聚氯乙烯（PVC－U）管件》（GB/T 10002.2—2003）；排水管标准《建筑排水用硬聚氯乙烯

(PVC-U) 管材》(GB/T 5836.1—2006)、《建筑排水用硬聚氯乙烯 (PVC-U) 管件》(GB/T 5836.2—2006);无压埋地排污、排水管标准《无压埋地排污、排水用硬聚氯乙烯 (PVC-U) 管材》(GB/T 20221.1—2006) 等。HDPE双壁波纹管的一般性能及技术要求由《埋地用聚乙烯 (PE) 结构壁管道系统第1部分:聚乙烯双壁波纹管材》规定。

在这里值得一提的是,水利、水运及公路等工程中采用排水固结法进行软基处理的塑料排水板严格意义上应为塑料排水带,与片材型塑料排水板材料区分。水利、水运及公路等标准中规定的塑料排水带按排水带芯体横截面形状分为双面槽形、丁字形、城墙形、长丝交叠形、波形等,芯板原材料一般为聚丙烯。而高分子防水材料及铁路隧道等标准中规定的塑料排水板,往往应用于种植屋面、地下建筑隧道等工程。这类排水板根据其结构形式可分为凸壳型排水板和毛细型排水板。凸壳型排水板的材质采用高密度聚乙烯,毛细型排水板的材质采用聚氯乙烯。

6 结论与展望

本文对我国近年来排水固结法加固深厚软土地基的研究热点、工程应用、技术发展、标准规范等进行了总结介绍,得到如下结论:

(1) 大型水利、公路、机场、港口等软基处理工程建设催生了我国排水固结技术的快速发展,在真空预压设计、施工、排水材料等方面基本达到国际领先水平。

(2) 目前排水固结法的研究热点包括淤泥“抱团”现象、地下水位变化、大变形土体强度增长计算、加荷速率和卸载标准等。随着工程界和科研工作者研究工作的深入和现代测试技术发展,对以上问题的认识逐步深入,一些热点问题得到了有效解决。

(3) 排水固结法应用于深厚软土地基处理,发展了很多新技术,包括无砂垫层真空预压法、低位真空预压法、增压式真空预压法、气压劈裂真空预压法、真空联合强夯法、混凝土砂芯桩,长板短桩等,以上新技术在很多工程中得到了成功应用。

(4) 我国水利水运、建筑、铁路等行业编制了多本与排水固结和排水材料相关的国家和行业标准,集中反映了我国近年来排水固结加固软土地基领域所取得的生产和实践经验。

参考文献

[1] 龚晓南. 地基处理手册 [M]. 3版. 北京:中国建筑工业出版社,2007.

[2] 刘松玉,周建,章定文,等. 地基处理技术进展 [J]. 土木工程学报,2020,53 (4):93-110.

[3] 娄炎. 真空排水预压法加固软土技术 [M]. 北京:人民交通出版社,2012.

[4] 赵维炳. 排水固结加固软基技术指南 [M]. 北京:人民交通出版社,2005.

[5] 赵维炳,刘家豪,高长胜,等. 工程排水加固技术发展现状与展望 [C] //第六届全国塑料排水工程技术研讨会论文集. 2005.

[6] 赵维炳. 工程排水与加固技术理论与实践 [C] //第八届全国塑料排水工程技术研讨会论文集,2011.

[7] Barron,R. A. Consolidation of fine-grained soils by drain wells [J]. Transactions of the American Society of Civil Engineers,1948,113 (1):718-742.

[8] Hansbo, S. Consolidation of fine-grained soils by prefabricated vertical drains. Proceedings of the

10th international conference on soil mechanics and foundation engineering, Stockholm, 1981: 677 - 682.

[9] 邓岳保，谢康和. 竖井地基固结理论研究现状及发展 [C] //第八届全国排水与加固技术研讨会. 宁波，2017.

[10] 赵维炳. 广义 Voigt 模型模拟的饱水土体固结理论及应用 [D]. 南京：河海大学，1987.

[11] 刘加才. 层状砂井地基固结分析及其工程应用 [D]. 南京：河海大学，2004.

[12] Indraratna, B., Rukikiathamjorn, C., Sathananthan, I. Radial consolidation of clay using compressibility indices and varying horizontal permeability [J]. Canadian geotechnical Journal, 2005, 42 (5): 1330 - 1341.

[13] Fox, P. J., Nicola, M. D., Quigley, D. W. Piecewise - linear model for large strain radial consolidation [J]. Journal of Geotechnical and Geoenvironmental engineering, 2003, 129 (10): 940 - 950.

[14] 谢台林，方祖芬. 不同塑料排水板插打设备在软基处理中的应用 [J]. 浙江水利科技，2004，4：21 - 22.

[15] 林传高，陈天明. 履带振动插板机打设排水板桩在软基处理中的应用 [J]. 中国水运，2009，3：248 - 249.

[16] 徐进刚. 塑料排水板插板机机型的选择 [J]. 浙江水利科技，1999 (1)：24 - 27.

[17] 陶松垒，张子和，郑锐锋，等. 塑料排水板法加固深水软基技术在洋山工程中的应用 [J]. 港工技术，2006 (4)：47 - 49.

[18] 董志良，刘嘉，朱幸科，等. 大面积围海造陆围堰工程关键技术研究及应用 [J]. 水运工程，2013 (5)：168 - 175.

[19] 吴述远，翟鸣皋. 港珠澳大桥香港人工岛工程海上排水板施工研究及改进 [J]. 中国水运，2016，16 (2)：220 - 221.

[20] 黄宏宝. 水气分离联合增压式真空预压法在软基处理中的应用 [J]. 中国水运，2019，19 (6)：254 - 258.

[21] 闫笑铭. 一种节能型水汽分离式浅层真空预压工艺在超大型填海造地工程中的应用. 2018，18 (1)：20 - 211.

[22] 金亚伟. 真空预压用不倒翁式集水装置. 中国专利，201420514104x.

[23] 程万钊. 吹填淤泥若干问题研究 [D]. 南京：南京水利科学研究院，2010.

[24] 陈平山，董志良，张功新，等. 吹填淤泥浅层加固中“土桩”现象的机理分析 [C] //第八届全国工程排水与加固技术研讨会论文集. 北京：中国水利水电出版社，2011.

[25] 陈平山，董志良，张功新. 新吹填淤泥浅表层加固中“土桩”形成机理及数值分析 [J]. 水运工程，2015 (2)：88 - 94，158 - 163.

[26] 董志良，张功新，周琦，等. 天津滨海新区吹填造陆浅层超软土加固技术研发及应用 [J]. 岩石力学与工程学报，2011 (5)：1073 - 1080.

[27] 唐彤芝，黄家青，关运飞，等. 真空预压加固吹填淤泥土现场试验研究 [J]. 水运工程，2010 (4)：115 - 122.

[28] 关云飞，黄家青，等. 吹填淤泥与海相软土在真空压力作用下的固结特性对比分析 [C] //第八届全国排水与加固技术研讨会，福州，2011.

[29] 鲍树峰，娄炎，董志良，等. 新近吹填淤泥地基真空固结失效原因分析及对策 [J]. 岩土工程学报，2014，36 (7)：1350 - 1359.

[30] 宋晶，王清，张鹏，等. 高黏性吹填土固结过程中细颗粒迁移规律研究 [J]. 工程地质学报，2012，20 (6)，1042 - 1049.

[31] 陈允进，夏玉斌，刘健，等. 直排式真空预压法加固高黏性超软吹填土室内模型试验研究 [J]. 水运工程，2011 (10)：125 - 131.

[32] 雷华阳，王铁英，张志鹏，等. 高黏性新近吹填淤泥真空预压试验颗粒流宏微观分析 [J]. 吉林

大学学报：地球科学版，2017，47（6）：1784－1794。
[33] 占鑫杰．市政污泥的化学调理和真空预压联合作用固结机理及应用［D］．杭州：浙江大学，2015．
[34] 唐彤芝，黄家青，关云飞，等．真空预压加固吹填淤泥土现场试验研究［J］．水运工程，2010（4）：115－122．
[35] 周源，高玉峰，陶辉．疏浚淤泥中的拱架结构防淤堵机理［J］．土木建筑与环境工程，2010，32（2）：7－13．
[36] 邓东升，洪振舜，刘传俊，等．低浓度疏浚淤泥透气真空泥水分离模型试验研究［J］．岩土工程学报，2013，31（2）：250－253．
[37] 明经平，赵维炳．真空预压中地下水位变化的研究［J］．水运工程，2005，372（1）：1－6．
[38] 姜彦彬，何宁，周彦章，等．真空预压地下水位概念及测量技术研究［J］．岩土工程学报，2016，38（10）：1917－1922．
[39] 刘汉龙，周琦，顾长存．真空预压条件下地下水位测试新方法及其应用［J］．岩土工程学报，2009，31（1）：48－51．
[40] 赖建英，李平，唐建辉．负压条件下的地下水位测试装置及试验研究［J］．中国港湾建设，2017，37（11）：35－39．
[41] 辜清华，李志勇，何良德．真空预压中地下水位变化的理论探讨［J］．石家庄铁道学院学报（自然科学版），2007，20（3）：102－105．
[42] 张功新，董志良，莫海鸿，等．真空预压中地下水位测试技术探讨与改进［J］．岩土力学，2007，28（9）：1899－1903．
[43] 高志义，侯晋芳，梁爱华．真空预压法地下水位分析及其测试方法［J］．岩土工程学报，2013：35（增刊2）：684－688．
[44] 娄炎，何宁．地基处理监测技术［M］．北京：中国建筑工业出版社，2015：309－327．
[45] 曹永琅，丛建，吴晓峰．高速公路超软土地基的真空预压加固研究［J］．岩土力学，2003，24（5）：771－775．
[46] 中交四航工程研究院有限公司．一种适用于真空预压地基处理技术的地下水位测试装置及系统：中国，CN201320633147.5［P］．2014．
[47] 南京水利科学研究院．测量真空排水预压密封膜下地下水位的设备及其设置方法：中国，CN201410119698.9［P］．2014．
[48] JGJ 79—2012 建筑地基处理技术规范［S］．北京：中国建筑工业出版社，2012．
[49] 张文彬，谢锦波，王贤奔，等．真空预压加固吹填流泥强度增长规律试验研究［J］．水运工程，2016（8）：151－157．
[50] SL/T 792—2020 水工建筑物地基处理设计规范［S］．北京：中国水利水电出版社，2020．
[51] JTS 147－2—2009 真空预压加固软土地基技术规程［S］．北京：人民交通出版社，2009．
[52] DL/T 5316—2014 水电水利工程软土地基施工监测技术规范［S］．北京：中国电力出版社，2014．
[53] 塑料板排水法加固软基工程实例集［M］．北京：人民交通出版社，2001．
[54] 蔡家范，许道化，柯弘生，等．沪宁高速公路软土地基综合处理技术研究和实践［J］．水利水电科技进展，1998，18（2），1－4．
[55] 赵维炳，艾英钵，张静．排水固结加固高速公路深厚软基工后沉降［J］．水利水运工程学报，2003（1）：28－33．
[56] 崔柏华．京珠高速公路广珠东线某试验段软基加固效果分析［C］//第八届土力学及岩土工程学术会议论文集．1998：385－388．
[57] 马驰．深圳机场软基处理工程设计［C］//第十一届全国工程排水与加固技术研讨会论文集．北京：中国水利水电出版社，2020．
[58] 占鑫杰，许小龙，朱群峰，等．油罐淤泥地基真空预压试验研究［C］//第十六届全国地基处理

学术讨论会论文集．2020.

[59] 吴松华．增压式真空预压法加固新近吹填土现场试验研究［J］．水运工程，2018（9）：181－185.

[60] 曹永华，李卫，刘天韵．浅层超软土地基真空预压加固技术［J］．岩土工程学报，2011，33（S1）：234－238.

[61] 唐彤芝，赵维炳，陈俊生，等．高填土路堤荷载下混凝土芯砂石桩复合地基变形与承载力试验研究［J］．岩土工程学报，2010（12）：1829－1836.

[62] 杨燕伟，关云飞，李锦涛．混凝土芯砂石桩复合地基固结计算［J］．水利水运工程学报，2016（3）：46－52.

[63] 胡满堂．混凝土芯砂石桩复合地基在深圳河口深厚软基处理中的应用［J］．广东水利水电，2012（8）：86－87.

[64] 叶观宝，廖星樾，高彦斌，等．长板-短桩工法处理高速公路软土地基的数值分析［J］．岩土工程学报，2008，30（2）：232－236.

[65] 陈宇明．真空降水联合低能量强夯在某黏土堆场中的试验与应用［J］．岩土工程学报，2010，32（增2）：525－528.

[66] 陈庚，彭中浩，王雅茹，等．真空井点降水联合强夯加固粉土地基的现场试验研究［C］//第十届全国塑料排水工程技术研讨会论文集．2017.

[67] 朱群峰，高长胜，杨守华，等．低位真空预压加固大面积吹填淤泥地基试验研究［C］//第七届全国工程排水与加固技术研讨会论文集．2008：101－108.

[68] 顾立军，侯和平，冯伟骞．低位真空预压技术在永定新河防潮闸地基加固工程中的应用［J］．海河水利，2010（4）：48－50.

[69] 沈宇鹏，余江，刘辉，等．增压式真空预压处理站场软基效果试验研究［J］．铁道学报，2011，33（5）：97－103.

[70] 耿震，金亚伟，刘刚．增压式真空预压地基处理法用于存量污泥填埋坑治理．中国给水排水，2018，34（8）：63－66.

[71] Lei H Y，Qi Z Y，Zhang Z，et al. New vacuum－preloadingtechnique for ultrasoft－soil foundations using model tests［J］. International Journal of Geomechanics，2017，17（9）：40－49.

[72] Cai Y Q，Xie Z W，Wang J，et al. New approach of vacuum preloading with booster prefabricated vertical drains（PVDs）to improve deep marine clay strata［J］. Canadian Geotechnical Journal，2018，55（10）：1359－1371.

[73] 刘松玉，韩文君，章定文，等．劈裂真空法加固软土地基试验研究［J］．岩土工程学报，2012，34（4）：591－599.

[74] 章定文，刘松玉，韩文君．土体气压劈裂原理与工程应用［M］．北京：科学出版社，2014.

[75] TB 10106—2010 铁路工程地基处理技术规程［S］．北京：中国铁道出版社，2014.

[76] HG/T 20578—2013 真空预压法加固软土地基施工技术规程［S］．北京：中国计划出版社，2014.

[77] GB/T 51064—2015 吹填土地基处理技术规范［S］．北京：中国计划出版社，2015.

[78] JTS 147—2017 水运工程地基设计规范［S］．北京：人民交通出版社，2018.

[79] JTS 206—1—2009 水运工程塑料排水板应用技术规程［S］．北京，中国交通运输出版社，2009.

[80] 第二届塑料板排水法加固软基技术研讨会论文集［C］．厦门：河海大学出版社，1993.

[81] 第三届塑料板排水法加固软基技术研讨会论文集［C］．连云港：河海大学出版社，1996.

[82] SL 235—2012 土工合成材料测试规程［S］．北京：中国水利水电出版社，2012.

软基加固监测技术研究

董志良[1,2]

（1. 中交四航工程研究院有限公司，广东广州　510230；
2. 中交交通基础工程环保与安全重点实验室，广东广州　510230）

摘　要： 本文通过调研总结了国内外现阶段在软基加固监测技术领域在自动化监测等方面的研究进展。在此基础上，结合我司参与的多项软基加固工程项目，对水运工程施工监控技术规程、真空预压监测新技术和大面积软土加固自动化监测技术等方面进行了一些简要的介绍。最后，对软基加固监测技术未来的发展提出构想。

关键词： 软基加固；软土地基；地基监测；自动化监测

0　引言

由于土体的复杂性，目前尚不能对软基加固过程中土体的变化情况做出精准的预测。因此，为了保证软基加固过程中地基的安全，评判软基加固处理后的效果，需要在软基加固过程中进行相应的地基监测。通过监测数据对软基加固的施工过程进行实时监控，及时了解工程的实施情况以保证其安全性。通过对监测过程中异常数据的分析，找出施工过程中可能出现的险情并及时预报，从而及时处理并提出相应建议，确保施工的安全与质量，保证地基处理过程中的地基稳定性，达到正确、安全地指导地基处理的目的。

1　国内外研究现状

在软基加固工程中经常设立的监测内容可监测变形量、应力量和环境量三种[1]。变形量的监测包括地表沉降、深部分层沉降、地表水平位移、深层水平位移；应力量的监测包括静、动孔隙水压力，真空度和土压力；环境量监测主要是地下水位。目前，随着技术的进步和发展，地基处理中的监测技术和方法逐渐走向数字化、自动化和智能化。今后大规模、全方位、多维度及多场的岩土工程监测将得以实现[2]。

1.1　自动化监测

近些年，随着技术的进步，岩土工程自动化监测方面的研究逐渐走向成熟。自动化监测技术相比于传统的人工监测有以下几个优点：①能够全天候实时跟踪和监测，不受外界环境影响；②监测数据自动获得与存储，减少人为干扰；③同一时间段可以掌握不同区域的监测数据，数据及时性和完整性更好。自动化监测在边坡、基坑和大坝等结构领域应用

作者简介： 董志良（1965—　），男，博士，教授级高工，博士生导师，主要从事地基处理、环境岩土工程等方面的科研、设计、施工和技术管理工作。

较为广泛，但在软基加固方面的研究较少。连剑波[3]等在深圳—香港西部通道填海及地基处理工程中开发了一套基于GIS的软基处理监测信息系统。但系统仅仅对人工采集到的数据进行统计和分析，并没有对监测数据的实施自动采集。黄泰[4]针对软基加固中孔隙水压力测量不稳定性，土体水平位移测量和土体分层沉降量测量准确性低等问题，研发了软土地基自动监测系统，能够节省50%以上的人力成本且精度较高。邱敏等[5]对广州南沙滨海花园地区的软土地基进了自动化沉降监测与人工监测对比后证明了其可行性。

软基加固的自动化监测在应用中主要存在着以下问题：①软基加固的自动化监测还处于初步的应用阶段，自动化监测所需费用较高，相较人工监测存在着一定的劣势；②自动化监测系统的开源程度及模块化程度目前仍然较低，采用自动化监测时往往需要重新编写采集系统，耗时长成本高；③由于自动化监测的采集频率高，采集时间长且软基加固过程中地基土的变化较大，因此对传感器的耐久性和稳定性要求较高。

随着技术的发展，研究的推进，以上这些问题都会慢慢得以解决。届时，软基加固中全方位、全时段的自动化监测将得以实现，软基加固也将得到更加深入全面的研究。

1.2　数据采集手段升级

目前，软基加固自动化监测在土体位移上应用效果较好，传统人工监测地表沉降最为常规的方法就是沉降板法。后来，随着电子技术和测量技术不断地发展，出现了更为精确的测量技术，如剖面沉降仪法。现阶段也有利用卫星定位系统进行的位移监测，如GPS系统[6,7]、北斗系统[8,9]。近十几年，使用光纤光栅传感器[10]进行沉降位移监测逐渐发展成熟，并开始在工程领域得到广泛应用，其最显著的特点是测量精度高、抗干扰能力强。其他跨界的测量技术也在不断地普及应用，如三维激光扫描[11]、INSAR技术[12]，合成孔径雷达技术[13]，分布式光传感技术[14]等，监测精度可达毫米级。其他监测方面，例如深层水平位移所采用的测斜和孔隙水压力的测量方面，主要变化是从数据的有线传输转变为无线传输[15]，从人工采集数据转变为自动采集数据[16]，在监测原理方面的变化不大，自动化主要体现在原有的传感器基础上添加数据自动采集和传输模块[17]。

1.3　小结

随着科技的进步，全时段、大范围、多角度、多场、自动化和智能化的监测会逐渐实现[2]。可以预见，体积更小、精度更高以及准确性更高更可靠的传感器将会出现[18]。监测项目也将从少数物理量发展到位移、应力、应变、力以及其他基本物理性质的多场耦合监测。数据的采集方式也会从原来粗放的人工采集发展到自动化智能化。随着监测数据的种类越来越复杂，数据量越来越庞大，对监测工作者数据分析能力要求也越来越高。监测工作者应熟悉工程的地质、设计、施工和现场情况，全方位、全时段的参与工程，不能简单地成为数据的提供者，而应提升自己的分析能力，加大对理论和模拟方面的学习，让自身成为工程的数据分析中心，更好地帮助工程顺利、安全、高效的进行。

2　水运工程施工监控技术规程

由于监测工作能可靠地反映施工过程中的安全状态，保障施工的顺利进行，日益受到国家和工程单位的重视，但现阶段的监测工作中还存在着标准化程度不够的现象。因此，编制了《水运工程施工监控技术规程》，期望能使地基处理的监测工作更加规范化、标准化，以下做一些简要的介绍。

2.1 地基处理监控项目

施工监控是一个长期的过程，短则数月，长则数年，监测仪器的耐久性、长期稳定性是施工监控可持续的基础，直接影响到施工监控成果的质量。施工监控项目应按根据地基处理方法、工程重要性、建设规模等按表 1 确定。

表 1 中的施工监控项目是通过对我国大量水运工程建设实践调研基础上，并结合现行的有关规范，考虑了我国目前地基处理监控技术水平后提出的，是对我国现有监控技术水平的经验总结，符合我国水运工程发展的实际需要，有较强的可操作性。施工监控项目的选择应与地基处理方法、工程重要性、建设规模等相适应，盲目追求监控项目内容和数量并不是施工监控的目的，施工监控力求做到“兼顾全面、突出重点”。

表 1 地基处理监控项目

地基处理方法 \ 监控项目		地表沉降	地表水平位移	深层水平位移	土体分层沉降	孔隙水压力	地下水位	膜下真空压力	地面裂缝	夯沉量	周边隆起
排水固结法	真空预压	★	☆	★	★	★	★	★	—	—	—
	堆载预压	★	★	★	★	★	☆	—	—	—	—
	真空联合堆载预压	★	☆	★	★	★	★	★	—	—	—
强夯		★	☆	—	—	☆	☆	—	☆	★	★
振冲		★	—	★	—	☆	☆	—	☆	—	—
碎石桩/砂桩		☆	—	★	—	☆	☆	—	☆	—	☆
爆炸		☆	—	—	—	—	—	—	—	—	—

注 “★”为应测项目，“☆”为选测项目，“—”为不规定项目。

表 1 中所列出 10 项监测项目，主要围绕着应力、变形开展相关监控。大量工程实践表明：边桩位移测量精度受到多种因素影响，同时仅以地表的水平位移来判断地基变形情况也有失偏颇，相对于边桩位移，深层水平位移则更全面，更准确，建议将深层水平位移确定为“应测”，地表水平位移确定为“宜测”。地基处理过程中的水平变形和沉降是相辅相成的，是从两个方向对应力作用的体现，是一个相互验证的过程，同时开展地表沉降监测，可以提高监测数据的有效性和准确度，因此，将地表沉降确定为“应测”。孔隙水压力的变化是对土体内部有效应力转化的反映，是土体受力机理的最本质体现，对于准确把握加载安全控制作用更加明显，将其确定为“应测”。

2.2 周边环境影响监控项目

随着我国步入资源节约型、环境友好型社会，地基处理过程中环境问题也愈发突出，尤其是施工对周边环境影响越来越受到社会各界的关注，大量的工程实践表明：地基处理施工一定程度上会对周边建筑物、地下管线、道路等产生不利的影响，轻则会产生墙体、路面裂纹，重则会产生管道断裂、路面开裂，甚至出现建筑物倾斜等严重事故。而目前就地基处理对周边环境影响程度尚没有明确的界定标准，因此开展相关的环境影响监控势在必行，也适应了我国“资源节约型、环境友好型”社会发展总体要求。周边环境影响监控项目应按表 2 确定。

对周边环境影响监控主要是为保护周边环境，避免或减少地基处理施工对周边环境的过度影响，监控的出发点和落脚点还在于周边环境本身，因此监测点宜布置于周边环境中对外部条件变化比较敏感的位置，如建筑物的角点、中点或柱上以及其他有代表性的部位，对于管线，宜布置在管线的节点、转角点和变形曲率较大的部位。

表 2　周边环境影响监控项目

地基处理方法 \ 监控项目		地下水位	周边建筑物位移和沉降	地下管线位移和沉降	振动	地面裂缝
排水固结法	真空预压	★	★	★	—	★
	堆载预压	☆	★	★	—	★
	真空联合堆载预压	★	★	★	—	★
强夯法		☆	★	★	★	☆
振冲法		—	★	★	—	☆
碎石桩/砂桩		—	★	★	—	☆
爆炸法		—	☆	☆	★	—

注　“★”为应测项目，“☆”为选测项目，“—”为不规定项目。

地基处理施工会对周边环境产生一定的影响，其影响范围因采用处理方法不同有所差异，目前尚没有明确的标准来界定安全影响距离，大量的工程实践表明：对于真空预压法，平面距离在 3 倍以上的设计加固深度范围之外的周边建筑物、管线、路面等受到地基处理施工影响是有限的，不会对建筑物、管线、路面本身产生破坏性作用，因此建议对平面距离在 2～3 倍的处理深度范围以内的建筑物、管线、路面采取必要的监控措施。

2.3　排水固结法监测要求

排水固结法监控测点布置较其他方法更为复杂，在布置时要求更加复杂，布置监控测点时应符合下列规定。

（1）监测点应根据工程特点、工程地质条件，选取最不利断面或有代表性的特征断面布置。

（2）地表沉降监测点宜在加固区内均匀布置，数量应根据加固区具体情况确定，间距宜为 20～50m。

（3）深层水平位移监测点应沿加固区边界均匀布置，对于侧向变形较大，或地质条件较差的部位应重点布置，测斜管进入相对稳定层不应少于 2m。

（4）孔隙水压力监测点应布置在压缩变形和剪切变形较大部位，每个加固区不应少于 1 组，当布置多组时应在加固区内均匀布置，垂直向测点应沿深度在每个土层内布置，间距宜为 2～3m。

（5）土体分层沉降监测点应布置在加固区中心处，宜与孔隙水压力监测点相邻近，垂直向测点宜布置在土层的分层面上，每个土层不应少于 1 个点。

（6）地下水位监测点应布置在孔隙水压力监测点 2m 范围内，每个加固区不应少于 1 个点。

（7）膜下真空压力监测点宜布置在加固区的角点和中心处，当加固区面积较大时，可适当增加测点数量。

排水固结法对周边环境影响监控应符合下列规定。

（1）应根据加固区周边环境、地基处理方法等，合理选择周边环境影响监控项目。

（2）对于已有建筑物，监测点宜布置在建筑物的角点、中点或柱上、裂缝两侧及其他有代表性部位。

（3）对于管线，监测点宜布置在管线的节点、转角点和变形曲率较大的部位。

（4）对于道路，监测点宜布置在路面中心，或靠近加固区的一侧。

（5）排水固结法影响范围应根据工程地质条件、地基处理方法、建筑物重要性等进行综合确定。对于真空预压法，平面影响范围宜取为2～3倍的设计加固深度。

排水固结法监控频率应根据施工进度确定，并应符合下列规定。由于加固区内水位变化受潮位变化影响较小，或变化较缓，而加固区外水位变化较明显，这样退潮期在加固区内外形成了一定的水压差，极易诱发失稳破坏，应进行加密观测。

（1）地表沉降、地表水平位移、深层水平位移、土体分层沉降、孔隙水压力、地下水位在加载初期应每天观测1次，中后期可2～4d观测1次。

（2）膜下真空压力宜2～4h观测1次。

（3）周边环境影响监控项目在加载初期宜1～2d观测1次，中后期可3～5d观测1次。

（4）潮间带真空预压施工时，退潮期间应加密观测。

（5）加固区周边有建筑物或地下管线时，应提高深层水平位移监控频率。

（6）当出现异常情况或接近预警值时，应加密观测。

2.4 小结

现阶段的监测工作中还存在着标准化程度不够的现象。因此，编制了《水运工程施工监控技术规程》，期望能够使得监测的项目、方法和流程更加标准化、规范化。从而提升地基处理过程中监测数据的实用性和可靠性，为地基处理的施工提供安全保障，为地基处理的研究提供良好的基础。

3 真空预压监测控制新技术

真空预压所提供的“荷载”是一种特殊的荷载，不同于堆载预压中的荷载，其荷载施加有一定的随机性，并不稳定，难于监控，而且荷载施加时间的长短直接影响真空预压造价。真空预压施加的荷载大小是有一定限度的，一般只能达到75～85kPa，不像堆载预压，可按要求施加较大的荷载。因此，真空预压加固软土的效果是有限度的。研究真空预压加固软土，就是要研究如何以最低的造价获得较为良好的加固效果。为此就必须合理地确定真空预压加固软土所能达到的加固效果，并以此为依据确定真空预压卸载标准。事实上加固效果评价指标和卸载标准应是一个问题的两个方面。为此，提出了在抽真空过程中的钻孔取样技术，改进了传统的地下水位测试技术和孔隙水压力封孔装置，研究了抽真空过程中的地下水位变化规律、负压分布模式，提出了真空预压加固效果评价方法及其卸载标准。重点探讨真空预压卸载标准、加固效果评价指标的建立、真空预压适用的土层范围等。

3.1 一种新型的钻孔取样技术

钻孔取样在抽真空前后各一次、在抽真空过程中钻孔取样3次，约每隔20d一次。在两个区共用密封墙处在抽真空前中后钻孔取样 3 次。为防止钻孔中漏气，考虑过两个试验方案，如图 1 所示。方案一为用塑料管内灌淤泥方案，如图 1（a）所示；方案二为用砂包袋（加密封膜）灌淤泥方案，如图 1（b）所示。

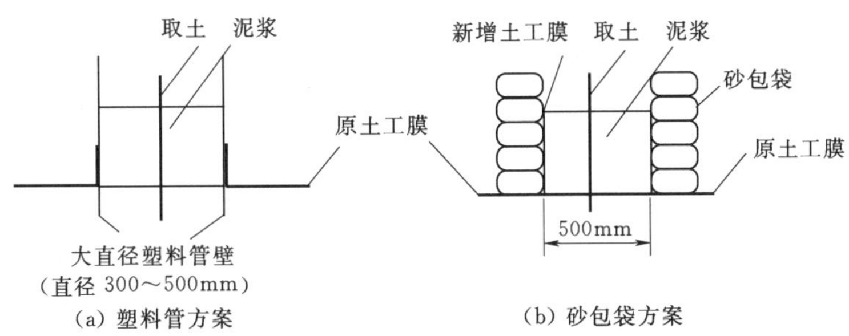

（a）塑料管方案　　（b）砂包袋方案

图 1　抽真空过程中钻孔取样试验方案设计

方案一为刚性方案，不能适应地基沉降变形，实施时会存在较多问题：一是加固区内水深较深，塑料管需露出地面较高的高度，取土时为保证钻机的稳定性仍需要在其周边堆砌砂包袋；二是抽真空过程中，由于塑料管与膜下土体的沉降将会不一致而导致塑料管与密封膜黏合处破裂而漏气且不易修补，即使考虑沉降而将密封膜留有一定余量也会因周边砂包袋的压重而让余量无法发挥作用；三是塑料管内的淤泥会在抽真空中不断渗入膜下砂垫层中而导致淤泥密封失效，故其内淤泥需经常维护即不断灌淤泥浆，取土时间间隔较长会严重影响膜下砂垫层的渗透性能，从而影响真空度的有效传递，较难保证加固效果。

方案二则是柔性方案，能很好地适应地基沉降变形，且仅是在取土瞬间才灌淤泥浆而破膜，取土一结束即可将新增土工膜黏合，不需不断灌淤泥，因此维护就容易得多，且对砂垫层的渗透性影响较小。因此现场试验选择了方案二。现场施工照片如图 2 所示。在取完土后，立即用淤泥进行封孔并将密封膜黏合。

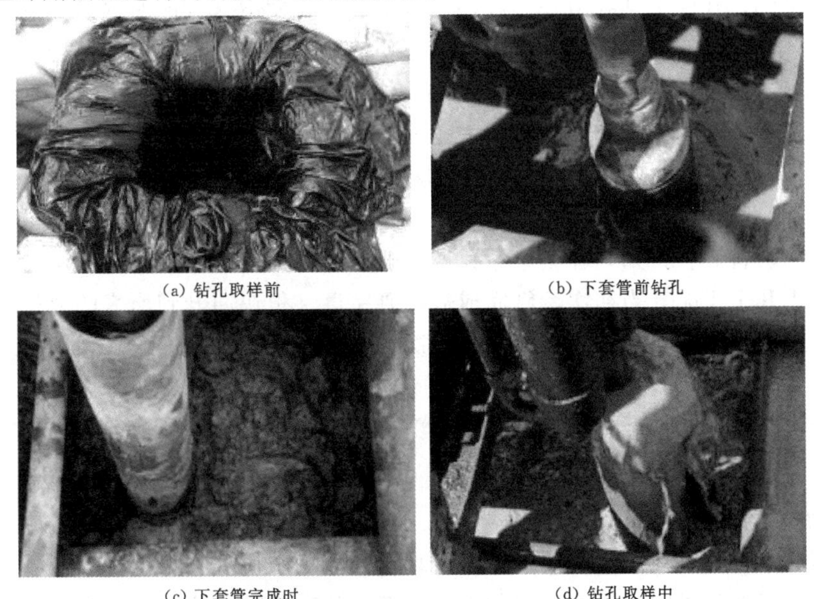

（a）钻孔取样前　　（b）下套管前钻孔

（c）下套管完成时　　（d）钻孔取样中

图 2　抽真空过程中钻孔取样实物图

为了验证试验方案的可行性，在钻孔取样处附近膜下埋设一块真空测头 BH2－T，以观测钻孔取样过程中真空度的变化情况。在抽真空过程中，真空度随时间的变化情况记录见根据实测资料表 3。

表 3　　抽真空过程中真空度随时间变化情况记录表

BH2－2				BH2－3			
观测时刻	累计时差/h	真空度/kPa	备注	观测时刻	累计时差/h	真空度/kPa	备注
13：00	0	73	开始钻孔	14：30	0	63	开始钻孔
14：00	1	64	开始下套管	14：40	0.2	50	开始下套管
15：00	2	58	结束下套管	14：50	0.3	46.5	结束下套管
15：30	2.5	66	—	15：00	0.5	52	—
16：00	3	73.5	—	15：10	0.7	57	—
16：30	3.5	73.5	—	15：20	0.8	61	—
17：00	4	73	—	15：30	1	62	—
17：30	4.5	72.5	—	15：45	1.3	60	—
18：00	5	72.5	取样结束	16：00	1.5	60	—
—	—	—	—	16：15	1.8	62	—
—	—	—	—	16：30	2	64.3	—
—	—	—	—	17：00	2.5	66	—
—	—	—	—	17：30	3	66	—
—	—	—	—	18：00	3.5	66	—
—	—	—	—	18：30	4	65	取样结束

由表 3 可知，在整个钻孔取样过程中，真空度在初次下套管的时候迅速下降，可下降十几个千帕，当初次套管完成后，真空度又很快回升到原来的数值，随后变化不大，基本趋于稳定。表 3 所列仅是其中两次钻孔取样的情况，本次在现场共进行了十几次钻孔取样，情况大致一样，能保证真空度不损失，取样成功。说明采取该技术方案在抽真空过程中进行钻孔取样是可行的，对真空度的影响较小，可保证加固效果基本不受钻孔取样影响。

根据实测资料表 3 可知，在整个钻孔取样过程中，真空度在初次下套管的时候迅速下降，可下降十几个千帕，当初次套管完成后，真空度又很快回升到原来的数值，随后变化不大，基本趋于稳定。表 3 所列仅是其中两次钻孔取样的情况，本次在现场共进行了十几次钻孔取样，情况大致一样，能保证真空度不损失，取样成功。说明采取该技术方案在抽真空过程中进行钻孔取样是可行的，对真空度的影响较小，可保证加固效果基本不受钻孔取样影响。

3.2　地下水位测试技术

真空预压中，传统地下水位管无法测得真实的地下水位。当水位管敞口测试时，所测得水位高度实际上就是零压线高度并非真实地下水位高度，水位变化实质上是反映水位管滤管段的孔隙水压力的平均消散情况；当水位管密封测试时，也因无法保证水位管与加固区内膜下具有相同的真空度导致测试结果具有较大的误差，且随着测试次数增多而增大。

改进后地下水位测试技术基本原理介绍如下。

根据水位管内的水体平衡，有

$$\sum \Delta u=\Delta h r_w+P_a \tag{1}$$

求解得

$$\Delta h=(\sum \Delta u-P_a)/r_w \tag{2}$$

式中：$\sum \Delta u$ 为抽真空过程中水位孔压计累计变化值（负值，kPa）；Δh 为水位管内的水位变化高度，m；r_w 为的水的重度，kN/m^3；P_a 为水位管内的真空度（负值），kPa。

考虑测试过程中，虽然管口密封后用软管和膜下砂垫层连通，但是实际测试过程中，有可能种种原因如软管弯折或被堵住以及管口密封不好导致管内漏气等导致两者的真空度不一致，从而引起计算得到的水位与实际水位不同。另外，由于在抽真空过程中，水位管也会产生沉降，该沉降会引起绑扎在其上的孔压计高程发生改变，从而引起计算得到的水位与实际水位不同，因此必须对公式（2）进行修正。根据平衡条件，可以得到水位变化修正值：

$$\delta h=\delta P_a/r_w-S \tag{3}$$

式中：δh 为水位变化修正值，m；δP_a 为管内真空度与膜下真空度的差值，kPa，当膜下真空度的绝对值大于管内真空度的绝对值时取正值；S 为水位管的沉降量，m。

联合式（2）和式（3）得

$$\Delta H=(\sum \Delta u-P_a)/r_w+\delta P_a/r_w-S \tag{4}$$

根据抽真空过程中水位管内的孔压计及真空测头的观测数据，利用式（4）即可求得水位变化值。根据前面的分析，该水位值能反映真空预压加固区内真实的地下水位。由于在测试过程中，不需要打开水位管口的密封膜，因此可连续测试地下水位而不影响其测试结果。

采用传统水位管由于无法保证管内真空度与膜下真空度不一致而导致边界压力不一致，从而易引起测试误差。根据力学平衡原理，改进了真空预压中地下水位测试装置。该装置由孔压计、真空表、水位管（UPVC 塑料管做成，下部为花管并用虑膜包住）、塑料外包短套管、塑料软管、密封材料（如油膏或泥浆）、管口密封膜等组成，如图 3 所示。

施工时，首先将水位管利用钻孔机埋到指定深度，一般为硬黏土层；然后在管内距离地面深 10～16m 处埋设一水位孔压计及在水位管上部近管口处埋设一真空探头并固定；接着利用一根软管将水位管上部与密封膜下砂垫层连通以保证两者真空度一致，软管强度要高且直径要大以防止真空作用下被压扁而影响真空传递，其埋入砂垫层的一端应设置一个真空探头以防止堵塞，最后用密封膜将水位管口密封并在整个抽真空过程中保持不动。抽真空前测读水位孔压计的初读数。

3.3　孔压埋设技术

改进技术针对传统方法的缺陷，对封孔装置进行了改进。改进后的封孔装置如图 4 所示。其制作说明如下：①利用铁丝网或高强塑料网制作一个比钻筒直径稍小一点的圆筒，

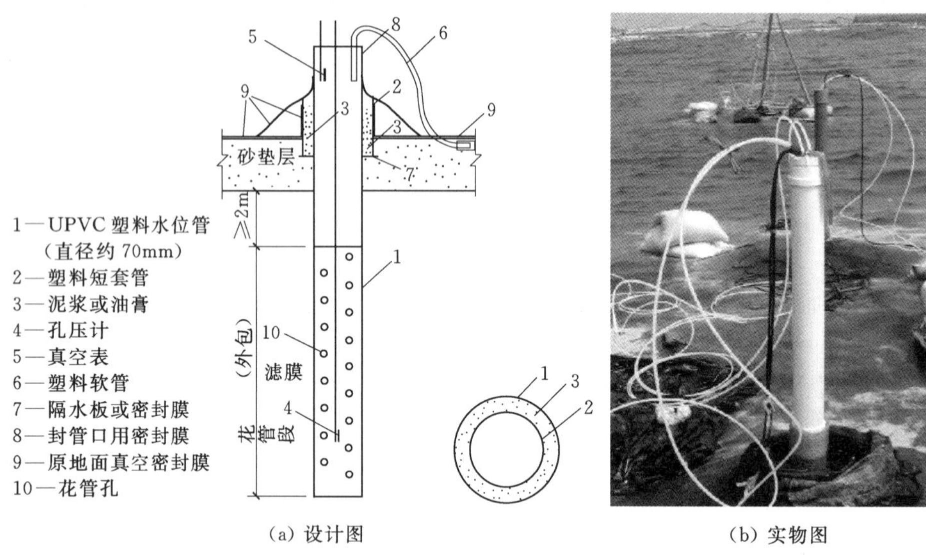

(a) 设计图　　(b) 实物图

图 3　真空预压中地下水位测试装置

下部做成封闭的圆锥，方便封孔体的下沉；②在铁丝笼的下部装入约 20m 高的硬淤泥或黏土，目的是隔开泥球与孔压计，防止孔压计被泥球封闭，以致测试不到孔隙水压力；③在铁丝笼的中部（约高 60cm）装入膨润土做成的泥球，泥球直径应比铁丝网孔眼稍大，这是封孔的核心材料，主要靠泥球进行封孔，其原理和其他封孔方法一致；④在铁丝笼的上部装入部分干净粗砂，其目的是隔开孔压计和泥球同时保证孔压计周边的透水性，保证孔压计能正常的工作。当铁丝笼上下均不接触孔压计时，可全部装入泥球。

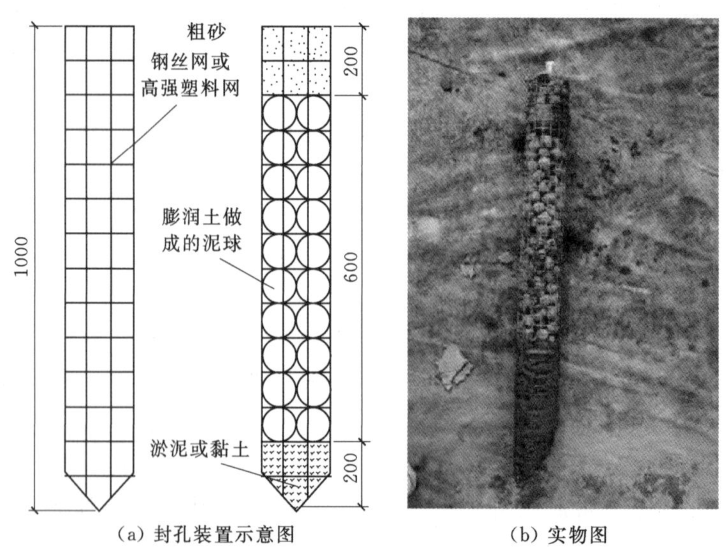

(a) 封孔装置示意图　　(b) 实物图

图 4　孔压计封孔装置

本装置优点：①铁丝笼因周边有许多孔眼，不会阻止泥球的膨胀，故不会影响其封孔效果；②泥球受周边铁丝笼的约束，不会在下沉过程中散开；③铁丝笼（可在工厂利用高强塑料成批生产）装上材料后较重，下沉速度快，因此施工效率高，不会影响现场施工；④容易控制封孔标高。下沉时，铁丝笼用两根铁丝吊着，不至于下沉过头，同时，如出现铁丝笼不下沉又未到设计标高时，由于其整体性较好，可通过钻杆将其压至设计标高。

利用本装置可有效实现一孔埋设多个孔压计。施工时，首先用钻机钻孔至最深孔压计的设计标高，然后埋设该孔压计；接着用封孔体进行封孔至第二个孔压计的标高，然后埋设第二个孔压计，依次做法连续将孔内所有孔压计埋设完毕。

3.4　超孔压修正计算方法

在工程上，测试土体内真空度的手段有两种：一种是用真空表测试；另一种是采用孔压计测试。通常测试膜下真空度都采用真空表，这无论从概念上和物理意义上都是正确和可行的，但测试抽真空作用在淤泥或竖向排水体中负压分布模式时两种方法都有学者使用，在 20 世纪 80—90 年代基本上采用真空表测试负压（当时指真空度）分布模式。

为简化推导，根据实际情况，假定真空管内气体的温度及其截面面积在整个抽真空过程中保持不变，并忽略真空管内水蒸气和孔隙水渗流的影响。真空表读数与孔压计读数的关系示意图如图 5 所示。图中 l_0 为真空管露出地面的长度；h_w 为初始水位距离地面的距离；h_0 为真空探头距离地面的初始深度；D_h 为抽真空后真空管内水位下降值；P_{w0} 为初始状态时真空探头处的孔隙水压力；P_{w1} 为抽真空后某状态时真空探头处的孔隙水压力；ΔS 为从初始状态至抽真空后某状态时地面至真空探头间的土层压缩量。

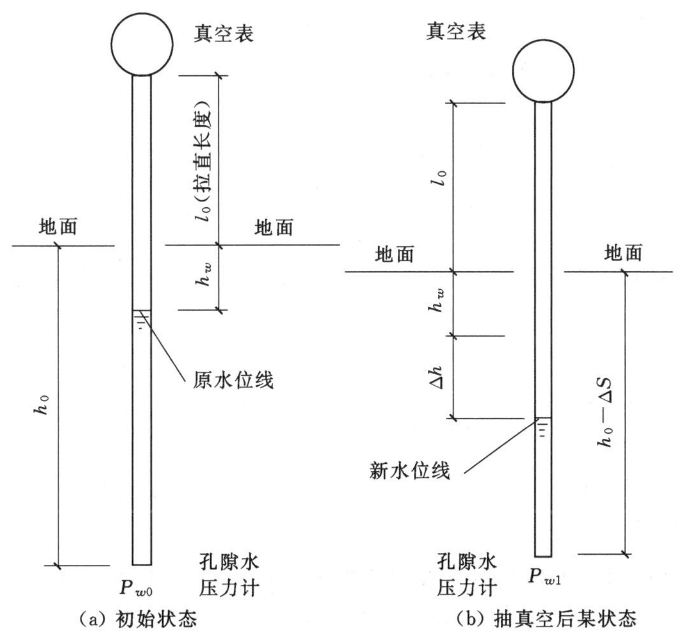

图 5　真空表读数与孔压计读数关系示意图

根据气体状态方程有

$$P_0V_0=P_1V_1 \tag{5}$$

式中：P_0 为一个标准大气压；P_1 为抽真空后真空管内气体压强；V_0 为真空管内空气在

初始状态时的体积；V_1 为真空管内空气在抽真空后某状态时的体积。

而

$$V_0=(l_0+h_w)A \tag{6}$$

式中：A 为真空管的横截面面积。

$$V_1=(l_0+h_w+\Delta h)A \tag{7}$$

令

$$L_0=l_0+h_w \tag{8}$$

将式（6）、式（7）和式（8）代入式（5）有：

$$P_1=\frac{L_0}{L_0+\Delta h}P_0 \tag{9}$$

根据式（9）有

$$\Delta h=\frac{P_0-P_1}{P_1}L_0 \tag{10}$$

根据平衡方程有

$$P_{w0}=r_w(h_0-h_w) \tag{11}$$

$$P_{w1}=P_1-P_0+r_w(h_0-\Delta S-h_w-\Delta h) \tag{12}$$

令

$$P_a=P_0-P_1, P_w=P_{w0}-P_{w1} \tag{13}$$

式中：r_w 为水的容重；P_a 为真空表反映的真空探头处的真空度读数（为正数，与正常读数习惯一致）；P_w 为孔隙水压力计反映的真空探头处的孔隙水压力差（对正常固结土而言此即为测点处的负压值，在真空预压状态下为正数，与 P_a 对应）。

将式（11）、式（12）代入式（13）有

$$P_w=P_a+r_w(\Delta h+\Delta S) \tag{14}$$

将式（10）代入式（14）并化简有

$$P_w=P_a+r_w\left(\frac{P_a}{P_0-P_a}L_0+\Delta S\right) \tag{15}$$

式（15）即为用真空表读数表达的测点处孔隙水压力差的关系式。变换式（15），可得

$$P_a^2-(P_w-r_w\Delta S+P_0+r_wL_0)P+(P_w-r_w\Delta S)P_0=0 \tag{16}$$

$$P_a=\frac{P_w-r_w\Delta S+P_0+r_wL_0}{2}-\frac{\sqrt{(P_w-r_w\Delta S+P_0+r_wL_0)^2-4(P_w-r_w\Delta S)P_0}}{2} \tag{17}$$

式（17）即为用测点处孔隙水压力差 P_w 表达的真空表读数 P_a 的关系式。

现在对两者关系进行讨论。

（1）上述关系式是基于真空探头埋设在地下水位以下并在整个测试过程均保持在地下水以下的前提下得出的。根据式（15）可知，其右边第二项是由于真空管内水的存在引起的，若真空探头和孔隙水压力计埋设在地下水位以上即真空管内无水时，其值应为零，因此可得到 $P_w=P_a$，此时真空表读数即为真实的真空度，事实上根据测点处流体压力平衡方程也有 $P_w=P_a$，此时 P_w 实际上是孔隙水压力计周围的气体压力差，亦即孔隙水压力计相当于真空表装置。

（2）当真空管内有水时，根据式（15）可知，$P_w>P_a$，即真空表反映的读数小于孔

隙水压力计反映的孔隙水压力差。

(3) 当根据式（10）计算的 $\Delta h \geqslant h_0 - \Delta S - h_w$ 时，此时真空管内已没有水，这有两种情况：一种情况是抽真空后地下水位下降至真空探头以下，此时孔隙水压力计所测的是真空压力，即有 $P_{w1} = -P_a$，这种情况多出现在真空探头埋设在较浅处，当 P_{w0} 很小时，则有 $P_w \approx P_a$；第二种情况就是真空探头仍在地下水位以下，但真空管内没有水，真空管内的气体必将随着孔隙水压力的消散而被排出，直至 $\Delta h = h_0 - \Delta S - h_w$，此时真空管内的真空压力与真空探头处孔隙水压力形成平衡，根据真空探头处的平衡方程（12）也有 $P_{w1} = -P_a$，即真空管内的真空度与真空探头处的孔隙水压力值相等。

(4) 公式（14）反映了土体压缩对根据真空表读数计算测点处的孔隙水压力差（消散值）的影响，当测点埋设较浅时，土体压缩量往往很小，其对计算孔压差影响不大；但当测点埋设较深时，此时土体压缩量往往较大，其对计算孔压差的影响就不能忽略。如土体压缩达到 1m 时，计算的孔压差就要相差 10kPa。因此，当土体压缩性大，测点较深时，土体的压缩是不能忽略的。

(5) 本文推导是在假定真空管截面在整个抽真空过程中不变而得到的。事实上，当真空探头埋设较深时，土体压缩较大，常规真空塑料软管极易弯折，导致真空管内水位不能正常下降甚至上升（截面变小），此时真空管内的真空度将会很低甚至为零。

综上所述，真空度与孔隙水压力既有区别又有联系，当测点位于地下水位以上时，真空管内真空度与测点处的孔隙水压力差相等；当测点位于地下水位以下时，则真空管内真空度小于测点处的孔隙水压力差，若真空管抗折强度较高，在土体压缩时保持弯而不折即截面面积不变，则两者可按本文公式进行换算。

3.5 卸载标准

关于真空预压的加固效果评价指标体系建立的研究成果还比较少，因此相对应的比较合理的卸载标准就比较缺乏。目前真空预压设计计算以及卸载标准基本上是参照堆载预压法的做法，以沉降稳定作为卸载标准。交通部颁布的 JTJ 250—98《港口工程地基规范》中的 7.4.6 条给出了具体的规定："在满足真空度要求的条件下，应连续抽气，当沉降稳定后，方可停泵卸载。真空预压的沉降稳定标准为：实测地面沉降速率连续 5～10d 的平均最小沉降量小于或等于 2mm/d。"

目前真空预压加固软土其设计、施工及监测均以此为依据，作为加固完成与否的主要标准。这是有欠缺的，一方面会造成有些工程实际上并没有完成加固就停止，留下了较大的工后沉降量，给后续使用带来麻烦；另一方面，又可能因该标准过于苛刻，按照实测沉降推算，其工后沉降量已能满足要求，受各种因素的影响，要完全达到该沉降速率标准可能需要花费很长时间，由此大幅度增加工程成本，但由此增加的加固效果并不十分明显。

根据董志良[19]的理论推导，考虑到土体固结主要以水平向固结为主，为简化分析，忽略垂直向固结。真空预压下仅考虑径向固结时，均质地基在某时刻 t 所具有的固结度与正压条件下相同，为

$$U_t = 1 - \mathrm{e}^{-\beta t} \tag{18}$$

其中

$$\beta=\frac{8C_h}{F_n d_e^2} \tag{19}$$

$$F_n=\frac{n^2}{n^2-1}\text{In}n-\frac{3n^2-1}{4n^2} \tag{20}$$

式中：C_h 为软土的水平向固结系数；n 为井径比，即排水体的有效排水直径与排水体直径之比；d_e 为地下排水体的有效排水直径，当为三角形布置时，$d_e=1.05\text{d}$，当为正方形布置时，$d_e=1.128d$，d 为地下排水体的间距。

因此在某时刻 t 地面沉降可以表示为

$$S_t=U_t S_\infty=(1-\text{e}^{-\beta t})S_\infty \tag{21}$$

式中：S_∞为地基的总沉降，和时间 t 无关。

式（21）和根据实测数据拟合的方程一致，也就是说，即使软土地基非均质，在某时刻地面沉降也可以用式（21）表示，只不过所用的固结系数为整个土层的加权平均固结系数。根据拟合分析结果，为简化分析，假定固结系数在加固过程中为常数，则根据式（21）可知 b 为常数。将式（21）对 t 求导，则 t 时的沉降速率 V_t 为

$$V_t=\beta\text{e}^{-\beta t}S_\infty \tag{22}$$

由式（21）得 t 时的剩余沉降量 S_r 为

$$S_r=S_\infty-S_t=S_\infty e^{-\beta t} \tag{23}$$

由式（21）和式（23）可得

$$V_t=S_r\beta \tag{24}$$

β 值可以根据式（19）计算得出；若为非均质地基时，β 值可以由实测沉降曲线按三点法反算求得。

从实测过程线上取荷载恒定后的三点，使得三点的时间间隔相等，即 $t_3-t_2=t_2-t_1$，三点对应的沉降量分别为 S_1、S_2、S_3，可由式（21）求得

$$S_1=(1-\text{e}^{-\beta t_1})S_\infty \tag{25}$$

$$S_2=(1-\text{e}^{-\beta t_2})S_\infty \tag{26}$$

$$S_3=(1-\text{e}^{-\beta t_3})S_\infty \tag{27}$$

$$\text{e}^{\beta(t_2-t_1)}=\text{e}^{\beta(t_3-t_2)} \tag{28}$$

联立求解式（25）～式（28）四式可得最终沉降量 S_∞和 β 的公式，

$$S_\infty=\frac{S_3(S_2-S_1)-S_2(S_3-S_2)}{(S_2-S_1)-(S_3-S_2)} \tag{29}$$

$$\beta=\frac{1}{\Delta t}\text{In}\frac{S_2-S_1}{S_3-S_2} \tag{30}$$

式中：$\Delta t=t_2-t_1$。根据式（24）可知，对应相同的工后沉降要求，沉降速率标准取决于 β 值的大小。根据式（19），β 值与固结系数、加固参数等有关。当排水体间距越大，固结系数越小，则 β 值越小，在工后沉降量一定时，其要求的沉降速率标准就越低。

当 β 值一定时，要求的工后沉降量越小，则要求的沉降速率就越低。因此当软土的固结系数较小，排水体间距又较大时，《港口工程地基规范》规定的 2mm/d 的卸载标准会导致工程未完成加固就停止抽真空，这和娄炎等[20]的分析结论一致。

娄炎等在文献［20］中主要是针对 2mm/d 的卸载标准可能导致某些工程被提前卸载而影响工程质量进行讨论的，其中列举了多个实际工程实例加以例证，经过详细分析，认为“比较恰当的是将沉降速率改为 1.0～2.0mm/d，并在条文说明中强调一下什么情况下取大值，什么情况下取小值”。实际上娄炎等建议的标准只考虑了问题的一个方面，即工程质量，而没有考虑项目效益问题。对有些排水体间距比较小，固结系数又比较大，使用要求又不高即容许工后沉降量比较大的情况下，如果仍然按文献［20］或《港口工程地基规范》的卸载标准进行卸载，势必增加真空预压工期，同时大幅度增加工程成本。以南沙龙穴岛某真空预压工程 S6 区为例，塑料排水板间距为 1m，正方形布置，取 d_w=7.0cm，S_r=25cm，则 d_e=112.8cm，n=16.114，F_n=2.0414，考虑到根据固结试验反算的各土样的竖向固结系数变化范围基本上在 1.0～6.0×10^{-3}cm^2/s，故按上述范围分别进行计算，见表 4。

根据表 4 的计算结果，可以得知，如果按工后沉降作为控制标准，计算得到的沉降速率标准均比较大，远大于 2mm/d 的标准。考虑 S6 区垂直向固结系数多半在 2.0～4.0×10^{-3}cm^2/s，而一般情况下水平向固结系数会比垂直向固结系数大些，因此实际水平向固结系数可在 3.0～5.0×10^{-3}cm^2/s 区间进行取值，此时对应的沉降速率标准约为 26mm/d，在第 5 天的固结度约为 41%，在第 15 天的固结度约为 80%（此时实测沉降速率约为 20～30mm/d），在第 25 天的固结度约为 93%（此时实测沉降速率约为 10mm/d），和实测结果基本一致。

表 4　　不同固结系数下不同时间的固结度

固结系数 C_h /(cm^2/s)	β/s^{-1}	V_t/(mm/d)	固结度/%		
			第 5 天	第 15 天	第 25 天
1.00×10^{-3}	3.08×10^{-7}	6.7	12.5	32.9	48.6
2.00×10^{-3}	6.16×10^{-7}	13.3	23.4	55	73.6
3.00×10^{-3}	9.24×10^{-7}	20	32.9	69.8	86.4
4.00×10^{-3}	1.23×10^{-6}	26.6	41.3	79.7	93
5.00×10^{-3}	1.54×10^{-6}	33.3	48.6	86.4	96.4
6.00×10^{-3}	1.85×10^{-6}	39.9	55	90.9	98.2

如果要使 S6 区 9 个表面沉降板连续 5～10 天的实测沉降速率小于或等于 2mm/d，差不多接近 70 天方可卸载（设计要求真空预压恒载时间为 70 天）。根据表中计算结果，在第 25 天即可卸载，实际卸载时间却在第 79 天。从第 26 天至第 79 天共 53 天实际发生沉降约 3cm，但为此付出的代价却非常大。一般情况下每台真空泵加固面积为 800～1000m^2，取其平均值按每台真空泵加固面积为 900m^2 进行计算。一台真空泵的功率为 7.5kW，广州港南沙港区施工电费约为 1.6 元/(kW·h)，考虑线路损耗系数为 1.2，现场管理及设备损耗费取 25%，则每延长抽真空一天，每平方米软土加固增加造价=(1.2+0.25)×7.5×24×1.6/900=0.464 元/(m^2·d)，延长 53 天增加的单方造价为 24.6 元/m^2，当时该工程总面积约 30 万 m^2。因此，为增加约 3cm 的沉降，增加约 740 万元的投入，这显然不经济。而且，在南沙地区已经被真空预压加固或正在加固的软土特性都有比较类

似的结果。但是广州港南沙港区一期工程和二期工程设计的真空预压恒载时间为 85 天，而实际卸载时，抽真空时间基本上接近 100 天。说明无论是文献［20］还是《港口工程地基规范》提出的真空预压卸载标准相对于南沙地区而言，均过于苛刻，不经济，而且从实测结果和使用要求来看，实际上也没必要采用如此高的标准。

综上所述，若要采用沉降速率作为卸载标准，应该考虑土质本身的特性，可根据允许的工后沉降量（由使用要求确定）按式（24）计算出所需的沉降速率标准。对南沙龙穴岛上软土而言，按此标准卸载，可节约成本 30 元/m^2。目前广州南沙龙穴岛还有上千万平方米软土需加固，以此推算，可节约工程成本约 3 亿元。因此对不同的使用要求，在不同地质条件下，应该有不同的标准，且标准应能反映施工情况的真实性，具备客观性和可操作性，不同的人检测时其结果应是比较一致的，同时还必须考虑到加固方法本身的特点和适用性。

4　大面积超软土自动化监测技术研究

4.1　工程概况

惠州港荃湾港区国际集装箱码头工程，位于广东省惠州市，软基处理总面积 552639m^2，其中 276178m^2 为新吹填淤泥区域，先进行浅表层真空预压预处理，再进行深层真空联合堆载预压。

为保障地基处理的顺利进行和确保软基处理加固效果，需要获取实时和准确的监测技术，并结合数据挖掘以及其他相关处理技术，保障陆域形成和大面积软基处理项目的成功完成。因而，在大面积软基处理工程中有必要开发并推广自动化监测技术，为工程提供具有更高效率的监控手段，防止事故的发生或减小事故造成的损失。

大面积超软土自动化监测技术研究以惠州港荃湾港区国际集装箱码头工程中监测工作的实际需求作为基础，在此基础上对待研发的监测系统的功能与性能等方面进行调研，同时借鉴当前已出现的各类自动化监测系统的技术及其特点，最后确定的系统体系结构并进行开发。

4.2　监测项目及其自动化实现方案

4.2.1　表层沉降监测

表层沉降监测一般通过测量地表沉降量及沉降过程，掌握土体在荷载作用下的变形。表层沉降监测的目的一方面是根据预先确定的安全预警标准，及时对地基安全进行预报或对地基可能的失稳进行预警；另一方面是通过分析土体变形以检验地基加固处理施工质量，根据实测沉降曲线推算土体的固结度和残余沉降量，预测沉降趋势，评价地基加固效果，确定合理的卸载时间。

（1）方案及传感器选择。本项目采用管道压力传感式方法进行自动化采集，管道压力传感式方法具有大量程、稳定性较高及良好的经济性。沉降监测传感器选用 FS-B-DY-××型小量程压力变送传感器，组成静力水准观测系统，该传感器具有高精度、高可靠性、使用和安装方便等特点。量程为 0～50kPa，最高采样速度 10 次/s。该变送器可以通过 RS485 总线组成双绞线网络，适用于计算机控制系统中。

（2）现场布置。在真空预压软基处理现场，测点的实际布置如图 6 所示。对于作为沉降基点的储液罐，考虑到其应具有足够的沉降稳定性。本工程陆域形成软基处理周边为采用爆破挤淤施工完成的围堤，根据沉降前期沉降观测结果，月沉降量不超过 4mm，相对软基处理的沉降量具有足够的稳定性，因此将数据采集箱与沉降基点（储液罐）均布置在围堤上，如图 7 及图 8 所示。

(a)

(b)

图 6　沉降测点设置图

图 7　数据采集系统安装图

4.2.2　深层土体分层沉降监测

由于表层沉降监测只能监测地基软土层的总沉降量，而各土层的固结压缩情况无法区分监测，为了解分层土的固结、沉降情况，应对深层土体分层进行监测。

（1）方案及传感仪器选择。根据表层沉降监测的方案分析结果，对土体的分层沉降监测同样选择液压传感方案。传感仪器选用与表层沉降监测同系列的 FS－B－DY－××型数字压力/液位变送器，外观设计与表层沉降监测所用传感器相同。由于其埋设于地表面下

图 8　数据采集箱与沉降基点（储液罐）安装图

一定深度，沉降量较表层小，但传感膜片承压较高，故选用量程为 0～0.4MPa，系统工作的基本原理与表层沉降监测相同。

（2）现场布置。W7 区测点所在位置主要软土层从上到下依次为：①吹填淤泥约厚 8m；②原状流动性淤泥约厚 4m；③下部淤泥质土及黏土层（夹砂）厚 8～9m，为测试分层土的加固期压缩量，在测试点位从上至下布置了三个传感器，埋设深度分别为 8m、12m 和 20m，采用钻孔法进行埋设，如图 9 所示。

由于传感器在地下承压，采用环氧树脂进行了密封防腐处理，然后用 3 片长条形弹性钢片固定在传感器上，以利于在土层中固定定位。

(a) 传感器设置

(b) 传感器埋设

图 9　分层沉降传感器的埋设

4.2.3　孔隙水压力监测

孔隙水压力监测主要用于监控软基处理施工过程中饱和软土层内在不同深度处的孔隙

水压力的增长和消散过程，分析土体不同深度不同时间的有效应力的变化情况，用以推算饱和软土层经处理后的固结度、强度及强度增长，分析地基的稳定性，控制加载速率，避免堆载过多或过快而造成地基的破坏。

(1) 方案确定与传感器选型。采用目前工程上最常用的振弦式孔隙水压力监测方案，配以频率自动采集仪，其具有技术成熟、稳定可靠、安装方便、经济性好、易实现自动化监测等优点。传感器选用国产 FS-KY-××系列振弦式渗压计，又称孔隙水压力计。该系列传感器性能稳定，灵敏度高，体积小巧，防水性能高而受温度影响小，整体不锈钢外壳，坚固美观。测量值不受距离影响，适用于自动化监测。

(2) 现场布置。每个测试点位孔压计的安装深度分别为 4m、8m、12m、16m 和 20m，采用同一孔内埋设多个探头的方式埋设，其探头浸水饱和、钻探成孔、下放孔压计及膨润土球分段封堵等操作与常规孔压监测埋设方法相同。数据线出膜后与其他管线集中，通过 PVC 护管引至围堰外，接连至采集箱中的频率自动采集仪，以采集孔压监测数据。

4.2.4　地下水位监测

通过水位观测，确定地下水位的变化过程，配合孔隙水压力，分析地基的固结情况。

(1) 监测原理与方案确定。本项目水位监测装置简图如图 10 所示。

测试的基本原理可用下式表示：

$$\Delta H=(\sum\Delta u-P_a)/\gamma_w+\delta P_a/\gamma_w-S$$

式中：ΔH 为测得的地下水位变化值，m；$\sum\Delta u$ 为抽真空过程中水位渗压计累计变化值（负值），kPa；P_a 为水位管内的真空度（负值），kPa，用水位管旁砂垫层中的真空度替代；γ_w 为水的重度，kN/m^3；δP_a 为水位管内真空度与周边膜下真空度的差值，kPa，使用软管连接，故按零值计算；S 为水位管本身的沉降量，m，由于超软淤泥层厚度超过 10m，管本身仅约长 6m，以水位管周边表层沉降测点的测量值替代。

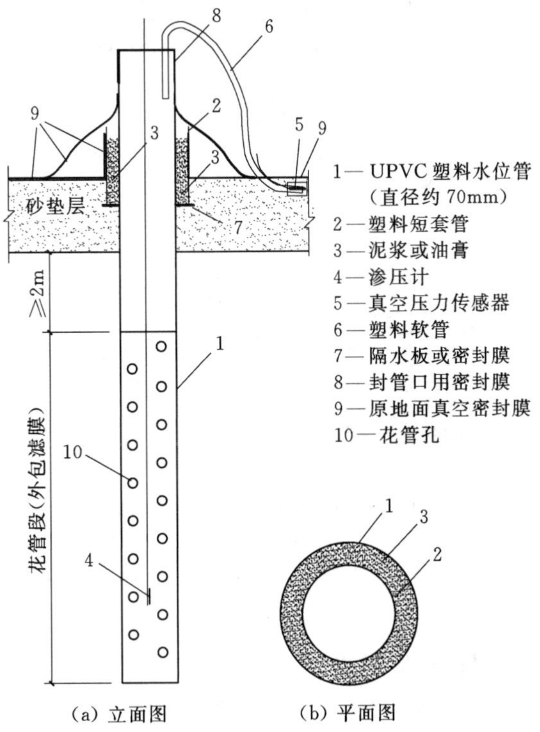

图 10　真空预压地下水位测试装置原理简图

测量管中水渗压力采用振弦式渗压计，真空度测量所用仪器为 FS-B-DY-××系列数字压力/液位变送器，与沉降监测所用压力传感器类型相同。

(2) 现场布置与安装。在抽真空前进行水位监测管系统的埋设，首先将水位管利用钻机埋到约 6m 深度，并外套一根塑料 PVC 管，两管间填以淤泥和少量水；然后在距管底约 1m 距离处设置一个振弦式渗压计，并通过吊绳固定在管口处；接着利用一根软管将水位管上部与密封膜下砂垫层连通以保证两者真空度一致，软管强度要高且直径要大以防止真空作用下被压扁而影响真空传递，其埋入砂垫层的一端设置一个真空压力传感探头以防止堵塞，压力传感器电缆线和软管在分别出膜后用一根橡胶管套起来了固定在水位管外套 PVC 管上；压力传感器的电缆最终与渗压计的电缆一起用套管保护后从砂垫层中连接至区外，接入采集器采集数据；最后用密封膜将水位管口密封并在整个抽真空过程中保持不动。在抽真空前测试完毕同时控制采集渗压计、真空压力传感器和地表沉降的初读数。安装后的照片如图 11 所示。

4.2.5 深层水平位移监测

由本工程围堤采用爆破挤淤进行施工而成，但考虑到泥塘内采用吹填造陆，软基处理采用真空联合堆载预压工艺，有可能在预压荷载作用下发生剪切变形而侧向挤出。进行围堤的深层水平位移监测（测斜）的目的，主要是为了监测软基加固期围堤不同深处的侧向变形情况，为加载过程和加载速率控制提供指导，也为安全预警提供监测数据。

（1）自动化监测方案和仪器选择。本项目采用了常见的固定式测斜仪进行深层水平位移的监测。传感器采用 FS－HGCX 系列导轮式固定测斜仪通过不锈钢连接杆与滑轮组件连接后，安装在带导槽的测斜管中与测斜管一起移动，以监测边坡、滑坡体、堤坝、公路、防渗墙等结构的倾斜、水平位移或沉降变形。配合自动化数据采集设备，可以自动、连续地监测，安装多个传感器可以获得沿测斜管轴向的挠度变形剖面图，如图 12 所示。

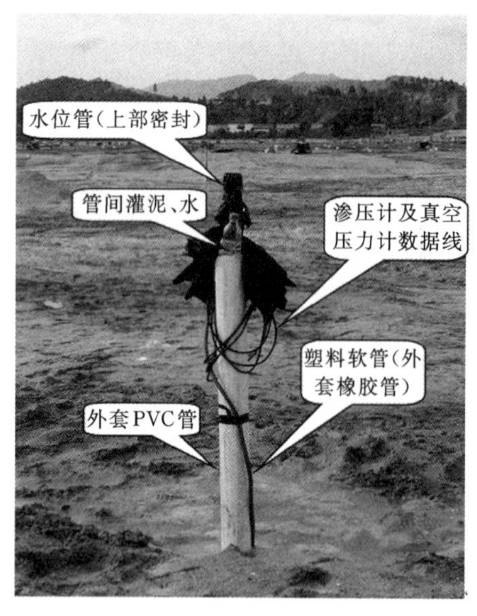

图 11　地下水位监测装置图

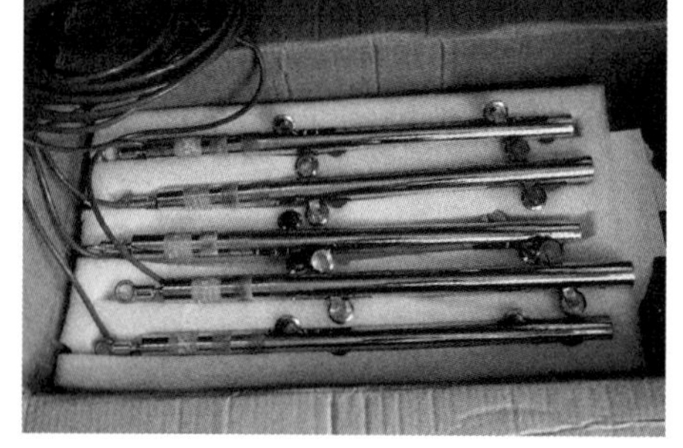

图 12　固定式测斜仪传感器

（2）测斜传感器的安装。测斜孔共布置一个，自上而下埋设深度分别为 2m、6m、10m、14m 及 18m，钻孔埋管深度为 25m，管底进入强风化岩层。

4.3 试验结果对比

（1）沉降观测分析。本项目采用自动化采集数据进行沉降观测，抽真空前期约 50 天处于调试阶段，基本无完整可用于分析的数据，至 7 月 5 日基本完成调度工作，开始正式采集数据。测量采集期间，由于地基沉降量过大，液压管线或信号电缆在分区边界与围堤连接处被拉断破坏，监测期较短，部分测点仅在测量约 2～3 个月后即无法读数或数据异常，显示系统无法正确读数。对于正常测量期的沉降数据，其随时间的变化曲线如图 13 所示。人工监测采用人工进行现场监测与数据处理工作，其沉降观测的曲线如图 14 所示。

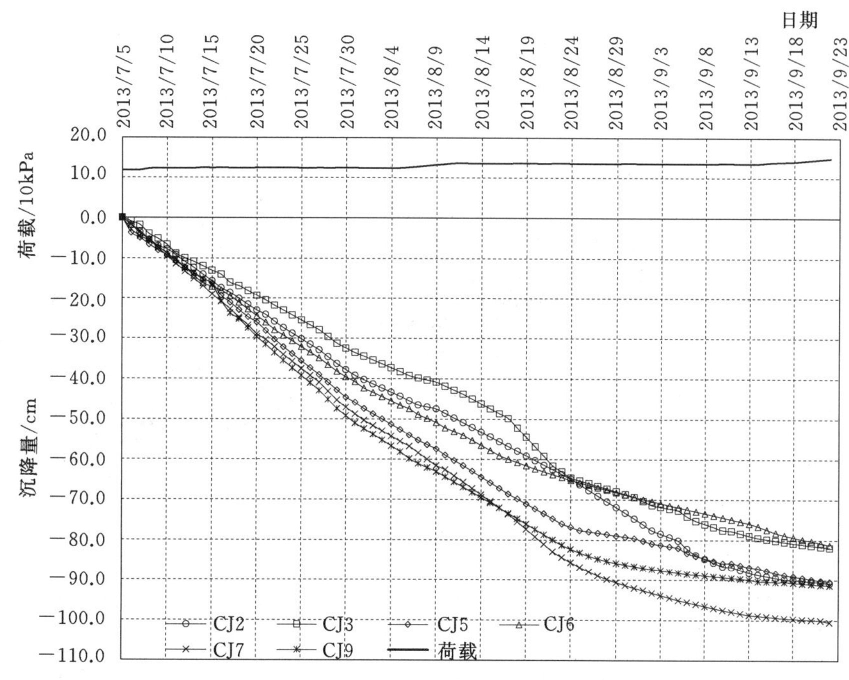

图 13 自动化监测沉降观测曲线

自动化监测数据与人工测量数据的对比见表 5。

表 5 自动化沉降监测与人工监测表层沉降数据对比

测点编号 / 监测方式		2013 年 7 月 5 日—2013 年 9 月 22 日（79d）期间的沉降量/cm					
		CJ2′/CJ2	CJ3′/ CJ3	CJ5′/ CJ5	CJ6′/ CJ6	CJ7′/ CJ7	CJ9′/ CJ9
人工监测		90.7	81.1	90.5	77.6	102.2	94.0
自动化监测		90.8	81.9	90.3	81.2	100.5	91.3
两者相差（以人工监测作为参考）	累计相差/cm	0.1	0.8	−0.2	3.6	−1.7	−2.7
	%	0.1	1.0	−0.2	4.6	−1.7	−2.9
	cm/月	0.0	0.3	−0.1	1.4	−0.6	−1.0

从上表中的数据对比可以看出，本项目自动化沉降监测的数据在一定时间内与人工水准测量的结果相差较小，在 79 天测量期内的，测得的沉降值差距不超过 4.6%。另外需说明的是，由于自动化沉降测点与人工沉降观测点（沉降板）不是同一点，两者为相邻间距约 1m 左右，而软基处理过程中必然存在不均匀沉降的现象，故此两者测得的结果有差距也为正常现象。上述分析说明，本项目采用管道压力传感式方案对沉降进行自动化监测的准确性较好。

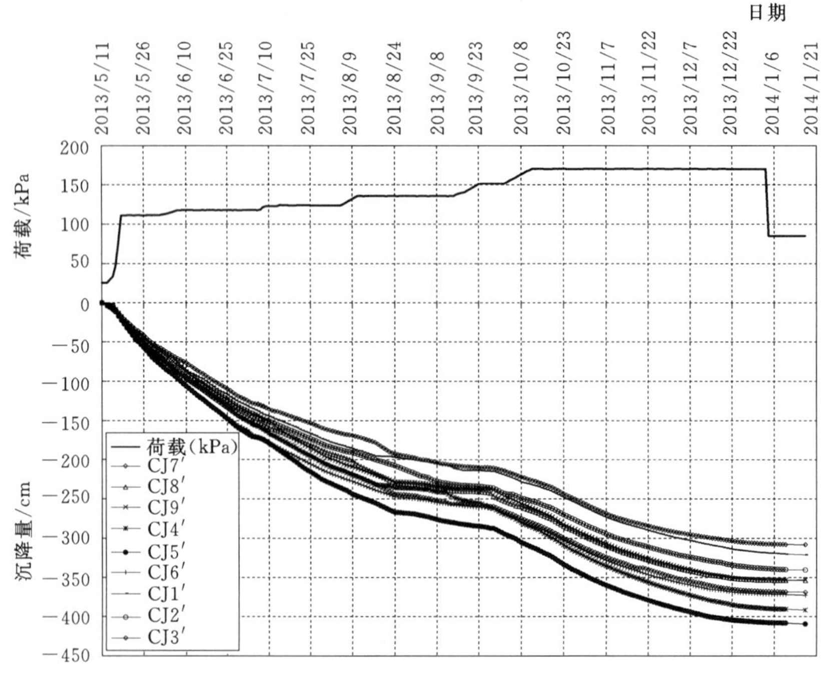

图 14　人工监测沉降观测曲线

(2) 深层土体分层沉降观测分析。对比自动化监测和人工监测相同深度处的沉降曲线，如图 15 所示。

在上述监测统计区间内，可以看出自动化监测的分层沉降曲线与人工监测的相对比，其数据变化规律基本一致。总体上看，沿深度方向土层累计沉降量呈现逐渐降低的趋势，表明了软土在加固过程中的压缩性，与实际现象相符。数据对比见表 6：

表 6　　自动化沉降监测与人工监测深层沉降数据对比

监测类型		自动化监测	人工监测	备注
土体分界面处沉降量/cm	12m 深度处	39.5	38.9	2013 年 7 月 5 日—2013 年 8 月 13 日期间（共 39 天）的测量值
	20m 深度处	21.2	21.0	
12～20m 之间原状淤泥层压缩量 /cm		18.3	17.9	

由表 6 可见，在正常测量期间，采用自动化分层沉降监测的数据与人工测量值相差不多，数据可靠。

(3) 孔隙水压力监测分析。人工孔隙水压力监测，采用单孔埋设法在不同深度布置了 4 个孔隙水压力计，深度分别为 4m、8m、12m 及 16m，测得的孔隙水压力变化曲线如图 16 所示。

自动化监测孔隙水压力变化曲线如图 17 所示。期间，因设备及系统前期调试、中间故障（检修更换采集器）等原因，数据有所中断。

自动化监测数据与人工监测数据相比，同样的清晰反映真空预压过程中土体孔压逐渐下降、堆载施工过程中孔压上升的规律；在孔压变化值大小方面，两者相比略有出入，与

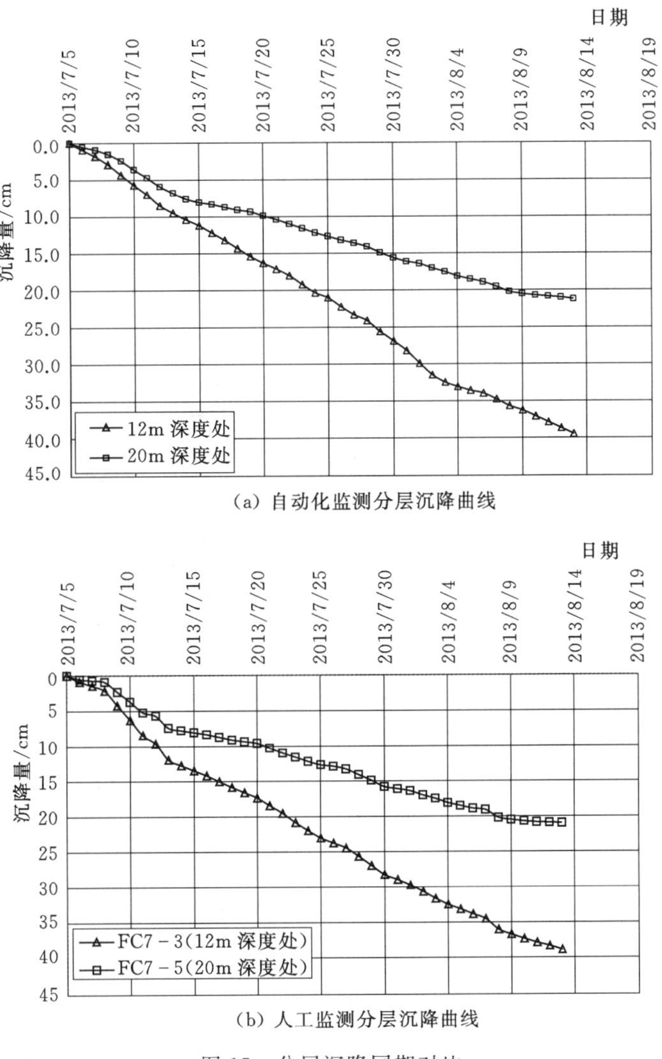

(a) 自动化监测分层沉降曲线

(b) 人工监测分层沉降曲线

图 15　分层沉降同期对比

埋设点位不一致、操作人员不同及仪器型号不同有一定关系；从两张曲线图还可以发现一个共同的规律，即本区在真空联合堆载预压施工过程中，软土层约在 12～16m 这一段的孔压减小的幅度值是最大的。

4.4　经济性对比

总体来看，目前本系统设备采购费用要高于人工监测，但单个项目的日常监测及维护费用低于人工监测。以本项目依托工程（抽真空期约 6～7 个月，监测项目工期暂按 12 个月计）为例进行监测费用与成本的具体分析，分别对软基处理的自动化监测和人工监测进行成本分析见表 7。从表 7 的计算分析可以看出：

(1) 目前对于大面积的软基处理，自动化监测的总成本费用仍远高于传统的人工监测，在不考虑企业利润等前提下，其成本达到约 12.6 元/m^2，是传统人工监测的 3 倍多；

(2) 目前的自动化监测，用于仪器设备采购等硬件相关的费用占总成本比例过高，达

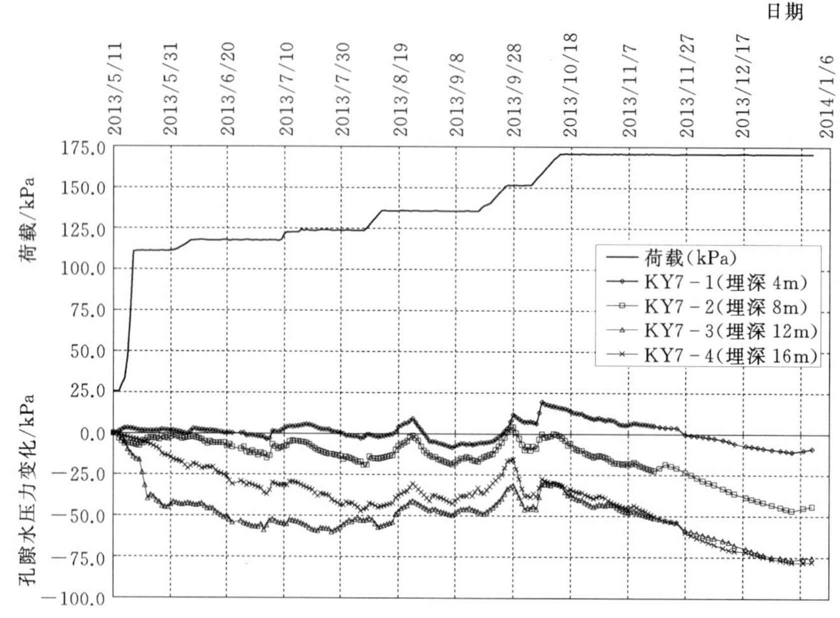

图 16　人工监测孔压—荷载—时间关系曲线

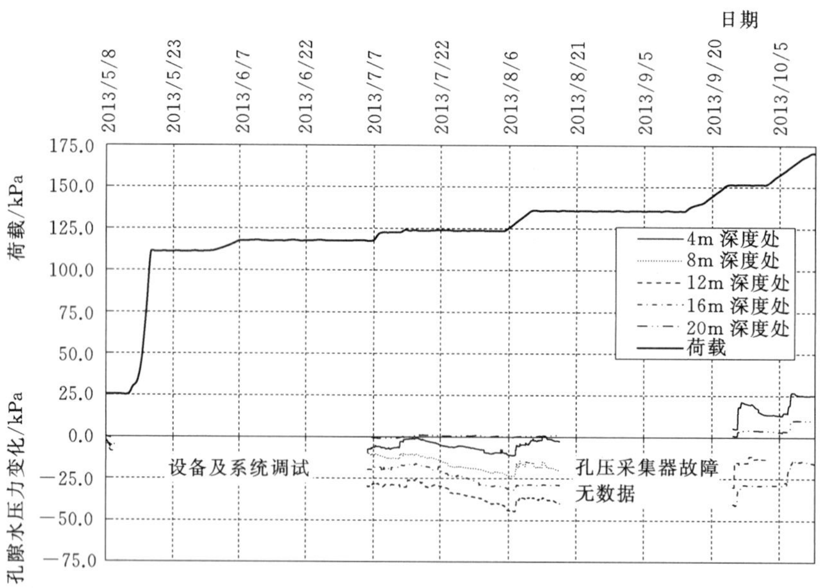

图 17　自动化监测孔压—荷载—时间关系曲线

到了 81.8%，且总费用远高于人工监测；

(3) 传统人工监测的成本费用中人力成本所占比重较大，且因所需人工较多，费用较采用自动化监测略高。

(4) 自动化监测的成本费用仍然较高，其经济性有待技术逐渐成熟后得到改进。随着技术越来越成熟，硬件相关的各项费用必将逐步下降，而社会的发展将使得人力成本将越来越高，自动化监测的综合成本费用有望逐渐接近人工监测。但自动化监测的工作效率和便利性远非人工测量可比，其符合未来工程领域智能化的长远趋势。

表 7　　自动化监测与人工监测各项成本费用比对表

项　　目	自动化监测		人工监测	
	费用/元	占比/%	费用/元	占比/%
仪器设备等硬件费用	2851833.9	81.8	279680.0	25.5
软件费用	9500.0	0.3	0.0	0.0
人工成本费用	324000.0	9.3	432000.0	39.4
办公等其他费用	300000.0	8.6	384000.0	35.0
合计	3485333.9	100.0	1095680.0	100.0
监测综合单价/(元/m^2)	12.6		4.0	

4.5　小结

本项目依托惠州港荃湾港区国际集装箱码头工程，以该工程吹填造陆软基处理监测工作的实际需求作为基础，进行了大面积软基处理自动化监测技术的相关研究与实用技术分析，提出一套完整的大面积软基自动化监测系统，研发其设计与实施方案，确立了系统体系结构并进行了开发。根据前述内容，得出主要结论如下：

(1) 所提出的一套大面积软基自动化监测系统，对其进行的硬、软件系统的设计与实施方案基本可靠，能在一段时间内正常运行，开发的自动化监测系统体系结构是可行的。

(2) 吹填造陆大面积软基处理采用真空联合堆载预压时具有沉降量大、不均匀沉降大、仪器易受堆载施工破坏等特点，本系统在一定范围内（累计沉降不超过 2m 左右）能较好地适应，但超过该范围时会破坏而失效。

(3) 监测系统可成功的对软基处理过程中若干项目进行自动化监测，因技术方案的不同，各监测项的测量精度有所差别，但与人工测量相比，误差在允许范围内，可用于指导真空联合预压施工。

(4) 技术经济方面，本系统设备采购等硬件相关费用约是人工监测的 3 倍，要远高于人工监测，但后者的人工及办公等费用要较人工监测高约 31%。考虑科研项目试验区布置仪器稍多，因此本案例计算的自动化监测成本偏高。

(5) 本系统的监测效率远高于传统人工监测，具有适时性、智能化，可及时预警、预测计算、自动生成报告等，大大提高工作效率，并可更有效的保证加固过程地基的安全。

5　总结

目前软基加固监测现状可以总结如下：

(1) 由于监测工作能可靠地反映施工过程中工程的安全状态，保障施工的顺利进行，日益受到国家和工程单位的重视。近些年，国家先后颁发了一系列监测规程规范。但仍然存在监管不严格、管理不到位的现象。存在着传感器埋设方法、位置不正确，埋设不及时，监测方法错误，数据处理分析简略、不及时等现象，这些也是某些工程事故发生的因素之一。因此，不仅要对监测设计和监测方法进行规范规定，还需要对监测工作和监测管理进行标准化。

（2）随着设备的智能化与自动化，监测数据采集的门槛越来越低，但数据简单汇总、粗略分析、然后提交监测报告的粗放模式已经不能满足业主高层次的需求，在自动化电子化时代，以成因分析、关联分析、快速查询、及时反馈、决策支持为主的后续分析能力必将成为监测工作的核心。由于数据采集量大频高，加上目前工程所处地质条件、环境条件和施工设计难度越来越复杂，国家对环境的保护越来越重视，从而对监测结果分析的要求日益提高。但是，现在一些监测单位只重视数据采集和提交简单报表，忽视了成果分析、解释和反馈，直接导致花费了大量人力物力采集的数据没有得到充分及有效的应用，同时也给工程带来了潜在的风险。事实上，监测工作中数据采集是基础，数据分析和解释才是关键。监测工作的难点在于从大量、繁杂、结构各异的数据中挖掘观测量之间、原因量和效应量之间、观测量与施工过程之间的相关关系，进而动态判断施工过程中的风险，提出建议措施。

（3）随着技术的进步，监测可采用的传感器种类变多且精度提高，加上信息技术的高速发展，大规模、全方位、多维度、多场的自动化智能化监测将得以实现。今后，使用同时宏观、细观和微观的监测方法和设备的“现场版的模型试验”将会出现，施工过程中动态响应的高密度实时采集将不再是一个假设，软基加固的研究也将因此更上一层楼。

参考文献

[1] 娄炎，何宁. 地基处理监测技术［M］. 北京：中国建筑工业出版社，2015.

[2] 王浩，覃卫民，焦玉勇，等. 大数据时代的岩土工程监测——转折与机遇［J］. 岩土力学，2014，35（9）：2634-2641.

[3] 连剑波，赵建华，张长生. 软基处理监测信息系统设计与实现［J］. 工程勘察，2006（1），39-42.

[4] 黄泰. 软土地基及水工构筑物自动监测技术研究［D］. 天津：天津大学，2016.

[5] 邱敏，邓雄文，曾祥伟，等. 南沙地区沉降监测新技术方法研究及成因分析［J］. 地理空间信息，2020，18（4）：118-120，8.

[6] 杨建图，姜衍祥，周俊，等. GPS测量地面沉降的可靠性及精度分析［J］. 大地测量与地球动力学，2006（1）：70-75.

[7] 范滋胜. GPS在长江口深水航道治理工程软土地基沉降观测中的应用［J］. 港工技术，2004（4）：54-55.

[8] 强同波，胡从川，王谦，等. 基于高精度北斗定位的风电基础沉降［J］. 现代电子技术，2017，40（23）：182-186.

[9] 江一帆，潜军伟，毛铭祺. 基于北斗高精度定位技术推动特高压变电站地基沉降监测传统模式的变革［J］. 数字通信世界，2018（2）：47，177.

[10] 施斌，顾凯，魏广庆，等. 地面沉降钻孔全断面分布式光纤监测技术［J］. 工程地质学报，2018，26（2）：356-364.

[11] 贺岩. 地基全视景三维成像激光扫描仪［C］//中国宇航学会. 第十届全国光电技术学术交流会论文集. 中国宇航学会：中国宇航学会光电技术专业委员会，2012：236.

[12] 周吕. 雷达干涉测量地表沉降和建筑物变形监测及分析［D］. 武汉：武汉大学，2018.

[13] 刘学敏，路林海，韩林，等. 基于合成孔径雷达差分干涉测量技术的济南轨道交通1号线地表沉

降监测 [J]. 城市轨道交通研究，2020，23 (6)：32-35，39.

[14] 王伟，胡金磊，王文博，等. 一种利用分布式光传感技术的变电站地基沉降监测方案 [J]. 光学与光电技术，2019，17 (3)：83-89.

[15] 蔡文军. 机械式无线随钻测斜仪系统研究 [D]. 北京：中国石油大学，2007.

[16] 杜华程. 智能数字测斜仪的研制 [D]. 淄博：山东理工大学，2015.

[17] 吴川，乌效鸣，文国军，等. 基于光纤陀螺和加速度计的测斜仪 [J]. 湖南科技大学学报（自然科学版），2015，30 (2)：68-72.

[18] 孙汝建，关秉洪，何宁. 国外岩土工程监测仪器 [M]. 南京：东南大学出版社，2006.

[19] 董志良. 堆载及真空预压砂井地基固结解析理论 [J]. 水运工程，1992 (9)：1-7.

[20] 娄炎，杨守华，高长胜. 对真空预压加固中沉降稳定标准的讨论 [J]. 中国港湾建设，2004 (1)：23-25，31.

港口工程地基处理技术综述

刘爱民[1,2,3,4]

（1. 中交天津港湾工程研究院有限公司，天津　300222；2. 中交第一航务工程局有限公司，天津　300222；3. 港口岩土工程技术交通行业重点实验室，天津　300222；4. 天津市港口岩土工程技术重点实验室，天津　300222）

摘　要：由于港口工程地质情况和工程需求的复杂多变，地基处理方法也多种多样，地基处理方法选择时应考虑土质条件及加载方式、建筑物类型及适应变形能力、施工条件、材料来源、地下水条件和处理费用等因素经多方案比较选定。本文简要介绍了港口工程常用的地基处理方法，并针对粗颗粒土和细颗粒土最常用的性价比最好的排水固结法和强夯法进行了重点介绍，希望对工程技术人员能有所帮助。

关键词：地基处理；排水固结；真空预压；强夯；施工工艺

1　概述

随着我国国民经济的快速发展，水运工程建设也突飞猛进，沿海港口作为国民经济和社会发展的重要基础设施，有力地支撑了经济、社会和贸易发展，对于国家综合实力的提升、人民生活水平的提高、综合运输网的完善等具有十分重要的作用。港口呈现出规模化、集约化、现代化发展趋势。在沿海港口建设迅猛发展的同时，我国内河航道、港口设施建设也取得了显著成绩。内河水运货运量持续增长，运输船舶大型化、标准化趋势明显，水运市场日趋活跃，内河水运进入了快速发展的较好时期。目前，全国形成了以长江、珠江、京杭运河、淮河、黑龙江和松辽水系为主体的内河水运布局，内河水运的服务腹地有了较大的延伸和扩展，服务质量明显提高，为流域经济社会的持续、快速发展奠定了坚实的基础。

我国沿海港口地区及内河流域多为软土地基，利用港池和航道的疏浚开挖土吹填造陆形成的陆域多是软土地基或超软土地基。这些软土地基必须进行地基处理，才能作为堆场、道路地基使用。实践证明，工程建设出现事故，大多是地基问题，其中多数是地基稳定和地基沉降问题。目前，地基处理方法多种多样，必须针对工程的具体特点选用最经济合理的地基处理方法，精心设计、施工，确保质量，才能在节省大量社会资源的同时获得最大的经济效益。

目前港口工程中常用的地基处理方法很多，见表 1。地基处理方法选择时应考虑土质条件及加载方式、建筑物类型及适应变形能力、施工条件、材料来源、地下水条件和处理

作者简介：刘爱民（1969—　），男，教授级高级工程师，主要从事软土地基处理等方面的设计和科研。

费用等因素经多方案比较选定，必要时可联合应用多种地基处理方法。下面就针对粗颗粒土和细颗粒土最常用的性价比最好的排水固结法和强夯法进行了重点介绍。

表 1　　港口工程常用地基处理方法

处理方法		适用范围
换填法		换填厚度一般不大于 4m 的软土
爆破法	爆破排淤填石	有下卧持力层的厚度一般为 4～25m 的淤泥、淤泥质土
	水下爆破夯实	水下地基或基础为块石或砾石的地基
加筋垫层法（包括土工织物、格栅、土工网等）		软土地基
排水固结法	堆载预压法	淤泥、淤泥质土、冲填土等饱和黏土地基，但不适用于泥炭土
	真空预压法	以黏性土为主的软土地基，必要时可以联合堆载
强夯法和强夯置换法		松软的碎石土、砂土、低饱和度的粉土与黏性土、素填土和杂填土
降水强夯法		深度不超过 7m 的砂土、粉土、粉质黏土等地基
振冲法	振冲挤密法	砂土及各类散粒材料的填土
	振冲置换法	砂土、粉土、粉质黏土、素填土和杂填土。对于不排水抗剪强度小于 20kPa 的饱和黏性土应通过试验确定其适用性
砂桩法和挤密砂桩法		饱和黏性土、砂性土、非饱和黏性土、杂填土、松散素填土等
碎石桩法		松散砂性土、软弱黏性土以及液化地基等
水泥搅拌桩法		淤泥、淤泥质土和含水率较高且地基承载力不大于 120kPa 的黏性土地基
高压喷射注浆法		淤泥、淤泥质土、黏性土、粉土、砂土、素填土和碎石土等地基

2　排水固结法

堆载预压法、真空预压法和降水预压法从加固机理上来看，都属于排水固结法，其设计计算方法比较接近。从施工工艺来看，真空预压法时利用真空压力或真空联合堆载压力，使土体排水固结加固软土地基的方法，它比堆载预压法和降水预压法要复杂一些，因此，本文主要以真空预压法为代表来进行介绍。

2.1　真空预压法的发展过程

1952 年，杰尔曼（W. Kjellman）提出真空预压加固软土地基方法，初步阐述了其机理，并进行了小型的现场试验研究，其模式与现在一般的真空预压加固软土地基的工法基本相同。

我国开始研究此项技术较早。1957 年 807 部队和哈尔滨军事工程学院在室内和室外做过真空预压试验；1959 年天津大学开展了室内真空预压试验研究来探讨真空预压的规律性和效果，提出了“吹填土真空排水固结试验研究”的报告；1959 年南京科学研究所在天津做了“电渗真空砂井联合作业法”的试验研究。在工程实践上，真空预压加固软基成功的实践也有个别报道，如 1958 年美国费城机场采用真空井点降水与排水砂井相结合，完成了飞机跑道的扩建工程，但整个地区真空度最高仅为 52kPa。早期对真空预压的研究手段以试验，特别是现场试验为主。由于当时机械设备及材料方面的限制，早期的现场试验均不理想，大面积的使用也未能付诸实施，但为真空预压加固软土地基技术的发展积累了一定的经验。

20 世纪 80 年代以来，以中交第一航务工程局为主，天津大学、南京水利科学院土工所参加的联合攻关小组，对该项加固技术又重新进行了探索、研究。在工程上采用射流泵代替真空泵，使得膜下真空度可以稳定在 80kPa，从而使该项加固技术的施工工艺有了突破性进展。该法在天津新港软土地基处理中逐渐得到推广应用。如今，真空预压技术已广泛应用于港口、堆场、仓库、机场、高速公路、市政设施、人工岛、堤坝边坡等工程的地基处理，膜下真空度一般都能达到 80kPa 以上。

2.2 加固机理

大气压力是一种流体压力，属于中性压力，不能直接作用于颗粒间成为有效应力。根据有效应力原理，土中应力必需满足关系式（1）：

$$\sigma=\sigma'+u \tag{1}$$

式中 σ——地基内某点总应力；

σ'——地基内某点有效应力；

u——地基内某点孔隙水压力。

抽真空过程中未施加外荷载，总应力基本不变，它是在不增加土的总应力的情况下，通过降低膜下排水通道中的大气压力，使膜上膜下形成压力差，在该压力差的作用下土体得以排水固结，如图 1 所示。

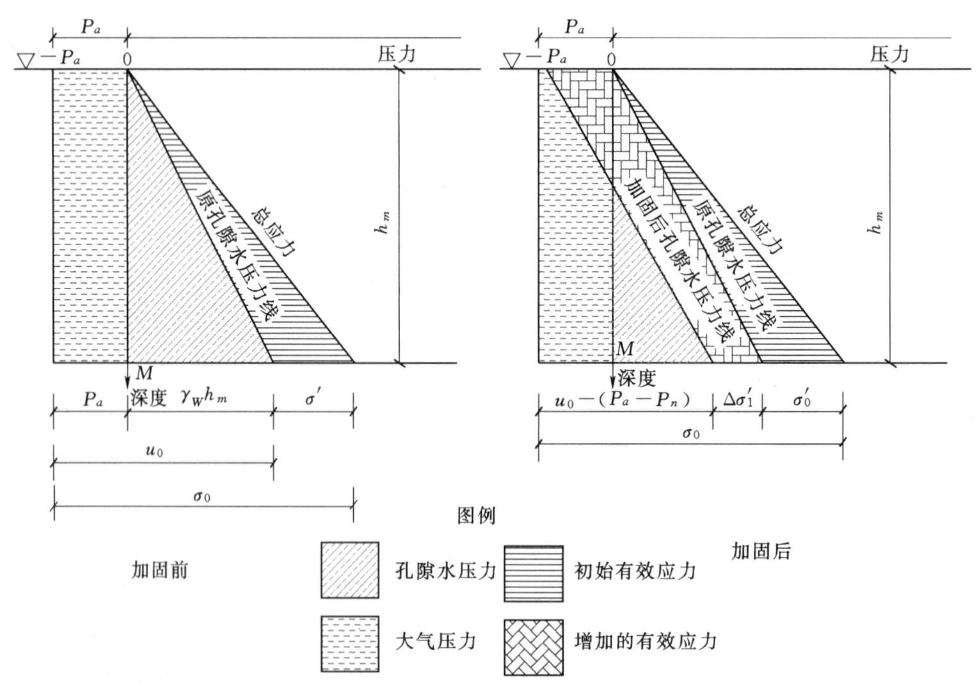

图 1 真空预压法加固机理简图

2.3 适用范围

真空预压法适用于淤泥、淤泥质黏土或淤泥质粉质黏土地基为主的软土地基，尤其适用于超软土地基。由于真空预压时，周边的软土地基向着加固区内收缩变形，不会发生地基失稳破坏，预压荷载可一次快速施加，因此尤其适用于超软土地基。当存在粉土、砂土等透水透气层时，采用真空预压法时加固区周边应采取确保膜下真空压力满足设计要求的密封措施。对于塑性指数大于25且含水率大于85%的流泥，应通过现场试验确定真空预压法适用性。

2.4 设计

2.4.1 真空预压法设计的主要内容

真空预压法设计应包括以下主要内容：

（1）确定塑料排水板的断面尺寸、间距、排列方式和深度。

（2）确定施加荷载的大小、范围、分级、加荷速率、预压或分级预压时间和卸载标准。

（3）计算地基固结度、强度增长、稳定性及沉降等。

（4）提出质量监测、检验要求。

2.4.2 真空预压法设计的一般要求

真空预压的加固范围应大于拟建建筑物基础外缘所包围的范围，真空预压加固范围较大时应分区加固，根据目前的施工工艺，分区面积宜为20000～30000m^2。

真空预压施工时，周边的软土地基向着加固区内收缩变形，这会对周边的地基或构筑物造成一定的影响。经验表明，距离加固区边线20m范围内影响较大，因此，真空预压加固区边线与周边建筑物和地下管线等的距离应根据土质情况和建筑物重要性确定，一般不宜小于20m。当距离较近时，应根据实际情况采取挖隔离沟，设置隔离墙等保护措施。

2.4.3 排水系统设计

2.4.3.1 水平排水系统

水平排水垫层应具有良好的透水性和连续性。水平排水垫层宜采用含泥量不大于5%的中砂或粗砂，厚度不宜小于0.4m。砂料的渗透系数不宜小于5×10^{-3}cm/s。水平排水垫层中应设置排水滤管，滤管横向间距宜为6～7m，纵向间距宜为30～40m。

2.4.3.2 垂直排水系统

垂直排水系统宜采用塑料排水板，排水板的间距、排列方式和深度应根据地基固结度、强度增长及沉降等计算结果确定。垂直排水系统宜穿透软土层，但不应进入下卧透水层。软土层深厚时，对以地基承载力或稳定性控制的工程，打设深度应超过危险滑动面下3m；对以沉降控制的工程，打设深度应满足工程对地基残余沉降量的要求。根据真空预压工艺要求，排水板的间距宜为0.7～1.3m，对高灵敏度黏性土取大值。

2.4.4 真空预压荷载

对于边界密封条件良好的淤泥、淤泥质土或黏土地基，真空预压荷载设计值不宜小于85kPa；当加固区土层条件复杂时，真空预压荷载设计值不宜小于80kPa。当真空预压荷载小于预压荷载设计值时，可采用真空联合堆载预压，当残余沉降量或加固时间不满足工程要求时，可采用超载预压。采用真空联合堆载预压应根据稳定验算结果提出分级加载要求。

2.4.5 密封系统

密封系统一般采用密封膜，密封膜宜采用2～3层聚乙烯或聚氯乙烯薄膜。现在也有采用表层淤泥密封的工程实例，但采用淤泥密封，在进行固结度计算时应只考虑径向固结，且加固后应对表层的软土进行进一步处理。

在加固区四周应开挖压膜沟，压膜沟深度至少应挖至不透水、不透气层顶面以下0.5m，彻底起到密封作用。当加固区边界透水透气层较深时，密封措施宜采用黏土密封墙，也可采用垂直铺塑隔离措施。采用黏土密封墙时，密封墙厚度不宜小于1.2m，拌和后墙体的黏粒含量应大于15%，渗透系数应小于1×10^{-5}cm/s。

2.4.6 抽真空系统

抽真空设备宜采用射流泵，其单机功率不宜低于7.5kW，在进气孔封闭状态下，其真空压力应不小于96kPa，有经验时可采用新型施工设备，目前已经有不少新型的工艺和设备。抽真空设备宜均匀布置在加固区四周，必要时也可适量布置在加固区中部，每台抽真空设备的控制面积宜为900～1100m^2。真空压力达到设计要求稳定后，抽真空设备开启数量应超过总数的80%。

2.4.7 卸载条件

对以沉降控制的工程，卸载标准应根据地基沉降量、残余沉降量、平均应变固结度和沉降速率确定；对以地基承载力或稳定性控制的工程，卸载标准应根据地基土强度、平均应变固结度和沉降速率确定。卸载时加固深度范围内按照实测沉降曲线推算的地基平均应变固结度不宜小于80%。

按照实测沉降曲线推算地基平均应变固结度，不同的人推算的结果不尽相同，为便于现场施工质量的控制，设计一般会给出卸载时的沉降速率要求，采取固结度和沉降速率进行双控。应注意的是，沉降速率是同固结度和沉降量这两个因素密切相关的。

2.4.8 检测和监测内容

2.4.8.1 现场监测

施工过程中应对真空度、地表沉降、膜下真空压力、孔隙水压力、侧向位移、深层分层沉降和地下水位进行监控。周边条件复杂时还应进行加固区外侧边桩位移监测和周边建筑物的位移和沉降监测。需要进一步了解真空度在排水板内的传递情况时还应对排水板内部的真空压力进行监测。

2.4.8.2 现场检测

软土地基加固前、后应进行现场原位强度检测和现场取土及室内试验，必要时尚应进行加固后的地基承载力检测。加固前的地基土检测应在打设塑料排水板前进行，加固后的检测应在卸载3～5天后进行。

2.5 施工

真空预压主要施工工序包括铺砂垫层、打设塑料排水板、开挖压膜沟、铺滤管和密封膜、抽真空、联合堆载（如有）、卸载。

2.5.1　铺砂垫层

根据场地条件用人工或轻型机械铺设厚 40cm 中粗砂垫层作为水平排水通道。每个区边界以内 1.5m 范围不需要铺设砂垫层，留做开挖密封沟。当加固区表层无法直接铺设水平排水垫层时，采取相应的施工措施。铺设砂垫层先填出一段，以便拼装塑料排水板打设架和施打塑料板，并进行流水作业。

2.5.2　打设塑料排水板

塑料排水板打设机大部分是施工单位自己制造或改装而成的。主要有三大类：第一种是门架式插扳机，行走靠铺设的轨道，也有单管和双管之分。天津、江苏、浙江等地施工单位都有制造生产，最大打设深度在 30m 左右，该设备为常用设备（见图 2)。第二种是履带式单管或双管插板机，打设最大深度可达 30m 以上。第三种，是由挖掘机或吊机改装而成，一般每次只能施打一根，行走亦靠履带，施打方式为静力压入或振动贯入。现场施工具体采用哪一种形式的打设设备，由现场的具体情况来决定，一般起关键作用的是打设深度、地基承载力和打设速度，振动敏感区段不宜采用振动式塑料排水板打设机。塑料排水板的打设质量应符合 JTS 206—1—2009《水运工程塑料排水板应用技术规程》的要求。极软地基上打设深度不超过 5m 的塑料排水板，可采用裸打，即人工打设，如图 3 所示。

图 2　门架式插扳机

图 3　人工打设塑料排水板

2.5.3　开挖压膜沟

压膜沟可根据场地条件采用人工或机械开挖，开挖的深度和宽度满足设计要求，压膜沟内外坡平整且无砂料存在，压膜沟内回填的黏土不含杂质并分层压实，压膜沟内的塑料排水板沿边坡伸入到加固区内的水平排水垫层中 20cm 以上。对于两个区共用密封沟，挖出的土料可先放到后施工的分区里，等铺膜后，把剩余的土料移到铺完膜的区，相邻分区铺膜后再填入密封沟内。

2.5.4　铺滤管和密封膜

按设计要求的位置铺设滤管。先将滤管摆设并连接好，接头处用铅丝绑扎牢固，然后在管路旁边挖滤管沟，然后一边挖沟一边埋管入沟，入沟深度约 20cm，并用中粗砂填平。

滤管相交叉处采用二通、三通或四通连接。

密封膜一般为2～3层，每层密封膜铺好后应认真检查及时补洞，待其符合要求后再铺下一层。密封膜的铺设应在白天进行，按顺风向铺设。压膜沟内的密封膜紧贴内侧坡面铺平，密封膜应埋入到压膜沟内的不透水黏土层中。压膜沟的回填料应采用不含杂物的黏性土。

2.5.5 抽真空

安装抽真空设备，安装时必须保证位置准确，设备放置平稳，且与滤管连接牢固后才可接通电源。连接处要密封，安装后进行调试，检查质量，然后开始抽真空。当膜下真空压力低于设计要求时，应立即查找原因，并及时处理。正常抽真空过程中，真空泵的开泵率不应小于80%。

常用抽真空装置的射流泵和射流器一同安装在射流箱中，抽真空阶段效率不高。近年来，出现了多种新的真空预压射流装置，主要是使射流泵和射流器分开，从而达到水、气的彻底分离，大大地提高抽气效率，如图4所示。新的射流装置在安装时操作简单，射流泵放置后，其余的装置可由一个工人单独完成，在人工使用上大大地减少人力投入，而且安装效率高，铺完膜后可以在最短的时间内进行试抽气，使密封膜在及时得到吸附，减小铺膜后大风刮膜的风险。

图4 新的射流装置

目前中交天津港研院研发了新型水气分离式抽真空设备，该设备主要由水气分离装置、真空泵站、自动控制装置等组成的有机组合体。真空泵站采用与传统射流泵抽真空工艺不同的新型设备——水环式真空泵，由一台或几台水环式真空泵组成。水环式真空泵靠旋转变容形成真空。它的特点是抽气效率高，但不能直接抽吸大量水（尤其是含有大量泥沙的水）。该泵形成的真空负压满足真空预压地基加固要求，耐久性好，性能稳定，能够满足长时间连续工作需要。

水气分离装置为圆柱形罐体结构，是根据真空预压待处理地基的特点设计的一种能将地基中抽出的水和气体分离开来，连接密封膜下抽气排水管路和膜上真空泵的中间设备。

自动控制装置安装在水气分离装置上，该装置能够根据水气分离罐内的水位和压力，自动控制真空泵和罐内排水装置的开启和关闭。新型设备现场应用如图5所示。

通过多项模型试验、连云港和天津等地的现场试验研究和依托项目应用，充分证明了新型水气分离新型抽真空设备具有以下优点：

（1）真空压力分布更为均匀，加固质量能够有效保证。传统抽真空设备射流泵一般布设在加固区周围，真空压力通过滤管内的水、气体流动做功，向排水板、土体传递。真空压力沿滤管传递过程中由于滤管壁的阻尼作用等不断损耗，尤其在加固前期，加固区内水比较多的时候，损耗更为明显。容易造成加固区内真空压力分布不均匀。

新技术采用的水气分离设备放置在加固区的中心位置，通过在区内设置大量的连接点，使得加固区内各个位置的真空压力分布均匀。使得真空预压加固效果得到有效保证。

新技术所采用的真空泵放置在密封膜水面以上，通过自动控制装置控制真空泵、排水设备的开启和关闭，减少了人为干扰因素。便于现场管理人员对加固区施工情况的掌握和管理。

图 5　新型设备现场应用图

（2）节约更多的能源，符合国家节能减排的政策。新技术摒弃了射流泵不能发挥最大效率的缺点，通过水气分离装置，由水环式真空泵只抽气，排水泵只排水，发挥两种设备的最高效能，最大限度地节约能源。

以一个 2 万 m^2 的常规加固区为例，使加固区内真空度稳定保持在 85kPa 以上。采用传统设备，按照规范规定，需要布设 7.5kW 的射流泵 20 台，功率总计 150kW。采用水气分离技术，需要设置一个真空泵站，泵站的功率为 20～30kW 每 1 万 m^2；每 2 万 m^2 布设 2～4 个水气分离罐，每个罐内设置两台排水泵。能源节省率在 30%～40%。

（3）采用的设备可以根据现场实际工况进行拆分或集成，便于施工。真空预压现场的工况是多种多样的，如果加固区表层强度较高或靠近路边（临时路），可以将设备集成，采用大功率真空泵，例如 30kW、50kW、100kW 等，几个加固区共用一个真空泵站，便于管理和更大限度的节约能源。如果加固区远离道路，且土质非常软，比如超软土，可以选择小功率泵，由人工运送和安装。

（4）节约大量电缆，降低漏电风险，便于现场安全管理。新技术非常直观的一个表现是用泵数量大幅减少，一个加固区的用泵数量可减少 60%以上，甚至更多，这样电缆的用量节约 60%以上。使得加固区的用电安全系数得到有效提高。

2.5.6　卸载

当真空预压满足设计提出的卸载标准后，可以停泵卸载。

2.6　真空预压的拓展应用

真空预压加固软土地基技术自问世以来，在港口、公路、机场跑道等大中型工程中得到了广泛的应用，为我国大面积软土地基处理和围海造陆工程做出了突出的贡献，在此期间，真空预压技术也得到了长足的发展，结合实际工程需要，又进一步发展了真空联合堆载预压法、无砂垫层真空预压技术、自密封真空预压技术、潮差带水下真空预压技术、真空预压二次处理技术、增压式真空预压技术、劈裂式真空预压技术等，网上搜索与真空预压技术相关的专利有一百多种。

2.6.1　无砂垫层真空预压技术

传统的真空预压技术需要优质砂垫层作为水平排水通道，而随着我国环境保护的日益加强，砂资源异常紧缺，地基处理常常因为砂资源供应不足而影响工期，在天津港，曾经出现为保证某一重要工程用砂而让其他工程全部停工的状况，为此对真空预压技术进行了改进，开发了无砂法真空预压技术。该技术无需水平砂垫层，将每根塑料排水板直接和滤管相连，排水板排出的水可直接通过滤管，在抽真空设备的作用下排出加固土体。本技术尽管大幅增加了滤管的用量，但是解决了真空预压对砂垫层的依赖，经多项工程验证，加固效果良好。

在软土地基上先铺设无纺布，布设滤管，排水板和滤管可通过缠绕的方式连接，也可通过专用接头进行连接。再铺一层无纺布，即可铺膜抽真空。

2.6.2 自密封真空预压技术

真空预压技术的施工工序主要包括铺设砂垫层、打设塑料排水板、开挖压膜沟、铺设密封膜、抽真空等施工步骤。其中砂垫层和密封膜在真空预压施工费用组成中占有相当的比重。淤泥及淤泥质黏土具有很好的气密性，当采用真空预压技术加固淤泥及淤泥质黏土，如果利用被加固土体本身的气密性作为密封材料，同时利用特殊的密封装置，将塑料排水板相互连接汇总到排水管道系统中，再利用抽真空设备进行抽真空。可以取消铺设砂垫层、开挖压膜沟和铺设密封膜三道工序，节省相应的材料费用和施工费用。而密封装置和排水管道可重复使用，在节约砂、塑料膜等建筑材料的同时使得地基处理施工费用大大降低，具有很好的经济效益和社会效益，同时又符合环保要求。因此，对自密封真空预压技术进行细致研究是非常有意义的。该技术曾应用于天津港某工程，加固效果同临近的传统真空预压比较接近。

该技术不需要铺设砂垫层、开挖压膜沟和铺设密封膜，同传统真空预压相比，在排水板打设方面有显著不同。以踩入式自密封真空预压工艺为例，其工艺断面图见图 6。加固前按照加固深度和滤管压入深度及排水板环绕滤管的弯折长度计算排水板的裁剪长度。裁截排水板后，将排水板按照设计间距缠绕固定在滤管上，然后在超软土作业面上人工直接打设排水板，在打设排水板的同时将滤管压入泥下 30～50cm，如图 7 所示。

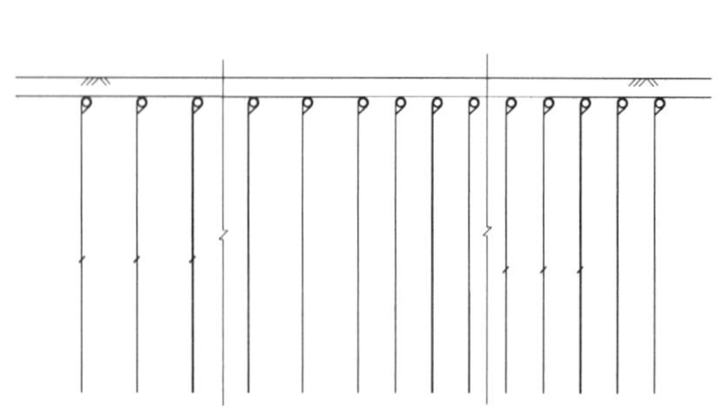

图 6　踩入式自密封真空预压工艺断面图

图 7　塑料排水板打设

2.6.3 潮差带水下真空预压技术

随着沿海滩涂的大规模开发建设，有大量的潮差带区域的软土地基需要加固处理。而潮差带区域高潮时陆上设备上不去，低潮时，施工船舶上不去，地基处理非常困难，为此迫切希望将真空预压技术应用于潮差带地区，可以说潮差带地区水下真空预压技术有着广阔的应用前景和适用性。随着陆上真空预压新技术、新材料的不断出现，真空预压的施工工艺和设备已经有了较大改进，为潮差带地区水下真空预压施工技术的开发研究提供了基础条件，使得该技术的开发研究具有了理论和物质基础。潮差带地区水下真空预压施工技术可以解决高桩码头岸坡位移造成码头后几排桩、梁、板变形、开裂等问题，还可解决水下开挖稳定、缩小围埝（堤）断面尺寸并缩短加载周期等问题，同时潮差带地区水下真空预压技术还是一种文明环保的新型软基加固技术。对潮差带地区水下真空预压技术进行研究，既是市场需要，也是真空预压技术进一步深入发展的必然。

针对潮差带地区的自然条件特点，对砂垫层施工技术、塑料排水板打设技术、密封膜及其埋设技术等进行了系统的创新和改进，形成了一套切实可行的潮差带水下真空预压加固软基技术，取得了良好的加固效果。

（1）砂垫层施工技术：一般在加固区临海侧构筑挡埝，中间吹填一定厚度的砂作为真空预压的砂垫层。或直接选用厚 60～80cm 的砂被作为砂垫层，既避免了砂的流失，也加快了施工进度。

（2）塑料排水板打设技术：将塑料排水板打设机的电机改为上下活动式，涨潮时提上，工作时移下，如图 8 所示。既保证了打设机始终停在现场，涨潮时电机又不会被水浸泡，提高了打设效率。

图 8　改造后的塑料排水板打设机

（3）埋设密封膜技术：因场地表层一般为含水率大的淤泥或流泥，无法开挖成型的压膜沟，在压膜沟位置将密封膜人工直接踩入泥面以下，其上再压一层淤泥，并及时沿压膜沟内边线码放黏土袋压住密封膜。

（4）真空预压各分区的单区面积宜适量控制，确保能够在露滩时间内将一个分区的膜铺完，并留充足的真空设备的安装时间，以保障铺膜质量。否则，各工序难以保证在露滩时间完成。露滩时要做的工作必须提前做好充分准备并预先详细安排好。

2.6.4　真空预压二次处理技术

当加固区表层为较厚的新吹填超软土层时，可考虑采用二次处理的方法：先打设塑料排水板至新吹填超软土层底部，将塑料排水板和滤管直接连接后铺膜抽真空，待新吹填超软土层强度有一定程度提高后再进行常规的真空预压处理。

3 强夯法

强夯法是反复将夯锤提到高处使其自由落下，给地基以冲击和振动能量，使地基土密实的地基处理方法。

3.1 强夯法发展历程

强夯法由法国menard技术公司于1969年首创，我国于1978年11月至1979年初首次由中交天津港研院及其协作单位在天津新港三号公路进行了强夯法试验研究。1979年同一年，在首次强夯法试验初步掌握了这种方法的基础上，又相继开展了河北秦皇岛码头煤堆场细砂地基强夯试验、河北廊坊机械化研究所宿舍工程中可液化砂土和粉质黏土地基的强夯试验研究，均取得了较好的加固效果。通过上述试验研究及实际工程的应用，总结出一套适合我国情况的强夯工艺，填补了我国地基加固领域里的一项空白。随后，强夯法在全国各地得到了推广应用，并取得了良好的技术经济效果。

3.2 加固机理

采用强夯法加固多孔隙、粗颗粒、非饱和土是基于动力密实的机理，即用冲击型动力荷载，使土体中的孔隙减小，土体变得密实，从而提高地基土强度。非饱和土的夯实过程，就是土中的气相（空气）被挤出的过程，地基夯实变形主要是由于土颗粒的相对位移引起。实际工程表明，在冲击动能作用下，地面会立即产生沉降，一般夯击一遍后，其夯坑深度可达0.6～1.0m，夯坑底部形成一层超压密硬壳层，其承载力可比夯前提高2～3倍。非饱和土在较大夯击能量的作用下，主要是产生冲切变形，在加固深度范围内气相体积大大减少，有时可减少60%以上。

3.3 强夯法的特点及适用范围

3.3.1 特点

在港口工程中，软弱地基加固通常采用排水固结法、复合地基加固法、强夯法三大类加固方法，与前两种加固方法相比，强夯法具有以下特点：使用工地常用简单设备；施工工艺、操作简单；适用土质范围广；加固效果显著，可取得较高的地基承载力；土粒结合紧密，有较高的结构强度；工效高，施工速度快；施工费用相对较低。

尽管强夯法具有以上特点或者说是优点，可是，强夯法的缺点也不容忽视，其主要表现在：

（1）加固后地基在后期使用中还会产生明显的地基沉降（差异沉降），相对而言，强夯法、降水强夯法后期沉降较大，强夯置换法沉降较小；

（2）施工设备沉重，对天然地基承载力要求较高；

（3）强夯施工将产生显著的噪声；

（4）强夯震动和挤压对施工区以外区域的干扰范围大。强夯对地基的冲击作用将产生较大的地基震动，尤其是沿着地基表层横向传递的长周期波，传播较远，强夯震动对附近构筑物造成影响甚至破坏；另外，附近的有些工程施工将受到限制，如混凝土浇筑工程等；同时，强夯对地基土体的横向挤压作用增大了地基的水平力，对邻近构筑物地基及基础不利。

3.3.2 适用范围

强夯法适用于松软的碎石土、砂土、低饱和度的粉土与黏性土、素填土和杂填土。

强夯法对地基的水位埋深有一定要求，一般要求深度为2～3m，该要求的目的是将强夯的冲击能量有效地通过地基土骨架传入到地基土的深部，而不是被水所吸收，如被加固地基的地下水位较高，应采用工程措施，使起夯面距离地下水位有足够的距离。工程施工中，对于渗透系数较大的地基土，常采用开挖纵横交错的排水沟的方式降低地下水位；对于中等渗透性的地基土，如砂土、粉土、粉质黏土等采用井点降水方式，降低地下水位。有时，根据工程需要采用在被加固地基表面铺设工作垫层的方法相对改善水位条件。

3.4 设计

强夯法的目的是通过对软弱地基的强夯加固处理，解决地基承载力、地基稳定、地基沉降（差异沉降）、地基液化等天然地基或人工地基的工程问题。

由于强夯法机理复杂、强夯适用地质条件范围广造成地基条件复杂、场地使用要求也各不相同等因素制约，强夯设计采用的是半经验、半理论方法，一般采用对比设计法或试夯区典型试验法来确定适合的设计参数。典型试验试验区面积一般不宜小于2500m^2，可分别选用不同的夯点间距、不同的施工工艺进行强夯试验，由试夯结果，确定满足地基承载力、地基稳定、地基沉降（差异沉降）要求、地基抗液化要求等地基指标的试夯条件，确定有效加固深度、夯锤和落距、夯点布置及间距、夯击击数与遍数、间歇时间等合适的设计参数指标。

3.4.1 加固范围

强夯法处理范围应大于建筑物基础范围，每边超出基础外缘的宽度宜为设计处理深度的1/2～2/3，且不宜小于3m。

3.4.2 单击夯击能

单击夯击能应根据要求的加固深度经现场试夯或当地经验确定，缺少试验资料或经验时可按式（2）计算，也可按表2预估。目前最大单击夯击能已经达到了30000kN·m，但是单击夯击能超过25000kN·m的工程应用相对比较少，需要进一步积累经验。

$$H \approx \alpha\sqrt{\frac{Mh}{10}} \tag{2}$$

式中　H——强夯的有效加固深度，m；

α——经验系数，一般采用0.4～0.7；

M——锤重，kN；

h——落距，m。

单击夯击能按式（3）计算：

$$W = Mh \tag{3}$$

式中　W——单击夯击能，kN·m；

M——锤重，kN；

h——落距，m。

表 2　强夯法的有效加固深度　单位：m

单击夯击能/(kN·m)	碎石土、砂土等粗颗粒土	粉土、黏性土、湿陷性黄土等细颗粒土
1000	5.0～6.0	4.0～5.0
2000	6.0～7.0	5.0～6.0
3000	7.0～8.0	6.0～7.0
4000	8.0～9.0	7.0～8.0
5000	9.0～9.5	8.0～8.5
6000	9.5～10.0	8.5～9.0
8000	10.0～10.5	9.0～9.5
10000	10.5～11.0	—
12000	11.0～11.5	—

注　强夯的有效加固深度应从起夯面算起。

3.4.3　夯锤和落距

(1) 夯锤。强夯加固工程，加固后场地的均匀性是非常重要的，而强夯施工需要多台设备同步进行，因此，需要对夯锤参数进行规定。普通强夯夯锤锤径 2.0～3.0m，锤底静压力值可取 25～40kPa。

(2) 落距。落距是起吊最大高度时夯锤底面至起夯面的距离，其按表达式 (3) 计算确定。从冲量 F 关系式 $F=W\sqrt{2gh}$ 可知，F 分别与锤重 W 呈一次方，与落距 h 呈 1/2 次方的关系式，因此，重锤、低落距具有更大的冲击能量，有利于提高加固效果。

3.4.4　夯点布置及间距

夯点间距的确定，一般根据土的性质和要求处理的深度而定。对于细颗粒土，为了便于孔隙水压力的消散，夯点间距不宜过小。当要求处理的深度较大时，第一遍夯点间距更不宜过小，以免夯击时在浅层形成密实层而影响夯击能往深层传递。夯点宜采用正方形或梅花形布置，间距宜为 5～10m，处理深度较深或单击夯击能较大的工程取较大值。

3.4.5　夯击击数与遍数

单点夯击击数应根据现场试验中得到的最佳夯击能确定。单击夯击能小于 4000kN·m 时最后两击的平均夯沉量不应大于 5cm，单击夯击能为 4000～6000kN·m 时不应大于 10cm，单击夯击能大于 6000kN·m 时不宜大于 20cm。

对于砂土地基点夯作业，随着点夯次数的增加，地基孔隙水压力增量逐渐减小，最后达到相对的孔隙水压力恒定值，此值即为最佳夯击次数，最佳夯击次数与单击夯击能的乘积即为最佳夯击能；对于黏性土地基，由于渗透系数小，每次夯击间隔时间短，单点点夯作业使地基的孔隙水压力产生叠加效应，当孔隙水压力达到最大值时，此时的夯击能即为最佳夯击能。从夯击单击能量上，强夯的一部分能量用于夯实土体，使其产生垂直变形；另一部分则使土体产生横向压缩和挤出，当贯入度小到趋于某个稳定值时，夯实体积也趋于一个稳定值如图 9 所示，说明这时大部分能量不能起压实土体的作用，此时对应的夯击次数为最佳夯击次数。

单点夯击遍数应根据地基土的性质确定，宜采用2～3遍，对渗透性弱的细粒土夯击遍数可适当增加。后一遍夯点应选在前一遍夯点间隙位置。

强夯各遍点夯后，进行1～2遍低能量满夯，对表层侧向挤出形成的松散土体进行加固。

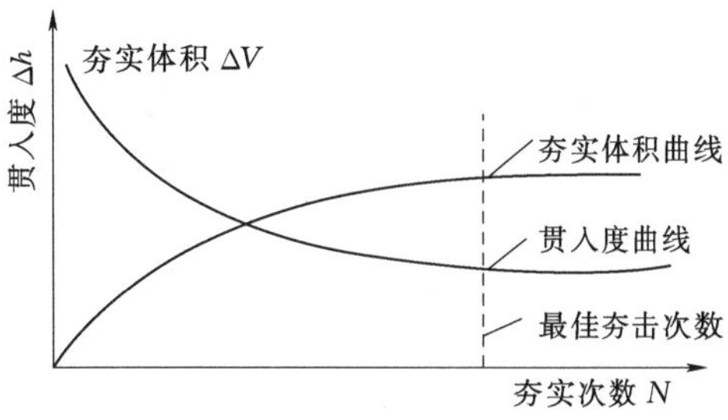

图9　最佳夯击次数的确定

3.4.6　各遍夯间歇时间

强夯间歇时间里，夯击作业产生的孔隙水压力逐渐消散，土体颗粒重新组合，土体变得更加密实。各遍夯之间的间歇时间一般采用孔隙水压力消散率来确定，一般要求孔隙水压力的消散率要达到75%以上。

两遍之间的间歇时间应根据土中超静孔隙水压力的消散时间确定，缺少实测资料时，可根据地基土的渗透性确定。对于渗透性差的黏性土地基，两遍之间的间歇时间不宜少于3～4周，粉土地基的间歇时间不宜少于2周，对于碎石土和砂土等渗透性好的土可连续夯击。

3.4.7　监测与检测

强夯加固法监测包括表层沉降、分层沉降、隆起、表层水平位移、深层水平位移、孔隙水压力、振动、水位等，对于强夯影响区内存在需要保护的构筑物时，应进行构筑物沉降、位移、倾斜、振动速度、裂缝和土压力等监测。

强夯加固检验需要进行的检验项目包括原状取土、现场十字板剪切、载荷试验、标准贯入、动力触探、静力触探等。这些检验项目应土质条件选用。需要注意的是，深层加固效果检验应在加固前后分别进行检测工作，对于强夯置换法，应进行竖向增强体的深度以及竖向增强体的着底情况检验。

3.5　施工

3.5.1　施工设备

3.5.1.1　起重设备

强夯起重设备大多为大吨位的履带式起重机，稳定性好，行走方便，为防止起重臂在较大的仰角下突然释重而有可能发生的后倾，可在履带起重机的臂杆端部设置辅助门架。强夯设备及自动脱钩装置如图10所示。

需要注意的是，有时自动脱钩系统设置不当，会出现夯锤脱钩后的“飘锤”现象，该现象会影响夯击位置的准确性等，此时，要注意自动脱钩系统的调整，以保证夯击点位符合要求。

3.5.1.2　夯锤

夯锤称重、量测外形尺寸并保存记录。锤重和锤的外形尺寸不符合设计要求时，不得使用。

3.5.2　施工工艺

3.5.2.1　环境调查

强夯施工产生的冲击力会造成地下管线、地下构筑物等破坏，同时巨大的冲击波会对

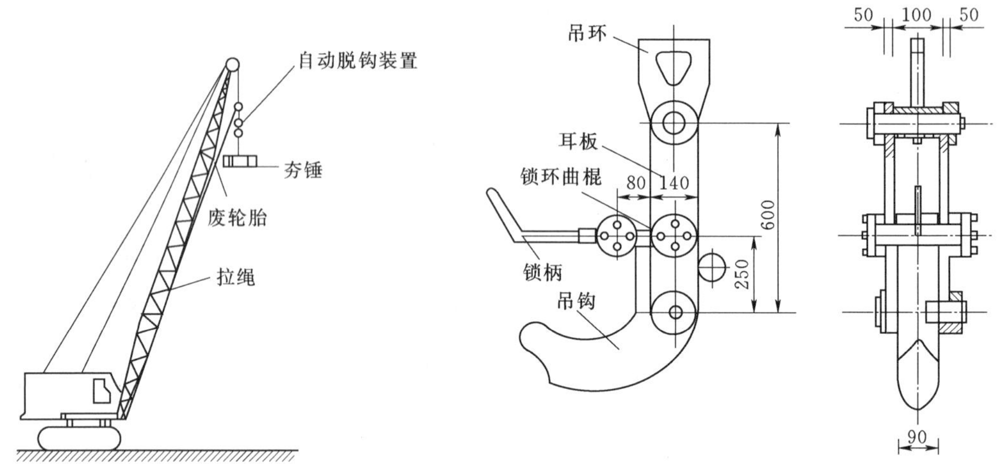

图 10　强夯设备及脱钩装置示意图

环境建筑物产生不利影响，另外，强夯加固地基产生的竖向压力和侧向挤压力也会对建筑物产生影响，尤其是连续成排的夯点，对附近建筑物的水平推力会更加明显。因此，在强夯作业前，做好地下、地面、周围环境的调查，采取必要措施，避免可能出现的风险是十分必要的。

强夯产生的振动、侧向挤压和垂直压力对场地周围一定范围内的地下、地上建筑物产生的影响及影响程度，一般通过在试夯中指定距离处，即强夯与构筑物的距离处布置必要的监测点，由监测结果评估影响程度，并对正式强夯施工中拟采取的保护措施的有效性进行评估或进行调整。

环境调查中另一项关键的事项是对场地的承载能力进行评估，保证人员、设备安全。

3.5.2.2　场地整平

强夯作业是通过重锤下落形成对地基土的冲击作用而实现地基加固的，施工前的场地整平可以保证夯锤平面全部作用在被处理地基上，保证加固效果；起重设备在水平面上作业，能够保证设备起吊和释放夯锤时的设备稳定性，是保证人员、设备安全的重要手段。

场地整平时，对于承载力不足的场地采用铺设砂石垫层等手段提高地基承载力。

对于普通强夯，点夯夯击能是按地基表面作为起夯点设计的，所以，作为工程措施的表层回填实际是增加了加固深度，因此点夯夯击能应适当增加，以达到设计要求的加固深度。

3.5.2.3　降水

当场地地下水位高，不满足强夯施工水位埋深要求时，应采用降水措施。

降水措施如下：

（1）铺设工作垫层增加场地地下水位埋深；

（2）对于砂土等渗透系数较大的地基土可采用开挖排水沟明排；

（3）降水强夯时，按设计要求进行降水作业。

3.5.2.4　试夯

通过试夯达到以下目的：

（1）确定地基土的可夯性；

（2）确定地基有效加固深度，确定处理后地基土的强度、承载力、沉降等指标；

（3）确定合适的夯锤尺寸、夯击能和落距等参数；

（4）确定强夯后场地的平均沉降量或抬升量；

（5）校核夯点间距、夯击次数、夯击遍数、最后两击夯沉量控制值和间隔时间等设计参数；

（6）掌握强夯振动、侧向挤出等对周围环境的影响程度，确定与周边工程或建筑物的安全施工最小距离，判定减振、减压等建筑物防护措施的有效性。

3.5.3　施工步骤

强夯施工可按下列步骤进行：

（1）清理并平整施工场地；

（2）铺设垫层，在地表形成硬层，用以支承起重设备，确保机械通行和施工。同时可加大地下水和表层面的距离，防止夯击的效率降低；

（3）标出第一遍夯击点的位置，并测量场地高程；

（4）起重机就位，使夯锤对准夯点位置；

（5）测量夯前锤顶标高；

（6）将夯锤起吊到预定高度，待夯锤脱钩自由下落后放下吊钩，测量锤顶高程；若发现因坑底倾斜而造成夯锤歪斜时，应及时将坑底整平；

（7）重复步骤（6），按设计规定的夯击次数及控制标准，完成一个夯点的夯击；

（8）重复步骤（4）～（7），完成第一遍全部夯点的夯击；

（9）用推土机将夯坑填平，并测量场地高程；

（10）在规定的间隔时间后，按上述步骤逐次完成全部夯击遍数，最后用低能量满夯，将场地表层土夯实，并测量夯后场地高程。

当夯坑深，夯坑底积水影响施工时，夯坑回填再进行点夯作业。强夯法施工时，当门架支腿处的地基承载力不能满足夯锤起吊要求时，进行支腿位置的地基加固处理，防止施工中设备倾覆。

强夯置换填料应计量填料量并记录。

3.6　监测与检测

3.6.1　监测

强夯施工过程中的监测项目应根据土质条件按表3选用。

表3　　监测项目表

地基处理方法	表层沉降	分层沉降	表层水平位移	隆起	深层水平位移	孔隙水压力	水位	振动	裂缝
强夯法和强夯置换法	★	☆	☆	☆	☆	☆	☆	☆	—
降水强夯法	★	☆	☆	☆	☆	★	★	☆	—

注　★为应测项目，☆为选测项目，“—”为不规定项目。

3.6.2　检测

强夯法加固前后的检测项目应根据土质条件按表4选用。

表 4　　检测项目表

地基处理方法	原状取土	现场十字板	载荷试验	标准贯入	动力触探	静力触探
强夯法和强夯置换法	☆	—	★	☆	☆	☆
降水强夯法	★	☆	★	☆	☆	☆

注　★为应检项目，☆为选检项目，“—”为不规定项目。

处理后的效果检测应在施工结束后一定时间后进行，对砂土地基，间隔时间可取 1 周，对黏性土地基，可取 3～4 周，对粉土地基，可取 2～3 周。

3.7　强夯法的拓展应用

强夯法自问世以来，在港口、公路、水利、机场跑道等大中型工程中得到了广泛的应用，为我国大面积软土地基处理工程做出了突出的贡献，在此期间，强夯法也得到了长足的发展，结合实际工程需要，又进一步发展了强夯置换法、重锤夯扩法、降水强夯法等等。重锤夯扩法在港口工程中应用比较少，这里简单介绍一下强夯置换法和降水强夯法。

3.7.1　强夯置换法

强夯置换法是反复将夯锤提到高处，使其自由落下形成夯坑，并不断夯击坑内回填的砂石、钢渣等硬粒料，使其形成密实墩体的地基处理方法。其加固原理是通过强夯将碎石等质地坚硬的粗粒料填筑到土体中，部分碎石桩（或墩）间隔地夯入软土中，形成桩式（或墩式）的碎石墩（或桩），类似于振冲法等形成的碎石桩，它主要是靠碎石内摩擦角和墩间土的侧限来维持桩体的平衡，并与墩间土起复合地基的作用。

强夯置换法适用于高饱和度的粉土与软塑—流塑的黏性土等对地基变形控制要求不严的地基处理工程。

强夯置换材料可用级配良好的块石、碎石、矿渣、建筑垃圾等坚硬粗颗粒材料，粒径大于 300mm 的颗粒含量不宜超过全重的 30%，最大粒径不应大于 600mm，其目的是形成可靠的竖向增强体，并且需要保证竖向增强体具有良好的竖向排水功能，以利于黏性土中产生的超静水压力快速消散。

3.7.2　降水强夯法

降水强夯法是综合了真空降水技术和强夯技术各自的优势，发挥各自的优点，达到较好加固效果的一种联合技术。它通过数遍的高真空，并结合数遍合适的变能量击密，达到降低土层的含水率，提高密实度、承载力，减少地基工后和差异沉降量的目的。降水强夯法适用于深度不超过 7m 的砂土、粉土、粉质黏土等地基。

降水强夯法的加固机理是：夯击前采用真空降水，来降低地下水位、减小土体的含水率和饱和度，地基受击后，地下水位以上土体可产生较大的压缩变形，地下水位以下土体可减小超孔隙水压力；夯击后采用真空排水，以加速超孔隙水压力的消散和软土固结；夯击中先加固浅层软土，待浅层土体强度有所提高后，再逐渐加大能量，以加固深层软土。

降水强夯法加固地基需要进行专门降水设计。降水设计内容包括降水深度、外围封闭降水管的间距和埋深、施工区内降水管的间距和埋深等。

4　结论

港口工程由于其所处位置和地基成因不同，造成地质情况复杂多变，同时不同工程的地基处理要求也不同，针对不同的地质条件和地基处理要求，产生了多种多样的地基处理方法，设计时应择优选取。

（1）地基处理方法选择时应考虑土质条件及加载方式、建筑物类型及适应变形能力、施工条件、材料来源、地下水条件和处理费用等因素经多方案比较选定。

（2）对于细颗粒软土地基，地基处理方法选择时宜优先选用排水固结法，工期允许且堆载材料丰富时可选用堆载预压法，工期紧张、堆载材料匮乏时可选用真空预压法。

（3）对于粗颗粒土，宜优先采用强夯法进行地基处理，介于粗细颗粒之间的土，可根据土性性质和工程需要采用强夯置换法、降水强夯法进行地基处理。

（4）工程技术人员不应局限于这些常用的地基处理方法，应该结合工程特殊需要继续开发一些新的地基处理技术，或者对一些常用地基处理技术拓展其应用范围和突破技术指标上的限制，同时可以考虑将多种地基处理方法组合使用，形成一种新的地基处理方法。

参考文献

[1] JTS 147—2017 水运工程地基设计规范 [S]. 北京：中国交通运输出版社，2018.

[2] JTS 206—2017 水运工程地基基础施工规范 [S]. 北京：中国交通运输出版社，2017.

[3] JTS 237—2017 水运工程地基基础试验检测技术规程 [S]. 北京：中国交通运输出版社，2018.

[4] JTS 147—2—2009 真空预压加固软土地基技术规程 [S]. 北京：中国交通运输出版社，2009.

[5] JTS 206—1—2009 水运工程塑料排水板应用技术规程 [S]. 北京：中国交通运输出版社，2009.

[6] 刘爱民. 自密封真空预压加固软基技术研究 [R]. 天津：中交天津港湾工程研究院有限公司，2012.

[7] 刘爱民. 潮差带区域水下真空预压技术研究 [R]. 天津：天津大学，2013.

[8] 王鹏，梁爱华，刘爱民. 吹填深厚超软土地基加固现场试验研究 [J]. 中国港湾建设，2017 (7)：29-32.

[9] Aimin Liu，Jinfang Hou，Wenbin Liu. Application of underwater Vacuum Preloading Technology for Soft Soil Ground Improvement in Intertidal Zones. 第七届中日岩土工程会议 (2018).

[10] Liuaimin，Yanshuwang. Effect of Variant Water Pressure Loading on Soil Improvement by Vacuum Preloading Technique in Civil Engineering，Applied Mechanics and Materials，Vols. 568 (2012)：163-167.

[11] Jianbao Fu. Field test on 30,000 kN·m ultra high energy level dynamic compaction on large thickness gravel foundation. 16th Asian Regional Conference on Soil Mechanics and Foundation Engineering (16 ARC).

塑料排水带产品结构形式及检测方法综述

杨明昌　耿之周*

（南京水利科学研究院，江苏南京　210029）

摘　要： 采用排水固结法加固软黏土地基，所采用的排水材料主要是塑料排水带。本文着重介绍了各代塑料排水带产品的结构形式、相关质量标准、检测方法以及检测过程中存在的若干问题。

关键词： 塑料排水带；质量标准；检测；历史；问题

1　引言

排水固结法是加固软黏土地基的有效方法之一。采用塑料排水带作为排水通道，已经有30多年历史。随着排水带生产的工业化不断发展和打设机械的不断更新，其生产和施工质量都得以保证。加之排水带具有质量轻、便于运输、费用低的优点，其使用量正在不断上升，用途也在不断拓宽[1-2]。

塑料排水带由具有纵向排水通道的塑料带芯和外覆透水滤布两部分组成。带芯一般采用聚乙烯、聚丙烯等全新塑料或再生塑料制成；透水滤布一般为涤纶、维纶和丙纶等短纤浸胶无纺土工布或长纤热熔无纺土工布。在外荷载作用下，塑料排水带作为排水通道，可将周围土体中的水收集于带内并排出，降低土体含水率，达到增强土体强度的目的[3]。为保证工程质量，控制塑料排水带的产品质量和施工质量至关重要。对塑料排水带质量控制等方面的研究一直受到相关研究人员、生产厂家和工程施工单位的重视。

塑料排水带的结构形式随着国民经济和生产技术的进步不断发展。带芯的结构形式，20世纪曾出现过多种形式如丁字形、城墙形、丝瓜瓤形和槽形等，经过应用检验后，槽形芯带形式得以发展。外包滤布从短纤胶粘滤布发展到长纤热熔滤布。滤布的包裹形式，从针缝发展到胶粘，还出现了直接黏合在带芯上的整体式塑料排水带。控制排水带产品质量的相关标准亦经历多次变换。

2　塑料排水带的结构形式及其演变过程

2.1　带芯结构形式及其演变过程

塑料排水带带芯的结构曾有过多种形式如丁字形、城墙形、丝瓜瓤形和槽形等，对其特征叙述如下。

作者简介： 杨明昌（1958—　），男，上海人，高级工程师，主要从事土工合成材料的检测与研究工作。

*　通信作者。

(1) 丁字形排水带。其是将塑料片正反两面冲压出规则布置的凸出圆锥形丁柱，再外包无纺市滤膜而成，厚度一般在 6～8mm，如图 1 所示。由于丁柱的间距一般在 8～10mm，难以紧密布置，因此滤膜的凹陷量很大，使排水通道截面变小，通水量难以做到较大，一般实测值难以达到或略超一些 C 形带的要求，目前该类排水带基本上已停产。图 2 展示了曾经出现过的另外两种类似的丁字形塑料排水带。

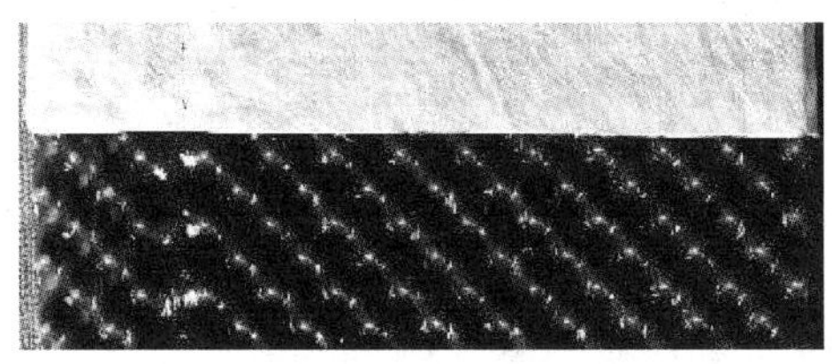

(a) 平面形式

(b) 断面形式

图 1　丁字形塑料排水带形式

图 2　其他两种类似丁字形塑料排水带形式

(2) 城墙形排水带。其是将塑料片冲压成城墙形的带芯，再外包无纺布滤膜而成，厚度一般在 4 mm 左右，见图 3 (a)，也有将塑料带芯冲压成波形瓦式，见图 3 (b)。这类形式的排水带，压屈强度较小，在压力作用下，带芯易被压扁，使得排水通道截面大幅较小，通水量较难做大。因此，目前国内很少有厂家生产这种形式的排水带。

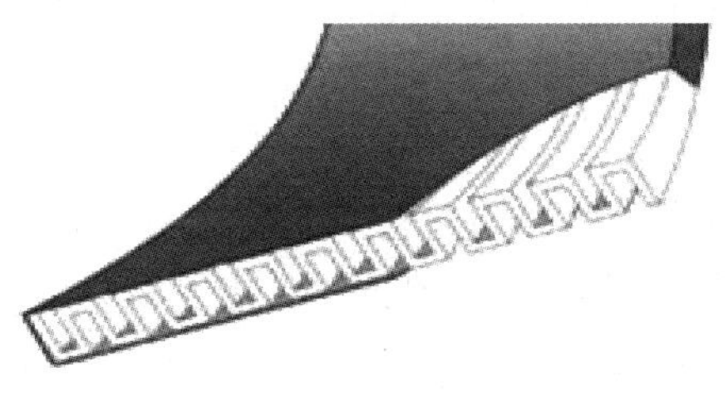

(a) 城墙形

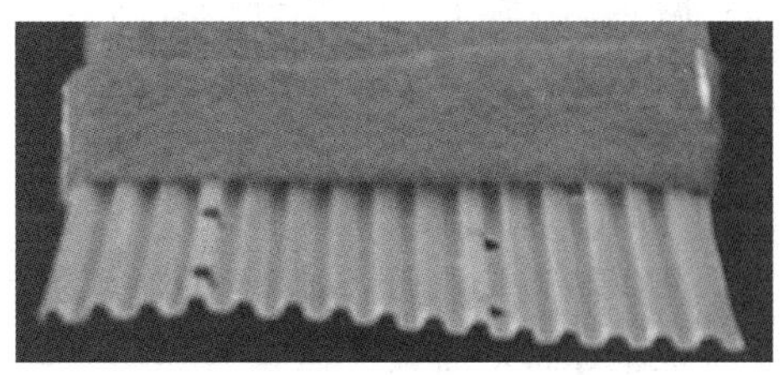

(b) 波形瓦式

图 3　城墙形塑料排水带

(3) 丝瓜瓤形排水带。其是由细塑料丝杂乱布置并粘成薄片，再外包无纺布滤膜而成，厚度一般在 3～5mm，其形式见图 4。该类排水带通过塑料丝间的孔隙来排水，压屈强度较小，在外压力作用下，通水截面较小，通水量不大。笔者曾对这类排水带进行过检测，通水量一般为 B 形带通水量。该类排水带通常在国外生产，国内未曾见厂家生产。

(4) 槽形排水带。其是由槽形塑料带芯外包无纺布滤膜而制成。图 5 展示了普通槽形排水带和整体式槽形排水带的截面形式，槽形间距为 3mm 左右。该类排水带结构稳定性

(a) 常见形式

(b) 其他形式

图 4　丝瓜瓤形塑料排水带

好，压屈强度大，通水截面由一个个的排水小管组成，通水量可以做得很大，厚 4mm 的排水带就可轻易做到 C 形带的要求。目前国内生产的排水带基本上是这一种形式。

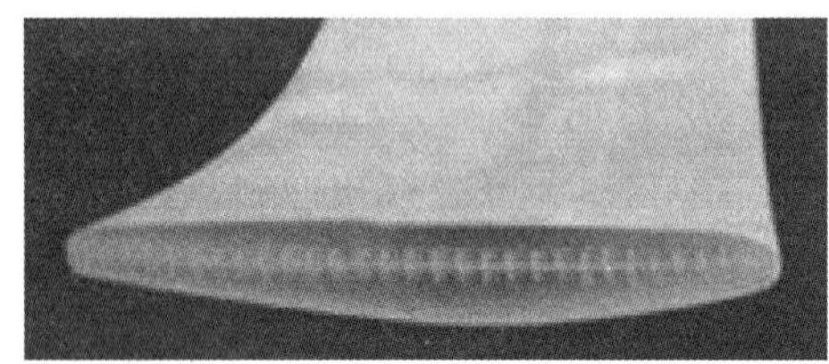

(a) 普通形式

(b) 整体式

图 5　槽形塑料排水带

2.2　滤布及其包裹形式

塑料排水带的外包滤布，早期主要是采用短纤胶粘薄形无纺滤布。然而，这种滤布在同等单位面积质量情况下，其强度相对要小一些，强度均匀性要差一些，包裹后的塑料排水产品，滤布强度合格率要低一些。当长纤热熔滤布出现并批量生产后，短纤胶粘无纺滤布便失去了市场，现在已经极少见到使用。

对于滤布在带芯上的包裹形式，早期是采用缝纫机缝合法，塑料排水带的中间会有一道缝纫缝。后来又开发出了胶粘法，即将滤布的两端用胶粘合，使滤布成了套在带芯的套子。为了减少塑料排水带上滤布因没有固定及会有少量移动或松动带来的通水量降低效应，滤布包裹在带芯上的方法又有创新，即直接将滤布热熔合在带芯上，称之为整体式塑料排水带，如图 5（b）所示。

2.3　塑料排水带的宽度

塑料排水带的宽度也发生过变化，曾有产品的宽度是 150mm 或 200mm，由于使用量较少，现已不常见。目前塑料排水带的宽度基本上都是 100mm。近期也出现了部分宽度为 50mm 和 60mm 的塑料排水带。

2.4　塑料排水带具备功能

塑料排水带打设的深度对软土地基加固效果影响显著。为检测排水板打设深度，可测深式塑料排水带[4-6]被研发出来，使得塑料排水带具备可事后确认打设深度的能力。可测深式塑料排水带，按其可测深的形式分为数码可测深式、双导线电量可测深式、单导线电量可测深式、单钢丝拔出可测深式等形式的可测深式塑料排水带。随着环保要求的提高，可降解排水带[7,8]被研制出来，其可在满足地基处理要求的前提下，经过一定时间后自行降解。其材料可能是塑料的，也可能不是塑料的。同时，某些地区的淤泥易堵塞滤布，造成排水带排水效果失灵，软黏土地基处理效果不佳的情况，可根据实际工程情况来确定塑料排水带上滤布的具体等效孔径数值，控制调整与产生淤堵相关指标的主要因素，从而更适合于工程使用。

3　塑料排水带的相关标准

3.1　产品质量标准

塑料排水带的第一个产品质量标准出现在20世纪80年代，即南京市地方标准《土工聚合物排水带（板）》(DB/3201Q18—87)[9]。标准名称中“板”字是规定铁路行业中使用的宽度超过1m的塑料排水板。该标准规定了塑料排水带产品的各项质量指标，也规定了各项指标的检测条件。在塑料排水带使用多年后，随着对产品了解的不断深入，应用范围不断扩大，在DB/3201Q18—87标准上，经完善编制了交通部行业标准《塑料排水板质量检验标准》(JTJ/T 257—96)[10]，由于该规定了产品的多项质量指标，也规定了各项指标具体检测的条件，所以称之为检验标准。进入21世纪后，随着产品和技术的不断更新，产品标准也在进步。公路工程方面出现了《公路工程土工合成材料 塑料排水板（带）》(JT/T 521—2004)[11]，水运工程方面出现了《水运工程质量检验标准》(JTS 257—2008)[12]以替代JTJ/T 257—96，然而JTS 257—2008标准中并没有在正文中规定产品的质量指标，只在附录中的记录格式中说明了各项指标值，也没有规定如何进行操作。故该阶段只能按照JT/T 521—2004标准执行。随着《水运工程塑料排水板应用技术规程》(JTS 206-1—2009)[13]的颁布，便有两个标准可选择使用。为规范铁路工程塑料排水板质量，中国铁路总公司也颁布了《铁路工程土工合成材料 第6部分 排水材料》(Q/CR 549.6—2017)[14]。

3.2　质量指标检测方法与标准

上述标准中规定了产品指标值，可作为产品质量控制标准。另一些标准，涉及了塑料排水的质量指标检测。20世纪90年代南京水利科学研究院编制了《土工合成材料测试手册》[15]，其中规定了塑料排水带产品部分指标测试方法，该手册在当时国内无相应标准情况下被广泛使用。在该手册的基础上，经修改完善，成为了《土工合成材料测试规程》(SL/T 235—1999)[16]，2012年，对该规程进行修订，形成《土工合成材料测试规程》(SL 235—2012)[17]。另外工程排水与加固专委会曾编写《排水固结加固软基技术指南》[18]，指南中说明了塑料排水带产品的各项质量指标，也说明了检测方法以及其他应用内容。2019年交通运输部又颁布了《水运工程材料试验规程》(JTS/T 232—2019)[19]，该标准综合了多种土工合成材料的检测方法。

4　塑料排水带产品的检测

对于常规塑料排水带产品的检测，一般只需按照规范或标准中各项指标的检测方法执行即可。当经验与检测结果不一致时，需进行重新检测。检测结果应准确、真实。随着对塑料排水带产品了解的深入，实际工程所需产品特性的不同，塑料排水带一直处于不断更新的状态，相关检测标准也不断更新修订，但标准的修订始终滞后于产品的更新，导致存在某些产品指标没有针对性的或可适用的检测方法作为依据。对于新型塑料排水带产品的检测，可与委托方商量确定，通过寻找类似相关检测方法来执行，并在检测报告上说明；也可咨询、查阅该产品生产单位有无相关企业标准，如有，可与委托方商量依据企业标准检测，经确认签字后进行检测，并在检测报告上说明；当检测单位具备研究检测新方法能力并时间充裕时，可进行新方法研究，在得到委托方确认后进行检测，同时在检测报告上说明。

5 塑料排水带产品检测存在的问题

塑料排水带产品目前没有真正意义的产品标准，试验可依据的产品标准均已作废，产品指标大多依据现行公路、水运等行业的工程应用标准。对于涉及的各指标的试验方法，基本依据《土工合成材料测试规程》（SL 235—2012）。在排水带产品应用发展几十年以来，在检测过程中依旧存在以下几方面问题。

5.1 常规塑料排水带检测中的问题

（1）检测机构能力问题。行业比对试验结果表明，对于同批产品的检测，某些指标在不同检测单位所得检测结果差异较大，可能为工程应用带来误导和麻烦。指标检测结果存在较大误差说明与指标相关的影响因素控制不到位。造成这种问题的原因涉及多个方面。以通水量指标来说，主要原因是：①检测仪器是否设计完善，各检测单位的同类检测仪器是否存在较大差别；②检测标准对相关影响较大因素的规定是否详细并控制得住；③检测人员是否熟悉检测方法，将人为因素带来的误差控制在较小状态；④检测样品本身是否具有代表性，是否具备较均匀一致的特性。

（2）标准制定问题。塑料排水板的最主要指标是通水量，通水量与板芯的压屈强度密切相关。板芯压屈强度是影响通水量的首要因素，滤布对通水扯的影响比压屈强度要小得多，因此，要提高排水板的通水量，应提高板芯强度，使其在相应的侧压力下压缩量较小。压屈强度是瞬时强度，而通水量检测中的所加压力需要数小时，这个时间相对瞬时强度是长期强度，瞬时强度高于长期强度。此时，要想使排水带通水量测试结果较大，压屈强度要比通水量检测时所加的侧压力为大，超出 350kPa 很多，否则在侧压力作用下排水板的排水通道将被完全压坏，从而根本无通水量可言。若要达到 C 形板的通水量，压屈强度至少是检测通水量时所加压力的 2 倍左右，即 700kPa 左右。所以如果只要求压屈强度大于 350kPa 是不合理的。

（3）生产厂家。塑料排水带需进行滤布性能检测，检测指标包括单位面积质量、厚度、纵横向一定伸长率下的强度、渗透性能和孔径等。对于整体式塑料排水带，外包滤布通过热压紧贴在芯带上，较难进行剥离，滤布剥离下来是否存在破损、与未剥离情况下指标性能是够一致等都较难断定。目前通过厂家在每盘塑料排水带的开头多留一段滤布供检测的方式解决该问题，这种解决方法存在可能作假问题。

在总结历年试验报告过程中发现，2003 年、2004 年试验室所检测的排水带材料中，因这一阶段滤布大多采用长纤织物制成，滤布等效孔径不满足要求，从而导致样品不合格。等效孔径应根据具体使用工程的要求来执行，在保障通水量和滤布的强度要求的同时，厂家必须引起重视，对滤布湿态拉伸强度和排水板板芯的结构应严格控制，努力提高产品的合格率。

5.2　新型塑料排水带检测中的问题

随着塑料排水带产品的不断更新，对于新型塑料排水带的检测也存在诸多问题，以降解型排水带为例，其降解指标尚未确定，检测方法也尚不明确。同时，对于使用塑料是新塑料还是再生塑料也未进行判定说明。

目前中国工程建设标准化协会已立项两份团体标准“土工合成材料—可降解排水板（带）”“土工合成材料—排水带通水量试验仪”。建议考虑用特定的指标参数来判定塑料是否再生或者再生的程度的时间效应，以确定塑料的新旧程度，满足实际工程应用。建议在可降解排水板（带）标准中，规定可降解排水带原材料、评判指标、试验仪器及试验方法。

6　结束语

本文从塑料排水带产品的结构形式、相关质量标准、检测方法等方面对塑料排水带进行了介绍，并对质量检测过程中存在的若干问题进行了阐述。期待存在的问题能够有所解决，促进排水带在各行各业的推广应用。

参考文献

[1] 杨明昌. 排水带滤膜的强度指标论述 [J]. 江苏水利科技，1994 (4)：12-16.

[2] 冯伟. 山区高速公路软土地基处理方法适用性研究 [D]. 重庆：重庆交通大学，2012.

[3] 姜弘，沈水龙，钭逢光，等. 塑料排水板处理的软土地基的分析 [J]. 岩土力学，2004 (S2)：437-440.

[4] 娄炎，李毅. 软基加固中应用的高性能可测深排水板 [J]. 岩石力学与工程学报，2004，23 (12)：2123-2127.

[5] 巫锡利. 数字式可测深塑料排水板在水上超深软基加固处理中的应用 [J]. 中国水运（下半月），2012，12 (7)：222-224.

[6] 谢仁追. 塑料排水板测深技术的发展与应用 [J]. 中国港湾建设，2010 (1)：1-2，6.

[7] 邹立，袁毅，朱福明，等. 可降解塑料排水板 [P]. CN202227331U，2012-05-23.

[8] 冯旭松，翁佳兴，宗珊，等. 小麦秸秆在可降解排水板生产中的应用研究 [J]. 南京工程学院学报（自然科学版），2018，16 (1)：1-4.

[9] DB/3201Q18—87 土工聚合物排水带（板）[S].

[10] JTJ/T 257—96 塑料排水板质量检验标准 [S].

[11] JT/T 521—2004 公路工程土工合成材料 塑料排水板（带）[S].

[12] JTS 257—2008 水运工程质量检验标准 [S].

[13] JTS 206—1—2009 水运工程塑料排水板应用技术远程 [S].

[14] Q/CR 549. 6—2017 铁路工程土工合成材料 第 6 部分 排水材料 [S].

［15］ 南京水利科学研究院. 土工合成材料测试手册［M］. 北京：水利电力出版社，1991.
［16］ SL/T 235—1999 土工合成材料测试规程［S］.
［17］ SL 235—2012 土工合成材料测试规程［S］.
［18］ 赵维炳. 排水固结加固软基技术指南［M］. 北京：人民交通出版社，2005.
［19］ JTS/T 232—2019 水运工程材料试验规程［S］.

水下排水加固施工设备研究进展与展望

俞元洪[1]　王　武[2]

（1. 浙江省围海建设集团股份有限公司，浙江宁波　315040；
2. 浙江宏力阳生态技术股份有限公司，浙江宁波　315040）

摘　要：本文结合工程实例，介绍了水下塑料排水板插设船发展的四个阶段，通过对该项技术的实践总结，形成了成熟的工艺技术与独特的先进装备，代表了我国在水下软基排水加固领域的技术发展水平。

关键词：软土地基；塑料排水板；水下排水板插设船

0　引言

自20世纪80年代始，我国开始加大基础设施建设。在我国东南沿海及附近的内陆地区，广泛分布着第四纪后期形成的海相、湖相及河相沉积的淤泥层。这类淤泥层含水量高、抗剪强度低、压缩性大，所以地基承载力低，在这种软弱地基上进行填筑施工，很容易造成沉滑，且工后沉降变形大。

排水板加固软基处理技术是将塑料排水板按设计要求的平面布置与底部标高插设进软基土层中的工艺技术，插入土层中的塑料排水板作为排水通道，在上部荷载的作用下，使土体颗粒中水分通过排水板通道排出土层外，从而加快了软基的沉降与固结，以达到提高基础承载力的目的。排水板加固软基处理技术具有固结速度快，减少工后沉降等特点，在软基处理中不断取得应用。为将塑料排水板插设进软土层中，陆续研制成功了振动沉桩履带式及门架轨道式等陆上排水板插设设备。本文结合工程实例，介绍了水下塑料排水板插设船发展以及技术展望。

1　水下塑料排水板插设船设备研究进展

自20世纪90年代始，随着我国基础设施建设的发展，土地资源日趋紧张，滩涂围垦从高滩转向低滩，逐渐向深水区发展。围垦工程往往建立在淤泥质地基上，需要进行基础处理，因此研制了水下排水加固设备。随着围垦工程施工条件从浅水向深水、从低风浪地区向强风浪地区、从荒无人烟地区向靠近城市，且工程规模不断加大，对排水加固设备要求不断提高，在30年左右的时间里，排水加固设备从最初的第一代到现在的第四代，对施工条件的适应性越来越强，施工效率越来越高，设备操作越来越先进。

作者简介：俞元洪（1972—　），男，浙江省围海建设集团股份有限公司总工程师、高级工程师，浙江工业大学工程硕士，主要从事水利、港航、软基处理技术研究及管理。

1.1 第一代水下塑料排水板插设船

1990 年，我国第一艘水下塑料排水板插设船研制成功，首次将排水板插设技术应用于水下工程，这是我国第一代水下塑料排水板打设设备。

第一代水下塑料排水板插设船采用振动沉桩法，插设船为非自航双体船，配圆柱形单立柱式桩架、滑块式纵横移动底盘，插板桩架在移动底盘上进行作业。双体船左右两片体与前后连接桥包围形成的矩形为施工区，船体一次定位后，桩机纵横向移动确定插板桩位进行插设，船体一次定位可进行多支桩插设。考虑到左右片体的连接强度问题，沿着该矩形施工区的纵向间隔 3m 布置一道横向连接梁。插板桩架配 DZ20 型振动锤，插设最大深度为水下 20m，每台班产量约为 1200m，如图 1 所示。

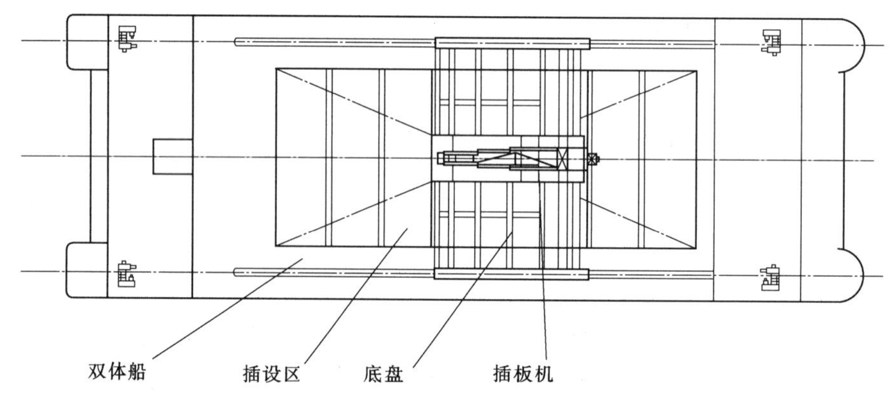

图 1　第一代水下塑料排水板打设船平面图

该船于 1991 年在舟山东港围垦工程成功应用，开启了围垦工程现代化施工的先河。舟山东港围垦工程位于舟山本岛东海岸带，主堤全长 7.2km，涂面平埋，东西向平均比降约 1/1000，堤线涂面黄海高程－1.3～－3.5m。多年平均最高潮位 2.20m，平均最低潮位－2.18m，平均潮位 0.04m，最大潮差 3.93m，50 年一遇高潮位 2.84m，低潮位－2.83m。典型断面地质情况如下：

第 1 层为淤泥质黏土层，层厚 1.0m，灰—灰黑色，局部含有机物与粉砂，但微层理不明显，呈流塑状态，属软弱土层。

第 2 层为淤泥层，层厚 6.5m，灰—青灰色，土质较均匀，呈流塑态，平均含水量高达 59.2%，黏粒含量 47%～64%，为本工程的最软弱土层，也是对地基的强度与变形起控制作用的土层。

第 3 层为淤泥质黏土层，层厚 3.5m。青灰色，性状与第 1 层相近，但黏粒含量比第 1 层稍高，强度指标稍低，亦属软弱土层。

第 4 层为淤泥质亚黏土层，层厚 7.5m。灰—青灰色，含不规则分布的粉砂薄层，具有水平层理，且夹有砂粒和贝屑，土质不均匀，从土性指标来看，该土层仍属软弱土层。

第 5 层为亚黏土层，属陆相冲，洪积地层，层厚不详，土质密实，属硬土层。

海堤为泥石混合结构，混凝土防浪墙浆砌护面，堤顶高程 5.0m，顶宽 6.0m，防浪墙顶高程 6.0m，坝高 8.5～9.5m，坝脚最大宽度 121.8m。坝基用塑料板处理的总宽度为 40m，采用槽型塑料板，插深 18m，正方形布置，间距 1.4m。结果表明，塑料排水板处理坝基对深层土体排水固结的效果好，地基强度提高较快，有利于坝基和坝体的稳定。塑料排水板插设技术在该项目的成功应用，为海堤软基加固、海涂围垦的发展提供了强有力的技术保障。

1.2 第二代水下塑料排水板插设船

随着国内围垦工程的发展，围海逐渐从滩涂向深水发展，1998 年漩门二期堵坝工程开工。

漩门二期堵坝工程位于浙江省玉环漩门湾，坝顶长 1080m，坝顶高程 7.5m，底高程一般为−7.2～−8.0m，最低为−20.0m，石坝标准底宽为 190m。多年高潮位平均值为 2.88m，多年平均低潮位为−2.17m，50 年一遇高潮位 5.22m，50 年一遇低潮位−4.00m。典型断面地质情况如下：

第 1 层为淤泥，厚度为 18.6～30.3m，含水量 61%～65%，重度 16.3kN/m^3，孔隙比 1.72～1.81，压缩模量 1.54～1.72MPa。

第 2 层为淤泥质粉质黏土，厚度为 0～18.1m，含水量 49.3%，重度 17.3kN/m^3，孔隙比 1.35，压缩模量 2.428MPa。

第 3 层为淤泥质黏土，厚度为 4.4～23.4m，含水量 49.5%，重度 17.2kN/m^3，孔隙比 1.15，压缩模量 2.17MPa。

坝基为典型的软弱黏土地基，灵敏度高，强度低，平均快剪强度约为 9.3kPa，表层天然含水率大于流限，软基厚度最大达 54.3m。该工程采用了塑料排水板结合镇压层复合加固法，排水板之间的距离为 1.2m，正方形布置，插入涂面最大深度 26m。

在实际施工过程中，施工条件受到潮位、风力、波浪等多种因素的影响，在排水板插设之后随着抛石工序展开，坝区的过水断面不断减小，流速不断增加，最大流速达到了 2～3m/s，这对排水板插设船的定位构成了严峻考验。由于受水深、流急、深厚软基等不利的施工条件制约，第一代水下塑料排水板插设船已不能满足该工程的施工需要，于是研制了第二代水下塑料排水板打设设备，如图 2 所示。

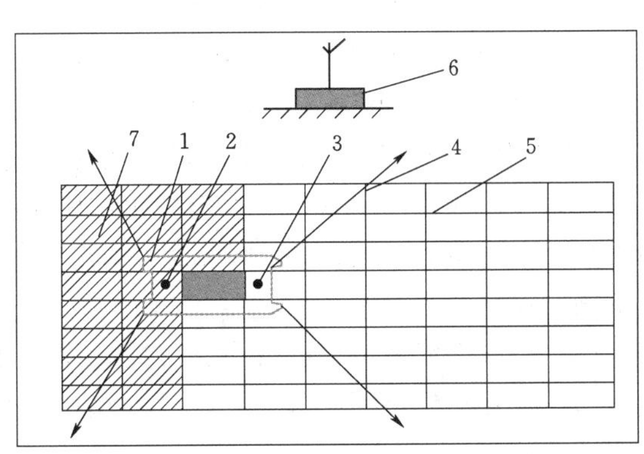

1—船体；2—船尾 GPS；3—船首 GPS；4—定位锚索；
5—未施工区域；6—岸台 GPS；7—已施工区域

图 2 第二代插板船施工及定位作业图

第二代水下塑料排水板插设船与第一代水下塑料排水板插设船相比，在结构上作了以下改变和提升：

(1) 船舶为双体船，前后连接桥与左右片体围成矩形插设区，但与第一代的插板船相比，取消了插设区内的纵向间隔连接梁，完全没有横向梁系连接的插设区使布桩更加灵活，是生产效率得以提高的重要因素。

(2) 采用门架式桩架结构，门架固定在大底盘上，随大底盘纵向移动，桩架采用矩形截面桁架立柱形式，下部支承在小底盘上，中部由门架横梁上的小车牵引，小底盘与牵引小车同步移动带动桩架横向移动，使得桩机在插设区内纵横向自由移动，从而实现快捷就位。

(3) 独特的底盘行走装置，传统的行车行走系统为动力装置通过链传动带动行车轮转动在轨道上行走，由于船舶浮于水中，船体随风浪摇摆，车轮与轨道接触面为光面易滑移，在实际使用中不适合，为此设计了一套适用于船舶行车行走的特殊装置。传动链不是直接驱动车轮，而是增加了一套行走链轮装置，即在甲板上设置与轮道平行的固定链条，通过行走链轮与固定链条的啮合驱动底盘移动，底盘由车轮支承于轨道上滚动行走，通过行走链轮与固定链条的啮合锁止使底盘可以停止在轨道上的任意位置。该套装置较好地解决了插板机在船舶施工平台上的安全锁止问题。

(4) 插板卷扬机要求具有快速溜放以及具备控制溜放速度的功能，当护套管下行在装靴位置至水下涂面这一行程中，要求护套管快速溜放，增加下行速度以提高生产效率，当护套管靴头快进入涂面上土工布反滤层时需降低速度，否则会因溜放速度过快，在护套管插入土工布反滤层时因惯性力过大造成护套管弯曲甚至折断，根据上述特点选用具有锥形摩擦离合器的快速溜放卷扬机。

第二代水下塑料排水板插设船在插板技术与设备性能有了极大的提升，施工中具有以下优点和特点：

(1) 船舶具有较好的稳定性，第二代水下塑料排水板打设船长度为 56m、型宽为 17m、型深为 3.2m，设备重心在甲板以下，抗风浪能力得到极大提高。

(2) 桩架高度为 36m，插设最大深至水下 33m。

(3) 采用精确的 GPS 定位系统，该定位系统采用 3 台 GPS－RT20 接收机，经过全球 24 颗在轨卫星发送信号，结合地面卫星通信电台发播坐标信号，在作业船上设置两台 RT20 单频接收机和测深仪，接受准确实时数据，输入计算机，解算出差分的精确位置坐标，由两台接收机两个 X、Y 点坐标相交形成船体设定区域矩形图，在计算机上按设计坐标首先设定好所需插设位置。从而确保每一个施工区域乃至每一根排水板施工插设位置都有准确的定位。

(4) 一次性船体定位进行多支桩插设技术更加便捷。

(5) 较好的经济性，定位简便，插设速度快，产量得到较大的提升，每台班产量为 3000m。

1.3 第三代水下塑料排水板插设船

2003 年上海洋山深水港工程建设如火如荼，其中上海洋山深水港港桥连接段海堤工程地处长江口南侧，杭州湾口东部海域，属外海深海区，风大、浪高、流急，海堤地基土质主要由粉砂夹粉质黏土、淤泥质黏土和灰色黏土组成，设计排水板底部标高为－40m，第二代水下塑料排水板插设船已经不能满足工程要求，于是研制了第三代水下塑料排水板插设船，在抗风浪能力、插设深度、插设贯入力等技术指标方面均得到较大的提升。为满足工况要求，船体尺寸、桩架高度、桩架型式、插板机功率得到进一步提升与优化。第三代水下塑料排水板插设船中插板设备的机械结构、电气控制方式更趋合理规范，机械自动化程度进一步提高（图 3）。

图 3　第三代水下塑料排水板插设船

第三代水下塑料排水板插设船以独立塔架式桩架形式插板船为主，机械结构、电气控制方式、机械自动化程度进行了以下提升：

（1）电气控制溜放插板卷扬机研发应用，通过将传统的手拉连杆控制锥形摩擦离合器更换成电比例压力气控阀进行控制的气动蹄式摩擦离合器，实现了操作手在中央控制室操作，使操作更加精确与舒适，提高了生产安全与生产效率。

（2）变频技术在插板作业中的应用，使插板速度不再局限于固定的机械转速，可以根据泥涂阻力随时变化提升速度。

（3）气动控制的自动装靴与水下剪板技术研发应用，提高了自动化程度。

第三代水下塑料排水板插设船主要性能特点如下：

（1）船舶主尺度得到较大提升，插设船总长为 61m，型宽：22m，型深：3.8m，通过主尺度的提升，加强了船舶稳性，增大了一次定位插设面积。

（2）采用独立塔架式的桩架形式，桩架重量集中于船舶中间，使整船质量分配更趋合理，降低了不平衡倾覆力矩，加强了船舶稳性，桩架的起落架一次即可完成，更加便捷。

（3）桩架高度 48m，插设最大深度为水下 43m，比第二代水下塑料排水板插设船增加了 10m。

（4）采用 8 吨卷扬机，40 型振动锤，拔桩力、贯入力得到提升。

（5）采用单锤双支桩插设技术，施工效率大幅提升。

（6）由于持续的技术改进与工艺优化，本阶段插板生产效率得到较大的提升，每台班产量达到 8000m。

1.4　第四代水下塑料排水板插设船

水下插板技术经过不断的发展，专业设备技术步入了成熟期，要在常规工艺技术上有较大提升比较困难，因此寻求差异化发展成为新的研发方向，瓯飞围垦工程工程量大、工期紧，原有的插板船效率已不能满足工程要求，因此研制了更大型的双桩架插板船。港珠澳大桥香港段施工要避免对周边建筑物的影响，同时环保要求高，因此研制了水下静压插板船。第四代水下塑料排水板插设船包括双桩架插板船（见图 4）和水下静压插板船（见图 5）。

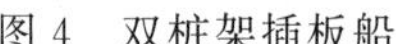

图 4　双桩架插板船

图 5　水下静压插板船

瓯飞一期围垦工程规划围垦面积约 13.28 万亩，堤线总长约 36.66km，海堤滩涂面一般为－4.0～－1.0m，2013 年开工，总工期 7.5 年。

海堤地基土层由淤泥、淤泥夹粉砂、粉土、淤泥质黏土、粉质黏土、黏土组成，勘探孔控制最大深度 80m。海堤地基 30m 以内主要为高含水量、高压缩性、高灵敏度、低强度的淤泥和淤泥质土，特别是表层 0.5～0.8m 新近沉积的流泥，工程地质条件极差。粉质黏土、淤泥质黏土和黏土层工程地质条件相对较好，但埋藏较深。由于地基各土层强度低，且堤的填筑高度较大，地基需进行处理，根据海堤工程实践，采用塑料排水板法对地基进行处理。主堤排水板插设深度 25m，子堤排水板插设深度 20m，间距均为 120cm，均为正方形排列。排水板插设工程量共 5600 多万 m。针对该工程的特点，开发了第四代水下塑料排水板插设船（双桩架）。

第四代水下塑料排水板插设船（双桩架）的技术性能特点如下：

（1）船舶主尺度得到更大提升，插板船总长度为 68m、型宽为 22m、型深为 4.8m，通过主尺度的提升，加强了船舶稳性，增大了一次定位插设面积。

（2）采用小底盘固定架与矩形桁架立柱式桩架相结合的桩架形式，双桩架、双套插板机械同时作业，每次同步打设 4 支，生产效率进一步提高，每台班产量达到 12000m。

（3）桩架高度 58m，插设深度为水下 52m，比第三代水下塑料排水板插设船插设深度增加了 9m。

（4）采用 10t 卷扬机，60 型振动锤，拔桩力、贯入力得到提升。

港珠澳大桥香港段工程基础处理采用塑料排水板插设，排水板采用梅花形布置，间距 1.2m，设计底标高为进入硬土层 2m，最长 30.5m。水上排水板打设约 1100 万 m。香港是个经济发达的地区，工程与周边建筑物距离较近，传统振动沉桩法存在扰动周边建筑物基础的风险，城市作业对施工噪音控制要求也很高，因此研制了高静压水下插板技术，较好地解决了此类技术难题。第四代水下塑料排水板插设船（水下静压插板船）的技术性能特点如下：

（1）采用静压沉桩法进行水下排水板插设，具有施工噪声小，对地基土壤扰动小等优点。

（2）水下静压插板船采用全液压技术，集控室操作，操控便捷可靠。

（3）选用液压绞车作为静压力的动力源，采用恒功率控制，通过调节液压泵流量来达到调节转速与扭矩的目的，当外界负荷增大时，绞车拉力增加，速度下降；当外界负荷减小时，速度增加；从而提高工效。

（4）桩高32m，插设深度水下30m。

（5）设备技术较复杂，要求操作人员与维护人员有较高的素质，维护成本较高。

2　结论与展望

水下塑料排水板插设技术与设备30年的发展历程，展示了一项技术从无到有，自动化控制程度越来越高的发展过程。

生态海堤、湿地修复建设对软基加固技术和水下塑料排水板插设设备提出了更高的要求，为此，淤泥原位固化技术和水下淤泥原位固化作业船（见图6）将是未来的发展方向。目前，我国自主研制的水下淤泥原位固化作业船，施工深度已达到23m，固化后的土体无侧限抗压强度均达到1MPa以上，最高强度均达到3MPa以上，在沿海堤防建设和河湖治理中发挥了重要的作用。

图6　淤泥原位固化作业船

参考文献

［1］　林武君，夏平华. 深水区排水板插设施工工法［J］. 城市建设理论研究（电子版），2015（21）：1680-1681.

［2］　吴述远，翟鸣皋. 港珠澳大桥香港人工岛工程海上排水板施工研究及改进［J］. 中国水运，2016（2）：220-221.

［3］　陈富强，李运洲，等. 深水插设塑料排水板施工技术在玉环漩门二期堵坝工程中的应用［C］//全国塑料排水工程技术研讨会论文集，2002：127-131.

［4］　陶松垒，张志坚. 塑料排水板加固水下软基的方法及设备［J］. 港工技术，2001（12）：38-40.

［5］　陶松垒，俞元洪. 塑料排水板与土工织物处理软弱地基的比较［J］. 港工技术，1996（2）：23-25.

第二部分　排水加固技术
重大工程实例

温州丁山垦区软基处理工程

陈平山

（中交四航工程研究院有限公司，广东广州　510230）

摘　要： 温州丁山垦区地基处理工程位于温州中心城市东部龙湾区海城街道东南滩涂上，工程面积约为 172 万 m^2，其中含细砂淤泥、淤泥层厚达 30m 以上，为具高压缩性、高孔隙比、低强度的软土，属典型软土地基。根据地块区和道路区不同的地质情况，因地制宜的设计了不同的施工工艺进行真空预压法处理。针对吹填淤泥表层承载力几乎为零的情况，采用了浅表层加固的施工工艺，通过改进排水板与滤管的施工工序及工艺，极大地提高了施工工效，保证了工期；通过浅表层密封技术解决了密封沟失效导致的真空度下降问题，大大减小了真空预压期间真空维护的工作量，明显提高了加固质量。加固完成后该区域淤泥层整体压缩达到 1/3，地基承载力特征值达到 55kPa，取得了良好的加固效果。

关键词： 地基处理；真空预压；浅表层加固

1　工程概况

1.1　工程位置及平面布置

温州民营经济科技产业基地滨海园区丁山垦区一期造陆工程位于温州中心城市东部龙湾区海城街道东南滩涂上，东濒东海，北邻机场，南连瑞安。其 2 标地基处理工程中施工区域集中在 1 号、2 号、3 号、6 号塘区，面积共约 172 万 m^2，待处理区包括地块区和道路区，面积分别约为 138 万 m^2 和 34 万 m^2。

1.2　工程位置及平面布置

根据初步勘察报告，工程区域上部主要为海相、冲海相的含细砂淤泥、淤泥软土，中下部主要为海相、湖沼相的黏土、粉质黏土，其中含细砂淤泥、淤泥层厚达 30m 以上，为具高压缩性、高孔隙比、低强度的软土，属典型软土地基。

场地地基土在勘察深度范围内自上而下划分为 4 个工程地质层（其中②层细分为 2 个亚层、④层细分为 3 个亚层，$②_1$ 亚层含 1 个夹层），即①黏土、$②_1$ 含细砂淤泥、$②_{11}$ 含淤泥细砂、$②_2$ 淤泥、③黏土、$④_1$ 粉质黏土、$④_2$ 黏土、$④_3$ 粉质黏土。

①黏土（mQ_4^3）：褐黄、褐灰色，软塑—可塑状，中—高压缩性，见有铁锰质斑点、植物残屑，含少量粉土、粉砂，局部稍多，相变为粉质黏土。刀切面稍光滑。静探 P_s—h 曲线起伏较大，往下很快收敛过度至下伏层线型。该层主要为修筑区间便道、养殖塘堤（埂）岸时所用的（回填）黏性土失水固结而成。主要分布于便道、堤（埂）岸地段，

作者简介： 陈平山（1978—　），男，博士，教授级高工，主要从事软基处理研究工作。

沟汉、养殖塘内缺失，直接出露地表，层厚0.40～2.20m。

②$_1$ 含细砂淤泥（al－mQ_4^2）：灰色、浅灰色，流塑状，局部软塑状，中—高压缩性，粉细砂含量一般为5%～20%，呈薄层状分布，土质不均匀，局部粉细砂含量较富集，含量20%～50%，夹贝壳碎片和半炭化物。刀切面较粗糙。全场均有分布，沟汊、养殖塘内直接出露，层顶埋深0～2.20m，层厚8.00～12.70m。该层局部含有②$_{11}$细砂夹层。

②$_{11}$含淤泥细砂（al－mQ_4^2）：褐灰色，饱和，松散状为主，粉细砂含量一般为80%～95%，其余为淤泥，呈薄层状分布，土质不均匀，局部淤泥含量较多，偶夹贝壳碎片。静探P_s—h曲线呈不规则尖峰状，起伏较大。全场仅少部分勘探点有揭露，呈断续分布，层顶埋深1.80～7.40m，揭露厚度0.40～2.30m。

②$_2$ 淤泥（mQ_4^2）：青灰色、灰色，流塑状，高压缩性。含少量贝壳碎屑、半炭化物和粉细砂。刀切面光滑。静探P_s—h曲线呈略似直线状，随深度的增加，因土层自重压密作用，阻力值随之略增。全场均有分布，层顶埋深10.00～13.30m，静探孔均未揭穿，揭露厚度6.70～17.50m。

③黏土（mQ_4^1）：灰、褐灰色，软塑—可塑状，高压缩性。含少量贝壳碎屑、半炭化物和粉细砂，局部粉细砂含量稍高。刀切面光滑。各钻探孔均有揭露，层顶埋深23.00～28.80m，揭露厚度1.00～9.60m。

④$_1$ 粉质黏土（al－lQ_3^2）：褐黄、褐灰色，软塑—可塑状，局部硬塑状，中—高压缩性，含少量粉细砂和半炭化物。刀切面较粗糙。全场大多数钻探孔有揭露，层顶埋深24.50～35.10m，揭露厚度1.20～9.80m。

④$_2$ 黏土（mQ_3^2）：灰色、深灰色，软塑—可塑状，中—高压缩性，含少量粉细砂和半炭化物。刀切面较光滑。各钻探孔均有揭露，层顶埋深27.30～39.80m，大多数钻孔未揭穿，揭露厚度1.30～18.80m。

④$_3$ 粉质黏土（al－lQ_3^2）：灰色、蓝灰色，可塑状，中压缩性，含少量粉细砂和半炭化物，局部粉细砂含量较高。刀切面粗糙。仅少数钻孔揭露，层顶埋深38.50～43.00m，揭露厚度2.10～7.60m，均未揭穿。

1.3 吹填淤泥工程特性

新吹填淤泥的含水量达到130%，黏粒含量约为40%，而砂粒含量则不足1%，黏土矿物成分含量约46%，因此，吹填淤泥具有含水量高、孔隙比大、渗透性低等特点，属于超软弱土。加固前的双桥静力触探试验表明，0～1.5m深度范围内锥尖阻力为0，1.5～3.0m深度范围内锥尖阻力为0.01～0.05MPa。可见，吹填淤泥表层0～1.5m深度范围内没有强度，1.5～3.0m深度范围内的土体由于吹填淤泥的落淤沉积作用而稍具强度。吹填淤泥表层承载力几乎为零，需对新吹填淤泥进行加固，地基土方可正常使用，吹填淤泥主要物理力学性质见表1。

表1　　吹填淤泥主要物理力学参数表

含水量ω/%	密度ρ/(g/cm^3)	饱和度S_r/%	孔隙比e_0	液性指数I_L
108.2～129.7	1.36～1.47	100	2.99～3.58	4.28～5.30

2　软基加固要求和处理方案

2.1　软基加固处理要求

（1）地块区：0～1.5m深度内，地基承载力特征值 f_{ak}≥50kPa。

（2）道路区：0～2.0m深度内地基承载力特征值 f_{ak}≥80kPa、2.0～6.0m深度范围内地基承载力特征值 f_{ak}≥60kPa；道路区0～1.5m深度内地基回弹模量 E_0≥25MPa；道路区地基工后沉降≤30cm。

2.2　软基处理设计方案及参数

（1）地块区：在吹填淤泥面上铺设一层200g/m^{2}的编织布，并人工插设SPB-B型塑料排水板，间距为80cm，正方形布置，插设深度为3.2m；水平排水通道为 ϕ60mm（内径50mm）的塑料软式滤管，滤管间距为80cm，单管单排，并铺设一层200g/m^{2}的无纺布；铺设两层聚乙烯薄膜作为密封层，并沿场地周围将膜踩入密封沟，踩深不小于1.0m；真空泵均匀布置，布置密度为1200m^2/台，在真空度不小于80kPa的恒载下抽真空时间为90天。

（2）道路区：在吹填淤泥面上铺设一层200g/m^{2}的编织布，并布设一层竹架作为工作层，然后在工作层上铺设厚为40cm的砂垫层；采用机械插设SPB-B型塑料排水板，插深到－2.0m标高，间距为90cm，呈正方形布置，并在相邻四根长排水板中心补插一根短排水板，插深到＋1.5m标高；采用 ϕ60mm（内径50mm）的塑料软式滤管作为水平排水通道，间距为90cm，单管单排，并与相邻短板绑扎，其后的工序同地块区，但抽真空时间为120天。

2.3　监测参数及项目

为监控施工质量，评价加固效果，优化设计方案，本工程按设计要求布置了监测仪器，包括：表层沉降观测、孔隙水压力监测、真空度观测、加固后现场静力触探试验、钻孔取土土工试验、静载荷板试验等，见表2和表3。

表2　加固区监测项目及监测频率

<table>
<tr><th rowspan="2">监测项目</th><th rowspan="2">监测方法</th><th rowspan="2" colspan="2">埋设位置</th><th colspan="3">监测频率</th></tr>
<tr><th>抽真空初期</th><th>恒载期</th><th>卸载</th></tr>
<tr><td>表层沉降</td><td>水准仪</td><td colspan="2">地表</td><td>1次/2天</td><td>1次/4天</td><td>1次/2天</td></tr>
<tr><td rowspan="2">孔隙水压力</td><td rowspan="2">孔压计</td><td>地块区</td><td>埋深1m、2m、3m</td><td rowspan="2">1次/2天</td><td rowspan="2">1次/4天</td><td rowspan="2">1次/2天</td></tr>
<tr><td>道路区</td><td>埋深2m、4m、6m</td></tr>
<tr><td>膜下真空度</td><td>真空表</td><td colspan="2">真空测头布于滤管间</td><td colspan="3">每天派专人定时观测</td></tr>
</table>

表3　加固区检测项目及时间

检测参数及项目	检测试验方法	检测时间
土工参数	钻孔取土	连续10天膜下真空度80kPa，沉降速率为0.4cm/天、0.2cm/天时
原位试验	静力触探	恒载时间90天、120天时
原位试验	平板载荷试验	根据静力触探试验结果确定

试验 A 区（面积约为 20000m^2）与 B 区（面积约为 34000m^2）的平面图及监测平面布置示意图如图 1 和图 2 所示，其余区块的监测项目与布置方式均与这两个区相同。

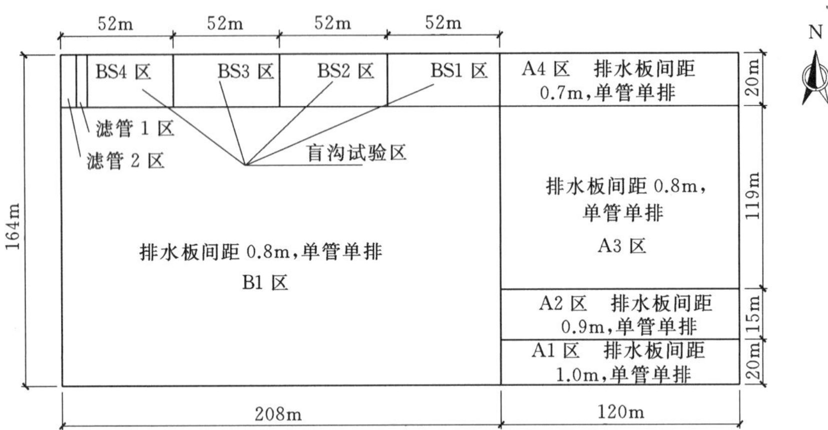

图 1　试验 A 区和 B 区平面图

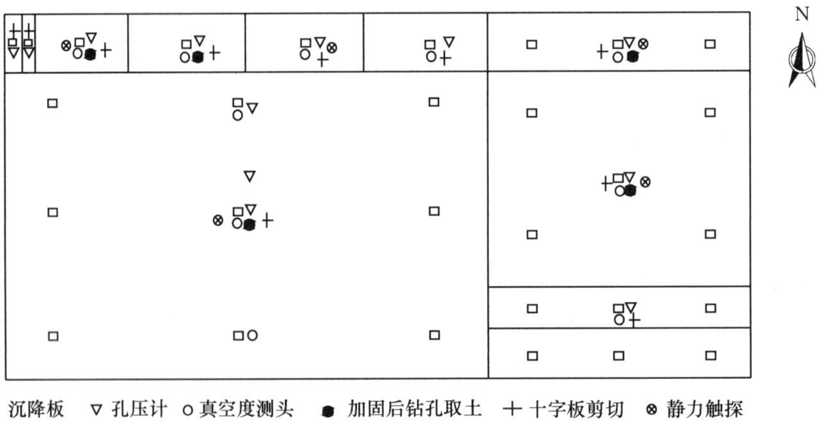

□ 沉降板　▽ 孔压计　○ 真空度测头　● 加固后钻孔取土　＋ 十字板剪切　⊗ 静力触探

图 2　试验 A 区和 B 区监测点平面布置图

3　超软弱土浅表层加固施工工艺

3.1　超软弱土浅表层加固施工工艺流程

本工程分为地块区和道路区加固，由于设计要求不同，施工工艺也有所区别。地块区浅层加固施工工艺流程图如图 3（a）所示，道路区一次处理和二次处理的施工工艺流程图如图 3（b）所示。整个软基处理工程主要分为两个分部工程：排水工程和预压工程。

（1）排水工程。排水工程包括砂垫层和塑料排水板施工等分项工程。道路区所铺设的砂垫层作为水平排水垫层，不仅起着水平排水作用，还可较均匀地传递膜下真空度，是常规真空预压法中必不可少的工序。插塑料排水板是在软弱地基内设置竖向排水通道，增大土体的渗透性能，抽真空预压过程中淤泥中的水将通过排水板排入砂垫层当中。对于无垫层的浅层加固技术，真空度通过排水板与滤管的接触部位直接延伸至土体内，排水板不仅仅是排水通道，更是向土体内传递真空度的“媒介”。

（2）预压工程。预压工程包括铺设土工布、踩密封膜、真空预压等分项工程。

铺设土工布主要起到防护或隔泥作用。

将密封膜踩入密封沟内的目的是对加固区周边进行密封作用，使整个加固区形成一个相对密封的系统。

真空预压法通过加压系统将膜下大气抽走，从而与外界大气压形成压差即所谓的“真空度”，该真空度通过设置在地基内的排水板，向周围土体扩散，降低土体的孔压，提高土体内的有效应力，淤泥中的水将沿着排水板排往地表的排水系统如水平布置的滤管，地基将产生沉降，土体空隙比减小，压缩性降低，土体强度增长，从而达到预定的加固效果。

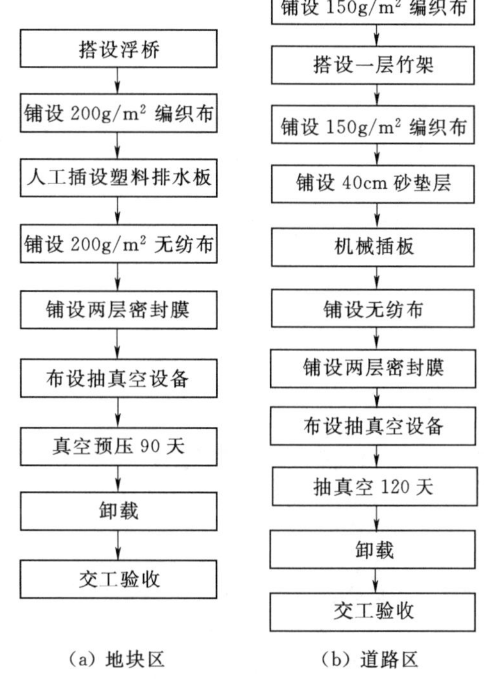

图 3 浅层加固施工工艺流程图

3.2 超软弱土浅表层加固施工工艺技术

浅层加固技术的工法：先在吹填淤泥面上铺设一层编织布，起阻隔淤泥、保证后续工序作业安全的作用；在编织布上铺设滤管作为水平排水管路，并插设塑料排水短板作为竖向排水通道，排水板与滤管搭接；排水板插设完毕后，在地表铺设一层无纺布，避免密封膜直接与排水板头、滤管接触，用以保护密封膜；利用三通等管接头将滤管与真空泵相连接，并进行抽真空，达到加固要求后卸载。

3.2.1 铺设编织布

由于吹填淤泥表层为浮泥，承载力近乎为零，施工人员根本无法在地表上作业，即使部分区域经自然落淤晾晒后，表层具备一定的强度，但仍存在着很大的施工安全隐患；另外，塑料排水板头和水平排水管路须与其下的浮泥隔开，避免淤泥封堵排水通道，以确保加固效果。而编织布具有透水性良好、抗拉强度较高等特点，铺设在浮泥表层可起到有效隔泥和安全防护的作用。具体施工工艺如下：

（1）在材料加工区根据加固区面积大小分块拼缝编织布，编织布拼接采用手提式工业缝纫机缝合，缝接宽度不得大于 7cm，缝合尼龙线强度≥150kN，采用两道缝方式，两道缝相距不超过 2cm，缝合后沿长边方向卷叠，裹成长条状，如图 4（a）所示。

（2）将编织布运至场地，并放置于场地边界，施工人员站在橡胶板上，按 3～5m 的间距，将卷好的编织布以长竹竿推动，进行铺设展开作业，如图 4（b）和图 4（c）所示。

（3）各块编织布铺设完毕后在场地内一律采用手提式缝纫机缝接，搭接宽度为 20cm，如图 4（d）所示，并将编织布边缘与周边的浮桥用铁丝连接，在靠近围堰的边界处，用竹竿将编织布插入泥面固定；当编织布铺设到位于两加固区之间的浮桥时，需预留宽 1.0m，并卷成条状，用铁丝捆绑于浮桥上。

(a) 材料加工场区缝合编织布

(b) 将编织布转运进加固区内

(c) 用竹竿推铺编织布

(d) 在加固区内缝接编织布

图 4　浅表层加固铺设编织布过程

3.2.2　预剪与绑扎排水板

(1) 预剪排水板。排水板预剪长度必须达到设计要求，且剪切过程中不能损坏排水板，为此，设计了一种工具，该工具由三部分组成，分别是卷轴、排架和铡刀，如图 5 和图 6 所示。其中，卷轴将成卷的排水板沿轴向平行放置，通过排架将排水板展开，当拉伸排水板到设定长度时，用铡刀剪断排水板后，再进行下一道工序。利用该工具，每次可以裁剪 17 根排水板，提高了作业效率，并可控制排水板的剪切长度，还不会损坏芯板和滤膜。

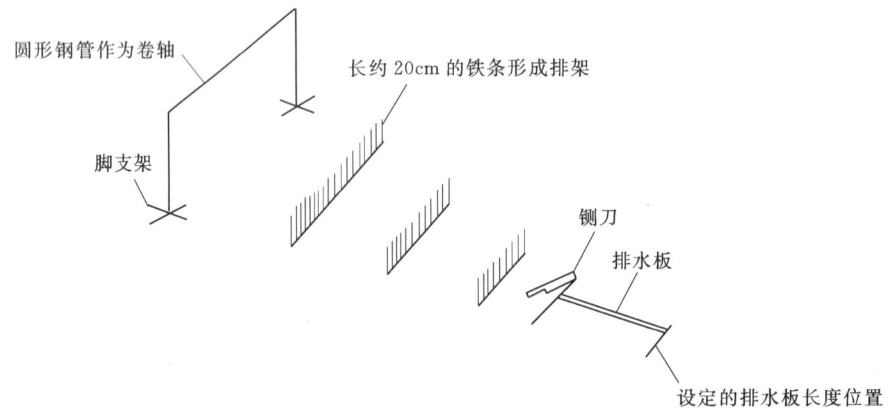

图 5　预剪排水板的工具

（2）接下来的工序是用滤膜套将裁剪好的排水板板头绑扎好，滤膜套的尺寸为10cm×8cm，用订书机将滤膜套与排水板固定，如图7所示。

图6　铡刀剪排水板

图7　包扎滤膜套

（3）为提高膜下真空度的传递效率，将排水板按图8（a）、图8（b）所示的方式与滤管进行绑扎，滤管根据主管间距确定。滤管长度通常为32～34m，绑扎在滤管上的排水

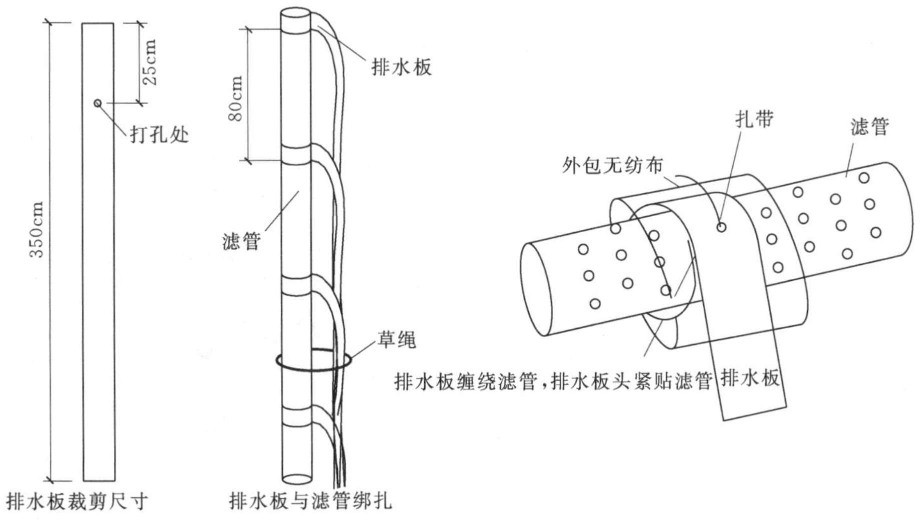

（a）排水板与滤管绑扎

（b）排水板与滤管绑扎详图

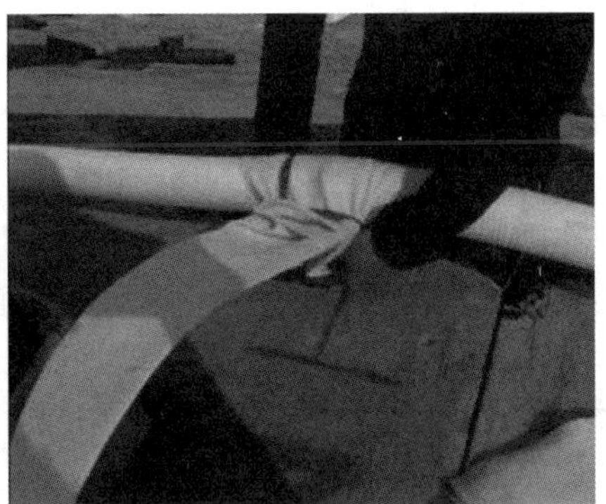

（c）滤管与排水板绑扎

（d）绑扎处外裹无纺布

图8　排水板与滤管绑扎方式

板间距就是其插设间距，场地内插板时就无需通过插签等方法来确定排水板位置，只需将滤管接入主管之后直接进行插板就可保证排水板的间距，另外，由于排水板内真空度最高点位于排水板与滤管绑扎之处，为防止淤泥颗粒被吸附在排水板滤膜套上或进入芯板内，进而影响真空度向土体内的排水板扩散，需用小块无纺布包裹住排水板与滤管的相接处，无纺布规格为 30cm×35cm，如图 8（c）、图 8（d）所示。

3.2.3　插设塑料排水板

考虑到吹填淤泥的超软弱性，而插板深度仅为 3.2m，人力完全可以企及，因此，采用人工插板方式完成地块区的插板作业，插板前已在材料加工厂区“加工”好滤管、排水板，只需将滤管与主管接好后，便可直接进行插板，省去了在场地内插签、剪板等工序。图 9 是人工插板装置示意图，该装置具有成本低、施工效率高等优点，每个作业班组由 2 名工人组成，每日插板根数可达 500～600 根，效率丝毫不亚于机械插板，如图 10 所示。

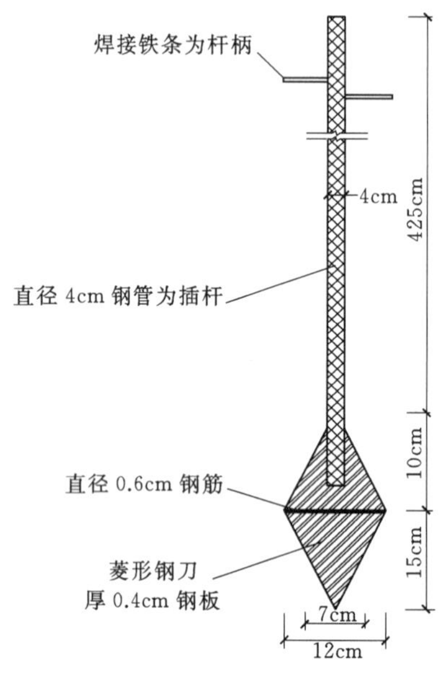

图 9　人工插板装置示意

图 10　人工插板施工情况

3.2.4　水平排水管路

水平排水管路布置示意图如图 11 所示。采用直径为 63mm 的软式波纹塑料管做滤管（包括主管与支管），管壁按 5cm 间距钻有直径为 5mm 的螺纹孔，并外包一层无纺土工布，起隔泥作用。施工时，先将主管按放样点布置在场地内，以控制滤管布设间距，其中，位于加固区边界的主管用三通连接，而位于场地内的主管则用四通连接，利用三通、四通等连接器将主管与支管连接，形成了连通的水平排水管路，土体内的水及地表水均可通过滤管进入出膜器，进而被抽走，如图 12 所示。

3.2.5　铺设无纺布

由于加固区内已经铺设了一层编织布，地表具备一定的承载力，因此，可直接铺设已在加工厂区缝制好的无纺布，在加固区内铺设好无纺布之后，再用手提式缝纫机将各块无纺布搭接缝制，如图 13 所示。

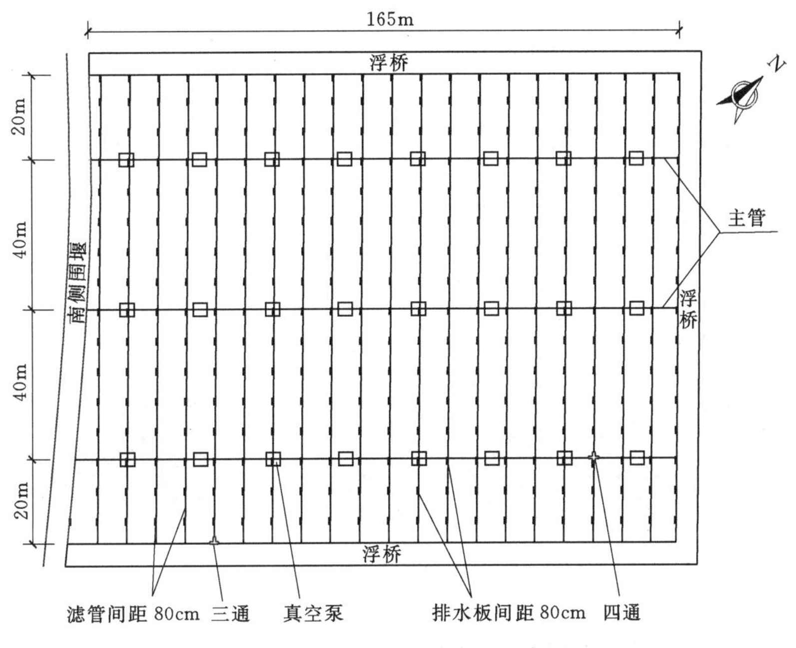

图 11　水平排水管路布置示意图

图 12　布设好的水平排水管路

图 13　铺设无纺布

3.2.6　浅层加固真空预压施工

铺设完无纺布后，铺设二层聚乙烯密封薄膜，厚度约为 0.12mm，密封膜在工厂热合一次成型，在试验区按 800m²/套、1000m²/套布设真空泵，在后续大区施工中按 1200m²/套布设真空泵，对地块区浅层进行真空预压加固。

由于加固区面积大，场地软弱，铺设密封膜时难度较大，一是需在场地内展开大面积的密封膜，二是在铺设过程中要尽量避免使膜破损。同时，抽真空设备的布设存在较大的困难，真空预压所采用的射流泵和水箱重达数百斤，由于吹填淤泥基本上没有承载力，若直接布设在膜面上，设备将发生沉陷，而随着抽真空的进行，设备周围水也会进入电机造成短路，进而引发漏电等安全事故。

采取以下措施解决上述问题：

（1）首先选择无风时铺设，并根据加固区面积大小将密封膜分成2～3块，分块铺设可使铺设重量减轻，各块密封膜铺设完毕后，利用专用密封胶水进行黏合，如图14（a）所示。

（2）吹填淤泥细颗粒含量高，渗透性低，其本身即是密封材料，如图14（b）所示，通过将密封膜周边踩入浅表层的淤泥不小于1.0m，对加固区边界进行密封。

(a) 场地内铺设密封膜

(b) 工人踩膜

(c) 浮动平台上安装设备

(d) 场地内抽真空

图14　场地内抽真空措施及过程

（3）用塑料泡沫、竹条和木板制作成浮动平台，如图14（c）所示，将真空泵和水箱安装在浮动平台之上，使抽真空设置可以自动适应水位升降或浮泥加固沉降。避免了周边的水进入电机从而将发生短路或漏电危险。

（4）安装完抽真空设备后，仔细检查线路，核对无误后开始抽真空，如图14（d）所示。

4　浅表层施工技术改进创新

本工程中针对施工中存在的问题进行积极技术创新，技术创新工作提高了施工效率，保证了施工进度，也为施工质量的提高起到了积极作用，该工程中有诸多技术创新，其中主要的有以下两项。

4.1　材料加工流水线作业

以往浅表层施工工艺过程是首先在场地内人工插设塑料排水板，然后在场地内布设滤管并将排水板绑扎到滤管上，绑扎完成后再进行下道工序施工。但是该作业工序有诸多弊端如下：

(1) 由于场地为超软弱淤泥，工人在进行绑扎作业时在场地内行走困难，工人弯腰作业容易疲劳，故施工工效非常低。

(2) 由于排水板与管材的绑扎是在插板完成之后进行，由于插板时编织布已经被插破，工人在行走作业时使淤泥通过插板形成的洞口流到编织布之上，发生“冒浆”现象，冒上来的淤泥对水平排水层排水及传递真空的性能会造成影响。

(3) 场地内有“冒浆”现象，绑扎时容易污染排水板及无纺布等，影响抽排水系统的性能。

(4) 由于施工面积广，工人分散在场地内绑扎，不利于集中监督管理，施工质量不易保证。

鉴于上述弊端，在该浅表层软基处理工程中，在加固区外搭设专门的材料加工平台，排水板与滤管的绑扎全部在加工平台上流水作业进行，作业整齐有序，完成后人工搬运至场地再进行插板施工。绑扎台长度按 40m 搭设，确保绑扎台平整，并用红漆在台上按 80cm 间距做好标注。

流水作业的方法以及施工顺序如下：

(1) 专门设计一套裁板工具，利用裁板工具按预定长度裁剪排水板，可同时裁 17 根。

(2) 完成裁板后，随即用电钻对排水板钻孔，孔的位置距离板端 25cm，孔径为 4mm，用以在排水板与滤管绑扎时穿过扎带绑扎，钻孔位于排水板宽度方向中间。

(3) 按 10cm/个的长度裁剪滤膜套，并将各滤膜套套住钻有孔洞的排水板的另一端并封口，用订书机在滤膜套封口处装订 2～3 枚订书针，确保滤膜套不会脱落。

(4) 滤管长度按项目部要求裁剪，并将滤管两端固定于绑扎台上，将已钻孔及底端包有滤膜套的排水板放置于绑扎台上，在标注刻度处把排水板板头缠绕在水平放置的滤管上，用扎带穿过小孔将排水板板头固定在滤管上，并用规格为 0.3m×0.35m 的小块无纺布包裹住排水板头及与其相贴的部分滤管，随后用尼龙绳将无纺布与排水板头绑扎好，绑扎时先用尼龙绳将无纺布与滤管捆绑，然后将无纺布与排水板绑扎在一起。

(5) 将整条已绑扎好排水板的滤管抬下绑扎台，按规定的条数进行捆扎，进行堆放，以便搬运。

(6) 人工将成捆的已经绑扎好排水板的滤管抬入场地。

(7) 场地内首先布设好主管，将抬入的滤管与主管进行对接。

(8) 主管滤管对接完毕后便可进行人工插板。

通过改进排水板与滤管的施工工序及工艺，极大地提高了施工工效，施工质量容易得到保证，为工程的顺利实施奠定了基础。排水板与滤管施工作业流水线如图 15 所示。

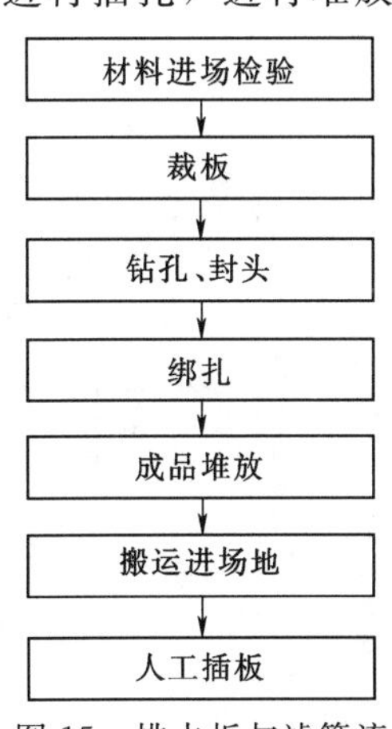

图 15　排水板与滤管流水线作业流程图

4.2　浅表层侧向密封技术

浅表层施工在抽真空两个月后容易反复出现真空度下降等问题，严重影响场地加固质量，而出现此类问题的主要原因在于密封沟，下面对此现象进行分析阐述。

该工程中新吹填淤泥的渗透系数及颗粒分析试验成果见表 4，

可见该吹填淤泥的含砂量极低、黏粒含量较高并且渗透系数很小，吹填淤泥本身就可以作为密封材料。吹填淤泥极软弱，浅层加固深度仅 3m，加固深度及其以下 1m 深度范围内无透水透气层，故该工程中可采用人工将膜直接踩入淤泥形成密封沟的方式进行侧向密封。

表 4　渗透系数及颗粒分析试验成果

各粒组土粒含量/%			渗透系数 /(10^{-6}cm/s)
2～0.075mm	0.075～0.005mm	<0.005mm	
0.5	64.6	34.9	1.08

该工程场地内密封沟有两类形式，一种是区块之间共用的密封沟；另一种是靠近围堰的密封沟，如图 16 所示。以其中一区为例，在真空预压期的前两个月内，各项监测数据显示加固过程正常，但是两个月之后监测数据便出现异常，该区的孔压降曲线如图 17 所示。在抽真空接近两个月时孔压出现反弹，之后曲线呈波动状，孔压不再正常消散。与此同时，沉降速率突然变小，真空度下降并且不稳定。现场观察发现，水箱的出水量偏大，排查密封沟，其断面图如图 18 所示。

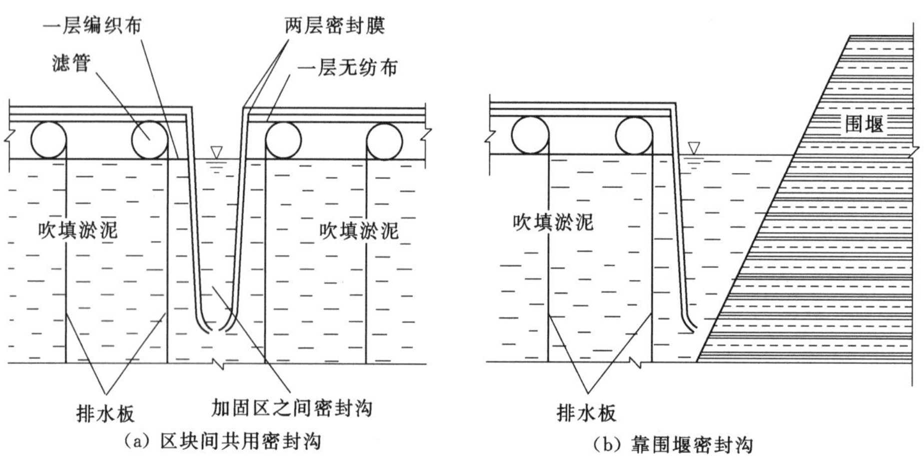

图 16　真空预压初期密封沟断面图

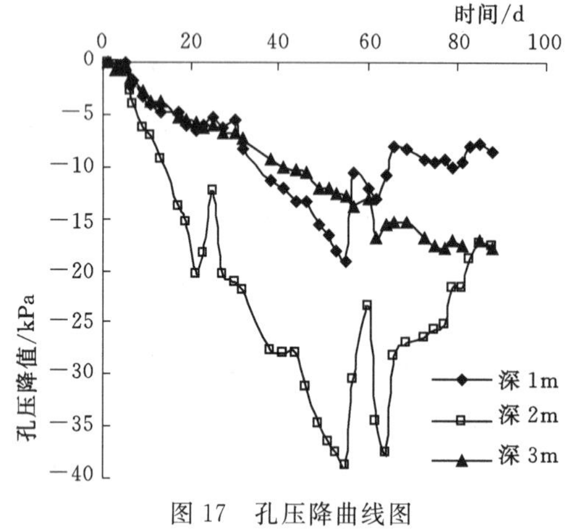

图 17　孔压降曲线图

4.2.1　密封沟功能失效的原因

4.2.1.1　区块间共用密封沟

(1) 由于吹填淤泥含水量非常高，达到 130%，并且土颗粒几乎全部是粉粒和黏粒，颗粒极细小，抽真空开始后密封沟内淤泥出现液相渗流，带动这些松散而细小的颗粒绕过密封膜进入加固区内，致使密封沟内淤泥越来越少；同时，加固区淤泥中的水分被抽出覆盖在膜面上，为密封沟补给水源，形成液相循环渗流。

(2) 由于吹填淤泥的孔隙比很大，压缩

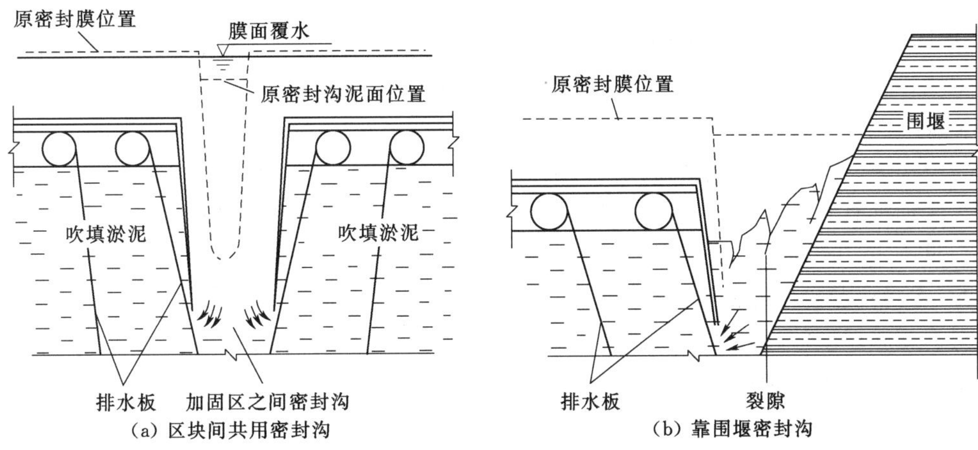

图 18　抽真空 2 个月后密封沟断面图

性很高，经过一段时间抽真空，加固区发生竖向沉降的同时也产生横向内缩，导致密封沟被拉宽；密封沟内淤泥的体积是一定的，密封沟变宽必然导致密封沟内淤泥深度变浅从而影响密封性能。

(3) 由于真空度通过排水板向下传递的过程中会产生衰减，所以加固区内浅层处加固效果优于深层处加固效果，浅层处产生的内缩量大于深层处产生的内缩量，导致加固区边界处排水板产生倾斜，如图 19 所示，同时密封沟变宽，沟内淤泥变浅，致使一部分排水板的下端露出加固区而严重影响加固效果。

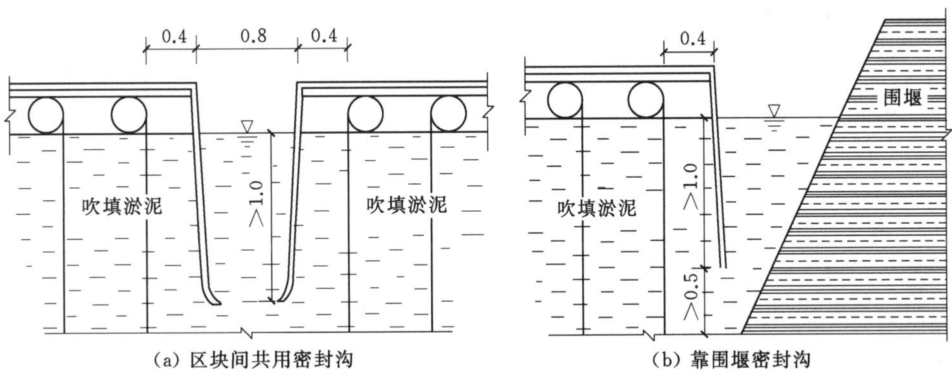

图 19　延长渗径的密封沟断面图（单位：m）

(4) 抽真空期间加固区内的水被抽出，膜面覆水较深，密封沟内产生的上述现象不易发现。

4.2.1.2　靠近围堰密封沟

(1) 靠近围堰的密封沟内的淤泥在真空预压的初期也产生液相渗流，淤泥产生固结压缩，同时淤泥中的细小颗粒被吸走，淤泥的渗透系数变大。由于靠围堰处沉降量小，膜面覆水未能覆盖密封沟，围堰材料是砂或者是人工填筑的硬黏土，透气性强，随着抽真空的进行，沟内淤泥逐渐产生裂隙并出现气相渗流，气体通过围堰体和密封沟绕过密封膜进入加固区。

(2) 由于真空预压期间加固区产生沉降并内缩，使得密封沟变浅，同时排水板产生倾斜，部分排水板甚至“延伸”至密封沟底，缩短了气体液体的渗径，对加固区的密封性产生较大影响。

密封沟密封性能的降低使得加固区内固结应力的水平降低，影响加固效果，延长加固周期，增加抽真空成本。对上述问题进行处理耗费大量人力物力，处理过程又容易对加固区密封膜产生二次破坏，迫切需要解决措施。

4.2.2 密封沟密封问题的解决措施

根据新吹填淤泥以及浅表层施工工艺的特点，本着尽量降低成本并保证施工质量的原则，采取以下几项措施进行改进。

4.2.2.1 延长渗径长度

淤泥内细小颗粒被吸走是由于其受到的渗流力较大导致的，减小渗流力可减少土颗粒流失，渗流力的表达式为

$$j=\gamma_{\omega}i \tag{1}$$

式中：j 为渗流力，kN/m^3，是一种体积力；γ_{ω} 为水的重度（$10kN/m^3$）；$i=h/L$ 为水力梯度，无因次；h 为水头损失，m，此处为加固区内外的大气压差；L 为渗径长度，m。

观察式 (1)，要减小渗流力则要减小水力梯度，减小水力梯度则要减小内外压差或者延长渗径长度，内外压差减小会影响加固效果，则只能延长渗径长度。通过加大加固区最外边排水板与踩膜位置之间的距离、增大密封沟的宽度、增大人工踩膜的深度可以增加渗径长度，如图 19 所示，图中尺寸单位为米。加固区最外侧排水板与踩膜位置之间的距离为 0.4m，人工踩膜深度大于 1.0m。区块间共用密封沟的宽度增大至 0.8m；靠近围堰的密封沟，插板前要事先进行探摸，在淤泥深度大于 1.5m 的位置踩膜，以保证足够的踩膜深度并防止膜脚处通过围堰漏气。

密封沟加宽的同时使得密封沟内淤泥量增加，即使有部分淤泥颗粒被吸走也会得到补充。

4.2.2.2 控制加载速率

新吹填淤泥非常软弱，孔隙比大，密度小，结构疏松，土颗粒之间黏结力很小，若真空预压初期开泵率过高，加固区内外压差过大，则在加固区边界处会产生流土现象，形成贯穿加固区内外的流水通道，严重影响加固效果。

所以在预压初期不易开泵过多，待淤泥固结一段时间，结构变的致密、土颗粒之间黏结力增大到一定程度再逐渐提高开泵率。根据目前的经验，抽真空的第一个月内开泵率不宜超过 80%，之后两个月内开泵率可开至 80%以上，再往后可以适当降低开泵率。关于真空预压期间开泵率的控制有待进一步的研究。

4.2.2.3 控制插板垂直度

由以上的分析得知，若靠近密封沟处的排水板下端“伸入”密封沟内会影响密封沟的密封性能，所以在人工插板时一定要控制好排水板的垂直度，防止排水板的下端插到密封沟底端。

真空预压期间加强维护管理，每周踩一次密封沟，防止因沉降导致密封沟变浅，同时

排查是否有排水板倾斜“伸进”密封沟；缺水的密封沟要进行人工覆水，防止干裂，并定期踩密封沟。

4.2.3　密封措施的效果分析

针对密封沟出现的问题，提出了上述解决措施，并应用于后续的施工中，以某一加固区为例介绍其应用效果。

该区的真空度在抽真空的初期真空度稳定上升，抽真空 10 天后一直稳定在 80kPa 以上，期间出现过一次停电，真空度下降，恢复供电后很快恢复正常。

至卸载时该区累计沉降量达到 98.0cm，吹填泥层压缩了约 1/3，用三点法和双曲线推算其固结度分别为 89.0%、80.6%，达到设计要求。

工程实践表明，孔隙水压力是监测加固区密封效果最灵敏最有效的手段，若加固区出现漏水或者漏气现象，孔隙水压力立刻反弹，沉降速率反应并不明显而且比较迟钝，当场地出现漏气时真空度下降明显，但当出现漏水时真空度的变化有时不够明显。该区孔压降随时间变化曲线如图 20 所示，由图可见，整个加固过程中孔压整体上稳定消散，偶尔有反弹迹象但很快恢复正常。在加固后期孔压消散速率变小，这与后期开泵率降低有关。

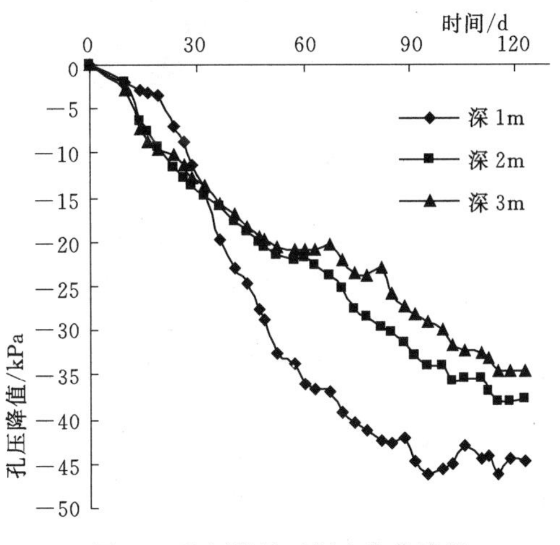

图 20　孔压降随时间变化曲线图

以上监测数据表明，采取的技术措施起到了明显的作用，加固质量明显提高，大大减小了真空预压期间真空维护的工作量，施工质量得到了保证。

5　浅表层加固效果分析

温州丁山垦区 2 标软基处理工程共有 62 个地块区，总面积约 133 万 m^2，地块区浅表层加固的效果选取具有代表性的试验 3 区进行分析。该区长 162m、宽 126m，面积约 2 万 m^2，布 20 台真空射流泵，持续抽真空 110 天。场地内均匀布置 5 块表层沉降板，区块中心埋设一组振弦式孔隙水压力计，深度分别为 1m、2m、3m，布置 6 块真空表。卸载前进行了双桥静力触探试验、钻孔取土及平板载荷试验。

5.1　加固期间抽真空情况

试验 3 区于 2009 年 8 月 25 日下午开始浅表层快速加固处理抽真空加固，抽真空前三天开泵率为 40%，第四天至第七天开泵 60%，之后开泵率维持在 80%以上。该区真空度在开抽后第四天达到 80kPa，之后一直维持在 80kPa 以上，期间偶尔因停电等因素出现真空度下降现象，但处理后很快恢复正常。

5.2　地表沉降分析

地表沉降随时间变化曲线如图 21 所示，该区沉降最大值为 117.5cm，最小值为

85.8cm，不均匀沉降达31.7cm，原因是该区内有数道田埂，其上的吹填淤泥层较薄，因此沉降量较小。加固完成时该区累计沉降量平均值为104.1cm，整个吹填泥层厚度压缩了约1/3。

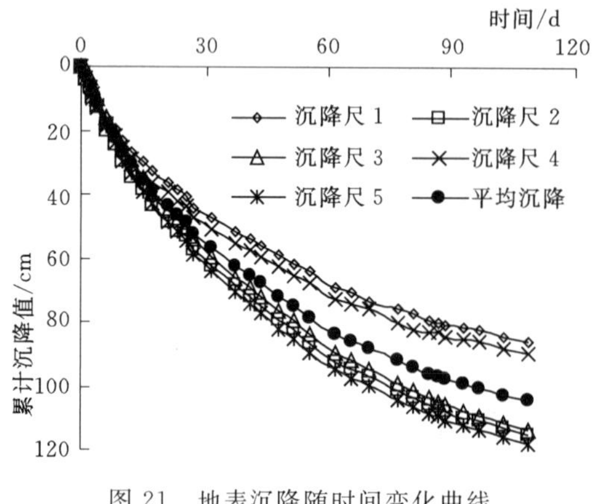

图21　地表沉降随时间变化曲线

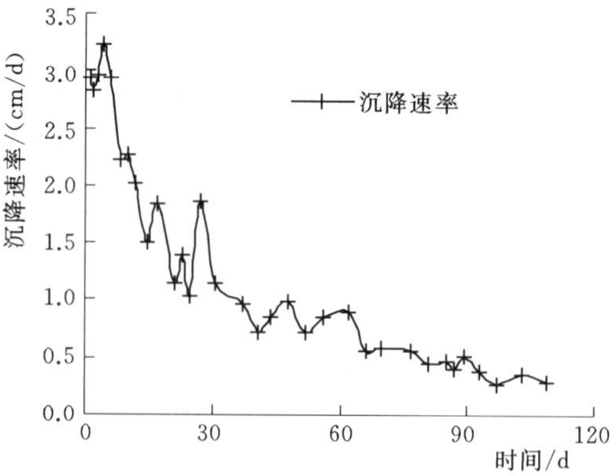

图22　沉降速率随时间变化曲线

图22为沉降速率随时间变化曲线，在开抽的第一周，地表迅速发生沉降，沉降速率维持在3.0cm/d左右，加固效果明显。抽真空40天后，沉降速率降低至1.0cm/d以下，但沉降速率仍较大，直至抽真空85天后，沉降速率降至3～4mm/d，表层沉降已不再明显，累计沉降曲线趋于收敛。关于采用浅表层工艺加固吹填土的沉降稳定标准需进一步的研究。抽真空结束时，利用三点法与双曲线法根据平均沉降曲线估算此时的固结度分别为88.9%、80.7%，可见，加固效果较理想。

5.3　孔隙水压力变化分析

孔压计埋于形心位置，孔压消散时程曲线如图23所示。抽真空结束时1m、2m、3m深度处孔压消散值分别为－60.4kPa、－42.6kPa、－19.4kPa，孔压消散值沿深度依次降低。此孔压消散曲线与常规真空预压的孔压消散曲线有很大的不同。

常规真空预压孔压消散曲线在抽真空起始阶段消散较快，之后随着抽真空的进行，孔压消散速率逐渐降低，孔压消散到一定程度时便不再降低。而采用浅表层工艺加固新吹填淤泥的孔压消散曲线则不同，在抽真空的起始阶段孔压消散不明显，并且不同深度处3个孔压计的孔压消散值很接近；抽真空一个月之后，1m处孔压消散速率开始加快，2m、3m处孔压消散速率基本保持不变，抽至两个半月时，2m、3m处孔压消散速率才依次有所加快。整个加固过程中，1m处孔压消散曲线呈抛物线形，2m、3m处孔压消散曲线近似呈直线形，在抽真空后期有向下弯折趋势。

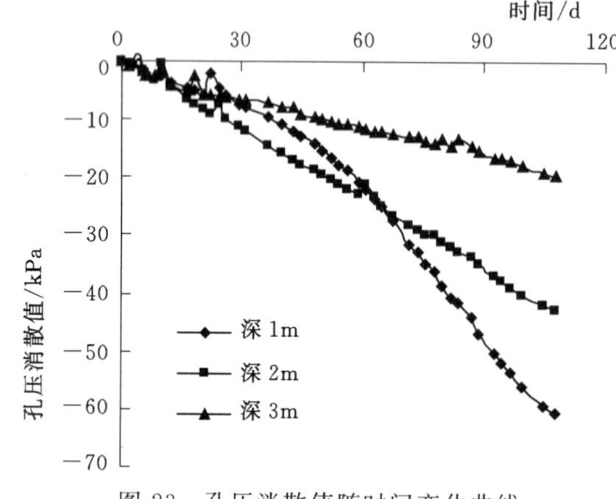

图23　孔压消散值随时间变化曲线

产生这种差别的主要原因是在加固

初期真空度很难在土体中传递，故孔压消散速度缓慢；随着抽真空的进行，土体逐渐发生固结收缩，从而产生微观的裂隙有利于真空的传递，孔压消散速率开始加快。

另外，抽真空初期，孔压消散是由于初期水位下降产生，故孔压消散较慢并且不同深度处3只孔压计所测孔压消散值很接近。随着抽真空进行，一方面由于浅层处孔压计接近水平排水垫层；另一方面由于真空度沿排水板向深处传递过程中会产生衰减，故浅层处孔压更容易消散，其孔压最先开始加快消散并且最终孔压消散值也最大。

可见，与一般的软土真空预压相比，吹填淤泥加固中的孔压消散在前期缓慢，后期较快，因此其强度在前期增长较缓慢，后期强度增长较快。

5.4　静力触探试验成果分析

加固后，吹填淤泥围绕排水板形成土柱，靠近排水板附近土体的强度高，排水板在平面上呈正方形布置，在正方形的形心位置土体的强度最低。卸载时在土柱内和形心位置分别进行双桥静力触探试验，加固后吹填淤泥层的厚度约2m，2m深度范围内其锥尖阻力的大小如图24所示。

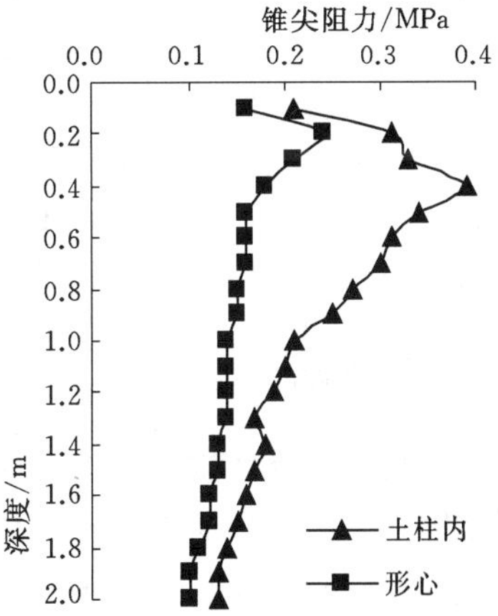

加固前淤泥的强度为零，加固后其强度增长非常明显；浅层处吹填淤泥强度较大，深处强度较低，但所测地表处强度并不是最高的，这可能与测试的方法有关；土柱内与形心处强度差别非常明显，这种差别随深度的增大逐渐减小，这是由真空度分布以及孔压消散的特点所决定。

图24　加固后锥尖阻力沿深度分布图

5.5　钻孔取样土试验成果分析

该区取4组土样，每组在同一孔内沿深度每半米取一个，取至深2m，共取土样16个，选两个含水率最大和两个含水率最小的土样的试验数据列于表5中。可见，含水率的高低对土样的土粒比重、饱和度、液塑限以及塑性指数影响不大；而对土的天然密度、孔隙比、液性指数、压缩系数及压缩指数影响很大。

表5　加固后土工试验结果表

含水率 ω/%	密度 ρ /(g/cm³)	土粒比重 G_s	饱和度 S_r/%	孔隙比 e_0	液限 ω_L /%	塑限 ω_p /%	塑性指数 I_p	液性指数 I_L	压缩系数 a_v /MPa^{-1}	压缩模量 E_s/MPa
59.2	1.62	2.76	97	1.75	47.1	25.4	21.7	1.65	2.00	1.37
58.3	1.63	2.75	98	1.72	46.9	28.1	18.8	1.77	2.18	1.25
44.5	1.77	2.75	98	1.25	43.5	24.7	18.8	1.05	0.94	2.38
45.0	1.76	2.74	98	1.26	43.8	25.8	18.0	1.07	0.93	2.43

加固前后土体的含水量、孔隙比和液性指数变化非常大，含水量与孔隙比的变化率超过50%，说明土体加固效果非常明显，土体的物理力学性质有了很大的改善，见表6。另外，加固后土体的密度变大，饱和度略有降低。根据《港口工程地质勘察规范》，含水量和塑性指数平均值分别为53.9%、19.6，查表计算可得加固后地基容许承载力为

62.2kPa，满足设计要求。

表 6　　加固前后主要物理力学指标对比

	含水量 ω/%	密度 ρ /(g/cm³)	饱和度 S_r /%	孔隙比 e_0	液性指数 I_L
加固前	108.2～129.7	1.36～1.47	100	2.99～3.58	4.28～5.30
加固后	44.5～59.2	1.61～1.77	96～100	1.25～1.75	1.05～1.77

5.6　平板载荷试验成果分析

为直观检验吹填淤泥层 0～1.5m 深度范围内的加固效果，在试验区中心进行地表载荷板试验，承压板面积为 0.5m²，每级荷载增量 10kPa，加荷方式采用沉降非稳定法，其 P－S 曲线如图 25 所示。当荷载加至 120kPa 时沉降急剧增大，曲线出现陡降，因极限荷载小于对应比例界限的荷载值的 2 倍，故取极限荷载值的 1/2 作为承载力特征值，即地基承载力特征值为 55kPa。可见，经处理后的吹填淤泥承载力达到设计要求。

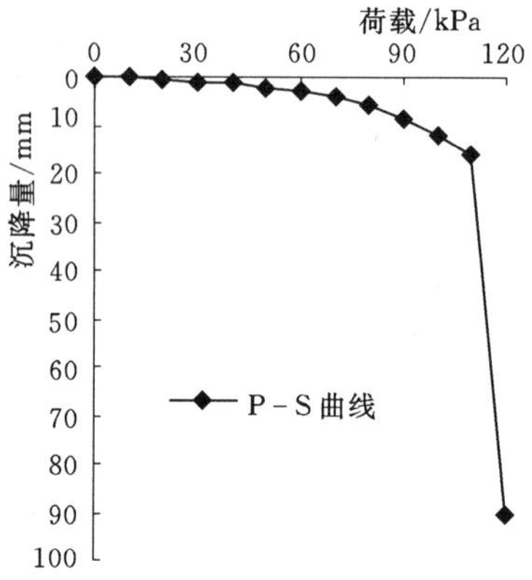

荷载/kPa
0 30 60 90 120
沉降量/mm
0 10 20 30 40 50 60 70 80 90 100
P－S 曲线

图 25　平板载荷试验 P－S 曲线图

6　经验总结

温州丁山垦区软基处理工程主要分为地块区施工和道路区施工，其中地块区施工是我院浅层加固技术继厦门、天津试验成功后，大面积推广实施的第一个项目。通过本软基处理工程的施工和技术管理，取得一些成功的经验，也存在一些问题，值得进行深刻总结和进一步的研究改进。

6.1　严格控制材料质量

本工程建设过程中所采用的材料，除了砂以外，其余基本上都是土工材料，土工材料在工程施工成本中所占比例极高，并且浅表层施工工艺中，真空预压系统中的排水系统和密封系统都是通过土工材料来形成，土工材料质量的优劣对排水系统和密封系统的性能有重要影响。因此，材料质量的好坏对加固效果起着至关重要的影响，材料质量把关非常重要。

所有原材料进场使用前都按规范和设计要求进行抽检，现场甲方与监理见证，只有抽检合格的材料才能使用，抽检不合格的材料进行清退出场处理。

加强对材料的保管，使用一批进一批，防止材料在现场长时间堆放造成老化，同时防止由于管理不善造成材料的老化、风化。

在材料装卸和加工过程中，注意保护好材料，杜绝野蛮施工造成材料破损，降低其使用性能甚至是丧失施工功能，给工程质量埋下隐患。特别是密封膜、排水板、滤管的保管与使用。

6.2　材料现场加工质量控制

材料现场加工主要包括裁板、封板底、排水板与滤管绑扎、三通四通与滤管的绑扎等。要确保材料现场加工的质量，他们是构成真空预压抽排水系统的主要部分，若某一环节出现问题会阻碍真空度的传递和土体内水的排出，影响加固效果。其中，应该特别注意的几点有：

(1) 封板底：用滤膜套将排水板板底封死，防止在抽真空过程中淤泥通过排水板底端进入排水板板芯造成排水板的堵塞失去其应有的功能；

(2) 排水板与滤管绑扎：由于排水板内真空度最高的位置点是在排水板与滤管绑扎之处，为防止淤泥颗粒被吸附在排水板滤膜套上甚至进入芯板内，进而影响真空度向土体内的排水板扩散，需用小块的无纺布包裹住排水板与滤管的相接处；

(3) 三通四通与滤管的绑扎：三通四通与滤管的绑扎一定要牢固，防止在抽真空期间出现脱管现象，脱管会造成真空膜被吸破或者加固区淤泥被大量吸出进而密封膜被大面积吸破，若场地内覆水较深，维护难度非常大。

6.3　关键工序施工质量控制

浅表层施工工序较多，并且各道工序基本上靠工人作业完成，大量工人作业是浅表层施工的一个特点，因为施工质量的好坏受人为操作因素的影响非常大，对工序的施工质量监督控制尤为重要，特别是人工插板和踩密封膜等隐蔽工程。

(1) 人工插板：一方面部分工人有偷工的举动，只追求插板的速度，不注重插板的质量，排水板插深较浅，严重影响地基加固质量；另一方面，人工插板的作业面非常广，插板人数众多，不利于统一监管。这种情况下，应该派足够的质检员在现场进行监管，没有质检员在场的情况下工人不得插板。

(2) 踩密封膜：作业工人往往责任心不强，只追求干活的速度，导致踩膜深度不够到位，导致在后续的真空预压过程中真空度达不到要求而又难以排查，所以在踩膜阶段一定要控制好踩膜的质量，必须有质检员在现场监督，踩膜深度必须大于1m。

6.4　加强真空预压期间的维护与监控

抽真空期间的维护与监控至关重要，直接影响加固区的加固质量，而浅表层施工抽真空期间最容易出现问题的地方是密封沟，为此，专门研究了解决密封沟密封性能的技术措施。

(1) 延长渗径长度：踩膜位置与加固区最外侧排水板之间的距离控制在0.4m，真空膜踩入淤泥中的深度不小于1.0m；加固区之间共用密封沟的宽度控制在0.8m，靠近围堰的密封沟在施工前应进行探摸淤泥深度，踩膜位置的淤泥深度不应小于1.5m。

(2) 控制加载速率：真空预压的第一个月内开泵率宜控制在80%以下，之后两个月开泵率可达到80%以上，再往后可适当降低开泵率。

(3) 在进行人工插板施工时一定要保证插板的垂直度，特别是靠近加固区边界的位置。

(4) 定期检查密封沟，保证整个真空预压期间密封膜踩入淤泥中的深度大于1.0m，没有排水板进入密封沟内，同时要对密封沟进行覆水，防止密封沟内淤泥开裂漏气。

实践证明，上述措施简单可行，节省施工成本，不影响施工工期，可以得到良好的加固效果。

深圳机场软基处理工程设计

马　驰

（铁科院（深圳）研究设计院有限公司，深圳　518034）

摘　要： 深圳机场原始地貌为海域和滨海潮间带，地质条件差，历经新建及两次扩建，陆域形成填料不统一，工程条件复杂，软基处理技术难度大；本文首先介绍了深圳机场一、二、三跑道清淤换填方案，T3、T4航站区排水固结堆载预压处理方案，不停航施工区袖阀注浆、管桩复合地基方案，轨道交通安保区桩基盖板及两侧搅拌桩复合地基处理方案；最后总结了机场软基处理设计原则及多种软基处理方法和效果，对类似工程具有参考价值。

关键词： 清淤换填；排水固结；不停航施工影响区；轨道交通安保区

1　工程概况

深圳机场自1992年开航以来，航线网络已发展通航航线151条，通航国家12个，通航城市达到102个，其中国内城市82个，国际城市15个，港澳台城市5个；2015年旅客吞吐量达到3972.18万人次，同比增长9.5%；货邮吞吐量101.31万t，同比增加5.1%；航班起降30.54万架次，同比增长6.7%；预计2020年旅客吞吐量达到4500万人次，2025年旅客吞吐量达到5200万人次的目标。

深圳机场位于珠江口伶仃洋东侧，深圳市宝安区新安镇钟屋村与福永镇新和村之间沿海及海域地带，分三期建设：

（1）1988—1992年，建设A、B航站楼、一跑道及其滑行道、联络道、站坪等，面积约9km²。

（2）2007—2011年，二跑道和T3航站楼、站坪等辅助设施，一跑道西侧修建快滑道和相应的联络道，面积5.2km²。

（3）2016—2024年，卫星厅、T4航站楼、站坪、货运区等辅助设施，面积4.4km²。三跑道、滑行道等辅助设施填海造地及软基处理工程，目前处于设计阶段，计划2021—2023年建设，面积3.3km²。

2　地质条件

2.1　地形地貌

拟建场地位于珠江口伶仃洋东侧，原始地貌为海域，后部分改造为鱼塘。二跑道区拟

作者简介： 马驰（1980—　），男，铁科院（深圳）研究设计院有限公司，副研究员、博士，主要从事基坑支护、地基处理等方面的工程设计、技术咨询工作。

建场地位于已建深圳机场一跑道的西侧，地貌为海域，泥面标高约为−0.9～−5.0m，海水深度1.0～6.0m，航站区地貌为鱼塘，鱼塘塘底标高0.0～−2.2m。T4航站区于2017年开始进行地基处理，场地经无序堆填形成陆域，地面起伏较大，大部分场地为填土区，仍保留了部分鱼塘和河涌，地面标高为3.5～12.5m。

2.2 地质条件

根据勘察报告，在工程场地范围，分布的主要地层有人工填土（石）（Q^{ml}）、第四系全新统海相沉积层（Q_4^m）海区淤泥（Ⅰ）及含有机质中粗砂、第四系晚更新统冲洪积（Q_3^{al+pl}）黏土、第四系残积（Q^{el}）粉质黏土。各土层物理力学性能指标见表1。

场地的淤泥层是软基处理的对象，分布具有以下特点：

（1）淤泥的厚度6.0～12.0m，层厚变化相对较小，南侧淤泥厚度大，北侧小。

（2）淤泥表层属于流泥，具有不稳定性，厚度约1.0m，含水量超过100%。

表1　　土层的物理力学性能指标

地貌	土层		e_0	ω_0/%	C_c^*	E_s^*	$N_{63.5}$
鱼塘	淤泥		2.258	83.2	0.659		
	冲洪积层	黏土	0.888	32.3	0.255	12.20	8.0
	残积层	粉质黏土	0.779	26.7	0.210	13.78	9.5
海域	淤泥		2.752	94.2	0.720	—	
	冲洪积层	黏土	0.888	32.3	0.255	14.30	10.0
	残积层	粉质黏土	0.779	26.7	0.210	16.70	12.3

3　项目重难点及对策

（1）项目规模大，地基处理技术要求高，投资控制是难点。深圳机场二期投资超过50亿元，三期工程投资超过100亿元，工程规模大，同时沿海机场对地基处理技术标准要求高，陆域形成和地基处理的工程策划和地基处理技术难度较大，设计方案应结合工程条件，认真分析比选地基处理方案，在满足工程质量和工期的前提下，选用经济的、质量易控的地基处理方案，对于降低工程造价，保证工程质量具有重要意义。

（2）地基处理应能适应后续规划调整是本项目设计的重要特点。填海造地及软基处理阶段，机场布置处于概念规划阶段，飞行区的平面布置上有较大技术变动的可能，地面标高也有提高的可能，地基处理应能适应各种调整变化，而不需要增加投资或造成既有工程浪费。

（3）机场场道地基处理技术标准和可靠性要求高，地基处理的质量控制是重点。沿海地区的机场地基处理技术标准和可靠性要求高，一旦出现地基处理质量问题，导致地面沉降过大，造成地下管线破裂，场内积水造成飞机停飞，影响机场的运营。更严重者甚至会造成道面破裂，发生机场关闭等事故。

（4）土石方合理调配是控制投资的重点。深圳机场软基处理时所需的土石方需求量大，二跑道扩建所需填料超过4000万m^3；三跑道扩建所需填料超过2300万m^3；T4航站区扩建，现场有渣土约1500万m^3，主要有黏性土、砂、建筑垃圾等，大部分经分选或改良后可以在场地填筑和软基处理工程中予以利用。堆、填料资源和运输和场地内部土方调配问题突出，设计方案应充分考虑填海或软基处理材料的来源及数量，结合场地内和周边工程，合理选择填料，结合场地分期、分块实施计划，对堆、填料资源进行合理调配，达到节约工程造价的目的。

（5）不停航施工区。临近一跑道飞行区滑行道西侧、二跑道飞行区滑行道东侧以及T3航站区远机位北侧属于不停航施工严格限制区。在该区域进行的任何施工作业，在航空器起飞、着陆前半小时，施工单位应当完成清理施工现场的工作，包括填平、夯实沟坑，将施工人员、机具、车辆全部撤离施工区域。在本工程设计工作中，根据不停航施工规定和机场安全运行的要求，划分不停航施工范围，设置临时围界，实现分区分段施工，软基处理采用分层劈裂注浆法、表层湿贫混凝土换填法、桩网复合地基法等施工速率快的工法。

（6）T4航站区范围有多条轨道交通须保护。T4航站区场地内深圳地铁11号线、穗莞深城际铁路、地铁20号线等轨道交通穿过，轨道交通设施保护长约8.0km，是当前深圳市最大的轨道交通设施保护工程。地铁11号线已运营，穗莞深城际铁路、地铁20号线和T4航站区软基处理同时建设，要求软基处理施工期间轨道交通变形不超过1.0cm，对软基处理提出了更高的标准。3条轨道交通均为浅埋盾构隧道，开挖卸载、填土加载等施工均会造成隧道的变形，增加了轨道交通保护的难度。为了在机场T4航站区软基处理工程中，避免对已运营地铁设施造成影响，采用有限元数值仿真的方法，模拟设计选用的软基处理工法施工过程对地铁设施的影响，并编制《施工对轨道交通设施影响评估报告》报送地铁管理部门审批。根据工程条件和要求区别对待地铁保护范围的软基，对限载的盾构隧道及两侧规定保护范围泥采用桩＋盖板方案；车站区将利用原有的加固区和主体结构设置沉降过渡区；U形槽和停车场采用复合地基过渡处理，避免软基处理堆载预压对轨道交通设施造成影响。

4 跑道区处理方案

跑道区中将布置主跑道一条，与之平行的滑行道一条和若干连接跑道和滑行道的联络道，以及飞行土面区。一跑道采用清淤换填方案，在跑道两侧抛石形成围堰封闭，跑道范围水冲清淤，换填石后强夯处理。二、三跑道全线采用海底清淤换填方案，清淤采用绞吸泥船施工为主的疏浚方法，清淤边坡坡比1∶4～1∶6；换填采用吹填中粗砂，振冲密实；跑道底基层采用级配填石。

滑行道、联络道陆域形成与软基处理方案，除主跑道以及场道外围的土面区之外，联络道和滑行道采用部分吹淤换填，插板排水堆载预压的方案。清淤采用绞吸泥船，换填采用吹填中粗砂，振冲密实；堆载预压后场道底基层换填1.0m级配填石。

二、三跑道处理断面图如图1所示。

采用条分法、瑞典法、毕肖普法、简布法对清淤边坡的稳定性进行了计算，条分法、瑞典法、毕肖普法计算的边坡稳定性安全系数1.18，简布法计算的安全系数1.14。边坡稳定性计算图如图2所示。

一跑道，设置抛石拦淤堤后，抽水后，采用水冲法清淤，清淤底标高容易控制。换填

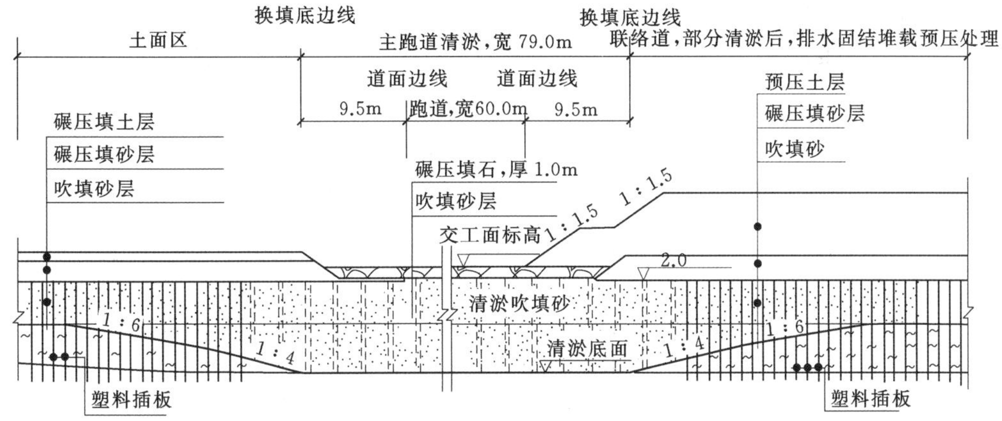

图 1　二、三跑道区处理断面图

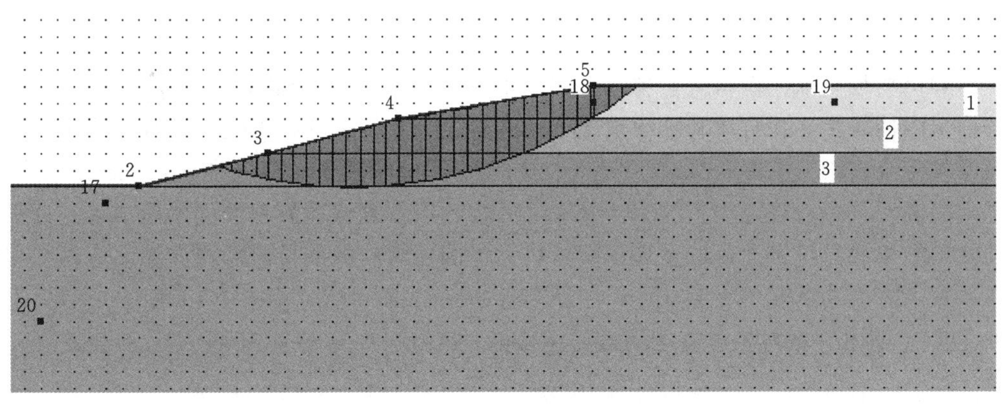

图 2　边坡稳定性计算

石后采取强夯处理，一跑道已运营近 30 年，运营期场地沉降不超过 1.0cm。

二跑道采用绞吸船海底清淤，回淤厚度是控制施工质量的重点，施工期间在清淤后以及回填前、后对回淤厚度进行了探测，必要时进行了二次清淤。回填砂后，现场进行了勘测，回淤厚度控制在 0.3m 以内，经振冲处理后，标贯击数达到 12～15 击。二跑道运营约 9 年，运营期场地沉降不超过 2.0cm。

5　航站区排水固结堆载预压处理[1-5]

航站区包括站坪、停机坪、候机楼建筑区南北联络道、航站楼前广场等，软基处理采用塑料插板排水堆载预压方案。砂垫层作为水平排水通道，填筑至标高 1.0m，厚度约 1.0m；插板作为竖向排水通道，间距 1.0m；分层有控制地填筑开山石并碾压，直到设计要求的厚度，航站楼用地填土或填砂；分两层堆填预压土，飞行区场道区预压荷载 70kPa，建筑区、广场和道路场地堆载 30kPa，已明确的土面区不堆载；满载后预压时间 200～220 天，通过实测沉降反算工后沉降和差异沉降，满足要求即可卸载；卸载土石方在填海区内利用。航站区排水固结处理断面图如图 3 所示。

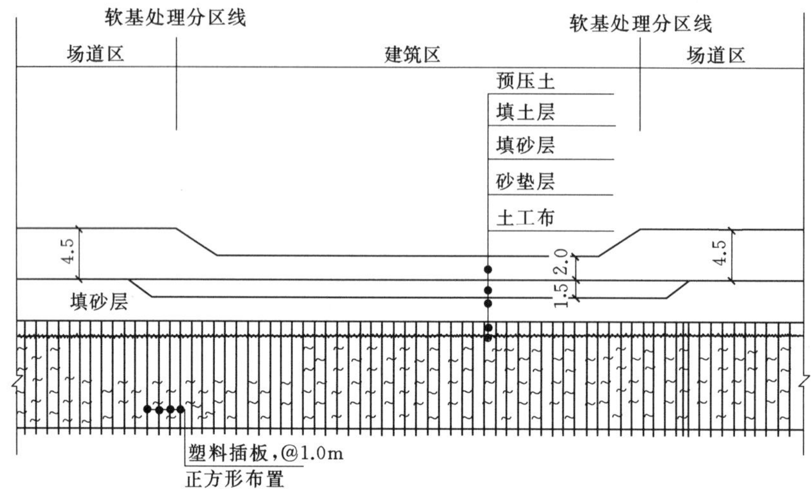

图 3 航站区排水固结处理断面图

深圳机场地处珠江口东岸，场内淤泥含水量大于 80%，孔隙比大于 2.0，属于大孔隙比、高压缩性软土，在自重和堆载情况下，会产生较大的沉降，据统计排水固结淤泥发生的沉降量将会占淤泥层厚度 20%，是一种典型的大变形软土。深圳地区以往的软基处理工程经验表明，现行规范推荐的太沙基一维固结理论计算该类海积淤泥层固结时，计算结果与实测结果差异很大。通过整理深圳机场大量固结试验的成果，发现该场地海积淤泥的固结系数随着固结荷载增大而减小，固结系数与固结压力的关系如图 4 和图 5 所示，淤泥的 C_v 和 C_h 基本分布在一定宽度的带形区域内，C_v 和 C_h 可分别用式（5.1）和式（5.2）估算。

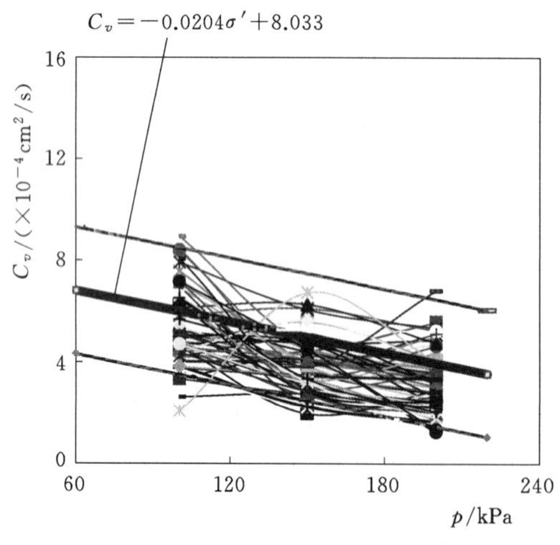

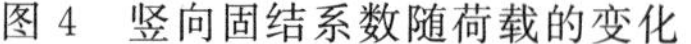
图 4 竖向固结系数随荷载的变化

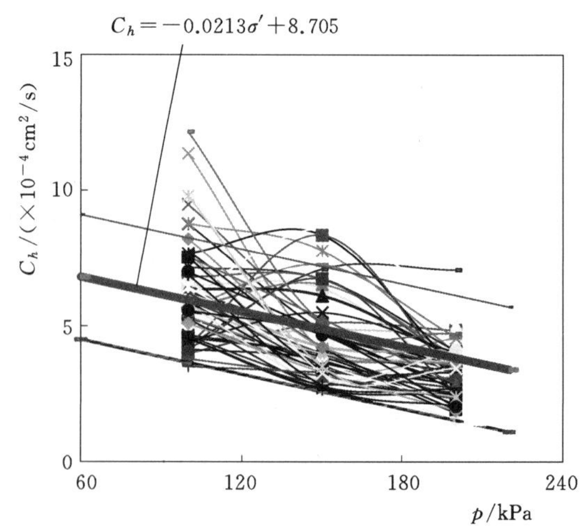

图 5 水平向固结系数随荷载的变化

$$C_v=(-0.0204\sigma'+8.033\pm2.50)\times10^{-4} \tag{5.1}$$

$$C_h=(-0.0213\sigma'+8.705\pm2.30)\times10^{-4} \tag{5.2}$$

考虑固结系数变化的固结方程差分解，考虑了软土在不同荷载等级下，固结系数的变化和应力—应变关系的非线性，分析的大变形计算结果较接近实际。计算结果如图 6 所示。

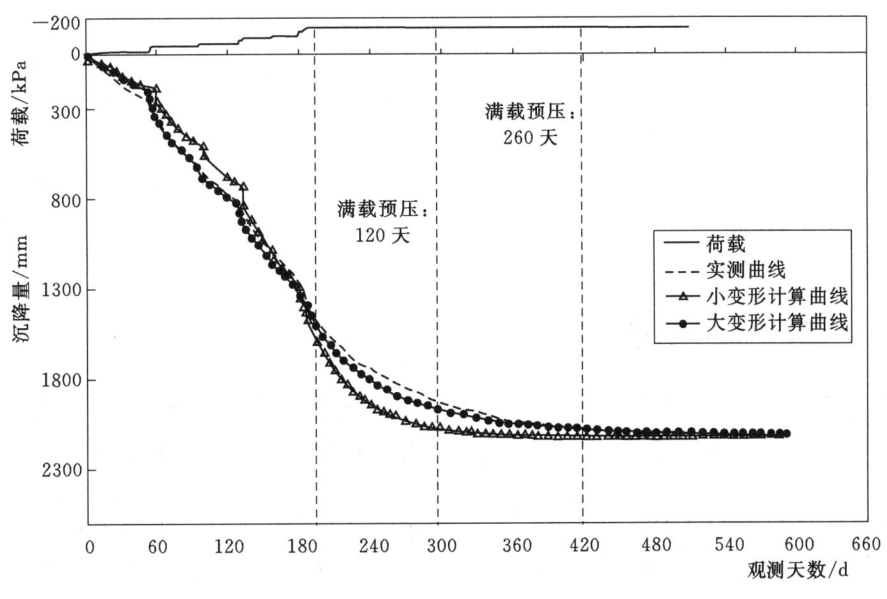

图 6 大变形沉降计算结果与实测对比

插板排水堆载预压区满载 7～8 个月，卸载前场道区沉降量 170～270cm，约占淤泥厚度的 22%，平均沉降速率小于 0.5mm/d，根据实测沉降曲线估算的工后沉降量小于 15cm；软基处理效果检测显示，淤泥含水率小于 60%，十字板强度大于 30kPa。建筑区沉降量 150～240cm，约占淤泥厚度的 20%，平均沉降速率小于 0.5mm/d，根据实测沉降曲线估算的工后沉降量小于 15cm；软基处理效果检测显示，淤泥含水率小于 65%，十字板强度大于 20kPa。滑行道、联络道等采用排水固结处理的场道区，运营期场地沉降不超过 2.0cm。处理前后淤泥性质对比见表 2 和表 3。

表 2 处理前后淤泥性质对比

功能分区	处 理	含水量	孔隙比	三轴（UU）	
				C/kPa	φ/(°)
建筑区	处理前	83.2	2.258	3.2	0.9
	处理后	60.5	1.59	8.6	0.96
场道区	处理前	83.2	2.258	3.2	0.9
	处理后	56.8	1.52	9.2	1.02

表 3 处理前后十字板强度对比

处理分区	原状土抗剪强度 C_u/kPa		重塑土抗剪强度 C_u'/kPa		灵敏度 S_t	
	处理前	处理后	处理前	处理后	处理前	处理后
建筑区	6.1	30.5	1.5	7.6	4.1	4.0
场道区	6.1	33.5	1.5	8.8	4.1	3.8

海积淤泥层，处理前含水率为83.2%，孔隙比为2.258，属高含水率、高压属性、低强度的软土。处理后吹填淤泥的含水率、孔隙比大幅度减少，强度指标高大幅度提高，软基处理效果明显：

（1）建筑区处理后含水率平均值60.5%，孔隙比平均值1.59，剪切强度指标也得到了较大的提高，淤泥不固结不排水强度指标，C 值增长到8.6kPa，比处理前增长了5.3kPa，φ 基本不变；十字板强度提高到30.5kPa，灵敏度基本不变。

（2）场道区处理后含水率平均值56.8%，孔隙比平均值1.52，剪切强度指标也得到了较大的提高，淤泥不固结不排水强度指标，C 值增长到9.2kPa，比处理前增长了6.0kPa，φ 基本不变；十字板强度提高到33.5kPa，灵敏度基本不变。

6 不停航施工区地基处理

一跑道西侧8条联络道受不停航施工管理限制，扩建的地基处理工程、场道道面工程等只能在深夜停航后至清晨机场开放之间短暂的时段内施工，且不得改变地面形态和标高。该段施工必须配置施工效率高、移动方便的施工机械，并能适应夜间施工。

8条联络道垂直于一跑道，自西向东地基处理方案有：①与一跑道衔接的拦淤堤部位，表层采用换填处理；②抛石拦淤堤的淤泥三角区部位采用分层劈裂注浆加固，注浆孔间距1.4m，注浆底入淤泥下卧层1.0m；③拦淤堤西侧不停航施工区采用管桩复合地基处理，管桩桩径300mm，桩间距2.0m，管桩的单桩承载力特征值不小于400kN，桩顶设钢筋混凝土板，厚度0.3m。不停航施工区地基处理断面图如图7所示。

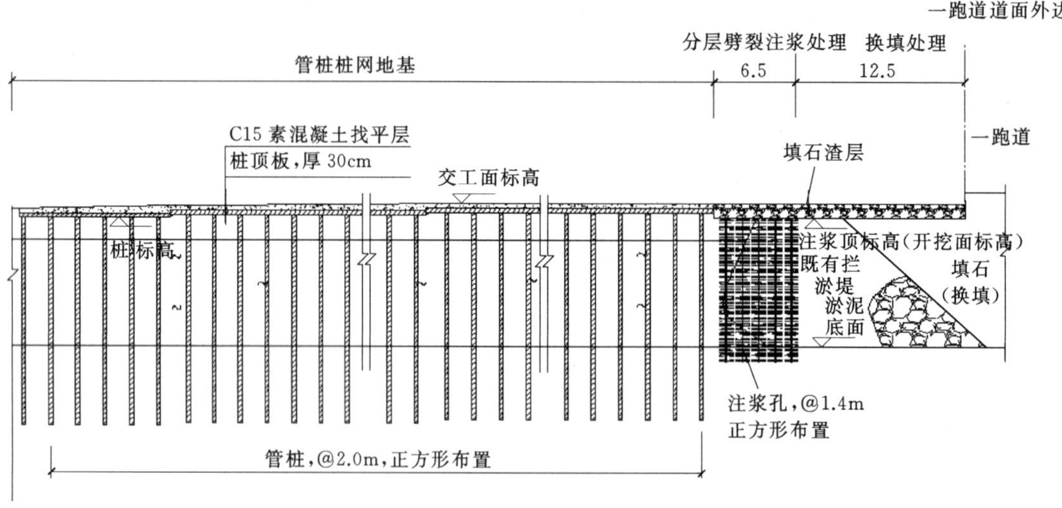

图7 不停航施工区地基处理断面图

不停航施工区管桩复合地基、袖阀注浆等处理区，管桩进行了单桩承载力检验，特征值不小于400kN；袖阀注浆进行了标贯试验，桩间土标贯击数3～7击，平均5击。运营期间，场地基本没有沉降，处理效果好。

7　轨道交通安保区地基处理方案

T4 航站区场地内有深圳地铁 11 号线、穗莞深城际铁路、地铁 20 号线等轨道交通。地铁 11 号线包括了深圳机场北站（地下车站）、区间盾构隧道、停车场和出入段线，已通车运营；穗广深城际铁路、20 号线盾构隧道南北向下穿本场地，与 T4 航站区软基处理同时施工。按照有关规定和要求，软基处理施工期间，隧道变形控制在 10mm 以内。该段隧道均为浅埋隧道，埋深在淤泥层、黏土层等不同的地层，软基处理工程加载、卸载，以及后续场道使用荷载的再加载，均会对轨道交通隧道的安全产生影响。

飞行区场道区的隧道保护采用桩基＋钢筋混凝土盖板方案（简称桩基盖板方案），盖板两侧采用搅拌桩复合地基处理。桩基位于隧道结构外 3.0m，纵向间距 6.0m 布桩，桩径 1.2m，单桩承载力特征值 10500kN；桩顶设 1.4m×1.6m 纵向通长连梁，0.8m×1.6m 横向连梁，间距 2.0m；梁顶设钢筋混凝土板，板厚 0.5m，板顶标高 2.5m；桩基盖板外侧采用水泥搅拌桩复合地基与堆载预压区衔接过渡，依次为密排布桩、格栅状布桩、正方形布桩，桩顶铺设土工格栅 1 层、碎石垫层、石渣层。轨道交通安保区处理断面图如图 8 所示。

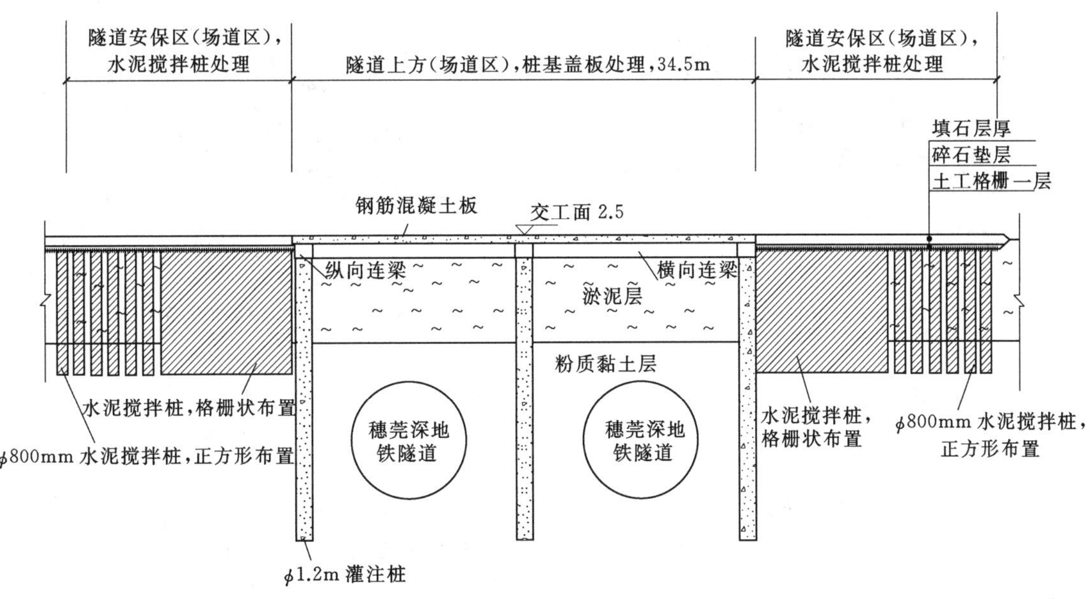

图 8　轨道交通安保区处理断面图

软基处理期间，土方开挖卸载会导致隧道向上反弹；运营期间，飞机荷载、结构自重作用下，隧道向下压缩。采用有限元法计算了软基处理期间和运营期间隧道的变形，运营期间取 A380 飞机荷载分析隧道变形，计算模型如图 9 所示，计算的隧道结构水平位移最大值 4mm，竖向位移最大值 9mm，计算结果如图 10 和图 11 所示。软基处理施工期间，轨道交通变形约 6mm，确保了隧道的安全。

截至 2020 年 9 月，现场已完成了桩基础、盖板以及场面结构层施工，尚未运营，未施加飞机荷载。施工过程中，对地铁变形进行了监测，监测结果显示地铁隧道变形约

5mm，与计算结果一致，变形控制在要求范围内，确保了工程的顺利进行。

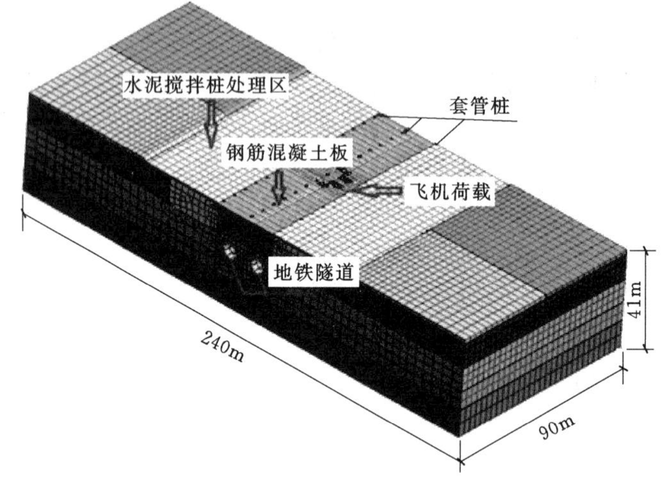

图 9　计算模型

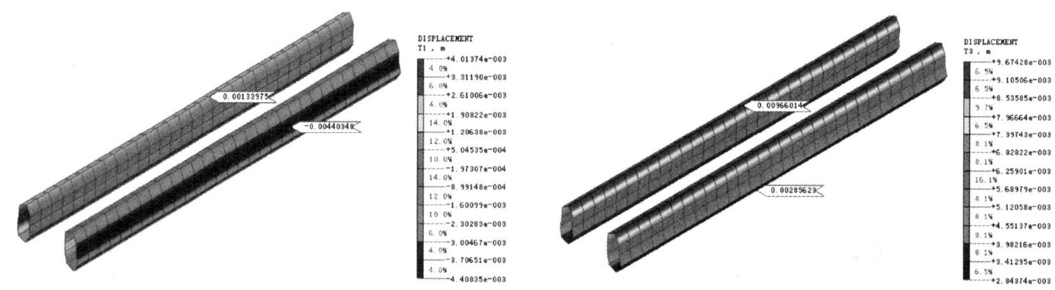

图 10　水平位移计算结果

图 11　竖向位移计算结果

8　结论和建议

填海机场工程规模大，地质条件复杂，机场建设用地对软基处理技术标准和可靠性要求高，应根据场区环境条件、工程地质条件、机场功能分区、填料来源和性质、工期和投资等因素，分区选择经济合理、施工质量容易控制的软基处理方法必要时可联合多种软基处理方法：

（1）跑道区，采取质量可靠的清淤换填处理方案是合理、可行的。清淤换填处理重点控制清淤边坡的稳定性和回淤厚度，清淤后以及回填前、后应对回淤厚度进行了探测。

（2）站坪、联络道、滑行道等飞行场道区、建筑区，尽量选择填土或填砂，采用经济、可靠的排水固结堆载预压法处理。

（3）不停航施工区，要求软基处理施工效率高，施工机械移动方便，如袖阀管注浆法、管桩复合地基、表层湿贫混凝土换填法等。

（4）对于轨道交通安保区等特殊区域应进行专项研究，软基处理工法应避免反复加载、卸载，避免选用挤土桩，应选用对周边环境影响小的工法，如桩基盖板、搅拌桩复合地基、旋喷桩复合地基等。

深圳地区淤泥属于大孔隙比、高压缩性软土，固结系数随着有效应力增加而减小，考虑固结系数非线性计算的固结沉降与实测沉降较接近。软土地基经排水固结处理后，淤泥强度指标得到改善，不固结不排水强度指标，C 值大幅度增加，内摩擦角 φ 基本不变；十字板强度可达到 30kPa 以上，相比于处理前十字板强度提高了约 5 倍。

参考文献

[1] 马驰，刘国楠. 考虑固结系数为非常数的径向固结方程差分解［J］. 岩土工程界，2006（增刊）：37-40.

[2] 马驰，刘国楠. 深圳地区海积淤泥固结分析的若干问题［C］//第八届全国工程排水与加固讨论会论文集［M］. 北京：中国水利水电出版社，2011.

[3] 龚晓楠. 地基处理技术及发展展望（1884—2014）［M］. 北京：中国建筑工业出版社.

[4] JGJ 79—2012 建筑地基处理技术规范［S］. 北京：中国建筑工业出版社，2012.

[5] SJG 04—2015 深圳市地基处理技术规范［S］. 北京：中国建筑工业出版社，2015.

[6] GB/T 50783—2012 复合地基技术规范［S］. 北京：中国计划出版社，2012.

[7] 刘国楠. 桩网地基的工作机理与设计方法［J］. 地基处理，2010（4）：4-18.

[8] JGJ 94—2012 建筑桩基技术规范［S］. 北京：中国建筑工业出版社，2012.

真空预压联合减污生态化处理大面积河湖吹填淤泥

唐彤芝[1]　陈永辉[2]　徐　锴[1]　吴月龙[1]　陈　庚[2]

（1. 南京水利科学研究院，江苏南京　210029；2. 河海大学，江苏南京　210098）

摘　要：为实现河湖底淤的综合治理和利用，太湖某供水水源地清淤工程采用无砂真空预压法对大面积吹填淤泥地基进行处理，提出了真空预压与污染物减量化控制相联合的生态型处理方法，采用具有围/隔污功能和长距离环形流道的堆泥场、余水沉淀与水生植物过滤等减污控制措施，并进行地基监测、土壤与水质检测等。研究表明，处理后的地基土强度和承载力满足设计要求，新方法对净化水质和降低有机污染的效果明显，排放的余水水质达标，处理后的吹填土可作为新增土地资源进行开发利用。

关键词：河湖疏浚；吹填淤泥；真空预压；生态；水质

0　引言

我国河湖众多，在许多经济发达、人口密集地区，工农业生产等人类活动导致河湖受到不同程度的污染。国家“十二五”发展规划指出要加大生态保护和建设力度，从源头上扭转生态环境恶化趋势，构建以大江大河重要水系为骨架的生态安全屏障，强化生态保护与治理。国务院先后出台《水污染防治行动计划》（简称“水十条”）、《土壤污染防治行动计划》（简称“土十条”）对水土污染的治理和修复提出了严格要求[1-2]。工程建设中包括地基处理，综合考虑污染防控和生态环保，发展创新设计和施工方案，符合时代发展的需要。

太湖是我国第三大淡水湖泊，20 世纪 80 年代以来，随着流域经济的快速发展，未经处理的工农业及城市生活污水排入湖体，大量营养物质及有毒重金属污染物在底泥中不断积累，导致太湖整体水质迅速恶化，底泥污染程度加重，对流域防洪、水资源安全供应、渔业及旅游等构成严重危害[3-4]。底泥疏浚作为一种湖泊污染的治理方法已经被广泛运用于世界各地的水环境治理工程中。通过生态疏浚可以将污染物移出湖体，减轻底泥污染物对水生生物的毒性威胁，并达到改善水环境质量的目的。

无砂真空排水预压法是目前用于大面积河湖吹填淤泥集中堆放进行排水固结硬化处理形成可开发利用的地基土资源的常用方法[5-6]，该方法利用管道集排、负压抽吸，不添加任何固化剂，是物理形式的生态型地基处理方式。其减污生态化体现在“水体”和“土

作者简介：唐彤芝（1974—　），男，湖南东安人，博士，正高级工程师，主要从事软土地基处理与环境岩土技术的研究与应用。

基金项目：水利部公益性行业科研专项项目（201201015）；中央级公益性科研院所基本科研业务费专项资金重点项目（Y315016）。

体”两个方面。“水体”减污生态化的对象是疏浚底泥堆置经自然沉积后溢流排放的自由浮水，以及抽真空排放出来的孔隙水。这部分水体往往含有氮磷、重金属和有机物等污染物，且污染物大多附着在微细颗粒上，悬浮难沉降，应采取措施加速悬浮物的沉淀，使排放的水质达标，防止引起对环境的二次污染。水处理方式主要有化学絮凝法、水生植物过滤带、间歇吹填与多级溢流等。化学絮凝法通过絮凝剂的作用，使水中的颗粒聚集并脱稳，达到净化，目前应用广泛。水生植物过滤带是在溢流堰外设立格网或栅栏，利用自然生长的芦苇或投放水葫芦之类的水生植物形成过滤带，植物的根、茎、叶吸附悬浮物，促进底泥沉淀，使水质达标排放。规模性工程施工中常采用多级溢流、间歇吹填的方法，使泥浆在排泥场中经过多级溢流、延长落淤行程和沉淀时间，从而提高排放的水质。“土体”减污生态化的对象是固结硬化后的吹填土，目标是有效去除土体中的污染性物质或元素，以便实现资源化利用，方法主要有固化稳定法、热干化法与焚烧、堆肥、生物法和电动力学法等[7-8]。

河湖底泥经过吹填疏浚管道输送，被释放迁移的污染物呈悬浮状态，水溶态、离子交换态的污染物容易通过水体排放的方式带走。真空预压处理大面积吹填淤泥时体现其生态化特征的重点是全过程的水质减污控制和达标排放。本文提出了促进底淤污染物有效排出、保障余水水质达标排放的减污控制措施和方法，在太湖清淤工程应用中取得了不错的效果[9-11]。

1　工程概况

工程地址位于苏州市吴江区七都镇，属于吴江第一水厂取水口二级保护区范围内，通过生态清淤改善太湖水环境，提高供水水质以保障城乡居民用水安全。其主要工艺流程包括：绞吸船拖动绞吸刀头将湖泊一定深度的底部沉积物（包括淤积底泥、水生植物、沉积于湖底的其他外来杂物等）切割、搅碎、分离后连同湖水吸入大直径管道，将泥水混合物输送到数公里外的排泥场内堆置沉淀。疏浚吹填完成后，经自然静置落淤约 1 个月后，采用真空预压法对排泥场内的疏浚泥水进行历时 3～4 个月的排水固结处理，原来的泥水混合物形成具有一定强度和承载力的地基土，以便进行挖运或就地资源化利用。

工程设置 4 个堆泥场，其中 1 号和 2 号堆泥场面积较少，作为备用堆泥场，根据工程进度和需要确定是否使用和何时使用，3 号和 4 号堆泥场面积较大，单个泥场面积达 10 万 m^2 以上，3 号堆泥场先行吹填施工和地基处理，3 号泥场吹填满后再开始吹填 4 号堆泥场，吹填深度 3～4m。为防止疏浚淤泥产生二次污染，实现处理后土体的资源化利用，地基处理设计与施工时需要考虑促进底淤污染物有效排出和保障余水排放水质达标的减污生态控制的技术措施。要求处理后吹填土地基承载力特征值不小于 50kPa，底泥土壤、余水排放分别满足土壤和地表水环境质量标准和要求。

2　处理方案设计

2.1　无砂真空预压法地基处理方案

疏浚土经管道输送到堆泥场静置沉淀后，采用无砂真空预压法进行处理。泥场表面浮水在自流和负压抽吸作用下、吹填土地基内的孔隙水在自重和负压抽吸作用下经竖向排水通道共同汇集到泥面铺设的水平排水管路，然后通过吸水主管被射流泵抽排至密封膜外，从而将含水率超高的流泥变成具有一定结构性较紧密的土体，提高吹填土强度和地基承载力。

无砂真空预压法的主要工艺流程和施工参数包括：①吹填泥面铺一层150g/m^{2}的编织土工布。主要是作为工作垫层，起一定承载力作用。②采用浮筏人工插打SPB-B型塑料排水板，正方形布置，间距0.8m，打设深度3～4m。③设置水平排水系统。主支管均采用D40波纹管。支管按照间距0.8m布置，即每排塑料排水板设一根支管；主管按照间距20m布置。④真空密封膜两层，厚度为0.12mm，铺设密封膜之前加铺一层150g/m^{2}无纺土工布，起到保护密封膜的作用。周围密封膜踩入淤泥1m深度左右。⑤抽真空设备采用功率为7.5kW真空泵，每1200m^{2}左右布置一台泵。⑥抽真空进行排水预压固结。采用逐级加载方式，第1个月逐步加载至开泵率为20%～30%，以后逐级增加开泵率直至膜下真空度≥80kPa且保持稳定，抽真空时间3～4个月后停泵检测地基承载力。

2.2 考虑减污控制的堆泥场与余水排放设计

堆泥场的设计主要考虑满足吹填淤泥堆置要求，具备一定的挡污隔污功能。底部用推土机铲除表层浮土整平后压路机碾压数遍密实，四周围堰采用黏粒含量高、渗透性低的黏土进行分层碾压堆筑而成，从而形成防渗层，吸附阻隔疏浚泥水中的污染物质，防止对堆置场地产生向外侧和向地下的新生污染。

堆泥场内根据泄水口总体走向，设置由溢流堤、隔堤组合形成的环形流道，大大增加疏浚土的落淤行程。呈泥浆状的疏浚土随着流淌方向及位置出现落淤分选，较粗、较重的贝壳、硬块、碎渣、砂石团等粗颗粒先行沉淀，距进泥口由近到远，土层自下而上，沉淀泥颗粒由粗到细。在场内吹填死角，远离进泥口的位置设置闸式泄水口，通过闸门的开启提放，来控制泥场浮水和抽排水的排泄及流量大小，调节泥浆流程，改善泥浆沉淀效果，减小流失及提高堆泥场平整度等。

闸式泄水口排放的余水通过堆泥场外设置的“沉淀池＋水生植物过滤带”和“溢流堰”，采取物理阻隔、沉淀和生物吸附过滤等强化处理措施，进一步减少含氮、磷等污染物总量或浓度，以保障水体排放达到标准要求，符合水环境质量和功能目标。

最终形成“环形流道＋闸式泄水＋多级溢流＋多级沉淀、水生植物过滤带”相结合的减污控制方案，见图1。

2.3 现场监测与效果检测方案

在堆泥场内设置真空度、表层沉降、孔隙水压力等现场观测项目，开展钻孔取样、室内土工试验、现场十字板剪切强度测试和静载试验，研究河湖疏浚底泥的固结变形特性，评价检验地基强度和承载力效果。分阶段和区域取样处理过程中有机质、氮磷元素、重金属元素含量以及浸出毒性指标，分析判定排放的水体是否达标、地基土的土体环境质量等级，是否对周边环境产生二次污染等。

2.4 真空预压联合减污生态化处理的施工流程

综合上述方案构建由堆泥场、真空预压地基处理、余水排放、地基监测、土壤与水质检测等真空预压处理与污染物减量化生态控制措施相联合的施工流程如图2所示。

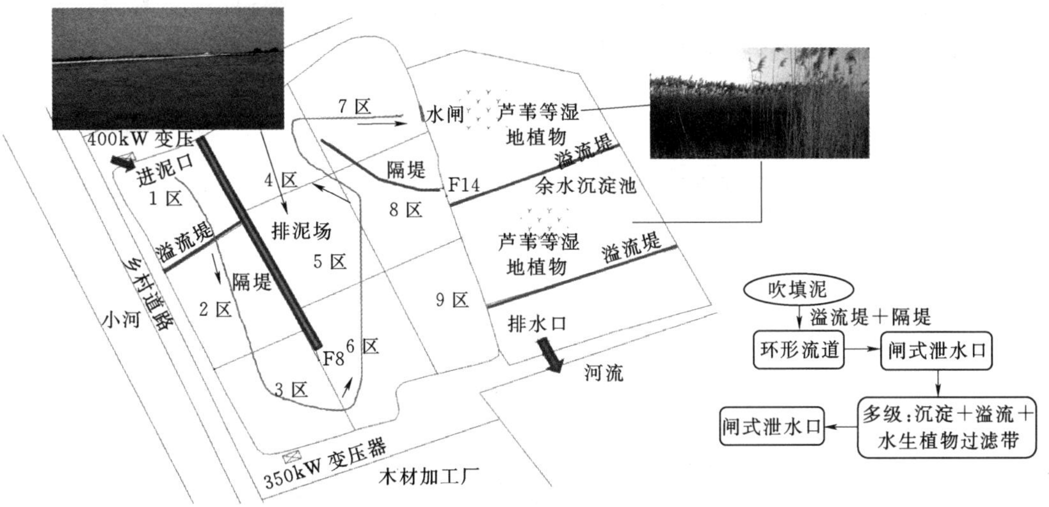

图 1　减污控制方案的平面布置图

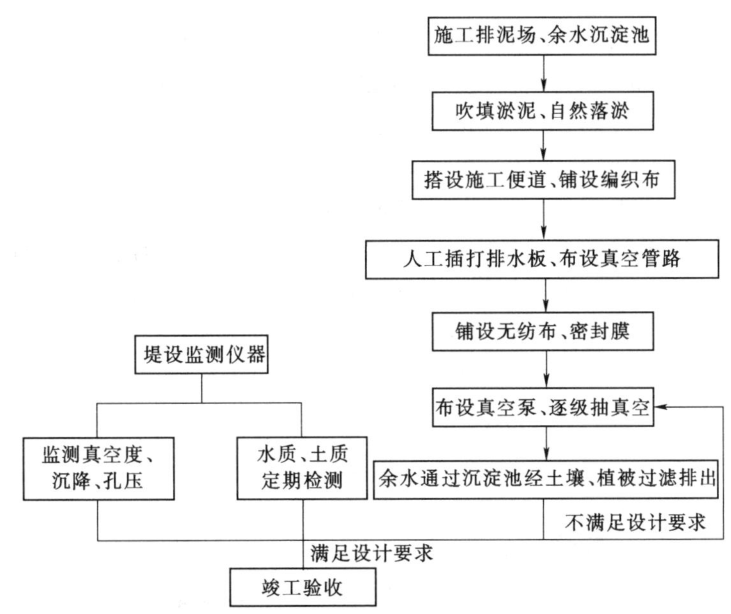

图 2　真空预压联合减污生态化处理吹填淤泥施工流程图

3　吹填淤泥地基处理的测试分析

3.1　吹填淤泥地基沉降变形性状

图 3 给出了吹填土地基膜下真空度的变化过程。考虑到疏浚泥十分稀软，泥面浮水较多，土颗粒基本呈悬浮状态，流动性极大，采用逐步加载法进行抽真空，水、土、气由小到大逐渐提高的负压抽吸作用下逐步移动、汇聚和排出，表现出抽真空 20 天内膜下真空度呈波动性上升。当水、土、气的移动、汇聚达到有序状态时，膜下真空度也进入持续稳

定阶段。逐步加载抽真空方式可有效减免水平管路和竖向排水体的淤堵，保障负压排水的长期通畅，较适合于超软吹填底淤的固结处理。

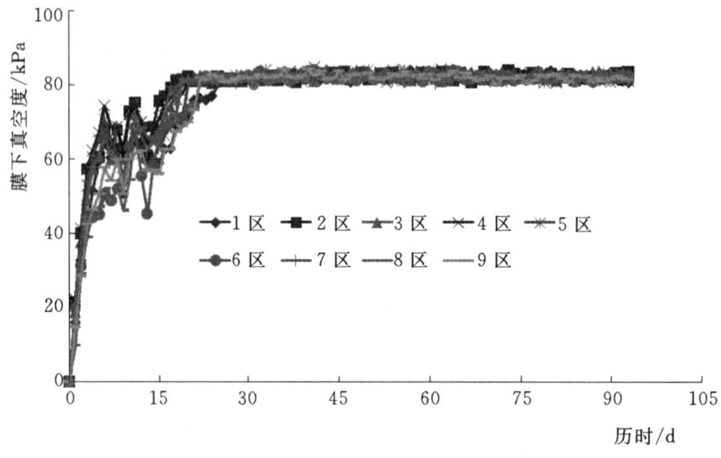

图3　膜下真空度变化曲线

图4反映了堆泥场内不同区域土体沉降与环形流道设计的关系。环形流道的总体方向是：1区（累计沉降量403mm）→2区（累计沉降量639mm）→3区（累计沉降量794mm）→6区（累计沉降量639mm）→5区（累计沉降量728mm）、9区（累计沉降量981mm）、8区（累计沉降量875mm）→4区（累计沉降量860mm）→7区（累计沉降量891mm）。越靠近进泥口颗粒越粗，容易沉淀，沉降量较少且容易稳定收敛；越远离进泥口，颗粒越细，不容易沉淀，沉降稳定收敛慢但沉降量较大。堆泥场内不同区域的累积沉降量的差异较大，沉降趋于稳定收敛的趋势也存在差距。环形流道的形成达到了延长泥浆流程、减缓流速、促进颗粒落淤分选的目的，可减少疏浚泥流失、提高堆泥场充淤容量，有利于污染物的悬浮排流。

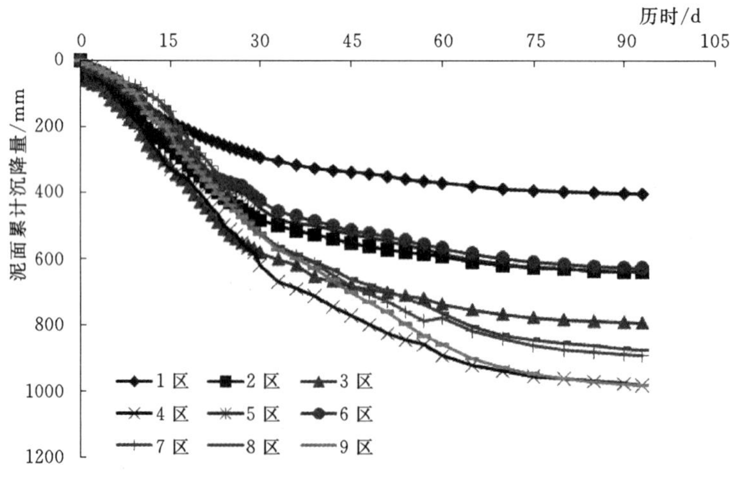

图4　地基累计沉降量变化曲线

3.2 吹填淤泥地基处理效果检测

（1）吹填淤泥的主要物理性质指标对比分析。在抽真空不同阶段分别取样测试其主要物理性质指标汇总见表1。可见，持续抽真空约50天，含水率从122.8%降低至43.87%，降低幅度高达78.93%，抽真空中后期的约40天时间，含水率降低幅度仅为2.39%，说明疏浚泥中的浮水、土颗粒中的自由孔隙水主要在抽真空前中期排出，随着泥浆逐渐固结，结构形成且日趋密实，后期排水较少。土体的液塑限得到不同程度的提高，土体在可塑状态的含水量范围增大。液性指数由4.67降至0.7左右，表明经过排水固结处理后吹填淤泥由流泥状态变为软塑，硬化程度明显。

表1　不同处理阶段吹填淤泥主要物理性质指标

取样日期（年-月-日）	抽真空天数/d	含水率 W/%	液限 W_L/%	塑限 W_p/%	塑性指数 I_p/%	液性指数 I_L/%
2014-05-15	0（前）	122.80	42.40	20.50	21.90	4.67
2014-07-24	49（中）	43.87	53.68	23.83	30.16	0.66
2014-09-01	88（后）	41.48	52.61	22.79	29.82	0.63

（2）十字板剪切强度与地基承载力测试分析。处理结束后每区选择6个试验点进行十字板剪切试验，试验深度分别为地面以下1m、2m、3m处，绘制不同试验点的平均抗剪强度随深度的变化曲线，见图5，试验深度内土体剪切强度得到了较大提高，达到了17～22kPa。受真空压力衰减的影响，浅层的效果要好于深层。采用土层各深度处十字板剪切强度值的小值平均值乘以3.14作为整个地层的平均容许承载力，推算各区域地基平均承载力达到52～61kPa。

处理结束后每个区选择2个点进行浅层平板载荷试验，18个试验点的地基承载力特征值达到60～77kPa，均大于设计要求的50kPa。

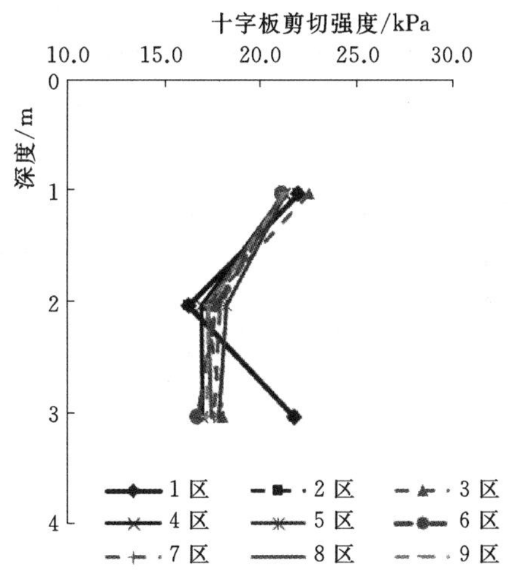

图5　十字板剪切强度分布曲线

4　土壤质量与水质检测分析

4.1 土体有机污染物含量的测试分析

取样测试处理前后吹填淤泥的主要有机污染物含量指标统计结果见表2，可见土体中的有机质、总氮、总磷含量均得到了较大幅度的降低。

表2　处理前后土体有机污染物含量测试结果对比表

项　目	取样深度/m	有机质 OM/%	总氮 TN/%	总磷 TP/%
自然沉淀	0.0～0.4	6.27	0.14	0.06
固结硬化后	0.0～2.1	3.03～4.86 (3.89)	0.006～0.12 (0.08)	0.04～0.0.65 (0.05)
变化率/%		22.5～51.7 (38.0)	13.6～95.7 (41.4)	1.6～34.4 (14.8)

注：括号内为平均值。

采用有机污染指数法[12]计算自然堆置沉淀底泥的有机污染指数 OI 约为 0.484（Ⅲ级：尚清洁），处理后约为 0.176（Ⅱ级：较清洁），提高了 1 个等级标准。

由上可知，吹填淤泥中悬浮的有机污染物在负压抽吸作用下较易迁移排出，强大的真空负压、水平与竖向交织的排水管道为底泥有机污染物的迁移排出提供了动力和途径，负压排水固结工艺在实现对吹填淤泥进行固结硬化的同时可以减低土体有机污染。

4.2 土体重金属含量的测试分析

处理结束后取 3 号区和 5 号区的土样测试主要重金属元素的含量，Zn 的含量最高（达到 138～198 mg/kg），其次是 Cu、Ni、Cr、As，Pb、Cd，符合 GB 15618—2018《土壤环境质量农用地土壤污染风险管控标准》的Ⅲ类标准。检测重金属元素的浸出量平均值分别为（mg/L）：Ni 0.025、Cu 0.021、Zn 0.274、Pb 0.017、Cr 0.041、Cd 0.001、As 0.01，土壤浸出毒性指标符合国家 GB 3838—2002《地表水环境质量标准》Ⅲ类标准。

按照 GB 15618—2018《土壤环境质量农用地土壤污染风险管控标准》Ⅲ级标准，分别采用内梅罗指数法、地累积指数法和 Hakanson 潜在生态风险指数法[13-14]对土体的重金属元素污染性进行计算，结果见表 3。三种评价方法各有其侧重点和适用性，目前尚未有统一的规范标准，计算方法和标准值的选取对评价结果有一定的影响。总体来看，三种方法的评判级别基本是一致的，处理后地基土中的重金属污染程度总体为轻微，可满足土地资源化利用的要求。

表 3　　土体重金属元素污染性计算评价结果

<table>
<tr><td colspan="2">重金属元素</td><td>Cd</td><td>As</td><td>Pb</td><td>Cr</td><td>Cu</td><td>Ni</td><td>Zn</td></tr>
<tr><td rowspan="2">检测平均值/(mg/kg)</td><td>3 区</td><td>0.92</td><td>9.50</td><td>2.35</td><td>16.23</td><td>23.35</td><td>18.10</td><td>138.56</td></tr>
<tr><td>5 区</td><td>0.44</td><td>30.17</td><td>5.88</td><td>17.31</td><td>45.02</td><td>25.35</td><td>198.23</td></tr>
<tr><td colspan="2">Ⅲ级标准值</td><td>1</td><td>40</td><td>500</td><td>300</td><td>400</td><td>200</td><td>500</td></tr>
<tr><td colspan="2">（一）内梅罗污染指数</td><td colspan="7">3 区：NI=0.95，警戒级，尚清洁
5 区：NI=0.80，警戒级，尚清洁</td></tr>
<tr><td rowspan="4">（二）地累积指数 I_{geo}</td><td rowspan="2">3 区</td><td>−0.71</td><td>−2.66</td><td>−8.32</td><td>−4.79</td><td>−4.68</td><td>−4.05</td><td>−2.44</td></tr>
<tr><td>清洁</td><td>清洁</td><td>清洁</td><td>清洁</td><td>清洁</td><td>清洁</td><td>清洁</td></tr>
<tr><td rowspan="2">5 区</td><td>−1.77</td><td>−0.99</td><td>−6.99</td><td>−4.70</td><td>−3.74</td><td>−3.56</td><td>−1.92</td></tr>
<tr><td>清洁</td><td>清洁</td><td>清洁</td><td>清洁</td><td>清洁</td><td>清洁</td><td>清洁</td></tr>
<tr><td rowspan="4">（三）Hakanson 潜在生态风险指数</td><td>E_r^i（3 区）</td><td>27.60</td><td>2.38</td><td>0.02</td><td>0.11</td><td>0.29</td><td>0.45</td><td>0.28</td></tr>
<tr><td>RI（3 区）</td><td colspan="7">31.10（轻微）</td></tr>
<tr><td>E_r^i（5 区）</td><td>13.20</td><td>7.54</td><td>0.06</td><td>0.12</td><td>0.56</td><td>0.63</td><td>0.40</td></tr>
<tr><td>RI（5 区）</td><td colspan="7">22.50（轻微）</td></tr>
</table>

4.3 水质检测分析与污染性评价

从太湖原水、堆泥场沉淀表层浮水、真空预压排出水、沉淀池余水进行全过程取样测试水质指标含量，汇总见表 4。

表 4　　全过程水质取样检测值汇总表

名称	pH	悬浮固体 ss	总碳 TC	总有机碳 TOC	无机碳 IC	总氮 TN	总溶解氮 TDN	硝态氮 NO_3	总磷 TP	总溶解磷 TDP
太湖原水样	6.80	96.20	21.64	2.60	19.04	1.054	0.455	0.342	0.129	0.016
施工前排泥场水样	7.20	137.15	23.16	3.81	19.35	1.258	0.591	0.510	0.118	0.012
抽真空排出水样	7.12	36.48	40.73	2.38	43.08	1.395	1.147	0.683	0.072	0.035
余水沉淀池水样	7.01	57.80	34.76	0.86	36.34	1.193	1.009	1.020	0.046	0.026
Ⅲ类标准	6～9					1			0.2	
Ⅳ类标准	6～9					1.5			0.3	

据表分析：

（1）经过堆置沉淀、负压固结、尾水沉淀、水生植物吸附等过程，水体的 pH 值变化幅度较少，均符合水质标准；水样的酸度逐步降低，余水沉淀池水样的 pH 值为 7.01，接近中性水，排放的余水对周围环境的酸碱性影响小。

（2）经历绞吸、管道输送到堆泥场后，悬浮固体杂质增多，ss 值迅速增大，真空预压过程中泥面浮水、底泥孔隙水通过预先设置于地基的具有过滤吸附功能的排水通道抽吸排出，悬浮固体杂质、粗颗粒被有效阻隔，ss 值显著减少。

（3）总碳（TC）中无机碳（IC）占据比例较大，底泥中的碳元素通过机械绞吸溶解迁移到水体，总碳（TC）含量增加。经过处理后总有机碳（TOC）降低幅度较大，而无机碳（IC）增加较多。总有机碳（TOC）是表征湖泊水质中有机质含量多少的最基本的参数，表明处理过程中泥水中的有机质含量大幅度减少，很多分解转化为无机物，降低了水体的有机污染性。

（4）从原水经历绞吸吹填、自重沉淀到负压固结排水，总氮（TN）和总溶解氮（TDN）含量增大，反映出氮元素在扰动、释放、再悬浮、迁移过程中逐渐富集。经过沉淀和水生植物过滤吸附后含量降低。硝态氮（NO_3）含量一直在增加，说明硝态氮（NO_3）不易沉淀、被芦苇类植物过滤吸附。按照国家 GB 3838—2002《地表水环境质量标准》Ⅲ类水质标准，排放的余水中总氮（TN）含量略有超标（标准值 1.0），也略高于原水含量。

（5）原水中的总磷（TP）含量超标（标准值 0.05mg/L），通过底泥绞吸、自重沉淀到负压固结排水，总磷（TP）逐渐减少，总溶解磷（TDP）逐渐增大，反映出磷元素的释放、再悬浮、迁移和溶解过程。经过沉淀和水生植物过滤吸附后两者含量均降低，总磷（TP）未超标准值，且远低于原水含量。

（6）真空预压所采用的工艺和材料（排水通道、泥面编织布无纺布、密封膜、密封沟等）能有效阻隔、过滤、吸附泥水中的污染物质，发挥了一定的隔污、减污功能。

水质污染指数法[15]根据水质污染物组分浓度相对于其环境质量的标准值来判断水的质量状态，按照国家 GB 3838—2002《地表水环境质量标准》Ⅲ类水质标准，关注太湖水质的富营养化问题，选择参加评价的污染物为总氮（TN）和总磷（TP），计算结果见表 5。本文依据 2010 年上海市环境状况公告将水体分为合格（$P \leqslant 0.08$）、基本合格（0.8

$<P\leqslant1.0$）、污染（$1.0<P\leqslant2.0$）和重污染（$P>2.0$）四类。

表 5　　　　水质污染指数法计算结果表

项目	单项污染指数 P_i		污染指数 P	单项污染物污染贡献的分担率 K_i	
	TN	TP		TN/%	TP/%
太湖原水样	1.054	0.643	0.848	62.09	37.91
施工前排泥场水样	1.258	0.590	0.924	68.06	31.94
抽真空排出水样	1.589	0.451	1.020	77.90	22.10
余水沉淀池水样	1.193	0.229	0.711	83.87	16.13

可见，原水的污染综合指数 P 为 0.848，处于基本合格，真空预压过程有所增大但仍处于基本合格，余水的污染综合指数 P 为 0.711，处于合格，对余水采取沉淀和水生植物过滤吸附的减污效果是明显的。余水总氮（TN）单项污染指数 1.193，总磷（TP）单项污染指数 0.229，总氮（TN）的污染贡献率明显高于总磷（TP），说明太湖的水质污染主要以氮为主。TN 的污染分担率由 62%增加到 84%，呈递增趋势，TP 的污染分担率由 38%降低到 16%，呈递减趋势，可见处理过程和工艺措施对氮、磷元素产生的作用是不同的。氮元素以溶解富集为主，污染程度逐渐加剧，磷元素以过滤吸附为主，污染程度逐渐降低。

5　结语

真空预压处理大面积河湖吹填淤泥地基时兼顾生态环保，根据施工条件就地采取一些简单、实用的工程措施对促进淤泥排水固结、污染物减量化和保护周围水土环境是很有必要的。本文的堆泥场采用分层碾压的黏土围堰构筑，底部采用黏土封层压实，可以有效阻隔吹填淤泥中污染物的渗透扩散。堆泥场内设置了环形流道＋远距离闸式泄水口，使得吹填过程中淤泥自然落淤的过程延长，促进土颗粒落淤分选和污染物的沉淀。余水沉淀池采用二级溢流堰＋水生植物过滤带的方式，余水中细微土颗粒得到进一步沉淀，植物根系进一步的分解、吸收余水中的氮、磷及重金属元素等有害物质，形成一个小型的生态系统。

本文中无砂真空排水预压地基处理效果和减污能力都较明显。真空排水固结所采用的工艺和材料为吹填淤泥中污染物质的迁移排出提供了动力和途径，产生了较好的阻隔、过滤、吸附作用。土体中多余的水溶性有机物、离子态重金属元素等有害物质在真空预压的负压作用，通过竖向、水平向管道以水、气混合形态排出，土体的承载力、物理性质指标、环境质量等级均得到了提高。吹填淤泥经过堆置沉淀、真空预压、余水沉淀和水生植物吸附等综合处理过程，余水水质达标，满足排放要求，真空预压法对于净化水质和减少有机污染有较好功效，处理后的吹填土可作为新增土地资源进行开发利用。

参考文献

[1] 水污染防治行动计划 [R]. 国务院，2015.
[2] 土壤污染防治行动计划 [R]. 国务院，2016.

[3] 成芳，凌去非，徐海军，等．太湖水质现状与主要污染物分析 [J]. 上海海洋大学学报，2010，19 (1)：105-110.

[4] 余居华，钟继承，张银龙，等．湖泊疏浚对沉积物再悬浮及磷迁移影响的模拟研究 [J]. 环境科学，2012，33 (10)：3368-3375.

[5] 唐彤芝，黄家青，关云飞，等．真空预压加固吹填淤泥土现场试验研究 [J]. 水运工程，2010 (4)：115-122.

[6] 唐彤芝，董江平，黄家青，等．薄砂层长短板结合真空预压法处理吹填淤泥土试验研究 [J]. 岩土工程学报，2012，34 (5)：899-905.

[7] 林莉，李青云，吴敏．河湖疏浚底泥无害化处理与资源化利用研究进展 [J]. 长江科学院院报，2014，31 (10)：80-87.

[8] 童敏．城市污染河道底泥疏浚与吹填的重金属环境行为及生态风险研究——以温州温瑞塘河为例 [D]. 上海：华东师范大学，2014.

[9] 李涛，张志红，唐保荣．太湖疏浚底泥堆场黏土防渗层阻隔污染物的试验研究 [J]. 岩土力学，2012，33 (4)：993-998.

[10] 唐彤芝，丛建，彭劼，等．疏浚土排水固结过程中水质分析与污染性评价 [J]. 人民长江，2017 (1)：12-19.

[11] 唐彤芝，吴月龙，丛建，等．河湖清淤吹填土固结硬化及生态处治效果 [J]. 水利水运工程学报，2017 (2)：1-9.

[12] 王佩，卢少勇，王殿武，等．太湖湖滨带底泥氮、磷、有机质分布与污染评价 [J]. 中国环境科学，2012，32 (4)：703-709.

[13] 徐彬，林灿尧，毛新伟．内梅罗水污染指数法在太湖水质评价中的适用性分析 [J]. 水资源保护，2014，30 (2)：38-40.

[14] 陈奎，周勇华，张怀静．东昌湖水体和表层沉积物重金属元素污染评价 [J]. 中国海洋大学学报，2012，42 (10)：97-105.

[15] 尹海龙，徐祖信．河流综合水质评价方法比较研究 [J]. 长江流域资源与环境，2008，17 (5)：729-733.

某复线船闸工程基坑咬合桩防渗加固设计

柯敏勇[1,2]　唐云清[1,2]　宋智通[1,2]　刘海祥[1,2]

（1. 南京水利科学研究院，江苏南京　210029；
2. 南京瑞迪建设科技有限公司，江苏南京　210029）

摘　要： 复线船闸基坑多为临边高、大、危的深基坑，由于工程地质条件和水文地质条件复杂，易多次发突水事故。本文结合某复线船闸基坑工程，针对施工过程中出现的突水问题，首先采用无损检测（地质雷达）和有损检测（钻芯）相结合开展基坑截渗体系检测，分析表明基坑突水造成支护桩和地下连续墙连接部位的墙体局部缺失，探明了突水通道；其次针对性的引入全套管全回转咬合桩施工工艺，设计了基坑防渗截渗墙加固、新建截渗墙、上闸首右侧支护桩加固和导航墙恢复等，系统解决了突水区域附近的土质疏松难以实现防渗结构施工的难题，并提出了安全监测和风险管控措施，基坑施工过程中的应急预案，以确保基坑后续施工过程中基坑安全。

关键词： 防渗加固；咬合桩；船闸基坑；缺陷检测；复线船闸

1　概述

1.1　工程概况

某复线船闸所在的枢纽已建有节制闸和Ⅳ级船闸。其中节制闸为2级建筑物，设计过闸流量3910m³/s，校核流量4770m³/s；Ⅳ级复线船闸布置于一线船闸左侧，中心净距离为55.4m，年通过能力为800万t，单向设计年通过能力为1200万t[1]。复线船闸的上、下闸首均为钢筋混凝土结构，两侧设输水廊道，顺水流向长为30m；闸室采用整体式钢筋混凝土倒“Π”型结构，闸室尺度为240m×23m×4.0m，底板顶高程20.50m，底板厚3.0m，采用分散式输水系统；引航道采用不对称布置，上、下游导航墙长均为60m，辅导航墙以圆弧线形与一线船闸辅导航墙连接。复线船闸围堰按10年一遇的标准设计[2]，上闸首围堰顶高程为36.86m，下闸首围堰顶为36.66m，围堰的临水侧和背水侧均采用钢管桩，中间填土。复线船闸基坑东西向设计长度为457m，南北向设计宽度约为112m，基坑上闸首和闸室的底高程为17.0m，下闸首为16.0m，基坑最大深度17.0m为临边高、大、危的一级深基坑[3]。基坑北侧为现状岸坡，坡顶高程约35m；南侧为现状船闸，采用排桩支护结构[3]。基坑防渗采用摆喷截渗墙和支护桩相结合，布置见图1，上游侧的摆喷截渗墙顶高程为28.00m，上闸首支护排桩处的摆喷截渗墙顶高程为34.50m，同时利用支护排桩和桩间的旋喷桩形成围封，旋喷桩桩底进入相对不透水层不小于2.0m。

作者简介： 柯敏勇（1970—　），男，博士，正高，南京水科院勘察设计院副院长，主要从事水工结构安全性研究。

基金项目： 国家自然科学基金重点项目（11932006）。

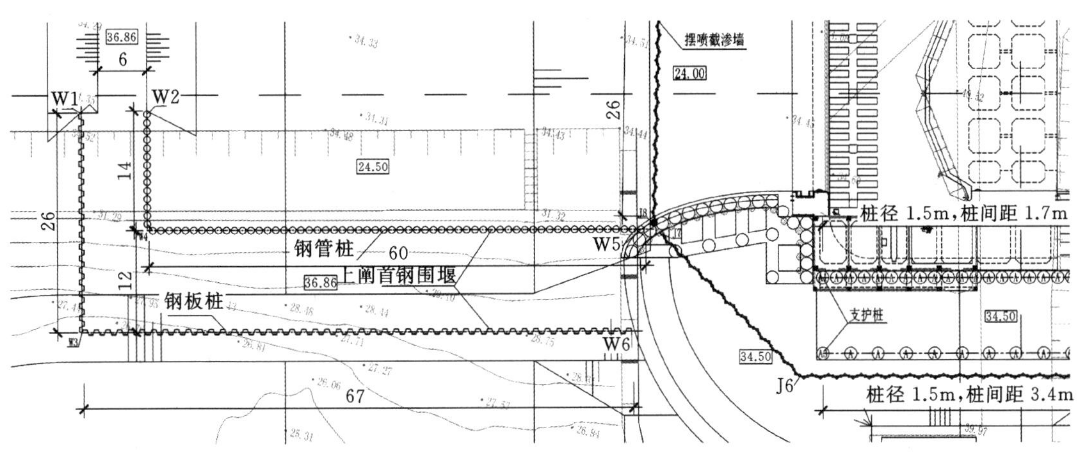

图 1　基坑防渗布置图

1.2　突水情况及处置措施

深基坑自 2016 年 12 月开始施工以来，先后出现了三次突水[4]。突水的进出口位置见图 2。2017 年 9 月 19 日基坑开挖到 24.20m 高程，发生了第一次突水，位于上闸首基坑右岸支护桩附近，当时正在施工的上游横向围堰第 10 根钢管桩处出现突水。加固措施是采取充填灌浆加固薄弱土层方式，再辅之摆喷截渗墙处理，防渗加固布置见图 3。

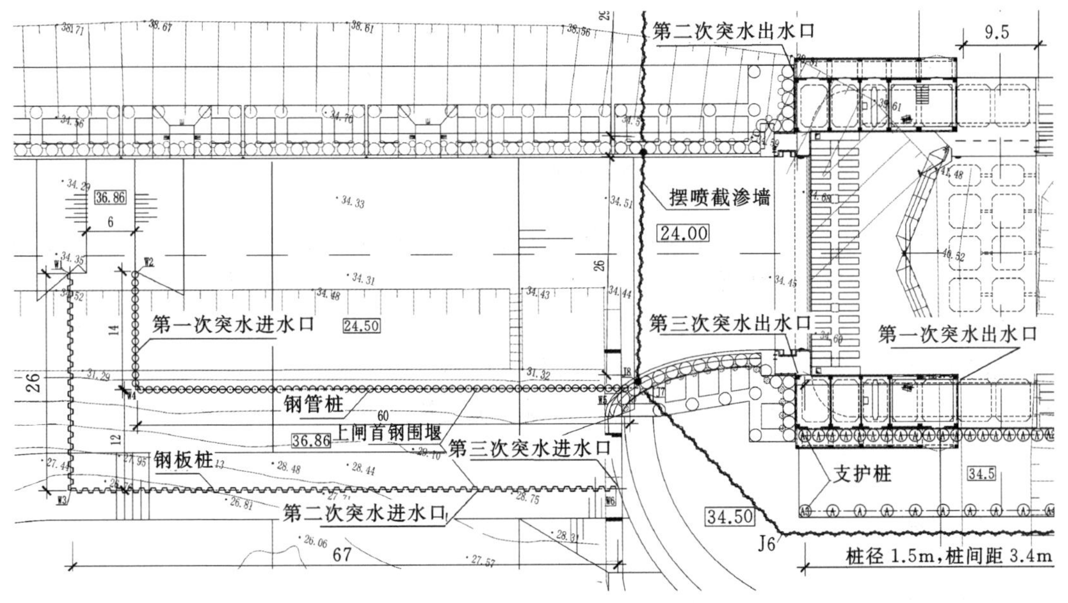

图 2　突水进口和出口位置图

2018 年 1 月 5 日发生第二次突水，进水口位于上闸首钢围堰处，出口位于基坑左岸上游侧拐角，出口高程约为 22m 处。为确保防渗安全，对基坑防渗体系进行了全面加固，布置见图 3。在上闸首基坑上游侧航道内增设 0.8m 厚的 C25 钢筋混凝土截渗墙，墙顶高程为 28.0m，墙底高程为 7.0m，长度为 32m；同时对土体进行压密注浆，注浆墙顶高程为28.0m，墙底高程为14.0m。上闸首老导航墙处增设0.8m厚的C25钢筋混凝土截渗墙，墙顶高程为34.5m，墙底高程为7.0m，长度为20m；基坑左侧增加顺水流向厚0.4m的C25素混凝土截渗墙，墙顶高程为28.0m，墙底高程为7.0m，长度为74.4m。2018年9月19日发生第三次突水，进水口位于上游围堰钢板桩与一线船闸左岸三级航墙连接处（见图2），出水口位于基坑内上游右岸辅导航墙处。突水时上游水位为32.03m，下游水位为27.90m，基坑开挖高程为17.00m，导致一线船闸第二节导航墙倒塌，基坑进水，造成施工全面停工。

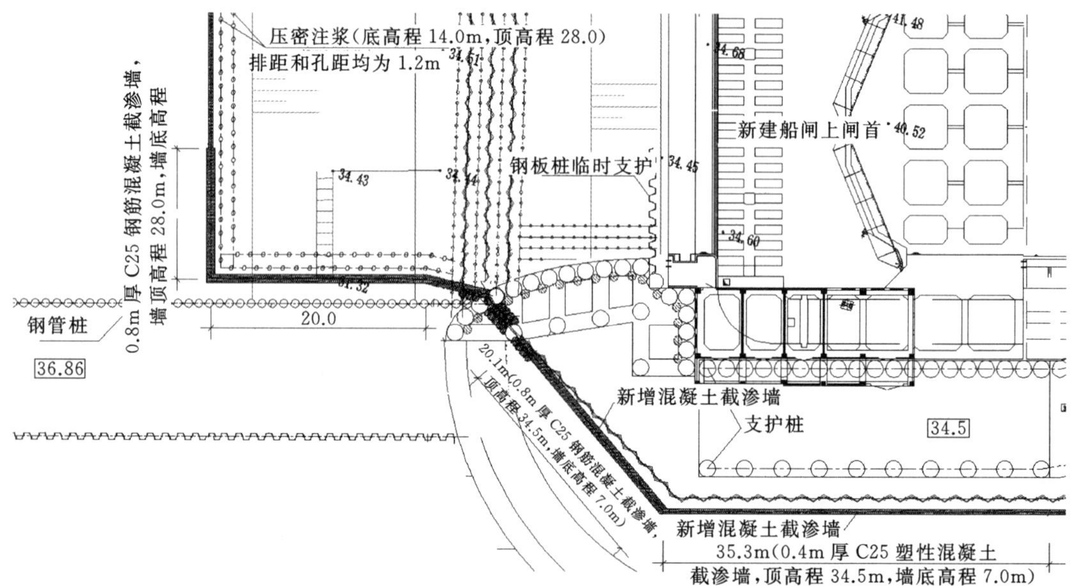

图3　基坑防渗加固布置图（第二次）

由于复线船闸工程地质和水文地质条件异常复杂，上闸首支护结构附近多次突水后导致附近突水区域附近的土质酥松，土体力学性能和抗渗性能均大幅降低，深基坑工程整体破坏风险极大，严重威胁一线船闸安全。因此，针对工程施工过程中的多次突水问题，首先采用地质雷达和钻芯相结合开展基坑截渗体系检测，分析基坑突水破坏通道，提出基坑防渗加固应对措施，并采取全过程跟踪与控制，制定基坑施工过程中的风险防控手段，以确保基坑后续施工过程中基坑安全。

2　工程地质

2.1　地层岩性

工程区地层主要由第四系冲、洪积形成。地层自上而下分为10层，见表1。①素填土（Q_{ml}^{4}）：以粉质壤土为主，部分为砂壤土，灰黄、棕黄色，软可塑，属中等压缩性土。层厚为3.50～7.60m，层底高程为34.80～32.04m。同时在河道表层局部为淤泥，厚0.55～1.90m。②层（Q_{al}^{4}）：砂壤土，夹粉质壤土薄层，黄、棕黄色，松散-稍密状，属中等-低压缩性土。呈零星分布，层厚为1.50～2.60m，层底高程为34.10～31.76m。

③层（Q_{al}^{4}）：粉质壤土，夹砂壤土薄层，棕黄色，软可塑状，属中等压缩性土。在勘探范围内普遍分布，层厚为0.90～6.50m，层底高程为32.11～27.60m。⑤层（Q_{al}^{4}）：粉质壤土，灰、深灰色，软-软可塑状，属高压缩性土。本层局部分布，层厚为3.00～6.80m，层底高程为24.97～27.60m。⑥$_1$层（Q_{al}^{3}）：粉质黏土夹粉质壤土，棕黄、灰黄色，可塑状，属中等压缩性土。本层普遍分布，层厚为1.90～9.30m，层底高程为26.30～21.88m。⑥$_2$层（Q_{al}^{3}）：粉质壤土，含砂礓，棕黄、灰黄色，可塑状，属中等压缩性土。本层普遍分布，层厚为2.30～7.40m，层底高程为23.09～17.98m。⑦层（Q_{al}^{3}）：粉质壤土、砂壤土互层，砂壤土含量占20%～30%，灰黄、棕黄色，可塑或稍密-中密状，属中等压缩性土。本层普遍分布，层厚为1.70～8.20m，层底高程为17.71～14.22m。⑧层（Q_{al}^{3}）：砂壤土夹粉土和少量粉质壤土，黄、棕黄色，中密状，属低压缩性土。本层普遍分布，层厚为3.30～7.70m，层底高程为11.00～8.48m。⑨层（Q_{al}^{3}）：粉质壤土夹粉质黏土，棕黄、灰黄色，硬可-硬塑状，属中等压缩性土。本层普遍分布，层厚为7.60～11.50m，层底高程为－1.96～1.97m。⑩$_1$层（Q_{al}^{3}）：细砂、极细砂，局部夹少量砂壤土，黄色，中密-密实状，属低压缩性土。本层仅局部钻孔揭穿，层厚为0.50～2.20m，层底高程为－1.66～1.45m。⑩$_2$层（Q_{al}^{3}）：粉质壤土，夹少量砂壤土，含砂礓，灰黄、棕黄色，硬可塑状为主，属中等压缩性土。本层仅部分钻孔揭露，未揭穿，最大揭露厚度为19.10m。

表1　　各土层指标建议值表

层序	地层名称	承载力标准值/kPa	压缩模量/MPa	饱快		固快		摩擦系数
				凝聚力/kPa	内摩擦角/(°)	凝聚力/kPa	内摩擦角/(°)	
②	砂壤土	120	8.0	9.0	25.0			
③	粉质壤土	120	5.5	25.0	8.0			
⑤	粉质壤土	80	2.5	18.0	5.0			
⑥$_1$	粉质黏土	190	6.5	35.0	12.0	32.0	15.0	0.30
⑥$_2$	粉质壤土	180	7.5	28.0	16.0			0.30
⑦	粉质壤土	185	7.5	28.0	16.0			0.30
	砂壤土	170	10.0	12.0	25.0			0.35
⑧	砂壤土	180	12.0	14.0	25.0			
⑨	粉质壤土	220	7.5	29.0	12.0	26.0	15.0	
⑩$_1$	细砂、极细砂	200	15.0	3.0	32.0			
⑩$_2$	粉质壤土	220	7.5	32.0	14.0			

2.2　水文地质

在地面以下60m内勘探深度范围内，地下水类型为松散类孔隙水，根据地层岩性和含水层特征可划分出三层含水层和二层隔水层，其中第一含水层为潜水，第二、第三含水层为承压水。其中第一含水层由②层砂壤土、③层粉质壤土和⑤层粉质壤土组成，厚3.0～11.3m，该层为第四系冲、洪积快速堆积物，结构松散，含水类型为孔隙型潜水，主要以大气降水和河、沟塘水补给为主；第一隔水层为⑥$_1$层粉质黏土、⑥$_2$层粉质壤土，厚度4.0～13.0m，微透水性，分布广泛，为相对较好的隔水层；第二含水层为⑧层砂壤土，中等透水性，含水类型为承压水，具承压性，上部⑦层粉质壤土、砂壤土互层，弱-中等透水性，部分具一定承压性。第二隔水层为⑨层粉质壤土，微透水性，厚度大，为良好的隔水层。第三含水层为⑩$_1$层细砂，局部夹少量砂壤土，中等透水，含水类型为承压水，具承压性，层厚不均，出露高程一般在－13.0～－10.0m，对工程影响不大。

2.3 渗流参数

根据室内渗透试验及现场注水试验成果，推荐各土层渗透系数建议值见表2。

表2　各土层渗透参数建议值

<table>
<tr><th>地层编号</th><th>岩土名称</th><th colspan="2">渗透系数/(cm/s)</th><th>透水性</th><th colspan="2">允许出逸坡降 J</th></tr>
<tr><td>②</td><td>砂壤土</td><td colspan="2">1.0×10⁻⁴</td><td>中等透水</td><td>0.15</td><td>0.30</td></tr>
<tr><td>③</td><td>粉质壤土</td><td colspan="2">8.0×10⁻⁶</td><td>微透水</td><td>0.25</td><td>0.50</td></tr>
<tr><td>⑤</td><td>粉质壤土</td><td colspan="2">6.0×10⁻⁶</td><td>微透水</td><td>0.25</td><td>0.40</td></tr>
<tr><td>⑥$_1$</td><td>粉质黏土</td><td colspan="2">3.0×10⁻⁶</td><td>微透水</td><td>0.35</td><td>0.65</td></tr>
<tr><td>⑥$_2$</td><td>粉质壤土</td><td colspan="2">8.0×10⁻⁶</td><td>微透水</td><td>0.30</td><td>0.60</td></tr>
<tr><td rowspan="2">⑦</td><td rowspan="2">粉质壤土、砂壤土互层</td><td>垂直</td><td>5.0×10⁻⁵</td><td>弱透水</td><td>0.30</td><td>0.55</td></tr>
<tr><td>水平</td><td>3.0×10⁻⁴</td><td>中等透水</td><td>0.15</td><td>0.30</td></tr>
<tr><td>⑧</td><td>砂壤土</td><td colspan="2">4.0×10⁻⁴</td><td>中等透水</td><td>0.15</td><td>0.30</td></tr>
<tr><td>⑨</td><td>粉质壤土</td><td colspan="2">5.0×10⁻⁶</td><td>微透水</td><td>0.30</td><td>0.60</td></tr>
<tr><td>⑩$_1$</td><td>细砂、极细砂</td><td colspan="2">1.0×10⁻³</td><td>中等透水</td><td>0.10</td><td>0.25</td></tr>
<tr><td>⑩$_2$</td><td>粉质壤土</td><td colspan="2">6.0×10⁻⁶</td><td>微透水</td><td>0.35</td><td>0.60</td></tr>
</table>

2.4 基坑工程区地质评价

上、下闸首及闸室底板建基面高程分别为16.90m、15.90m和17.40m，因此基坑开挖时，边坡土层有素填土、②层砂壤土、③粉质壤土、⑤层粉质壤土、⑥$_1$层粉质黏土夹粉质壤土、⑥$_2$层粉质壤土及⑦层粉质壤土、砂壤土互层；其中②层砂壤土抗冲性较差，③层粉质壤强度偏低，局部夹薄层砂壤土，抗冲性一般，⑥$_1$层粉质黏土强度较高，抗渗、抗冲性较好。船闸建基面大部分位于⑦层粉质壤土、砂壤土互层的下部，下闸首位于⑧层砂壤土顶部，⑦层、⑧层强度均较高，承载力满足要求，可作为天然地基持力层，但该两层土为中等透水性土层，需要采取一定的防渗措施。

3 防渗体系的综合隐患探测

经过两次加固后的地基防渗布置见图4，采用地质雷达和地震反射法[5]相结合的综合无损探测方法，结合地质钻孔验证和跨孔声波探测，进行基坑防渗体系隐患探测。探明地下连续墙在垂直方向上的完整性，以及墙底下部可能存在的脱空区；并对上述2种方法探测出的异常点，进行钻孔验证，记录钻孔过程，探明地下连续墙在水平方向上的完整性以及灌注桩与地下连续墙之间的搭接质量；最后基于综合无损探测和钻孔[6]验证结果，结合水下探摸检查，综合分析可能存在的突水通道。

3.1 综合无损探测方法

地震反射法重点检测支护结构附近的混凝土地下连续墙及与其搭接的桩基础，测线布置和检测结果见图 5，在地震剖面图中 CDP20～CDP29、时间 250～400ms（深度 20～30m，高程 4～14.0m）的区域，地震反射波同相轴错断，地震子波振幅、频率均发生明显改变，地震波传播速度变慢，推测该区域存在脱空。在 CDP20～CDP29 的、时间 600～750ms（深度约 30m，高程 4m 以下）的区域，地震反射波同相轴扭折，弯曲显示，振幅、频率均发生明显改变，推测该区域地层介质发生了扰动。

地质雷达测线与地震反射法测线重合，起点在地震测线的 1m，在地质雷达剖面图中里程 2.5～5.0m、深 20.0m（高程 14.0m）以下的区域，雷达波同相轴错断，波形变粗，视频率相对低，振幅强，根据电磁波传播理论，推断该区域范围存在脱空。在地质雷达剖面图中 5.0～7.0m、高程 14.0m 以下的区域，雷达波同相轴连续性较差，波形紊乱，产生明显的反射和散射，其振幅和频率同样发生改变，推断该区域的介质密实性相对周围介质较差。

综合地震反射法和地质雷达检测结果，表明地下连续墙与灌注桩深部搭接部位存在缺陷。

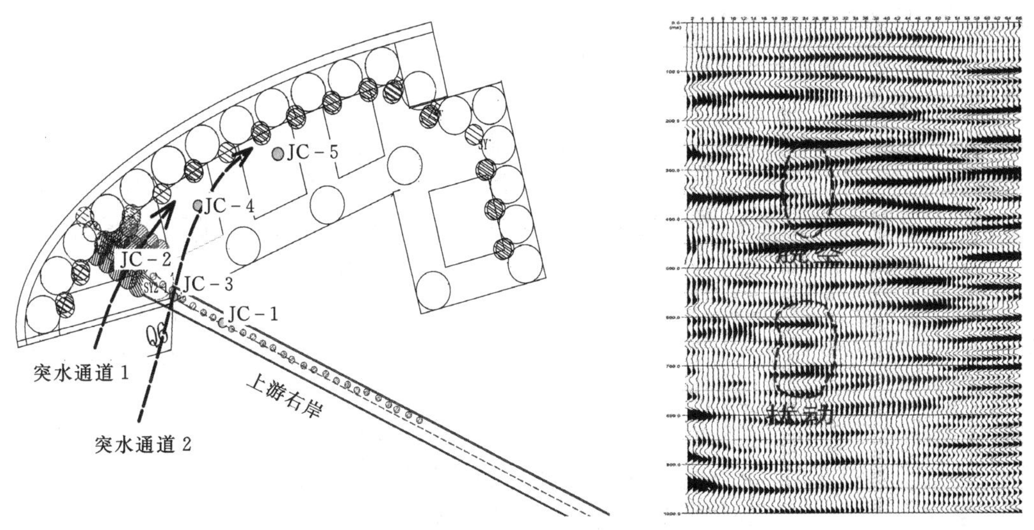

图 4　测线布置及地震反射法检测结果

3.2 取芯法验证检测

在综合无损探测异常区域布置钻孔[6]验证，共布置了 5 个钻孔，以了解地下连续墙不同部位的防渗体破坏及靠基坑侧土体破坏情况。其中钻孔 JC－1 和 JC－3 位于地下连续墙上，钻孔 JC－2 位于高压旋喷桩上，JC－4 和 JC－5 位于地下连续墙北侧基坑土层上，取芯布置见图 4。

(1) JC－1 孔。布置于混凝土截渗墙内，成孔深度为 40.61m，推算孔底高程为

－6.11m。取芯表明在高程 34.50～6.60m 为混凝土芯样，整体胶结较好，无明显缺陷，仅在墙底约 10cm 范围见少量碎石，高程－6.11～6.50m 为地基原状土，地层分布与原地质报告所述基本一致，土层层次分明，未见明显扰动。可见 JC－1 孔处截渗墙质量较好，墙底地基土未经扰动。

（2）JC－2 孔。布置于两道截渗墙接头处的高压旋喷桩防渗体内，成孔深度为 31.43m，推算孔底高程为 3.07m。取芯表明高程 34.50～32.00m 为水泥土及混凝土；32.00～23.40m 为含水泥粉质壤土，有明显水泥痕迹，局部为水泥土，钻进时无异常；23.40～7.00m 为粉质壤土夹砂壤土，土层杂乱无明显层序，且芯样内部大部分未见明显水泥痕迹，局部芯样表面嵌有水泥小碎块；在高程 23.40m 处孔内漏水，高程 23.40～21.80m、11.40～10.30m 两处见明显掉钻，其余部位钻进速度很快，局部仅靠静压即可进尺。高程 7.00～3.07m 为地基原状土，土质为原状硬可塑重粉质壤土。可见 JC－2 孔局部防渗体已发生明显被破坏。

（3）JC－3 孔。布置于截渗墙与钻孔灌注桩结合部位，成孔深度为 29.16m，推算孔底高程为 5.34m。取芯表明在 34.50～32.95m 之间为完整混凝土；32.95～28.55m 为水泥土，局部可见水泥土与混凝土结合面，结合面见有黄泥，在 29.15m 处孔内漏水，外侧墙底水面处有明显漏水冒泡；28.55～17.37m 为大部完整的混凝土，局部见少量黄泥。17.37～6.80m 仅有 16.10～15.30m、14.16～12.10m 两处取出了水泥土岩芯，其余均未取出芯样，且钻进中有多处明显掉钻，其余孔段大部分仅靠静压即可进尺，表明该段推测大多为空洞及扰动土。6.80～5.34m 为原状硬可塑重粉质壤土。可见 JC－3 孔截渗墙与灌注桩结合部位存在明显的突水通道，防渗体已破坏。

（4）JC－4 孔。布置于支护结构中间，顶面高程为 26.40m，成孔深度为 23.40m，推算孔底高程为 3.00m。取芯表明 26.40～21.30m 为新近人工填土；21.30～16.30m 为重粉质壤土，土体外观与原地质报告$⑥_2$层土相近，强度明显降低，标贯击数平均为 4.0 击；16.30～9.50m 为重粉质壤土夹砂壤土，土质杂乱，强度较低，标贯击数平均 4.5 击；9.50～7.90m 的土体强度较低，局部见水泥碎块。7.90～3.00m 为地基原状土，土质为原状硬可塑重粉质壤土。表明，JC－4 孔处原土体已被水流冲蚀，上下土层大部松动导致强度降低。

（5）JC－5 孔。布置于防渗体外侧 JC－4 孔下游，成孔深度为 27.50m，推算孔底高程为 7.00m。钻探表明该处地层分布与原地质报告地层基本对应，各土层强度未见明显变化，钻进中未见异常，说明此处原地基土层未经扰动。

3.3 突水通道分析

为进一步验证突水通道，对导航墙坍塌部分进行水下探摸，发现破坏情况见图 5，坍塌部位与未坍塌部位墙身间豁口处宽为 0.8～1.0m，该处外口水深约 6.0m，内侧水深约 2.0m，呈陡坡状态，土方均为坍塌浮土；未倒塌导航墙外侧从豁口向船闸入口方向 3～4m 段为浮土，水深为 2.5～6.0m，往船闸入口方向水越深，4.0m 处往外为旧有硬土；坍塌导航墙外侧豁口至钢板桩处中间水深为 7.0m（外侧埋入泥土约 7.0m），两侧为缓坡呈倒锥形；坍塌导航墙内侧，中间部分水深 1.2m，两侧水深约 2.0m，箱体上部被坍塌浮土堆积呈梯形；坍塌导航墙与新增截渗墙（地连墙）接头处有豁口，豁口宽约 1.0m，

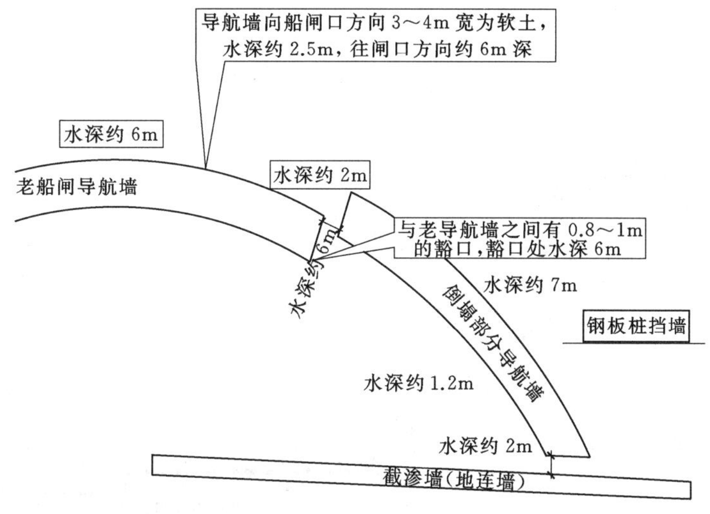

图5 突水通道水下探摸结果

水深约1.0m。

对比综合物探资料、钻孔资料分析，得到墙体连续性异常，表明地下连续墙与灌注桩搭接处的墙体目前出现了墙体局部缺失，形成了上下接近10m长的纵向裂隙；旋喷桩防渗体已明显被破坏。采用水下探摸方法可发现渗透破坏发生在2号翼墙底部。因此推断形成了2个突水通道，通道宽度6～8m，通道最深处底高程7.00m，推断结果见图4。

4 加固措施分析

根据对上闸首基坑防渗体系的综合隐患探测和导航墙坍塌部位的水下探摸，支护桩和地下连续墙之间存在连接空洞、旋喷桩防渗体破坏是造成本次突水的重要原因。因此，可采取截断防渗通道的办法进行基坑防渗体系恢复。

4.1 截渗方案比选

选用增设地下连续墙或咬合桩加固防渗体两种方案进行比选。在增设地下连续墙方案中，拟采用厚80cm的钢筋混凝土防渗墙，长度约100m，布置见图6，该方案的主要问题是难以解决与支护桩交叉部位的防渗，连接质量不易保证；同时在泥浆固壁施工过程中，由于土体为塌陷后沉积土，局部厚度薄，墙体之间土体酥松易塌孔，因此成墙质量难以保证；同时由于加固范围大，施工场地狭窄，施工组织困难，施工工序大大降低，从而导致工期延长。咬合桩加固防渗体布置见图8，针对支护桩和地下连续墙之间的连接空洞，采用咬合桩实施硬咬合，能够有效保证连接质量。由于咬合桩施工采取全套管全回转机械成孔，混凝土浇筑施工过程中套管结合混凝土浇筑过程逐步上提，混凝土浇筑可起到部分挤淤加固上闸首水下土体作用；因此周边酥松沉积土虽会增加混凝土浇筑的充盈系数，但对成墙质量无影响。咬合桩施工需要设置施工平台，防止施工过程中产生不均匀沉降，造成咬合失败[7]。同时为确保防渗安全，在突水通道外侧增设一道咬合桩防渗墙[8]，形成双重有效保护。

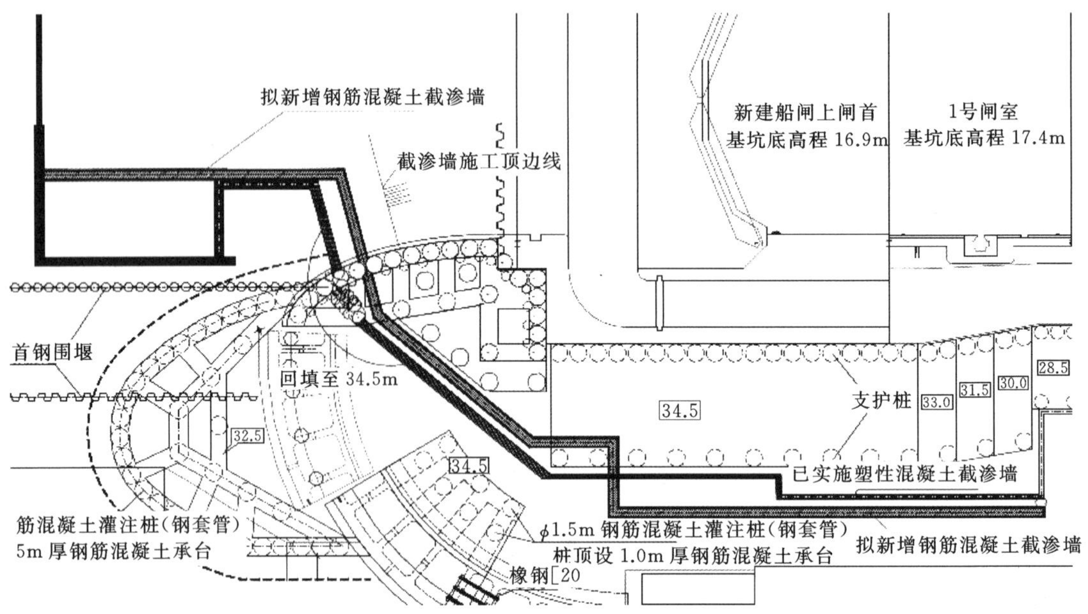

图 6　地下连续墙截渗加固方案

综上，选择了采用全套管全回转机械成孔[9,10]的咬合桩进行基坑截渗加固。加固内容包括支护桩处咬合桩封闭截渗墙、新建截渗墙、上闸首右侧支护桩加固、导航墙恢复、突水通道回填和基础灌浆处理等内容。目的在突水通道土体物理力学性能指标降低、土体酥软部位形成可靠的防渗结构体系，确保支护结构安全性。

4.2　截渗加固措施

(1) 咬合桩封闭截渗墙。加固布置见图 7，长度约 7.0m，共布置 6 根桩，其中普通灌注桩 2 根（D 和 F 桩），直径分别为 1.2m 和 1.5m；硬咬合桩 4 根，分别为 2 根直径 1.50m 的 C30 钢筋混凝土桩（H 桩），2 根直径 1.2m 的 C30 钢筋混凝土桩（E 桩）。桩顶高程为 34.50m，桩底高程为 4.00m，单根桩长 30.50m。为施工便捷，在支护桩的基坑侧增设素混凝土灌注桩 1 根。采用全套管全回转机械施工，咬合搭接长度≥0.3m，成墙厚度≥0.90m，墙体渗透系数≤1×10^{-7}cm/s。施工时需搭建厚度为 50cm 的 C30 钢筋混凝土施工平台，首先施工位于已建两根灌注桩中间的 F1 桩，在其混凝土强度达到设计强度的 70%后，再施工 E1 和 E2 桩，最后施工 H1 和 H2 桩。

(2) 新增截渗墙。共 20 根灌注桩，包括 A 桩 7 根，B 桩 9 根，C 桩 4 根（硬咬合桩），全部采用全套管全回转机械施工，总长约 25.00m，两端与已建截渗墙采用硬咬合桩连接，咬合桩直径均为 1.50m，分为 C30 素混凝土桩（A 桩）、C30 钢筋混凝土桩（B 桩）和 C30 钢筋混凝土硬咬合桩（C 桩），咬合搭接长度≥0.3m，成墙厚度≥0.90m，墙体渗透系数≤1×10^{-7}cm/s。桩顶高程为 34.50m，桩底高程为 5.50m。先施工 A 桩，每完成相邻两根 A 桩，再施工 B 桩，最后施工 4 根 C 桩。

(3) 上闸首右侧支护桩加固。加固布置见图 8，在两排支护桩之间增设 6 根 C30 钢筋混凝土灌注桩，桩间距约 4.00m，桩径 1.50m，桩底高程为−11.00m，桩顶高程为

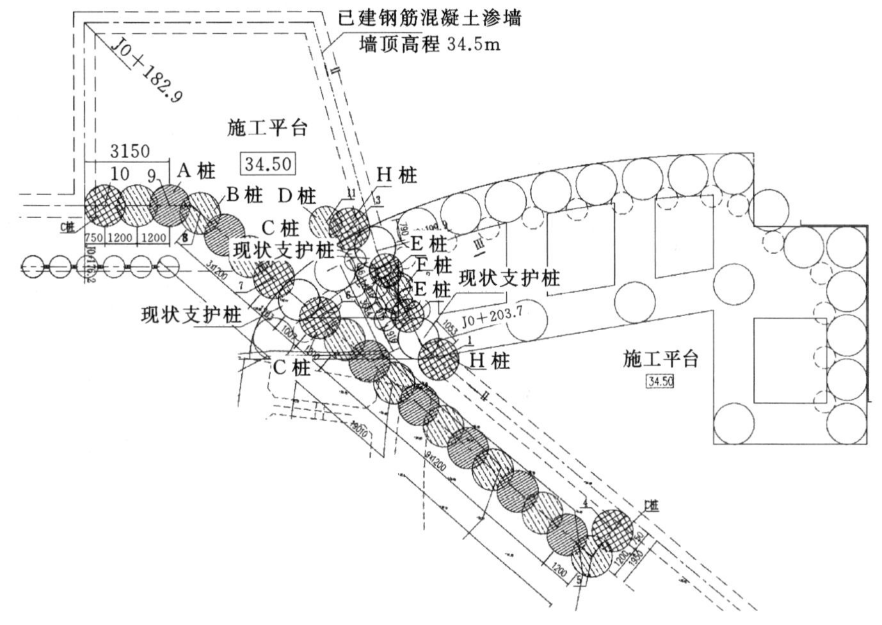

A 桩，起缓凝素混凝土桩，桩径 1.5m，共 7 根；桩底高程 5.5m。
B 桩，混凝土桩，桩径 1.5m，共 9 根；桩底高程 5.5m。
C 桩，硬咬合桩，钢筋混凝土桩，桩径 1.5m，共 4 根；桩底高程 5.5m。
D 桩，混凝土桩，桩径 1.2m，共 1 根；桩底高程 4.0m。
E 桩，硬咬合桩，钢筋混凝土桩，桩径 1.2m，共 2 根；桩底高程 4.0m。
F 桩，混凝土桩，桩径 1.5m，共 1 根；桩底高程 4.0m。
H 桩，硬咬合桩，钢筋混凝土桩，桩径 1.5m，共 2 根，桩底高程 4.0m。

图 7　咬合桩截渗加固方案

34.50m。同时采用桩顶联系板和施工平台将各桩连接为整体。联系顶板厚度 1.2m 的 C30 钢筋混凝土结构，与现状帽梁同高，顶高程 34.50m。与现状支护桩的帽梁连接时，采用在帽梁内钻孔植筋的方式，锚固剂采用高强环氧 A 级植筋胶，联系梁内钢筋伸入帽梁长度≥50cm。

（4）导航墙恢复。导航墙恢复布置见图 9，由于 3 号翼墙现已塌陷倾斜下沉约 3m，采用灌注桩原位加固，布置有 6 根 C30 钢筋混凝土灌注桩，桩径为 1.50m，桩底高程为 −10.00m，桩顶高程为 30.10m，桩间距 3.50m，桩顶与 3 号翼墙底板固接，原翼墙空箱内采用水下不分散混凝土充填密实，从而形成稳定可靠的导航墙基础。为加快施工进度和保证成桩质量，灌注桩采用全套管全回转机械成孔。

4.3　基坑监测设计

工程基坑最大深度 17.0m，基坑支护的安全等级为一级[11]，工程监测主要内容包括基坑周边地表竖向位移、围护桩顶部水平位移和竖向位移点、土体结构深层水平位移、地下水位、邻近建筑物竖向位移和孔隙水压力等 7 项观测项目。测点布置严格按规范要求开展[4]，且所有监测项目的测点在安装、埋设完毕后，在基坑开挖（抽水）之前必须完成初

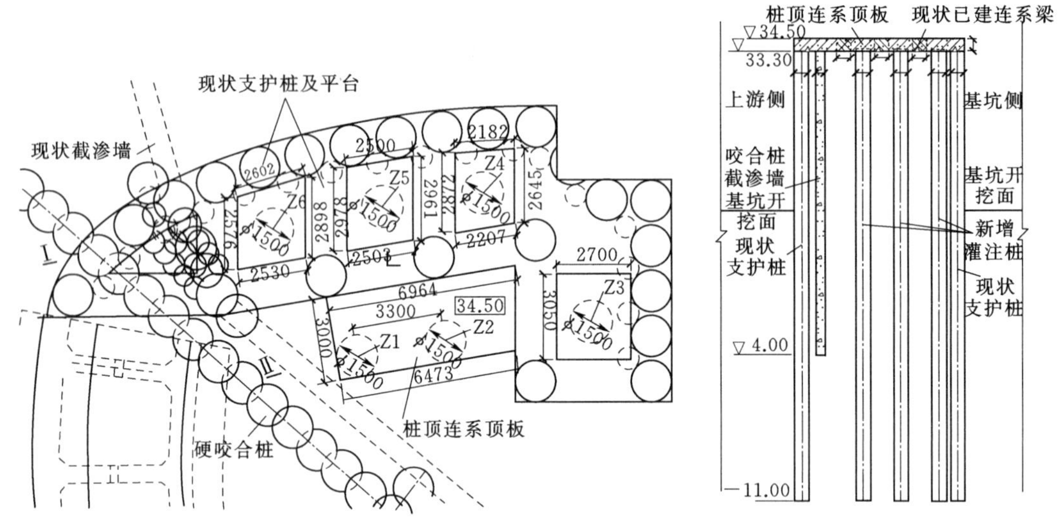

图 8　右侧支护桩加固图

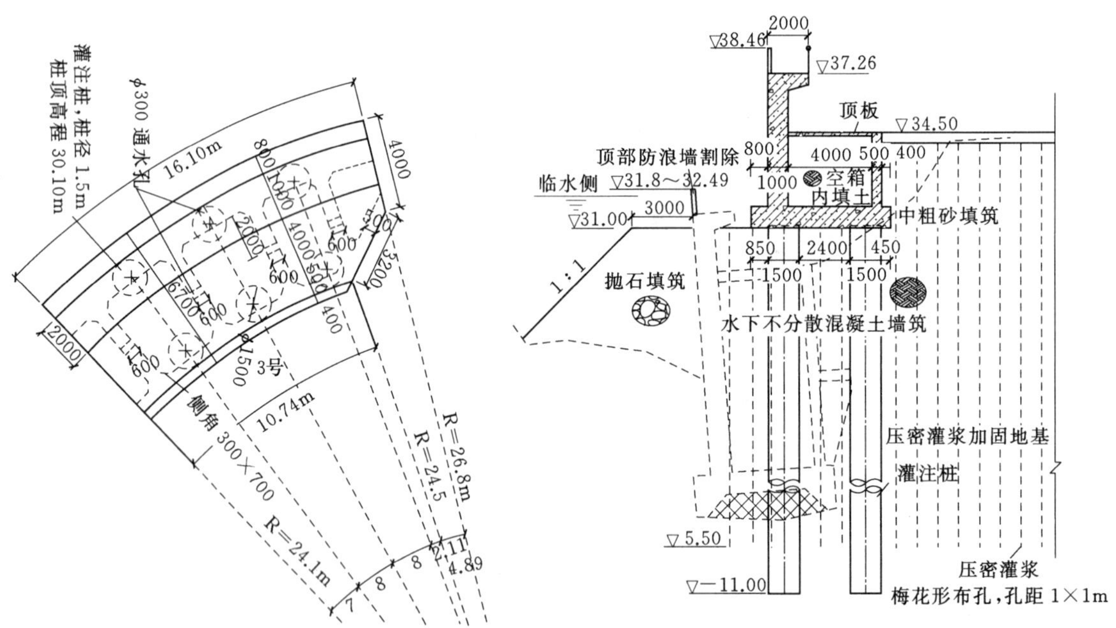

图 9　导航墙恢复布置图

始数据采集，且次数不少于 3 次。同时对该基坑的监测频率采取定时与跟踪相结合的方法，渗流监测频率要求为：基坑回填至 20.00m 之前，4h 监测一次；回填至 20.00m 高程以后 6h 监测一次，回填至 25.00m 高程以后每天一次，安全巡查 4h 一次。若遇到险情及特殊情况，应加密监测频率；监测数据有突变时，可以适当增加对应监测频率。

4.4　重大危险源分析与控制措施

（1）重大危险源分析。本工程的重大危险源主要有：全回转套管和抓斗安装、拆卸、使用过程中及各种起重吊装工程中违反操作规程，造成机械设备倾覆、结构坍塌、人员伤亡等意外；窄小区域内旋挖取土、抓斗转土、高空坠土和弃土运输过程中的交通事故、人员伤亡等意外；钢筋笼起吊过程中发生变形、散架，起重机倾覆，高空坠物，钢丝绳脱钩、断裂；施工平台变形、错位、深基坑边坡坍塌、意外落水、施工用电不规范等。

（2）重大危险源控制措施。针对重大危险源，应明确职责与分工，落实到人。加强现场监督检查，掌握重大危险源的数量和分布状况，并公示重大危险源名录、整改措施及治理情况。加强安全施工培训教育，全员动员，人人参与，尤其是以事故预防为主的重大危险源风险控制的安全教育。全套管全回转机械作业过程中，提高工程施工安全设防标准，从而提升施工安全技术与管理水平，降低施工安全风险。制订和实行全套管全回转机械安装、运行、拆卸和外架工程安装的检验检测、维护保养、验收制度。制订和实施项目施工安全承诺和现场安全管理绩效考评制度，确保安全投入，形成安全施工长效机制。

（3）成立应急响应机构，明确机构中业主、防渗加固施工单位、船闸基坑主体施工单位、监理单位和耿楼复线船闸建设管理单位的具体分工。在工程概算中落实船闸突水应急抢险专项资金，现场备抢险人员、抢险设备和抢险物资准备，加强现场人员的培训，提高应急响应抢险技能，一旦出现险情，立即进行抢险，将险情消灭在“萌芽”状态。

5　结语

（1）复线船闸基坑常为临边高、大、危的一级深基坑易多发突水，造成了附近突水区域土质酥松，土体力学性能和抗渗性能均大幅降低，深基坑工程整体破坏风险极大。

（2）采用地质雷达和钻芯相结合开展了基坑截渗体系检测，发现地下连续墙与灌注桩搭接处出现了局部缺失，旋喷桩防渗体已明显被破坏。结合水下探摸方法，发现了突水通道发生在2号翼墙底部。为采取针对性措施开展防渗体系加固提供了基础。

（3）基坑截渗加固引入全套管全回转机械成孔的咬合桩新工艺，在突水通道土体物理力学性能指标严重降低、土体酥软的恶劣条件下，成功处置了截渗墙封闭、新建截渗墙施工、上闸首右侧支护桩加固和导航墙恢复等常规施工手段无法解决的问题，解决了多次突水破坏深基坑防渗加固的难题，形成可靠的防渗结构体系，确保支护结构安全性。

（4）深大基坑安全监测是确保基坑安全的必要措施，开展重大危险源分析与控制措施，落实船闸基坑突水应急抢险人员、抢险设备和抢险物资准备，形成安全施工的长效机制。

参考文献

[1] 安徽省水利水电勘测设计院．沙颍河航道耿楼复线船闸工程可行性研究报告［R］．合肥：安徽省水利水电勘测设计院，2015.

[2] 汪映红，姜兴良．船闸扩建工程的施工导流标准和围堰方案［J］．水运工程，2019（4）：214－218.

[3] 中国建筑科学研究院．JGJ 120—2012 建筑基坑支护技术规程［S］．北京：中国建筑工业出版社，2012.

[4] 刘海祥，鲁文妍，陆俊，等．沙颍河航道耿楼复线船闸基坑防渗安全评价［R］．南京：南京水利科学研究院，2019.

[5] 长江水利委员会长江勘测规划设计研究院. SL 326—2005 水利水电工程物探规程 [S]. 北京：中国水利水电出版社，2005.

[6] 水利部东北勘测设计研究院. SL 291—2003 水利水电工程钻探规程 [S]. 北京：中国水利水电出版社，2003.

[7] 胡浩然，关松，方建新，等. 深基坑咬合桩施工中常见问题分析及对策 [J]. 人民长江，2020 (8)：167-172.

[8] 陈开礼. 论咬合桩在锦绣城项目基坑支护和止水帷幕中的应用 [J]. 西部探矿工程，2018 (5)：50-51.

[9] 周学民，王兴康，赵建立. 复杂地质及周边环境超长全回转全套管灌注桩施工技术 [J]. 施工技术，2017，46 (8)：28-31.

[10] 中华人民共和国住房和城乡建设部. JGJ/T 396—2018 咬合式排桩技术标准 [S]. 北京：中国建筑工业出版社，2018.

[11] 中华人民共和国住房和城乡建设部. GB 50497—2019 建筑基坑工程监测技术标准 [S]：北京：中国计划出版社，2019.

无砂法真空预压快速加固深厚超软基应用技术研究

梁爱华[1,2,3,4]　李　卫[1,2,3,4]　刘洪亮[1,2]　王荣利[1,2]

（1. 中交天津港湾工程研究院有限公司，天津　300222；2. 中交第一航务工程局有限公司，天津　300222；3. 港口岩土工程技术交通行业重点实验室，天津　300222；4. 天津市港口岩土工程技术重点实验室，天津　300222）

摘　要：本文在南港进行了五个加固区 13.8 万 m^2 的现场试验，通过多种试验方案对比，开发了一种适合表层为深厚吹填超软土、下层为深厚沉积欠固结土地基，无砂二次真空预压地基处理技术。该技术浅层加固时取消作为工作垫层的粉细砂垫层，由浅层加固后的表层淤泥作为深层加固插板机械施工的工作垫层；深层加固时取消作为排水垫层的黄砂垫层，由排水板与滤管有效连接形成的管网作为抽气排水和传递真空压力的通道。提出了无砂二次真空预压加固浅层加固的卸载标准。期望该试验成果能够为同类工程提供借鉴。

关键词：真空预压；超软土；无砂；卸载标准

0　引言

随着围海造陆向较深海域快速发展，不少地基吹填土厚度达到了 8m、甚至超过 10m。多数吹填地基以航道疏浚土作为吹填土料，形成的地基压缩性高、强度低，短期内上人和施工机械困难。为了完成围海造陆向商业用地的迅速转换，往往需要对新吹填土层和原泥面以下 10m 到 20m 的欠固结土层迅速加固，达到用地要求。

高含水率的吹填土一直是地基加固的难题[1]，采用现有的真空预压工艺，即使是二次真空预压加固，仍然需要在浅层加固的密封膜上吹填 60～80cm 的粉细砂，以增加浅表层地基承载力，满足深层真空预压地基加固施工机械的安全行走和工作要求。为减少砂的使用，节省自然资源，课题组在南港进行了大面积无砂二次真空预压地基处理现场试验，期望试验过程和结果为其他类似工程提供借鉴。

1　试验方案

1.1　试验区概况

南港工业区 B03 路西侧造陆 3 区地基处理工程，分为 191 个真空预压加固区，总面积 549.1 万 m^2。试验区位于造陆 3 区东北角，见图 1，分别为 47 区、31 区、48 区、32 区、16 区，共计 5 个加固区，面积 13.8 万 m^2。

作者简介：梁爱华（1975—　），女，天津人，硕士，注册土木工程师（岩土），主要从事沿海软土地基处理。

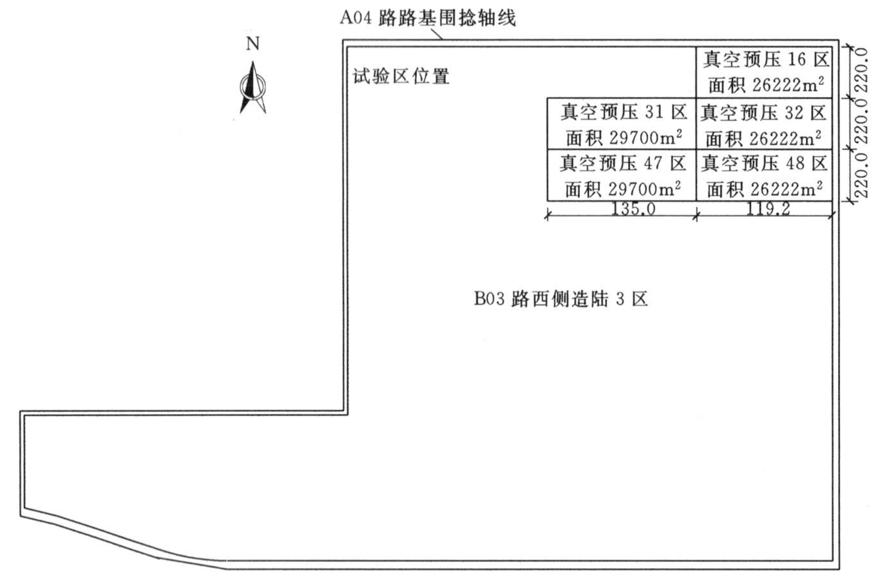

图 1　试验区位置

试验区的地基土主要土层有人工填土层、淤泥及淤泥质黏土、淤泥质粉质黏土、粉质黏土、黏土及粉土。根据加固前的钻孔资料，地基土层由上到下依次为：①人工填土层（地层编号 1），厚度 6.0～9.0m，主要由淤泥、淤泥质黏土、淤泥质粉质黏土及粉质黏土组成属高压缩性土；②淤泥及淤泥质黏土层（地层编号 2），主要由淤泥、粉质黏土、淤泥质粉质黏土、淤泥质黏土组成，属高压缩性土；③黏土及淤泥质黏土层（地层编号 3），主要由黏土及淤泥质黏土组成，局部夹杂粉质黏土及淤泥质粉质黏土，厚度为 3.0～5.0m，属高压缩性土；④黏土及粉质黏土层（地层编号 4），主要由黏土、粉质黏土及淤泥质黏土组成，厚度为 2.0～3.0m；软塑-可塑状态，含有机质，局部夹粉土团，含有机质、贝壳。其中层号 1、层号 2 及层号 3 所代表的地层物理力学性质较差，未经处理不能满足上部使用要求，为本工程真空预压地基处理的主要加固土层。

为了解试验区吹填土质，课题组对试验区表层土层进行了原位取土和室内土工试验，取土深度为 5m。在试验区共计取得 17 组试样，每组试样沿取土深度分布，每米取一个试样，每组试样包括 5 个土样，试验区共计取土 85 个。在加固前同样进行了 17 组原位十字板剪切试验，每组试验沿钻孔深度，每 0.5m 进行一次原位剪切，共计取得 170 个十字板剪切数据。试验数据统计见表 1，十字板均值统计见表 2。试验区浅表层 5m 深度范围内吹填土含水率 103%～124%，黏粒含量 40%左右，属于细颗粒含量较高的流泥；试验区十字板剪切强度值沿深度变化不大，土质分布较为均匀，平均十字板剪切强度均小于 2kPa，推算地基承载力很低，上人和机械困难。

1.2　试验方案选择

试验区表层为比较均匀的流泥，上人和机械困难，对于这种表层是高含水率的流泥、下部为原状欠固结土的待加固地基，选择二次加固的方式对加固区进行加固，由浅层加固后的表层淤泥作为深层加固的工作垫层。

表 1　　加固区表层吹填土物理指标统计

加固区	颗粒组成/mm						土的物理性质						界限含水率			
	砾石 >2.00	粗砂 2.00～0.50	中砂 0.50～0.25	细砂 0.25～0.075	粉粒 0.075～0.005	黏粒 <0.005	含水率 ω	土粒比重 G_s	湿密度 ρ	干密度 ρ_d	饱和度 S_r	孔隙比 e	液限 ω_L	塑限 ω_P	塑性指数 I_P	液性指数 I_L
	%	%	%	%	%	%	%	—	g/cm^3	%	—	%	%	—	—	
16 区	0	0	0	0.6	60.2	39.2	112.3	2.75	1.41	0.66	100	3.16	39.9	20.2	19.7	4.69
31 区	0	0	0	0.9	51.7	36.1	103.6	2.75	1.44	0.71	100	2.90	40.0	20.2	19.8	4.23
32 区	0	0	0	0.5	60.2	39.3	122.6	2.75	1.38	0.63	100	3.43	39.9	20.2	19.7	5.24
47 区	0	0	0	0.4	60.1	39.5	124.9	2.75	1.38	0.62	100	3.50	39.2	20.0	19.2	5.46
48 区	0	0	0	0.5	58.9	40.6	104.7	2.75	1.43	0.71	100	2.94	39.9	20.2	19.7	4.30

表 2　　加固区表层吹填土加固前十字板剪切强度值统计

项目	16 区	31 区	32 区	47 区	48 区
平均值/kPa	1.6	1.7	1.8	1.6	1.7
最大值/kPa	2.7	2.4	2.2	2.2	2.2
最小值/kPa	0.9	1.2	1.4	1.0	1.0

预估浅层加固卸载标准：根据现场常用插板机（DJG 系列钢轨插板机）接地压力和接地面积计算，静态下地基允许承载力为 20kPa 左右，考虑插板机动态工作对地基承载力的影响，乘以 1.5 倍的安全系数，反算成十字板剪切强度，暂定地基卸载时，十字板剪切强度达到 10kPa 左右，满足插板机工作要求。

基于多年试验成果和 B03 路试验区土质分析，采用两种排水板间距，一种是排水板间距 1m，正方形布置，在每四根排水板形心位置插一根排水板，实际排水板间距 70cm，和周围非试验区的加固区相同；另一种排水板间距 80cm，正方形布置，在每四根排水板形心位置插一根排水板，实际排水板间距为 56cm，期望其 40 天的加固十字板剪切强度能都达到 10kPa，满足插板机安全施工。

1.3　浅层抽水固结方案

（1）方案一：试验 47 区、31 区、16 区，在吹填流泥上铺设一层编织布、一层无纺布，人工打设排水板。排水板间距 1.0m、正方形布置，在每 4 根相邻排水板的形心位置打设 1 根排水板；排水板实际间距约 70cm。排水板打设深度 4.5m，外露长度 0.4m。每排排水板铺设一根滤管，滤管间距 50cm。滤管铺设完成后，进行滤管排水板连接，排水板缠绕滤管一周半，用自拉锁固定。铺设一层土工格栅，一层无纺布，一次性铺设两层密封膜。试验 47 区浅层加固卸载后，吹填黑砂，一半面积吹填 30cm，一半面积吹填 40cm。工艺断面见图 2 和图 3。

（2）方案二：试验 48 区、32 区，在吹填流泥上铺设一层编织布，一层无纺布，人工打设排水板。排水板间距 0.8m、正方形布置，同时在每 4 根相邻排水板的形心处打设 1 根排水板；排水板实际间距 56cm。排水板打设深度 4.5m，外露长度 0.4m。每排排水板铺设一根滤管，滤管间距 40cm。滤管铺设完成后进行滤管排水板连接，排水板缠绕滤管

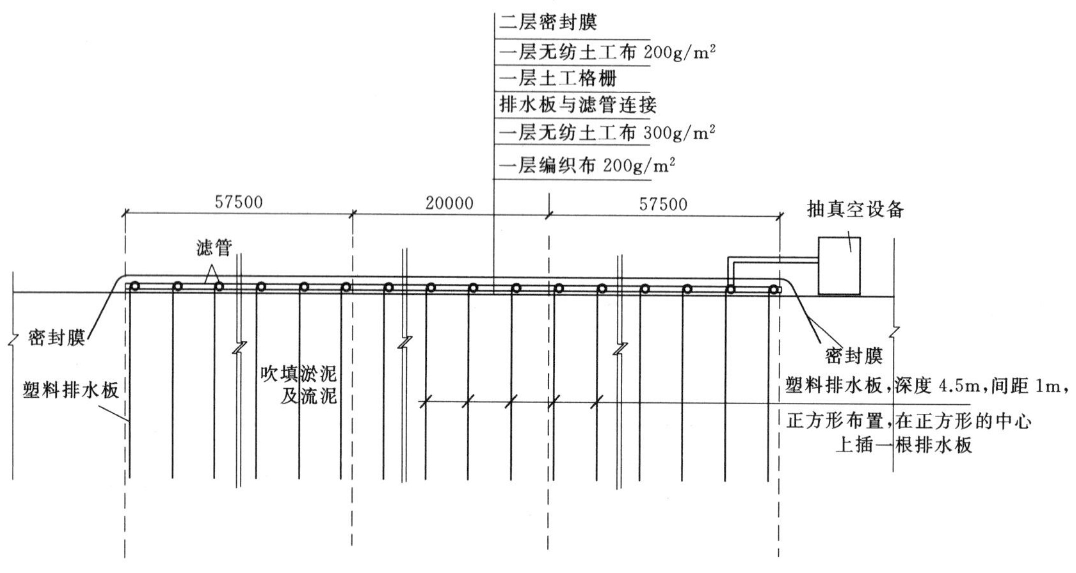

图 2 试验 31 区、16 区浅层抽水固结断面示意图

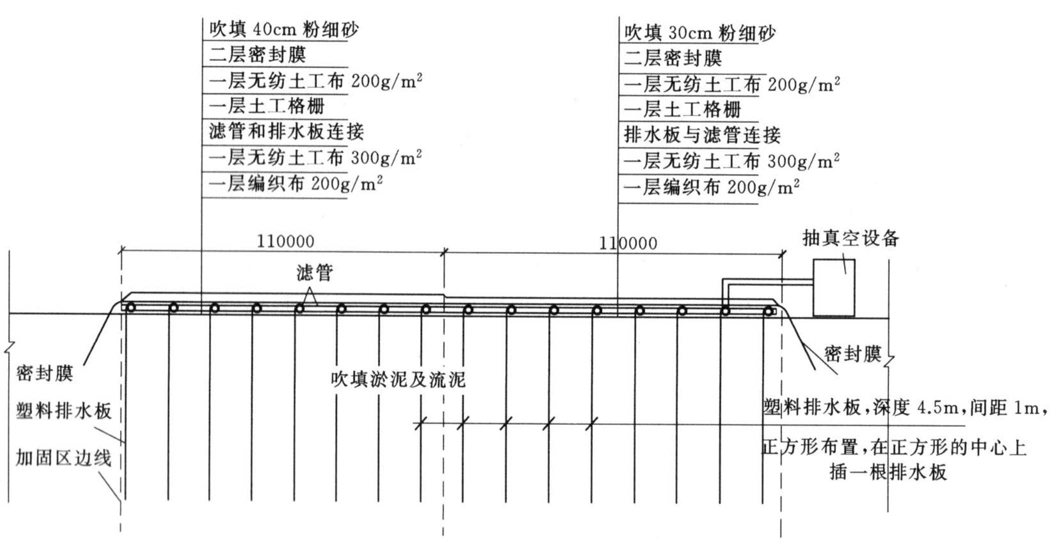

图 3 试验 47 区浅层抽水固结断面示意图

一周半，用自拉锁固定。铺设一层土工格栅、一层无纺布，一次性铺设两层密封膜。

1.4 深层抽水固结方案

五个试验区排水板间距均为 0.8m，正方形布置，排水板打设底标高为－13.0m、外露 0.4m。在每排排水板位置铺设一根滤管，排水板滤管通过自拉锁连接。滤管铺设完成后，试验 16 区、48 区、31 区滤管上直接铺密封膜，试验 32 区、47 区滤管上覆盖中粗砂，滤管顶部砂层厚度不小于 10cm，然后铺设密封膜。深层真空预压要求膜下真空度不小于 85kPa。预计抽真空恒载时间 100 天。

1.5　卸载标准

浅层抽水固结卸载标准：正式抽气第 20 天进行现场十字板检测，每区 8 个点，要求浅层 2～3m 范围内平均十字板剪切强度大于 10kPa。如达不到，继续抽真空，后每 10 天做十字板检测一次，直到地基强度满足要求。深层真空预压卸载标准：按实测沉降曲线推算的固结度不小于 90%，且连续 5 天地表实测平均沉降速率不大于 2.5mm/d。

1.6　浅层抽水固结仪器布置

试验区面积大，为减少土质不均、边界效应、真空压力分布等干扰因素的影响，在试验区内设置了试验仪器布置区。试验所需的所有监测仪器、现场取土及十字板检测均在该固定区域内进行。根据试验目的不同在试验区内共设置了 17 个监测区域 A1 区～A17 区，分布见图 4。A1～A17 区浅层固结单组检（监）测仪器布置见图 5。主要包括：表层沉降、膜下真空度、孔隙水压力、吹填土分层沉降监测，加固前后及加固过程中现场原位十字板检测，加固前后现场原位取土。

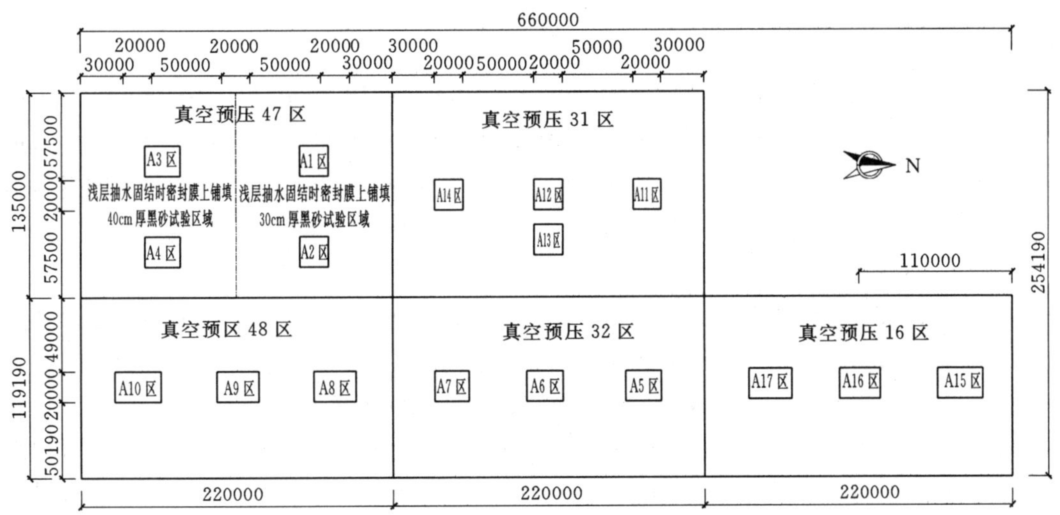

图 4　浅层抽水固结检测（监测）区域布置

1.7　深层加固监（检）测仪器布置

深层加固监测与检测仍然在 A1～A17 区内进行，A1～A17 区深层固结单组检（监）测仪器布置见图 6。主要包括：表层沉降、膜下真空度、孔隙水压力、土体分层沉降监测仪，加固前后现场原位十字板检测，加固前后现场原位取土。

2　浅层抽水固结工艺实施

2.1　铺设施工通道

加固区地表承载力较低，加固前十字板剪切强度检测结果显示只有 2kPa 左右，不能够直接上人，为确保施工人员的行走和材料的运输安全，需要在加固区表面铺设一些浮板，作为施工通道。试验区的浮板主要是泡沫板，轻便、灵活，在施工中使用非常方便。

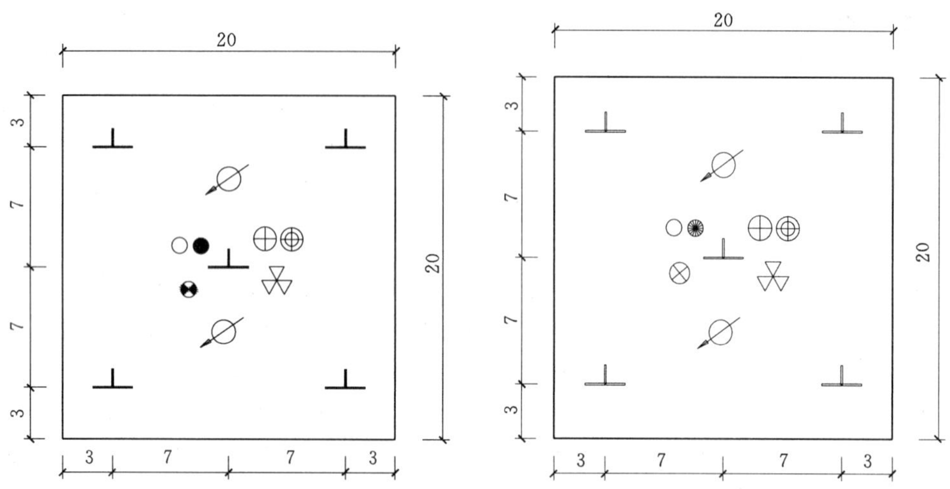

图 5 A1～A17 浅层固结单组检（监）测仪器布置　　图 6 深层单组监（检）测仪器布置图

2.2 铺设土工布

在加固区超软土表面铺设一层 200g/m^2 的编织布和一层 300g/m^2 的无纺布。土工布现场缝合，搭接铺设，搭接宽度不小于 20cm。铺设土工布的目的一方面是为了施工人员安全，两层土工布可以形成一个很好的工作界面，保证施工人员安全，另一方面铺设的土工布可以有效阻止土颗粒进入排水垫层中，保持排水和负压传递通畅、均匀。

2.3 塑料排水板打设

塑料排水板打设施工前，先在打设区域预打板，判断打设深度，根据打设深度和外露尺寸，将排水板剪成满足打设深度和外露长度要求的短板，并将端头用热沥青封闭，防止负压抽气过程中土颗粒从排水板端头吸入板芯造成排水板堵塞。

施工人员根据排水板的打设间距，用镰刀在土工布上割出排水板打设口，利用打设管人工打设塑料排水板。打设排水板时，将热沥青封闭好的排水板端头弯折，把镀锌打设管插入弯折部位，垂直压入泥下预定位置。

2.4 排水板和滤管连接

塑料排水板打设时，要求外露长度不小于 0.4m。排水板打设完毕后，在每排排水板之间布设一根滤管，然后将排水板缠绕滤管一周半，用自拉锁固定。排水板缠绕滤管一周半，可以保证塑料排水板间的有效连接，并保证排水板在抽真空过程中可以双面排水，减少真空压力损失。图 7 为现场排水板滤管绑扎。

2.5 铺设土工格栅

为了使加固区表层土体能够形成垂直排水，同时为保证真空负压在膜下均匀分布，在加固区表层在加固区铺设一层土工格栅，土工格栅搭接长度不小于 20cm。图 8 为现场土工格栅铺设。

土工格栅铺设完成后，在土工格栅上铺设一层无纺布，一次性铺设三层密封膜。布设射流泵，抽气加载。

图 7　施工现场排水板滤管绑扎

图 8　施工现场土工格栅铺设

试验区 10 月 6 日开始浅层真空预压试抽气，10 月 21 日正式抽气计时，12 月 24 日浅层加固卸载。扣除停电、停泵等时间，浅层加固实际抽气时间为 40 天。由于冬季施工天气寒冷，地基表面结了几十厘米厚的冰层，深层打板无法进行，浅层加固卸载后一直停止施工。深层真空预压排水板打设在来年冰冻融化后进行，开始时间为来年 3 月 16 日，试验区 32 区、48 区、47 区采用重型排水板打设机进行深层排水板打设，其他区域采用轻型打板机械进行排水板打设。

3　浅层加固试验数据分析

3.1　浅层加固过程中孔压变化

打设塑料排水板后，在每个监测区中心点附近埋设 1 组孔隙水测头，埋设位置在四根排水板所围区域的中心位置，埋设深度为设计要求深度。根据实测统计，浅层抽水固结孔压消散数值与排水板间距有关，56cm 排水间距的 32 区、48 区孔压消散值为 35.05kPa、30.70kPa，70cm 排水板间距的 16 区、31 区、47 区孔压消散值为 10.63kPa、11.77kPa、14.11kPa，排水板间距小的加固区孔压消散值高，排水板间距的大小对加固区孔压消散值的影响是显著的。

3.2 浅层加固过程中表层沉降分析

试验区表层为新近吹填形成，地基尚未完全排水固结，加固区域地基土层为欠固结土。在打设塑料排水板后，由于土层排水路径缩短，地基土在其自重压力作用下，很快产生一定量的固结沉降。根据沉降观测结果，在打设塑料排水板后至预压加固前，加固区内的插板沉降为159.8～590.6mm，受插板顺序及土质均匀性影响，插板期沉降差别较大。

随着真空预压加固时间延长，试验区累积沉降逐渐增加。根据现场实测沉降统计，见表3，试验32区、48区浅层抽水固结总沉降为1734.5mm、1763.7mm，试验47区、31区、16区浅层抽水固结沉降为1267.32mm、1097.3mm、1525.2mm。卸载时平均沉降速率试验32区、48区为4.4mm/d、3.7 mm/d，试验47区、31区、16区为5.0 mm/d、2.3 mm/d、3.2 mm/d。

根据实测平均沉降曲线，采用双曲线法和三点法两者结合，估算加固区在排水板打设深度内固结度，加固区47区、16区、31区固结度为50%～65%，残余沉降60～70cm；加固区32区、48区固结度为70%～75%，残余沉降35～50cm。32区、48区排水板间距较小，地基固结度高于47区、16区、31区。

表3　加固区实测沉降统计

监测小区	试验区	沉降/mm	沉降速率/(mm/d)	平均沉降/mm	平均沉降速率/(mm/d)	插板期沉降/mm	总沉降/mm
A1	47区	1034	5.5	1078.9	5.0	188.3	1267.2
A2		1097	5.2				
A3		1088	4.9				
A4		1096	4.6				
A5	32区	1308	5.0	1339.7	4.4	394.8	1734.5
A6		1315	4.4				
A7		1396	3.9				
A8	48区	1111	3.8	1173.1	3.7	590.6	1763.7
A9		1189	4.9				
A10		1220	2.4				
A11	31区	881	2.1	937.5	2.3	159.8	1097.3
A12		929	1.8				
A13		1016	2.9				
A14		924	2.3				
A15	16区	1138	3.2	1158.4	3.2	366.8	1525.2
A16		1145	4.2				
A17		1193	2.0				

3.3 浅层加固前后含水率变化

根据现场取土和室内试验结果，含水率在加固过程中迅速降低，加固前期降低速度大于后期。相同的加固时间内，含水率的降低速度和加固区排水板间距有关，排水板间距小，含水率降低快。排水板间距为 56cm 的 32 区、48 区 30 天平均含水率为 62.0%、60.1%，40 天平均含水率 57.3%、53.9%；排水板间距 70cm 的 31 区、16 区、47 区 30 天平均含水率 68.2%、72.6%、74.1%，40 天平均含水率为 64.5%、65.5%、68.1%。从统计结果看，排水板间距的变化对加固区含水率降低是敏感的，减小排水板间距可以加快加固区土体含水率的降低速度。

3.4 浅层加固十字板剪切强度分析

根据前面的分析，预计土体十字板剪切强度达到 10kPa 时，能够满足深层插板机械的安全行走和施工。为找到 10kPa 的卸载点和探索吹填超软土在真空预压加固过程中的增长规律，我们在加固过程中进行了 4 次现场钻孔和十字板剪切试验，分别为加固前、加固 20 天、加固 30 天和加固 40 天。平均十字板剪切强度统计见表 4。

表 4　　试验区平均十字板剪切强度

加固区	十字板剪切强度/kPa			
	加固前	20 天	30 天	40 天
16 区	1.3	1.2	2.4	4.1
47 区	1.3	—	1.8	4.0
31 区	1.4	—	2.4	3.5
32 区	1.4	3.8	6.1	7.7
48 区	1.2	3.3	7.1	8.8

根据现场原位实测十字板剪切强度统计，随着加固时间的延长，地基十字板剪切强度逐渐增加。真空预压加固 40 天，16 区、47 区平均十字板剪切强度 4kPa 左右，31 区平均十字板剪切强度 3.5kPa，32 区、48 区平均十字板剪切强度 7.7kPa、8.8kPa。根据试验结果，排水板间距对真空预压加固地基十字板剪切强度增长的影响非常敏感，相同加固时间，排水板间距 56cm 的 32 区、48 区，十字板剪切强度明显高于排水板间距 70cm 的 16 区、47 区、31 区。

3.5 浅层抽水固结卸载十字板剪切强度分析

经过 40 天的真空预压加固，加固区 2～3m 范围内实测十字板剪切强度并没有达到设计预计的 10kPa。但根据现场踏勘及设计施工人员的经验，认为 32 区、48 区能够满足重型排水板打设机的施工行走，随在抽真空计时 40 天后卸载。

卸载后在试验区进行了排水板试打，试验 32 区、48 区在不采取措施的情况下，能够顺利进行重型排水板打设机械作业。47 区铺设 40cm 黑砂，采取措施后能够进行重型排水板打设机机械作业，其他各试验区能够进行轻型排水板打设机械作业。说明试验区加固后地基承载力满足插板机工作要求。

加固区表层由于滤管布设比较密，且铺有格栅，表层 0.5m 深度范围加固效果要好于 0.5m 深度以下。0.5m 深度硬壳层对排水板打设机的安全行走至关重要。因而我们对浅表层 0.5m 深度以内土体十字板剪切强度及 0.5m 深度以下十字板剪切强度分别进行统计。

48 区、32 区浅表层 0.2～0.5m 卸载后十字板剪切强度统计，统计包括 40 天卸载强度、深层排水板打设前十字板检测强度统计，平均十字板剪切强度为 10.2kPa。该强度满足设计预期的 10kPa 的十字板剪切强度。32 区、48 区 0.5m 以下排水板打设深度以上位置十字板剪切强度进行统计，平均强度为 7.5kPa。

31 区、16 区表层 0.5m 以内十字板剪切强度统计，统计包括 40 天卸载强度、深层排水板打设前十字板检测强度，得到平均强度为 7.0kPa。0.5 米以下排水板打设深度以上位置十字板剪切平均强度为 3.5kPa。考虑到加固后十字板剪切强度均为四根排水板中间位置十字板剪切强度，强度值低于地基实际十字板平均强度值。

47 区浅表层 0.2～0.5m 卸载后十字板剪切强度统计，统计包括 40 天卸载强度、深层排水板打设前十字板检测强度统计，平均后得到平均强度为 6.9kPa，与 31 区、16 区接近。0.5m 以下至打板深度土层十字板剪切强度进行统计，平均后得到平均强度为 4.0kPa，与 31 区、16 区接近。

3.6 推荐浅层加固卸载标准

（1）土压力测试。为了更好地了解插板机在插板过程中对地基的实际压力有多大，我们在插板机下的枕木上安装了土压力盒，对重、轻型打板机最大接地压力进行测量。通过测试得到插板机在拔桩的时候对地压力是最大的，根据测得重型打板机最大接地单位面积压力值，折算成表层土体十字板剪切强度，值为 9～10kPa。轻型打板机最大接地单位面积压力值折合成表层土体十字板剪切强度，值为 7.0～7.5kPa。土压力盒测得的折算表层十字板剪切强度值与十字板检测强度值非常相近。认为以检测值均值作为浅层抽水固结卸载推荐值是可行的。

（2）浅层抽水固结卸载标准。推荐重型插板机械施工浅层抽水固结卸载标准：卸载检测，以土体原位十字板剪切试验为推荐检测方式；卸载标准：表层 0.2～0.5m 深度范围内，土体十字板平均强度不小于 10kPa，0.5m 以下加固范围内平均十字板剪切强度不小于 7.5kPa。

推荐轻型插板机械施工浅层抽水固结卸载标准：卸载检测，以土体原位十字板剪切试验为推荐检测方式；卸载标准：表层 0.2～0.5m 深度范围内，土体十字板平均强度不小于 7kPa，0.5m 以下加固范围内平均十字板剪切强度不小于 4kPa。

4 深层加固工艺实施

深层加固是在浅层加固卸载后，进行的深层真空预压地基加固。试验区浅层抽水固结卸载后，地表形成了可以进行重型（轻型）深层插板机械施工的工作界面。

（1）排水板打设。为保证安全，在排水板打设前进行了排水板试打，试验 32 区、48 区地基强度能够满足重型打板机打设要求。重型排水板打设见图 9。试验 31 区、16 区因浅层抽水固结排水板间距较大，浅层抽水固结加固后，地基承载力较小，采用轻型排水板打设机进行排水板打设。轻型排水板打设机工作效率远低于重型排水板打设机。

试验 47 区土体强度较低，吹填 40cm 黑砂后需要采取措施（在打板机枕木下铺设泡沫板，增加打板机械接地面积）才能够进行重型排水板打设机作业，且采取措施后，枕木

图 9　现场重型插板机深层排水板打设

及铺设泡沫板的仍然会有一定程度的下陷。

(2) 铺设滤管。在每排排水板位置铺设一根滤管，排水板缠绕滤管一周半，用自拉锁固定。

(3) 覆盖中粗砂。根据方案设计，在 47 区、32 区滤管上覆盖中粗砂，滤管顶面中粗砂厚度大于 10cm，16 区、48 区、31 区滤管上不覆盖中粗砂；现场实际操作是将中粗砂装在呢绒袋中，平整的覆盖在滤管上。

(4) 现场尖锐物品检查。深层排水板打设会对浅层加固留下来的滤管、格栅等造成局部破损，在铺设无纺布前，需要进行现场排查，必要时，在局部铺设编织布，以防止遗留的尖角在抽真空过程中刺破密封膜，造成漏气。靠近加固区外围区域，由于浅层加固后表层地基强度很高，造成深层排水板打设后，排水板桩孔不缩孔。为防止密封膜破损，现场用中粗砂对桩孔进行填埋处理。

(5) 铺膜加载。压膜沟深度挖至不透水、不透气土层顶面以下 0.5m。开挖压膜沟时，沟内排水板不剪断，沿沟边向上与滤管连接。一次性铺设三层密封膜，铺膜后用黏土回填压膜沟。根据设计要求，安装射流泵（约每 1000m^2 布置一台泵）。试抽气，检查区内密封情况，分 3 批循环开启真空泵，每批只开启 1/3 的泵数量，每批持续时间为 5 天。开启全部真空泵，实施深层真空预压处理。膜下真空压力不小于 85kPa、抽真空恒载时间为 100 天。

5　深层加固效果分析

5.1　土质分析

根据分层及加固前后物理指标变化，土层淤泥及淤泥质黏土（层号 1）、淤泥及淤泥质黏土（层号 2）、黏土及淤泥质黏土（层号 3）物理力学指标变化明显。加固后试验区各土层含水率明显降低，湿密度增加，孔隙比减小，液性指数降低，压缩系数降低，加固效果显著。

根据试验方案，47 区、32 区滤管上铺有中粗砂，16 区、48 区、31 区滤管上没有中粗砂，在加固前后土性物理力学指标对比中并不能看出明显的区别。含水率变化是加固效果改善最敏感的指标，将加固前后不同试验区的含水率进行平均，结果见表 5。各试验区深层加固前平均含水率 41.2%～54.6%，加固后各区平均含水率相差不大，在 35%～38%之间，含水率降低 10.2%～34.9%。滤管上有无中粗砂对含水率的影响，没有明显差别。

表 5　　加固前后各试验区平均含水率对比

项　目	16 区	31 区	32 区	47 区	48 区
加固前含水率/%	54.6	49.9	48.8	47.1	41.2
加固后含水率/%	35.5	36.9	38.3	35.7	37.0
降低/%	34.9	25.9	21.6	24.2	10.2

5.2　沉降分析

根据沉降观测结果，在打设塑料排水板后至预压加固前，加固区内的插板沉降为 1240～1404mm，插板期沉降受吹填顺序及不均匀影响较大。深层真空预压期间该沉降量为 764～1037mm，卸载前 5 天的沉降速率为 1.3～1.7mm/d。

用经验双曲线法来对其固结度进行估算。统计试验区浅层抽水固结、深层加固沉降量，推算固结度见表 6。试验区经过二次加固后，总沉降量为 3217～3658mm，推算固结度为 90.2%～90.7%，满足设计要求。

真空预压区 32 区、47 区滤管上覆盖中粗砂，加固后固结度推算值为 90.2%、90.4%与滤管未覆盖中粗砂的 31 区、48 区、16 区相当。

5.3　螺旋管分层沉降

螺旋管分层沉降测的是深层加固过程中原泥面以下加固范围内所有土层的沉降，不包括吹填土层沉降。五个试验区螺旋管沉降为 281～455mm，表层沉降盘沉降（深层加固过程中吹填土层和原泥面以下土层总沉降）为 764～1078mm，原泥面以下加固范围内土体沉降为表层沉降的 30.8%～48.6%。

表 6　　真空区沉降量、沉降速率及推算的固结度汇总表

沉降统计	16 区	31 区	32 区	47 区	48 区
浅层沉降/mm	1160	938	1340	1079	1173
插板期沉降/mm	1296	1404	1240	1329	1280
深层抽真空沉降/mm	1072	1037	1078	911	764
总沉降量/mm	3528	3379	3658	3319	3217
连续 5 天沉降速率/(mm/d)	1.4	1.6	1.6	1.7	1.3
固结度/%	90.3	90.7	90.2	90.4	90.3

加固前待加固地基总厚度为 20m，吹填土层厚度约为 8m，经浅层抽水固结消除部分

沉降，吹填土厚度 6.5m 左右，占待加固土层厚度的 32%。占总厚度 32%的吹填土层，产生了 51.4%～69.2%的沉降。沉降主要产生在吹填土层。

5.4　加固前后十字板剪切强度对比分析

表层 8m 左右土体为吹填土，经浅层抽水固结、深层真空预压加固后，土体十字板抗剪强度增幅巨大，加固效果明显。浅层抽水固结后深层加固前，表层土十字板抗剪强度 2.3～6.5kPa，深层加固后十字板抗剪强度增加到 23.1～41.2kPa。原泥面以下土层加固前主要采用十字板进行检测，十字板抗剪强度 4～35.9kPa。加固后，土体强度大幅增长，原泥面以下土层主要采用标贯试验，击数为 3～11 击。

五个试验区 0～6m 十字板剪切强度均值为 28.8～32.2kPa，10～18m 加固范围内标贯击数 5.3～7.0 击，加固效果相差不多。

6　和传统工艺对比

试验区邻近区域的加固区主要为 15 区、29 区、46 区。15 区、29 区、46 区，采用传统有砂二次加固工艺。试验区 32 区、48 区浅层抽水固结排水板间距为 56cm，小于传统加固区的排水板间距 70cm；试验区浅层加固时间 40 天，传统区浅层加固时间 30 天；试验区深层加固前没有铺设粉细砂，传统区深层加固前铺设了 80cm 厚的粉细砂；试验 32 区、47 区滤管上覆盖中粗砂，传统区滤管全部覆盖中粗砂。

6.1　含水率对比

加固前后试验区及邻近加固区平均含水率对表见表 7。16 区和 15 区，31 区和 30 区，47 区和 46 区邻近。试验区加固前含水率为 47.1%～54.6%，传统区加固前含水率 48.4%～55.5%，加固前平均含水率差别不大。加固后试验区含水率 35.5%～36.9%，传统区含水率 36.8%～37.7%，考虑土质均匀性差别和检测误差，可以认为试验区和加固区加固前后含水率及变化相当。

6.2　吹填土层十字板剪切强度对比

试验区无砂工艺和邻近传统工艺吹填土层加固前后十字板剪切强度均值见表 8。邻近传统工艺 15 区、30 区、46 区吹填土层加固后十字板剪切强度均值分别为 20.2kPa、23.6kPa、

表 7　　深层加固前后试验区及邻近加固区平均含水率对比

真空预压加固工艺	试验区无砂工艺					邻近加固区传统工艺		
	16 区	31 区	47 区	32 区	48 区	15 区	30 区	46 区
加固前含水率/%	54.6	49.9	47.1	48.8	41.2	55.5	48.9	48.4
加固后含水率/%	35.5	36.9	35.7	38.3	37.0	37.7	37.6	36.8
降低/%	34.9	25.9	24.2	21.6	10.2	32.0	23.1	24.0

24.7kPa，三个区十字板剪切强度均值相差不大。试验区无砂工艺 16 区、31 区、32 区、48 区吹填土层加固后十字板剪切强度均值分别为 27.3kPa、28.4 kPa、26.3 kPa、27.5 kPa、30.6 kPa。试验区加固后十字板剪切强度稍高于传统工艺加固区。

表 8　　试验区无砂工艺和邻近传统工艺吹填土层加固前后十字板剪切强度均值

真空预压加固工艺	邻近传统工艺加固区			无砂工艺试验区				
	15 区	30 区	46 区	16 区	31 区	32 区	47 区	48 区
加固后十字板剪切强度/kPa	20.2	23.6	24.7	27.3	28.4	26.3	27.5	30.6

6.3 经济对比

本文以 32 区、48 区能够上重型插板机械的无砂法真空预压工艺为例，和传统吹填黑砂的二次加固工艺对比，进行经济分析。考虑加固后地表标高相同，传统工艺中吹填 80cm 厚的黑砂在无砂工艺中按预吹填淤泥计算，考虑吹填黑砂为松砂，在真空预压加固过程中会产生大概 10cm 沉降，吹填砂实际厚度为 70cm。吹填淤泥厚度按落淤 25%、加固沉降 20%，加固后剩余厚度为 80cm 计算，需要吹填淤泥厚度近似考虑为 120cm，吹填距离按中等距离 5～6km 计算。所有施工费用包含材料费，均按天津地区常规价格考虑，对比见表 9。

表 9　　两种真空预压工艺差价估算

序号	名称	传统工艺	无砂工艺	差值	单价/元	合计
1	浅层排水板/m	105543.9	158004.9	52461.0	2	104922.1
2	浅层滤管/m	7326	24899.2	17573.2	1.8	31631.8
3	浅层真空预压工期/(d·万 m^2)	30	40	10.0	2100	21000
4	深层排水板/m	327045.6	323870.4	−3175.2	2	−6350.4
5	深层滤管/m	6448	12697.6	6249.6	2.8	17498.88
6	黑砂/m^3	8000	0	−8000.0	45	−360000
7	中粗砂/m^3	515.8	1015.9	500.1	110	55011
8	吹填淤泥补齐标高/m^3	0	12000	12000.0	14	168000
总计/元						31713.3
无砂工艺每平米单价增加/(元/m^2)						3.17

根据以上测算，无砂法真空预压二次加固工艺比传统有砂工艺每平方米增加费用 3.17 元，占真空预压地基加固整体费用的 0.8%～1.5%，增加比例非常低。当然，随着无砂工艺的大面积推广应用，和原材料价格的高低变化，尤其是砂资源紧缺情况下，无砂工艺的价格未必会高于传统工艺，但节省砂资源的优势是传统工艺不能比拟的。

7 技术优势及应用前景

7.1 技术优势

本文开发的无砂法真空预压加固技术主要技术优势体现在：

(1) 完全无砂。传统真空预压加固超软基需要大量的砂资源。天津地区没有砂，主要靠外地购买和远距离运输，近年来由于砂源地过量开采和资源保护，砂资源紧缺，且造价高昂。本文通过减小浅层抽水固结的排水板间距，使得含水率 103%～124% 的流泥真空预压 40 天后，地基承载力满足深层插板机械施工要求，成功取消了作为工作垫层的 80cm

粉细砂垫层。通过排水板滤管有效连接，成功取消了作为排水垫层的40cm中粗砂垫层。综合测算，每平方米节约砂1.2m^3。新技术解决了砂资源紧缺的燃眉之急，使得真空预压能够在无砂的情况下顺利进行。

（2）提出超软基硬壳快速形成方法。该技术提出采用小于规范推荐的排水板间距快速加固吹填超软土土，取得非常好的加固效果。现行JTS 147—2—2009《真空预压加固软土地基技术规程》推荐的排水板间距为0.7～1.3m，本文无砂法真空预压技术采用的浅层抽水固结排水板间距为0.56m，远低于规范推荐。采用该排水板间距，使得试验区超软土地基40天加固地基承载力满足重型插板机械施工要求。该技术适合对地基承载力要求不高的浅层一次加固，也可用于二次真空预压地基加固中快速形成硬壳层，满足重型插板机械施工的第一次加固。

（3）提出吹填超软土浅层无砂真空预压卸载标准。根据现场试验、检测和数据统计，本文提出了二次真空预压加固浅层超软土加固卸载检测方法和卸载标准，该卸载标准满足重型插板机械施工。该标准的提出，为无砂法真空预压的设计、施工带来了方便。有了该标准施工单位可以较为精确的掌握浅层加固卸载时间，不会因浅层加固卸载时间过早或过完，造成浅层加固后地基承载力不满足重型插板机械施工或浅层抽水固结时间过长产生经济浪费。

（4）新技术便于实施和推广。新技术设计参数明确，施工工艺和传统工艺区别不大，能够为广大设计、施工人员掌握。新工艺加固效果满足设计要求，是解决当前砂资源紧缺的首选方法，应用前景良好，具有广阔的推广应用空间。

7.2　应用前景

南港B03路试验区的工程情况在吹填造陆工程中非常典型，表层为深厚的吹填超软土，强度非常低，无法上人和施工机械，原泥面以下十几米范围内为欠固结土，该土层主要为Q4后期沉积土。本文根据依托工程实际情况设计了二次无砂真空预压软基加固方法，该方法分为浅层抽水固结和深层真空预压地基加固。浅层抽水固结方案主要针对吹填超软基在无砂情况下设计的一种快速真空预压方案，深层无砂加固方案主要针对能够上重型插板机械设计的无砂深层真空预压加固方案。两种方案均可以单独应用，也可以联合应用。

对于临时路、绿化带等对承载力和沉降要求不是特别高的地基，可以单独采用浅层抽水固结工艺，对地基浅层进行处理，既降低了工程造价，又具有明显的时间效益。对于一些后期使用要求不明确的吹填造陆工程，常常只需要对地基浅层进行初步处理，在浅层形成具有一定的承载力工作垫层，满足后期人员和机械进场的要求、达到卖地或工程初步需要，也可单独浅层抽水固结工艺。对于表层强度比较高，能够上施工机械，或者采取一点措施可以上施工机械的地基，可以单独采用无砂深层真空预压加固方案。对于和试验区情况相近的地基，表层为高含水率吹填超软土的深厚软基，需要联合应用浅层抽水固结和深层真空预压加固方案。应该说，该课题研究的无砂法真空预压软基加固技术可以应用于所有适合真空预压加固的软土地基。

无砂法真空预压加固软基技术不使用砂资源，和传统工艺相比每平方米节省用砂0.8～1.2m^3，避免了砂石料资源的乱采乱挖，缓解了交通运输压力，也避免了交通运输给环境带来的噪音、粉尘及废气污染。该项目的研究成果可以充分利用港池和航道的疏浚土，减少了弃土对环境造成的污染，有效地保护了生态环境，符合环保要求，社会效益显著。

8 启示和建议

通过B03路13.8万m^2的无砂真空预压工艺现场试验，在试验中发现一些问题，希望能为今后该工艺的应用提供一些借鉴。

(1) 关于滤管。无砂法真空预压工艺和传统工艺最大的区别之一是取消了作为水平排水垫层的中粗砂垫层。在有砂工艺中，滤管放在砂垫层中，抽真时砂垫层对滤管形成了保护。在无砂工艺中，滤管放在泥面上，抽真空时密封膜在大气压力作用下，容易对滤管形成半包裹从而造成应力集中，将滤管压扁。在无砂工艺中，滤管作为唯一的排水和负压传递通道，如果在抽真空过程中发生损坏，将严重影响地基局部区域加固质量。因而滤管的环刚度指标高低对无砂真空预压施工成功与否，非常关键。建议在无砂法真空预压设计时，对滤管环刚度的取值要非常重视，在施工材料的选择上，严格监管。当采用滤管的管径较大或采用堆载预压工艺时，滤管最好埋入表层淤泥中。

(2) 关于密封膜铺设。根据JTS 147—2017《水运工程地基设计规范》，“压膜沟深度至少应挖至不透水、不透气层顶面以下0.5m”。新近吹填土含水率高、强度低，常常呈现出流动状态，因而压膜沟成沟非常困难，施工一般做法是将密封膜踩入泥下0.5m。如果吹填土厚度比较大，在真空预压过程中，沉降速度快，且沉降值超过了0.5m，压膜沟倒挂，很容易造成压膜沟侧翻和加固区大面积漏气，影响施工进度和地基加固质量。建议根据现场实际情况，铺膜范围适当外延，延缓压膜沟倒挂的垂直坡度，降低压膜沟侧翻的可能性。

在有砂工艺中，砂垫层覆盖在地基的表面。地基表面的尖锐物品：石渣、贝壳，包括二次加固中因一次加固铺设的滤管、格栅等，地基表面不平整，排水板插入不缩孔产生的孔洞等，都被覆盖在砂垫层下或被砂填满，不会在抽真空过程中对密封膜造成损坏。无砂工艺中，这些损坏因素直接暴露出来，非常容易对密封膜造成损坏，比如将密封膜扎破或者因为排水板桩孔不缩孔使得密封膜破裂，如果漏气点非常多，处理起来非常困难，甚至会使铺上的密封膜直接废掉。建议在密封膜下铺设一层强度较高的编织布，而不是铺设无纺布，然后再铺设密封膜，密封膜一般一次性铺设两层。

(3) 关于二次加固浅层卸载标准。无砂二次真空预压加固在浅层抽水固结中取消了作为工作垫层的黑砂垫层，深层插板机械直接在浅层加固后的泥面上进行插板作业。浅层抽水固结卸载地基承载力对能否采用常规重型插板机械作业非常重要。在前面的分析中，认为表层0.5m范围内十字板剪切强度不小于10kPa，0.5m以下至浅层排水板打设深度范围内土体十字板剪切强度平均值不小于7.5kPa，可以满足常用重型插板机械作业。如果局部小区域较软，需要加大枕木接地面积。

(4) 关于排水板间距。在无砂二次真空预压加固工艺设计中，浅层抽水固结的排水板间距设计对浅层加固的卸载时间、卸载地基强度影响非常大。现有真空预压加固规范建议的排水板间距不完全适合超软吹填土地基加固。超软土含水率非常高，状态介于固态和液态之间，它的固结系数、渗透系数、含水率等在加固过程中不断变化，现有规范中尚没有关于该类土专门的变参数的设计计算公式，来较为精确的估算真空预压加固过程中固结度、沉降、强度发展情况等。超软土真空预压地基加固设计，规范中主要的设计参数均假定为固定值，计算结果可能和实际相去甚远，这给设计带来很多不便。对于塑性指数大于25且含水率大于85%的流泥吹填土地基[2-3]，设计施工经验较少，应进行小面积的现场试验确定排水板间距，以免排水板间距不合理造成浅层加固长时间无法卸载，或卸载后重型插板机械无法作业。对于塑性指数小于25，但含水率大于85%的吹填土真空预压加固，排水板间距的确定主要靠经验积累或者可靠的数值计算，因而在排水板间距确定时要非常慎重。

9　结语

通过13.8万m^2的现场试验和数据分析，得到以下结论：

（1）提出了一种无砂的适合深厚超软基快速加固的真空预压新技术。该技术在浅层真空预压加固中采用较小的排水板间距，使超软土快速固结，形成满足深层插板机械施工的硬壳层，取消了传统工艺中作为施工垫层的粉细砂垫层；在深层真空预压加固中取消了作为排水垫层的中粗砂垫层，实现了完全无砂超软基真空预压地基加固。

（2）提出无砂的二次真空预压地基处理技术浅层加固卸载标准。标准为：表层0.2～0.5m深度范围内，土体十字板平均强度不小于10kPa，0.5m以下加固范围内平均十字板剪切强度不小于7.5kPa。以土体原位十字板剪切试验为推荐检测方式。

（3）排水板间距对浅层超软土加固效果的影响是显著的，采用小于规范推荐的排水板间距可有效加固吹填超软土，可以迅速形成能够满足常用排水板打设机械工作的工作界面。

参考文献

[1]　叶国良，郭述军，朱耀庭．超软土的工程性质分析［J］．中国港湾建设，2010（5）：1-9.

[2]　中华人民共和国交通运输部．JTS 147—2017水运工程地基设计规范［S］．北京：人民交通出版社股份有限公司，2018.

[3]　龚晓南．地基处理手册［M］．2版．北京：中国建筑工业出版社，2000.

江苏田湾核电站软土地基处理工程实例

陈文华

（中国电建集团华东勘测设计研究院有限公司，浙江杭州　311122）

摘　要：滨海核电厂建设场地通常需要开山、填海、造陆而成；对海底淤泥进行处理，对回填场地进行推填碾压或夯实，对局部特殊区域需要进行特殊处理。江苏田湾核电站位于江苏连云港市，是一座典型的滨海核电站。本文详细介绍了江苏田湾核电站回填区的软基处理的方案、施工及监测等成果；总结了回填区地基处理效果、GIS强夯处理效果等经验，可为同类工程提供借鉴。工程实践证明，塑料排水板处理软土地基有效提高了软土的强度，提前消除场区的沉降和不均匀沉降，保证了施工时地基稳定，处理后场地的承载力和变形满足工程设计要求，确保工程顺利建设。

关键词：核电站；地基处理；塑料排水带；超载预压；排水固结；强夯；监测

0　引言

早期，我国核电厂址基本都集中在基岩的区域，但随着核电快速发展，20世纪90年代后期开始，一般将主厂区布置在基岩区，而为核电站建设提供生产、施工、安装、检修和生活设施等场地位于软土、人工填土区域，如部分BOP厂房、进厂公路、施工准备区、办公生活及辅助设施区等。

核电站建设场地一般需进行开山、填海而形成，在填海前为减少后续建（构）筑物地基处理的难度，常采用排水固结法等对海底淤泥和淤泥质土进行处理后再进行回填。排水固结法包括排水通道和加压系统，排水通道一般采用塑料排水板，加压系统通过堆载或超载预压来加快软土地基的固结。由于建设场地所需面积大，软土厚度不均匀，回填厚度也不同，因此需要分区进行软土处理、分层进行填筑，必要时还需对回填层进行强夯法处理。江苏田湾核电站就是一个典型案例。

1　工程概况

江苏田湾核电站位于江苏省连云港市，规划设计为1000MW级压水堆机组6台，一期工程为2台1000MW俄罗斯进口压水堆机组。处理区域位于整个场区的南部、东部和东北部，由原海滩回填构成。回填后，一部分作为施工场地，一部分为建（构）筑物场地。拟建物为办公楼、厂房、仓库等核电厂的附属设施。

软土地基处理共分为九个区，分别为T_{3-1}、T_{3-2}、T_{3-3}、T_{3-5}、T_{4-1}、T_{4-2}、T_{5-1}、T_{7-1}、T_{8}区。

软基处理区域位于黄海潮间带，地面标高－2.14～4.86m，主要为泥质海滩，局部为养殖区海埂和池塘。地层由人工填土（Q_4^{ml}）、第四系全新统海相沉积层（Q_4^{m}）、第四系上更新统冲一海积层（Q_3^{al+m}）、第四系中更新统冲坡积层（Q_2^{al+dl}）和中—上元古界海州群第三岩性段（$P_{t2-3}y^3$）含岩块二长浅粒岩组成。其中第四系全新统地层（Q_4^m）以海相沉积的淤泥、淤泥质为主，呈流塑—软塑状；第四系上更新统地层（$Q_3{}^{al+m}$）属海陆交互相沉积，黏土、粉质黏土和砂层呈互层状，黏性土为可塑状，砂呈中密状；第四系中更新统地层（Q_2^{al+dl}）以蓝灰、棕黄、褐黄色粉质黏土和中粗砂为主，粉质黏土呈硬塑状，砂呈密实状；其下伏地层为中—上元古界含岩块二长浅粒岩，揭露地层共18层，分为27个亚层。典型地质剖面见图1，主要软土层物理力学指标见表1和表2。

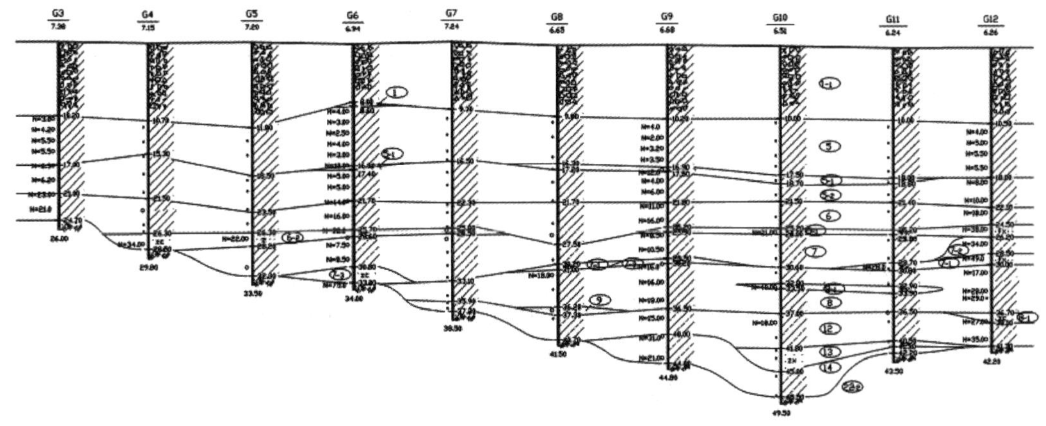

图1　典型地质剖面示意图

表1　　**物理力学性指标汇总表**

土层名称及其编号	土的物理性质							剪切试验		压缩性	
	含水量	重度	干重度	孔隙比	液限	塑限	塑性指数	凝聚力	内摩擦角	压缩指数	压缩模量
	w	γ	γ_d	e	w_L	w_P	I_P	c	φ	$a_{0.1\sim0.2}$	$E_{s0.1\sim0.2}$
	%	kN/m³				%	%	kPa	(°)	(°)	MPa
3　黏土	34.6	19.0	14.1	0.947	47.5	23.9	23.5	14	9.5	0.46	4.32
5　淤泥	65.7	16.3	9.9	1.780	54.0	26.4	27.5	14	3.0	1.69	1.63
5-2　淤泥质黏土	44.4	18.0	12.5	1.201	44.7	23.1	21.6	10.5	5.5	0.80	2.84
6　黏土	28.7	19.5	15.2	0.805	41.5	21.6	19.8	43	8.5	0.26	7.08
6-1　粉细砂	18.2	19.8	16.6	0.612				2	31.4	0.10	16.43
7　粉质黏土	26.1	19.9	15.9	0.719	37.7	20.5	17.2	42	8.1	0.35	5.64
7-1　中细砂	19.5	20.4	17.1	0.570						0.13	11.95
7-3　中粗砂	19.6	20.3	17.0	0.581						0.13	12.43
8　黏土	29.2	19.5	15.2	0.812	40.9	21.6	19.2	35	10.8	0.23	7.87
9　粉土	22.4	20.1	16.4	0.610				19	11.6		
12　粉质黏土	25.6	19.9	15.9	0.713	33.5	19.5	14.0	3	25.0	0.23	7.85
13　中细砂	19.5	20.4	17.1	0.572				66	9.8	0.21	8.52

续表

土层名称及其编号	土的物理性质							剪切试验		压缩性	
	含水量	重度	干重度	孔隙比	液限	塑限	塑性指数	凝聚力	内摩擦角	压缩指数	压缩模量
	w	γ	γ_d	e	w_L	w_P	I_P	c	φ	$a_{0.1\sim0.2}$	$E_{s0.1\sim0.2}$
	%	kN/m³				%	%	kPa	(°)	(°)	MPa
14　粉质黏土	23.2	20.0	16.3	0.676	34.4	19.8	14.6			0.20	11.27
16　中粗砂	16.5	21.0	18.0	0.486						0.14	11.05
18　粉质黏土	26.2	19.9	15.8	0.736	40.1	21.0	19.1			0.26	7.21

注： 地质资料引自《连云港核电厂一期工程核岛、常规岛工程地质勘察报告》。

2　回填区软基处理

2.1　回填设计

2.1.1　回填区范围

回填区分为两种类型：软土地基处理后的回填区及直接回填区，其中软土地基处理后的回填区共分为七个区，分别为 T_{3-1}、T_{3-2}、T_{3-3}、T_{4-1}、T_{4-2}、T_{5-1}、T_{7-1} 区，填筑（堆载）情况见表 2，各软基处理区的堆载回填总石方量见表 3。

表 2　　软土地基处理后的回填区填筑（堆载）情况

处理后回填区	T_{3-1}	T_{3-2}	T_{3-3}	T_{4-1}	T_{4-2}	T_{5-1}	T_{7-1}
回填区平面面积/m²	97446	60365	26409	26465	77483	56025	41280
回填区地面标高/m	由南向北 −0.8～−0.9	由南向北 −0.8～−1.2	由东向西 −1.2～+2.7	由南向北 +1.5～+2.4	由东向西 −0.8～+1.8	−1.4	由东向西 +1.1～+2.2
回填后地面标高/m	由南向北 +6.6～+7.6	由南向北 +6.43～+7.6	+7.6	+7.6	由南向北 +6.86～+7.6	由南向北 +7.0～+7.6	由南向北 +6.86～+7.6
回填厚度（未考虑回填沉降量）/m	6.4～7.5	6.23～7.8	3.9～7.4	4.2～5.1	6.66～7.4	7.4～8.0	4.76～5.5
预估回填沉降量/m	2.5	3.0	2.2	2.2	2.2	1.8	2.3
回填总厚度/m	8.9～10.0	9.23～10.8	6.1～9.6	6.4～7.3	8.86～9.6	9.2～9.8	7.06～7.8
回填石方量（未考虑回填沉降）/m³	643384	402288	134432	116909	517470	409823	201178
增加回填石方量（由于回填沉降）/m³	243615	181095	58099	58223	170462	100845	94944

表 3　　各软基处理区的堆载回填总石方量

堆载分区	T_{3-1}	T_{3-2}	T_{3-3}	T_{4-1}	T_{4-2}	T_{5-1}	T_{7-1}
回填总石方量/m^3	88699	58338	19253	17513	68793	51066	29612
合计/m^3	3332767						

2.1.2　回填区填筑（堆载）速率

填筑高度包括厚 1m 中粗砂垫层，即实际回填高度按加荷速率示意图中填筑高度减 1m 考虑。回填区回填高程和最大厚度见表 4。以 T_{3-1} 回填区为例介绍软基处理后的回填区填筑（堆载）速率，见图 2。

表 4　　回填区回填高程和最大厚度

<table>
<tr><th>处理区域</th><th>回填高程/最大厚度/m</th><th>塑排型号</th><th>塑排布置及间距</th><th>塑排平均插深/m</th></tr>
<tr><td>T_{3-1}</td><td rowspan="3">设计回填高程 7.6/厚度 11.8
超载顶高程 12.5/厚度 5</td><td rowspan="7">C</td><td rowspan="8">梅花形布置，间距 1.2m</td><td>16.8</td></tr>
<tr><td>T_{3-2}</td><td rowspan="2">16.2</td></tr>
<tr><td>T_{3-3}</td></tr>
<tr><td>T_{3-5}</td><td>设计回填高程 6.5/厚度 10.5
超载顶高程 12.5/厚度 6</td><td>17.0</td></tr>
<tr><td>T_{4-1}</td><td>设计回填高程 7.6/厚度 8.3</td><td>15.3</td></tr>
<tr><td>T_{4-2}</td><td>设计回填高程 7.6/厚度 10.6
超载顶高程 12.5/厚度 5</td><td>16.1</td></tr>
<tr><td>T_{5-1}</td><td>设计回填高程 7.6/厚度 10.5</td><td>11.2</td></tr>
<tr><td>T_{7-1}</td><td>设计回填高程 7.6/厚度 8.8</td><td>B</td><td>16.7</td></tr>
<tr><td>T_{8-1}</td><td rowspan="3">设计回填高程 10/厚度 12</td><td rowspan="3">C</td><td rowspan="3">梅花形布置，间距 1.0m</td><td></td></tr>
<tr><td>T_{8-2}</td><td>12.1</td></tr>
<tr><td>T_{8-3}</td><td>19.1</td></tr>
</table>

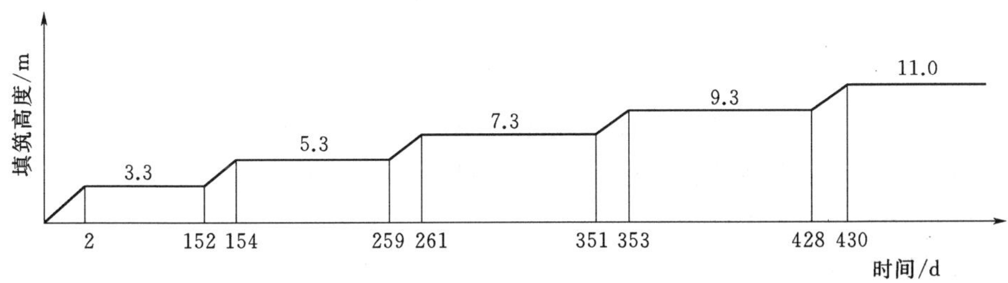

图 2　T_{3-1} 回填区填筑体的加荷速率示意图

2.1.3　填筑要求

（1）对于 T_{3-1}、T_{3-2}、T_{3-3}、T_{4-1}、T_{5-1}、T_{7-1} 六个回填区，分层填筑，每层厚度 0.5～1.0m，填料级配要良好，最大粒径≤50cm，容重>20kN/m^3。

（2）对于 T_{4-2} 回填区，分层填筑，每层厚度 0.2～0.3m；填料级配以小粒径为宜，最大粒径不得超过每层铺垫厚度的 2/3，每层回填应采用振动碾压。

（3）对于未进行软基处理的回填区，要分层填筑，每层厚度 1.0～1.5m，填料级配要良好，最大粒径≤50cm，容重>20kN/m^3。

（4）填筑进度按设计要求进行，并根据现场监测结果予以调整。

（5）T_{3-1}、T_{3-2}、T_{3-3}、T_{4-1}、T_{4-2}、T_{5-1}、T_{7-1} 七个回填区的回填标高为设计标高，现场实际回填时除应分层回填外，尚应根据各区的实际情况，尤其是回填后需再开挖的地段，如 2 号机组汽轮机厂房的南端，排水沟道地段（如采用大开挖施工），可暂不回填或首次回填至适当高度，待建筑物地下部分施工完后再回填至设计标高。另外，2 号机组汽轮机厂房的南端处的软基处理和回填应与汽轮机厂房的南端非岩石地段设置的防渗幕施工同时进行。

2.1.4 监测方案设计

（1）监测项目。为了确保该软土地基处理达到预期效果，监测施工过程中地基的变形和固结情况，及时控制加载速率与进程，防止地基失稳，保证施工安全及检验施工质量，在现场对地基的变形、固结、强度增长等进行现场监测与分析，并为今后设计地面建筑物提供必要的地基参数，以满足设计要求，具体监测项目、数量及布置见表 5。

表 5　　监测项目及数量表

分区		沉降	孔隙水压力		分层沉降		十字板预留孔	取土预留孔	测斜孔
			组数	数量	组数	数量			
T_3	T_{3-1}	16	3	12	3	12	15	—	—
	T_{3-2}	11	2	10	2	8	10	—	—
	T_{3-3}	3	1	4	1	4	5	—	—
T_4	T_{4-1}	5	1	4	1	4	5	—	—
	T_{4-2}	15	3	12	3	12	15	—	—
T_{5-1}		12	2	6	2	8	10	—	—
T_{7-1}		6	2	8	1	4	5	—	—
T_8		23	19	20	5	20	20	11	55
合计		91	19	76	18	72	85	11	55

（2）监测频率。各监测项目在回填加荷期间每天观测 1 次，加荷停歇后第一周内每 2 天观测一次，以后每一周观测一次。

（3）现场控制标准：

1）基底沉降速率控制标准：$S_{max}<10mm/d$；

2）水平位移速率控制标准：$M_{max}<4mm/d$；

3）超静孔隙水压力系数：$K_u\leqslant0.6\sim0.8$。

上述三项控制标准中当有一项出现超过控制标准时，应停止加荷。分析原因后决定是否继续加荷。

2.2 回填施工

T_{3-1}、T_{3-2}区地基采用塑料排水板堆载预压处理，塑料排水板呈梅花形布置，间距1.2m，T_{3-1}区插板深度约16.8m，T_{3-2}区插板深度约16.2m。于1999年1—2月期间先后开始回填土石方，至1999年7—8月回填至设计标高7.6m左右。1999年10月至2000年3月进行超载预压回填，层面高程约12.5m，回填超载厚度达到6.0m，超载预压历时8～10个月。T_{3-1}区的部分区域从2000年11月开始卸荷，至结束现场监测时部分区域仍在进行卸荷施工。

T_{3-5}区地基采用塑料排水板堆载预压处理，塑料排水板呈梅花形布置，间距1.2m，平均插板深度约17m。于1999年3—4月期间开始回填土石方，至1999年8—9月回填至高程6.5m左右。该区北部于1999年11月至2000年3月进行超载预压回填，层面高程约12.5m，平均超载厚度6.0m，超载预压历时8～10个月。

T_{4-1}区地基采用塑料排水板堆载预压处理，塑料排水板呈梅花形布置，间距1.2m，平均插深15.3m。在1999年1月开始分级回填，到1999年6月回填至现场址高程。监测终止日期2000年1月30日。

T_{4-2}区地基于1998年9—10月插打塑料排水板，排水板呈梅花形布置，间距1.2m，平均插深16.1m。从1998年10月起分级回填土石方；1999年4—6月底回填至场址设计高程7.6m；1999年6、7月进行第一次强夯；1999年8月下旬开始超载预压回填，于1999年12月回填至约12.5m高程，超载高度5.5～6.0m；2001年2月至2001年4月期间卸载至设计高程；2001年5—7月进行第二次强夯。软基处理监测终止日期2001年4月底，并对整个强夯处理施工过程及强夯后的效果进行了检测。

T_{5-1}区地基于1998年9月开始插打塑料排水板，排水板呈梅花形布置，间距1.2m，平均插深11.2m。从1998年10月起分级回填土石方，至1999年6月底回填至场址设计高程7.6m。从2000年1月底开始局部范围的强夯，强夯施工历时约40天，施工的范围及工艺详见《江苏田湾核电站BOP辅助厂房区（第一部分）强夯效果检测报告》。由于受护堤与前池挡墙施工所影响，该区域靠近海域部分仍未回填至设计高程。

T_{7-1}区地基采用塑料排水板堆载预压处理，塑料排水板呈梅花形布置，间距1.2m，平均插深16.7m。在1998年11月底开始分级回填，到1999年6月回填至现场址高程。监测终止日期2000年1月30日。

T_8区于1999年5月开始回填施工，采用中型施工机械，分段分层进行填筑，填料为开山石，第一层回填约3.5m，因对地基土扰动较大，后调整为每层回填厚度为1m，于2000年10月回填至标高10m，回填厚度最大达13.5m。

2.3 地基处理综合分析

2.3.1 地基土变形分析

利用预压法固结理论，结合原位监测的基底沉降和地基土分层沉降资料、测试，推算了地基土的最终沉降量、地基土平均固结度及沉降经验系数与固结综合系数，其典型基底沉降过程线和分层沉降过程线见图3和图4，各分区的成果见表6。

在回填施工过程中，由于场地土性较差，在加荷瞬间侧向挤土效应明显，所以计算的

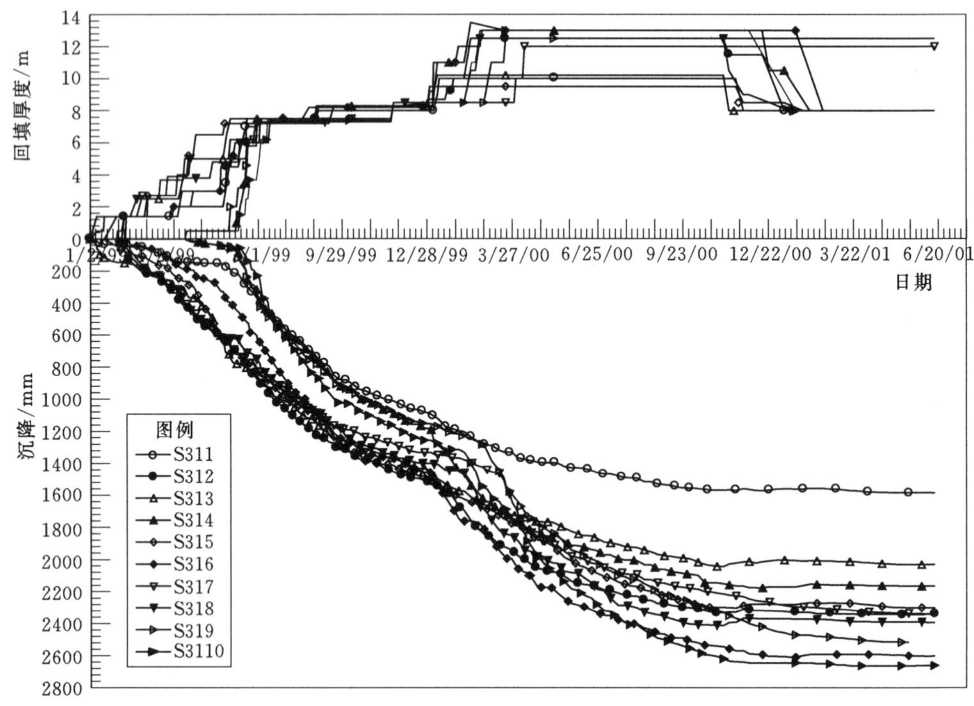

图 3 典型基底沉降过程线

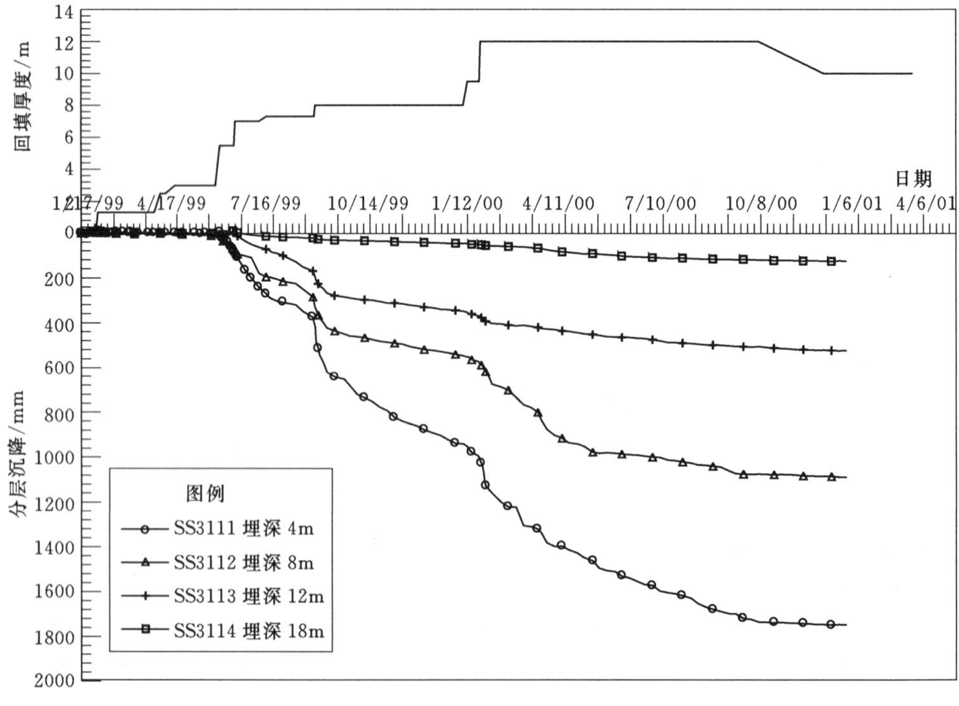

图 4 典型分层沉降过程线

表 6　　　　基底沉降主要反演分析参数成果表

<table>
<tr><th>区域</th><th>回填厚度
/m</th><th>实测累计
沉降量
/mm</th><th>推算的
最终沉降量
/mm</th><th>平均
固结度
/%</th><th>推算的
沉降经
验系数</th><th>固结综合
系数 β
/(1/s)</th><th>根据室内固结
试验计算的 β
值（理想井）
/(1/s)</th><th>备注</th></tr>
<tr><td>T_{3-1}</td><td>13～15</td><td>1567～2619</td><td>1662～2879</td><td>91</td><td>1.17</td><td>7.10E－08</td><td rowspan="7">6.99E－08</td><td rowspan="3">超载区</td></tr>
<tr><td>T_{3-2}</td><td>14～15</td><td>2017～3128</td><td>2152～3236</td><td>95</td><td>1.51</td><td>8.99E－08</td></tr>
<tr><td>T_{3-5}</td><td>15</td><td>2778～3151</td><td>2783～3197</td><td>98</td><td>1.34</td><td>1.00E－07</td></tr>
<tr><td>T_{3-5}</td><td>9</td><td>951～1445</td><td>993～1474</td><td>97</td><td>1.19</td><td>6.38E－08</td><td rowspan="2">未超载区</td></tr>
<tr><td>T_{4-1}</td><td>8.5</td><td>780～1169</td><td>910～1449</td><td>83</td><td>1.37</td><td>7.84E－08</td></tr>
<tr><td>T_{4-2}</td><td>13.5</td><td>1854～2530</td><td>1929～2614</td><td>95</td><td>1.36</td><td>5.41E－08</td><td>超载区</td></tr>
<tr><td>T_{5-1}</td><td>8～9.5</td><td>1062～1430</td><td>1073～1477</td><td>98</td><td>1.48</td><td>5.33E－08</td><td>未超载区</td></tr>
<tr><td>T_8</td><td>11～12</td><td>1591～3462</td><td>1680～3752</td><td>90</td><td>1.71</td><td>8.14E－08</td><td>7.55E－08</td><td></td></tr>
</table>

沉降经验系数均较大，并且愈靠近海侧沉降经验系数愈大。厂区的沉降经验系数为1.02～1.63，平均为1.33。根据分层沉降测试成果分析，土层变形主要发生在排水板深度范围内，且浅部土层压缩变形比深部土层压缩变形大，厂区内各测点排水板深度范围内的土层变形占总变形的80%～95%。推算的综合固结系数在 $2.79\times10^{-8}\sim1.67\times10^{-7}$ (1/s)，其平均值为 7.02×10^{-8} (1/s)，为天然地基综合固结系数的256倍，软土地基经插打塑料排水板后的软土地基排水性能得到很大的改善。

2.3.2 地基土强度分析

在施工过程中主要根据孔隙水压力的消散程度来分析地基土强度的增长情况，典型超静孔隙水压力变化过程线见图5，⑤层土强度增长分析见表7。

由此可知，超静孔隙水压力堆载时不断增高，停止堆载时迅速下降，在排水板深度范围内土层固结作用效果明显，软土强度不断增长，特别是⑤层土，现场十字板剪切试验强度也充分得到验证。

表 7　　　　⑤层土强度增长分析表

区域	回填厚度/m	c_u/kPa	τ_f/kPa	备注
T_{3-1}	13～15	48.2	56.1	
T_{3-2}	14～15	56.0	57.9	
T_{3-5}	15	57.2	56.1	超载预压区域
T_{3-5}	9	34.5	40.8	未超载预压区域
T_{4-2}	13.5	48.0	54.3	
T_{5-1}	8～9.5	47.1	47.1	
T_8	11～12	53.8	46.2	

注　c_u—现场十字板剪切试验强度平均值；τ_f—根据土层固结度计算的地基土强度。

2.3.3 现场施工控制

在实际回填施工过程中，由于场地土性较差，在加荷瞬间侧向挤土效应明显，引起水

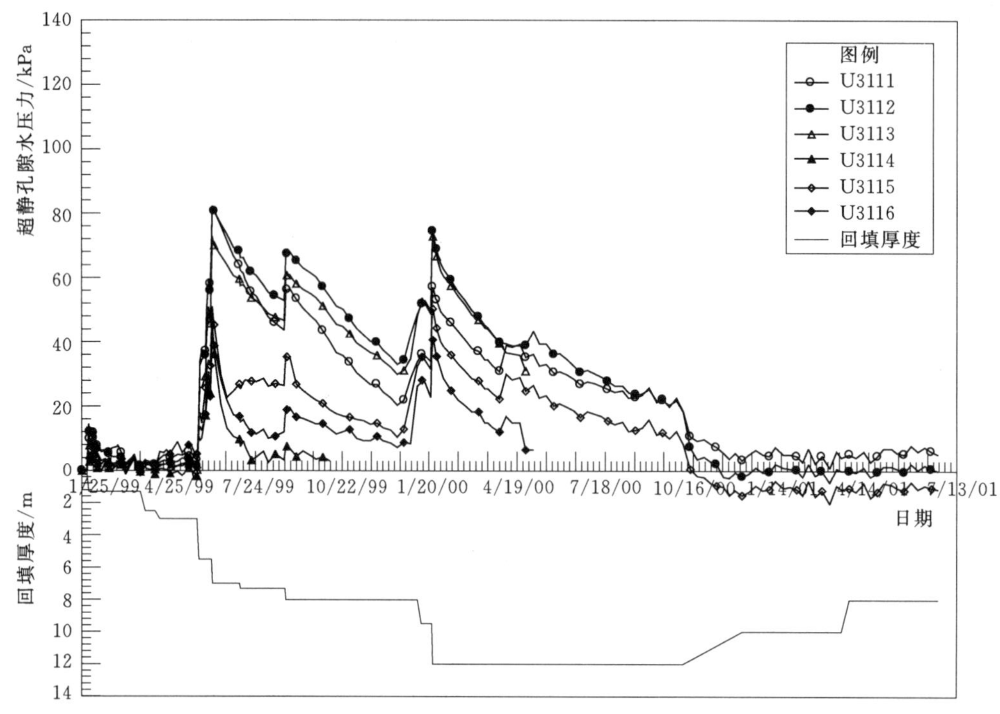

图5　典型超静孔隙水压力变化过程线

平位移较大，从而使基底沉降也较大，故使实测水平位移、基底沉降超过控制标准。在后续的2～3天内土体水平位移速率下降较快，基底沉降收敛也快，从而说明地基土在加荷期间是稳定的。根据本工程初期施工的这些特点，对于在加荷期间超过基底沉降、水平位移控制标准的区域，现场控制以加荷初期2～3天内的基底沉降、水平位移速率的变化趋势来判定地基土的稳定性。若基底沉降、水平位移在加荷后的2～3天内明显减小，则地基是稳定的；反之则有可能失稳。

在施工过程中大部份测点的超静孔隙水压力系数控制在0.6～0.8以内，局部区域超静孔隙水压力系数超过0.8，甚至接近或达到1.0，这些测点区域地基土在加荷初期基本上由孔隙水压力承担回填荷载，地基土处于临界状态。当荷载停止回填，孔压消散较快，地基土在插打排水板后的排水固结作用效果明显，地基土强度增长较快。所以超静孔隙水压力系数虽有超过控制标准的现象，但地基土仍处理稳定状态；并且在实际施工控制过程中以基底沉降、水平位移及超静孔隙水压力系数综合分析判定地基的稳定性。

3　GIS区软基处理

3.1　地基处理方案

3.4.1　地基处理基本要求

设计场地标高（7.60m）与自然地面（－1.0～0.8m）之间需回填7～8m厚的碎石，设计要求粒径为200～500mm，施工时自卸车由近至远逐渐填至要求场地标高。GIS区220kV和500kV配电装置厂房为轻钢结构，厂房和设备的荷载不大，但厂房内的一些

GIS电气设备对基础的沉降，尤其是不均匀沉降要求严格。500kV和220kV的GIS厂房基础混凝土底板（500kV的GIS厂房基础为长101m×宽17.3m×厚1.2m，220kV的GIS厂房基础为长26.8m×宽11.04m×厚1.2m）允许沉降差为2‰，同一基础底板任意两点沉降差不能超过5mm，不同的两个构筑物基础底板沉降差不能超过10mm，伸缩缝两侧处允许沉降差为5mm（GIS系进口ABB设备，按德国DINl8202/3规范要求）。整个GIS区域自然地面以上至场地设计标高有7～8m要回填碎石，自然地面以下又有15m左右厚的淤泥和淤泥质软土，所以必须采取综合地基处理措施对上述两层土进行处理，满足在回填过程中软土地基不失稳定、使用阶段满足地基强度和沉降要求。

3.1.2　“超载预压＋强夯”地基处理方案

GIS厂房和设备荷载较小，而对沉降要求严格。所以要解决沉降及不均匀沉降问题，地基处理就要加速淤泥层的固结速度，同时对回填层进行处理，这便成为地基处理最有效的途径。为此，选择了淤泥层插板处理后“超载预压＋强夯”方案。超载预压是解决淤泥层的沉降，经过超载预压后，使淤泥层在超载作用时固结基本完成或处于超固结状态，这样就消除了淤泥层的沉降；强夯解决回填层的地基强度和沉降问题。通过试夯的办法选取夯能，对7.6m厚回填碎石层的处理满足设计要求，同时又要使强夯不要影响软土层上面700mm厚滤水层，如果滤水层遭到破坏，则淤泥层预压的水就排不出，这是本处理方案非常关键的问题。另外，强夯对塑料插板与软土的振动及扰动是否会影响到固结排水系统也是一个值得关注的问题。

3.1.3　地基处理设计技术要求

GIS区域软土地基采用塑料排水板做竖向排水，无纺土工布做隔离层和加筋层，其上覆盖砂及碎石层作为水平向排水垫层，以超载预压处理；回填层用现场开山石分层回填并分两次强夯处理。

（1）塑料排水板的选型及布置。塑料排水板采用C形塑料排水板，要求滤膜采用中长或长丝无纺布，渗透系数不大于2×10^{-2}cm/s，有效孔径小于0.006mm，采用热压或粘胶自动包装。塑料排水板的布置是梅花形布置，间距1200mm。

（2）塑料排水板的施工要求：

1）整平场地：先在海滩涂面上铺设土工布，再在土工布上铺设一层厚0.7m的碎石垫层，碎石垫层的含泥量＜3%，碎石粒径≤50mm，渗透系数＞1×10^{-2}cm/s。

2）塑料排水板板头要求露出碎石垫层20～30cm。

（3）回填加载的设计。回填材料采用现场开山石，分层分时回填，超载到＋12.6m高程。每层厚度0.5～1.0m。最大粒径≤50cm。

（4）固结度及其回填速率。根据田湾核电站工程进度要求，堆载时间比较充足，按图6进行施工。当回填至7.6m时，预估的沉降量为0.9m，13.0m超载预压后期沉降近2.0m，固结度最后应达到96%左右。

（5）强夯的技术要求：

1）第一次回填的标高约＋7.60m，进行第一次强夯。第一次强夯分两步进行，第一步为点夯，夯能为2400kN·m，点夯布距为3m×3m，击数为9击，非跳点连续夯击，最后两击平均夯沉量小于50mm；第二步为平夯，夯能为1800kN·m，一遍两击。

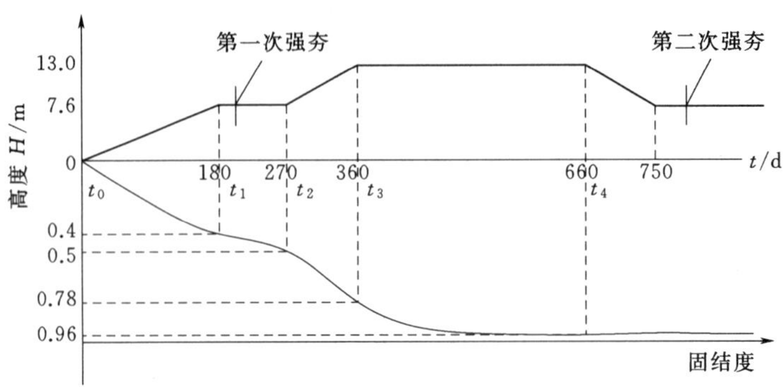

图 6 回填高度—固结度—时间关系

2）第一次强夯结束后，厂坪标高约为＋6.5m，在此基础上进行超载预压回填至13.0m，待超载预压达到规定的时间后卸载至＋8.00m 标高处，留下约 0.5m 的虚铺厚度，在此标高处实施第二次强夯处理。第一步为点夯，夯能为 2800kN·m，点夯布距为3m×3m，击数 12 击，非跳点连续夯，最后两击平均夯沉量小于 50mm；第二步为平夯，夯能为 1800kN·m，一遍两击，共两遍，搭夯。

3）回填碎石层强夯处理后达到：承载力标准值不小于 200kPa；回填层的变形模量不小于 15MPa；回填层的密度不小于 19kN/m^3。

3.2 地基处理效果分析

3.2.1 软基处理效果分析

回填层底面沉降—荷载—时间关系曲线如图 7 所示。通过对沉降成果分析可知：

(1) 在各层回填间歇期间，沉降曲线无明显变缓段，收敛速度较缓慢，说明地基土一直处于不断排水固结阶段. 在超载预压 5 个月后，各测点沉降出现收敛，到超载预压后期，各测点沉降变化已平缓。回填施工期最大沉降速率达 40mm/d，超过设计控制标准，回填停歇后能很快稳定；超载预压期间，随着预压时间的延长沉降速率逐渐变小，至超载预压卸载前 1 个月，各测点平均沉降速率每天为 0.1～0.7mm；截至 2001 年 2 月卸载前，推算地基土固结度平均达到 95%，在超载预压荷载的作用下的主固结沉降已基本完成。

(2) 原有淤泥层的 $c_v=0.25\times10^{-3}\text{cm}^2/\text{s}$，$c_v=0.47\times10^{-3}\text{cm}^2/\text{s}$，综合固结系数 $\beta=2.74\times10^{-10}\text{cm}^2/\text{s}$，经插设塑料排水板并超载预压后，综合固结系数为 $\beta=9.7\times10^{-8}\text{cm}^2/\text{s}$，提高 354 倍，地基土的性能得到了很大的改善。按原设计，固结度达到 95%需660d 左右，从图 7 可以看到至 2000 年 6 月末以后，沉降曲线就变缓慢，收敛速度较慢，固结度基本达到 95%，至此，由堆载开始到稳定是 19 个月（570d），提前 90d。第一级荷载由于核岛施工原因长达 6 个月，在满足沉降和侧移加载速率的前提下，总共 16 个月就能达到稳定。

(3) 由于整个厂区为大面积回填堆载，根据荷载与沉降等比关系计算出，在上部构筑物荷载（100kPa）作用下（相当于回填至 12m 高程下），地基土的最终沉降量平均为2000mm。完成了地基土在上部构筑物荷载作用下的主固结沉降，较大程度地减少了该荷

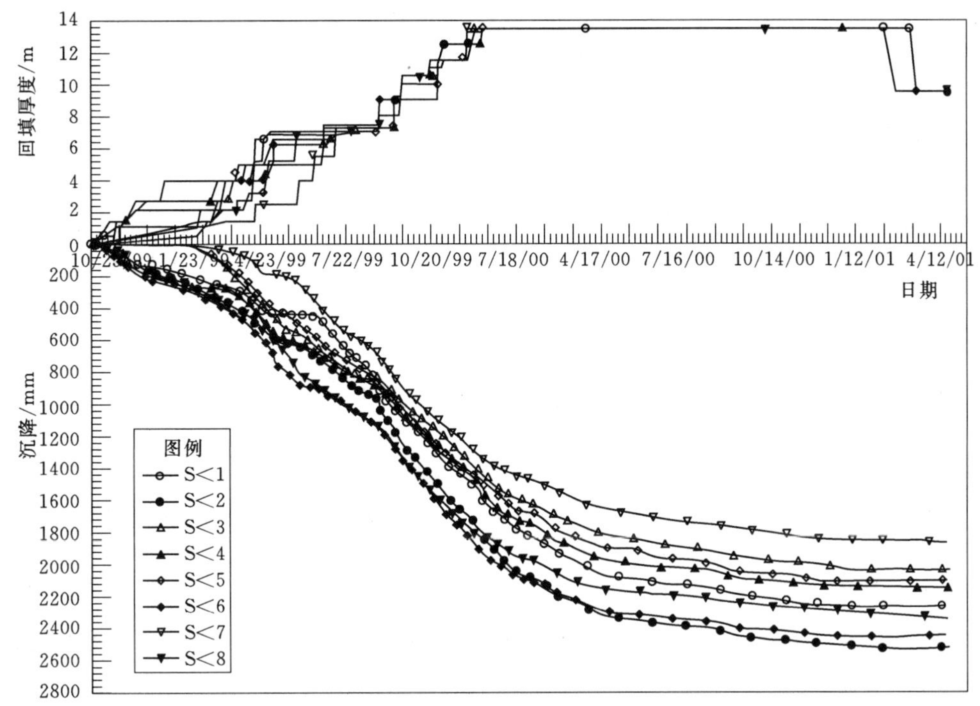

图7　回填层底面沉降—荷载—时间关系曲线

载作用下的沉降和不均匀沉降，达到了超载预压处理的目的。

3.2.2　强夯处理效果分析

通过对软土地基的沉降、孔隙水压力、深部水平位移的观测分析及回填层密度测试与载荷板试验成果分析，可得出如下结论：

（1）沉降观测点埋设于滤砂层之下滩涂面上，第一次强夯期间测点的沉降变化平缓，每个测点增加的沉降量为5～25mm，且不会破坏下面软土地基固结过程中的排水通道。

（2）孔隙水压力观测结果表明强夯施工期间孔隙水压力曲线比较平缓，强夯施工不影响下部软土地基的正常固结过程。

（3）水平位移观测成果表明强夯期间水平位移速率为0～0.4mm/d，最大水平位移增加了－1～14mm。

（4）GIS区瑞雷波测试共进行了3次，即夯前、第一次夯后、第二次夯后。强夯前面波勘探表明，面波穿透深度为3～5m，表明夯前回填层松散，孔隙度大；表层平均密度为1.66g/cm^3；第一次强夯后面波穿透深度为5～7m，表层平均密度为1.77g/cm^3，底层平均密度为1.90g/cm^3，第二次强夯后面波穿透深度为6～8m，表层平均密度为1.98g/cm^3，底层平均密度为2.05g/cm^3，表明第二次强夯效果特别明显。

（5）采用2m^{2}平板进行载荷试验，最大试验荷载为400kPa，并确定相应回填层的变形模量。在400kPa荷载作用下，最大沉降量为17.1mm，卸载后残余沉降量为12.35mm，沉降回弹率为42.7%，场地回填土经强夯处理后的极限承载力不小于400kPa，变形模量不小于27.48MPa。

(1)～(3) 说明在第一次强夯过程中回填碎石和软土地基之间的塑料插板滤水层没有受到影响，不会破坏孔隙水的外排通道，强夯能级的选取是合适的。(4)～(5) 表明回填后地基的承载力及变形模量满足设计要求。

3.2.3 基础底板沉降分析

基础大板施工结束，设备安装直到投运期间（2002 年 4 月 14 日至 2003 年 8 月 14 日）共进行 6 次沉降观测，500kV 厂房基础是一个厚 1200mm 的混凝土大板，没有伸缩缝（采取施工措施解决温度裂缝问题），沉降差满足 2‰，但在 1 轴线和 L 轴线交点处与其他几个点之间沉降差大于 5mm，其他各点之间均满足要求。220kV 厂房基础也是一个厚 1200mm 的混凝土大板，各点均满足要求。从实测沉降结果看，这次综合地基处理是成功的，满足了 GIS 区域的要求，也与地基处理设计相符合。

4 结语

(1) 当软土地基上需要进行大面积回填时，采用塑料排水板＋堆载预压法方案处理是可靠、可行、经济的。该处理方案能明显地改善软土层的排水固结过程，使得整个工程得以顺利完成。

(2) 滨海地区回填后场地内建造的建（构）筑物对变形有特殊要求时，可采用超载预压等措施预先消除沉降和不均匀沉降。

(3) 东护堤采用堆载预压法进行软基处理的施工进度和质量，满足了设计要求，但在今后类似工程设计及施工中应注意：①及时监测，指导施工；②减小分级厚度，减轻对高灵敏性软土的扰动，加快工程施工进度；③应充分考虑工期长、变化大这一特点；④应充分考虑后期的沉降，预估预留超高。

参考文献

[1] GB/T 50294—1999 核电厂总平面及运输设计规范 [S].

[2] GB/T 50943—2015 海岸软土地基堤坝工程技术规范 [S].

[3] 陈文华. 江苏田湾核电站软基处理监测成果分析报告 [R]. 杭州：华东勘测设计研究院，2001.

[4] 龚晓南. 地基处理手册 [M]. 北京：中国建筑工业出版社，2008.

[5] 顾保健，王义明，孙彬. 堆载预压在核电站护岸软基处理中的应用 [J]. 港工技术与管理，2003 (2)：18-26.

[6] 宋景阳，杨眉，王升. 田湾核电站配电装置区域地基处理 [J]. 武汉大学学报（工学版），2004，37 (S)：144-148.

[7] 王清黎. 滨海电厂开山填海工程中的岩土工程问题 [J]. 电力勘测设计，2006 (3)：10-13，17.

第三部分　排水加固技术理论与实践

湖底隧道开挖淤泥就地固化及填料化利用

陈　庚[1,2]　唐盼盼[1,2]　陈　龙[1,2]　陈作雷[3]　常　杰[4]

（1. 河海大学岩土工程科学研究所，江苏南京　210098；
2. 河海大学岩土力学与堤坝工程教育部重点实验室，江苏南京　210098；
3. 汇壹（上海）环境岩土科技有限公司，上海　201399；
4. 中设设计集团股份有限公司，江苏南京　210098）

摘　要：随着对环境保护的重视，高含水率淤泥的外运、堆放问题愈发突出。本文介绍了采用就地固化法原位改良高含水率淤泥，使其满足干法外运及填料利用的思路，及其工程案例应用情况。首先介绍就地固化设备及工艺，并以苏锡常南部高速公路常州至无锡段太湖隧道工程为例，介绍其工程应用情况。通过现场试验，发现淤泥就地固化原位养护 14d 即可满足其外运条件；通过含水率变化分析现场不同养护方式对其含水率变化的影响，并采用无侧限抗压强度指标评估了就地固化土开挖后强度特性，可为类似工程提供一定借鉴。

关键词：强力搅拌头；废弃土改良；就地固化；填料化

0　引言

在公路建设的河塘、湿地、水田等路段，或是基坑隧道开挖、内河航道建设中，会产生大量的工程废弃土。常见的堆放或投弃等处置废弃土的方式不仅占用大量土地资源，经济效益低，且易造成二次污染，引发一系列的生态、环境问题[1-2]。同时传统的工程用土来源于开挖耕地、河床采砂、开山采石（土）等，严重危害生态环境[3]。因此将工程弃土进行改良处理，使其转化成可用的工程材料，将有效解决上述问题。

固化稳定法是目前国内外处理废弃土的常用方法[4-6]。主要通过添加固化剂使其与土体内部颗粒发生化学、物理反应，增强土颗粒之间的黏结力，提高土体工程性质，使废弃土变为良好的土工填方材料、建筑材料进行使用，既避免废弃土对环境的污染，又可产生新的材料加以利用，实现弃土的资源化利用[7-8]。国内现场固化拌和一般采用挖机、搅拌桩机或集中搅拌机械等进行，其搅拌均匀性差，工效极低，造价高，很难进行大规模的工程实用。而国外采用专用设备对土体进行就地固化，相比挖机拌和，其通过强力搅拌头对土体进行搅拌，同时喷入固化剂，实现土体的高效拌和。

本文采用就地固化工艺对太湖湖底隧道开挖淤泥进行就地固化处理及填料化利用，详细介绍了该方法的施工工艺，并对施工后场地进行了十字板剪切试验；同时针对就地固化土开挖回填作围堰填充和隧道建成后的上覆填料的强度问题及可行性进行了初步的试验研

作者简介：陈庚（1987—　），男，山东淄博人，博士，主要从事软土地基处理研究。

基金项目：江苏省交通工程建设局科技项目（2017002）。

究，以期为类似工程提供参考。

1 强力搅拌就地固化设备

河海大学通过水利部“948”项目，引进了芬兰ALLU强力搅拌固化设备中强力搅拌头，并在此基础上与相关单位合作，开展了国内设备配备、多规格搅拌头、三维定位控制系统、搅拌齿片、液压辅助动力系统和浆剂固化供料设备等内容的研发，目前已形成了强力搅拌软土就地固化技术的成套设备，如图1所示，其主要部分如下。

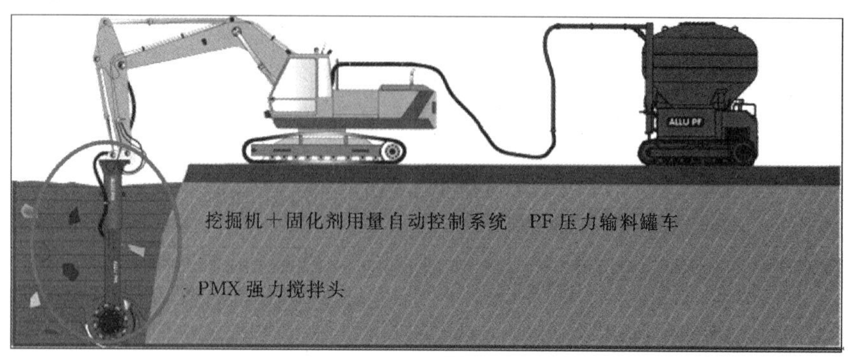

(a) 就地固化系统

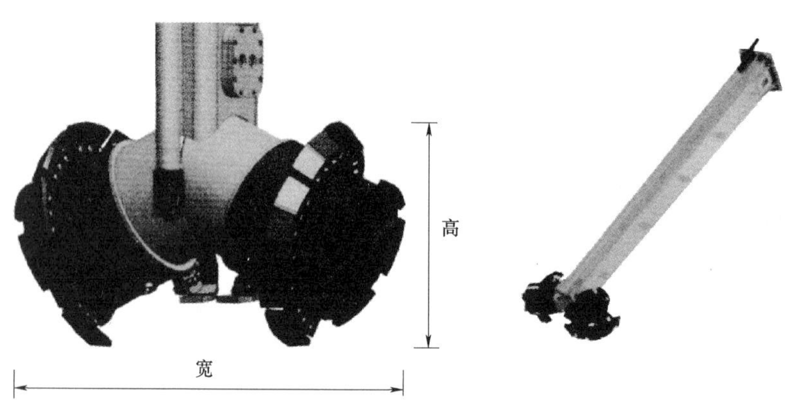

(b) 强力搅拌头结构

图1 就地固化设备示意图

1.1 强力搅拌头

强力搅拌头是一种专业型的立体搅拌设备，利用挖机液压驱动，2个搅拌头按合理的角度对称分布在连接杆和喷嘴的两侧，实现三维立体搅拌，在旋转搅拌作业的同时通过后台自动定量供料控制系统将固化剂输送至搅拌头出料口，在搅拌头的强力搅拌下，将输出的固化剂与土体均匀拌和，达到就地固化的目的。

自国外引进后，根据国内软土的强度、黏塑性等情况，对强力搅拌头的齿片或刀排等从尺寸和空间布置上都进行了调整，并且不同的土体采用灵活的布置形式，必要时对面层进行防黏处理等做了较多的改进，从而保证搅拌均匀性，并将其处理深度拓展到9m。

1.2　固化剂供料设备

强力搅拌就地固化施工方法的供料形式可分为粉剂与浆剂。其中国外设备为粉剂，故其设备为粉剂供料设备。但通过现场试验测试发现，采用浆剂处理后的搅拌均匀性要优于粉剂，且无扬尘，环保性更好，故也开发了浆剂固化剂供料设备。其中浆剂设备最大压力不小于3MPa，粉剂设备最大压力不小于6MPa，后台供料系统可实现多种固化剂的同时供料。固化剂供料主要设备如图2（a）所示。同时开发了固化剂自动定量供料系统，安装于后台供料系统中，操作界面如图2（b）所示，能实时控制固化剂的出料量与出料时间、实时显示并记录打设区域的用料量，保证每次搅拌区间和整个区块的固化剂用量，数据可存储和打印；并可进行远程操作，达到固化剂喷料的自动化和智能化，避免人为造成的资源浪费。

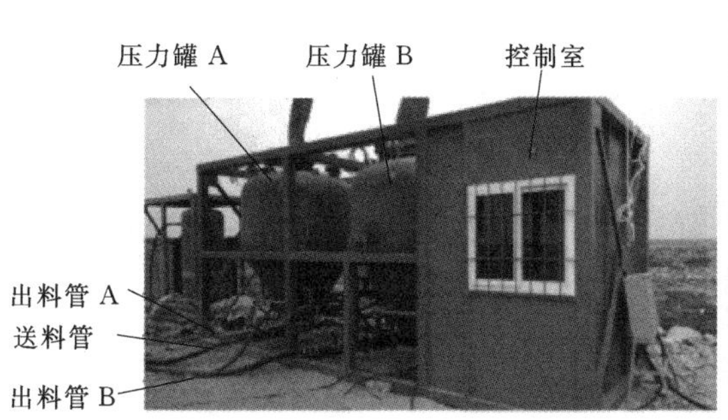

（a）供料设备

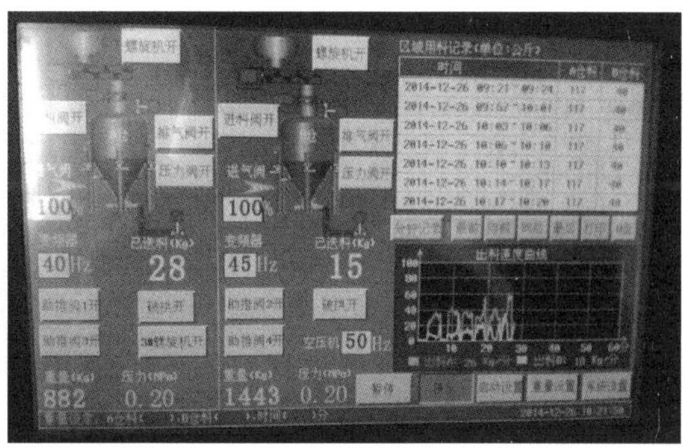

（b）操作控制界面

图2　固化剂供料设备及操作界面

1.3　就地固化技术应用范围

1.3.1　就地固化在软土地基处理中的应用

（1）围海工程吹填土、滩涂淤泥等超软土地基硬壳层快速形成的人工硬壳层，形成施工便道，进行场地预处理。

（2）就地浅层固化＋复合地基组合应用，通过就地浅层固化形成硬壳层地基替代砂垫层与桩帽使用，形成一定厚度和强度的固化土，与天然硬壳层一样存在着板体效应，对附加应力存在着明显的应力扩散作用，如图3所示。

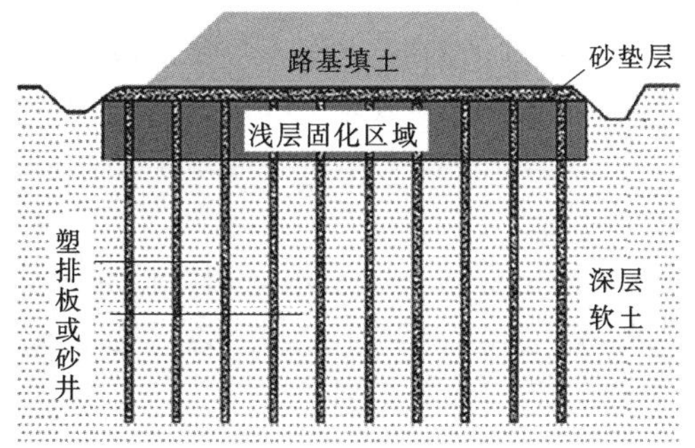

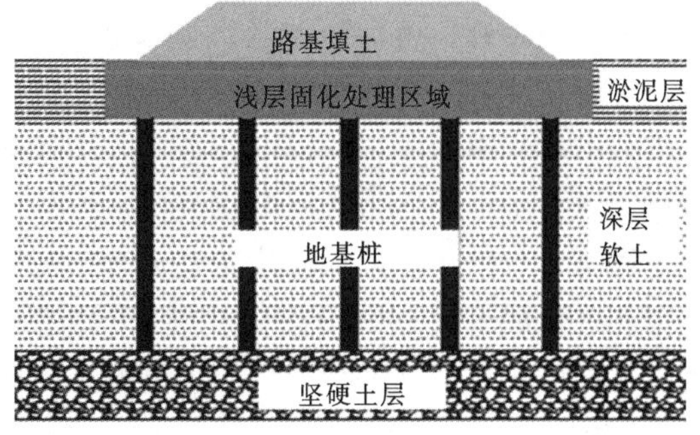

图3　就地浅层固化＋复合地基组合应用

（3）就地固化代替换填法处理（见图4），对淤泥进行就地固化改良处理，使其满足工程要求，实现资源化利用。

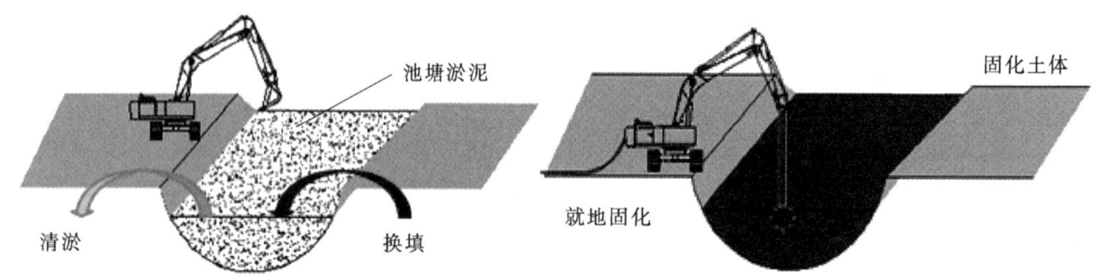

图4　就地固化代替换填法

1.3.2　疏浚土、泥浆等工程废弃土或其他特殊土的资源化利用

（1）废弃泥浆固化后的利用。

（2）河道、航道疏浚淤泥固化后的利用。

（3）路基、堤坝填料、水利工程中的闭气土方，绿化用土、回填土等。

（4）河道管廊开挖弃土的资源化利用等。

1.3.3　污染土的处理

（1）污染土的固化处理、隔离封存。

（2）有毒土体和废弃物的化学中和。

2　就地固化处理及试验结果

根据国内不同土质情况、不同土层分布，通过不断改进和多规格化研究，已形成了就地固化成套技术，目前该技术已应用到了数十个工程项目中，主要分布在浙江、上海、江苏、广东等沿海地区。本文选取太湖湖底隧道淤泥就地固化及填料化利用的案例进行介绍。

2.1　工程背景

苏锡常南部高速公路常州至无锡段太湖隧道工程，地处著名的太湖地区。沿岸地区经济发达，土地资源紧张，旅游资源丰富，环保、景观要求高。其工程地质条件变化较大，局部分布厚层软土，主要有淤泥质粉质黏土（1～2层），最大埋设深度达9m。

依托工程需要开挖湖底淤泥进行明挖隧道施工，因1～2层淤泥质粉质黏土强度低，流动性大的特性，致使土方开挖和隧道施工推进比较困难。同时，依托工程周边无弃土场，淤泥堆放征地也异常困难，开挖出来的淤泥存在运输难、堆放难的问题。隧道建成后顶部的回填均需要填料（顶部回填土压实度要求87%），若直接采用淤泥回填，难以满足其压实度要求，填料来源问题也突出。

因此，考虑采用就地固化工艺进行淤泥的就地填料化利用，即采用专用的固化设备，在淤泥开挖前先进行就地固化处理，降低淤泥含水率，提高淤泥强度，使其开挖运输方便；开挖后淤泥继续减水并提高强度后，可用于隧道顶部、围堰的回填。

2.2　施工工艺

湖底隧道淤泥固化回填利用施工工艺，主要包括淤泥固化、闷料开挖、打堆闷料、回填。结合目前依托工程的进程，主要开展了就地固化、开挖和打堆闷料等工序。具体工序如下：

（1）淤泥固化［见图5（a）］。太湖隧道采用明挖法施工，围堰内淤泥承载力低，含水率大，流动性强。因此需要首先进行就地固化处理，提高土体强度及承载力，减少淤泥含水率。

（2）闷料开挖［见图5（b）］。待闷料后固化土进行开挖并就近打堆翻晒，此时应注意防雨。

（3）外运、摊铺、整平［见图5（c）］。将重塑后的固化土运至待填筑的隧道顶部，并摊铺、整平。

（4）碾压［见图5（d）］。待固化土达到设计含水率附近后需用推土机再次整平一遍后，才可进行碾压。

(a) 就地固化

(b) 闷料开挖、外运

(c) 摊铺、整平

(d) 隧道顶部回填

图5　现场施工过程

2.3　现场试验方案

施工段中的淤泥土初始平均含水率为68%，选用水泥作为主固化剂，掺量为5%，对其进行就地固化处理，并对固化7d和14d后的场地进行不同深度处十字板剪切试验。对打堆闷料和原位固化等两种不同养护方式下固化土含水率进行测量。

待湖底淤泥就地固化处理后，进行开挖闷料、打堆翻晒，主要用于围堰填充和隧道建成后的顶部回填，这一过程将破坏固化土结构的整体性。因此，针对这类问题，考虑闷料重塑过程对固化土强度的影响，对现场养护至一定龄期的固化土进行重塑固化土试样制备，主要按照模拟现场的实际操作过程，分成两种试验方法。其中一批试样是在现场养护28d，将其进行破碎过筛（<5mm），然后将破碎土团在模具（直径50mm，高100mm）中分层击实，这一过程对应实际工程中开挖固化土并进行回填的步骤。试样制备完成后置于养护箱中（温度20℃±2℃，湿度为95%±2%）继续养护7d、28d、70d后进行相应测试。另一批试样在现场养护28d、35d、56d、98d后进行破碎制样，不进行养护直接测试。

2.4 检测结果分析

（1）就地固化土的十字板剪切试验结果。图6给出了不同深度处不同龄期固化土的十字板不排水抗剪强度，结果显示加固后土体的强度明显高于未加固土的强度，14d的强度值满足设计要求（强度不小于50kPa，便于外运），表明14d后具备干法开挖外运的需要。同时，同一深度处加固土体十字板剪切强度随龄期的增加而增加。此外，十字板强度在加固区内有一定的变化，主要是因为在淤泥层上部2.5～3.0m处含水率要高于下部淤泥层，致使强度在该深度处变大，但总体均匀性较好，满足工程需求。

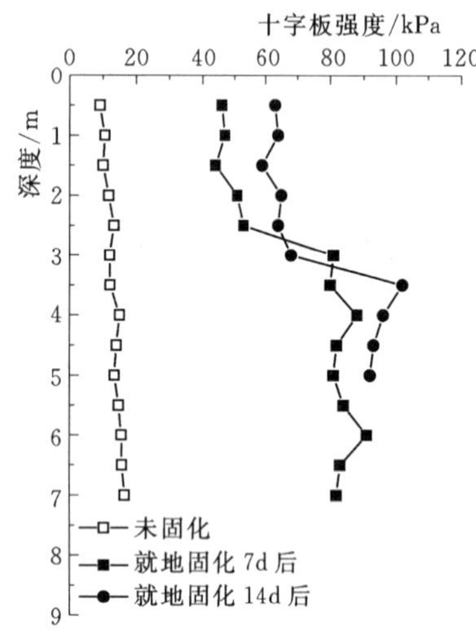

图6　现场十字板剪切强度

（2）不同养护方式下的含水率变化。对现场不同龄期和不同养护方式下的固化土进行开挖并测量含水率，结果见表1，含水率为68%的淤泥土中掺入5%的固化剂，原位养护14d后含水率可降至52%，采用固化后打堆闷料的养护方式可使含水率减低至42%；养护28d后含水率可降至48%，采用固化后打堆闷料的养护方式可使含水率减低至35%。表现原位养护与打堆闷料的变化较大，主要是因为现场原位固化后土体（尤其是深厚淤泥土层）不具备自然晾晒条件，因此可见，打堆闷料的方式可以促进含水率的降低。建议在高含水率淤泥或泥浆固化便于外运的处理中，可进行开挖打堆闷料，可进一步降低含水率。

表1　不同养护方式下固化土的含水率变化

类别	原状	固化7d	固化14d	固化28d
原位养护	63%	60%	52%	48%
室内闷料	63%	55%	42%	35%

（3）重塑固化土的无侧限抗压强度规律。对含水率为68%的淤泥土中掺入5%的固化剂，固化后需养护28d，才可满足干法外运要求。故本文针对现场养护28d后的就地固化

土进行检测，无侧限抗压强度结果如图7所示。其中实线为重塑前现场养护28d，重塑后继续养护7d、28d和70d；虚线为重塑前现场养护28d、35d、56d和98d后破碎制样，未经后续养护的重塑样。从图中可以看出现场养护28d后破碎重塑固化土相较于原状固化土有较大的强度损失，这是因为破碎过程导致固化土胶结连接和骨架结构的破坏[9]。但压实作用重新聚合了破碎的固化土颗粒，增加了重塑固化土的摩擦和咬合作用，使得未经后续养护的重塑固化土仍具有一定强度。

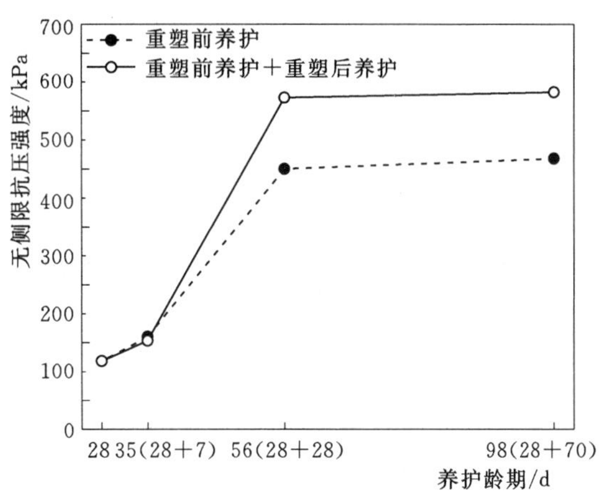

图7　重塑固化土在不同养护龄期下的无侧限抗压强度

两种重塑固化土强度随龄期的增长变化趋势相同，在28～35d时增长缓慢，36～55d时增长迅速，56d后强度变化较小。这一增长趋势在于固化土的强度随着时间的延长而增大[10]，导致压实作用产生的咬合作用增加，同时固化剂含量和基质中的理化反应有限[11]，养护56d后强度增长缓慢。制样后继续养护的重塑固化土具有更高的强度。这是由于养护28d后固化剂基质中化学反应依旧活跃[12]，在制样后养护的过程中生成新的水化产物，将破碎的固化土颗粒间重新胶结起来[11]，从而使其强度高于未经后续养护的重塑固化土。另外，这两种重塑固化土的强度差异也可能部分来源于现场养护和实验室养护条件的差异[13]。

综上，破碎和养护龄期均会显著影响固化土强度。由于强度增长速率随着重塑前养护龄期和重塑后养护龄期的增长而下降，需考虑合适的重塑前养护龄期，即合适的开挖时间。根据本文研究结果，建议固化土在重塑前养护28d破碎制样（开挖回填）后，继续养护一定时间，以更好满足强度需求。

3　结语

本文介绍了就地固化技术及其设备和应用范围，并选取太湖隧道底淤泥固化后填料化利用过程的案例进行详细介绍。通过现场十字板试验和无侧限抗压强度试验对淤泥土改良效果及后期作填料应用的可行性进行初步评价，得到结论如下：

（1）高含水率废弃土（如开挖土或泥浆）等，开采用就地固化的处置方式实现干法外快外运。

（2）通过现场试验发现，就地固化工艺对淤泥土进行固化改良的效果较好，施工过程均匀性的控制相对较好，保证了淤泥干法外运及后期填料化利用。同时，尽管含水率降低速率较慢，但原位养护14d后强度可满足干法外运的要求，而打堆闷料的方式可进一步降低含水率，因此建议对固化土进行打堆闷料以降低含水率，提高后期回填时的压实度。

（3）破碎及重塑前后的养护龄期对固化土强度有显著影响，为更好地满足工程需求，就地固化土在开挖回填后应进行一定养护以获得更好的强度性质。同时应注意合适的开挖节点。

参考文献

[1] Bates M E, Fox - Lent C, Seymour L, et al. Life cycle assessment for dredged sediment placement strategies [J]. Science of The Total Environment, 2015 (511): 309 - 318.

[2] 付桂，赵德招，程海峰. 国内外疏浚土综合利用现状对比分析 [J]. 水运工程，2011 (3): 90 - 96.

[3] 肖建庄，沈剑羽，高琦，等. 工程弃土现状与资源化创新技术 [J]. 建筑科学与工程学报，2020, 37 (4): 1 - 13.

[4] Gupta A, Arora V K, Biswas S. Contaminated dredged soil stabilization using cement and bottom ash for use as highway subgrade fill [J]. International Journal of Geo - Engineering, 2017, 8 (1): 20.

[5] Bao J, Wang L, Xiao M. Changes in speciation and leaching behaviors of heavy metals in dredged sediment solidified/stabilized with various materials [J]. Environmental Science and Pollution Research, 2016, 23 (9): 1 - 8.

[6] Zhang W, Chen Y, Zhao L, et al. Mechanical behavior and constitutive relationship of mud with cement and fly ash [J]. Construction and Building Materials, 2017 (150): 426 - 434.

[7] Lirer S, Liguori B, Capasso I, et al. Mechanical and chemical properties of composite materials made of dredged sediments in a fly - ash based geopolymer [J]. Journal Environment Management, 2017 (191): 1 - 7.

[8] 陈萌，杨国录，徐峰，等. 淤泥固化处理研究进展 [J]. 南水北调与水利科技，2018, 16 (5): 128 - 138.

[9] Huang Y, Zhu W, Qian X, et al. Change of mechanical behavior between solidified and remolded solidified dredged materials [J]. Engineering Geology, 2011, 119 (3 - 4): 112 - 119.

[10] Dong P, Hayano K, Kikuchi Y, et al. Deformation and crushing of particles of cement treat granulate soil [J]. Soils Found, 2011, 51 (4): 611 - 624.

[11] Zhu W, Huang Y, Zhang C, et al. Effect of Curing Time on Mechanical Behavior of Crushed Solidified Dredged Material [J], 2008: 597 - 604.

[12] Wang D, Zentar R, Abriak N E, et al. Long - term mechanical performance of marine sediments solidified with cement, lime, and fly ash [J]. Marine Georesources and Geotechnology, 2017: 1 - 8.

[13] Lemos S G F P, Almeida M d S S, Consoli, N C, et al. Field and laboratory investigation of highly organic clay stabilized with portland cement [J]. Journal of Materials in Civil Engineering, 2020, 32 (4).

某矿石堆场地基变形实测数据分析

陈思周　邢树军

（中交第一航务工程勘察设计院有限公司，天津　300222）

摘　要： 本文介绍了某矿石码头堆场的地基处理和使用实例，通过对实测变形数据与实际使用荷载状况的对照分析，找出地基变形的原因，提出了实际工程运用中关于软土地基变形规律的若干理论思考。文章分析认为，排水通道的时效性是影响软土地基后期强度增长的重要因素。实际工程中对大型均布荷载下的软土地基的使用，应加强观测，并根据变形观测数据科学指导生产。

关键词： 矿石堆场；软土地基；变形；塑料排水板；时效；限载

0　引言

某矿石码头工程于2011年底投入使用，期间堆场区的变形观测始终在进行。2019年初，检测方发出预警，2018年底的监测数据显示，部分深层测斜数据出现较大增量。此事引起业主高度重视，2019年3月连续召集设计、监测和生产部门各方会同分析原因，讨论需要采取的措施。根据历年相关监测数据，以及近期生产堆载记录，结合勘察、设计、施工、检测资料和理论计算数据进行了详细的分析，解释了数据变化的原因，并对堆场分区使用要求及后续观测内容进行了针对性的补充。实践表明，按设计要求对局部区域进行一定的限载使用后，相关变形数据趋于稳定，生产安全得到保证。

1　工程简介

1.1　荷载和地质

某矿石码头工程是大型专业化矿石水陆中转设施，建有25万t级散货泊位2个，堆场总面积约78万 m^2。堆场由专业化堆取料机作业，最大堆货荷载350kPa。陆域场地由冲填造陆形成，土层分布较有规律，自上而下依次为：冲填土、①粉细砂、②2淤泥质黏土、②3粉质黏土、②4粉土、③细砂。

其中上层冲填土主要由粉细砂、粉土、粉质黏土和淤泥质黏土组成，土质不均，厚度一般为3.0～8.2m；冲填土之下为：

①粉细砂：松散—中密状，局部密实状，土质不均匀，局部黏粒含量较高，在部分钻孔夹淤泥质黏土，厚度0.5～9.56m，平均标贯击数 $N=16.2$ 击。

②2淤泥质黏土：灰色，褐灰色，软塑状，高塑性，土质不均，含腐殖质、碎贝壳及

作者简介： 陈思周（1967—　），男，高级工程师，工程硕士，长期从事港口地基处理及堆场道路设计工作。

较多砂颗粒，夹砂斑、粉细砂和粉土薄层，该层分布连续，全区均见，厚度 1.2～8.2m，平均标贯击数 N＝4.9 击。

②3 粉质黏土：灰色，褐灰色，软塑—可塑状，中塑性，夹少量砂斑和粉土与粉细砂薄层。该层分布较连续，在部分钻孔中缺失。厚度 0.8～3.7m。平均标贯击数 N＝6.3 击。

②4 粉土：灰色，灰褐色，稍密—中密状，局部密实状，土质不均。该层分布不连续，部分钻孔可见。厚度 0.6～5.0m。平均标贯击数 N＝14.0 击。

在钻孔深度范围内，第二大层分布底高程为－12.42～－21.03m。

③细砂：浅灰色，黄褐色，密实状，局部中密状，土质不均匀，夹粉土及粉质黏土薄层，该层分布连续，大部分钻孔可见，层位稳定。平均标贯击数 N＝38.4 击。

1.2 地基处理方案

②2 淤泥质黏土层以上为地基处理主要土层。设计地基处理方案如下：

大面积场地采用的处理方案为打设塑料排水板穿透深层淤泥质黏土层，上部采用降水强夯＋强夯置换处理，利用降水强夯处理上部冲填砂层，强夯置换处理浅层软弱夹层，深层淤泥质土层则靠塑料排水板排水作用，利用上部填土荷重联合强夯动力固结作用促进其固结。局部深槽区为降水强夯处理后叠加振冲碎石桩复合地基处理。堆场区上部复合地基承载力特征值要求 250kPa。堆场使用期采用分级上载的方式，起始荷载为 250kPa，在保证地基稳定和轨道梁水平位移控制在设计要求的范围前提下，再逐步提高堆矿强度。

所有轨道基础区域则经降水强夯之后增加 CFG 桩（轨道梁下四排桩，南部厚泥区靠堆场侧增加一排护桩）复合地基处理，复合地基承载力特征值 250kPa。

实际实施过程中，场地北半部因上部冲填土层以粉砂为主，而且①粉细砂层较厚造成插板困难，考虑到该区域②2 淤泥质黏土层埋深大且厚度小，实际施工取消了塑料排水板。

1.3 理论计算数据

为验证地基处理方案的可靠性，委托科研机构对堆场及轨道基础复合地基在分级荷载条件受力下的地基应力应变及稳定性做了专题研究。通过补充现场土质参数的采样，采用可以考虑土体的剪胀性和剪缩性的“南水”双屈服面弹塑性模型进行了理论计算研究。

理论计算的主要结论：矿石堆场分四级进行加载，第一级 250kPa，第二级 280kPa，第三级 310kPa，第四级 350kPa，各级荷载之间间歇期为 90d，堆场中心最大沉降 74.7cm；轨道基础最大沉降 10.7cm；深层地基最大侧向水平位移 4.9cm；最终堆载荷载为 350 kPa 时，稳定安全系数为 1.532。地基满足稳定要求，轨道梁地基 CFG 桩安全。

2 主要变形观测数据

堆场使用期观测内容包括轨道梁的沉降、轨道梁位移、轨距、高差、钢轨纵向倾斜、坝基边缘深层水平位移以及堆场沉降观测。限于篇幅，本文主要引用比较典型的沉降和深层水平位移数据。

2.1 轨道基础沉降与堆场沉降

轨道基础沉降的规律是北侧大南侧小，截至 2019 年底，北部轨道基础的最大沉降量均为 30～40cm，最大沉降值发生在 G6－16 测点，为 41.8cm；南部则普遍在 10～20cm，最大沉降值发生在 G9－8 测点，数值为 23.6cm。代表性的如 1 号测斜点所在的 G7 轨道梁沉降图（数据截至 2019 年 5 月 15 日，如图 1 所示）。

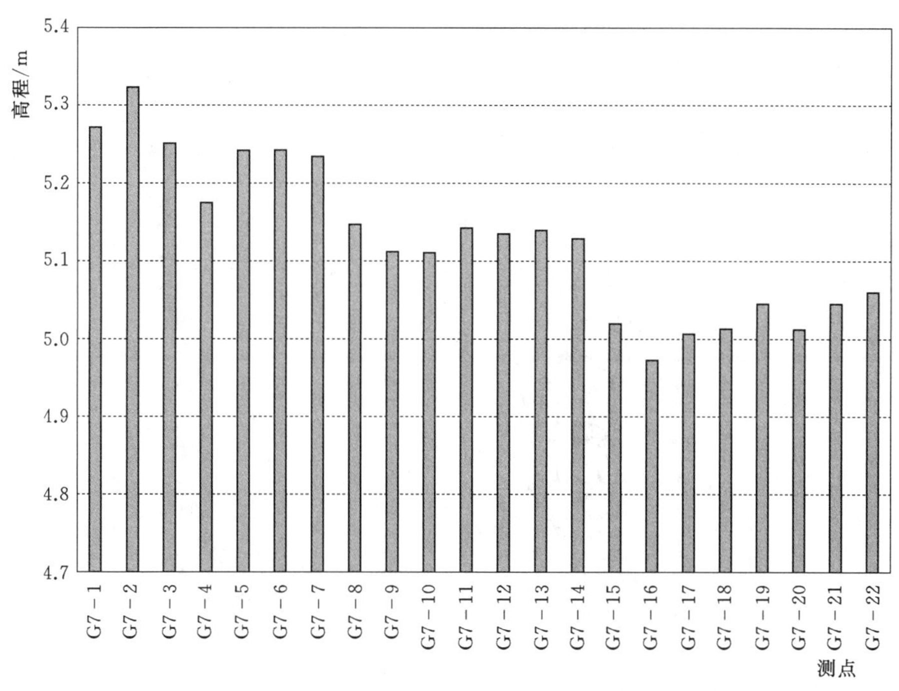

图 1　1 号测斜点所在的 G7 轨道梁沉降图

堆场沉降则南北部并未出现轨道基础那么大的差异，北部堆场最大沉降普遍为 110～130cm，最大沉降发生在 DC4－11，数值为 139.0cm；南部堆场沉降值普遍为 90～130cm，最大沉降发生在 DC12－5B，数值为 136.8cm。

2.2　深层侧向位移

设计针对不利地质区域在北部区域布置了 3 个测斜观测点，编号为 3 号、4 号（靠近中部）和 5 号；南部泥层较厚的区域也布置了 3 个测斜观测点，编号为 1 号、2 号和 6 号。具体测点位置为轨道基础平台上轨道梁与挡墙间，泥区护桩以内。深层侧向位移发生的规律为北部小南部大。深层侧向位移见表 1。

表 1　　深层侧向位移表　　单位：mm

侧斜点编号	最大数值/观测日	所处位置
1	88.69/2019 年 5 月 23 日	距 4 号坝基南端 290m 东侧
2	－94.48/2019 年 7 月 9 日	距 4 号坝基南端 180m 西侧
3	－34.14/2018 年 12 月 26 日	距 4 号坝基北端 180m 西侧
4	33.99/2016 年 12 月 13 日	距 2 号坝基北端 440m 东侧
5	－58.57/2019 年 7 月 9 日	距 2 号坝基北端 190m 西侧
6	－79.8/2019 年 3 月 23 日	距 2 号坝基南端 320m 西侧

注　正值向西负值向东；4 号测点 2019 年 3 月 23 日之后损坏无数值。

图 2 为南部代表性的 1 号测斜曲线和北部代表性的 3 号测斜曲线。

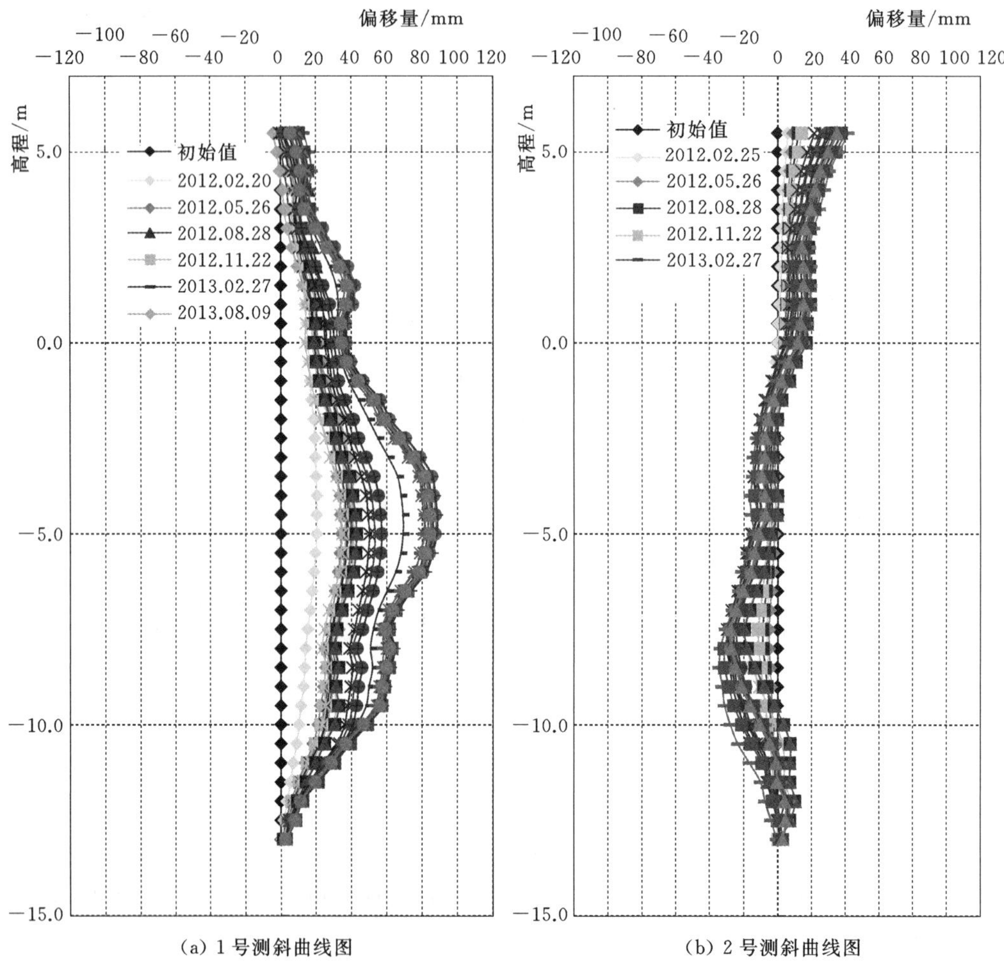

(a) 1 号测斜曲线图　(b) 2 号测斜曲线图

图 2　南部代表性测斜曲线图

3　限载要求及相关使用荷载记录

3.1　限载要求

本工程设计理念就是堆场需要分期上载，根据监测方历次提供的数据，设计院于不同时期分别针对堆场不同区域的变形情况，对堆场分区使用荷载提出限制。具体见表 2。

表 2　限载要求表　单位：kPa

时间（年-月-日）	南部（总）	北部（总）	1 号测斜		2 号测斜		6 号测斜	
			东	西	东	西	东	西
2011-10-13	250	200						
2012-08-20	300	250	175	225	225	175	225	175
2014-07-07	350	275	175	225	225	175	225	175

续表

时间 （年-月-日）	南部 （总）	北部 （总）	1号测斜		2号测斜		6号测斜	
			东	西	东	西	东	西
2016-10-27	350	275	175	225	225	175	225	175
2017-12	350	312.5	225	225	225	175	225	175
2019-06-06	350	312.5	275	225	275	225	225	175

注　2019年6月的限载要求是基于实际堆场已经普遍达到的堆载强度，在变形数据趋于稳定之后维持既有荷载不再增加。

3.2　使用荷载记录

为了进一步分析相关数据变化的规律，搜集了2018年和2019年两年的堆场使用荷载逐日的电子计划片图。重点查对了南部厚泥区对应三个测斜点位置的使用荷载情况。总结的规律如下：

（1）1号侧斜点附近。2018年上半年出现较多超载使用现象，多次记录显示堆场达到满载14m堆高；下半年直至2019年则基本执行了限载的规定（东侧11m/西侧9m）。

（2）2号侧斜点附近。2018年5月和2018年12月两次测斜数据峰值发生4mm增量，对应使用荷载情况也是同侧堆场存在长期料堆，甚至局部超载；而对侧堆场则堆卸较频繁或出现空闲的状况。随2019年3月之后随限载的严格实施，变形趋于稳定。

（3）6号侧斜点附近。2018年上半年也出现超载使用现象，下半年仍有个别超载，2019年以后基本执行限载要求。另外东西侧使用不平衡明显，6号侧斜点所在的4号坝基西侧堆场2018年全年直至2019年3月有三批矿堆均长期堆载，而同时期其相对的4号坝基东侧堆场则堆卸频繁，只有2019年4月以后出现长期料堆。

4　实测变形数据分析

4.1　南部区域

4.1.1　1号测斜附近

1号测斜数据在加载初期发生的20.45mm基础上，到2012年5月超过30mm，之后一直到2014年9月之前基本维持稳定，对应位置同时期的轨道梁沉降也维持在30mm以内，说明在225kPa以下的荷载条件下，轨道梁基础下地基竖向和水平向变形均很小。2012年11月6日对应堆场发生的沉降值已经达到660mm，但并未对轨道基础产生过大的影响。

此后，1号测斜数据在2015年、2016年发生较大发展到50mm量级，2017年比较稳定，2018年5月、2018年12月两次数据发生突变，总变形突破80mm，应该与2018年超载使用直接相关。在2019年3月发现问题，重申限载要求后，变形数据于2019年5月23日达到峰值88.69mm后稍有下降，重新平衡。相应地，轨道梁沉降数据，2016年12月总沉降为52mm，2017年4月为60mm，2017年11月为72mm，而到2018年出现加速，总沉降出现一54mm增量，2019年底再增加一29mm增量；相邻堆场2017年5月沉降值为914mm，2018年5月则为1173，2019年6月为1215mm，同样也说明，由于2018

年的超载使用，地基变形加速。

4.1.2　2号测斜附近

2号测斜数据加载初期发展后直至2013年8月9日数值稳定在−40mm左右，相同时期的轨道梁沉降值也在40mm以内。同样说明在225kPa以下的荷载条件下，轨道梁基础下地基竖向和水平向变形均很小。此时段未查到堆场沉降数据。

2014年6月6日测量值突变为−69.25mm，2014年9月7日再次发展到−83.33mm。此后基本保持平稳到2017年10月30日的−84.86mm，但2018年5月16日增加到−88.50mm，2018年12月26日继续增加到−92.44mm，2019年则基本稳定在−93～−94mm。相应地，轨道梁沉降数据，2016年12月总沉降为93mm，2017年4月仍为93mm，2017年11月为103mm，同样到2018年出现剧烈加速，总沉降出现−83mm增量，2019年底再增加−11.9mm增量，总沉降值达到197.9mm；相邻堆场2017年5月沉降值为888mm，但之后无观测数据。

2号测斜突变值发生的较早，应该与2014年总体荷载升级有关，之后2018年的超载，又加剧了测斜和沉降值的发展。

4.1.3　6号测斜附近

6号测斜数据加载初期发展后直至2012年11月22日数值稳定在−40mm以内，轨道梁的沉降保持在47mm以内，地基稳定；2012年11月15日堆场沉降值为646mm。

2013年1月5日侧向变形发展到−56.97mm，基本稳定到2015年8月18日发展到−66.82mm，再稳定，到2018年12月26日突变到−72.16mm、2019年3月23日的−79.80mm，之后保持稳定在−73～−77mm。相应轨道梁2013年8月22日沉降发展到62mm，2014年6月8日到79mm，2016年12月到86mm，2017年4月到94mm，2017年11月到96mm，2018年底和2019年底分别发生9mm和6.3mm增量，达到111.3mm。

该区域的变形数据发生的也比较早，经历2016年、2017年的稳定后，2018年、2019年又有所增长，应该均与使用荷载的增加密切相关，该区域轨道梁竖向变形相对侧向变形小，应引起注意。堆场沉降值2013年9月为936mm，2018年12月为981mm，后几年堆场区沉降变化很小，塑料排水板应该已经不起作用。

4.2　北部区域

4.2.1　3号测斜附近

3号测斜数据加载初期发展后直至2013年9月10日数值稳定在−12mm以内，相应轨道梁沉降发生在50mm左右，地基稳定。2012年11月27日堆场沉降值为516mm。

测斜数据的加速分别发生在2013年9月10日的−22.23mm、2016年12月13日的−10.24mm、2018年12月26日的−5.18mm，达到峰值−34.14mm，其后保持稳定。相应轨道梁沉降从2013年2月开始加速，到2013年9月28日发展到98mm，之后直到2018年底基本每年均有10mm以上增加，2019年增量为7.9mm，达到322.9mm。2018年5月1日堆场沉降值为1015mm。

该测点位于上部厚砂、下部软土层埋深较深区，其轨道梁变形数据特点是竖向变形比较大而侧向变形比较小，地基强度应该是有效增长的。

4.2.2　4 号测斜附近

4 号测斜点位于场地中部靠近碎石桩处理区，其测斜数据在 2012 年底之前在 13.5mm 左右，2013 年 2 月增加到 21.72mm，2013 年 8 月增加到 29.75mm，之后一直到 2019 年 3 月损坏之前的最后一次数据停留在 33.82mm。测斜数据一直保持稳定。轨道梁沉降 2013 年 9 月 25 日到 2014 年 6 月 8 日有 53mm 到 79mm 的变化，后续到 2016 年 12 月沉降发展到 135mm，2017 年 11 月 147mm，2017 年到 2018 年有 121mm 的突变，而 2018 年到 2019 年只有 19mm 增量，总沉降达到 287mm；堆场沉降 2015 年 12 月就达 981mm，之后基本稳定。

该区域除了 2018 年轨道梁沉降发展较多之外，其余数据均处于较稳定状态。

4.2.3　5 号测斜附近

5 号测斜数据加载初期发展后直至 2012 年 8 月 28 日数值稳定在－20mm 左右，2012 年 11 月 22 日突变到－46.18mm，之后基本保持稳定在－50mm 左右，到 2019 年 7 月 9 日达到峰值 58.57mm。相应轨道梁沉降逐步增长，几次较大的变化发生在 2012 年 8 月 8 日的 99mm，2012 年 11 月 2 日的 109mm，紧接着 2012 年 11 月 24 日达到 135mm，2013 年 9 月 25 日的 151mm，2014 年 6 月 8 日的 175mm，到 2016 年 12 月 226mm，到 2017 年 11 月的 256mm，2018 和 2019 年又分别有 51mm 和 27.5mm 增量，达到 334.5mm。堆场沉降则于 2015 年 8 月 16 日发生 1132mm，2017 年 5 月 19 日发展到 1214mm，之后没有数据。

该区域也位于厚砂区，轨道梁竖向变形较水平向变形发展的多，后期测斜数据稳定，地基强度应该也是偏向于稳定增长状态。

5　关于软土变形问题的若干思考

5.1　关于理论计算的误差

岩土工程中，出现较大的理论计算误差是正常的。本工程地基各项变形指标在 2012 年底之前均未超出的理论计算值，但之后地基变形在继续发展，总变形量接近甚至超出理论计算值的两倍。事后分析当初理论计算误差产生的原因，除了计算理论本身的误差、土质指标的取样和选用有可能存在一定误差以及施工质量的保证等因素之外，笔者认为其他可能的影响因素是塑料排水板的时效性和土体强度随固结度的增长问题。

施工期施加的荷载远未达到使用荷载，使用期软土层仍处于欠固结状态。使用期实际堆货荷载也不可能像设想的那样均匀施加并保持理想的分级状况，所以使用前期荷载下地基强度并未能达到预期的增长，而时间长了（2012 年底）之后，塑料排水板作用已严重削减，后期深层薄弱区地基未达到理论计算的强度，体现在监测数据上就是深层侧向变形不稳定和竖向变形未收敛。

5.2　竖向变形与水平位移的关系

北部区域，轨道梁竖向变形大（砂性土前期强夯处理深度相对有限，CFG 复合地基变形较黏性土大），而侧向变形比较小，相应地基强度得到有效增长。相反，南部区域轨道梁竖向变形相对小而深层侧向变形较大，显示相应时段（多数处于荷载等级突变或超载使用阶段）深层软土的剪切变形在发展，地基趋于不稳定中。土体强度的变化一方面其随排水固结而增长，另一方面则因剪切变形而衰减，是两者之间相互对抗的结果，当后者占据主要作用时，地基趋于不稳定。不同时段根据监测数据采取相应的限载措施，减小软土地基剪切变形，继而促使其缓慢固结，逐步提高强度是合理的措施。

关于堆场沉降，之所以差异较小，是因为北部区域淤泥质土层较薄，深层沉降本身相对小，而上部砂层沉降发生得较快。南部区域，虽然前期打设了塑料排水板，消除了部分沉降，但前期荷载并没有到位，随着时间的增长，塑料板的作用渐弱，后期的沉降还会缓慢增长。

5.3 软土埋深与最大水平位移深度的关系

所有测斜数据均显示，最大侧向变形发生的位置均处于上部砂层与深层软土的交界面附近，与理论分析计算的结果是一致的。

5.4 软土强度增长的极限

普遍接受的理论，软土的强度增长随附加应力及相应的固结度的增长而增长，$\tau_{ft}=\tau_{t0}+\Delta\sigma_z U_t \tan\varphi_{cu}$。实际这里的附加应力指的应该是有效附加应力，在排水通道不再起作用时，其固结度的增长是缓慢的，相应附加应力转化为有效应力的部分也是有限的，因而一定时期内，软土强度的增长是有类似极限的存在，荷载过快增长会导致软土侧向变形增长过快，地基趋于不稳定。为安全起见，本工程局部软弱层不稳定区域，限载强度控制在275kPa以下会持续较长的时间。

5.5 塑料排水板的作用、时效性、荷载作用的滞后效应

本工程地基处理期间，泥厚层而且埋深较浅的南侧堆场区打设了塑料排水板，在施工期有效消除了一部分地基沉降（插板后即发生明显沉降，可惜无实测数据），并相应提高了地基的强度，保证了软土区在前期使用荷载下地基的安全。但显然排水板的作用是有一定时效性的，后期地基侧向变形不稳定，说明了后期地基抗剪强度的增长是非常缓慢的。

统计对比堆场区沉降2012年底数据和2018—2019年底数据，其前期完成的沉降占比北侧未插板区为62%，南侧插板区为65%，差别不大，说明2012年底之后塑料排水板起的作用是有限的，尽管采用了高性能排水板，其时效性应该不超过2年（而市场上普通排水板的作用时效可能只有半年到一年）。

关于荷载对地基变形的滞后影响，1号测斜为例，对使用荷载进行分析统计发现，2018年上半年超载较多，2018年下半年以后尤其在2019年3月以后则基本按限载使用，测斜数据显示，2018年5月和2018年12月两次测斜数据的最大值均发生12mm增量，2019年3月后仍有小幅发展，一直到2019年5月后才趋于稳定，说明一旦深层软土发生明显剪切变形，其影响滞后性以及强度的恢复需要的时间很长。

6 结论

专业化矿石堆场常需要在软土地基上进行大面积大强度的堆载，而一次性彻底达到满载使用的处理标准往往因代价奇高而不现实。所以实际工程设计中往往以地基稳定为设计的主要控制因素，先期只处理到一定程度，后期通过使用期分期分级上载的方式，再逐步

提高地基强度。

本工程案例的实测数据显示，后期软土地基强度的增长不一定与理论计算完全符合，分析其中原因，排水通道的时效性可能是制约地基强度长期增长的重要因素。因此，类似工程状况，提高塑料排水板的长效排水性能是工程成功的关键因素。

另外，使用期保持对地基变形的密切观测，及时分析数据变化，修正限载标准，是保证工程安全的必要手段。

参考文献

[1] 王坤，林佑高. 预压法引起的土体强度增长 [J]. 中国港湾建设，2013 (5)：5-7.

[2] 潘孝城，李晶，熊晋. 软土地基抗剪强度增长评价方法 [J]. 铁道工程学报，2013 (6)：30-33.

[3] 宋兵，张广娟，等. 矿石堆载深厚淤泥地基处理技术及沉降长期监测研究 [C] //第十届工程排水与加固技术研讨会论文集：259-263.

[4] 谢仁追. 散货堆场深厚软基加固中塑料排水板耐久性的探讨 [J]. 水运工程，2008 (11)：152-156.

真空联合堆载预压法在筑坝工程中的应用研究

占鑫杰[1,2]　朱艳宝[3]　杨守华[1,2]　滕　昊[3]　许小龙[1,2]　朱群峰[1,2]

(1. 南京水利科学研究院 岩土工程研究所，江苏南京　210024；
2. 水文水资源与水利工程国家重点试验室，江苏南京　210024；
3. 中国水利水电第一工程局有限公司基础工程分局，辽宁大连　116041)

摘　要：某土坝工程拟建场地地基主要土层为淤泥质黏土，最大厚度约为17m，地基具有含水率高、压缩性大、强度低、排水固结性能差等特点。设计采用无砂垫层真空联合堆载预压方案，但本地缺少真空预压施工经验和参考案例，工程面临有以下难题：①坝基淤泥质黏土层上覆2～5m的硬土层，传统静压和振动插板工艺的施工效率和地层适应性仍不确定；②坝基表面的砂土层透水性大，场地的侧向密封措施对保证膜下真空度至关重要；③坝体填筑荷载大，直接在密封膜表面填筑坝体，施工过程中密封膜存在破损风险。为此选取一段100m长的区域作为试验段，分别开展了塑料排水板插板工艺试验，密封墙成墙试验和密封膜保护试验。研究结果表明：履带式振动插板工艺能有效穿透上覆硬壳层，其施工效率优于引孔＋振动插板工艺；采用1.2m双排泥浆搅拌墙方案能起到良好的密封效果；在密封膜表明铺设无纺布、编织布和填筑过渡层能有效保护密封膜，试验段膜下真空压力稳定达到设计值。

关键词：真空联合堆载预压；软土地基；筑坝工程；试验段

0　引言

排水固结法是利用天然地基土层本身的透水性或设置在地基中的竖向排水体，通过预先在地表进行加载预压或利用建（构）筑物自身重量使土体中孔隙水逐渐排出，土体逐渐固结，地基土逐渐压密，强度逐步提高的方法。排水固结法包括真空预压法、堆载预压法和真空联合堆载预压法。堆载预压方法易施工，造价较低，但工期较长；真空预压法具有不需要堆载材料，无噪声，易施工，工期相对较短的优点。将此两者结合形成真空联合堆载预压法，与堆载预压法相比虽然造价稍高，但具有工期短、加固效果明显等优势，广泛应用于软土地区公路、机场、码头等工程中[1-3]。塑料排水板作为竖向排水体的一种，已被普遍采用，根据不同地质条件采用的打设工艺也趋向于多样化。然而对于一些上覆硬壳层、下卧深厚软土地基的复杂场地，常规的真空预压地基处理工法挑战增大，塑料排水板施工、真空压力传递以及软土地基加固效果的报道案例较少。对于上覆硬壳层、下卧深厚软土地基的复杂场地，国内多采用振动插板机或者引孔结合振动插板机的方法施工。王征

作者简介：占鑫杰（1986—　），男，高级工程师，主要从事软基处理、淤泥资源化利用、岩土工程监控的研究和咨询工作。

基金项目：国家重点研发计划（2918YFC1508504）；南京水利科学研究院中央级公益性科研院所基本科研业务费重点项目（Y320012）。

亮等针对上覆硬壳层下卧深厚软土地基的复杂场地，选取代表性场地作为试验区采用浅层引孔结合开挖换填的真空预压地基处理方案，取得了良好的加固效果[4]。丁晓峰等针对湛江港宝满集装箱码头一期工程因部分区域硬土层较厚，普通液压履带式插板机无法正常打板，采用先引孔再打设排水板来处理硬土层较厚的地基[5]。孙洪春等根据港珠澳大桥岛隧工程东人工岛软基处理中塑料排水板施插深度大、施工深度内含有硬夹层的工程特点，采用改进后的静压式和振动锤式插排机，实现了复杂地质条件下超深塑料排水板打设施工[6-9]。当被加固的软黏土地基中含有高渗透性土层时，若采用真空预压进行加固，对高渗透性土层的密封处理十分重要。对于浅层的高渗透性土层，可采用开挖换填的方法进行处理，也可将密封膜深埋，穿过透气土层，达到密封的目的。对于埋藏较深的高渗透性土层，常用的处理方法就是打设黏土密封墙。黏土密封墙的施工质量、控制指标对真空预压保证膜下真空度达到设计值起到重要作用。真空预压加固软土地基技术规程规定：当加固区边界透水透气层较深时，密封措施宜采用黏土密封墙。黏土密封墙厚度不宜小于1.2m，拌和后墙体的黏粒含量应大于15%，渗透系数应小于1×10^{-5}cm/s[10]。梁爱华等对其中5项典型工程的黏土密封墙施工进行分析，提出了黏土密封墙的主要的施工质量控制参数[11]。

我国北方某蓄水调蓄工程由挡水土坝、排水泵站及排水沟等建筑物组成。挡水土坝折线型布置，坝长8035m，最大坝高17.1m，拟建场地地基主要土层为淤泥质黏土，地基具有含水率高、压缩性大、强度低、排水固结性能差等特点。设计采用无砂垫层真空联合堆载预压方案，但本地区较少缺少真空预压施工经验和参考案例，工程面临有以下难题：①坝基淤泥质黏土层上伏2～5m的硬土层，传统静压和振动插板工艺的施工效率和地层适应性仍不确定；②坝基表面的砂土层透水性大，场地的侧向密封措施对保证膜下真空度至关重要；③坝体填筑荷载大，直接在密封膜表面填筑，在施工过程中密封膜存在破损风险。为此在选取一段100m长的区域作为试验段，开展试验性施工。本文首先介绍真空联合堆载预压试验段的设计方案，在此基础上分别开展了塑料排水板插板工艺试验，密封墙成墙试验和密封膜保护试验，根据试验段结果进一步明确真空排水板联合堆载预压施工的质量技术要求、工艺验收标准及质量评定办法，并为后续大面积施工提供有效支撑。

1 工程概况

本项目蓄水调蓄工程由挡水土坝、排水泵站及排水沟等建筑物组成。挡水土坝折线型布置，坝长8035m，最大坝高17.1m，大坝坝顶高程为138.10～140.40m，坝顶宽6.0m，上游坝坡坡比1∶3，下游坝坡坡比1∶2.75，大坝两端均布置永久进场公路。现场勘察发现坝基范围内存在淤泥质软土、坝基渗漏、沉陷等问题，因此对大坝进行基础处理对保障水库大坝的安全使用和促进水库大坝功能的发挥有着直接的影响作用。

1.1 地质情况

坝址区地层主要由第四系全新统人工堆积的壤土，第四系全新统湖沼堆积的壤土、砂壤土、淤泥质黏土、灰壤土，第四系上更新统顾乡屯组冲积堆积的黄土状黏土、黄土状壤土，第四系中更新统冲湖积堆积的黏土、壤土组成，详细描述如下：

壤土层（2-1）：黄褐～黑褐色，湿，可塑状态，黏粒占28.6%，粉粒占54.2%，砂粒占17.2%，揭露厚度0.4～2.7m，局部有粉粒、砂粒集中现象，分布湖沼洼地表层。

砂壤土层（2-2)：黄褐～灰褐色，呈稍密状态，湿～饱和，砂粒占54.6%，粉粒占35.5%，黏粒占9.9%。局部与壤土互层产出，层厚0.5～14.9m，广泛分布于壤土（2-1）层之下或与之互层产出，局部夹壤土薄层。

淤泥质黏土（软塑）(2-3)：黑褐色，湿～饱和，软塑状态，黏粒占37.7%，粉粒占56.0%，砂粒占6.3%，含有机质，具有腥臭味，见有未腐烂的植物根系，揭露厚度0.6～5.1m，局部夹薄层砂壤土，分布于壤土（2-1）及砂壤土（2-2）层之下。

淤泥质黏土（流塑）（2-4)：黑褐色，饱和，流塑状态，黏粒占43.2%，粉粒占55.1%，砂粒占1.7%，含有机质，具有腥臭味，见有未腐烂的植物根系，揭露厚度0.80～13.30m，局部夹薄层砂壤土，分布于沼泽洼地的中、下部。

黏土（4-1)：灰黑～灰褐色，稍湿～湿，硬塑状态。黏粒占43.3%，粉粒占52.1%，砂粒占4.6%，局部有粉粒、砂粒集中现象，夹有砂壤土薄层。揭露厚度1.0～17.9m，广泛分布于该区底部。

壤土（4-2)：灰黑～灰褐色，稍湿～湿，可塑状态。黏粒占23.5%，粉粒占64.2%，砂粒占12.3%，局部有粉粒、砂粒集中现象，夹有砂壤土薄层。揭露厚度1.0～17.9m，广泛分布于该区底部。

工程区内地下水类型为第四系黏性土层上层滞水，含水层为第四系全新统湖沼堆积砂壤土层、第四系上更新统冲洪积堆积黄土状壤土层、第四系中更新统冲湖积堆积的黏土层中，勘察期间地下水位埋深2.0～8.1m，高程120.40～134.30m，接受大气降水补给，以蒸发的形式排泄，受气候变化影响较大，干旱季节地下水位降低，雨季地下水位升高。地下水水化学类型为重碳酸盐酸钾钠钙镁型水，矿化度732.04mg/l，地下水对混凝土不具有腐蚀性，对钢筋混凝土结构中钢筋及钢结构均具有弱腐蚀性。

根据地质勘察显示，在坝段桩号3+220～6+552段发现有淤泥质黏土层（2-3层和2-4层)，其沿程分布如图1所示。

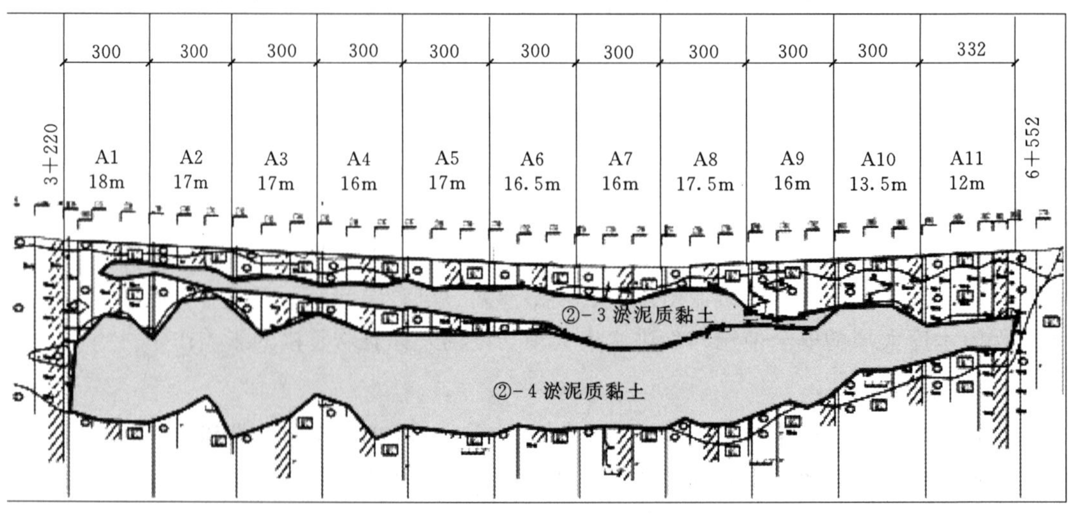

图1　软土地基分布示意图

坝基主要土层的物理力学性质如表1所示。

1.2 软基处理

地基处理对于大坝建设是非常重要的环节，现场勘察发现大坝地基存在淤泥质土、坝基渗漏、沉陷等问题，因此对大坝进行地基处理对保障水库大坝的安全使用和促进水库大坝功能的发挥有着直接的影响作用。为加快软土地基固结，减少坝体工后沉降，提高坝身安全稳定，节省投资，本工程拟在桩号3＋220～6＋552段采用真空联合堆载预压工艺，共分为11个分区。

表1 坝基土层物理力学性质指标

地层代号	名城	含水量/%	密度/(g/cm³)	比重	渗透系数/(cm/s)	压缩模量/MPa
2-1	壤土	19.5	1.94	2.69	9.21×10^{-6}	6.02
2-2	砂壤土	24.5	1.87	2.64	—	11.26
2-3	淤泥质黏土	52.2	1.69	2.70	1.21×10^{-6}	2.94
2-4	淤泥质黏土	45.3	1.72	2.69	—	2.80
4-1	黏土	24.5	1.98	2.68	1.7×10^{-6}	5.71
4-2	壤土	23.8	2.00	2.68	2.51×10^{-6}	8.04

2 真空联合堆载预压试验段的提出

鉴于软基处理的范围及工程量较大，加之工程实施区域无这方面的施工经验，工程开工前要现场排水试验指导施工，通过试验进一步明确真空排水板联合堆载预压施工的质量技术要求、工艺验收标准及质量评定办法。选择在大坝桩号3＋820～3＋920处进行真空联合堆载预压现场试验，试验段真空预压范围长100m，宽82.05m，面积约为8205m²。试验段施工周期初步拟定为60天，从打设泥浆搅拌墙到铺膜完成计45天，坝体填筑至131.0m高程，计15天。

2.1 试验段平面布置

选取桩号为3＋820～3＋920进行真空联合堆载预压试验，试验段平面图和剖面图如图2所示。真空预压边界为泥浆搅拌墙中心线。上游边界距离坝轴线31.2m，下游边界距离坝轴线50.85m，东侧边界为桩号3＋820，西侧边界为桩号3＋920。泥浆搅拌墙形成封闭的矩形区域，保证真空预压时的密闭性。塑料排水板距离泥浆搅拌墙中心线距离不小于1.5m，以方便顶部与真空管连接。真空管南北两侧边界布置支管，距离泥浆搅拌墙中心不小于2m。排水主管平行于坝轴线布置，间距40.05m。集水井布置在坝后，共布置8个主管与集水井相连（图3）。

2.2 真空预压设计方案

工程采用无砂垫真空联合堆载预压法，真空预压设计方案包括塑料排水板设计、竖向密封系统、水平密封系统、水平排水系统设计及抽真空等。

(1) 打设塑料排水板。塑料排水板采用100-C型，排水板间距为1×1m，正方形布置。插入深度至黏土层（4-1层）内1m。塑料排水板在地表预留50cm，采用手型接头，

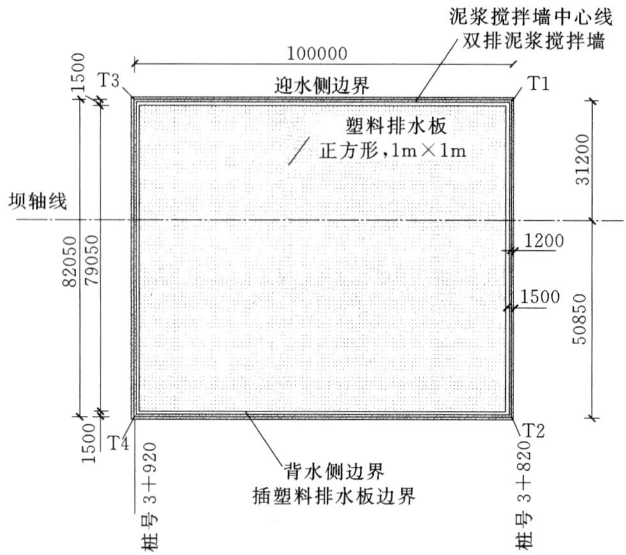

图 2　真空联合堆载试验段剖面图平面布置图

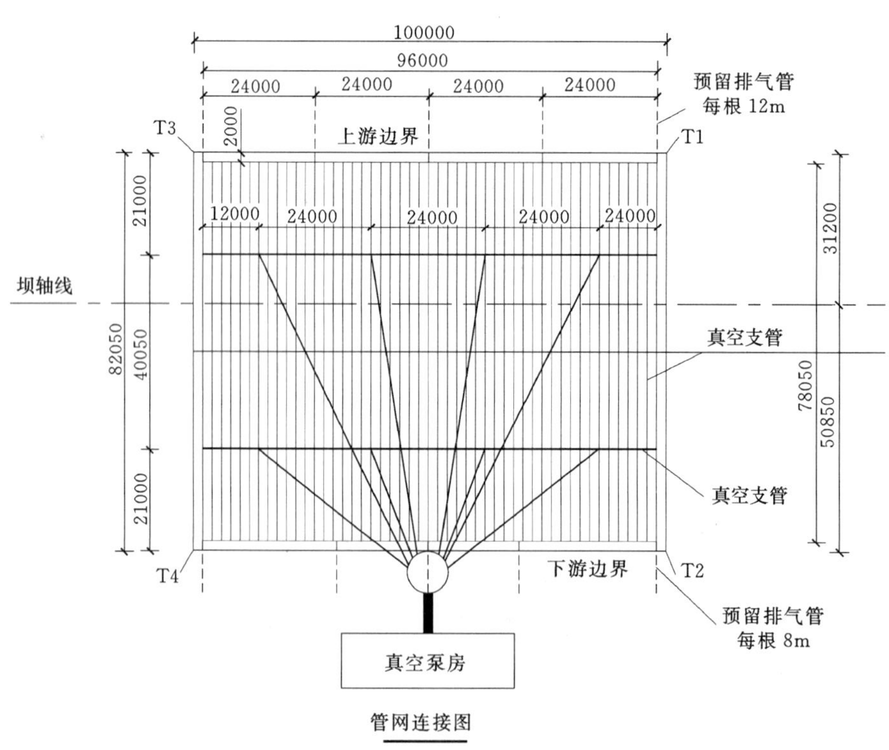

图 3　真空预压水平排水系统布置图

直接连接排水板与真空管。

（2）竖向密封系统。本工程淤泥质黏土层（2－3 层、2－4 层）上方存在砂壤土，属于透水层，因此采用泥浆搅拌墙进行密闭处理。泥浆搅拌墙采用双头搅拌桩机进行施工，每排直径为 0.7m，搭接部分 0.2m，总厚度为 1.2m，搅拌墙需插入淤泥质黏土层 1.5m，其渗透系数需小于 1×10^{-6}cm/s。施工前需每隔 50m 进行探摸地层厚度，以便确定泥浆搅拌墙深度。搅拌墙顶部开挖密封沟。两侧密封沟开挖深度不小于 2.0m，密封膜和复合土工膜压至两侧的密封沟内，且密封膜压入长度不小于 4.0m。

(3) 水平密封系统。在地基表面依次铺设 200g/m^2 编织布、200g/m^2 无纺土工布、密封膜 3 层、200g/m^2 无纺土工布、复合土工膜 1 层、200g/m^2 编织布，编织布和土工布的目的是为了防止密封膜被异物刺破。复合土工膜是为了减少 2－1 层、2－2 层分散性土渗透性，保证大坝坝身的防渗性能，以防真空管形成渗透通道。

(4) 水平排水系统。完成插板后铺设水平真空管网，真空支管采用内径 25mm 的 PVC 钢丝软管，真空主管及真空连接段采用内径 50mm 的 PVC 钢丝软管。真空支管间距根据插板间距确定为 2.0m，真空主管间距 40.05m，两根主管与支管采用三通、四通连接。主管连接至集水井，真空泵布置在场地背水侧，通过 75mmPVC 管连接到集水井。

(5) 真空泵及抽真空要求。本工程采用大功率的水环式真空泵（功率为 55kW），试验段布置一台集水井，集水井采用主管与真空泵连接。开始阶段，为防止真空预压对加固区周围土体造成瞬间破坏，必须严格控制抽真空速率，经检查无漏气现象后，开足所有泵，将膜下真空度提高到 80kPa 以上。

2.3　堆载方案

场地抽空后，需要进行漏气排查，确保真空度达到设计要求。编织布上方需分层填筑黏土，堆载至 131.0m。填土需满足坝体填筑料密实度要求，紧邻编织布的素填土填筑时需保证不破坏下卧密封膜和复合土工膜等密封系统。加载速率需根据现场监测情况进行动态调整。

3　试验段方案

由于工程建设区域软土地基分布少，缺少真空联合堆载的施工经验和参考案例。我国规范规定，对选定的地基处理方法，应按地基基础设计等级和场地复杂程度以及该地基处理方法在本地区使用的成熟程度，在场地有代表性的区域进行相应的现场试验或试验性施工[12-13]。针对本工程的特点，拟开展的先行试验段应包括以下内容：①塑料排水板插板工艺试验；②密封墙成墙试验；③密封膜保护试验。

3.1　插板工艺试验

本工程地基表面为硬土层（2－1 壤土层、2－2 砂壤土层），总厚度为 2～5m。由于这两层土的强度较高，可能会对塑料排水板插板施工带来一定影响。国内报到的工程案例中，对于上覆有硬壳层软土场地的加固，在排水板插板施工中可能需要进行引孔。本工程拟建场地地基处理面积大，为验证地基处理施工方案的可行性，拟在试验段开展插板工艺试验。选定的两种插板工艺分别是：①振动插板；②引孔＋振动插板。

振动插板施工工序为施工准备、场地平整、放样定位、插板机就位、塑料排水板穿靴、下套管、拔套管、截带、质量记录和检查。在施工过程中作好原始施工记录，记录塑料排水板插管速度和提管速度，插板机插设 50 根塑料排水板的时间。施工时应加强质量检查，检查板距、垂直度、板长、跟带长度等是否符合规范要求。

引孔＋振动插板施工工艺为：施工准备、场地平整、放样定位、液压钻孔机钻孔、液压钻孔机移位、振动插板机就位、塑料排水板穿靴、下套管、拔套管、截带、质量检验、移动插板机。

对比以上两种施工工艺的质量检查结果和施工效率，评定不同插板工艺对本工程地层的适应性。

3.2 密封墙成墙试验

本工程地基表面的2-1层壤土和2-2层砂壤土渗透性较高（表1），其渗透系数达到8.0×10^{-4}cm/s，属中等透水层。若场地周围的密封措施没有做好，将严重影响真空加固效果。真空预压区域密封一般采用泥浆密封墙，密封墙的施工质量、控制指标对保证膜下真空度达到设计值起到重要作用。考虑到项目建设区域缺少泥浆搅拌墙的施工经验，为进一步保障泥浆搅拌桩的质量，拟在试验段开展真空预压密封墙成墙试验。试验内容包括：①室内泥浆墙配合比试验，确定满足条件的拌和配合比；②试打工艺桩：③泥浆搅拌墙检测。

3.2.1 室内配合比试验

选取黏性土与2-1壤土层、2-2层砂壤土层混合，开展配合比试验，试验方案见表2和表3，测试混合试样的渗透系数和黏粒含量，根据渗透系数小于10^{-6}cm/s的要求确定合理的配合比。若试验的渗透系数不能满足要求，可掺入膨润土进行试验。

表2　配合比试验方案一

序号	试　样	配比方案	备　注
1	淤泥和2-1层壤土	30%黏土+70%壤土	测试混合试样的渗透系数和黏粒含量，
2		35%黏土+65%壤土	
3		40%黏土+60%壤土	
4		20%黏土+5%膨润土+75%壤土	
5		20%黏土+10%膨润土+70%壤土	

表3　配合比试验方案二

序号	试　样	淤泥和2-2层砂壤土的混合比例/%	备　注
1	淤泥和2-2层砂壤土	30%黏土+70%砂壤土	测试混合试样的渗透系数和黏粒含量
2		35%黏土+65%砂壤土	
3		40%黏土+60%砂壤土	
4		20%黏土+5%膨润土+75%砂壤土	
5		20%黏土+10%膨润土+70%砂壤土	

3.2.2 试打工艺桩

工艺桩试打之前，沿密封墙区域每50m布置1个探摸孔，探摸至淤泥质黏土层顶以下1.5m；试验方案采用如下设计参数：每排直径为0.7m，搭接部分0.2m，总厚度为

1.2m，搅拌墙需插入原淤泥质黏土层1.5m。施工采用步履爬行式搅拌桩机，采用四喷四搅方式施工，下搅速度1.2m/min，上搅速度0.8m/min，泥浆浓度为1.3，施工过程中严格控制泥浆质量及掺入比。

3.2.3　搅拌桩检测

成桩1个星期后，在搅拌桩试验区钻孔取样检测黏粒含量和渗透系数，并随机在不同深度取样三个，一定要包含最底端。搅拌桩垂直度偏差不得超过1％。搅拌头直径要经常检查。

3.3　密封膜保护试验

本工程中，坝体填筑最大高度为17.1m，如直接在密封膜表面填筑坝体，在施工过程中密封膜存在撕裂风险，进而导致真空泄漏。真空预压加固软土地基技术规程规定：采用真空联合堆载预压时，密封膜上下均应设置保护层，保护层可采用土工织物。本工程真空联合堆载预压处理方法中，为防止密封膜被填筑层刺破，应在密封膜表面铺设一层无纺土工布和编织布，然后在编织布表面填筑过渡层。为有效保护密封膜和水平真空管，拟在试验段开展保护试验，采用以下工程措施：

(1) 水平真空管挖沟埋设安装，埋设深度不小于5cm，这样可以在填土荷载作用下形成拱效应，起到保护水平真空管的作用。根据填土高度，上部最大压力约为0.4MPa，因此为确保排水能力，排水管在真空度大于96kPa的条件下，其性能指标应满足使用要求。

(2) 塑料排水板插板施工后形成的坑，用中粗砂填平并密实，防止真空预压过程中，密封膜发生不均匀变形后撕裂。

(3) 密封膜上铺设80cm的素填土可作为坝基一部分，该层素填土压实度过低会降低坝体稳定性或增大坝体沉降，而压实度过高又会对密封膜和真空管造成损坏。所以，素填土施工用人工结合轻型机械铺摊，然后用非振动压实机械进行碾压，碾压后其直剪强度指标和压缩模量按不小于现状坝基2-1层壤土的指标进行控制，即凝聚力$c \geqslant 19.8$kPa、摩擦角$\varphi \geqslant 16.3°$、压缩模量$E_s 100-200 \geqslant 6$MPa。铺设时应由近向远处铺设，严禁反程序施工。同时禁止施工人员长时间在膜上行走，严禁穿带钉鞋及硬底鞋在膜上行走。

4　试验段结果及分析

4.1　插板工艺试验

采用履带式振动插板机作为施工机械，该机具有以下优点：①使用方便，可自装、自卸和步履移动转场；②结构简单，维修方便，性能稳定可靠，转移工地灵活便捷；③行走灵活迅速，施工效率高，没有桩位死角；④维修简单，电动机的故障率低。采用振动插板工艺打设一根塑料排水板的时间为3～5min，其插管速度和提管速度满足施工要求，每台插板机组每天插板约4000～5000延米，满足工程的进度要求。质量检验结果表明打设后塑料排水板的板距、垂直度、板长、跟带长度符合规范要求。

引孔＋振动插板工艺试验的施工效率远低于振动插板工艺。因此在后续施工中采用振动插板工艺。通过试验段的试验性施工，掌握了操作规程，验证了振动插板工艺在本场地的适应性，为后续的塑料排水板施工提供了有效指导。

4.2 密封墙成墙试验

根据表4可知，经过20%黏土+10%膨润土+70%砂壤土拌和后，泥浆墙的渗透系数降低至4.19×10^{-7}cm/s，满足设计要求，现场泥浆墙施工按照以上配合比实施。密封墙成墙7天后，在试验区上、下游及左侧各取一个点钻三个取芯孔。每个孔的芯样分上、下进行渗透系数和黏粒含量，检测结果见表5。根据检测结果可知，试验段泥浆墙的渗透系数全部符合设计要求

表4　　不同配比方案泥浆墙的渗透系数

序　号	配　　比	渗透系数（cm/s）
1	30%黏土+70%砂壤土	5.14×10^{-6}
2	35%黏土+65%砂壤土	3.41×10^{-6}
3	40%黏土+60%砂壤土	1.18×10^{-6}
4	20%黏土+5%膨润土+75%砂壤土	1.05×10^{-6}
5	20%黏土+10%膨润土+70%砂壤土	4.19×10^{-7}

表5　　试验段泥浆墙检测结果

序号	取样部位	取样深度/m	渗透系数/(cm/s)
1	3+820，轴线45.85m	4.0～4.2	6.1×10^{-7}
2	3+820，轴线45.85m	8.5～8.7	3.1×10^{-7}
3	3+820，轴线26.2m	3.5～3.7	5.4×10^{-7}
4	3+820，轴线26.2m	8.4～8.6	3.4×10^{-7}
5	3+870，轴线31.2m	4.0～4.2	7.0×10^{-7}
6	3+870，轴线31.2m	8.5～8.7	3.8×10^{-7}

试验段抽气后，10天左右膜下真空度均可达到80kPa左右，此后膜下真空度一直保持在80kPa左右。试验段断面在真空联合堆载预压区下游泥浆墙外布置1根水位管，泥浆墙外水位变化曲线如图4所示，抽真空60天后，泥浆墙外水位下降约为80cm，并基本维持在60～80cm，可见黏土密封墙的密封性良好。

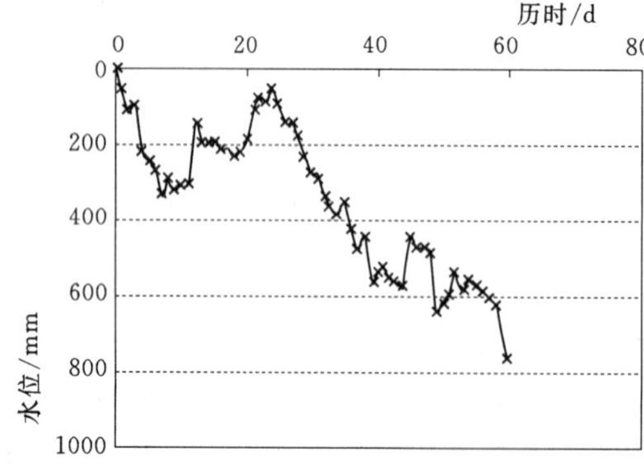

图4　试验段泥浆墙外水位变化曲线

4.3 密封膜保护试验

抽真空阶段及真空联合堆载阶段的膜下真空度变化曲线如图5所示。抽真空10天后，膜下平均真空度已达80kPa左右。抽真空20天后，铺设土工布和编织布、过渡层，并开始正常的路基填筑。试验段填筑历时40天，实际填筑高度4.2m，监测结果表明填筑后坝基迎水侧、坝轴线、背水侧的膜下真空度基本维持在80～83kPa，表明试验段密封膜的保护措施是有效的。

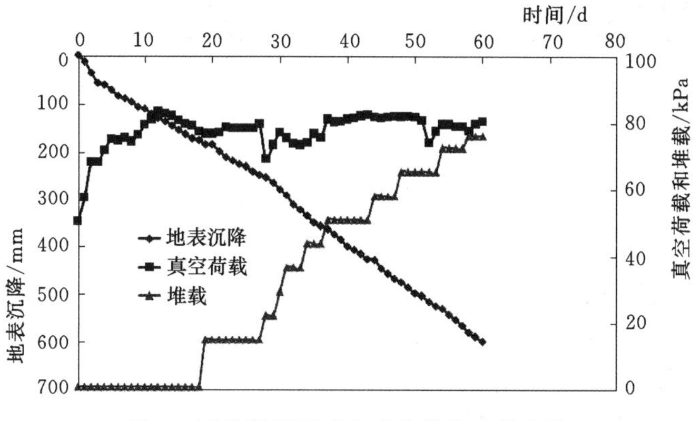

图 5　试验段膜下真空度及堆载过程曲线

5　结论

本项目蓄水调蓄工程由挡水土坝、排水泵站及排水沟等建筑物组成，拟建场地地基主要土层为淤泥质黏土，地基具有含水率高、压缩性大、强度低、排水固结性能差等特点。设计采用无砂垫层真空联合堆载预压方案，但本地区较少缺少真空预压施工经验和参考案例。为此选取 100m 长的区域作为试验段，分别开展了塑料排水板插板工艺试验，密封墙成墙试验和密封膜保护试验。综合本文工作得到如下结论：

（1）履带式振动插板机能够有效穿透坝基表面的壤土层和砂土层，其施工效率较高，每台机组的施工效率为 4000～5000 延米/天，满足坝基的施工进度要求。振动插板工艺的施工效率优于引孔＋振动插板工艺。

（2）试验段壤土层和砂土层经黏土和膨润土拌和后，密封墙的渗透系数降低至 4.17×10^{-6}cm/s 左右。成墙 7 天后的检测结果表明：不同深度泥浆墙的渗透系数满足设计要求。抽气后 10 天左右膜下真空度均可达到 80kPa 左右，密封墙外水位降低值为 80cm，试验段泥浆墙的密封性良好。

（3）试验段填筑历时 60 天，实际填筑高度 4.2m，监测结果表明填筑后坝基迎水侧、轴线、背水侧的膜下真空度基本维持在 80kPa 左右，表明试验段密封膜的保护措施是有效的。

参考文献

［1］　郝宏，大使用荷载条件下真空联合堆载预压技术的研究与应用［J］. 中国港湾建设，2000（3）：38－41.

［2］　范志强，刘小峰，马建宏，真空联合堆载预压处理深圳机场软土地基［J］. 人民长江，2001，32（4）：22－24.

［3］　于志强，郭述军，汕头港深水港区多用途件泊位后方集装箱堆场软基加固施工［J］. 港口工程，1997（3）：12－19.

［4］　王征亮，何洪涛. 上覆硬壳层软土场地的真空预压加固试验研究［J］. 港工技术，2019，56（S1）：132－137.

[5] 丁晓峰. 自制液压钻孔机在打设塑料排水板中的成功应用［J］. 中国水运，2013，13（8）：117-118.

[6] 孙洪春，姚辉博，张焕. 外海人工岛深厚软土地基超深塑料排水板施工技术［J］. 中国港湾建设，2015，35（7）：74-76.

[7] 林黎阳. 振动插板与引孔插板在真空预压插板施工困难区域的实例研究［J］. 中国水运，2015，15（3）：293-296.

[8] 李榕波，唐建亚. 上覆深厚杂填土软土地基真空预压处理技术［J］. 水运工程，2016，513（3）：155-158.

[9] 黄锦雄，陈伟东. 厚硬土层下软土地基处理施工技术［J］. 水运工程，2005，380（9）：110-112.

[10] JTS 147—2—200 真空预压加固软土地基技术规程［S］.

[11] 梁爱华，刘爱民，朱耀庭，尹自强. 粘土密封墙施工质量指标控制［J］. 中国港湾建设，2010，30（1）：28-31.

[12] JGJ 79—2012 建筑地基处理技术规范［S］.

[13] SL/T 792—2020 水工建筑物地基处理设计规范［S］.

土压力作用下塑料排水板弯曲通水量试验研究

王　婧[1,2,3]　董志良[1,2]　陈平山[1,2]　张璟泓[1]

（1. 中交四航工程研究院有限公司，广东广州　510230；
2. 中交交通基础工程环保与安全重点实验室，广东广州　510230；
3. 南方海洋科学与工程广东省实验室（珠海），广东珠海　519082）

摘　要： 塑料排水板在排水固结法处理软土地基中起到重要的作用，而其关键性指标是通水量。目前塑料排水板通水量测试基本是在水压力作用下进行的，与实际工程中土围压存在较大差异。本文采用自主研发的ZEP－TW通水仪对土压力作用下、竖立弯曲状态排水板的通水量进行了试验测试。结果表明：随着土压力的增大，排水板弯曲程度越大，通水量越低。排水板在400kPa土压力作用下的通水量显著小于在400kPa水压力下的通水量，前者仅有后者的22.5%。土压力作用下排水板的通水量更加贴合实际，更具工程参考价值。

关键词： 塑料排水板；排水板通水量；排水板弯曲；模型试验

1　研究背景

排水固结法是现在较为常用的地基处理方法。排水固结法主要由加压和排水两个系统组成，加压系统主要采用地面堆载、真空预压等方法，排水系统可以利用天然土层本身的透水性，也可设置砂井、袋装砂井和塑料排水板之类的竖向排水通道。目前，塑料排水板由于其工期短、造价低等优点是工程中最常设置的排水通道类型。

在使用排水固结法加固地基时，排水通道是否顺畅决定了排水固结法加固效果。但由于地基软土含水量高，压缩性大，排水板在固结过程中会随着土体压缩而弯曲变形，导致排水板弯曲，进而井阻加大，真空度传递能力变差，排水效率降低，从而影响了土体排水固结效果[1]。

因此，测试排水板在土体中弯曲状态下的通水量性质尤为重要。但以往的试验主要是直接测试排水板板芯滤膜性能[2]，通过在水围压作用下模拟排水板弯折的情况测量通水量[3]或直接对工后排水板进行试验[4]。鲜有直接对土压力作用下、竖立弯曲状态排水板进行通水量测试试验的。本文依托香港三跑机场地基处理工程，通过自主研发土压力通水仪测试装置，模拟实际工程中处于土压力作用下排水板的工作状态，测量排水板在不同土压力荷载作用下的通水量。为塑料排水板的实际工作状态测试提供新方法，对软基加固技术的发展具有重要意义。

作者简介： 王婧（1986—　），女，高级工程师，博士，主要从事环境岩土工程和地下结构方面的研究。
基金项目： 广州市珠江科技新星专项资助（201906010068）。

2 试验设计

由于国内仪器基本为排水板竖直状态下的通水量测试仪器[5]，难以满足试验要求。本次试验采用自主研发、设计和组装的 ZEP－TW 通水仪进行模型试验，模拟塑料排水板在工程中的竖立、弯折、土压力状态，使其更贴近实际工程。

2.1 试验装置

试验装置主体采用立式试验容器，待测量的排水板竖立安放于立式试验容器内腔并由土体所包裹。装置顶部设置有对土体施加下压力的加压系统，加压系统包括压于土体上方的容器盖、压于容器盖顶部的千斤顶及位于千斤顶上方的反力架，反力架与千斤顶共同配合对土体形成向下的压力。另外，主体装置还连接有一套保持立式试验容器内腔土体恒定水压的水压系统和出水系统，水压系统包括提供水压的储水容器，储水容器通过进水连接管与位于立式试验容器底部的排水板进水口相连。出水系统包括蓄水容器，蓄水容器通过出水连接管与位于立式试验容器顶部的排水板出水口相连。装置实物及原理图见图 1 和图 2。

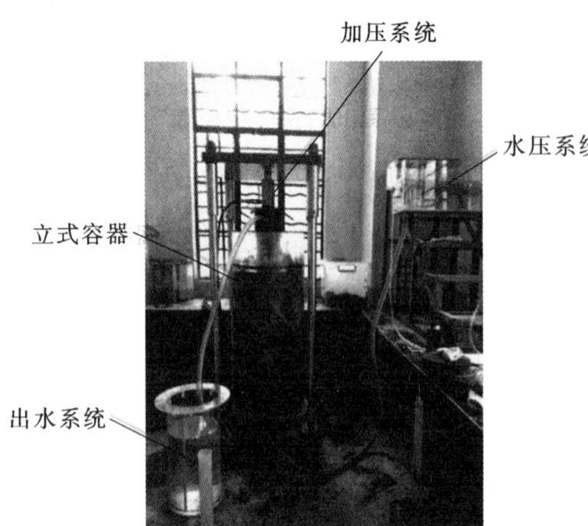

图 1 ZEP－TW 通水仪实物图

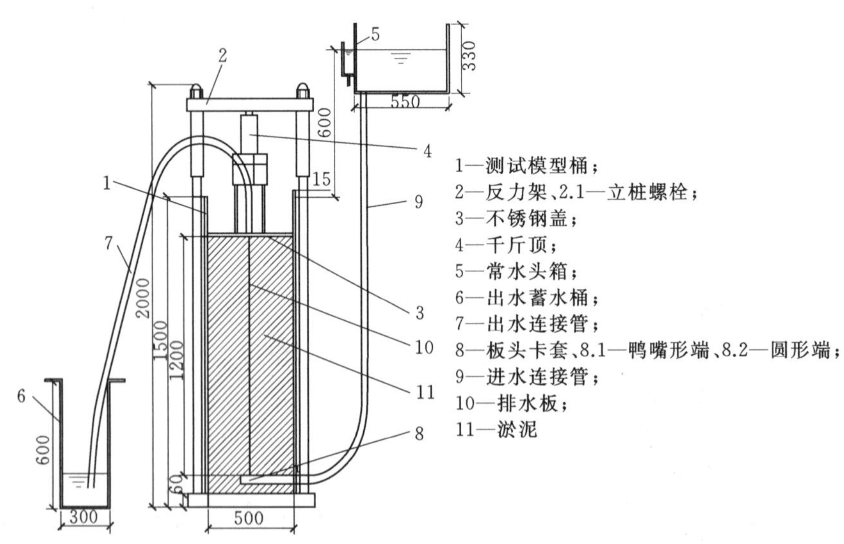

图 2 ZEP－TW 通水仪设计原理图（单位：mm）

2.2 试验方案

（1）由于淤泥的强度较低，需要分级加载，且每施加一级荷载需要实时测试土体沉降（即排水板弯曲程度），待土体固结稳定后测试排水板通水量，每级荷载时间 24h。

（2）为方便后续测试结果与常规测试设备比较，5 组不同土压力围压（见表 1）分别为 100kPa、200kPa、300kPa、350kPa（常用排水板通水量测试的水围压）、400kPa（依托工程香港业主指定的 180°弯折排水板通水量测试的水围压），测试土压力下排水板弯曲状态下的通水量。

（3）试验土采用南沙淤泥，含水量为 80%；排水板采用香港三跑机场的排水板（宽 95mm、厚 5mm、长 1200mm）；土压力采用 100kN 量程的液压式千斤顶在上覆施加压力。

表 1　　　　围压加载方案表

项目	第一级加载	第二级加载	第三级加载	第四级加载	第五级加载
时间/d	1	2	3	4	5
围压/kPa	100	200	300	350	400
千斤顶压力值/kN	23.6	47.2	70.8	82.6	94.4

2.3　试验步骤

（1）安装好试验装置中的测试模型桶 1、反力架 2 和常水头箱 5。

（2）将待测试排水板放进测试模型桶 1，且下端插入板头卡套 8，用进水连接管 9 将排水板进水口与常水头箱 5 连通，并用橡胶膜套住排水板下端及板头卡套 8 处，以防漏水。

（3）将淤泥沿排水板周围分层装入测试模型桶 1 中，直至 1.2m 高。

（4）将排水板上端插入板头卡套 8，如图 3 所示，用出水连接管 7 将排水板出水口与出水蓄水桶 6 连通，并用橡胶膜套住排水板下端及板头卡套 8 处，以防漏水。

（5）在淤泥土表面盖一层 2mm 的无纺布，然后在上面覆一层厚 10mm 的砂，如图 4 所示。

图 3　板头卡套安装

图 4　上覆砂层图

（6）加上不锈钢盖 3。

（7）在反力架 2 与不锈钢盖 3 之间放入千斤顶 4，逐级施加压力至 400kPa，如图 5 所示。

（8）实时记录淤泥固结沉降值，测试千斤顶压力下的排水板弯曲通水量，每隔 1h 测读一次并连续测读 24h 直至通水量值稳定，如图 6 所示。

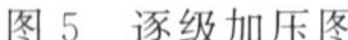

图 5　逐级加压图

图 6　测读通水量

3　试验结果分析

3.1　沉降情况

由于试验土体采用的是南沙淤泥，含水量高，内摩擦角小，承载能力较低。因此在逐级加压后发生了显著的沉降，逐级加载下土体沉降量曲线详见图 7。

从图 7 中可以清晰地看出，在每级荷载加载初期，沉降量迅速增大，而后逐渐减小并趋于稳定。

对比各级荷载产生的沉降量，从图 8 中可以较为明显地看出，试验土体在初始 100kPa 的荷载下已经有了较大的沉降，但在之后 200kPa、300kPa 和 350kPa 的荷载作用下，土体的单级沉降量从 48mm 减小至 5mm，说明此时底部土体在逐级荷载作用下逐渐压缩固结。当荷载达到 400kPa 后，土体的沉降量迅速增大，达到 97mm，土体发生破坏。

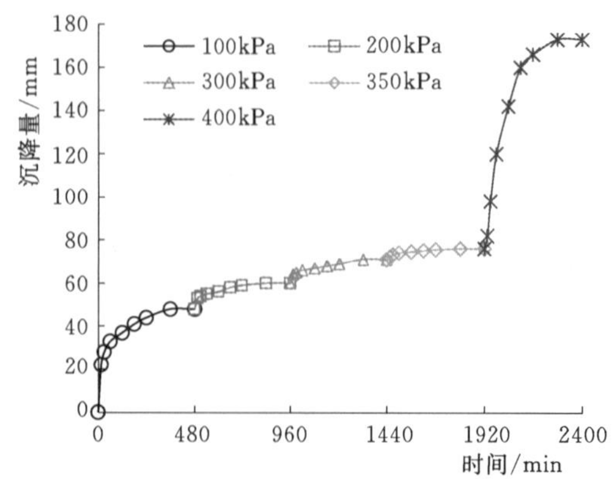

图 7　逐级加载下试验土体沉降曲线图

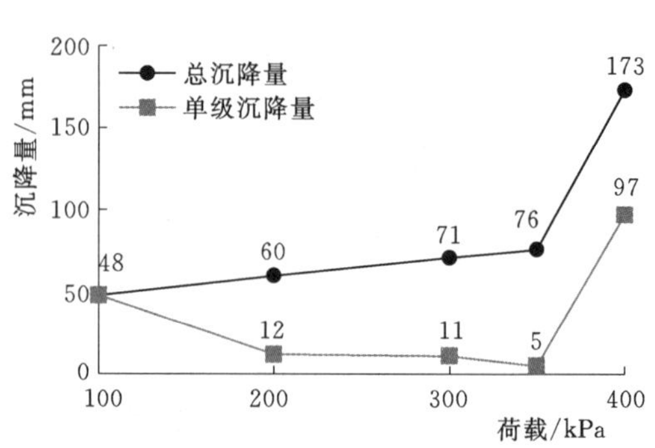

图 8　不同荷载下试验土体沉降曲线图

3.2 通水量测试

(1) 土压力作用下通水量测试。对逐级加载试验过程中的塑料排水板进行通水量测试，结果如图 9 所示。

从图 9 中可以清晰地看出，塑料排水板在逐级加载之下的通水量呈现非线性减小，荷载加载之初减小速率快，随着时间的推移，通水量减小速率逐渐变慢，塑料排水板的通水量趋于稳定。这与土体的沉降规律基本一致。

绘制土压力作用下塑料排水板通水量与土体沉降关系图，如图 10 所示，塑料排水板的通水量与沉降量线性相关，沉降量越大，塑料排水板的弯折程度越大，排水板通水量越小。

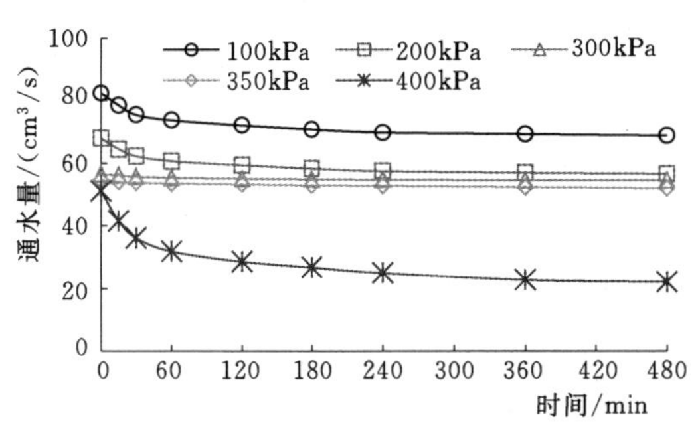

图 9 土压力荷载下排水板通水量曲线图

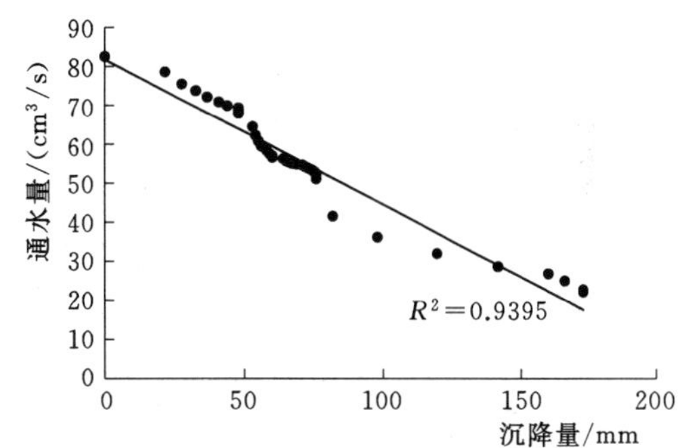

图 10 土压力作用下排水板通水量与土体沉降关系图

(2) 水压力作用下通水量测试。对 400kPa 水压力作用下，竖直和弯曲排水板的通水量进行测试，测试结果如图 11 和图 12 所示。在 400kPa 的水压力作用下，排水板通水量随时间逐渐减小并趋于稳定。弯曲状态下的通水量相较于竖直状态下减小 9.33cm^3/s，减小 8.69%。

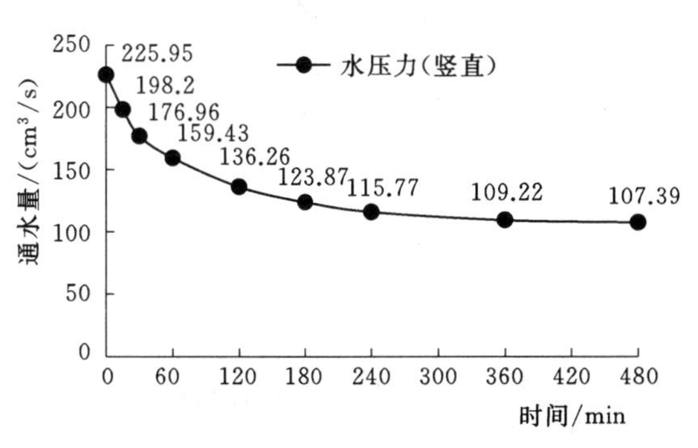

图 11 400kPa 水压力作用下竖直排水板通水量曲线图

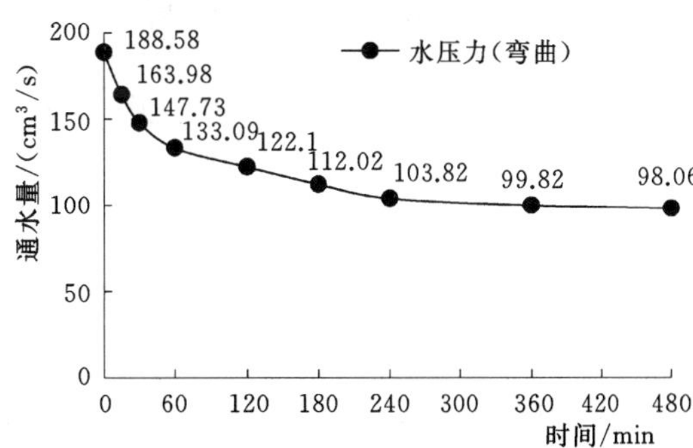

图 12 400kPa 水压力作用下弯曲排水板通水量曲线图

(3) 通水量对比。将土压力和水压力作用下排水板的通水量进行对比，结果如图 13 所示。

从图 13 中可以看出，排水板在土压力作用下的通水量明显小于在水压力下的通水量。

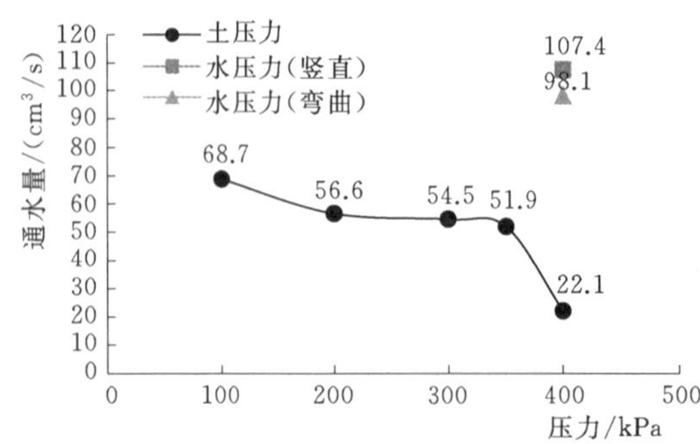

图 13　不同压力作用下排水板通水量对比图

弯折状态排水板在 400kPa 土压力和水压力作用下的通水量分别为为 22.1cm^3/s 和 98.1cm^3/s，土压力作用下排水板通水量仅为水压力作用下排水板通水量的 22.5%。

另外，对比各级土压力加载情况下的排水板通水量可以发现，排水板通水量随荷载变化分为两个不同阶段，第一阶段即荷载从 100kPa 增加至 350kPa 时，排水板通水量随荷载的增加缓慢减小并趋于稳定，第二阶段即荷载达到 400kPa 时，排水板通水量迅速减小。结合土体的沉降情况，我们可以推断出，当土压力加载过大，土体沉降过多后会大幅影响排水板通水量。

3.3　土体沉降后的力学指标

在完成四级荷载后，在 0.5m 深度处取样进行力学测试，力学试验如图 14 所示。

(a) 取样

(b) 无侧限抗压试验

图 14　土样力学试验图

力学测试主要包括含水量试验及无侧限抗压试验，具体结果见表 2。在 4 级加载后，顶层土体的含水量从 80%降低至 38.6%，下降了 51.8%。无侧限抗压强度从 20kPa 增加至了 58.9kPa，增加了 194.5%。说明逐级加载后，试验装置顶部的南沙淤泥得到了显著的加固。

表 2　土体沉降后参数指标对比

项目	含水量/%	无侧限强度/kPa
沉降前	80	20
沉降后	38.60	58.9

3.4　工后排水板弯曲形态

试验完成后，缓慢的挖去排水板周围的淤泥，观察并绘制工后排水板的弯曲形态，工后排水板的弯曲形态实物如图 15 所示。

为了更加清晰地反映出排水板地变化，通过测量并绘制出工后排水板的形态示意图，详见图 16。

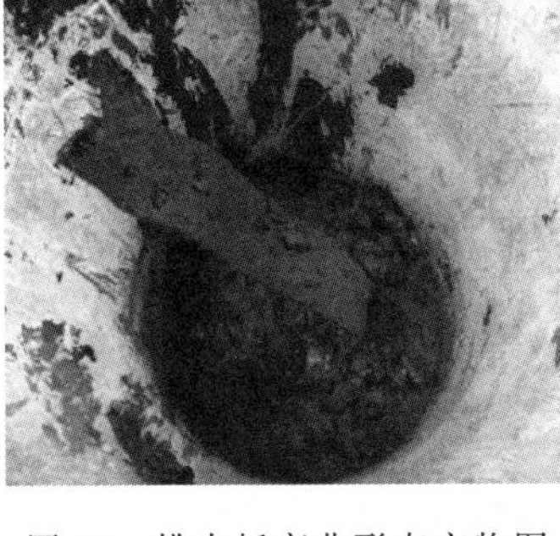

图 15　排水板弯曲形态实物图

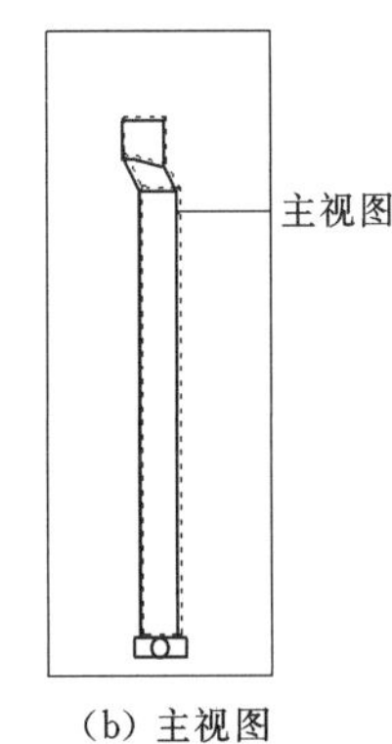

(a) 左视图　(b) 主视图

图 16　排水板弯曲形态示意图

从图 16 中可以直观地看出，排水板弯曲集中在上部，下端基本未折；这也说明了在逐级加压的荷载加固下，土体上部沉降大，下部沉降小。

4　结论

本文通过自主研发的土压力作用下塑料排水板弯曲通水量测试装置，测试香港排水板的通水量性能，主要结论如下：

（1）随着土压力的增大，土体相应发生沉降，塑料排水板弯曲程度增大，通水量值相应减小。

（2）排水板在 400kPa 土压力作用下的通水量显著小于在 400kPa 水压力下的通水量，前者仅有后者的 22.5%。土压力作用下塑料排水板弯曲状态通水量远小于同等压力条件下的水压力通水量。

（3）土压力作用下塑料排水板弯曲状态通水量测试，性能结果更贴近工程实际情况，更有参考价值。

参考文献

[1]　陈平山，董志良，张功新. 新吹填淤泥浅表层加固中“土桩”形成机理及数值分析 [J]. 水运工程，2015 (2)：88-94.

[2]　王婧，李涛. 塑料排水板芯板及滤膜物理力学性能研究 [J]. 岩土工程学报，2016，38 (S1)：125-129.

[3]　王婧，苏林王，李涛. 塑料排水板弯曲通水量对比试验研究 [J]. 长江科学院院报，2017，

34 (2)：17-22，40.

[4] 郑爱荣，尹自强，王世宁. 软基加固后塑料排水板性能研究 [J]. 中国港湾建设，2019，39 (4)：33-36.

[5] 肖育畅. 通水量仪对塑料排水板纵向通水量检测结果的影响研究 [J]. 广东科技，2014，23 (6)：99-100，106.

水平排水体联合真空预压处理袋装淤泥围堰试验

吴跃东[1,2]　顾建玲[1,2]　郭旺旺[1,2]　许　伟[3]

（1. 河海大学岩土力学与堤坝工程教育部重点实验室，江苏南京　210098；
2. 河海大学岩土工程科学研究所，江苏南京　210098；
3. 中铁二十四局集团上海铁建工程有限公司，上海　200070）

摘　要：针对砂土资源紧张、淤泥工程性质差和软土处理过程中竖向排水板弯折严重等问题，提出一种水平排水体联合真空预压处理袋装淤泥围堰施工装置及方法，并将絮凝技术引入到工艺中。通过含水率、无侧限抗压强度、直剪强度这三种室内试验来比较普通直排式和新型网状式两种排水体处理膜袋淤泥的效果，并对比添加不同比例的絮凝剂来分析其对真空预压处理淤泥的固结效果。试验结果表明新型网状式处理效果比普通直排式更好，并且加入絮凝剂能大大改善土体的渗透性，提高固结效果。因此证明了本文提出的水平网状排水体联合真空预压处理袋装淤泥围堰施工工艺的有效性，为该技术的应用和发展提供相关实践依据。

关键词：水平网状排水板；真空预压；膜袋围堰；絮凝剂

0　引言

21世纪我国俨然已成为“大基建”国，伴随着港航工程的改扩建，我们不得不向海洋“伸手”要地，这在一定程度上缓解了我国基建对土体紧缺的矛盾，也推动了围海造陆技术的发展，所以海湖围堰工程便成了临海造陆过程中不可或缺、极其关键的环节，为向海要地铺垫了基石[1]。目前，广泛运用的围堰工程技术——膜袋砂围堰[2]采用土工编织袋作为包裹体，充填料为渗透性较大的砂土，能较好地增强地基围堰整体的整体性和安全系数，但是随着砂土资源紧张，价格上涨，必须尽快寻找出代替砂土的充填料；城市海湖清淤等工程产生大量的疏浚淤泥，当前处理的方法十分不经济、不环保。若将淤泥灌入膜袋再利用为围堰膜袋充填料，既可以解决砂土资源紧缺又可以实现淤泥“变废为宝”。

本文提出普通直排式、新型网状式两种水平排水体联合真空预压处理膜袋淤泥的施工工艺及装置，并通过三种室内试验分析两种排水体的处理效果。考虑到淤泥具有黏性高、渗透性差等工程性质，将絮凝技术引入此工艺中，分析絮凝剂的添加对水平排水体联合真空预压处理膜袋淤泥的固结效果，最终证明了该工艺的可行性和有效性[3-4]。

1　试验材料及方案

1.1　两种排水体的构造

目前处理软土地基最为常用的是直排式真空预压法[5]，它是将排水板与滤管进行绑扎

作者简介：吴跃东（1969—　），男，福建云霄人，教授，博导，主要从事软土地基处理研究。

连接形成水平排水通道，继而将滤管与集水管连接，集水管再与真空泵连接，其存在以下缺点：①真空传递效率低，大部分真空能量集中在土体表层；②真空度随着深度增加而大幅下降；③滤管存在严重“淤堵现象”。而改进真空预压法[6]为了改善直排式真空预压法所存在的问题，提出通过密封接头将排水板直接与排气排水管连接，排气排水管再与真空泵连接。

本文将上述两种排水体引入处理膜袋淤泥中，随着固结的进行，膜袋最终会趋于扁平，横截面类似于扁平的长方形，并考虑到水平排水板相较于竖向排水板在处理软土时能有效改善板材出现弯折的问题[7]，于是在膜袋中将排水板布置为平行于横截面。本文将真空预压处理膜袋淤泥中排水体归类于如下两种：

第一种（以下简称普通直排式）基于传统的直排式真空预压法，排水体为水平普通型排水板与滤管搭接，滤管再与排气排水管连接；并且排水板材料选用传统的 SPB－B 普通型排水板，其性能可参考文献［6］。

第二种（以下简称新型网状式）基于改进真空预压法，考虑到随着固结的进行，排水板存在错位、弯折，为了更好的固定排水板位置、保持其原有形状，将其预制为纵横交错的网状型。而新型整体式排水板相比普通型排水板处理软基具有更加良好的工程特性，故第二种排水体为水平网状新型整体式排水板直接通过密封接头与排气排水管连接；并且排水板材料选用 SPB－B 新型整体式排水板，其性能可参考文献［6］。

1.2 充填淤泥土基本性质

本文试验充填淤泥土取自福建莆田石门澳真空预压处理软基现场。在泵入膜袋内之前，在淤泥搅拌池经搅拌装置将其均匀搅拌。但充填淤泥一般物理性质极其复杂，因此了解淤泥的物理性质对于试验分析具有重要的意义。

试验所需充填淤泥的基本物理性质包括初始含水率、密度、土粒比重、压缩模量、饱和度、液塑限临界含水率等，其均可以通过室内相关试验测定，最终测定充填淤泥基本物理性质指标见表 1，属于高液限流状淤泥。

表 1　　福建莆田吹填淤泥土基本物理性质指标

指标名称	指标值	指标名称	指标值
含水率 ω/%	181	饱和度 S_r/%	99.2
密度 ρ/(g/cm³)	1.3	液限 W_L/%	46.5
土粒比重 G_s	2.61	塑限 W_p/%	25
压缩模量 E_s/MPa	3		

为充分了解充填淤泥的颗粒级配及其他相关性质，通过颗粒分析试验结果，如图 1 所示，C_u 大于 5，C_c 小于 1，细颗粒数量极大，颗粒级配极差，容易在真空固结排水过程中对排水板周围造成“淤堵”，降低真空传递效率，影响膜袋土体的有效固结。

1.3 絮凝剂

絮凝剂是一种高分子聚合物，主要被广泛应用于水处理工程中[7]，其类型主要包括无机絮凝剂和有机絮凝剂。无机絮凝剂主要是电中和作用，有机絮凝剂主要是网捕作用。絮凝剂主要有以下两个作用：第一，使悬浮的粒径微小颗粒“抱团”形成“絮团”；第二，增大了大粒径颗粒“絮团”间的孔隙，渗透系数也得以提升，改善了排水板及滤管周围存在的“絮团”问题。目前无机高分子絮凝剂聚合氯化铝[8]（PAC）由于其原材料生产成本低，絮凝速度快，比传统低分子絮凝剂用量少等优点而应用技术成熟，因此本次试验就选用产自河南巩义市的絮凝剂 PAC。

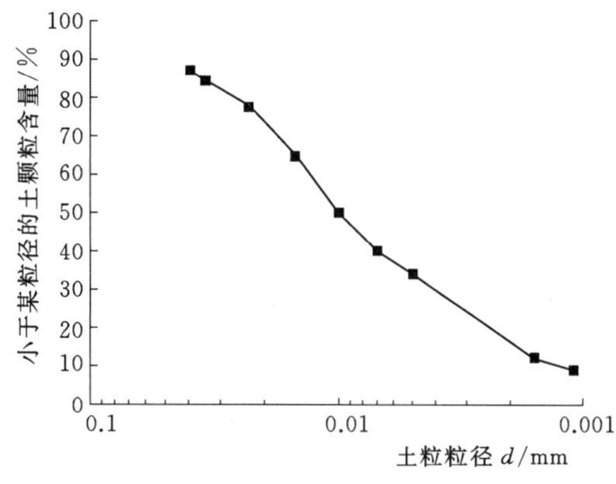

图 1　充填淤泥的粒径分布曲线

2　施工工艺设计及试验方案

2.1　水平网状排水体围堰工艺流程

本文提供了一种水平网状排水体联合真空预压处理袋装淤泥围堰工艺，具体包括以下步骤：

第一步：根据放样，在地基表面铺设若干数量的防渗土工膜袋，中间采用复合密封膜，土工膜袋上部需要至少 2 个袖口，袖口直径不小于 15cm。

第二步：将塑料排水板横纵交叉预制成网状型，排水板数量及尺寸均可根据膜袋尺寸、施工工期等要求具体而定，网状塑料排水板可用连接绳使其悬置于膜袋中间高度，使膜袋内各处淤泥固结均匀。

第三步：通过文丘里混合器设备将充填淤泥和絮凝剂溶液同时泵入膜袋内，可从多个袖口沿不同方向同时泵入，在进行抽真空前，应絮凝若干小时待淤泥黏性降低，这样不易产生淤堵。

第四步：待网状排水板与无孔真空滤管通过密封连接装置连接、所有袖口均绑扎密封后，开启真空泵逐渐将膜袋内淤泥水分排出，膜袋内淤泥固结完成 80%左右，便可进行第二次复充，若没有达到相应的固结度，则继续真空排水。

第五步：经若干次复充、排水固结后，量测袋内固化土是否满足充填厚度要求，若不满足，则继续复充、排水固结，若满足膜袋内充填土厚度要求，则进行下一个或下一层土工膜袋的充填、固结。

第六步：各土工膜袋充填料满足固结度和充填厚度要求后，在填筑时将上层膜袋填筑在下层的缝隙中间，袋与袋之间错峰排列并相互嵌固，直到膜袋高度达到围堰设计标高，形成膜袋围堰主体结构。

2.2　试验方案

本次试验所研究的变量为排水体类别和絮凝剂 PAC 的掺量。如表 2 所示，共开展 7 组对比试验，其中包括 3 组普通直排式和 4 组新型网状式（其中 1 组不加絮凝剂 PAC 作为空白对照组）。上述 7 组对比试验充填淤泥均为同体积（1000L）、同密度、同含水率（物理性质指标见表 1）的搅拌均匀的淤泥，真空排水固结时间均为 7 天。

表 2　　真空预压处理袋装淤泥试验方案

编号	充填淤泥量/L	排水体	絮凝剂掺量/%	排水固结时间/d
1	1000	普通直排式	0.1	7
2			0.2	
3			0.3	
4		新型网状式	0.0	
5			0.1	
6			0.2	
7			0.3	

两种排水体具体布置方法如下：

普通直排式排水体：膜袋长度方向为直径 80mm、长度 1.6m 的滤管，宽度方向为 4 片直径 100mm、厚度 40mm、间距为 0.3m 的 SPB－B 普通型排水板。

新型网状式排水体：膜袋长度方向为 2 片直径 100mm、厚度 40mm、间距为 0.5m 的新型整体式排水板，宽度方向为 3 片直径 100mm、厚度 40mm、间距为 0.4m 的 SPB－B 整体式排水板。

3　试验结果及分析

基于上述试验方案，通过两种排水体和不同絮凝剂 PAC 掺量联合真空预压处理袋装淤泥后，其含水率、抗压强度和抗剪强度均会有不同程度的变化。本文通过含水率、无侧限抗压强度、直剪强度三大指标来反映两种排水体和不同絮凝剂 PAC 掺量对真空预压处理袋内淤泥的影响。

3.1　含水率试验

在利用真空预压处理袋装淤泥时，淤泥的固结本质上是随着充填淤泥的孔隙水排出，超孔隙水压力消散，从而有效应力增加，淤泥固结后的强度便随之提高，通过测定真空预压处理后的淤泥含水率可反映加固的效果。

由图 2、表 3 可知：普通直排式的絮凝剂 PAC 的掺量由 0.1%增加到 0.3%，淤泥固结后的含水率由 43.53%下降到 38.15%，减少了 14.1%；新型网状式的絮凝剂 PAC 掺量由 0 增加到 0.3%，固结后的含水率由 34.23%下降到 29.28%，减少了 16.9%。原因是增大了大粒径颗粒“絮团”间的孔隙，降低了淤泥的黏性使渗透系数得以提升，促使土体孔隙水压力的消散，在一定时间内孔隙水排出量更多，使得真空预压处理袋内淤泥效果更佳。

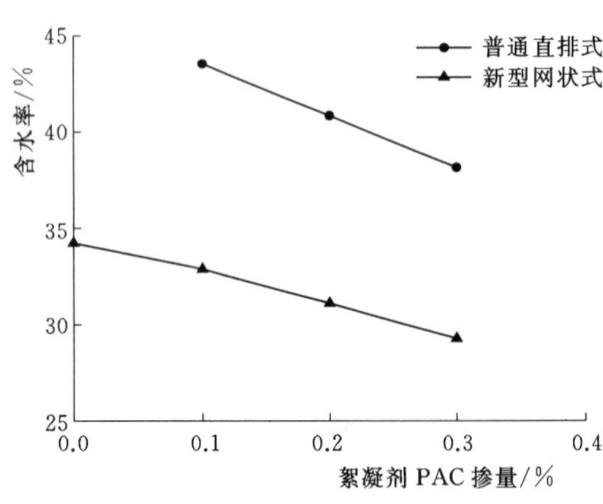

图 2　淤泥固结后含水率与 PAC 掺量的关系

比较处理后的淤泥的含水率可知，普通直排式真空预压法加固膜袋淤泥含水率高于新型网状式真空预压法；0.1%絮凝剂 PAC 掺量条件下，新型网状式相比于普通直排式淤泥固结后含水率减少了 24.5%，同样在 0.2%絮凝剂 PAC 掺量条件下，含水率减少了 23.8%，在 0.3%絮凝剂 PAC 掺量条件下，含水率减少了 23.3%，这说明了新型网状式排水体联合真空预压加固膜袋淤泥的效果要优于普通直排式排水体。原因是新型整体式排水板相比普通型排水板渗透系数更大，防淤堵效果好，能更好克服渗流阻力和排水困难。

表 3　　膜袋淤泥 7 天固结含水率

编号	排水体	絮凝剂掺量/%	含水率/%
1	普通直排式	0.1	43.53
2		0.2	40.83
3		0.3	38.15
4	新型网状式	0.0	34.23
5		0.1	32.88
6		0.2	31.10
7		0.3	29.28

注　表中下降比例基准值是最少掺量，普通直排式为 0.1%，新型网状式为 0。

3.2　无侧限抗压强度试验

淤泥经过固结处理后，通常剪切破坏发生时土体变形极小，因此试验中通常采用无侧限抗压强度作为评定淤泥固结效果的指标[9]。本试验研究了普通直排式、新型网状式两种排水体和不同絮凝剂 PAC 掺量对真空预压处理袋装淤泥的效果，通过袋内淤泥固结后的无侧限抗压强度来反映加固的效果。

由图 3、表 4 可知：无侧限抗压强度随两种排水体类型和不同絮凝剂 PAC 掺量的变化规律，与含水率的变化趋势相一致。普通直排式中的絮凝剂 PAC 的掺量由 0.1%增加到 0.3%，淤泥固结后的无侧限抗压强度由 222kPa 增加到 267kPa，提高了 20.3%；新型网状式的絮凝剂 PAC 的掺量由 0 增加到 0.3%，淤泥固结后的无侧限抗压强度由 283kPa 增加到 354kPa，提高了 25.1%；这说明淤泥中掺絮凝剂有利于真空预压过程中孔隙水的排出，并在一定范围内随着絮凝剂的掺量增加效果更佳。原因是絮凝剂的加入使其内部的极性基团能与淤泥胶质微粒发生化学反应，凝聚形成大颗粒絮团，改善土体的渗透性，使得滤管和排水板的淤堵状况大大改善，真空度在土体与排水体的传递效率提高，膜袋土体得到了有效加固。

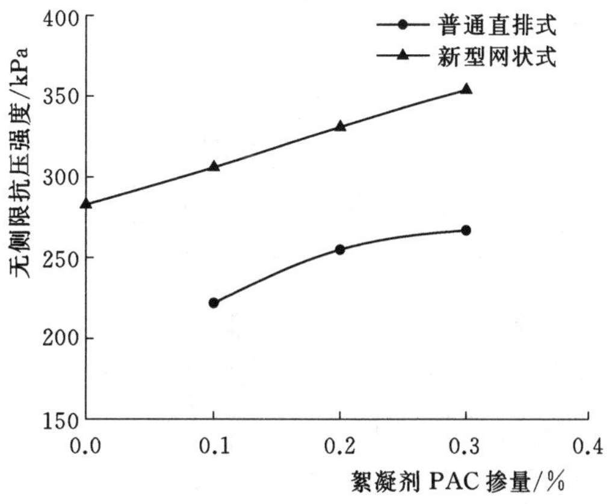

图 3　淤泥固结后抗压强度与 PAC 掺量的关系

由图 3 上下两条曲线比较可知，新型网状式中的淤泥固结后的无侧限抗压强度明显大于普通直排式中淤泥固结后的无侧限抗压强度，与含水率的变化趋势相一致。在同一絮凝剂掺量作用下，新型网状式中的淤泥固结后的强度比普通直排式中的淤泥固结后的强度高平均32%。主要原因是新型网状式排水体相比普通直排式，缩短了真空传递路径，有效地改善真空度在路径传递中的损失，普通直排式真空能量大部分集中在滤管之中，而新型网状式真空能量可直接传递至排水板中，且能有效改善普通直排式中排水板与滤管发生的淤堵问题，使得膜袋土体加固效果更佳。

表4　淤泥固结后的7天无侧限抗压强度

编号	排水体	絮凝剂掺量/%	7天无侧限抗压强度/kPa
1	普通直排式	0.1	222
2		0.2	255
3		0.3	267
4	新型网状式	0.0	283
5		0.1	306
6		0.2	331
7		0.3	354

注　表中增加比例基准值是最少掺量：普通直排式为0.1%，新型网状式为0。

3.3　直接剪切试验

由库仑定律可知，土的抗剪强度公式为$\tau=c+\sigma\tan\varphi$，土的抗剪强度指标黏聚力c和内摩擦角φ对工程活动具有重要意义。絮凝材料能与土体发生一系列物理化学作用，改变土颗粒表面电化学性质等方式，继而影响其颗粒级配及渗透性，从而影响抗剪强度指标。

由图4、图5及表5可知：

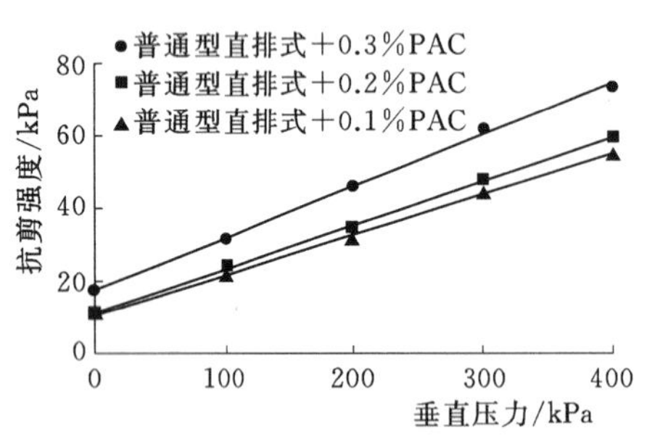

图4　固结淤泥抗剪强度与PAC掺量关系（普通直排式）

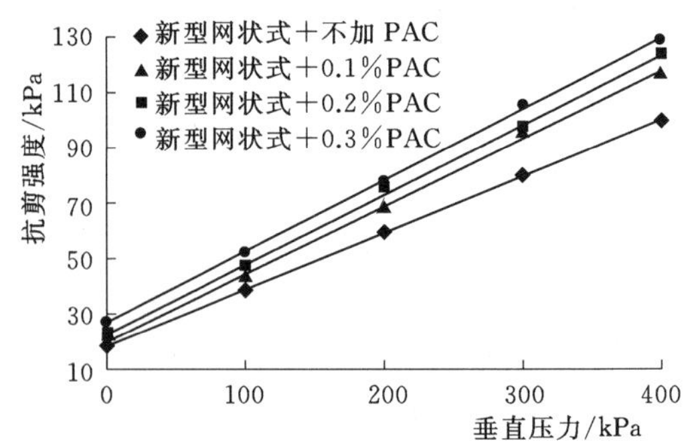

图5　固结淤泥抗剪强度与PAC掺量关系（新型网状式）

两种类型排水体中淤泥固结后的抗剪强度均随着絮凝剂PAC掺量增加而不断上升，与含水率的变化趋势相一致。在普通直排式中，絮凝剂PAC的掺量由0.1%增加到0.3%，内摩擦角由6.36°增加到8.12°，增加了27.7%、黏聚力由10.50kPa增加到17.55kPa，增加了67.1%；在新型网状式中，絮凝剂PAC的掺量由0.0%增加到0.3%，内摩擦角由11.54°增加到14.38°，增加了24.6%、黏聚力由18.49kPa增加到27.08kPa，增加了46.5%，这说明淤泥中掺入絮凝剂主要提高了土颗粒间的静电力、胶结作用等，而对土颗粒间的摩擦作用影响较小。原因是加入高分子类絮凝剂，其内部的极性基团能与淤泥胶质微粒发生化学反应，中和微粒表面的电荷，提高了土颗粒间的静电力与胶结作用。

同时，抗剪强度与含水率的变化趋势也相一致，在0.3%絮凝剂掺量条件下，新型网状式相比于普通直排式淤泥固结后抗剪强度峰值黏聚力增长了54.30%，内摩擦角增长了77.09%，说明在真空预压处理膜袋内淤泥工艺中，新型网状式排水体能有效果改善排水板和滤管的淤堵问题，使真空能量在传递过程中得到有效保证，使得膜袋土体孔隙水快速的排出，土体得到了有效的加固。

表5　　淤泥固结后抗剪强度指标 c、φ 值

编号	1	2	3	4	5	6	7
絮凝剂掺量/%	0.1	0.2	0.3	0.0	0.1	0.2	0.3
内摩擦角 φ/(°)	6.36	6.88	8.12	11.54	13.74	14.11	14.38
增加比例/%	—	8.2	27.7	—	19.1	22.3	24.6
黏聚力 c/kPa	10.5	11.18	17.55	18.49	19.9	22.69	27.08
增加比例/%	—	6.5	67.1	—	7.6	22.7	46.5

注　增加比例基准值是最少掺量，普通直排式为0.1%，新型网状式为0；编号1～3号为普通直排式，4～7为新型网状式。

4　结论与展望

(1) 两种排水体联合真空预压处理膜袋淤泥对比试验可知，新型网状式相比于普通直排式排水体处理效果更佳，其中含水率降低了30.03%，无侧限抗压强度增长了25.10%，抗剪强度指标黏聚力 c 增长了54.30%，说明了新型网状式能更有效地改善排水的淤堵问题，减少真空度在传递过程的损失，加快土体孔隙水的排出，在真空预压法处理膜袋淤泥中具有更佳的处理效果；

(2) 絮凝剂的添加可降低淤泥的黏性，提升淤泥的渗透性，使得真空预压处理袋内淤泥效果更佳。在一定范围内（0～0.3%），随着絮凝剂PAC掺量的增加而更佳，不仅含水率明显下降，且无侧限抗压强度和直剪强度均得到了提高；

(3) 经分析得到最佳组合为：合理密度的预制网状新型整体式排水板直接与排气排水管连接（新型网状式排水体）和淤泥固体颗粒含量0.3%的絮凝剂PAC掺量。

参考文献

[1] 董志良，刘嘉，朱幸科，等. 大面积围海造陆围堰工程关键技术研究及应用[J]. 水运工程，2013(5)：168-175.

[2] 吴广亮，李健. 浅谈膜袋砂围堰的施工[J]. 广东水利水电，2019(4)：68-71，75.

[3] 武亚军，陆逸天，牛坤，等. 药剂真空预压法处理工程废浆试验[J]. 岩土工程学报，2016，38(8)：1365-1373.

[4] 赵森，曾芳金，王军，符洪涛，等. 絮凝-真空预压加固吹填淤泥试验研究 [J]. 岩石力学与工程学报，2016，35 (6)：1291-1296.

[5] 夏玉斌，陈允进. 直排式真空预压法加固软土地基的试验与研究 [J]. 工程地质学报，2010，18 (3)：376-384.

[6] 王军，蔡袁强，符洪涛，林统，叶强，金亚伟，陈兴城. 新型防淤堵真空预压法室内与现场试验研究 [J]. 岩石力学与工程学报，2014，33 (6)：1257-1268.

[7] Yuhao Zhou，Huaili Zheng，Yili Wang，Rui Zhao，Hongxia Liu，Wei Ding，Yanyan An. Enhanced municipal sludge dewaterability using an amphiphilic microblocked cationic polyacrylamide synthesized through ultrasonic-initiation：Copolymerization and flocculation mechanisms [J]. Colloids and Surfaces A：Physicochemical and Engineering Aspects，2020，594.

[8] 武林香. 聚合氯化铝的絮凝作用在污水处理中的应用 [J]. 山西化工，2019，39 (3)：218-219，222.

[9] 王臻华，吴雪婷，项伟，等. 高铁酸钾预处理对水泥固化淤泥强度的影响 [J]. 长江科学院院报，2019，36 (8)：131-135.

[10] Nasser M S，James A E. The effect of polyacrylamide charge density and molecular weight on the flocculation and sedimentation behavior of kaolinite suspensions [J]. Separation & Purification Technology，2006，52 (2)：241-252.

可更换过滤芯排水管排渗性能实验研究

刘　胜[1,2]　王　媛[1,2]　冯　迪[1,2]

（1. 河海大学岩土力学与堤坝工程教育部重点实验室，江苏南京　210098；
2. 江苏省岩土工程技术工程研究中心，河海大学，江苏南京　210098）

摘　要：尾矿坝中的排水设施对其安全稳定运行具有重要作用。尾矿坝中的排水管易发生化学淤堵，导致其排渗性能显著降低甚至失效，严重威胁尾矿坝的安全。为提高排水管的抗化学淤堵性能，本文提出了一种可更换过滤芯排水管，主要由外层花管，内层花管和多孔泡沫过滤芯组成。通过径向渗流试验，研究了过滤芯种类、过滤芯压缩量、排水管管径和开孔率对排水管排渗性能的影响；通过模型实验验证了该排水管在砂层中的排水能力。实验结果表明：网状聚氨酯泡沫过滤芯排水管的渗透系数比开孔聚氨酯泡沫过滤芯排水管的渗透系数大一个数量级。多泡沫过滤芯的压缩量对排水管的综合渗透系数影响不大，建议多孔泡沫的压缩量为1～2.5mm。在细沙层中可更换过滤芯排水管与外包土工布排水管的排水能力基本一致。

关键词：可更换；多孔泡沫；排水管；排渗性能

0　引言

矿产资源是人类生存和发展的重要物质基础之一，我国95%的能源和85%的原材料来自矿产资源[1]。尾矿库是开发矿产资源过程中一个重要的附属设施，其安全性近年来引起了人们的高度重视[2]。2019年1月25日，巴西米纳斯吉拉斯州一处铁矿废料矿坑堤坝发生的决堤事故[3]，事故造成165人死亡、160人失踪。尾矿库的排水对其安全性有着至关重要的作用。据统计[4,5]，排渗设施失效导致的尾矿库浸润线上升，是尾矿库失事的重要原因之一。尾矿坝中的排水管易发生化学淤堵，导致其排渗性能显著降低甚至失效。许多学者[6-9]对排渗设施的化学淤堵进行了研究。孔丽丽[6]研究了尾矿坝中无纺土工织物的化学淤堵，发现滤层处于非饱和渗流带或饱和-非饱和交替变化渗流带是土工织物发生严重化学淤堵的必要条件。张伟[7]研究减压井化学淤堵时，发现渗水在井口或水面附近与大气接触，发生氧化反应使渗水中铁氧化，产生吸附和沉淀，证明了化学淤堵具有溯源特性。

针对排水管的化学淤堵问题，目前常见的解决方法是用化学试剂清洗[10-12]，但是这种方法的效果有限。在堤防减压井领域，针对堤坝减压井的化学淤堵问题，长江科学院[13-15]研发了一种可拆换过滤器减压井，使部分物理淤堵物和大多数化学及生物淤堵物沉积于多孔泡沫塑料过滤器内。当过滤器在受到淤堵后通过对其进行更换或清洗，可恢复

作者简介：刘胜（1994—　），男，博士生，主要从事排渗设施淤堵机理及其应对措施等方向的研究。

基金项目：十三五国家重点研发计划（2017YFC0804609）；国家自然科学基金（51609069）。

管井的排水能力，大幅延缓排水管井的使用寿命。但是目前针对尾矿坝水平排水管的化学淤堵问题，还没有较好的应对措施。根据化学淤堵发生的机理，化学淤堵的必要条件是与大气接触，据此本文提出了一种可更换过滤芯排水管（简称 KGPG），主要由外层花管，过滤芯和内层花管组成。当被保护土的颗粒较细时，可以在外层花管外包裹土工布，本文的研究暂不考虑包裹土工布。过滤芯采用多孔泡沫材料，可隔绝空气与外层花管和土工布的接触，减轻化学淤堵。当过滤芯发生淤堵时可进行更换，延长了排水管的使用寿命，节约了成本。

本文通过室内试验，研究了多孔泡沫过滤芯种类、过滤芯压缩量、排水管管径和开孔率对 KGPG 排渗性能影响；并与传统外包土工布排水管进行对比，验证了 KGPG 的排渗能力。

1 实验材料及方法

1.1 实验材料

1.1.1 排水花管

实验采用 U-PVC 材质管材，使用钻机进行开孔，形成排水花管，相关参数见表 1。排水花管分为外层花管和内层花管，外层花管部分长度开孔，内层花管全长开孔。孔的布置形式为梅花形，开孔直径 10mm。WG-2 排水花管的两开孔之间净距为 6mm，其余花管的两开孔之间净距为 12mm，花管的一端用有机玻璃片及 PVC 胶封堵。开孔长度指花管上两个开孔之间的最远距离，开孔率为开孔段开孔面积与总表面积之比。该种花管已经普遍在尾矿库排渗工程中应用。

表 1　U-PVC 花管相关参数

排水管编号	外直径/mm	壁厚/mm	内直径/mm	开孔直径/mm	总长度/mm	开孔长度/mm	开孔率/%
WG-1	75	1.75	71.5	10	500	360	16.9
WG-2	75	1.75	71.5	10	500	360	31.3
WG-3	50	1.50	47	10	500	360	16.3
NG-1	50	1.50	47	10	450	450	15.6
NG-2	25	1.50	22	10	450	450	17.6

1.1.2 多孔泡沫

聚氨酯泡沫塑料是一种以氨基甲酸酯为主链的轻质发泡材料，主要由多异氰酸酯和多元醇（聚醚或聚酯）组成[16]。具有密度低、强度高、弹性好等优点。多孔泡沫类型、孔径、压缩值、厚度等参数都会影响 KGPG 的排水性能。本文选择了两种多孔泡沫材料，网状聚氨酯泡沫材料和开孔聚氨酯泡沫材料（见图 1），研究了多孔泡沫材料种类及压缩量对排水管排水性能的影响。

网状聚氨酯泡沫材料是 60 年代初由美国斯科特纸品公司研制成功的[17]，由普通的软质、开孔聚氨酯泡沫经特殊工艺处理而成，其微观结构是五边形十二面体，经络间的薄膜由于网化处理而消失，仅由相互连接的经络构成立体骨架的网状结构。因此，网状泡沫是

(a) 网状聚氨酯泡沫　　　　(b) 开孔聚氨酯泡沫

图 1　多孔泡沫材料

一种低密度、97%以上孔隙的三维骨架网络结构。该类材料不仅具有聚氨酯软泡原有的柔顺性、可塑性，较高的抗拉和抗撕裂强度，还将材料的孔隙率提高到了 97%以上，使材料具有比表面积大、流体通过阻力小等优异特点。

选用的网状聚氨酯泡沫（40ppi）和开孔聚氨酯泡沫的厚度都为 15mm。40ppi 表征在 25.4mm 的长度范围内有 40 个孔，不考虑孔壁厚度时，孔的平均直径为 0.635mm。考虑孔壁厚度，孔的平均直径约为 0.5mm。网状聚氨酯泡沫塑料的平均表观密度为 $23kg/m^3$。开孔聚氨酯泡沫的等效孔径为 0.24mm（GB/T 14799—2005《土工布及其有关产品有效孔径的测定　干筛法》），表观密度为 $32kg/m^3$。用垂直渗透仪测定了聚氨酯泡沫塑料的渗透系数。网状聚氨酯泡沫和开孔聚氨酯泡沫的渗透系数分别为 1.12cm/s 和 3.18cm/s。

1.1.3　土工布

选用土工布为无纺针刺土工布，单位面积质量为 $150g/m^2$，土工布厚度为 1.5mm，渗透系数为 0.511cm/s。

1.1.4　可更换多孔泡沫过滤芯排水管

可更换多孔泡沫过滤芯排水管主要由外层花管、过滤芯和内层花管组成（见图 2），具体参数见表 2。将多孔泡沫裁剪成矩形，包裹在内层花管上，通过针线将其缝合成环形过滤芯。为保证过滤芯在使用过程中紧密贴合外层花管，防止多孔泡沫与外层花管之间形成缝隙，过滤芯需要一定的压缩量。压缩量是指多孔泡沫的原始厚度减去外层花管和内层花管之间的距离。为避免多孔泡沫在拔出过程中与内层花管脱落，将多孔泡沫两端用细铁丝固定在内层花管上。KGPG-1、KGPG-2、KGPG-3、KGPG-5、KGPG-6 使用的外层花管为 WG-1，KGPG-4 使用的外层花管为 WG-2。KGPG-7 使用的外层花管为 WG-3，内层花管为 NG-2，其余排水管使用的内层均为 NG-1。KGPG-5 的内层花管与外层花管的开孔处彼此对应，KGPG-6 的内层花管与外层花管的开孔处彼此错开。

为和传统的排水管进行对比，制作一个传统的外包土工布排水管（TWBP），仅有外层花管（WG-1），没有内层花管。将土工布裁剪成矩形（长 39.5cm，宽 26.5cm），包裹在花管上，包裹一层，排水管两端的土工布用细铁丝缠紧，中间用细尼龙绳缠绕，保证土工布紧贴在花管上。

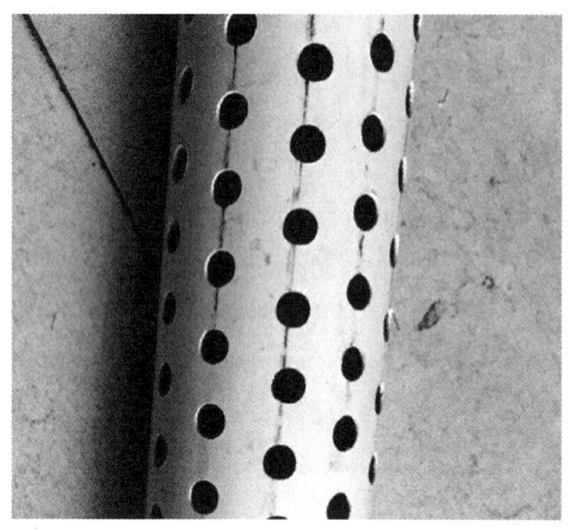

图 2　可更换多孔泡沫过滤芯排水管

表 2　排水管参数

排水管编号	外管管径/mm	外管开孔率/%	过滤芯	过滤芯压缩量/mm
TWBP	75	—	—	—
KGPG-1	75	16.9	网状聚氨酯泡沫	2.29
KGPG-2	75	16.9	开孔聚氨酯泡沫	2.71
KGPG-3	75	16.9	网状聚氨酯泡沫	1.70
KGPG-4	75	31.3	网状聚氨酯泡沫	1.12
KGPG-5	75	16.9	网状聚氨酯泡沫	1.33
KGPG-6	75	16.9	网状聚氨酯泡沫	1.33
KGPG-7	50	16.3	网状聚氨酯泡沫	1.68

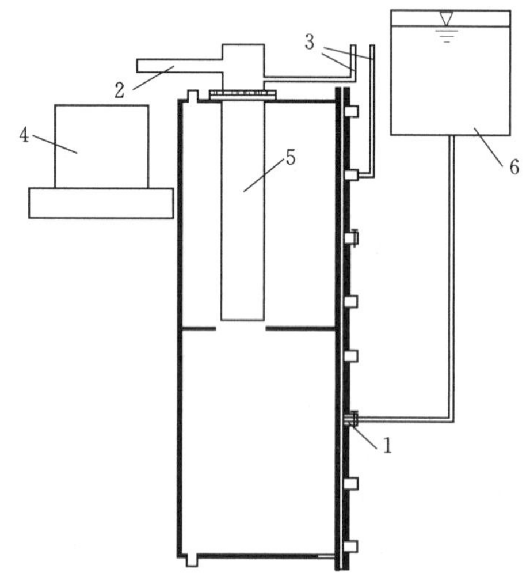

图 3　径向渗透仪

1—焊接管；2—溢流管；3—测压管；4—台秤；5—排水管；6—溢流水箱

1.2　实验过程

使用自制模型箱进行径向渗流实验，测量排水管的综合渗透系数，比较其排水性能。将模型箱竖直放置，由侧面上的焊接管接溢流水箱，对排渗管施加径向外部恒定水头。在排渗管上端开孔接溢流管，保持排水管内部水头恒定，形成内外水头差。使用测压管测量排水管内部和外部水头，利用台秤测量排水管排渗水质量，转换成流量。利用布依裘 Dupuit 潜水完整井公式计算排渗管的综合渗透系数[14]：

$$k=\frac{Q\ln(R/r)}{2\pi M(H_1-H_2)} \tag{1}$$

式中：k 为综合渗透系数，cm/s；Q 为排渗管流量，mL/s；R 为排渗管中心至水边界的距离，cm；r 为排渗管内半径，cm；M 为排渗管高度；H_1、H_2 为上下游水位，cm。

2　可更换多孔泡沫过滤芯排水管排渗性能影响因素

通过径向渗流实验测量不同排水管的综合渗透系数，研究多孔泡沫种类、多孔泡沫压缩量、排水管管径和开孔率对 KGPG 排渗性能的影响，实验结果见表 3。

表 3　排水管综合渗透系数

排水管编号	外管管径/mm	外管开孔率/%	过滤芯	过滤芯压缩量/mm	综合渗透系数/(cm/s)
TWBP	75				0.241
KGPG-1	75	16.9	网状聚氨酯泡沫	2.29	1.36
KGPG-2	75	16.9	开孔聚氨酯泡沫	2.71	0.287
KGPG-3	75	16.9	网状聚氨酯泡沫	1.70	1.50
KGPG-4	75	31.3	网状聚氨酯泡沫	1.12	1.82
KGPG-5	75	16.9	网状聚氨酯泡沫	1.33	1.54
KGPG-6	75	16.9	网状聚氨酯泡沫	1.33	1.52
KGPG-7	50	16.3	网状聚氨酯泡沫	1.68	0.424

2.1　多孔泡沫种类的影响

KGPG-1 和 KGPG-2 分别使用网状聚氨酯泡沫和开孔聚氨酯泡沫作过滤芯。KGPG-1 和 KGPG-2 的综合渗透系数分别为 1.36cm/s 和 0.287cm/s，网状聚氨酯泡沫过滤芯排水管的渗透系数比开孔聚氨酯泡沫过滤芯排水管的渗透系数大一个数量级，因网状聚氨酯泡沫的等效孔径和孔隙率都比开孔聚氨酯泡沫高。所以多孔泡沫过滤芯的种类对排水管的渗透性能有显著影响。TWBP 的综合渗透系数为 0.241cm/s，开孔聚氨酯泡沫芯排水管与外包土工布排水管的渗透系数为同一数量级。

2.2　多孔泡沫压缩量的影响

KGPG-1、KGPG-3 和 KGPG-5 均使用网状聚氨酯泡沫过滤芯，过滤芯压缩量分别为 2.29mm，1.70mm 和 1.33mm，综合渗透系数分别为 1.36cm/s、1.50cm/s 和 1.54cm/s。网状聚氨酯泡沫芯的压缩量对排水管渗透系数的影响不大，压缩量越大，排水管的渗透系数越小。

实验中发现，当开孔聚氨酯泡沫过滤芯的压缩量较大时（2.71mm），过滤芯与外管内壁的摩擦较大，拔出困难，且拔出过程会对多孔泡沫造成一定损坏，当压缩值为 1.12～2.29mm 时，摩擦力较小。建议多孔泡沫的压缩量不能过大，推荐压缩量为 1～2.5mm。

2.3　开孔率的影响

KGPG-5 和 KGPG-4 的外管开孔率分别为 16.9%和 31.3%，综合渗透系数分别为 1.54cm/s 和 1.82cm/s。排水管外管的开孔率由 16.9%增大到 31.3%，对网状聚氨酯泡沫芯排水管渗透系数影响不大。KGPG-5 和 KGPG-6 对比研究内层花管和外层花管的开孔是否正对应对排水管排水能力的影响。KGPG-5 的内层花管与外层花管的开孔处彼此对应，KGPG-6 的内层花管与外层花管的开孔处彼此错开，它们的综合渗透系数分别为 1.54cm/s 和 1.52cm/s。对网状聚氨酯海绵过滤芯排水管，内管和外管的开孔处是否正对放置对排水管的渗透系数基本无影响。

2.4 管径的影响

KGPG－3 和 KGPG－7 对比研究管径大小对对排水管排水能力的影响。KGPG－3 外管和内管的外直径分别为 75mm 和 50mm，KGPG－7 外管和内管的外直径分别为 50mm 和 25mm。KGPG－3 和 KGPG－7 的综合渗透系数分别为 1.50cm/s 和 0.424cm/s，相差一个数量级。说明管径大小对排水管排渗能力影响较大，随着管径的增大，排渗能力增强。

3 排水能力实验验证

为验证新型排水管在工程实际中在排渗性能方面的可行性，使用自行设计的模型实验箱（见图 4），与传统外包土工布排水管对比，研究新型排水管在砂层中的排渗能力。模型箱左右两侧对称设计，使用恒压泵在顶面对箱体施加相同的水压力，可同时对比研究两种排水管的排渗性能。

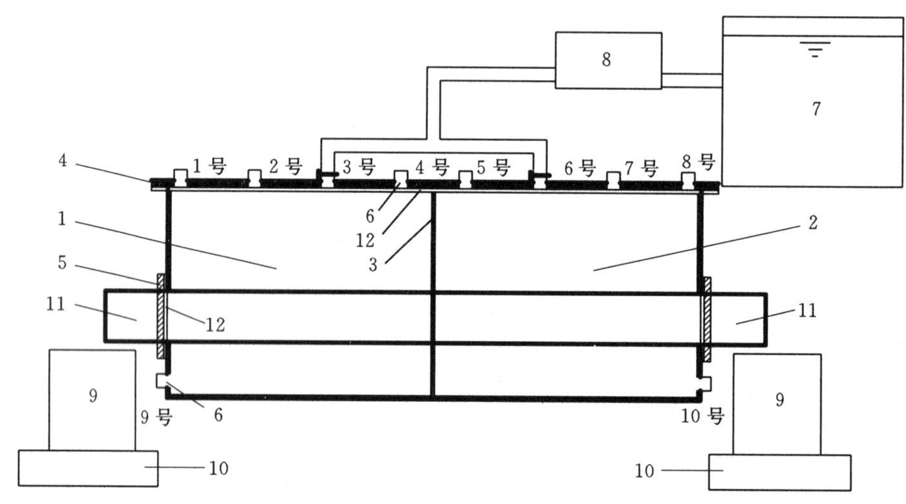

图 4　模型实验箱示意图

1—左模型箱；2—右模型箱；3—中间隔板；4—上顶板；5—端部连接板；6—焊接管；7—水箱；8—恒压泵；9—水桶；10—台秤；11—排水管；12—止水橡胶

实验采用石英砂作为渗透介质，砂的颗粒级配见表 4，砂的比重为 2.626，设计填筑干密度为 1.56g/cm^3，孔隙比为 0.728，使用常水头渗透仪测量该干密度下砂的渗透系数为 0.0269cm/s，填筑高度 248mm。

表 4　　室内试验测定的砂粒径组成

粒径/mm	+0.6	−0.6～+0.5	−0.5～+0.3	−0.3～+0.1	−0.1～+0.075	−0.075
个别/%	2.55	4.01	37.77	50.13	4.75	0.79
累计/%	100	97.45	93.44	55.67	5.54	0.79

泵的水压力设置为 0.15MPa，由于砂层的渗透系数较大以及排水管的排水量大，最终模型箱顶面的压力水头稳定在 22.8cm。实验结果见图 5，两种排水管的排水量始终在某一稳定值上下波动，外包土工布排水管（TWBP）的排水量始终大于可更换多孔泡沫过滤芯排水管（KGPG－1）。TWBP 的平均排水量为 8.766L/min，KGPG－1 的平均排水量为 8.202 L/min，两者相差不大，TWBP 的平均排水量比 KGPG－1 高 6.92％。说明可更换多孔泡沫过滤芯排水管在排渗能力方面是可行的。

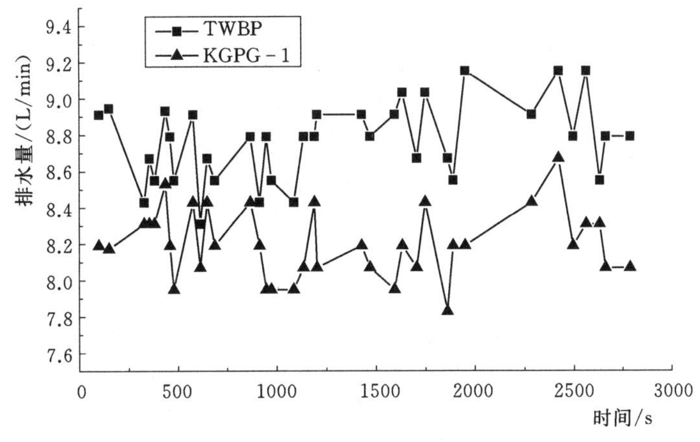

图 5　TWBP 与 KGPG－1 排水量的对比

4　结语

本文通过室内实验对提出的可更换多孔泡沫过滤芯排水管进行了研究，得到以下结论：

（1）网状聚氨酯泡沫过滤芯排水管的渗透系数比开孔聚氨酯泡沫过滤芯排水管的渗透系数大一个数量级，开孔聚氨酯泡沫过滤芯排水管与外包土工布排水管的渗透系数为同一数量级。网状聚氨酯泡沫过滤芯的压缩量对排水管渗透系数的影响不大，压缩量越大，排水管的渗透系数越小。建议多孔泡沫的压缩量为 1～2.5mm。

（2）排水管的外管开孔率由 16.9％增大到 31.3％，对网状聚氨酯泡沫过滤芯排水管综合渗透系数影响不大。排水管的管径对其渗透系数影响较大，管径减小，排水管综合渗透系数显著减少。

（3）在细沙层中可更换多孔泡沫过滤芯排水管与外包土工布排水管的排水能力基本一致。

参考文献

［1］　李明立，原振雷，朱嘉伟．矿山固体废物对环境的影响及综合利用探讨［J］．矿产保护与利用，2005，（4）：38－41．

［2］　陈生水．尾矿库安全评价存在的问题与对策［J］．岩土工程学报，2016，38（10）：1869－1873．

［3］　徐姚．天灾还是人祸——四问巴西溃坝事故［J］．吉林劳动保护，2019，398（2）：42－43．

[4] 敬小非. 尾矿坝溃决泥沙流动特性及灾害防护研究 [D]. 重庆：重庆大学，2011.

[5] Shamsai A，Pak A，Bateni S M，et al. Geotechnical Characteristics of Copper Mine Tailings：A Case Study [J]. Geotechnical and Geological Engineering，2007，25 (5)：591 - 602.

[6] 孔丽丽，陈守义. 武山尾矿坝无纺土工织物滤层化学淤堵问题初探 [J]. 岩土工程学报，1999，21 (4)：444 - 449.

[7] 张伟，张家发，孙厚才. 减压井化学淤堵试验研究 [J]. 长江科学院院报，2009，26 (10)：13 - 16.

[8] Mendonca M B D，Ehrlich M，Cammarota M C. Conditioning factors of iron ochre biofilm formation on geotextile filters [J]. Canadian Geotechnical Journal，2003，40 (6)：1225 - 1234.

[9] Koerner R M，Koerner G R. Lessons learned from geotextile filter failures under challenging field conditions [J]. Geotextiles and Geomembranes，2015，43 (3)：272 - 281.

[10] 朱江颖. 土工织物滤层淤堵及其防治方法试验研究 [D]. 广州：华南理工大学，2018.

[11] 刘才良. 排水暗管化学淤堵及其防治 [J]. 水利水电科技进展，1997，17 (1)：51 - 53.

[12] 张家发，张伟，李思慎. 堤防工程减压井淤堵及其应对措施研究 [J]. 长江科学院院报，2006，23 (5)：24 - 28.

[13] 定培中，周密，张伟，等. 可拆换过滤器在排水管井中的应用 [J]. 岩土工程学报，2016，38 (S1)：94 - 98.

[14] 吴昌瑜，张伟，李思慎，等. 减压井机械淤堵机制与防治方法试验研究 [J]. 岩土力学，2009，30 (10)：3181 - 3187.

[15] 张伟，许继军，吴昌瑜. 可拆换过滤器减压井的应用研究 [J]. 人民长江. 2009，40 (3)：81 - 83.

[16] 孙刚，刘预，冯芳，等. 聚氨酯泡沫材料的研究进展 [J]. 材料导报，2006，20 (3)：29 - 32.

[17] 田宏，吴穹，江平，等. 网状聚氨酯泡沫材料的发展 [J]. 航空材料学报，2001，21 (2)：59 - 63.

多层吹填土地基振冲加固技术试验研究

丛　建[1]　李继才[1,2]　曹永琅[1]

(1. 南京水利科学研究院岩土所，江苏南京　210024；
2. 南京瑞迪建设科技有限公司，江苏南京　210029)

摘　要： 某港口矿石堆场工程多层吹填土地基采用振冲法加固。振冲加固技术试验结果表明，堆场采用3.0～3.5m砂石桩，轨道梁采用3.0～5.0m纵向排距、横向间距2.0m、中间插挡的碎石桩，较为经济。振冲砂性土地基的检测可用标准贯入试验代替静载荷试验。振冲地基后期仍有一定的沉降变形，建议堆场采用简易面层结构形式、轨道梁采用轨枕式。

关键词： 多层吹填土；振冲工艺；静载试验；承载力；标贯击数

0　引言

近年来，随着我国经济快速发展，各沿海港口均加大了天然良港的建设步伐，围海吹填造地成为增加港口建设土地资源的主要途径。吹填造地时，先将造地海域用堤坝围起来，再通过输送管道将取土点的泥沙吹填在里面，堤坝内海水从预留龙口流出，堤坝合拢后新吹填的陆域就形成了。吹填管输泥口附近堆积着较大颗粒的土，预留排水口附近只有流淌回来的细微颗粒堆积，而且输泥管出口还必须随填筑场地的情况不断改变方向，使得吹填形成的地基土具有多层、质地不均匀、强度低等特性。振冲法作为吹填砂性软土地基加固的一种重要的方法，具有施工快、适用性广、效果好和造价低等优点而在港口工程中得到了广泛的应用。

本文以我国北方某港一矿石堆场工程为背景，结合振冲法处理天然泥面以上中粗砂、黏土及淤泥吹填形成的多层软土地基的工程实践，进行了振冲施工工艺研究，建立承载力与标准贯入击数之间对应关系，探索多层吹填土地基振冲加固效果快速检测的方法。

1　试验场地工程地质条件

试验场地主要加固深度范围内地基土层可分为4层：第①层中粗砂，人工新近吹填形成，堆积较为松散，由中粗砂组成，局部混有粉质黏土团块；第②层砂混淤泥，饱和，松散，其中淤泥含量15%左右；第③层淤泥，灰黑色，饱和，软塑—流塑，高含水量，高压缩性；第④层淤泥质粉质黏土，饱和，灰黑色，软塑，局部缺失。物理力学性质指标见表1。

2　振冲试验方案

2.1　地基处理要求

矿石堆取料机设备及工艺要求，轨道梁地基承载力应达250kPa，不均匀沉降小于50mm，

作者简介： 丛建（1972—　），男，硕士，高级工程师，从事地基与基础工程的研究和应用。

表 1　　主要加固土层物理力学性质指标

土层编号	名称	层厚 /m	含水量 /%	压缩系数 a_v /MPa^{-1}	压缩模量 E_s/MPa	三轴试验		贯击数 N /击
						c /kPa	ϕ /(°)	
①	中粗砂	0.2～8.7	—	—	—	—	—	7.0
②	砂混淤泥	0.8～8.0	—	—	—	—	—	7.2
③	淤泥	0.7～14.2	61.9	1.43	2.09	13.0	18.1	1.1
④	淤泥质黏土	0.6～9.4	49.3	0.82	3.28	6.0	19.7	2.1

差异沉降小于 150mm。矿石堆场堆高 10m 时，地基承载力不小于 250kPa；堆高 13m 时，地基承受不小于 320kPa 的荷载；堆高 16m 时，地基能承受不小于 400kPa 的荷载。允许堆场地基发生沉降，但严格控制地基发生水平位移。

2.2　试验方案

根据吹填地基土性，将试验场地分成两个大的试验区域，分别进行了振密程序与加料方式、振点间距、填料性质等对比试验，详细试验方案见表 2。

表 2　　振 冲 试 验 方 案

序号	试 验 目 的	试验分区	试 验 方 案
1	振密程序与加料方式	B4－1	间距 3.5m，排距 3.0m，上部振冲砂，下部填碎石
2		B4－2	间距 3.5m，排距 3.0m，上部振冲砂，下部填碎石
3		B4－3	间距 3.5m，排距 3.0m，上部振冲砂，下部填砂
4		B4－4	间距 3.5m，排距 3.0m，全桩填碎石
5	振点间距	A1（轨）	横向 2.0m，纵向 4.0m，中间插挡，全桩填碎石，轨间振冲砂
6		A2（轨）	横向 2.0m，纵向 3.0m，中间插挡，全桩填碎石，轨间振冲砂
7		A4（轨）	横向 2.0m，纵向 5.0m，中间插挡，全桩填碎石，轨间振冲砂
8		A5（堆）	间距 2.7m，排距 2.3m，上部振冲砂，下部填碎石
9		B2	间距 3.5m，排距 3.0m，上部振冲砂，下部填碎石
10		B4－2	间距 3.5m，排距 3.0m，上部振冲砂，下部填碎石
11		B5	间距 3.0m，排距 2.6m，上部振冲砂，下部填碎石
12	填料性质	A2（堆）	间距 2.7m，排距 2.3m，上部振冲砂，下部填碎石
13		A3（堆）	间距 2.7m，排距 2.3m，全桩填碎石
14		B2	间距 3.5m，排距 3.0m，上部振冲砂，下部填碎石
15		B3	间距 3.5m，排距 3.0m，全桩填碎石
16	大型静载荷试验	B1	间距 3.0m，排距 2.6m，上部振冲砂，下部填碎石

2.3　振冲工艺试验

2.3.1　振密工艺试验

试验采用了以下四种振密程序：

程序 A：振密→上提 1.0m→下沉 0.5m→振密→重复；

程序 B：振密→上提 1.0m→加料→下沉 0.5m→振密→重复；

程序 C：振密→上提至孔口（h）→加料→下沉（$h-0.5$m）→振密→重复；

程序 D：振密→上提 0.5m→连续加料→振密→重复。

2.3.2　自行塌陷试验

振冲成孔至淤泥层顶部是必须扩孔，在淤泥层必须造浆护壁和清孔，成孔难度较大。吹填土的中粗砂比较松散、颗粒细，有一定的含泥量，经淤泥层造孔、扩孔及排污（泥水）清孔后孔壁更难下塌，因此吹填砂的自行塌陷比较困难，要想振密砂层必须外加填料。特别是在泥层，要置换形成砂石桩时则更必须外加填料。

2.3.3　外加填料试验

单孔成孔至设计标高时，由于中粗砂不能自行塌陷，单点振密电流达不到预定的要求，则采用连续下料法，即将振冲器上升 1.0m，继续进行填料挤密，并将振冲器下沉 0.5m，如此逐段进行直至孔口。试验结果表明，吹填砂层可以采用连续投料法，而淤泥质粉质黏土层只能采用将振冲器提出孔口的间断加料的方法。

3　多层吹填土地基振冲加固效果分析

3.1　振冲加固地基检测结果

振冲加固后，进行了静载荷试验和标准贯入试验检测。静载荷试验结果和上部吹填砂层和砂混淤泥层的标贯击数分层统计见表 3。表 3 中复合地基承载力特征值按照沉降量与载荷板宽度或直径之比等于 0.01 取值，标准贯入击数为实测平均值，未进行杆长、上覆压力和地下水位等修正。

表 3　　振冲加固检测结果

序号	试验分区	设计置换率/%	静载荷试验		标准贯入击数/击	
			载荷板尺寸/m	复合地基/kPa	砂层	砂混淤泥层
1	A1（轨）	25.4	$\phi=1.0$	551	13.4	5.4
2	A2（轨）	33.9	1.6×1.6	511	14.2	9.0
	A2（堆）	28.0	—	—	14.8	6.4
3	A3（堆）	16.2	2.45×2.45	403	14.1	9.4
4	A4（轨）	23.4	2.3×2.3	367	16.3	10.5
5	A5（堆）	33.9	1.6×1.6	751	15.7	13.4
6	B1	12.2	8.0×8.0	246	13.3	9.9
		12.2	2.8×2.8	418		
7	B2	—	—	—	11.8	6.5
8	B3	—	$\phi=1.0$	650	14.2	5.8
9	B4-1	—	—	—	16.4	15.5
10	B4-2	—	—	—	15.5	11.0
11	B4-3	—	—	—	7.3	9.1
12	B4-4	—	—	—	8.9	14.0
13	B5	—	2.0×2.0	503	16.2	13.2

3.2 振密程序与加料方式对加固效果的影响

试验分区 B4－1 将程序 C 与程序 A 结合使用，试验分区 B4－2 采用程序 B 分次加料，试验分区 B4－3 区采用程序 A 孔口堆积砂料自沉，试验分区 B4－4 采用程序 D 孔口堆碎石料自沉（连续加料）。振后桩间土标准贯入试验检测结果表明，B4－2 分区比 B4－3 分区提高了 1 倍以上，B4－4 分区比 B4－2 分区低了近一半，而 B4－1 分区与 B4－2 分区则相差不大。可见，填料的砂层振密效果要优于不填料的，间断加料方式的砂层振密效果优于堆积填料和连续填料，连续填料的振密工艺更适合用于制作碎石桩。

多层吹填土上下层土性不同，需要将振密程序 C 与程序 A 或程序 B 联合应用，才能既可在底部的黏土层形成碎石桩或砂桩，又可使上部的吹填砂层充分振密。

3.3 振点间距对振密效果的影响

3.3.1 砂石桩加固

试验分区 A5（堆）、B5、B4－2 施工条件基本相同，区别在于振点间距分别为 2.7m、3.0m 及 3.5m，排距分别为 2.3m、2.6m 及 3.0m，三角形布置。三区砂层标贯击数均值分别为 15.7 击、16.2 击及 15.5 击，砂混淤泥层 13.4 击、13.2 击及 11.0 击，两层平均为 14.6 击、14.7 击及 13.2 击。

试验分区 A2（堆）和 B2 施工条件基本相同，区别在于振点间距分别为 2.7m 和 3.5m，排距分别为 2.3m 和 3.0m，三角形布置。二区砂层标贯击数均值分别为 14.8 击和 11.8 击，砂混淤泥层 6.4 击和 6.5，两层平均为 10.9 击和 9.2 击。

根据静载荷试验和标贯检测结果，2.7～3.5m 桩间距布置的砂石桩的加固效果均能满足要求，振点间距越小振密效果越好，但振点间距过小则对砂层的振密效果影响就不太明显，因此以 3.0～3.5m 的振点间距较为经济。

3.3.2 碎石桩加固

试验分区 A3（堆）和 B3 施工条件基本相同，区别在于振点间距分别为 2.7m 和 3.5m，排距分别为 2.3m 和 3.0m，三角形布置。三区砂层标贯击数均值分别为 14.1 击和 14.2 击，砂混淤泥层 9.4 击和 5.8 击，两层平均为 14.1 击 7.5 击。

试验分区 A4（轨）、A1（轨）、A2（轨）施工条件基本相同，区别在于其纵向排距分别为 5.0m、4.0m 及 3.0m，中间插挡，横向间距均为 2.0m，三角形布置。三区砂层标贯击数均值分别为 16.3 击、13.4 击及 14.2 击，砂混淤泥层 10.5 击、5.4 击及 9.0 击，两层平均为 13.4 击、9.4 击及 11.6 击。

结合静载荷试验和标贯检测结果，振冲碎石桩的振点间距对砂层的振密效果影响没有明显规律；采用 3.0～5.0m 纵向排距、横向间距 2.0m、中间插挡的布桩方式加固轨道梁地基较为经济。

3.4 填料性质对振密效果的影响

试验分区 A2（堆）和 A3（堆）施工条件基本相同，振点间距均为 2.7m，区别仅在于桩身填料不同，A2（堆）为砂石桩，A3（堆）为碎石桩。二区砂层标贯击数均值分别为 14.8 击和 14.1 击，砂混淤泥层 6.4 击和 9.4 击。

试验分区 B2 和 B3 施工条件基本相同，振点间距均为 3.5m，区别仅在于桩身填料不同，B2 为砂石桩，B3 为碎石桩。二区砂层标贯击数均值分别为 11.8 击和 14.2 击，砂混淤泥层 6.5 击和 5.8 击。

对吹填砂土而言，桩身填料选用碎石或吹填砂，在振点间距较小时不影响砂层（桩间土）的振密效果，但在振点间距较大（3.5m）时，桩身填料宜选用碎石。

4 砂性吹填土地基振冲效果检测方法探讨

4.1 大型复合地基静载荷试验的实施

试验分区 B1 地基以砂性土为主，在该分区的振冲砂石桩地基上进行了 1 组多桩（9 根桩）大型复合地基静载荷试验，承压板面积 8.0m×8.0m；同一试验分区还进行了 1 组单桩复合地基静载荷试验，承压板面积 2.8m×2.8m。

大型复合地基静载荷试验按照 JGJ 79—2012《建筑地基处理技术规范》要求进行，试验总加载量约 2400t，试验期 9 天。试验结束后，将试验荷载当作堆场使用期运营荷载持续压载 50 天。静载荷试验期间和恒载期间对地基土体沉降变形情况进行了持续监测。

4.2 砂石桩复合地基承载力的确定

大型复合地基静载荷试验曲线见图 1（a）。其中 3 号测点沉降受 80t 汽车吊支腿影响，沉降值偏大，在确定复合地基承载力时不参与统计。按照规范，对砂石桩加固的复合地基，当桩间土以砂性土为主时可取沉降与荷载板宽度之比为 0.010 所对应的压力 246kPa 作为地基承载力特征值。沉降和荷载板宽度之比等于 0.015 时所对应的承载力为 284kPa，两者仅相差 38kPa。

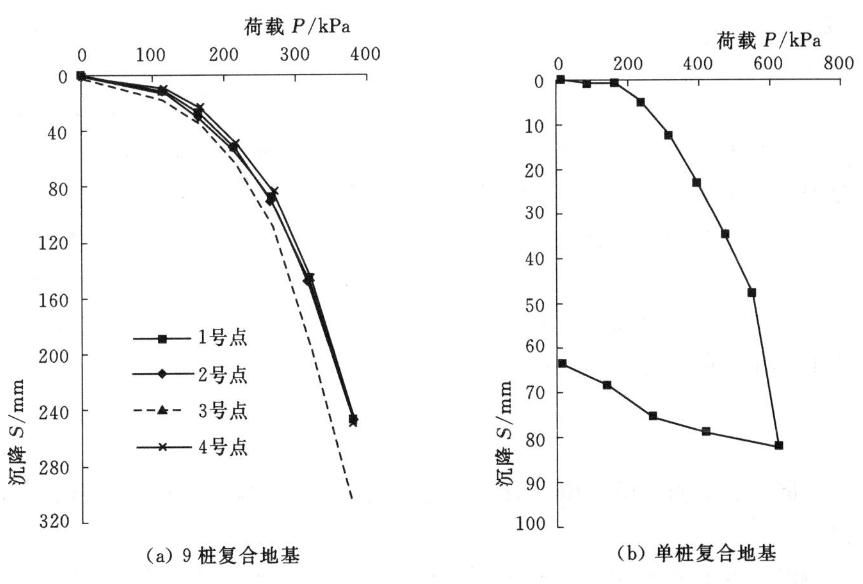

图 1 试验分区 B1 复合地基静载荷试验曲线

同一试验分区单桩复合地基静载荷试验曲线见图 1（b）。根据静载试验曲线确定的单桩复合地基承载力特征值为 418kPa。

单桩复合地基静载荷试验由于承载板尺寸受桩距限制不能太大，影响深度有限，所获得的成果只能反映层厚约为2倍承载板宽度范围内的地基土质情况，故单桩复合地基静载荷试验所得到的试验结果只能代表振冲砂石桩复合地基5.0～6.0m内的振冲砂地基承载力，而不能反映15.0m内地基的承载力指标。与9桩复合地基静载试验结果相比，单桩复合地基静载试验所得结果要高70%左右。可见，小承载板静载试验所得的成果不能完全作为评定振冲复合地基承载力的唯一指标，而应结合其他测试手段综合判定评价。

4.3 砂石桩复合地基恒载期间的沉降

砂石桩复合地基在370kPa的恒载作用期间，承载板四个角点发生了78～102mm的沉降增量，平均94mm，日平均沉降速率为1.88mm/d；距承载板边缘1.3m处深达16m范围内的土体均产生了沉降变形，但分层土体沉降主要集中在地面下12m范围内，12m以下土体压缩变形增量小于10mm，这表明振冲后的地基在长期荷载作用下仍会产生一定的沉降变形，370kPa的堆载影响集中在上部12m左右深度范围。

4.4 砂性土振冲地基检测标准的探讨

将现场实测标准贯入试验结果与静载荷试验结果进行比较，承载力特征值 f_{sk} 随标准贯入击数 N 的增加显示同样的变化规律，其关系式可用下式表示：

$$f_{sk}=\lambda N$$

式中 λ——系数，随土的类型和密实程度不同而变化。

由试验分区B1得到的承载力特征值 f_{sk} 与标准贯入击数 N 的关系见表4。

表4　承载力特征值 f_{sk} 与标贯击数 N 的关系（中粗砂）

数据来源	承载力特征值 f_{sk}/kPa	标准贯入击数 N/击	$f_{sk}=\lambda N$
试验分区B1	246	13.3	18.5
JTS 147—1—2010《港口工程地基规范》	180～250	10～15	18.0～16.7

由表4可以看出，实测值比规范值略高，但仍可作为地基检测的参考依据。结合大量实际检测数据统计资料，砂性土振冲地基可用标准贯入试验代替静载荷试验。当地基承载力要求达到200kPa时，砂土层的标准贯入击数最小不得低于10击，标准贯入击数均值≥12击；当地基承载力要求达到180kPa时，砂土层的标准贯入击数最小不得低于8击，标准贯入击数均值≥10击；当地基承载力要求达到150kPa时，砂土层的标准贯入击数最小不得低于6击，标准贯入击数均值≥8击。

5 结语

（1）采用振冲法加固多层吹填土地基需进行振冲工艺试验，以确定经济、合理、可行的振密流程。

（2）堆场地基可采用振冲砂石桩进行加固，3.0～3.5m的振点间距较为经济；轨道梁地基采用振冲碎石桩进行加固，采用3.0～5.0m纵向排距、横向间距2.0m、中间插挡的布桩方式较为经济。

（3）对吹填砂土而言，桩身填料选用碎石或吹填砂，在振点间距较小时不影响砂层（桩间土）的振密效果，但在振点间距较大（3.5m）时，桩身填料宜选用碎石。

(4) 大尺寸的荷载板得出的试验结果更具有代表性，小承载板静载试验所得的成果不能完全作为评定复合地基承载力的唯一指标，而应结合其他测试手段综合判定评价。

(5) 振冲地基在长期荷载作用下仍将产生一定的工后沉降，建议矿石堆场地基采用简易面层结构形式、轨道梁采用轨枕式。

(6) 振冲砂土地基的检测可用标准贯入试验代替静载荷试验。地基承载力指标和标准贯入击数 N 之间的相互关系可要通过静载试验比对得到。

参考文献

[1] 韩选江. 大型围海造地吹填土地基处理技术原理及应用 [M]. 北京：中国建筑工业出版社，2009.

[2] 周杰. 振冲碎石桩复合地基在复杂临海填海地层中的应用研究 [D]. 北京：中国地质大学（北京），2011.

[3] 黄继义. 振冲密实法在砂性土地基处理中的应用 [J]. 中国水运，2009，9 (7)：252-262.

[4] 何广讷. 振冲碎石桩复合地基 [M]. 北京：人民交通出版社，2001.

[5] Adalier. K，Eligamal. A，Meneses. J. Stone Columns as Liquefaction Counter measure in Non-plastic Silty Soils [J]. Soil Dynamics and Earthquake Engineering，2003，23 (7)：571-584.

[6] 丛建，李继才. 砂性吹填土地基快速检验方法的研究 [C] //第十九届中国海洋（岸）工程学术讨论会议论文集. 北京：海洋出版社，2019：766-769.

降水入渗条件下盐渍土水盐迁移规律研究

张留俊[1,2,3]　李雄飞[2]　刘军勇[1,3]　孙亚康[2]　李　炜[2]　吴　桐[2]

（1. 中交第一公路勘察设计研究院有限公司，陕西西安　710075；
2. 长安大学，陕西西安　710064；
3. 陕西省公路交通防灾减灾重点实验室，陕西西安　710075）

摘　要： 盐渍土作为一种特殊土，由于易溶盐的存在，其物理力学性质和路用性能随含盐量、含水率改变有着较大的变化。使用自行设计的降水入渗设备进行室内试验，分析不同粒径、不同盐渍化程度和多次降水入渗对盐渍土水分、盐分迁移规律的影响。结果表明：一定范围内，盐渍化程度的增大对水分迁移整体规律没有太大影响，但会使含水率峰值和水分积聚出现滞后现象。氯盐渍化级配良好砾，2次降水入渗已经影响到整个土柱范围，含水率在高度范围内分布较为均匀。随着降水入渗次数的继续增加，含水率增大但幅度较小，含水率仍保持均匀性分布；一定范围内的盐渍化程度增大没有对水分迁移产生较大影响。在降水入渗作用下，土体盐分的迁移与水分迁移有着紧密的联系，呈现出典型的“盐随水走”关系，两者表现出较好的相关性。氯盐渍化含砂低液限粉土盐分逐渐向土柱中部积聚，级配良好砾的盐分向土样底部迁移积聚，且速度很快。盐渍土由于颗粒粒径组成的不同使得土体颗粒间的孔隙有较大差异，对土体水分、盐分的迁移具有极大的影响。

关键词： 降水入渗；氯盐渍土；含水率；含盐量；水盐迁移规律

0　引言

在我国西北部地区，因为干旱的气候特征及特殊的地理环境，西北部各省份盐渍土分布面积接近全国盐渍土总面积的70%。盐渍土是一种对外部环境（温度、降水、地下水等）具有较强敏感性的特殊土，其物理力学性能会随着这些因素的变化发生改变[1-2]。基于盐渍土地区各类工程建设的需要，人们对其工程性质开展了较为广泛的研究。包卫星[3]通过试验对天然盐渍土在开放系统中经过多次冻融循环后的水分和盐分迁移规律进行研究。万旭升、赖远明[4]研究了硫酸钠盐渍土和盐溶液的冻结温度及盐晶的析出规律。肖泽岸[5]通过室内试验研究了冻融和干湿循环下盐渍土的水盐迁移规律。张虎元等[6]设计了专门的毛细水输盐模拟试验装置，研究了土中盐分的迁移机制。各学者对在冻融循环和毛细作用下水盐迁移规律研究较多，对盐渍土在降水入渗作用下水、盐迁移规律较少，且对降水入渗作用下盐渍土水盐迁移研究只考虑了单一因素下的影响，对多种因素综合影响下的盐渍土水盐迁移规律研究较少。

作者简介： 张留俊（1962—　），男，博士，正高，主要从事公路路基结构及特殊地基处理方面的设计与研究工作。

基金项目： 国家重点研发计划（2016YFC0802203）。

因此本文设计了相关室内试验，研究不同粒径、不同盐渍化程度和多次降水入渗对盐渍土水分、盐分迁移规律的影响。

1　试验

1.1　试验原材料

本试验所用盐渍土均为人工配置，选用巴彦淖尔市郊的含砂低液限粉土和呼和浩特的级配良好砾。根据《公路土工试验规程》（JTG E40—2007）中相关试验方法[7]，测得两种土样的初始含盐量均为0%，原材料的基本物理性质和击实试验结果见表1，材料颗粒粒径分析如图1所示，分析结果见表2和表3。

表1　　土样基本物理性质指标

试验土样	比重	液限 W_L /%	塑限 W_P /%	塑限指数 /%	最大干密度 /(g/cm³)	最佳含水率 /%
含砂低液限粉土	2.70	11.3	21.7	10.4	9.3	2.09
级配良好砾	—	—	—	—	2.29	6.5

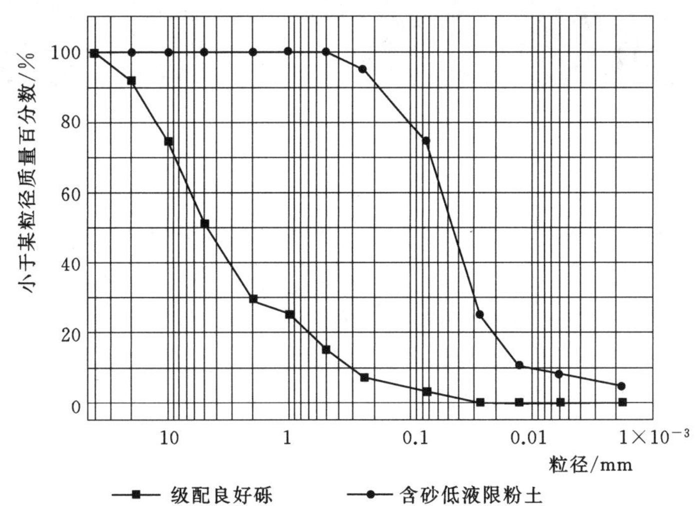

图1　土样颗粒级配曲线图

表2　　含砂低液限粉土颗粒组成分析表

土样	颗粒组成各粒径（mm）所占百分比					
	5～2	2～0.5	0.5～0.25	0.25～0.074	0.074～0.002	<0.002
细粒土样	0	0.5	4.7	21.1	69.1	5.1

表3　　级配良好砾颗粒组成分析

土样	颗粒组成各粒径（mm）所占百分比						
	60～40	40～20	20～10	10～5	5～2	2～1	<1
粗粒土样	0	8.3	17.1	23.2	22.1	4.0	25.3

1.2 试验方法

为研究土体颗粒粒径对水、盐迁移的影响，选取含砂低液限粉土和级配良好砾进行对比；为研究路基土体初始含盐量对水、盐迁移的影响，含砂低液限粉土中加入 0.5%、2%纯氯化钠，级配良好砾中加入 1%、3%纯氯化钠进行对比试验。为研究不同降水入渗次数下水盐迁移规律变化，含砂低液限粉土分别进行 4 次降水入渗，级配良好砾分别进行 3 次降水入渗。试验设备如图 2 所示，选用有机玻璃材料自制大尺寸竖桶，含砂低液限粉土选用内径为 18cm 的竖桶，级配良好砾由于最大粒径达 40mm，为了使模型试验更真实，采用更大尺寸竖桶，内径为 27cm。

图 2　降水入渗试验设备

土柱填筑压实度取 94%，分 16 层填筑完毕，每层填筑高度为 5cm 以保证压实度达到要求。根据计算称取一定量烘干土样，按预定含盐量向土中加入纯氯化钠，在最佳含水率下搅拌均匀，闷料 24h，填筑到试验设备中。土样填筑完毕后，对土柱进行多次降水入渗试验，每次降水量取 10mm，单次降水入渗的时间间隔取 10d，每次入渗试验结束后每 5cm 取一层土样测定含水率、含盐量，绘制含水率、含盐量与高度关系曲线，研究不同降水入渗次数后水、盐迁移规律变化。

2　试验结果分析

2.1　多次降水入渗后含砂低液限粉土水盐迁移分析

通过对试验数据的整理，得到不同降水入渗次数后弱盐渍化和中盐渍化含砂低液限粉土水分、盐分迁移规律曲线如图 3、图 4 所示。

从图 3、图 4 可以看出，1、2、3、4 次降水入渗后土体含水率与土柱高度的关系曲线总体上较为相似，在土柱中都会出现一个含水率峰值，峰值点以上区域，含水率随高度的下降而上升，在峰值点以下区域随着高度降低含水率呈下降趋势。从 1 次降水入渗→2 次降水入渗→3 次降水入渗，含水率峰值点的高度在向下移动，从 70cm→50cm→40cm，降水入渗影响深度从 50cm→60cm→70cm 逐渐加深，随着降水入渗次数的增加，峰值点高度向下迁移绝对值减小较为明显。土柱经过 4 次降水入渗后，土体含水率均大于初始含水率，入渗影响深度已经扩展到整个土柱范围，但是含水率的峰值点并没有明显向下迁移，水分开始在土柱中部开始积聚。

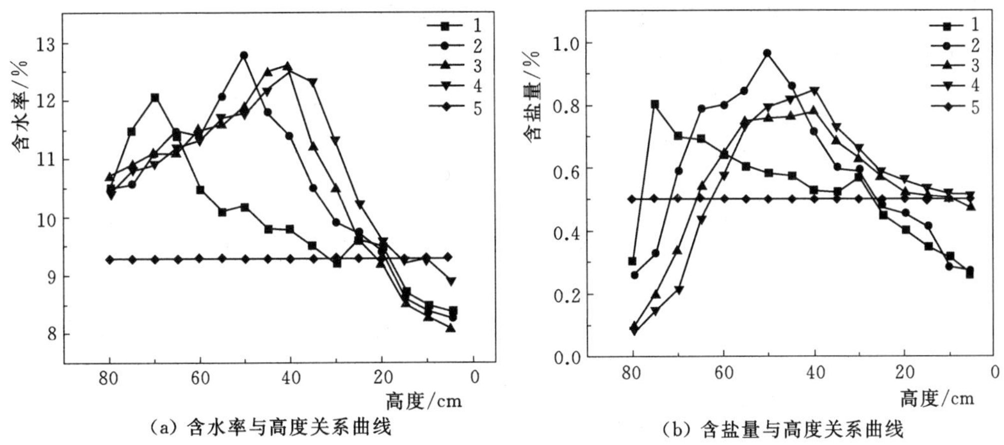

(a) 含水率与高度关系曲线　　(b) 含盐量与高度关系曲线

图 3　弱盐渍化含砂低液限粉土水、盐迁移关系曲线

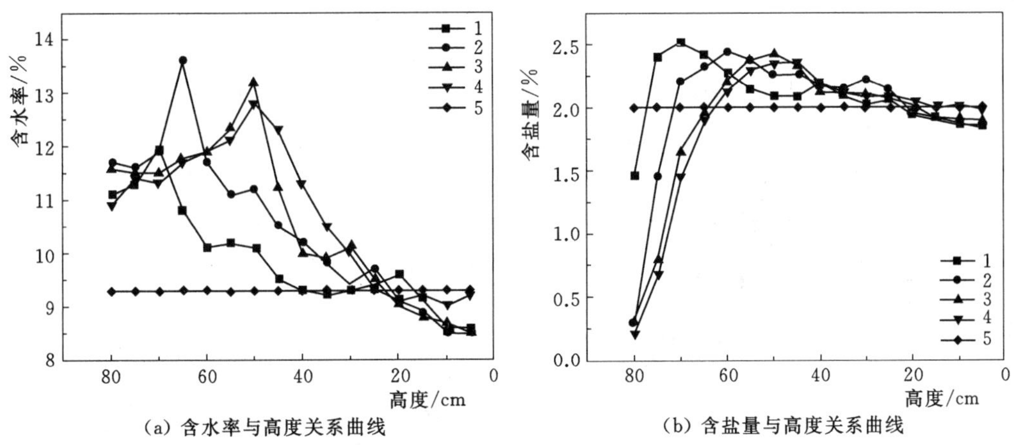

(a) 含水率与高度关系曲线　　(b) 含盐量与高度关系曲线

图 4　中盐渍化含砂低液限粉土水、盐迁移关系曲线

注：图中 1、2、3、4 分别代表 1 次降水入渗、2 次降水入渗、3 次降水入渗、4 次降水入渗后水分、盐分的迁移曲线，5 代表初始含水率和含盐量。

从 1 次降水入渗→2 次降水入渗→3 次降水入渗，盐分在土柱中上部区域都出现峰值，且随着入渗次数的增加峰值从 75cm→50cm→40cm。含盐量峰值点以上区域低于初始含盐量范围越来越大，盐分随着水分向下迁移在土柱中部区域形成盐分的积聚，峰值点以上含盐量随着高度降低而增大，峰值点以下随着含盐量的增大而降低。这些都与上文水分的迁移规律基本相同，因此我们可以得到结论：降水入渗作用下盐分迁移与水分迁移有紧密的关联，盐分迁移呈现出典型的“盐随水走”规律。特别当土柱经历 4 次降水入渗后，顶部低于初始含盐量范围持续扩大，盐分在土柱中部出现较为明显的积聚，相应的峰值点以下含盐量增大，但含盐量峰值相对 3 次降水入渗没有出现明显的向下迁移。

通过上述分析可以发现，盐渍土路基水、盐迁移整体规律不会受降水入渗次数影响，但会极大影响含水率、含盐量的峰值高度，第 4 次降水入渗前，随着降水入渗次数的增加，土体含水率和含盐量峰值点明显的向下移动，下降幅度逐渐地减弱，在经历 4 次降水入渗后，峰值点虽有变化但已不明显，水分、盐分主要在土柱中部积聚。

2.2 盐渍化程度对含砂低液限粉土水、盐迁移的影响

通过控制其他变量，研究不同盐渍化程度含砂低液限粉土填筑路基时对水、盐迁移规律的影响，整理试验数据绘制图5所示关系曲线图。

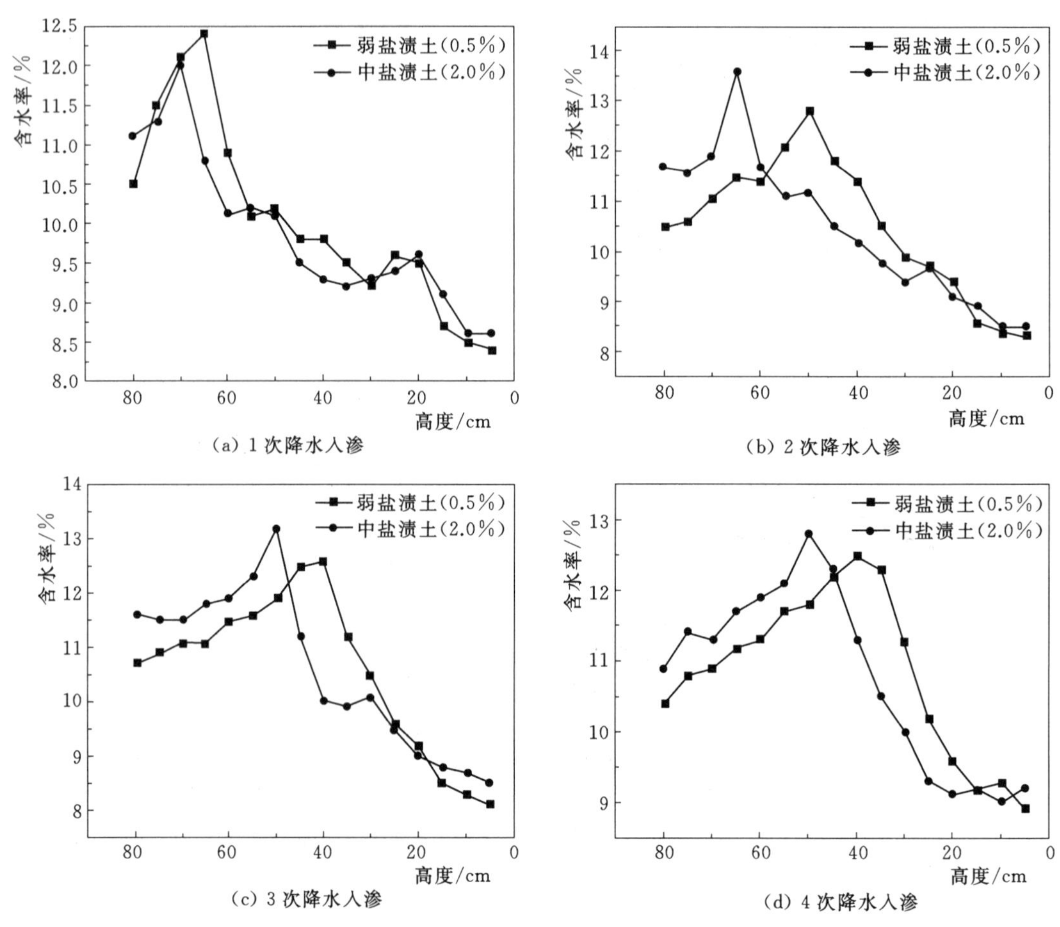

图5 弱、中盐化含砂低液限粉土不同降水入渗下水、盐迁移曲线

由图5可知，经历4次降水入渗，中盐渍土含水率峰值点从10cm→15cm→30cm→30cm，弱盐渍土含水率峰值从10cm→30cm→40cm→40cm，中盐渍化含砂低液限粉土含水率峰值点相对于弱盐渍化含砂低液限粉土向上偏移5～10cm。同时在相同条件下，中盐渍土毛细作用上升高度低于弱盐渍土。对比1、2、3、4次降水入渗后土柱，发现弱盐渍土从2次降水入渗开始，20～30cm区域范围已经没有了水分的小范围积聚，入渗作用已经影响该区域范围，土柱底部毛细作用对水分迁移的影响已经被入渗作用所取代。中盐渍土从1次降水入渗→2次降水入渗→3次降水入渗，入渗影响深度从40cm→50cm→60cm，与弱盐渍土50cm→60cm→70cm相比出现明显滞后，相对弱盐渍土影响深度降低10cm。

2.3 多次降水入渗后级配良好砾水盐迁移规律分析

级配良好砾1次降水入渗、2次降水入渗、3次降水入渗后的水、盐迁移关系曲线分

别如图 6～图 9 所示。

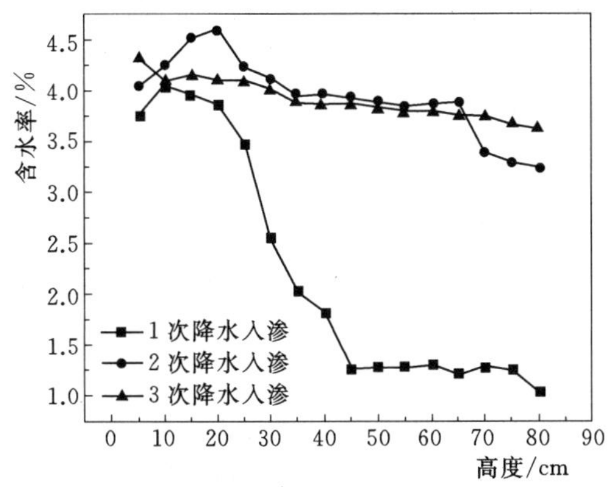

图 6　1%含盐量级配良好砾多次降水入渗后含水率变化关系曲线

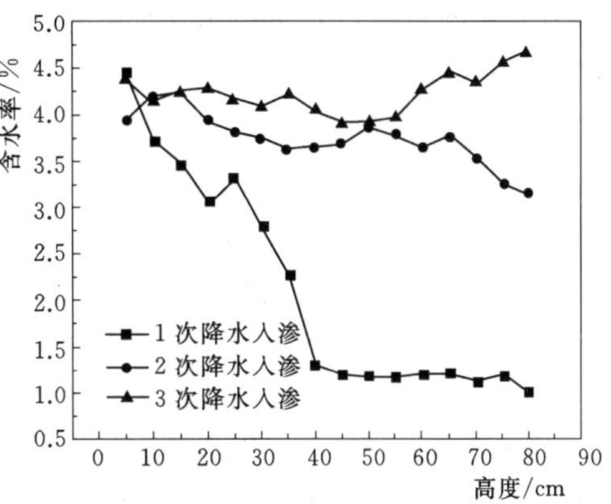

图 7　3%含盐量级配良好砾多次降水入渗后含水率变化关系曲线

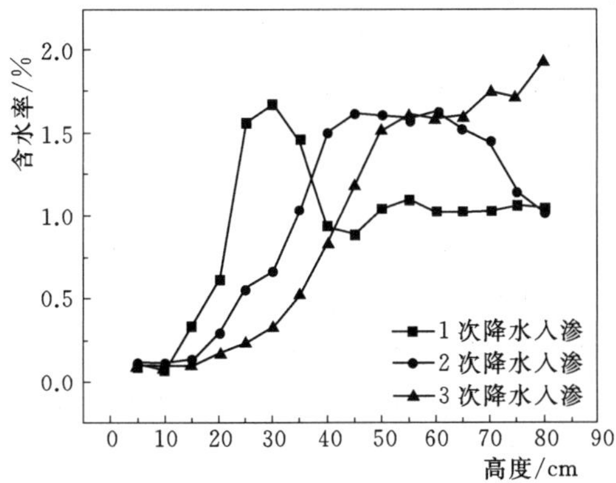

图 8　1%含盐量级配良好砾多次降水入渗后含盐量变化关系曲线

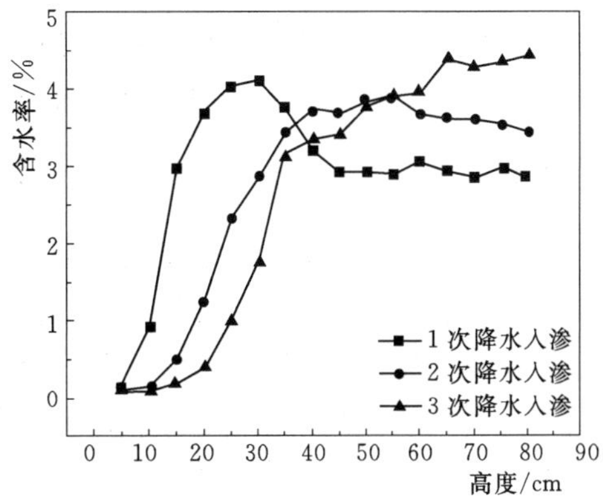

图 9　3%含盐量级配良好砾多次降水入渗后含盐量变化关系曲线

从图中可以看出，含盐量为 1%的土柱在 80～40cm 含水率随高度的下降而降低，含水率从 4%降到初始含水率，40cm 以下，土柱含水率基本上没有变化，可判断 1 次降水入渗的影响深度约为 40cm。2 次降水入渗后，入渗影响深度已经扩展到整个土柱范围，整个土柱含水率大幅增加，含水率在高度范围内变化不大，分布较为均匀，在 4%左右。3 次降水入渗后各点水分分布规律与第 2 次降水入渗后水分一样在高度范围内变化幅度很小，含水率有微弱增大，推断降水入渗次数的在增加不会改变土体水分的分布规律。

第 1 次降水入渗后，入渗影响深度范围底部出现局部盐分积聚，含盐量曲线呈现为驼峰型，峰值分别为 1.688%和 4.142%；2 次降水入渗后，随着降水入渗影响深度扩展到整个土柱，盐分的迁移也扩展到整个土柱，含盐量曲线的驼峰消失，盐分向土柱中底部区域开始积聚，且在该区域分布比较均匀。3 次降水入渗后，盐分进一步向土柱底部快速积聚。

对比分析 1%、3%含盐量级配良好砾迁移规律发现，土体盐渍化程度对土柱的水分迁移规律基本上没有影响，随着降水入渗次数的增加，入渗影响深度逐渐扩展到整个土柱，3次降水入渗后含水率相对稳定，为4%左右；路基上部转化为非盐渍土的区域范围逐渐扩大的整体规律不会改变，但会影响到盐分向下迁移的速率，同等降水入渗条件下，盐渍土初始含盐量越大，盐分向土柱底部迁移的相对速率越慢。

2.4 土样粒径对水盐迁移的影响

盐渍化含砂低液限粉土和级配良好砾在降水入渗作用下的水盐迁移曲线显示，不同粒径土体水盐迁移规律有着极大区别。含砂低液限粉土水分、盐分在土柱中部出现峰值，水盐以较小速率逐渐向底部迁移，而级配良好砾含水率在3次降水入渗后趋于稳定，维持在4%左右，盐分向土柱底部快速运移。

当土体颗粒粒径较小时，在压实度为94%情况下，土颗粒间孔隙被压缩，颗粒间排列紧密，土体孔隙率较小，且土颗粒越小，颗粒单位质量表面积越大，单位质量的表面能越大，这些因素的影响限制了水的入渗速率，使入渗速率大大降低，水分在一定的深度范围内产生积聚，而盐随水走故而也使得盐分在相同深度产生积聚。当粗颗粒粒径较大，即使压实度达到94%，土体中的孔隙依然比较大，水分依然具有良好的迁移通道，在一定范围内盐分含量变化并不会改变水分迁移通道，土体具有良好的渗透性，因此降水入渗作用下土体含水率值会相对稳定，盐分随着水分快速地向土柱底部迁移。

3 结论

（1）考虑降水入渗主要影响因素中的土体颗粒粒度和降水量，自行设计了用于研究降水入渗条件下盐渍土水盐迁移规律的试验装置，针对不同含盐量下的含砂低液限粉土和级配良好砾，进行了多次降水入渗试验，分析土体内部水分及盐分的迁移变化。

（2）氯盐渍化含砂低液限粉土在第1次降水入渗时，土柱中上部由于得到入渗补给含水率上升，且在土柱中部区域出现含水率峰值，随着降水入渗次数的增加，含水率和含盐量峰值点明显的向下移动，含水率峰值从10cm→30cm→40cm→40cm，含盐量峰值从5cm→30cm→40cm→40cm，下降幅度逐渐减弱。整个土柱含水率上升，土柱中部含水率增幅最大，增幅超过30%，土柱上部逐渐转化为非盐渍土，在30cm以下深度盐分逐渐积聚，30cm→60cm增幅最大，60cm盐分以较小速率逐渐增大，盐分向土柱中底部积聚。

（3）氯盐渍化级配良好砾，3次后降水入渗已经影响到整个土柱范围，此时整个土柱含水率分布较为均匀，随着降水入渗次数的继续增加并没有破坏这种均匀性，保持在4%左右没有较大波动，盐分随着水分快速向土柱底部运移。

（4）中盐渍化含砂低液限粉土含水率峰值点和入渗影响深度相较弱盐渍化含砂低液限粉土滞后5～10cm，同样的中盐渍土相对弱盐渍土盐分峰值点出现深度滞后5～10cm，盐渍化程度增大将会降低土体水盐迁移的速率。

参考文献

[1] 陈肖柏，邱国庆，王雅卿，等. 重盐土在温度变化时的物理、化学性质和力学性质［J］. 中国科学（A），1988（2）：245-254.

[2]　陈肖柏，邱国庆，王雅卿，等. 降温时之盐分重分布及盐胀试验研究［J］. 冰川冻土，1989，11（3）：232-238.
[3]　包卫星，谢永利，杨晓华. 天然盐渍土冻融循环时水盐迁移规律及强度变化试验研究［J］. 工程地质学报，2006，14（3）：380-385.
[4]　万旭升，赖远明. 硫酸钠溶液和硫酸钠盐渍土的冻结温度及盐晶析出试验研究［J］. 岩土工程学报，2013，35（11）：2090-2096.
[5]　肖泽岸，赖远明. 冻融和干湿循环下盐渍土水盐迁移规律研究［J］. 岩石力学与工程学报，2018，37（1）：3738-3739.
[6]　张虎元，姜啸，王锦芳，等. 壁画地仗中盐分的毛细输送机制研究［J］. 岩土力学，2016，37（1）：1-11.
[7]　JTG E40—2007 公路土工试验规程［S］.
[8]　但新惠. 级配砾石毛细水上升高度的研究与探讨［J］. 岩土工程界，2007（5）：42-44.
[9]　石建勋，刘新荣，杨保存. 地下水位及运移盐分对路基冻胀变形的影响研究［J］. 山东大学学报，2009，39（S2）：22-25.
[10]　刘军勇，张留俊. 强、过盐渍土地区高速公路路基阻盐技术研究［J］. 路基工程. 2013（6）：70-74.

沉管隧道过渡段挤密砂桩复合地基沉降分析

侯晋芳[1,2,3,4]　刘　钊[1,4]　寇晓强[1,2,3,4]

(1. 中交天津港湾工程研究院有限公司，天津　300222；
2. 港口岩土工程技术交通行业重点试验室，天津　300222；
3. 天津市港口岩土工程技术重点试验室，天津　300222；
4. 中交第一航务工程局有限公司，天津　300461)

摘　要： 港珠澳大桥沉管过渡段地基分布有较厚的淤泥质土，采用挤密砂桩+堆载预压方法处理软土地基。为确定沉管隧道过渡段地基固结沉降及后期残余沉降，开发了一套采用长导线结合无线传输远距离数据采集的监测系统，获得堆载期地基实测沉降值。实测值与计算值对比后，对挤密砂桩复合地基公式进行了修正，得到较合理的地基残余沉降，指导沉管隧道设计和施工。

关键词： 沉管隧道；挤密砂桩复合地基；堆载预压；计算沉降量；沉降监测

0　引言

港珠澳大桥沉管隧道长5664m，由33节沉管和1个最终接头组成，是我国第一条外海沉管隧道。由于地处外海，地基以软土为主，软土地基需要处理后方可作为沉管隧道地基，特别是在沉管隧道过渡段，地基开挖量较小，软土地基深厚，极易发生残余沉降过大，导致管节开裂进水等危险。西人工岛沉管过渡段地基处理设计采用挤密砂桩+堆载预压的方式，挤密砂桩正方形布置，间距1.8～2.2m，桩径1.5～1.7m，置换率分别为42%、55%和70%，桩长15.6～25m。在挤密砂桩施工结束后，上部抛石对地基进行堆载预压，堆载约6MPa，当地基固结度达到90%以上卸载，通过堆载预压减小地基残余沉降。针对过渡段所处区域水深超过20m，离岸200m以上，环境恶劣的情况，开发适合的监测方法，获取有效的堆载期实测数据，并通过计算数据和实测数据的对比分析，修正挤密砂桩复合地基沉降计算方法，确定合理的地基残余沉降，对保证沉管隧道的安全具有重要意义。

1　工程地质

沉管隧道过渡段原泥面标高为−8.0～−10.0m，表层为淤泥及淤泥质黏土层，其下部为超固结土层③$_1$黏土层。淤泥层含水率高、压缩性大；超固结土层强度较大，抗变形

作者简介： 侯晋芳（1981—　），女，博士，正高工，副总工，主要从事地基处理科研、试验和检(监)测方面的工作。

能力较强。地基处理穿透淤泥层并进入超固结土层③$_1$ 黏土层的底部，需处理的地层参数见表 1。

表 1　　　　地　层　参　数

地层编号及名称	底标高/m	重度/(kN/cm^3)	孔隙比	不排水强度/kPa
①$_1$ 淤泥及淤泥质黏土	－28.3～－31.0	16.2	1.732	23.0
②$_1$ 黏土	－29.4～－31.78	18.7	0.866	42.7
③$_1$ 黏土	－34.92～－36.02	18.1	1.052	124.0

2　挤密砂桩复合地基沉降分析

2.1　堆载期挤密砂桩复合地基沉降监测

挤密砂桩采用砂桩船进行施工，施工结束后地基顶部堆载预压。由于堆载区域水深超过 20m，距离人工岛 200m 以上，给堆载预压期地基沉降数据的获得带来很大困难。传统的人工测量不具备实施条件，需采用自动化监测的方式来获得实测数据。因此，采取了长导线沿沉管隧道轴向引至人工岛钢圆筒后，再进行陆上自动采集和无线传输的方法。该方法也避免了自动采集和传输设备需要水下密封处理的环节，便于维护保养，降低了整个监测系统的风险，保证了数据的连续性和准确性，并节约了成本。该方法中导线的防护非常重要，所以导线穿出钻孔后由防护胶管保护，并用 U 形卡子固定在地表，上面压砂袋，这样就使得堆载之前，导线将不受水流和施工的影响，保证实测数据的获得。

水下地表沉降采用液体压差沉降仪测量，地基分层沉降采用埋设分层单点位移计的方式来观测。共设置 6 个监测断面，其中 A、D、E、F 这 4 个断面埋设 3 组液体压差沉降仪和 1 组分层单点沉降仪，B 和 C 断面只埋设液体压差沉降仪。3 组液体压差沉降仪分别设置在沉管隧道两边边缘和中间位置；沿深度方向每隔 3m 放置 1 个单点位移计，形成 1 组分层沉降仪，放置在沉管隧道中间位置。监测点布置见图 1。

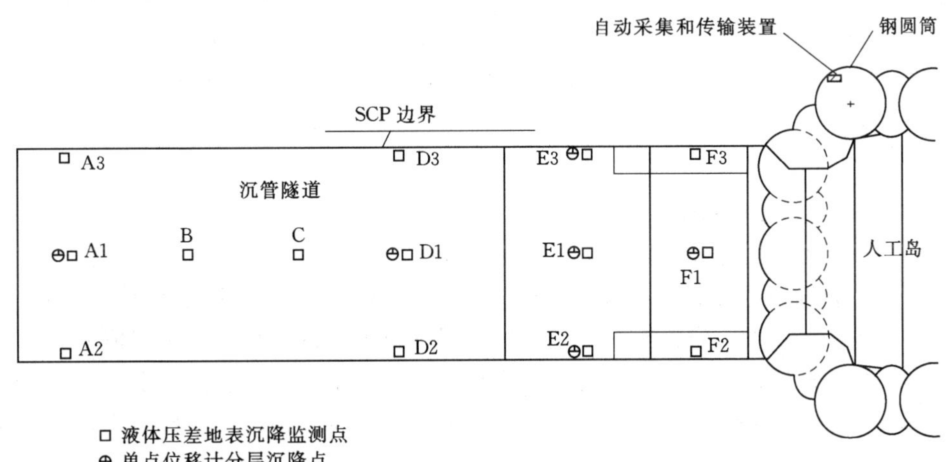

图 1　监测点布置图

监测过程中，C点由于堆载施工的影响致使传感器破坏，其他个测点均完好无损，获得了实时有效连续的监测数据。

2.2 挤密砂桩复合地基沉降计算

现有国内对挤密砂桩复合地基沉降计算多采用日本规范推荐的计算方法进行预估[1,2]，计算公式见式（1）。

$$S' = \beta \sum_{i=1}^{k} m_{vi} \Delta P_i h_i \tag{1}$$

其中

$$\beta = \frac{1}{1+(n-1)m}\%$$

式中 S'——复合地基沉降量，mm；

β——沉降折减率，%；

n——桩土应力比；

m——砂桩面积置换率，%；

m_{vi}——第 i 土层的体积压缩系数；

ΔP_i——第 i 土层的平均附加应力，kPa。

根据该方法，在堆载预压期，过渡段挤密砂桩复合地基各监测点的计算沉降结果见表2。

表2　挤密砂桩复合地基堆载预压期沉降计算值

计算点	A1	A3	B	D1	D2	D3	E1	E2	E3	F1	F2	F3
置换率/%	42	42	42	42	42	42	55	55	55	70	70	70
堆载高度/m	14.5	14.5	15.5	13.7	13.5	13.3	14.4	14.4	14.4	15.6	16	15.5
原始地基计算沉降量/mm	308.7	268.8	274.5	278.5	340.6	274.5	382.6	314.1	407.0	314.1	407.0	382.6
90%固结度计算沉降量/mm	78.8	52.3	65.7	69.6	79.8	68.6	100.6	86.1	109.4	64.8	101.8	94.2

根据表2的计算结果可以看出，由于软土地基打设了挤密砂桩，地基沉降相对于天然地基大大减小，由天然地基沉降274～407mm降低至90%固结度时的52～109mm，沉降量大大降低，说明采用挤密砂桩＋堆载预压的方式可有效减少地基的沉降。

3 结果分析

3.1 计算值和实测数据对比

各监测点的地基沉降计算值与实测值进行对比，见图2。可以看出，挤密砂桩置换率42%的区域计算沉降量与实测沉降量比较接近。而55%、70%置换率较高的区域，计算值与实测值差别比较大。当置换率为55%时，局部位置理论计算值与实测值相差近一倍，由此可见，采用高置换率挤密砂桩进行地基处理时，挤密砂桩复合地基沉降的计算公式计算的结果偏大，不能真实计算地基的固结沉降和残余沉降，需要对计算公式进行修正[3,4]。

3.2 计算公式的修正

针对高置换率挤密砂桩地基沉降计算结果偏差较大的情况，结合现场实测数据提出对

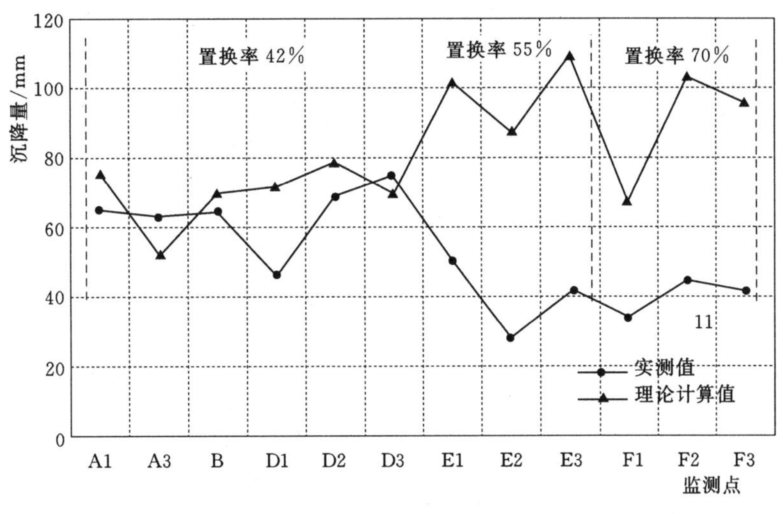

图 2　计算值和实测值对比

原公式的拟合修正方法。为了进一步清楚说明挤密砂桩地基沉降规律，消除各个断面不同地层分布对地基沉降规律的离散性影响，引入挤密砂桩复合地基沉降折减比系数 β'[3,5]，β'即为挤密砂桩复合地基沉降量与天然地基沉降量的比值。

图 3 统计了沉管隧道过渡段挤密砂桩复合地基不同置换率下实测的沉降折减比分布情况。图中曲线为计算的沉降折减比曲线，与实测的数据相比可以看出随着置换率的增加，沉降折减比有显著减小趋势。但实测数据整体的分布轨迹在置换率大于 50%后，与理论计算公式（图 3 中 $\eta=1$ 的情况）差别较大，分布较符合 $\eta=2.5$ 的曲线特征。

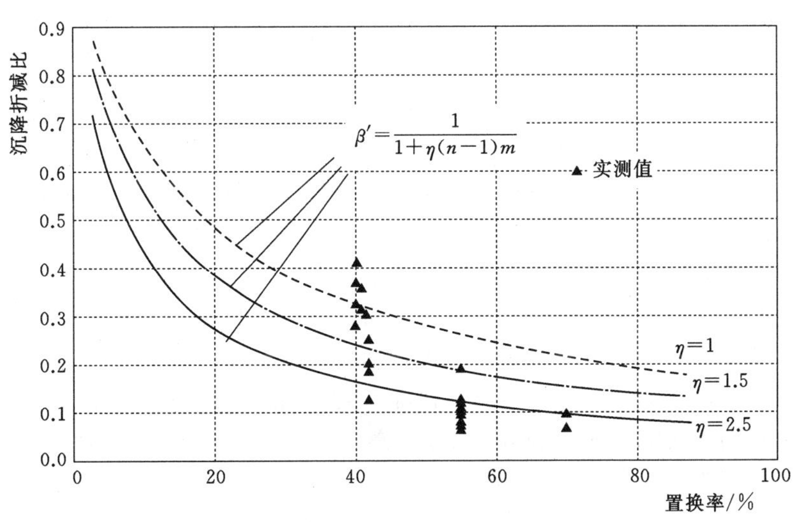

图 3　沉降折减比系数

因此，式（1）挤密砂桩复合地基沉降计算公式中折减率 β 修正为 β'，其计算公式为式（2）。

$$\beta'=\frac{1}{1+\eta(n-1)m} \tag{2}$$

式中 η——经验修正系数，当置换率 $m<0.5$ 时取 1～1.5，当 $m\geqslant0.5$ 时取 2.5。

采用此修正公式，对其他区域高置换率挤密砂桩复合地基沉降进行计算，见图 4，可以看出，除去个别点以及实测数据现场复杂情况影响因素外，二者较为吻合，说明修正公式计算适用性良好，可作为高置换率挤密砂桩复合地基沉降量的预估计算分析。

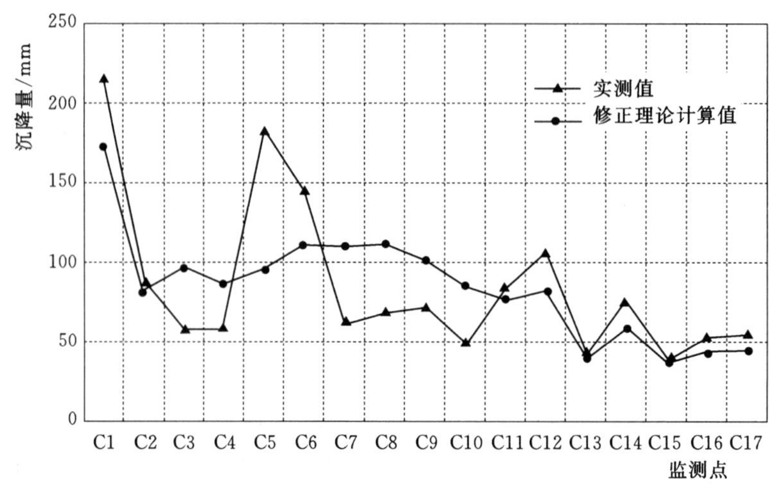

图 4 修正公式计算值和实测值对比

采用该公式，对沉管过渡段地基的残余沉降进行计算，残余沉降均小于 10mm，说明软土地基得到了较好的加固。

4 结论

根据以上分析，可得结论如下：

（1）采用目前常用公式计算的高置换率挤密砂桩复合地基沉降与实际情况相差较大，计算的沉降量偏大。当挤密砂桩置换率达到 50%以上时，应对折减率进行修正后方能较为准确地预估沉降量。

（2）工程应用中，应根据实际工程情况采用合适的监测技术。本次采取长导线沿沉管隧道轴向引至人工岛钢圆筒后，再进行陆上自动采集和无线传输的方法，降低了港珠澳大桥沉管隧道过渡段整个监测系统的风险，保证了数据的连续性和准确性。

（3）挤密砂桩＋堆载预压处理方法使得沉管过渡段软土地基得到较好的改善，残余沉降较小，能够满足沉管过渡段的使用要求。

参考文献

[1] 钱家欢，殷宗泽. 土工原理与计算 [M]. 北京：中国水利水电出版社，1996.

[2] 莫景逸，黄晋申. 挤密砂桩在海洋接岸地基加固工程中的应用 [J]. 水运工程，2009 (1)：62-68.

[3] 许增会. 高置换率挤密砂桩加固软土地基的承载力计算［J］. 水运工程，2011（6）：131－135.
[4] 张定. 复合地基中桩体变形模量的分析与计算［J］. 岩土工程学报，1999（2）：3－5.
[5] Mitchell J K. State of the art－soil improvement［A］. In Proc. 10th Int. conf. On soil Mechanics& Foundation Engineering［C］. stocknolm：［s. n］，1981，14：509－565.

郑州地区固化粉土渗透性能试验研究

刘忠玉　张家超　宁秉正

（郑州大学土木工程学院，河南郑州　450001）

摘　要：为研究黄泛区粉土固化后的渗透性能，以郑州粉土为原料，用不同掺量的固化剂制备了饱和试样。通过变水头渗透试验，研究了固化剂掺量以及固化土养护龄期对固化土渗透性的影响。试验结果表明：固化剂掺量越多，或固化土养护时间越长，固化土的渗透系数就越小。同时，固化剂掺入比和固化土养护龄期对渗透系数的影响均存在最优区间，即在该区间内渗透系数变化显著。此外，分别建议了固化剂掺量、养护龄期单因素或双因素影响的固化土渗透系数预测模型。

关键词：固化粉土；渗透系数；渗透试验；固化剂；养护龄期

0　引言

固化技术是改善土体性能的重要手段之一。经固化改良后，土体的性能均会发生明显的变化。其中，渗透特性被作为评价固化效果的重要指标[1]。较之原有土质，固化土的抗渗性能会显著提高，这也为工程设计防渗处理技术提供了新思路。

近年来，已有不少学者采用不同种类的固化材料改良了土体，并对其渗透性能进行了一系列的研究。对于水泥类固化剂而言，最早的研究成果是由 Mccallister 等[2]提出来的。他们通过将水泥与黏土拌和制备固化土样，进行了渗流试验研究，并得出了固化土具有较好抗渗性能的结论。后来，Locat 等[3]、Chew 等[4]、Al - Mukhtar 等[5]也相继证实了这一结论。在国内，侯永峰等[6]以萧山黏土为基土，研究了水泥掺量、养护时间以及外掺剂对水泥固化土渗透性能的影响。为了突出固化土的抗渗性能，顾正维等[7]对比了原状黏土、重塑黏土以及固化土的渗透性，并认为固化土在工程抗渗防渗方面具有良好的应用前景。同时，其他学者们分别从不同的角度（比如酸性环境[8]、珊瑚礁特殊地质条件[9]、冻融循环[10]、污水环境[11]以及劣化条件[12]等）入手，对水泥类固化土的渗透特性进行了详细的探讨。然而，水泥在生产过程中，具有耗能高以及污染性严重的特点。为此，东南大学团队提出一种活性 MgO 碳化固化处理技术[13-14]。较之传统的水泥固化方法，该项技术不仅具有节能环保的优势，而且还具有碳化速度快和可吸收 CO_2 的特点[15]。因此，有不少学者开始研究 MgO 碳化土的强度性能[16-18]和渗透性能[19]。此外，也有学者从环保的角度，利用生物材料对土进行固化处理[20-21]。值得注意的是，上述研究大多是对黏性土开展的，而对其他土质（比如黄泛区粉土）的研究比较少见。当前，黄泛区建设已被国家

作者简介：刘忠玉（1968—　），男，博士，教授，博士生导师，主要从事岩土力学等方面的教学和科研工作。

基金项目：国家自然科学基金资助项目（No. 51578511）。

高度重视。因此，研究该地区粉土的固化特性对工程建设具有重要意义。

为研究黄泛区粉土固化后的渗透性能，本文以郑州地区固化粉土为研究对象，应用室内 TSS-55 型渗透仪开展了变水头渗透试验研究，重点分析了固化剂掺量以及固化土龄期对固化土渗透性能的影响，并提出了相应的渗透系数预测模型，以期为黄泛区工程建设提供参考。

1　试验概况

1.1　试验材料

试验用粉土取自郑州某场地，取土深度为 5m。室内土工试验测得其比重为 2.7，液限为 22.9%，塑限为 14.7%，塑性指数为 8.2，颗粒级配结果如图 1 所示。

选用河南嘉科吉地科技实业有限公司生产的一种无机类固化剂。该固化剂主要由矿渣硅酸盐水泥、火山质灰硅酸盐水泥、粉煤灰硅酸盐水泥以及某种激发剂按照一定的配比掺和而成。经测定，其主要成分为三氧化硫、氯离子以及氧化镁等。

1.2　试验方法

用静压法制备了高度 4cm，直径 58mm 的圆柱试样。在将其放入内径 61.8mm 的环刀时，四周用融化的石蜡灌满缝隙，待石蜡凝固后放入 TSS-55 型渗透仪内进行变水头渗透试验。

为便于探讨固化剂掺入比 λ 以及固化土养护龄期 T 对固化土渗透特性的影响，这里以单因素分析为控制原则，分别制备了掺入比 $\lambda=7\%$、11%、15%、19%的试样，并分别在养护龄期 $T=7$d、14d、28d、60d、90d 时测定其渗透系数。

2　试验结果分析

2.1　渗透模型判定

一般地，描述孔隙水在土颗粒间的流动方式有两种，即达西定律和非达西定律。为判定孔隙水在固化土中的渗流模型，图 2 给出了龄期为 7d 时几种固化剂掺入比试样渗流时水头高度 h 的对数与时间 t 的关系曲线。

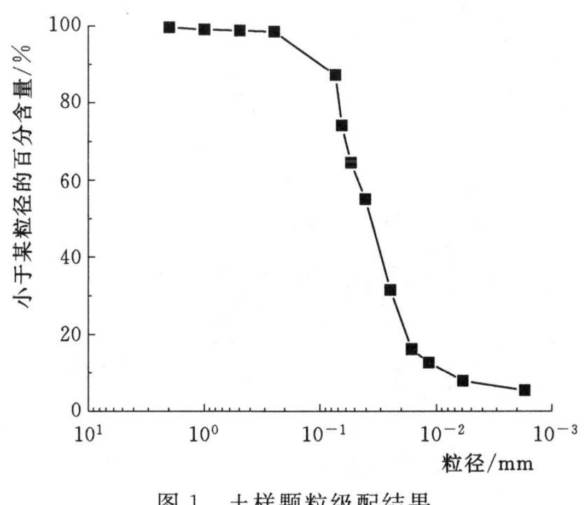

图 1　土样颗粒级配结果

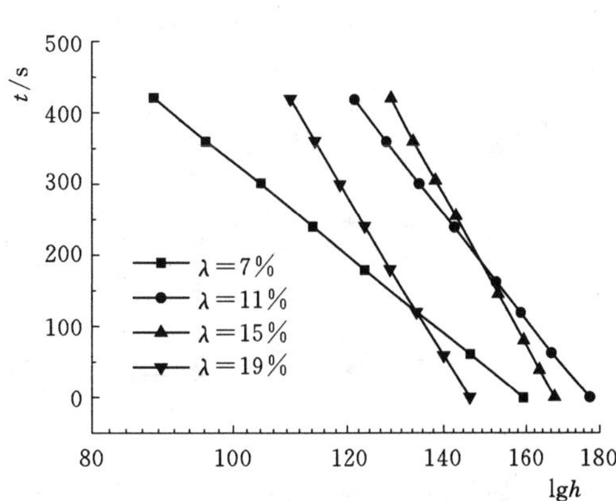

图 2　7d 龄期时水头高度与时间的关系

从图 2 可以看出，所有试样的水头高度的对数随时间都呈现线性变化。因此，可以判定本次试验的固化粉土中的渗流过程服从达西定律。那么，固化粉土的渗透系数 k 可以按式（1）计算：

$$k=\frac{\eta_{\mathrm{T}}}{\eta_{20}}\frac{al}{S(t_2-t_1)}\ln\frac{h_1}{h_2} \tag{1}$$

式中：k 为标准温度下固化粉土试样的渗透系数；η_{T} 和 η_{20} 分别为为试验温度 T℃和 20℃时水的动力黏滞系数，kPa·s；a 为玻璃管的横截面面积，cm^2；l 为试样的高度，cm；S 为试样的横截面面积，cm^2；t_1、t_2 分别是读取水头高度的起止时间和终止时间，s；h_1、h_2 分别为 t_1、t_2 对应的水头高度，cm。

2.2 固化剂掺入比对渗透系数的影响

图 3 给出了不同养护龄期时试样渗透系数与固化剂掺入比的关系。从该图可以看出，不同养护龄期下固化粉土的渗透系数随固化剂掺入比的变化趋势均相同，即随着固化剂掺入比的增大，固化粉土的渗透系数就减小。对于这一现象，可以给出以下解释：增大固化剂掺入比，固化剂与水反应而生成的水化产物也会增多。这些水化产物会附着在土颗粒表面，从而填充了土颗粒间的孔隙，进而影响孔隙水在土颗粒间的流动。图 3 还表明，渗透系数与固化剂掺入比呈现非线性变化关系。当固化剂掺入比从 7%增至 11%，固化粉土的渗透系数变化较大，而掺入比从 15%增至 19%时，固化粉土的渗透系数变化幅度相对较小。这与吴依涵[22]研究水泥固化土抗渗特性时得到的结论相似。另外，随着养护龄期的延长，渗透系数随固化剂掺入比的变化曲线趋于平缓。例如，7d 龄期时，将固化剂掺入比从 7%增至 19%时，其渗透系数从 6.53×10^{-5}cm/s 降低至 2.91×10^{-5}cm/s，而 90d 龄期时，同样的固化剂变化使得其渗透系数仅从 4.57×10^{-6}cm/s 降低至 4.28×10^{-7}cm/s。

2.3 龄期对渗透系数的影响

图 4 给出了不同掺入比下渗透系数随龄期的变化关系。与上述掺入比对渗透系数的影响类似，不同掺入比下渗透系数随养护龄期增长而变小，这一现象也与郑刚[23]对固化黏土的研究结果相似。另外，随着掺入比的增大，渗透系数随龄期延长而减小的速率减低。

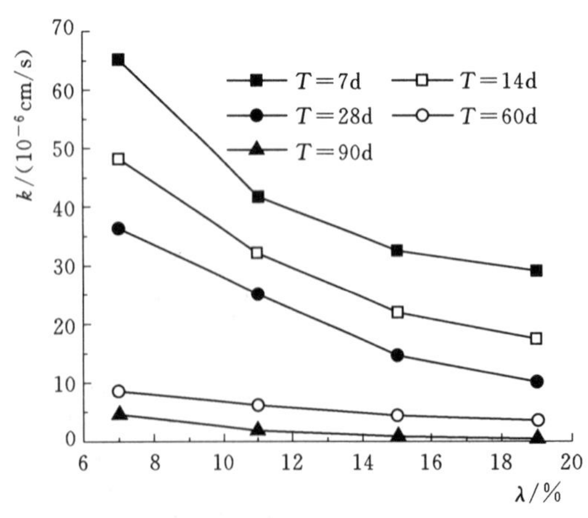

图 3 不同龄期下渗透系数与固化剂掺入比的关系

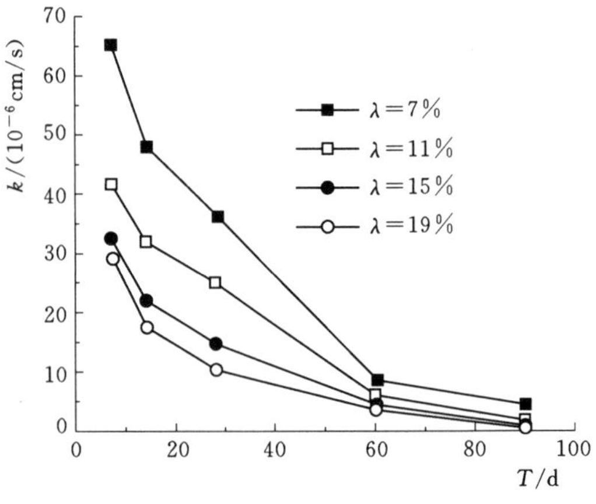

图 4 不同掺入比下渗透系数与龄期的关系

例如，以龄期为7d和90d为例，掺入比为7%时的渗透系数从6.53×10^{-5}cm/s降低至4.57×10^{-6}cm/s，而掺入比为15%时的渗透系数从3.26×10^{-5}cm/s降低到8.42×10^{-7}cm/s。

3　固化粉土渗透系数预测模型

从图3和图4可以看出，渗透系数随固化剂掺入比或龄期的关系可用式（2）拟合：

$$k=b\exp\left(-\frac{x}{c}\right)+d \tag{2}$$

式中：k为渗透系数；x为试验中的变量，即掺量比或养护龄期；b、c、d均为拟合参数。

图5和图6分别给出了式（2）对图3和图4中试验点的拟合结果，相应的参数拟合值示于表1和表2。很明显，相关系数R^2都大于0.97，这说明式（2）能够较好地拟合渗透系数随固化剂掺入比或养护龄期变化的趋势。

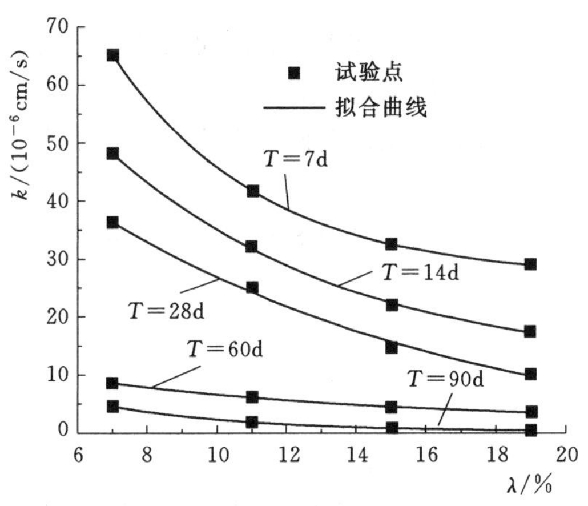

图5　式（2）对渗透系数与固化剂掺入比的拟合结果

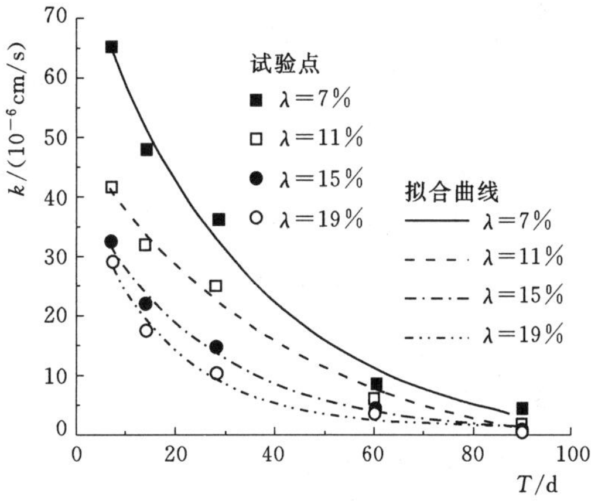

图6　式（2）对渗透系数与龄期关系的拟合结果

表1　不同龄期下渗透系数与固化剂掺入比关系的参数拟合值

T	$b/10^{-6}$	c	$d/10^{-6}$	R^2
7d	20.10	4.23	2.68	0.999
14d	10.40	6.90	1.06	0.998
28d	7.59	10.97	−0.36	0.985
60d	15.12	8.72	1.83	0.996
90d	24.38	4.06	0.21	0.999

表2　不同固化剂掺入比下渗透系数与龄期关系的参数拟合值

λ	$b/10^{-6}$	c	$d/10^{-6}$	R^2
7%	8.17	32.80	−0.19	0.977
11%	5.49	42.18	−0.54	0.979
15%	4.16	24.92	0.02	0.982
19%	4.05	17.14	0.13	0.973

为了便于工程应用，笔者也提出一个同时考虑龄期 T 和掺量比 λ 影响的预测表达式，即

$$k=A\exp(-BT-C\lambda)+D \tag{3}$$

式中：A、B、C、D 为拟合参数。

利用 Matlab 软件的拟合工具和式（3）对上述试验数据进行了拟合，相应的回归方程为

$$k=14.13\times10^{-6}\exp(-0.031T-0.081\lambda)+0.189\times10^{-6} \tag{4}$$

此时，对应的相关系数 R^2 为 0.980，这说明式（4）能够较好地预测出固化剂掺入比和养护龄期耦合状态下渗透系数的变化趋势。

4 结语

（1）郑州地区固化粉土中的渗流符合达西定律，并且其渗透系数随固化剂掺量比或养护龄期的变化趋势一致。固化剂掺入比越大，或养护龄期越大，渗透系数会就越小。

（2）当龄期较短或固化剂掺入比较小时，这两个参数的变化会使得固化粉土的渗透系数变化较大。

（3）为合理预测固化粉土渗透系数的变化，提出单独或同时考虑养护龄期或固化剂掺入比影响下的渗透系数预测模型。

参考文献

[1] 龚晓南. 地基处理新技术 [M]. 西安：陕西科学技术出版社，1997.

[2] Mccallister L D，Petry T M. Leach tests on lime - treated clays [J]. Geotechnical Testing Journal，1992，15 (2)：106 - 114.

[3] Locat J，Tremblay H，Leroueil S. Mechanical and hydraulic behaviour of a soft inorganic clay treated with lime [J]. Canadian Geotechnical Journal，1996，33 (4)：654 - 669.

[4] Chew S H，Kamruzzaman A H M，Lee F H. Physicochemical and engineering behavior of cement treated clays [J]. Journal of Geotechnical and Geoenvironmental Engineering，2005，130 (7)：696 - 706.

[5] Al - Mukhtar M，Khattab S，Alcover J - F. Microstructure and geotechnical properties of lime - treated expansive clayey soil [J]. Engineering Geology，2012 (139 - 140)：17 - 27.

[6] 侯永峰，龚晓南. 水泥土的渗透特性 [J]. 浙江大学学报（工学版），2000，34 (2)：189 - 193.

[7] 顾正维，孙炳楠，董邑宁. 粘土的原状土、重塑土和固化土渗透性试验研究 [J]. 岩石力学与工程学报，2003，22 (3)：505 - 508.

[8] 焦志斌，刘汉龙，蔡正银. 淤泥质酸性土水泥土强度试验研究 [J]. 岩土力学，2005，26 (S1)：57 - 60.

[9] 马聪，谭跃虎，李二兵，等. 珊瑚礁地质条件下水泥土搅拌桩抗渗性能研究 [J]. 岩土工程学报，2014，36 (4)：788 - 792.

[10] 陈四利，史建军，于涛，等. 冻融循环对水泥土力学特性的影响 [J]. 应用基础与工程科学学报，2014，22 (2)：343 - 349.

[11] 陈四利，杨雨林，周辉，等. 污水环境对水泥土渗透性能影响的试验研究 [J]. 岩土力学，2015，

36 (11): 3047 - 3054.

[12] 焦德才，杨俊杰，董猛荣，等. 劣化对水泥土渗透性影响室内试验研究 [J]. 岩土工程学报，2019，41 (S2): 97 - 100.

[13] Cai G H, Liu S Y, Du Y J, et al. Strength and deformation characteristics of carbonated reactive magnesia treated silt soil [J]. Journal of Central South University, 2015, 22 (5): 1859 - 1868.

[14] Cai G H, Du Y J, Liu S Y, et al. Physical properties, electrical resistivity and strength characteristics of carbonated silty soil admixed with reactive magnesia [J]. Canadian Geotechnical Journal, 2015, 52.

[15] 易耀林. 基于可持续发展的搅拌桩新技术与理论 [D]. 南京：东南大学，2013.

[16] 郑旭，刘松玉，蔡光华，等. 活性 MgO 碳化固化土的干湿循环特性试验研究 [J]. 岩土工程学报，2016，38 (2): 297 - 304.

[17] 蔡光华，刘松玉，曹菁菁. 初始含水率对 MgO 碳化粉土强度和电阻率的影响 [J]. 中国公路学报，2017，30 (11): 18 - 26.

[18] 刘松玉，曹菁菁，蔡光华，等. 压实度对 MgO 碳化土加固效果的影响及其机理研究 [J]. 中国公路学报，2018，31 (8): 30 - 38.

[19] 王亮，刘松玉，蔡光华，等. 活性 MgO 碳化固化土的渗透特性研究 [J]. 岩土工程学报，2018，40 (5): 953 - 959.

[20] 常志璐，裴向军，吴梦秋，等. 植物纤维加筋固化土抗压强度和渗透试验研究 [J]. 工程地质学报，2017，25 (4): 912 - 919.

[21] 贺智强，樊恒辉，王军强，等. 木质素加固黄土的工程性能试验研究 [J]. 岩土力学，2017，38 (3): 731 - 739.

[22] 吴依涵. 水泥土的渗透特性及其渗流对挡土墙稳定性的影响分析 [D]. 沈阳：沈阳工业大学，2014.

[23] 郑刚. 水泥土抗渗性能研究 [D]. 上海：同济大学，2006.

砂土地基霍尔锚落锚离心模型试验研究

安晓宇[1,2]　刘　润[1]　张宇亭[2]　左殿军[2]

（1. 天津大学 水利工程仿真和安全国家重点试验室，天津　300072；
2. 交通运输部天津水运工程科学研究所 岩土工程研究中心，天津　300456）

摘　要：针对通航船舶落锚问题，开展了一系列有水和无水工况下砂土地基落锚离心模型试验，研究了落锚点分布形态、时间和冲击力影响深度。结果表明：落点离靶心的距离随着落距的增加而变大，但在离心机转轴方向上（垂向），落点位置基本相同；有水时的落锚时间明显大于无水时，但有水时落锚的冲击力影响深度明显小于无水时，且随着落距的增加，冲击力的影响逐渐减小。

关键词：土工离心模型试验；霍尔锚；落锚；冲击力影响深度

0　引言

随着我国沿海和内河航道港口数量和泊位日益增加，船舶吨位越来越大，船锚自重越来越大，意外的抛锚作业发生也越来越频繁。纵观国内外近几年发生的多起海管、海缆受损事故，其中绝大部分是由于船舶意外抛锚造成的。

以往针对落锚的试验研究大多集中在1g小比尺模型槽试验和现场试验。如刘润等[1]通过不同质量、不同土质的落锚深度贯入小比尺模型槽试验，获得了船锚贯入深度和触底动能的非线性关系，并采用能量守恒原理，基于船锚触底动能与地基承载力公式，建立了不同土体中船舶落锚贯入深度公式。韩聪聪等[2]以霍尔锚为例开展了抛锚过程模型试验，研究了落锚速度“锚质量”土强度三个因素对落锚深度的影响，提出基于锚的总能量预测落锚深度经验公式。王洪波[3]通过小比尺模型试验研究了霍尔锚与斯贝克锚落锚贯入过程，讨论了锚的贯入深度随土体强度、锚在入土时的速度的变化情况，研究了霍尔锚与斯贝克锚在土体中运动的受力情况。陈峰等[4]通过大抓力锚的落锚试验和入土深度研究，揭示了船锚质量和下落高度对落锚入土深度的非线性关系。雷震名等[5]基于DNV规范中的能量法和试验展开了落锚过程对海底管线影响的研究。室内1g缩尺模型试验无法模拟真实的土体强度，因而无法量化分析船锚的入土深度和影响范围。离心模型试验通过加速度增加土体自重应力可以得到模与原型达到的应力、应变相等和变形相似的模型场。

综上所述，本文通过土工离心机模型试验研究了船锚的落点分布、落锚时间和冲击力影响深度，以期为后续落锚的入土深度及其对地下管线影响的模型试验研究提供支撑。

作者简介：安晓宇（1988—　），男，博士研究生，工程师，主要从事土工离心模型试验技术研究工作。

基金项目：国家杰出青年科学基金项目（51825904）；国家自然科学基金项目（51709199）；交通运输部天津水运工程科学研究所科研创新基金项目（TKS20200309）。

1 试验方案

1.1 试验设备

试验采用交通运输部天津水运工程研究所 TK－C500 型土工离心机（见图 1），离心机有效容量为 500g·t，有效半径为 5m，可实现最大加速度为 250g。

落锚控制采用自主研发的试验装置，包括底板、液压作动器、差动位移传感器、激光位移传感器、托针和拨片等（见图 2）。

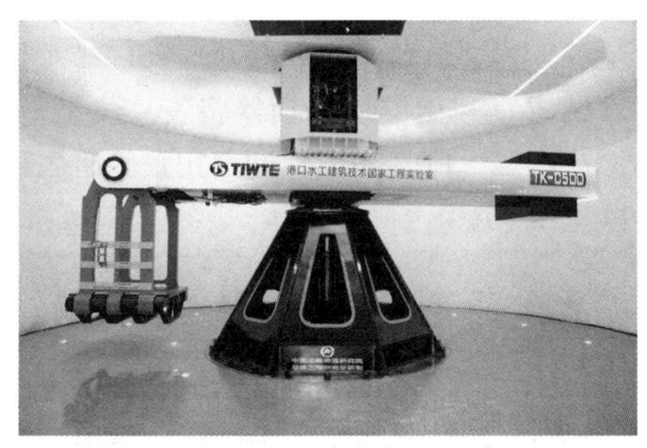

图 1 TK－C500 型土工离心机

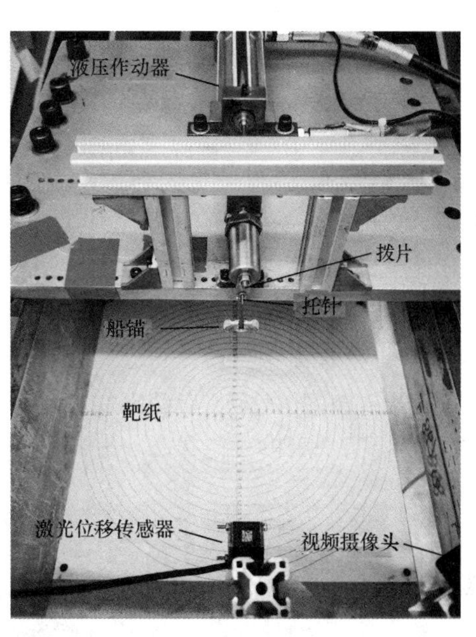

图 2 落锚控制装置

1.2 试验材料

试验霍尔锚模型采用锌合金材料制作，以原型霍尔锚重量 2.3t 为基准，按照 1∶50（离心加速度 50g）进行缩尺，算得模型重量 18.4g，霍尔锚模型如图 3 所示。

地基土体采用丰浦砂，其平均粒径 D_{50} 为 0.17mm，最大孔隙比 e_{max} 为 0.98，最小孔隙 e_{min} 为 0.60，土粒比重 G_s 为 2.65，极限状态的剪切摩擦角 φ' 为 30°；相对密实度 D_r 为 0.65。

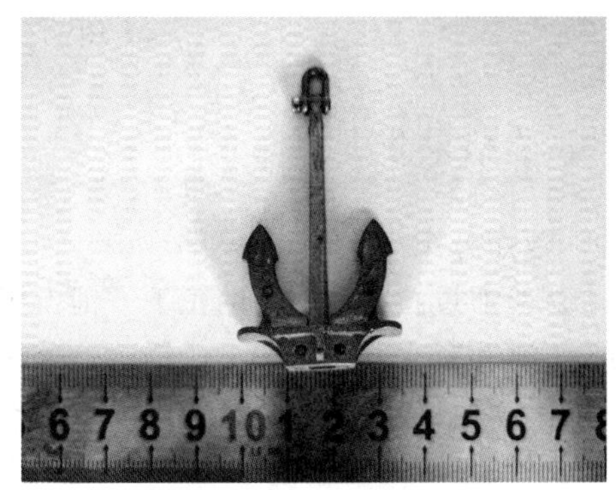

图 3 霍尔锚模型

1.3 试验方案

试验离心加速度 50g，为了对比有水和无水条件下船锚的落点分布和影响深度，共设 10 组离心模型试验（见表 1），每组试验重复进行 3 次。不同的船型和载重量导致船锚距水面的高度不同，根据《船舶设计实用手册》[6]，2.3t 霍尔锚对应船型锚距水面高度 5～10m，试验中选取了最不利工况（10m），经换算试验中船锚模型距水面高度统一为200mm。

表1　　落锚试验方案

工况	试验组次	落距（船锚距土面高度）/mm	水深/mm
无水	1	200	—
	2	250	—
	3	300	—
	4	350	—
	5	400	—
	6	450	—
	7	500	—
有水	8	300	100
	9	400	200
	10	500	300

试验前，采用砂雨法按照预设相对密实度制备土样，然后通过模型箱底部的排水体注水饱和，直至水面达到预设高度。安装落锚试验装置，利用液压作动器将拨片拉至最后，将锚模型悬挂在托针上。启动离心机达到预设加速度后，驱动液压作动器用拨片将锚模型推离托针，实现自由落体状态，完成落锚过程（见图4）。

(a) 船锚下落前

(b) 船锚下落后

图4　试验过程采集照片

2　试验结果分析

2.1　落点分布

试验通过在托针端头的正下方铺设靶纸的方法，测量船锚的落点位置，图5和图6分别为无水和有水两类工况下船锚落点分布图。可以看出，在无水和有水的情况下，船锚模型由于受到科氏加速度[7]的作用，在离心机运动的切线方向会偏离靶心一定距离，表现出落点离靶心的距离随着落距的增加而变大的特点。无水时，在离心机转轴方向上（垂向），落点位置基本相同，表明不同落距时，船锚模型下落过程受1g的地球重力加速度影响较

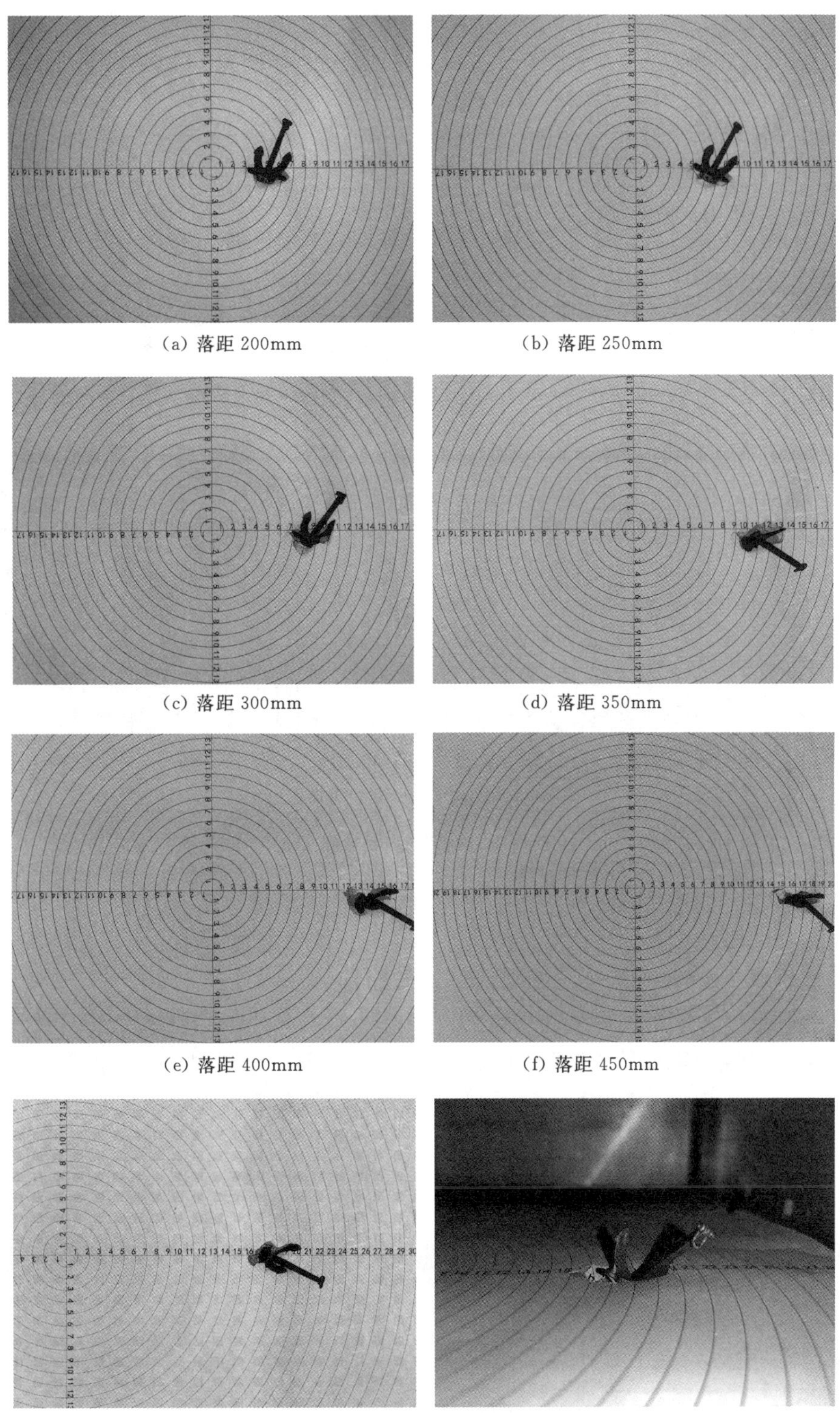

(a) 落距 200mm　　(b) 落距 250mm

(c) 落距 300mm　　(d) 落距 350mm

(e) 落距 400mm　　(f) 落距 450mm

(g) 落距 500mm

图 5　无水时落点分布

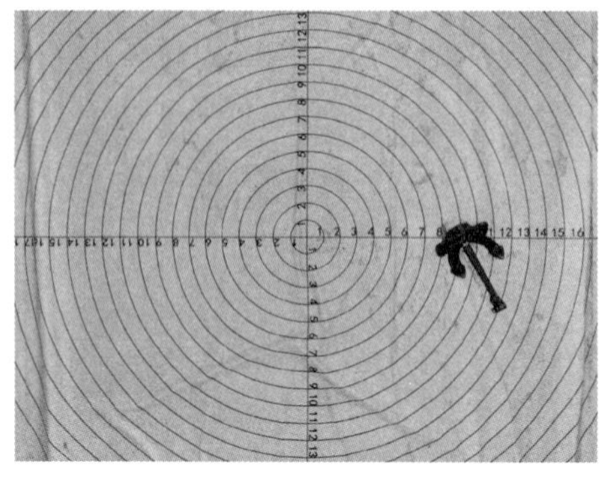

(a) 落距 300mm 水深 100mm

(b) 落距 400mm 水深 200mm

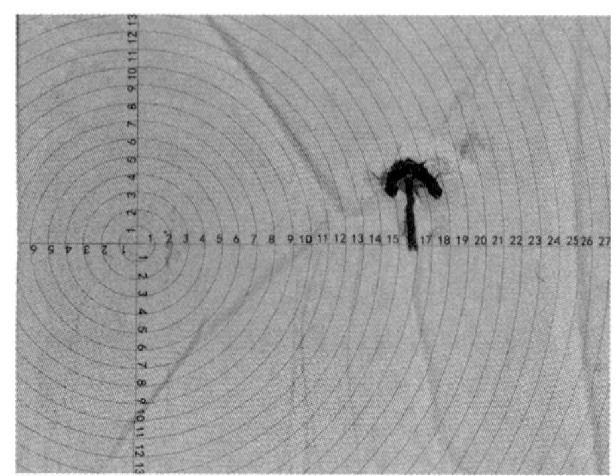

(c) 落距 500mm 水深 300mm

图 6　有水时落点分布

小；有水时，在离心机转轴方向上（垂向），随着落距的增大，落点位置出现了向 1g 地球重力方向偏移的现象，表明船锚受到水的阻力影响，落速明显减小，表现出受 1g 的地球重力加速度影响较大的特点，水深越大落点偏离越远。

图 7 为落点偏移量与落距之间关系图，表明：无水时，在落距 200～450mm 条件下落点的偏移量和落距呈现出线性关系；在进行 500mm 落距试验时，由于模型箱宽度的限制，将整套装置和靶纸向离心机转动的方向平移 100mm，这就造成此时锚模型所处的离心力场与前几组试验相比偏大，即存在一个与科氏加速度相反的加速度分量，最后就造成落点偏移量的增量值减小。同一落距下，有水时船锚的偏移量小于无水船锚的偏移量，且随着落距（水深）的不断增加，偏移量的增量值与无水相比更小，究其原因是因为船锚在水中运动受到阻力，从而减弱了科氏加速度的影响。

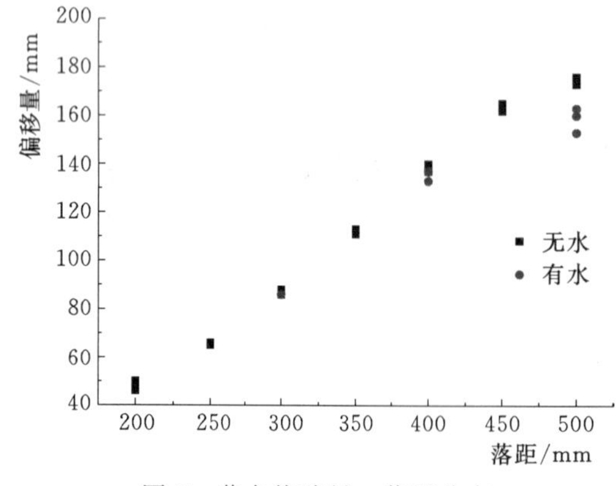

图 7　落点偏移量—落距分布

2.2 落锚时间分析

试验中通过照射在船锚上的激光位移传感器和砂质地基中的土压力传感器读数变化的时间差确定落锚时间。图 8 为有水和无水时，落锚的时间与落距关系分布图。可以看出，无水时同一高度落锚三次的落锚时间呈现出较强的离散性，分析原因主要是在高加速度场下，落锚时间极短，基本上是在几十毫秒的量级，其对传感器的采样分辨率要求较高，试验中可能存在一定误差。同时，大部分测试结果大于理论计算值，这是由于土中埋放传感器的位置与真实落点存在一定误差，进而土压力传播的延迟效应导致落锚时间变长。有水时的落锚时间要明显大于同一落距无水时的落锚时间，其原因在于水的阻力减小了船锚的运动速度。

2.3 落锚冲击力影响范围

为了测量船锚坠落土面后的冲击力影响深度，试验前在地基土中埋设了若干土压力传感器，其中竖向布置 3 个（用于测水平向土压力），水平向布置 5 个（用于测量竖向土压力），土压力测点布置如图 9 所示。

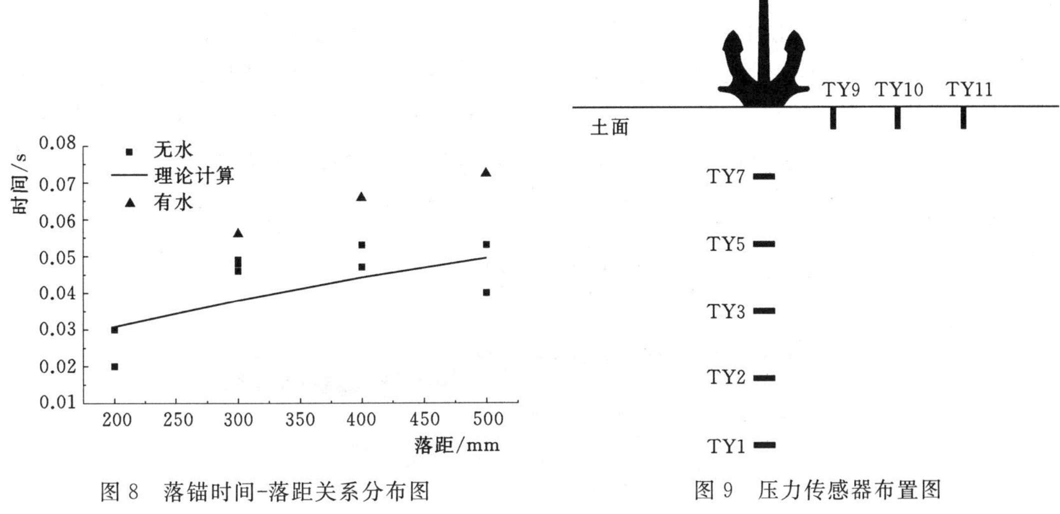

图 8 落锚时间-落距关系分布图

图 9 压力传感器布置图

图 10 为无水落距 500mm 时的土压力传感器时程曲线。结果表明：船锚落点下方的 TY7 号传感器最先在 64.484s 出现变化（即激光传感器数据消失的 0.051s 后），在 0.003s 后达到峰值，土压力从 20kPa 瞬间增大到约 49kPa，然后迅速减小到约 22kPa；其他传感器则在 66.498s 后才开始出现变化（即激光传感器数据消失 0.065s 后），说明土中冲击力的传播具有一定的延迟效应。分析传感器的变化量，可以看出表层和深部的土压力传感器反应趋势不同，近地表处的 TY5 和 TY7 号土压力呈现先增大后减小的趋势，而深部的 TY1、TY2 和 TY3 号传感器则表现出增大后不变的趋势，说明无水情况下冲击力影响范围大于 100mm。水平向的三个传感器与垂向相比较小，但随着距离的增大，土压力变化量逐渐减小，最远处的 TY11 号传感器的变化已经相当微弱，表明影响范围在 60mm 左右。

图 11 为有水落距 300mm（水深 100mm）时的土压力传感器时程曲线。从图中可以

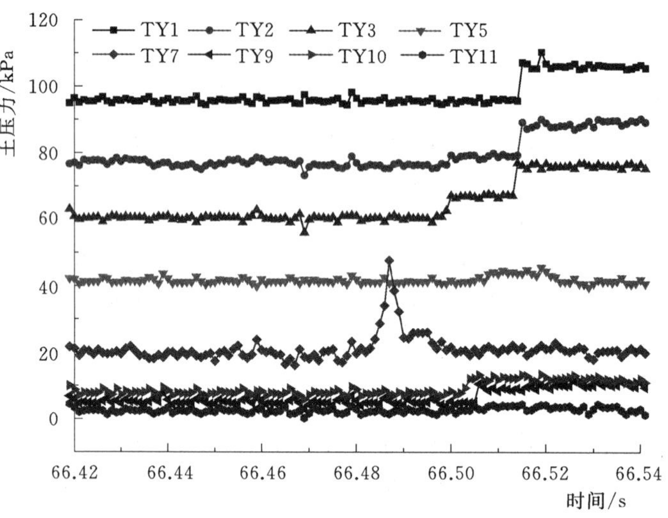

图 10　无水时土压力传感器时程曲线（落距 500mm）

看出，垂直方向上，最先出现变化的是 TY7 号传感器，土压力瞬间增大了 25kPa，随后迅速降低，且略大于落锚前的土压力，TY5 号传感器则在 0.03s 内增大了 7kPa 左右，而更深处的 TY3 号传感器也出现了变化。说明了砂质地基有水的情况下，船锚冲击力的影响深度超过 60mm；水平方向上，TY9、TY10 和 TY11 三个传感器均有明显的变化，说明在地表处影响范围大于 60mm（即实际 3m）。

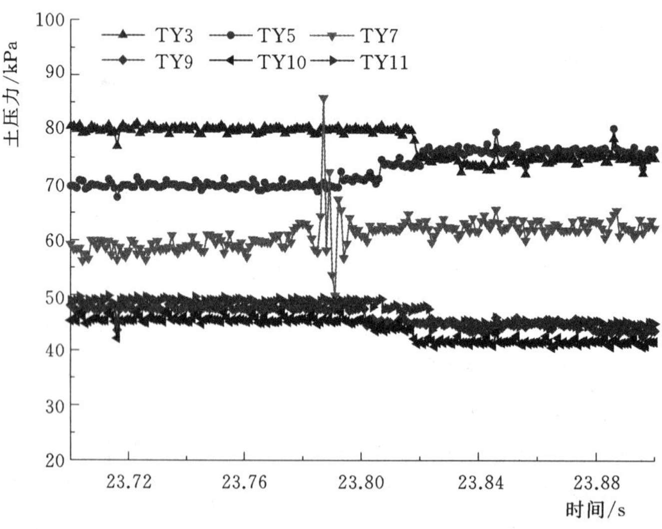

图 11　有水时土压力传感器时程曲线（落距 300mm 水深 100mm）

图 12 为有水落距 500mm（水深 300mm）时的土压力传感器时程曲线。从图中可以看出，垂直方向上，最先出现变化的依然是 TY7 号传感器，随后迅速降低，且略小于落锚前的土压力，TY5 号传感器则出现较为明显的阶梯状变化，土压力迅速降低了 15kPa 左右，而更深处的 TY3 号传感器则基本无变化。表明砂质地基有水的情况下，船锚冲击

力的影响深度小于60mm；水平方向上，距离落点20mm处的TY9出现了5kPa左右的变化量，随后消失，而更远的TY10和TY11则无明显变化，说明在地表处影响范围小于40mm。

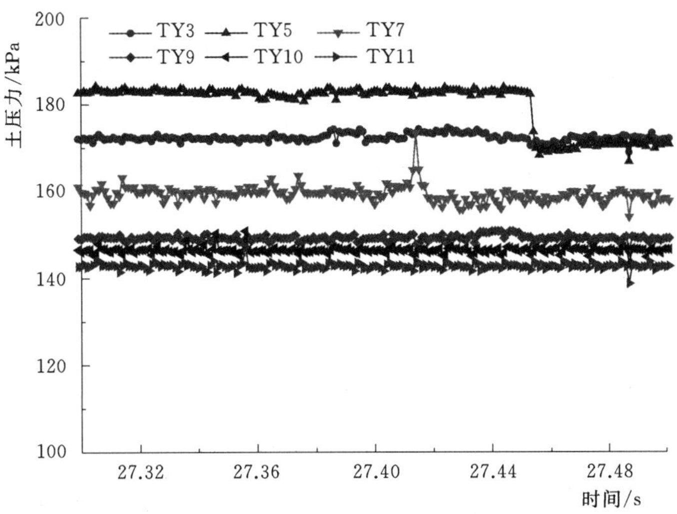

图12 土压力传感器时程曲线（落距500mm水深300mm）

对比图11和图12，可以发现：随着水深的增加，船锚对地基的影响范围逐渐减小，说明水对船锚的运动状态具有减速的效果，进而降低船锚的触底动能，减小船锚的冲击力影响范围。两图中，部分传感器在船锚落地后数值呈现出减小的趋势，分析是可能由于砂质地基受水的浮力作用，密实度与干砂相比较小，易受冲击力的影响而分散，导致传感器位置改变。

3 结论

针对我国沿海及内河航道中的意外落锚的贯入深度问题，开展前期研究工作，采用离心模型试验的方法，研究了霍尔锚在砂质基床上的落点分布、落锚时间和冲击力影响深度，得出以下几点结论：

（1）在无水和有水的情况下，由于受到科氏加速度的作用，在离心机运动的切线方向上落点不同，表现出落点离靶心的距离随着落距的增加而变大的特点。无水时，在离心机转轴方向上（垂向），落点位置基本相同，说明船锚模型下落过程受1g的地球重力加速度影响较小；有水时，随着落距的增大，在离心机转轴方向上（垂向），落点位置逐渐向1g地球重力方向偏移。

（2）由于水的阻力，有水时落锚时间明显大于无水时的落锚时间。有水时落锚的冲击力影响深度明显小于无水时，且随着落距的增加，冲击力的影响逐渐减小。

参考文献

[1] 刘润，汪嘉钰，别社安. 船舶抛锚过程中落锚贯入深度研究［J］. 天津大学学报（自然科学与工程

技术版)，2020，53 (5)：508 - 516.

[2] 韩聪聪，陈学俭，刘君. 霍尔锚抛锚深度模型试验研究 [J]. 海洋工程，2018，36 (5)：90 - 98.

[3] 王洪波，霍尔锚与斯贝克锚抛锚深度模型试验研究 [D]. 大连：大连理工大学，2019.

[4] 陈峰，汪嘉钰，别亦白，等. 不同土质条件下大抓力锚的落锚深度研究 [J]. 港工技术，2017，54 (5)：43 - 48.

[5] 雷震名，谭红莹，龚海潮，等. 基于能量法的跨航道海底管线抗落锚实验研究 [J]. 水道港口，2015，36 (3)：272 - 276.

[6] 中国船舶工业总公司. 船舶设计实用手册（舾装分册）[M]. 北京：国防工业出版社，2013.

[7] 李永平，彭雅轩，刘士彬. 科氏加速度产生机理的几何分析 [J]. 东北电力学院学报，2001，21 (2)：49 - 53.

湘江沿岸某污染场地治理试验研究

张　海[1]　谢锦波[1]　王孝健[1]　刘　伟[2]

（1. 中交第三航务工程局有限公司，上海　200032；
2. 中交上海三航科学研究院有限公司，上海　200032）

摘　要： 水域岸线周边污染场地治理时需综合考虑场地修复目标以及修复过程对水系的影响，目前国内相关的研究成果较少。本文依托湘江沿岸某重金属污染场地采用固化稳定化技术进行治理的实际工程，通过室内试验与现场试验，研究了不同水泥与稳定化药剂掺量对目标污染物的治理效果，验证了原位固化稳定化施工工艺。本文同时分析了污染场地修复施工过程中可能造成流域二次污染的路径，并提出了防范措施，为类似流域岸线污染场地治理提供借鉴。

关键词： 湘江沿岸；二次污染；固化稳定化；重金属；原位试验

0　引言

"水十条[1]""土十条[2]"颁布以来，工业遗留污染场地的修复研究日益增多[3]。任伟伟[4]通过室内试验等方式研究了某新型固化剂修复高浓度复合重金属污染土后的毒性浸出特性，得出了固化土中有效磷含量与土壤中重金属 Pb、Zn、Cd 的浸出浓度呈现负相关性的结论；王川[5]以湖南株洲霞湾港底泥为研究对象，得出了底泥中重金属的形态分布特征并通过试验提出了 DTCR（二硫代氨基甲酸盐）作为稳定化药剂的最优配比。

区别于一般污染场地治理，水域岸线周边污染场地的修复要考虑到对附近水系的影响，在满足场地修复目标同时防止对水域的二次污染。但国内相关工程案例与研究成果较少，尤其是污染场地修复工程中对流域的二次污染防治研究较为缺乏[6]。本文依托湘江沿岸某污染场地治理工程，通过室内试验研究了不同水泥与稳定化药剂掺量对砷、镉、铅重金属污染离子的修复效果。针对原位固化稳定化技术，选用三管法高压旋喷工艺开展了现场试验，确定了不同深度的修复效果，验证了工艺参数的有效性。同时，结合场地水文地质条件分析了施工过程中可能造成污染物扩散的路径并提出了合理的防范措施，有效地防止了污染场地修复施工中对流域的二次污染。

1　工程概况

1.1　水文地质条件

污染场地南面距湘江约 650m，东面距湘江某支流约 18m，该港自北向南流入湘江，如图 1 所示。由于场地属于湘江感潮地带，场地内潜水含水层并无稳定的地下水流向，地

作者简介： 张海（1988—　），男，硕士，工程师，从事于岩土工程设计科研工作。

下水呈现出往复流的特征。

场地内土层自上而下分别为杂填土①$_1$（Q_4^{ml}，层顶标高 40.37～40.51m，层厚 5.30～7.90m）、软塑状粉质黏土②$_2$（Q_3^{al}，层顶标高 32.47～35.21m，层厚 0.00～4.40m）、粉质黏土③（Q_3^{al}，层顶标高 30.81～32.47m，层厚 5.30～5.40m）。其中，杂填土①$_1$ 为强透水层。现场试验区域内土层如图 2 所示。

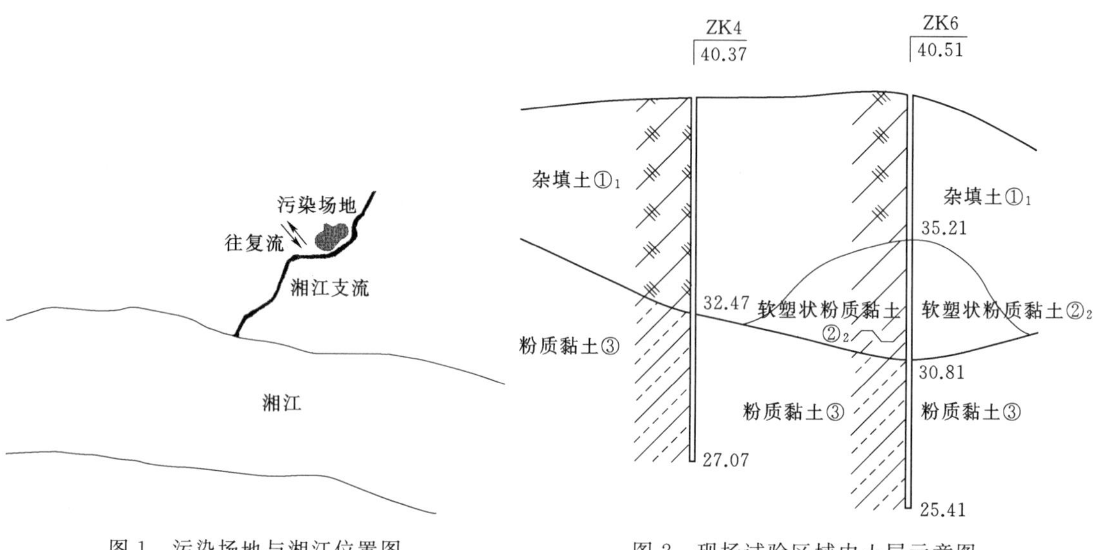

图 1　污染场地与湘江位置图　　　　图 2　现场试验区域内土层示意图

湘江该段最高水位为 42.6m，最低水位 27.83m，年常水位 29.44～31.96m。场地地表水与地下水有一定的补排关系。地下水主要为上层滞水、孔隙型潜水、基岩裂隙水。上层滞水稳定水位标高介于 33.26～43.55m；孔隙型潜水稳定水位标高介于 38.78～38.95m；基岩裂隙水未形成自由水面，受上层滞水补给，受裂隙的影响，自地势高处向地势低处流动。

1.2　污染情况

根据场调报告，场地目标污染物确定为砷、镉、铅，污染深度 3m。土壤中重金属目标污染物在不同深度浸出浓度最大值见表 1 所示。由表 1 可知，浸出浓度超标最严重的为 1.5～2m 深度处的砷离子，其浸出浓度平面分布如图 3 所示，浸出浓度最大值为 0.762mg/L。此场地采用原位固化稳定化技术进行污染治理，治理目标为土壤重金属浸出浓度满足 GB 3838—2002《地表水环境质量标准》Ⅳ类标准[7]。

表 1　　土壤中重金属在不同深度浸出浓度最大值

深度/m	浸出浓度最大值/(mg/L)		
	As	Cd	Pb
0～0.5	0.078	0.014	0.013
0.5～1.0	0.312	0.006	0.006
1～1.5	0.684	0.007	0.146

续表

深度/m	浸出浓度最大值/(mg/L)		
	As	Cd	Pb
1.5～2	0.762	0.017	0.014
2～2.5	0.524	0.016	0.083
2.5～3	0.106	0.008	0.054
参考限值	≤0.1	≤0.005	≤0.05

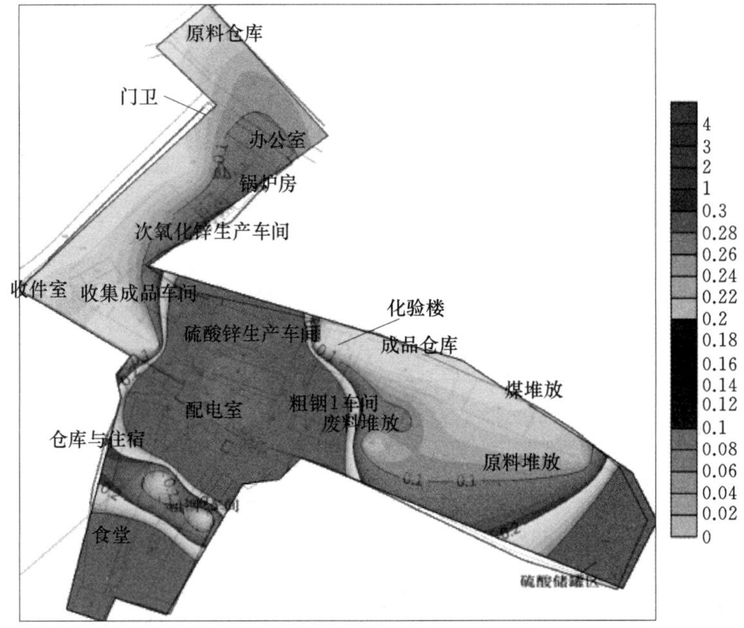

图3　1.5～2m深度范围内砷浸出浓度平面分布图

2　室内试验

参照场调报告中重金属浸出浓度最严重的位置进行土壤取样，共取得3组，编号分别为1-0、2-0、3-0。对3组土样各做11个室内试验，试验设计见表2。试验设计中，先只添加水泥对目标重金属离子进行治理，当治理不能满足要求时，添加水泥和无机硫基药剂治理。

表2　　室内试验设计及结果

水泥掺量/%	药剂掺量/%	样品编号	As浸出浓度/(mg/L)	样品名称	Cd浸出浓度/(mg/L)	样品名称	Pb浸出浓度/(mg/L)
0	0	1-0	0.844	2-0	0.0252	3-0	0.213
1	0	1-1	0.646	2-1	0.0124	3-1	0.062
1.5	0	1-2	0.621	2-2	0.0092	3-2	0.033
2	0	1-3	0.583	2-3	0.0006	3-3	0.029

续表

水泥掺量/%	药剂掺量/%	样品编号	As浸出浓度/(mg/L)	样品名称	Cd浸出浓度/(mg/L)	样品名称	Pb浸出浓度/(mg/L)
2.5	0	1-4	0.598	2-4	0.0004	3-4	0.022
3	0	1-5	0.658	2-5	0.0001	3-5	0.017
2	0	1-3	0.583	2-3	0.0006	3-3	0.029
2	0.5	1-6	0.573	2-6	0.0002	3-6	0.013
2	1	1-7	0.305	2-7	0.0002	3-7	0.005
2	1.5	1-8	0.111	2-8	0.0002	3-8	0.002
2	2	1-9	0.005	2-9	0.0002L	3-9	0.001L
2	2.5	1-10	0.005	2-10	0.0002L	3-10	0.001L
2	3	1-11	0.004	2-11	0.0002L	3-11	0.001L
参考限值		—	0.1	—	0.005	—	0.05

注 数字后加“L”表示未检出。

对治理后的土样进行检测，检测分析方法及仪器见表3。

表3　检测分析方法及仪器

检测类别	检测项目	方法依据	分析方法	主要仪器设备	检出限值
前处理方法		HJ/T 557—2010	水平振荡法	多功能振荡器	—
土壤	pH	GB/T 15555.12—1995	玻璃电极法	pHS-3C酸度计	0.01（无量纲）
土壤（水浸）	镉	GB 5085.3—2007 附录C	石墨炉原子吸收分光光度法	ZA-3000型原子吸收分光光度计	0.0002mg/L
	铅				0.001mg/L
	砷	GB 5085.3—2007 附录E	原子荧光法	AFS-230E 原子荧光仪	0.0001mg/L

室内试验检测结果见表2。如图4所示，从第1组组内试验样品1-0至1-5可知，不添加药剂条件下，砷浸出浓度在水泥掺量为2%时最小，砷浸出浓度为0.583mg/L，比未处理的浓度0.844降低了30.9%，但仍不满足标准[7]要求的0.1mg/L。当水泥掺量大于2%时，砷浸出浓度随着水泥掺量的增加而增大。由第2组组内试验样品2-0至2-5可知，不添加药剂条件下，镉浸出浓度随水泥掺量的增加而减小，在水泥掺量为2%时，镉浸出浓度为0.0006mg/L，比未处理的浓度0.0252降低了97.6%，已满足标准[7]要求0.005mg/L。由第3组组内试验样品3-0至3-5可知，不添加药剂条件下，铅浸出浓度随水泥掺量的增加而减小，在水泥掺量为2%时，铅浸出浓度为0.029mg/L，比未处理的浓度0.213降低了86.4%，已满足标准[7]要求的0.05mg/L。因为只添加水泥、不添加药剂条件下治理不能满足要求时，所以进一步添加水泥和无机硫基药剂治理。

如图5所示，由表2中的第1组组内试验样品1-6至1-11可知，水泥掺量为2%时，砷浸出浓度随着药剂的增加而减少，当药剂掺量为2%～3%时，砷浸出浓度为0.004～0.005mg/L，比未处理的浓度0.844降低了99.5%，已满足标准[7]要求的0.1mg/L。从第2组组内试验样品2-6至2-11可知，水泥掺量为2%时，镉浸出浓度随

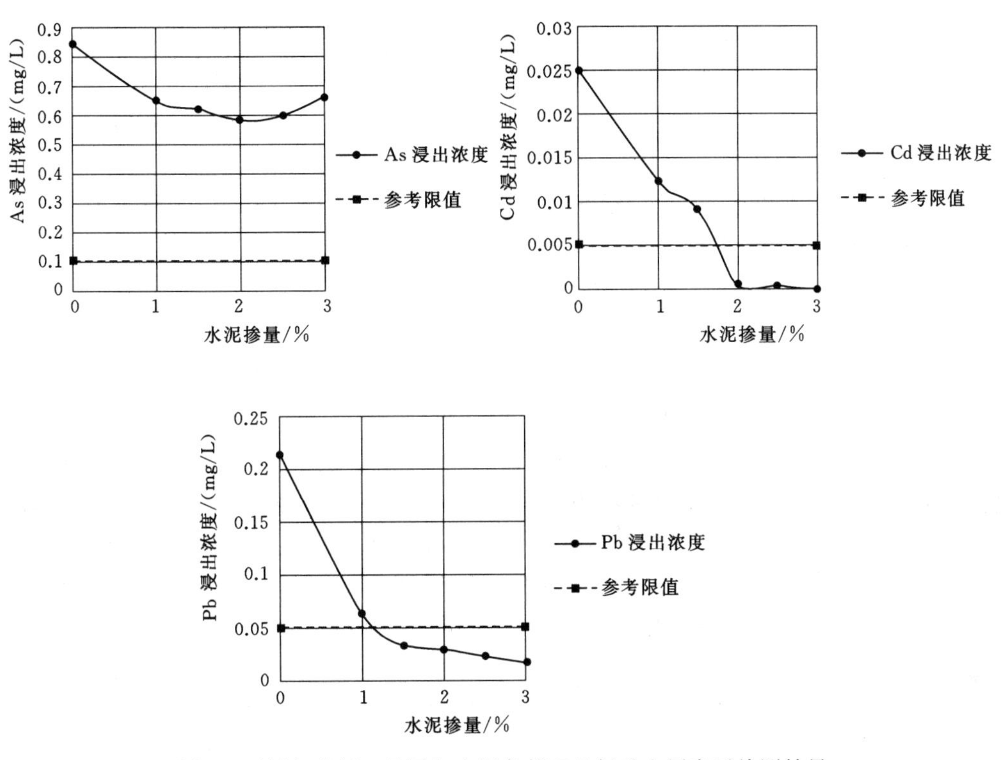

图 4　不添加药剂、只添加水泥条件下目标重金属离子检测结果

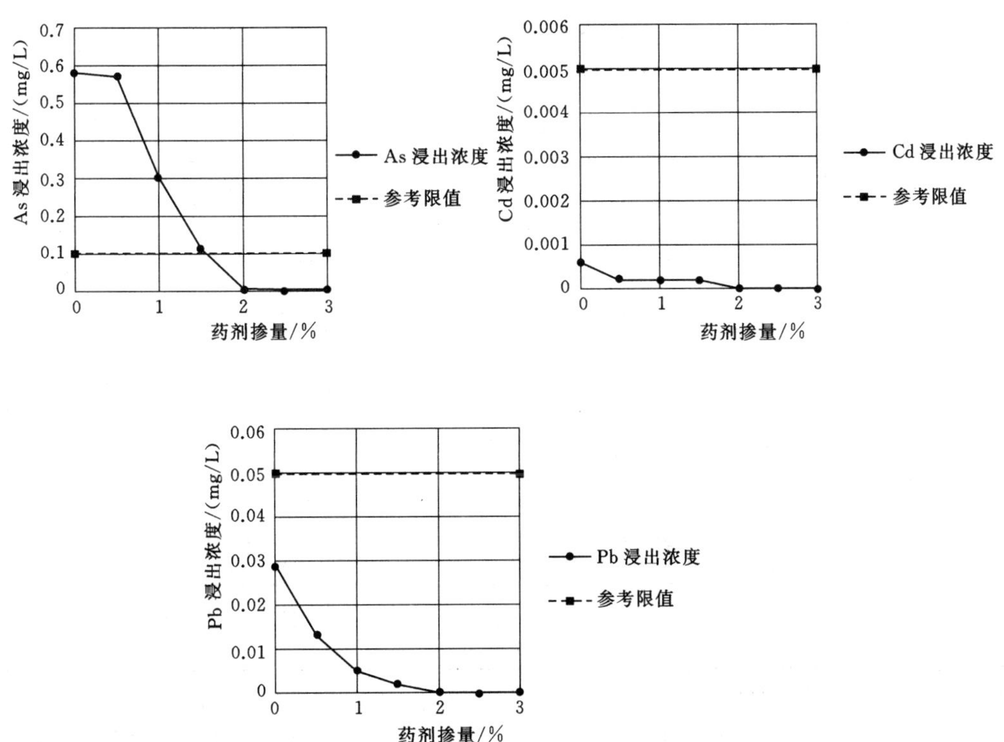

图 5　水泥掺量为 2%、不同药剂掺量条件下目标重金属离子检测结果

着药剂的增加而减少，当药剂掺量为2%～3%时，镉浸出浓度低于0.0002mg/L，已满足标准[7]要求的0.005mg/L。从第3组组内试验样品3-6至样品3-11可知，水泥掺量为2%时，铅浸出浓度随着药剂的增加而减少，当药剂掺量为2%～3%时，铅浸出浓度低于0.0001mg/L，已满足标准[7]要求0.05mg/L。

从上述室内试验的结果可知，现场试验可添加水泥掺量为2%，药剂掺量为2%～3%进行重金属目标污染物的治理。

3 现场试验

依据HJ 25.1—2014《场地环境调查技术导则》[8]，采用系统布点法布设检测点位。根据施工图设计，现场试验采用三管法高压旋喷桩，钻孔直径ϕ150～219mm，钻孔间距横向1.5m、纵向1.0m，呈梅花形布置，处理深度3m。以室内试验的结果为基础，现场试验添加水泥掺量为2%，药剂掺量为3%。经现场调试，采用水灰比1∶1，浆液压力4MPa，浆液流量100～150L/min，水压26MPa，水流量100L/min，压缩空气气压0.5～0.7MPa，气量0.5～2.0m^3/min的工艺参数。现场试验完成后，对试验区内土壤进行取样检测，检测分析方法及仪器如表3所示，检测结果如表4及图6所示。

表4　现场试验土壤（水浸）检测结果表　　单位：mg/L

检测点位（深度）	pH值	检测项目及检测结果		
		As浸出浓度	Cd浸出浓度	Pb浸出浓度
A（1m）	8.09	0.0174	0.0002L	0.001L
A（2m）	8.32	0.0044	0.0048	0.017
A（3m）	8.29	0.0004	0.0033	0.001L
B（1m）	7.88	0.0222	0.0002L	0.001L
B（2m）	7.79	0.0654	0.0005	0.001
B（3m）	7.76	0.0289	0.0004	0.001L
C（1m）	8.3	0.0110	0.0002L	0.001L
C（2m）	8.26	0.0051	0.0002L	0.001L
C（3m）	8.24	0.0028	0.0002L	0.001L
D（1m）	7.54	0.0096	0.0010	0.001L
D（2m）	7.49	0.0095	0.0028	0.001
D（3m）	7.44	0.0104	0.0006	0.001L
E（1m）	7.65	0.0092	0.0002L	0.001L
E（2m）	7.46	0.0912	0.0006	0.001
E（3m）	7.66	0.0204	0.0002L	0.001L
参考限值	6～9	≤0.1	≤0.005	≤0.05

注　数字后加“L”表示未检出。

由表4及图6的检测结果可知，试验区土壤的pH值及重金属目标污染物的浸出浓度均满足了治理目标，即满足了GB 3838—2002《地表水环境质量标准》Ⅳ类标准[7]。由图

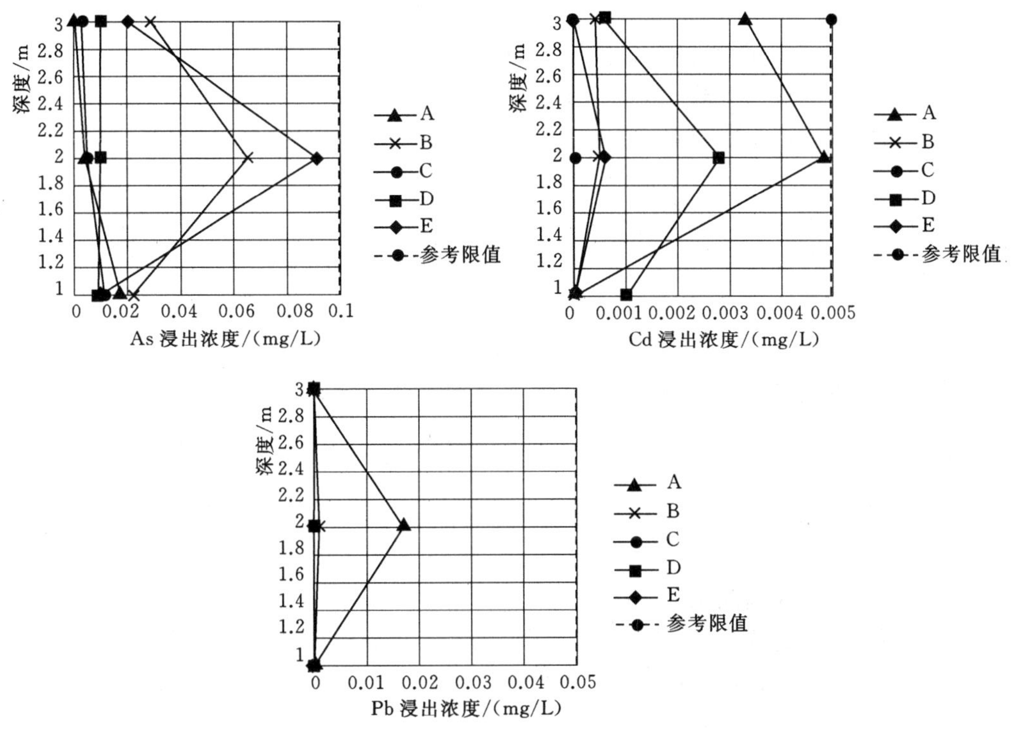

图 6　现场试验土壤中重金属离子浸出浓度检测结果

6 可知，3m 深度范围内原位固化稳定化技术治理重金属复合污染场地效果较好，同样的水泥掺量和药剂掺量条件对不同的重金属污染因子治理效果不同。由图 5 和图 6 可知，同样的水泥掺量和药剂掺量条件下，室内试验（小试）与现场试验（中试）因试验条件和试验环境的不同，对目标重金属污染因子的处理效果不同。添加水泥掺量为 2%，药剂掺量为 3%条件下，小试中砷比未处理的浓度降低了 99.5%，中试中砷治理效果最差的位置比未处理的浓度只降低了 88.0%。结合表 1 和图 6 可知，在场调报告中污染程度较深的位置和深度应重点进行治理。现场试验的试验成果可以用于指导后期大面积施工。

4　二次污染防范

污染修复场地距离湘江某支流仅 18m，本次原位固化稳定化主要针对浅表层 3m 埋深范围内的杂填土①$_1$、素填土①$_2$ 进行修复处理。素填土以下为淤泥②$_1$、软塑状粉质黏土②$_2$、粉质黏土③，可视为不透水层。因此修复施工过程中可能造成污染物扩散，从而形成对流域二次污染的主要来源有：

（1）高压旋喷施工过程中产生的泥浆，通过地表径流方式进入湘江支流从而流入湘江。

（2）场地内外均存在污染区域，土体含水率以及地下水位的变化可能对污染物的迁移与稳定化效果有一定的影响。本场地地势较低，地下水水位埋藏较浅，表层杂填土的孔隙度较高，渗透性较好，场地内外地下水力联系较好，存在治理达标后再被污染的风险。

（3）施工过程中暴雨，引起受施工扰动的污染土或废渣随雨水进入周围水体，进而汇入湘江。

因此，本工程重金属污染场地治理过程中采取了以下防范措施：

（1）沿治理区四周沿置截水沟，并设置集水池和泥浆池，将收集起来的废水运至污水处理站处理，泥浆排至指定位置。

（2）对完成治理施工区块的保护。在开展分区治理施工的时候，对于施工完成的区块适当采取覆膜、水平向隔离沟等保护措施，防止修复前后的区块产生水平向二次污染。

（3）在稳定化药剂选取时，应选择无毒无害、本身成分不具有重金属或其他危险化学物质、安全性好的药剂。

现场试验过程中采取了以上防范措施，并对周边环境进行了监测。试验过程中二次污染物排放满足规范及设计要求，说明以上采取的防范措施切实有效。

5 结语

（1）本文依托湘江沿岸某重金属污染场地修复工程实例，以水泥为固化剂，通过室内试验研究了不同固化剂与稳定化药剂掺量对砷、镉、铅离子的修复效果，并为现场试验确定了固化剂与稳定化药剂配比。

（2）采用三管法高压旋喷工艺，针对污染场地开展原位固化稳定化修复的现场试验，采用室内试验建议的固化剂与稳定化药剂配比，研究了3m以内不同深度的修复效果，确定了现场大规模施工的工艺参数。

（3）通过分析场地水文地质特点，提出了施工过程中可能造成水域二次污染的3个路径，并针对性提出防范措施，取得了良好的效果。

（4）水域岸线污染场地治理问题比较复杂，需综合考虑地表水、地下水与河流水力联系，场地地质条件乃至极端天气等因素的影响，优选修复工艺、施工顺序与二次污染防范措施。在条件允许时，可进一步采用隔离屏障、渗透性反应墙等复合手段，确保治理效果。

参考文献

[1] 国发〔2015〕17号水污染防治行动计划［Z］.

[2] 国发〔2016〕31号土壤污染防治行动计划［Z］.

[3] 曾宪坤. 联合修复技术在工业遗留污染场地治理中的应用［J］. 有色金属（冶炼部分），2019（12）：92-95.

[4] 任伟伟. KMP固化稳定化铅锌镉污染土的影响因素及重金属运移特性试验研究［D］，2017.

[5] 王川. 霞湾港重金属污染底泥的污染特征及其固化稳定化技术研究［D］. 长沙：湖南大学，2013.

[6] 陈峰. 污染场地环境调查中二次污染防控思路与措施［J］. 中国资源综合利用，2018，36（6）：116-117，120.

[7] GB 3838—2002 地表水环境质量标准［S］.

[8] HJ 25.1—2014 场地环境调查技术导则［S］.

高温资源化技术在重金属污染土壤修复工程中的应用

刘　伟[1]　吴俊瑶[2]　胡小元[3]

（1. 中交上海港湾工程设计研究院有限公司，上海　200032；
2. 中交第三航务工程局有限公司厦门分公司，福建厦门　361006；
3. 中交三航局第三工程有限公司，江苏南京　210011）

摘　要： 以湖南某工业场地重金属污染土壤修复治理工程为例，通过高温资源化技术修复治理重金属污染土。该技术以相对较低的修复费用、较短的处置时间完成重金属超标土壤安全处置任务，利用尖晶石和长石结构中分子键结合紧密、键能高，化合物结构较稳定的特性原理，通过一系列的技术将重金属污染土壤稳定转化为安全的再利用建筑材料，实现“无二次污染、无污染转移、废物资源化利用”的修复目标。

关键词： 重金属污染；高温资源化；土壤修复；尖晶石；长石

0　引言

工业革命爆发，为满足人类日益增长物质文化需求，各国均大力发展冶金、化工、建材为主导的传统制造产业，建设了不少企业密集，污染物排放量大工业区，以牺牲环境促使全球经济的发展。我国工业发展起步晚、人口数量增长快，生态环境所承受的压力与日俱增，为了发展经济而对自然资源进行掠夺开采，受到传统工业发展方式的制约以及城市化进程、人口膨胀带来的生存压力，忽视对生态环境的保护，导致不少地区环境污染较为严重。基于这一现状，人们要想继续在地球上生存发展，生态修复急不可待。[1,3]

湖南省是我国传统工业发展规模较大，同时土壤受工业废气、废水、废渣的影响较为严重的地区，污染土中重金属含量较高。本文以湖南某工业场地污染为例，详细阐述高温资源化技术在重金属污染土修复工程中的应用。以相对较低的修复费用、较短的处置时间完成重金属超标土壤安全处置任务，并将污染土壤转化为安全的再利用建筑材料，实现“无二次污染、无污染转移、废物资源化利用”的修复目标，为国内其他需要进行重金属污染土壤治理修复的科学研究和工程施工的提供依据。

1　污染场地修复工程概况

1.1　场地污染背景

该污染区域位于湘江一条支流之变，主要为炼锌和冶炼渣，现因环境问题被地方政府

作者简介： 刘伟，（1992—　），男，硕士，工程师，主要从事环境和工程结构加固修复研究工作。

取缔关闭，现地方政府规划将此地块作为建设二类用地进行开发利用。根据相关资料显示场地最早为一块闲置的低洼地，建厂以来暂存大量的挥发窑渣。长期以来这些废渣在厂区简易堆放，废渣中的铅、镉、锌等重金属在酸雨的淋溶和浸蚀下不断向场地及周边土壤扩散。

1.2 场地调查结果

（1）污染因子总量。场地共布设了 19 个土孔，采集土样共 82 个，根据《土壤环境质量建设用地土壤污染风险管控标准（试行）》（GB 36600—2018），其结果为：场地内土壤 pH 值普遍呈碱性土壤，其中最大 pH 值达到 12.41，主要污染因子为：镉、铅、砷和汞。检测结果见表 1。

表 1　　土壤污染因子总量情况

污染物	筛选标准/(mg/kg)	最大值/(mg/kg)	最大超标倍数	超标率/%	最大污染深度/m
Pb	800	28000	34.00	39.02	12
Ge	65	837	11.88	24.39	12
As	60	14700	244.00	58.54	16.5
Hg	38	790	19.79	3.66	12

（2）污染因子浸出值。本次调查共对 20 个点位，根据《重金属污染场地土壤修复标准》（DB43/T 1165—2016）采用水平振荡法对 42 个样品进行浸出检测，浸出浓度参照《地表水环境质量标准》（GB 3838—2002）Ⅳ类标准执行。主要污染因子有锌、铅、镉。浸出结果见表 2。其中，镉的超标率最高达到了 16.67%，最大超标倍数达到了 1751 倍，其次是锌的超标率达到了 14.29%，最大超标倍数达到了 185 倍。

表 2　　土壤污染因子浸出超标情况

污染物	筛选标准/(mg/kg)	最大值/(mg/kg)	最大超标倍数	超标率/%	最大污染深度/m
Zn	1.00	185.00	185.00	14.29	8
Pb	0.05	0.91	17.22	11.90	13
Gd	0.005	8.76	1751.00	16.67	8

综上，砷虽总量超标但其浸出并未超标。因此，根据场地调查等相关资料以及现场考察勘察情况，本工程项目总体技术路线如下：①0～8m 污染土壤进行开挖高温资源化处理；②8m 以下的污染土壤，阻隔防渗。本文重点介绍高温资源化技术修复重金属污染土。

2 高温资源化技术固化修复原理

高温资源化修复技术可深层次结构化固定重金属，使重金属以矿物晶体结构元素形式固定，其后期释放的可能性大大降低，即在不改变重金属总量的情况下，降低其浸出值。该技术具有：有效性、长期性、高效性、实用性、安全性、经济型等特点优势[4]。本项目运用高温资源化技术处理的污染土，只需对锌、铅、镉三种浸出值超标的重金属元素进行结果检定。

2.1　尖晶石和长石结构

尖晶石和长石结构中分子键结合紧密、键能高，化合物结构较稳定，见图1。此结构的砖体有的可用作高温耐火材料，有的可用作电子陶瓷材料，甚至尖晶石机构可作为宝石。正式由于尖晶石和长石结构中重金属离子的结构特性，并且在酸性溶液浸泡下结构仍能保持稳定。而高温资源化技术正是以尖晶石和长石结构为基础，固定游离态的重金属。因此该技术修复的污染土，其重金属污染因子总量不会改变。[5-7]

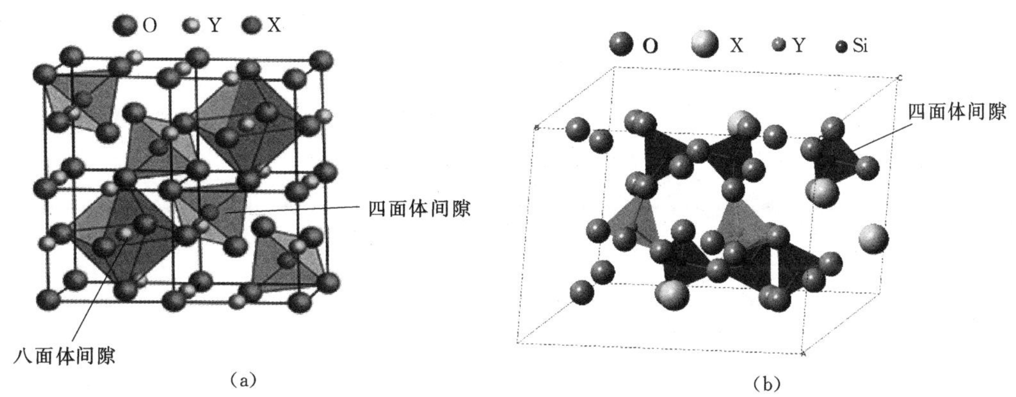

图1　尖晶石（a）和长石（b）结构示意图

2.2　技术基本原理

高温资源化修复技术就是将毒害性的金属离子X（二价态）和金属阳离子Y（三价态）在一定温度焙烧下形成尖晶石结构（XY_2O_4）和长石结构（$XY_2Si_2O_8$）砖体。[6-9]其反应原理如下：

（1）尖晶石结构：

$$XO+Y_2O_3 \longrightarrow XY_2O_4 \tag{1}$$

（2）长石结构：

$$3Y_2Si_2O_5(OH)_4(\text{某土}) \longrightarrow 3Y_2Si_2O_7+6H_2O \tag{2}$$

$$3Y_2Si_2O_7 \longrightarrow 3Y_2O_3 \cdot 2SiO_2+4SiO_2 \tag{3}$$

$$Y_2Si_2O_7+XO \longrightarrow XY_2Si_2O_8 \tag{4}$$

$$3Y_2O_3 \cdot 2SiO_2+2SiO_2+3XO \longrightarrow 3XY_2Si_2O_8 \tag{5}$$

综上所述，本文所介绍的工艺技术是以玻璃化技术为基础，结合制砖厂实际工艺配方，利用Al_2O_3成分含量较高的黏土为基质，在混合黏土与污染土壤后制成砖体，在一定温度下焙烧后使重金属结构化固定于砖体材料中，通过浸出毒性试验，确保砖体中重金属的释放安全性，同时使砖体符合砖体行业标准，可作为建筑和园林路基砖体材料使用。[10,11]

3　高温资源化技术处理工艺

3.1　总修复路线工艺流程

本工程治理项目将污染土壤与制砖生料配合，两者充分混合后压制成砖形，然后再在制砖窑中煅烧制成成砖，使重金属以矿物晶体结构元素形式固定。具体的工艺路线见图 2[12]：

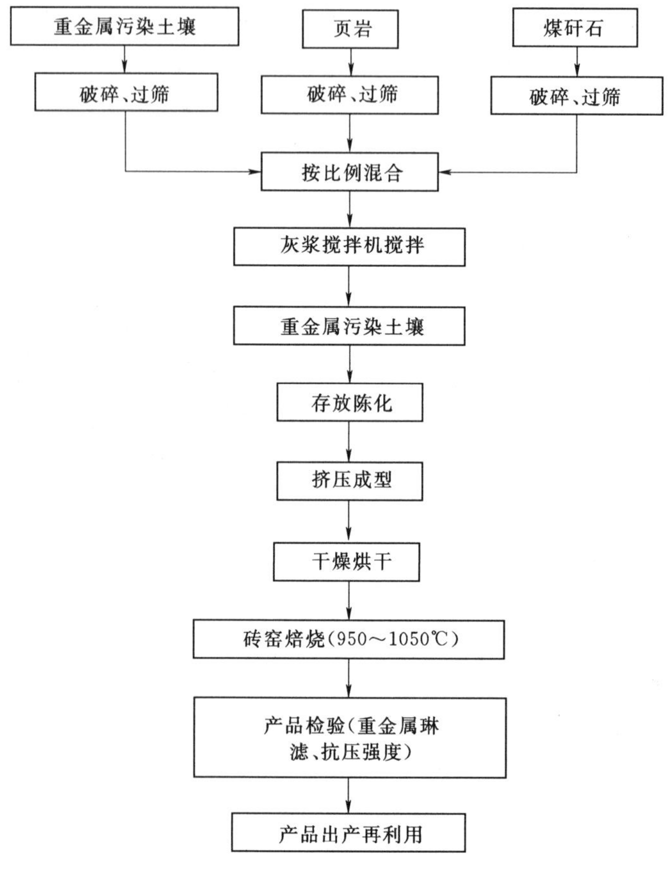

图 2　污染土壤高温资源化处理工艺流程

(1) 将开挖后污染土壤采用人工和机械结合使用的方法分筛预处理。

(2) 将提前配制好的制砖生料配料与污染土壤和黏土、粉煤灰按一定的比例加水混合搅拌-陈化-差速细碎对辊机拌和处理。

(3) 充分拌和后的砖浆在 300MPa 的压力下挤压成型（生砖），然后经烘干后置于1000℃的砖窑进行高温煅烧。

(4) 烧制成型的砖体进行抗压强度试验，并分别采用《固体废物　浸出毒性浸出方法　硫酸硝酸法》（HJ/T 299—2007）和《固体废物　浸出毒性浸出方法　水平振荡法》（HJ/T 557—2010）进行可能的重金属琳滤风险评价，确保重金属固定的有效性和长期性，满足《地表水环境质量标准》（GB 3838—2002）Ⅲ级标准方可出厂。图 2 为高温资源化技术工艺流程。

3.2　砷处理工艺

对于上述煅烧过程中产生的重金属排放物砷，采用石灰水及高锰酸钾溶液通过中和氧化还原法来除去，烟气达标后排放。高锰酸钾作为氧化剂能将烟气中的砷氧化为 As_2O_3

或 As_2O_5，之后与石灰水反应生成难溶的 Ca（AsO_4）或者 Ca（AsO_4）$_2$ 沉淀而被除去运往相关具有危废处理资质的单位进行处理，见图 3。[12-14]

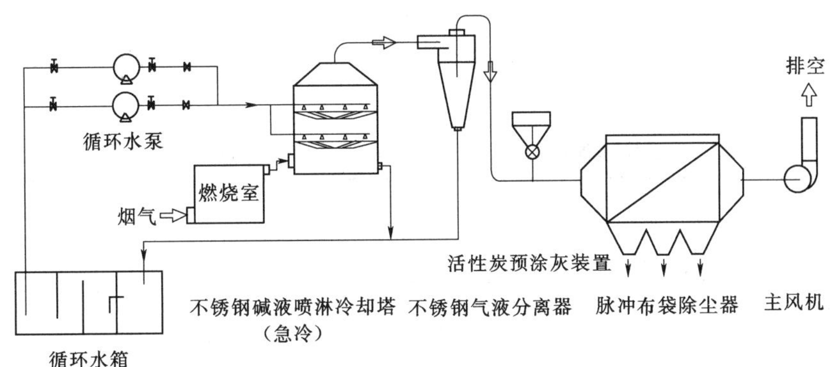

图 3　尾气处理工艺流程图

3.3　设计依据

（1）《土壤环境质量 建设用地土壤污染风险管控标准（试行）》（GB 36600—2018）。

（2）《重金属污染场地土壤修复标准》（DB43/T 1165—2016）。

（3）《地表水环境质量标准》（GB 3838—2002）；

（4）其他相关勘察资料等。

4　修复结果

为了保证重金属超标土壤制备的烧结砖资源化使用过程中的安全性，处理后的砖体需分别采用《固体废物 浸出毒性浸出方法 硫酸硝酸法》（HJ/T 299—2007）和《固体废物 浸出毒性浸出方法 水平振荡法》（HJ/T 557—2010）进行毒性浸出检验和重金属超标浸出检验，检验指标对象为浸出超标污染因子 Pb、Zn、Cd。

随机选取烧制砖体 10 块，经粉碎机粉碎后，取 1kg 混合样由本项目组带回实验室进行分析，其中 Pb、Zn 在实验室中自行用 ICP－MS 测定，Cd 用石墨炉测定，仪器对 Zn、Cd、Pb、As 的检测限分别为 0.01mg/L、0.0005mg/L、0.008 mg/L。

（1）重金属污染土壤修复毒性浸出检验（见表 3）。

表 3　　土壤修复毒性浸出（20h）检验结果及毒性检验标准值　　单位：mg/L

重金属	CK	SH 样砖	HJ 样砖	检验标准值
Zn	ND	ND	ND	100
Cd	ND	ND	ND	1.0
Pb	ND	ND	ND	5.0

注　“ND”表示未检出。

从表 3 结果可以看出：在浸出时间为 20 h 时，3 块随机抽取的目标检测烧结砖浸提液中 Zn、Cd、Pb 均未检出。

（2）重金属污染土壤修复水浸检测（见表 4）。在 CK 的浸提液中所有的检测结果均为 ND（未检出，表 4 中未列举），而从表 4 的结果表明，直到 18 天时的浸出液中，Zn、Cd、Pb 的浓度在 SH 样砖浸提液中的浓度分别为 0.254mg/L、ND、ND，在 HJ 样砖浸出液中的浓度分别为 ND、ND、ND，Zn、Pb、Cd 浓度均低于《地表水环境质量标准》（GB 3838—2002）中Ⅲ类水标准值（Zn、Cd、Pb 的标准值分别为 1.0 mg/L、0.005 mg/L、0.05 mg/L）。

表 4　　土壤修复不同浸出时间检验结果（单位：mg/L）

浸出时间/d	SH 样砖			HJ 样砖		
	Zn	Cd	Pb	Zn	Cd	Pb
1	ND	ND	ND	ND	ND	ND
2	0.052	ND	ND	ND	ND	ND
4	ND	ND	ND	ND	ND	ND
6	0.300	ND	ND	ND	ND	ND
8	ND	ND	ND	ND	ND	ND
12	0.243	ND	ND	0.152	ND	ND
16	0.088	ND	ND	ND	ND	ND
18	0.254	ND	ND	ND	ND	ND

注　“ND”表示未检出。

因此，通过实施重金属超标土壤制备烧结砖，在用作建筑园林等用途的建筑材料时，通过雨水等途径浸出的重金属风险极低，浸出液中存在重金属毒性风险也极低。

5　结论

以尖晶石和长石结构中分子键结合紧密、键能高，化合物结构较稳定的特性原理，通过高温制窑技术将重金属超标土壤制备烧结成砖。

（1）采用《固体废物 浸出毒性浸出方法 硫酸硝酸法》（HJ/T 299—2007）检测时，在浸出时间为 20h 时，其浸提液中 Zn、Cd、Pb 均未检出。

（2）采用《固体废物 浸出毒性浸出方法 水平振荡法》（HJ/T 557—2010）检测时，浸出时间为 18d 时，所有砖体的 Zn、Cd、Pb 的浸出浓度均低于《地表水环境质量标准》（GB 3838—2002）中Ⅲ类水标准值（Zn、Cd、Pb 的标准值分别为 1.0mg/L、0.005mg/L、0.05mg/L）。

综上表明，以该高温资源化技术修复治理重金属污染土，实现资源再利用时，通过雨水等途径浸出的重金属风险极低，浸出液中存在重金属毒性风险也极低。

重金属污染土的高温资源化处置以相对较低的修复费用、较短的处置时间完成重金属超标土壤安全处置任务，并将污染土壤转化为安全的再利用建筑材料，达到重金属污染土壤修复与其资源化再利用的双重目的，实现“无二次污染、无污染转移、废物资源化利用”的修复目标。同时也彻底解决了的区域历史遗留土壤重金属污染问题，可极大地减轻重金属污染物对附近水域的输入，杜绝了修复土壤的再次污染、渗透。

参考文献

[1] 胡世强. 关于重金属污染土壤修复技术的论述 [J]. 世界有色金属，2017 (13)：274 - 275.

[2] Pengfeng L I，Wei L I U，Shuguang W. Feasibility of Isolation Remediation Technology for Heavy Metal Contaminated Soil [J]. Asian Agricultural Research，2017，9 (1812 - 2018 - 2355)：28 - 32.

[3] Guo X，Wei Z，Wu Q. Degradation and residue of EDTA used for soil repair in heavy metal - contaminated soil [J]. Transactions of the Chinese Society of Agricultural Engineering，2015，31 (7)：272 - 278.

[4] 董晋明. 污染场地土壤修复技术与修复效果评价 [J]. 山西化工，2019 (3)：195 - 199.

[5] 王秀婷，栾松明. 工业场地土壤重金属污染现状及修复治理技术研究进展 [J]. 环境与发展，2019 (4)：62.

[6] 吴秋生，梁世栋，李小燕，等. 钾长石高温分解制备硅钙钾镁肥工艺优化研究 [J]. 非金属矿，2019，42 (5)：24 - 27.

[7] Dong J F，Huang Z H，Chen B，et al. Study on synthesis of spinel - sialon multiphase material from fly ash and aluminum dross in - situ reaction [J]. Journal of Synthetic Crystals，2009 (38)：371 - 374.

[8] 范丽艳，刘月娥，甄卫军，等. 高温煅烧哈密钾长石工艺及热分解动力学研究 [J]. 非金属矿，2013 (6)：13 - 15，38.

[9] 杨斌，顾华志，汪厚植，等. 水泥窑用方镁石-铁铝尖晶石砖的性能研究 [J]. 武汉科技大学学报，2009 (2)：181 - 183.

[10] 马淑龙，王治峰，马飞，等. 重烧气氛对水泥窑用镁铁铝尖晶石砖性能的影响 [J]. 耐火材料，2017 (3)：172 - 176.

[11] 赵书宁，樊丽，侯隽，等. 复合重金属污染高岭土的电动修复 [J]. 化工环保，2017，37 (4)：481 - 486.

[12] Fan M，Luo L，Liao Y L，et al. Effects of red mud on the remediation of Pb，Zn and Cd in heavy metal contaminated paddy soil [J]. Agricultural Science & Technology - Hunan，2012，13 (2)：388 - 392.

[13] 卢美献，李方圆，张超兰，等. 不同固定剂对土壤中镉砷钝化修复效果研究 [J]. 广西大学学报，2016，41 (5)：1667 - 1675.

[14] 张淑媛，童宏祥，徐诗琦，等. 次氯酸钙/氧化钙对高砷污泥的氧化稳定化处理 [J]. 环境工程学报，2018，12 (2)：25 - 29.

湿排铝土矿泥水分特性研究

吴志强　徐　锴　耿之周　朱　锐

（南京水利科学研究院岩土工程研究所，江苏南京　210024）

摘　要：氧化铝生产过程中堆存矿泥形成的尾矿库占用了大量的土地资源。为了研究矿泥的减容技术，减小矿泥的占地面积增强可资源化利用程度，以排泥库湿排矿泥为试验对象，开展不同初始含水率矿泥高速离心试验研究，探讨不同初始含水率条件下铝土矿尾矿矿泥中水分特性与组成。试验结果表明：在初始含水率为57%～73%，矿泥中结合水含量约占31%，并且结合水含量与矿泥初始含水率相关性较小。矿泥中其余水分为自由水，自由水含水率随着矿泥含水率升高而增大，论文研究成果可为铝土矿的脱水减容提供依据。

关键词：铝土矿；水分特性；自由水；结合水

0　引言

氧化铝产能在全国排第4位，氧化铝生产过程中铝土矿选矿会产生大量湿排尾矿矿泥。据统计，根据原矿品位不同每生产1t氧化铝会排出0.8～1.0t干矿泥，1.0～2.5t湿排矿泥[1,2]，尾矿的积存量和堆放量也随着氧化铝产能的提升与矿山数目的增长与日俱增。尾矿库是矿山控制性工程，排泥库属于尾矿库的一种，是铝土矿原矿经过筛洗机和洗矿机的处理，将小于1 mm粒径的悬浮物与水形成尾矿泥浆进入浓密池，经浓缩后送排入排泥库。实际上由于距离较远、跨度较大，为防止管道堵塞，新吹填的泥浆含水率最高可达300%以上[3]。影响排泥库中泥浆固结程度的因素较多[4]，导致泥库面大部分面积泥浆呈流态[4]，在自然堆积条件下几年甚至十几年都难以排水固结，基本无承载能力[6-8]。

国外进行了大量采用矿泥制备水泥材料应用技术研究[9][10]，但由于经济性原因大多停留在试验阶段，我国学者结合国内具体条件，利用矿泥作新型墙材[11]、陶瓷材料[11-13]、制取矿泥玻璃、用作筑路材料的原料和矿坑充填料[14]试验研究，全面探讨了矿泥资源化利用途径。然而，铝土矿湿排矿泥由于本身含水率高，进一步利用的前提是实现矿泥中水分与尾矿颗粒的分离，减小矿泥体积，但现阶段国内针对铝土矿湿排矿泥水分特性组成的研究还有待进一步深入。鉴于此，论文以广西铝土矿泥为试验对象，开展水分特性试验研究，探讨不同初始含水率条件下矿泥的水分组成，研究成果可为铝矿泥减容处置以及资源化利用提供参考。

作者简介：吴志强（1987—　），男，主要从事环境岩土、固体废弃物处治与资源化利用方面的研究工作。

基金项目：中央级公益性科研院所基本科研业务费专项资金（Y320002，Y319007，Y319005）；岩溶区尾矿排放技术矿泥试验（Hs319043）；国家自然科学基金项目（51809181）。

1　试样制备与试验方法

土中水分有多种分类方法，一般可以分为气态水、自由水、结合水和矿物水。气态水在土中含量较低，对土体特性影响较小。自由水是指离开土体颗粒表面较远，不受土颗粒电分子引力的作用，可以自由移动的水，其性质与普通水相似，能传递静水压力同时具有溶解能力。结合水是指吸附在土颗粒表面，受静电引力场作用的水，土的强度与变形特性，液限与塑限，固结与压缩特都受结合水的影响。结合水由于与矿泥固体颗粒的相互作用，表现出与自由水不同的蒸汽压、熵值、指滞度和密度。基于这一原理，目前有多种测试结合水的方法，主要包括热干燥法、膨胀计法、离心分离法、热重-差热联合分析法、抽滤法、压滤法和水活度法等，本文采用离心法测试矿泥中结合水含量，见图 1。试验时，由于制备试样的需要，将原来含水率为 300%左右的矿泥放于在室内阴凉处，使其含水率自然降低至液限附近，而后制备试样进行相关测试。

(a) 离心机

(b) 土样杯

图 1　高速冷冻离心机

测试过程如下：首先设定离心机转子型号、转速、温度、旋转时间等参数，其中温度设定为 20 ℃，称量离心机配套环刀的质量 m_0，随后向环刀内分 3 层装填 100～120g 尾矿泥浆，并压实表面。为了避免因装样引起的水分蒸发，整个装填过程应该迅速，装填好泥样之后立即盖上环刀盖，然后称量环刀加土样质量 m_1。将装有土样的环刀贴上滤纸后放入离心机的旋杯，盖好盖子，最后在盛水杯里放置不同重量的配重块配平四个旋转杯的质量只差要求小于 0.2g。

分别设定转速 n 为 7000r/min、10000r/min 进行离心机试验，每级转速下运行 3h 后停止离心机，取出环刀，称量环刀加湿土的质量 m_i（不含滤纸），使用游标卡尺量测旋杯顶面到试样表面的距离 h，然后把环刀放回旋杯，在下一级设定转速下运行。最后转速结束并测量后，把环刀连同湿土在 105 ℃下烘干至恒重后（时间>8h），测量环刀加干土质量 m_2。然后根据式（1）计算不同转速下的分离势能 pF：

$$pF=2\log n+\log(r_0-r_1)+\log[(r_0+r_1)/2]-4.95 \tag{1}$$

式中：n 为离心机转速，r/min；r_0 为旋杯底即试样底到离心机转盘中心距离，9.8cm；r_1 为试样中心到离心机旋转中心距离，cm，$r_1=r_0-(5.09-h)/2$；h 为旋杯顶到试样表面的距离，试验量测值，cm。

2 试验结果与分析

取 $pF=3.8$ 对应的含水率 W 为自由水与结合水含量分界点，本次试验选取混合均匀的浓密池泥浆风干至不同初始含水率，然后开展四组离心试验，每组试验设定两个平行试样，试验结果见表1。

表1　　尾矿水分特性离心分离试验表

编号	7000/(r/min)		10000/(r/min)	
	pF	W/%	pF	W/%
MK-1	3.619	33.55	3.918	29.07
	3.629	33.91	3.891	29.73
MK-2	3.598	34.14	3.885	29.90
	3.629	34.00	3.924	29.55
MK-3	3.654	32.97	3.959	29.10
	3.619	33.44	3.921	29.57
MK-4	3.685	31.03	3.982	28.06
	3.672	30.83	3.977	28.05

根据表1中试验数据，可以得到试样 W 与 pF 关系曲线，分别如见图2～图5所示。从图中可以看出，随着分离势能 pF 的升高，试样的含水率逐渐降低。根据国内外学者对泥浆 W 与 pF 的研究表明，在 pF 介于2～4时，泥浆的 W 与 pF 之间存在线性关系，并且 W 随着 pF 的升高逐渐降低。

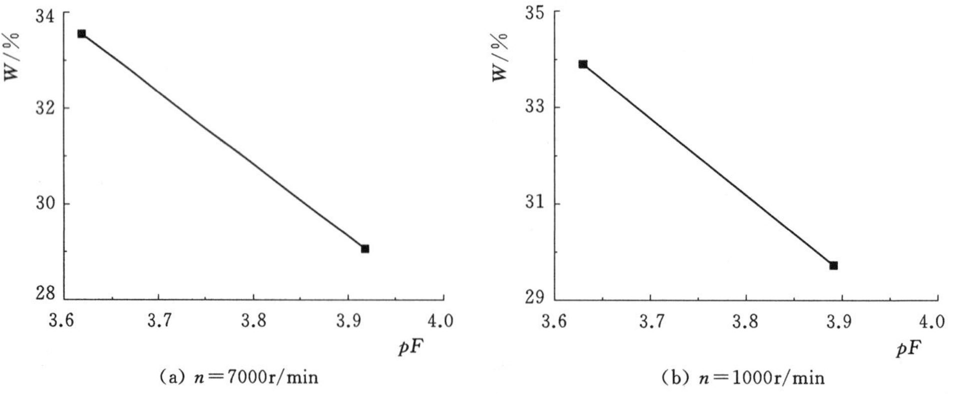

(a) $n=7000$r/min　　(b) $n=1000$r/min

图2　1号试样含水率与分离势能关系图

据此，本次试验设定转速对应的 pF 分别为3.6和3.9，因此将试验数据线性拟合，

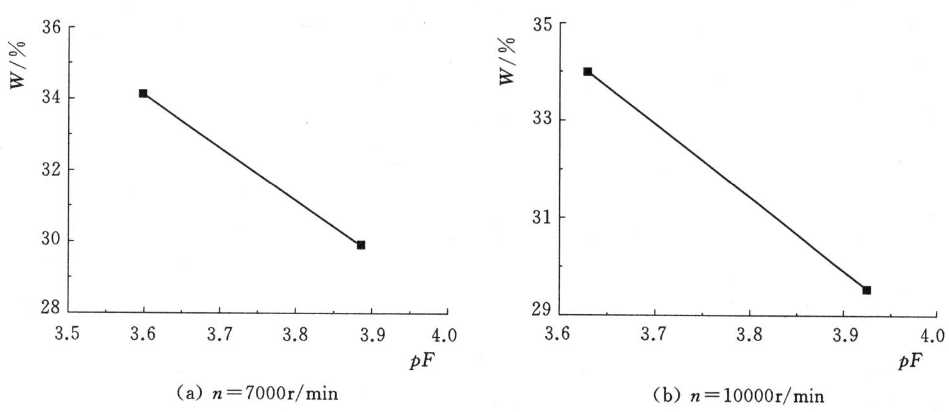

(a) $n=7000\mathrm{r/min}$　　(b) $n=10000\mathrm{r/min}$

图3　2号试样含水率与分离势能关系图

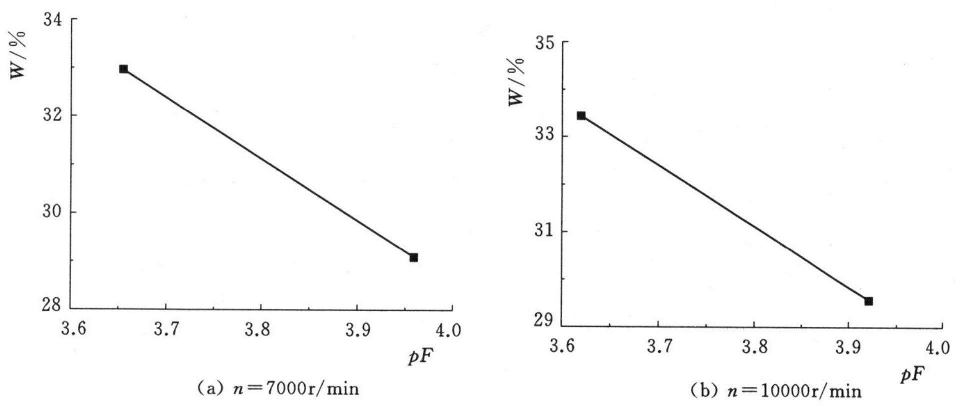

(a) $n=7000\mathrm{r/min}$　　(b) $n=10000\mathrm{r/min}$

图4　3号试样含水率与分离势能关系图

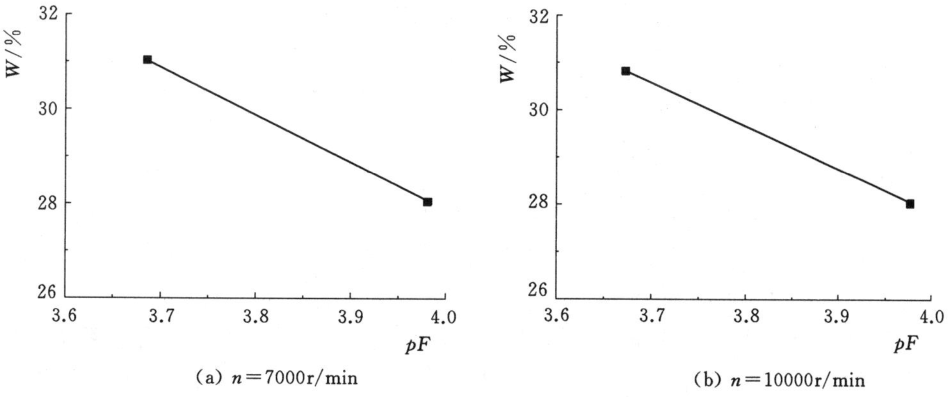

(a) $n=7000\mathrm{r/min}$　　(b) $n=10000\mathrm{r/min}$

图5　4号试样含水率与分离势能关系图

便可以得到 pF 为3.8时对应的土样含水率。

将图4～图5试验结果进行线性拟合，得到分离势能与土样含水率函数关系，见表2。关系式中 y 表示含水率，单位为%，x 代表分离势能，无量纲。

表 2　　尾矿水分特性离心分离试验表

试样编号	拟合公式	R^2	试样编号	拟合公式	R^2
MK－1	$y=0.1497x+0.8771$	1	MK－3	$y=0.1269x+0.7932$	1
	$y=0.1597x+0.9187$	1		$y=0.1282x+0.7982$	1
MK－2	$y=0.1511x+0.8886$	1	MK－4	$y=-0.1002x+0.6795$	1
	$y=0.1475x+0.8722$	1		$y=-0.0911x+0.6427$	1

表 3 给出了不同初始含水率条件下试样的结合水和自由水含水率试验结果，从表 3 中可以看出，将矿泥风干至不同初始含水率后测试得到的结合水和自由水含水率结果不同。进一步分析试验数据可以看出，矿泥中结合水含水率介于 29.652%～31.432%，而上文尾矿泥含水率试验表明浓密池中泥浆含水率为 281.9%。由此可见，洗矿后经过浓密池浓密的泥浆中主要水分是离开土体颗粒表面较远、不受土颗粒分子引力的作用的自由水，自由水占土中水分比例约为 90%，结合水含量相对较低。

根据矿泥密度试验、比重试验和土的含水率试验结果，可以计算得出浓密池尾矿泥浆中自由水所占体积约为矿泥体积的 80%，因此全部排出矿泥中自由水含量可以使泥浆体积减小至原来的 1/5，极大缩小尾矿泥浆占用库容。

表 3　　尾矿试样结合水量与总含水率

试样编号	总含水率/%	结合水含水率/%	自由水含水率/%
MK－1	69.92	30.856	39.064
	70.09	31.192	38.898
MK－2	73.28	31.432	41.848
	73.79	31.178	42.603
MK－3	53.29	31.032	22.258
	61.19	31.120	30.070
MK－4	57.30	29.886	27.414
	58.22	29.652	28.568

3　结论

（1）铝土矿湿排矿泥中所含水分形态分别为自由水和结合水。自由水含量随着尾矿初始含水率升高而增大，结合水含水率与矿泥出水含水率关系较小，其变化范围为 30%，主要受尾矿中固体颗粒的影响。

（2）结合铝土矿密度与比重试验结果可以发现，湿排尾矿中自由水含水率所占比例为尾矿中水分的 90%，自由水体积为矿泥体积的 80%左右，降低矿泥自由水可以极大减小矿泥体积。

参考文献

[1]　杜长学. 铝土矿矿泥物理力学性质及固化技术研究 [D]. 长沙：中南大学，2006.

[2] 陈善应，李明阳，谢锋，等. 堆积型铝土矿矿泥离心机脱水试验研究 [J]. 有色金属（选矿部分），2016（2）：43-46.

[3] 杨小全，陈善应. 堆积型铝土矿矿泥带式压滤机脱水试验研究 [J]. 轻金属，2015（8）：1-4.

[4] 杜长学，彭振斌，杨传德，等. 铝土矿矿泥固化技术的试验研究 [J]. 工程地质学报，2006（1）：117-121.

[5] 徐会华. 铝土矿尾矿沉降行为及强化研究 [D]. 长沙：中南大学，2014.

[6] 李永亭，张云龙. 高效高频脱水筛在尾矿干排处理中的应用实践 [J]. 黄金，2016，37（5）：66-70.

[7] 陶然. 桂西铝土矿排泥库工程特性及区划研究 [D]. 南宁：广西大学，2016.

[8] 高子凯. 桂西铝土矿排泥库微生物固化实验研究 [D]. 南宁：广西大学，2015.

[9] 王博，兰阳，朱孝钦，等. 铝土矿尾矿多孔陶瓷的制备研究 [J]. 化工矿物与加工，2019，48（3）：65-68.

[10] 马光锁. 山西分公司拜耳法赤泥工程特性及堆存方式的探讨 [J]. 轻金属，2005（7）：16-20.

[11] 马冬阳. 铝土矿尾矿制备莫来石基复相耐火材料 [D]. 北京：北京科技大学，2015.

[12] 兰阳. 铝土矿尾矿多孔陶瓷的制备及其力学性能研究 [D]. 昆明：昆明理工大学，2017.

[13] 李铖. 污泥和淤泥复合烧制陶粒试验研究 [D]. 杭州：浙江工业大学，2014.

[14] 王巍峰. 水平带式过滤机在尾矿干堆复垦中的应用 [J]. 矿业工程，2018，16（1）：41-44.

水泥固化铝尾矿泥的强度特性研究

徐　锴　吴志强　耿之周　朱　锐

（南京水利科学研究院岩土工程研究所，江苏南京　210024）

摘　要：堆积型铝土矿生产过程中产生的湿排矿泥排泥库是高势能的人造泥石流危险源。为了探究固化技术应用于处治铝矿泥的有效性，以铝土矿矿泥为试验对象，开展水泥固化矿泥强度特性试验研究，探讨不同水泥掺量、养护龄期对水泥固化矿泥的抗压强度影响。试验结果表明：固化矿泥的强度与变形特性与水泥掺量有关，水泥掺量越高，固化矿泥抗压强度越大；水泥固化矿泥试样破坏呈现脆性破坏，应力随着应变的增加先上升，达到峰值之后随着应变的继续增大迅速降低。研究成果可为铝矿泥的处治提供参考。

关键词：尾矿库；泥浆；抗压强度；水泥固化

0　引言

矿泥是矿业生产作业过程中产生的固体废物。在广西、云南等喀斯特地貌发育地区，库中泥浆渗透至地下溶洞会引发严重的土壤、地下水污染问题[1-2]。对此，诸多学者对矿泥促成技术、快速脱水技术等相关工艺展开研究，取得了一定的成果[3-8]，如刘远清等[9]详细介绍了金岭铁尾矿存在的问题，以及采用压滤机对尾矿脱水处理的应用情况。齐美超等[10-11]对张庄矿矿泥开展了浓缩脱水试验研究，试验证明该方法可有效地获得含水率低于20%的尾砂，有利于矿泥的再利用。刘成功等概述了当前代表性的尾矿处理方法，介绍了旋流器和直线脱水筛组合使用的新技术应用于首钢铁尾矿库的有效性。上述研究良好地发展了矿泥促成、脱水等技术，但针对固化技术应用于处治铝矿泥的研究鲜见报道。

鉴于此，以华银铝江湾铝矿泥为试验对象，开展水泥固化矿泥强度特性试验研究，探讨不同水泥掺量、养护龄期对水泥固化矿泥的抗压强度影响。研究成果可为铝矿泥的处治提供参考。

1　试样制备与试验方法

试验所用尾矿泥浆为取自华银铝江湾排泥库现场浓密池泥浆，泥浆初始含水率为280%左右，密度约为1.20g/cm^3，经真空抽水之后的泥浆密度为1.67g/cm^3，含水率约为60 %。试验所用硅酸盐水泥为不掺加混合材料的Ⅰ型硅酸盐水泥，强度标号为42.5。

作者简介：徐锴（1982—　），男，主要从事环境岩土、固体废弃物处治与资源化利用、水环境整治等方面的研究工作。

基金项目：中央级公益性科研院所基本科研业务费专项资金（Y320002，Y319007，Y319005）；岩溶区尾矿排放技术矿泥试验（Hs319043）；国家自然科学基金项目（51809181）。

考虑到试样尺寸大小对土体强度的影响，本次试验按照《土工试验方法标准》（GB/T 50123—2019）中无侧限抗压强度试验标准试样尺寸，选取直径为 39.1mm，高度为 80mm 的圆柱形试样。根据现场实际土层的天然含水率和密度条件，本次试验设定试样的干密度为 1.3g/cm^3，其对应的饱和含水率为 40%。

为了能保证水泥固化土试样的均匀性和饱和状态，具体制样过程如下：首先将从现场取回的矿泥在室外晾晒风干，风干后将土体碾散并过 1mm 筛去除杂质，过筛后按照四分法取足够数量的土样测定风干含水率，最后将土样装入密封的玻璃缸内。制样前按照试验设计的干密度，计算试验所需的风干土质量，并按照水泥掺量计算水泥质量。制样时按照试样的尺寸称取制备一个试样所需的风干土和水泥放入不锈钢盆中，手工拌和均匀后将拌和水泥土放入玻璃缸中。待同一批次所有的试样拌和结束后，将所有拌和水泥土从玻璃缸中取出放入 JJ-5 型行星式水泥胶砂搅拌机中进行搅拌，搅拌速度设置为 285r/min，连续搅拌 10min 后，水泥与土体拌和均匀。制备土样时，事先将三瓣膜的内部均匀涂抹一层凡士林，然后称取一定质量的拌和水泥土，按照分层制样法制备水泥土试样，最后将装有试样的三瓣膜放入饱和缸中抽气饱和。浸水 24h 后，将饱和器从饱和缸中取出进行拆模，试样用滤纸包裹后放入饱和的砂箱中进行养护（见图 1）。

(a) 称量拌和　(b) 静压制样　(c) 抽气饱和

(d) 拆模　(e) 放入砂箱　(f) 养护

图 1　无侧限抗压强度试样制备过程

待试样养护至设计龄期，采用南京土壤仪器厂 YYW-2 型应变控制式全自动无侧限抗压强度仪进行单轴抗压强度试验，如图 2 所示。

为了研究固化剂掺量和养护龄期对固化矿泥力学特性的影响，共进行 16 组无侧限抗压强度试验，每组设置 3 个平行试样，其中水泥掺加量分别为 6%、8%、10%和 12%，养护龄期分别为 7d，14d、28d 和 90d，具体方案见表 1。

2 试验结果与分析

2.1 水泥固化矿泥的应力-应变曲线

不同水泥、不同龄期的试样应力-应变曲线分别如图 3 所示。可以看出，在养护龄期为 7d 时，水泥含量在 6%、8%、10%和 12%条件下固化矿泥试样轴向应力随着应变的增加而上升，轴向应力达到峰值之后，逐渐随着应变的增加而下降。无侧限条件下水泥固化尾矿试样的应力应变曲线表现为脆性破坏。当水泥含量为 6%时，固化矿泥试样的无侧限抗压强度分别为

图 2　全自动无侧限抗压强度仪

表 1　无侧限抗压强度试验方案

试样物理性质指标	水泥掺加量/%	养护龄期/d
$\rho_d=1.3g/cm^3$、$Sr=100\%$	6、8、10、12	7、14、28、90

420.2kPa、404.3kPa 和 412.3kPa，平均抗压强度为 412.3kPa。当水泥含量为 8%时，固化矿泥试样的无侧限抗压强度分别为 644.5kPa、703.1kPa 和 671kPa，平均抗压强度为 672.9kPa。当水泥含量为 10%时，固化矿泥试样的无侧限抗压强度分别为 1218.3kPa、1013.9kPa 和 819.4kPa，平均抗压强度为 1017.2kPa。当水泥含量为 12%时，固化矿泥试样的无侧限抗压强度分别为 1264.5kPa、1303.1kPa 和 1220.1kPa，平均抗压强度为 1262.6kPa。

在养护龄期为 14d 时，水泥含量在 6%、8%、10%和 12%条件下固化矿泥试样轴向应力随着应变的增加而上升，轴向应力达到峰值之后，逐渐随着应变的增加而下降。无侧限条件下水泥固化尾矿试样的应力应变曲线表现为脆性破坏。当水泥含量为 6%时，水泥固化矿泥试样的无侧限抗压强度分别为 463.3kPa、429.8kPa 和 414.3kPa，平均抗压强度为 435.8kPa。当水泥含量为 8%时，固化矿泥试样的无侧限抗压强度分别为 726kPa、738.8kPa 和 794.5kPa，平均抗压强度为 672.9kPa。当水泥含量为 10%时，固化矿泥试样的无侧限抗压强度分别为 983kPa、1202.9kPa 和 1074.7kPa，平均抗压强度为 1086.9kPa。当水泥含量为 12%时，固化矿泥试样的无侧限抗压强度分别为 1445.6kPa、1358.6kPa 和 1391.3kPa，平均抗压强度为 1398.5kPa。

在养护龄期为 28d 时，水泥含量在 6%、8%、10%和 12%条件下固化矿泥试样轴向应力随着应变的增加而上升，轴向应力达到峰值之后，逐渐随着应变的增加而下降。当水泥含量为 6%时，固化矿泥试样的无侧限抗压强度分别为 483.7kPa、492.5kPa 和 483.7kPa，平均抗压强度为 486.6kPa。当水泥含量为 8%时，固化矿泥试样的无侧限抗压强度分别为 726.0kPa、868.1kPa 和 792.4kPa，平均抗压强度为 795.5kPa。当水泥含量为 10%时，固化矿泥试样的无侧限抗压强度分别为 1098.8kPa、1316.5kPa 和 1303.7kPa，平均抗压强度为 1239.7kPa。当水泥含量为 12%时，固化矿泥试样的无侧限

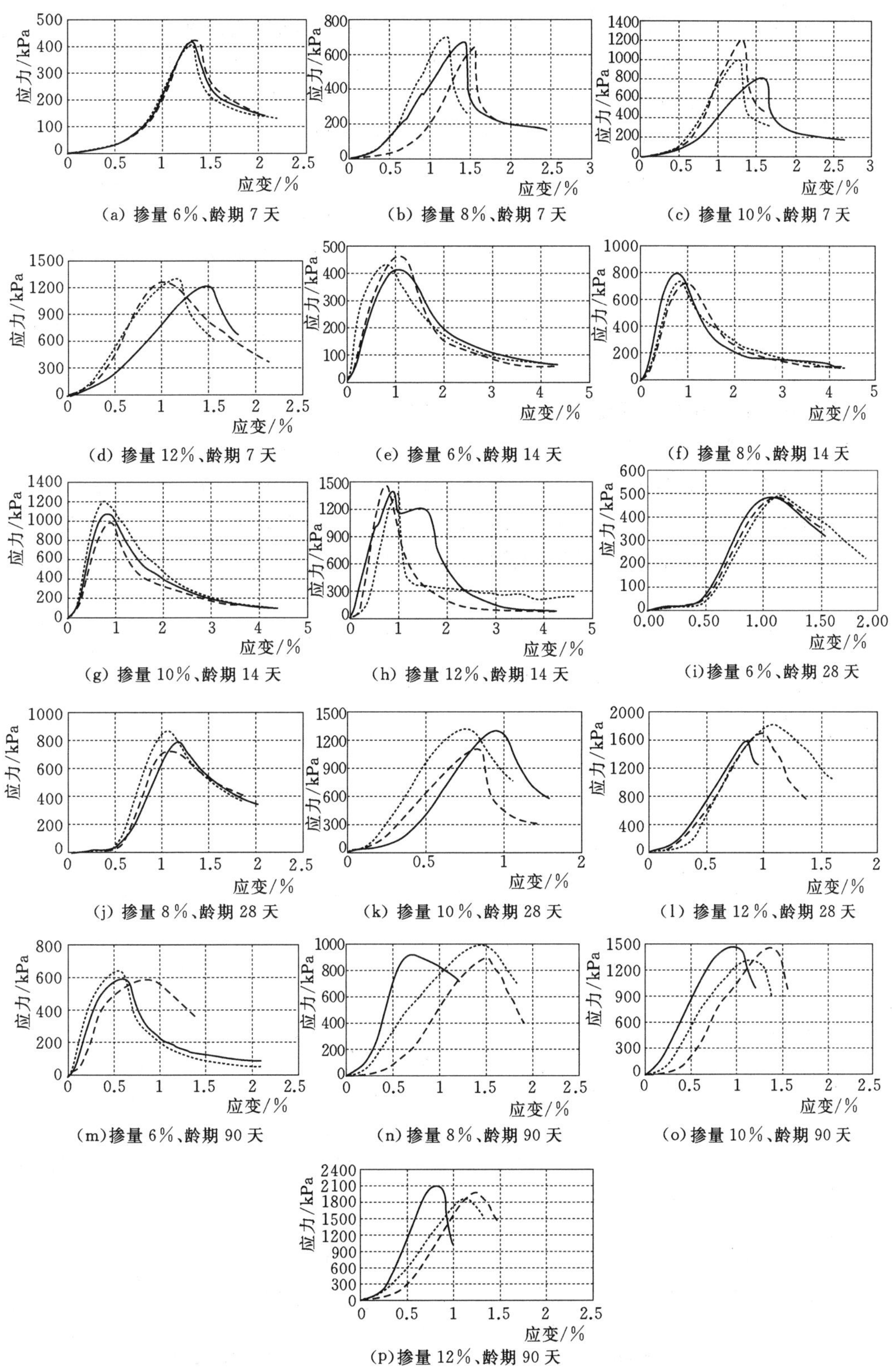

(a) 掺量6%、龄期7天　(b) 掺量8%、龄期7天　(c) 掺量10%、龄期7天

(d) 掺量12%、龄期7天　(e) 掺量6%、龄期14天　(f) 掺量8%、龄期14天

(g) 掺量10%、龄期14天　(h) 掺量12%、龄期14天　(i)掺量6%、龄期28天

(j) 掺量8%、龄期28天　(k) 掺量10%、龄期28天　(l) 掺量12%、龄期28天

(m)掺量6%、龄期90天　(n)掺量8%、龄期90天　(o)掺量10%、龄期90天

(p)掺量12%、龄期90天

图3　水泥固化矿泥应力-应变曲线

抗压强度分别为 1696.1kPa、1808.6kPa 和 1593.9kPa，平均抗压强度为 1699.7kPa。

在养护龄期为 90d 时，水泥含量为 6%、8%、10%和 12%条件下固化矿泥试样轴向应力随着应变的增加而上升，轴向应力达到峰值之后，逐渐随着应变的增加而下降。无侧限条件下水泥固化尾矿试样的应力应变曲线表现为脆性破坏。当水泥含量为 6%时，固化矿泥试样的无侧限抗压强度分别为 586kPa、585.8kPa 和 635.6kPa，平均抗压强度为 602.5kPa。当水泥含量为 8%时，固化矿泥试样的无侧限抗压强度分别为 897.7kPa、920.4kPa 和 994.7kPa，平均抗压强度为 937.6kPa。当水泥含量为 10%时，固化矿泥试样的无侧限抗压强度分别为 1458.4kPa、1468.2kPa 和 1312.8kPa，平均抗压强度为 1413.1kPa。当水泥含量为 12%时，固化矿泥试样的无侧限抗压强度分别为 1979.4kPa、2088.9kPa 和 1887.1kPa，平均抗压强度为 1985.2kPa。

2.2 水泥掺量对固化矿泥无侧限抗压强度的影响

图 4 为固化矿泥的无侧限抗压强度随水泥掺量的变化曲线。可以看出，在 7d、28d、60d 和 90d 四种养护龄期条件下，固化尾矿泥的破坏强度都随着水泥含量的增加而增大，相同条件下，水泥含量越高固化矿泥破坏强度越大。从图中还可以看出，当水泥含量从 6%增大至 12%时，固化矿泥试样的无侧限抗压强度表现出随着固化剂含量升高而增大的特性。

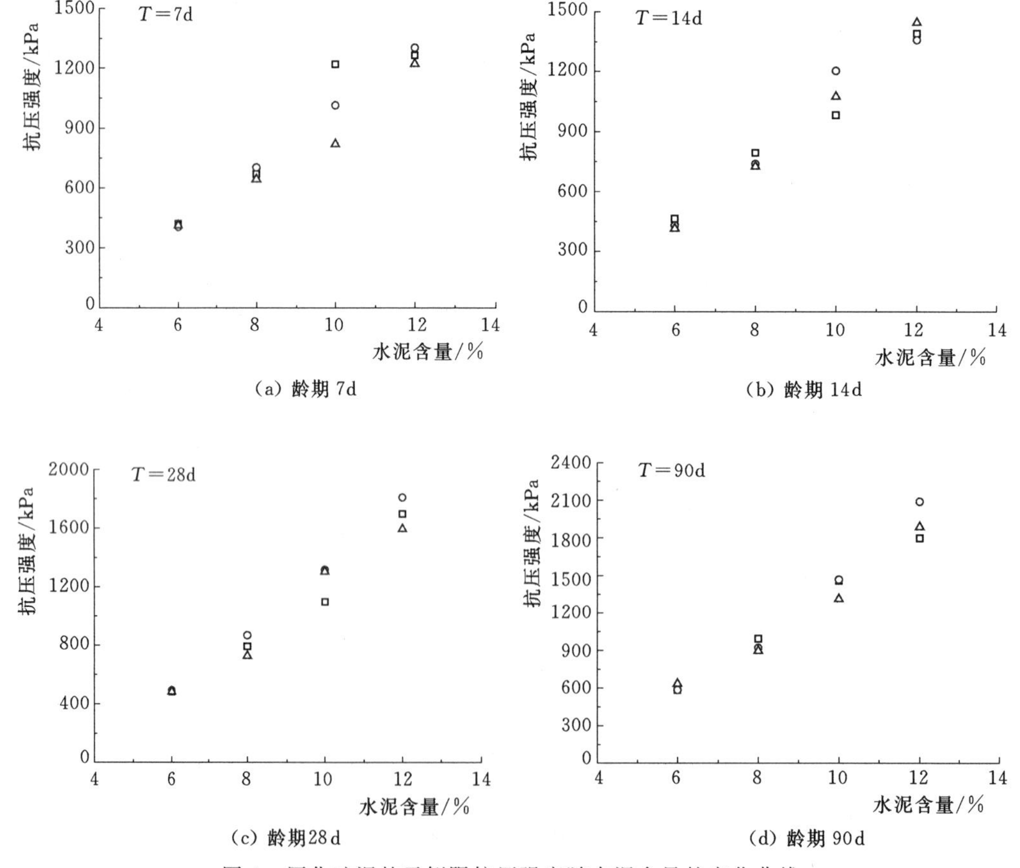

(a) 龄期 7d
(b) 龄期 14d
(c) 龄期28d
(d) 龄期 90d

图 4 固化矿泥的无侧限抗压强度随水泥含量的变化曲线

以图4（b）为例，当水泥固化尾矿泥试样养护龄期28d时，水泥含量为6.0%时，固化矿泥无侧限抗压强度为486.6 kPa，水泥含量为8.0%时，固化矿泥无侧限抗压强度为795.5 kPa，上升为原来的1.6倍。水泥含量为10.0%时，固化矿泥无侧限抗压强度为1239.7 kPa，上升为原来的1.6倍。水泥含量为12.0%时，固化矿泥无侧限抗压强度为1699.7 kPa，上升为原来的1.37倍。可以看出，在试验范围内，固化矿泥无侧限抗压强度随着水泥掺量的升高而增大。

水泥固化矿泥强度上升主要是由于水泥的水化反应以及水化产物氢氧化钙与尾矿中硅离子之间的火山灰反应。向土体中加入水泥之后，水泥中的主要熟料矿物硅酸三钙、硅酸二钙、铝酸三钙以及石膏与水发生反应，生成水化硅酸钙（CSH），水化铝酸钙（CAH），水化铁铝酸钙等产物。同时，水泥水化反应产物氢氧化钙与黏土中的矿物成分二氧化硅进一步发生火山灰反应，形成了更多的水化产物。水化产物结晶形成簇间和颗粒间的黏结，颗粒间的黏结使得水泥土材料形成了显著的黏聚力。但水泥的水化反应速度较快并且主要在颗粒体之间的孔隙中发生，使土颗粒和土中团聚体形成高强度的封闭结构。相比之下，水化产生的氢氧化钙与黏土中二氧化硅以及氧化铝反应主要在黏土矿物表面发生，因此火山灰反应产物主要使黏土颗粒之间互相黏结。水泥中的石膏也是使加固土体强度缓慢增长的一个因素。硫酸钙遇水反应后形成水化物，水化物形成的絮凝结构可以显著增加土体中钙离子的含量，改变了水泥固化矿泥的微观结构，石膏结晶形成的矿物同时具有一定的膨胀性，可以起到提高土体密实度的作用。

2.3　养护龄期对固化矿泥无侧限抗压强度的影响

在泥的处置与资源化利用处理过程中，水泥固化材料往往作为工程上的持力层或者回填料适用，其强度和变形随时间的发展规律是工程界普遍关注的问题，而不同类型的固化黏土强度随时间的增长规律也不相同。特别对于尾矿泥浆而言，其强度随着龄期的变化特性更加需要通过试验研究进行揭示。鉴于此，本文开展的不同养护龄期条件下固化尾矿泥浆强度随着养护龄期的变化规律，试验结果如图5所示。

图5为固化矿泥的无侧限抗压强度随养护龄期的变化曲线。可以看出，水泥固化矿泥的强度随着养护龄期的增长而增大，相同条件下，养护龄期越长强度越高。以图5（a）为例，当养护龄期为7d时，固化矿泥无侧限抗压强度为412.3kPa，当养护龄期为14d时，固化矿泥无侧限抗压强度为435.9kPa，强度上升1.06倍，当养护龄期为28d时，固化矿泥无侧限抗压强度为486.6kPa，强度上升1.12倍，当养护龄期为90d时，固化矿泥无侧限抗压强度为602.4kPa，强度上升1.25倍。固化矿泥强度随着养护龄期增加而变大的主要原因如下：随着养护龄期的增加，土体内部水化反应产物含量逐渐升高，同时水化产物随着龄期的增加逐渐硬化，颗粒间胶结作用增强，增加了固化矿泥抵抗剪切变形的能力，在宏观上表现出强度随着养护龄期增加而增大的特性。

3　结论

（1）水泥掺量为大于6%固化矿泥在剪切过程中呈现脆性破坏特征。轴向应力随着应

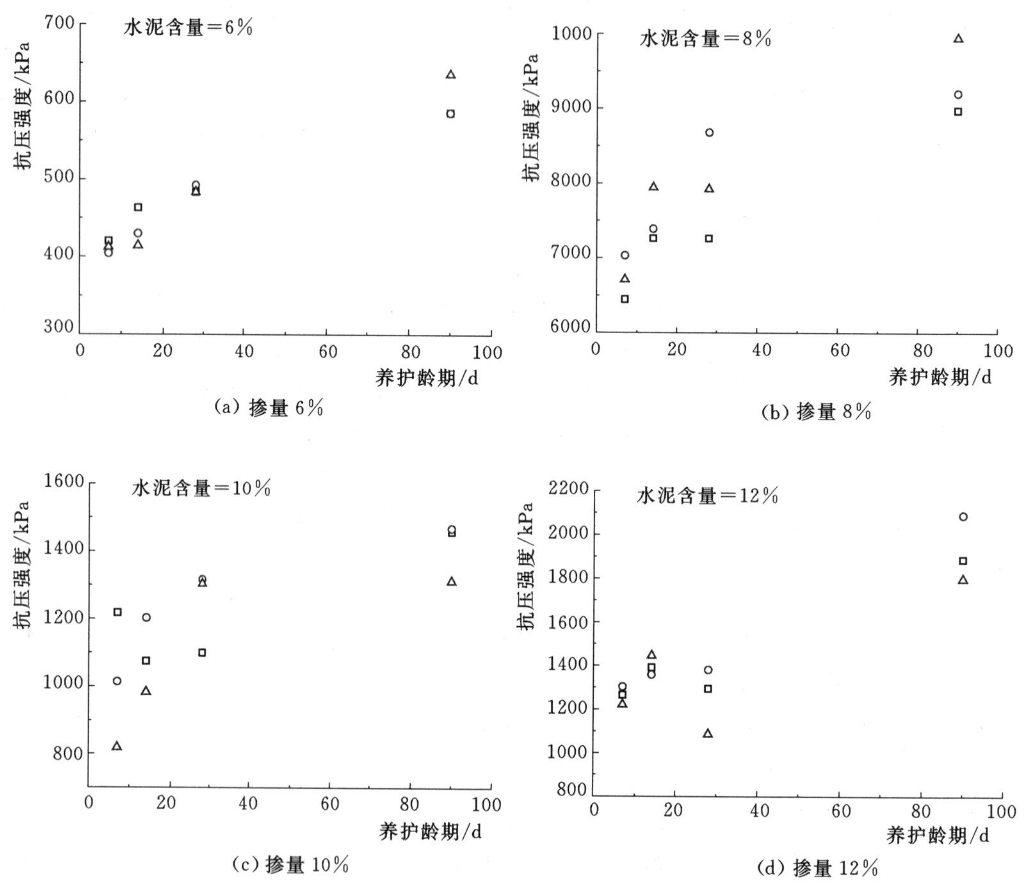

(a) 掺量 6%

(b) 掺量 8%

(c) 掺量 10%

(d) 掺量 12%

图 5 固化矿泥的无侧限抗压强度随养护龄期的变化曲线

变的增加先上升，达到峰值之后随着应变的继续增大迅速降低，破坏应变均小于 2%。

(2) 固化矿泥的抗剪强度与水泥掺量和养护龄期等因素有关。试验范围内水泥掺量越高、养护龄期越长，固化矿泥抗压强度越大。

参考文献

[1] 陶然. 桂西铝土矿排泥库工程特性及区划研究 [D]. 南宁：广西大学，2016.

[2] 陈继斌. 矿泥的危害及对策 [J]. 中国锰业，1998 (2)：3-5.

[3] 赵文海. 铝土矿尾矿脱水试验与研究初探 [Z].

[4] 李永亭，张云龙. 高效高频脱水筛在尾矿干排处理中的应用实践 [J]. 黄金，2016，37 (5)：66-70.

[5] 占鑫杰. 市政污泥的化学调理和真空预压联合作用固结机理及应用 [D]. 杭州：浙江大学，2015.

[6] 王太海，陈建宏，黄振艺. 一种尾矿物料的压滤脱水试验研究 [J]. 黄金科学技术，2018，26 (3)：379-386.

[7] 王东，魏有林，吴鹏. 尾矿干排干堆技术在西北某铜选厂的应用 [J]. 现代矿业，2019，35 (6)：266-267.

[8] 赵文海. 铝土矿尾矿脱水试验与研究初探 [Z]. 中国山东济南：20125.

[9] 刘远清，李传营，王博. 尾矿压滤干堆技术在金岭铁矿的应用 [J]. 金属矿山，2006 (S1)：479-481.

[10] 吴红，齐美超，潘猛. 尾矿浓缩脱水工艺在张庄矿的应用 [J]. 现代矿业，2020，36 (3)：144－145.

[11] 齐美超，钱士湖，吴红，等. 张庄铁矿低浓度、细粒尾矿脱水试验 [J]. 现代矿业，2019，35 (12)：148－150.

[12] 刘成功，赵振龙，陈佳丽，等. 旋流器与直线脱水筛在首钢水厂尾矿干排系统中的应用 [J]. 矿产综合利用，2019 (2)：120－123.

改扩建道路纵向加高段拼宽技术研究

黄亚飞[1,2]　程小强[1,2]　盖卫鹏[1,2]　刘成成[3]

（1. 中交第一公路勘察设计研究院有限公司，陕西西安　710065；
2. 陕西省公路交通防灾减灾重点实验室，陕西西安　710065；
3. 咸阳市规划设计研究院，陕西咸阳　712000）

摘　要：依托惠盐高速深圳段改扩建工程，采用三维有限差分程序研究了纵断高抬高段路基单、双侧拓宽两种工况下的差异沉降，研究结果表明：从路基和地基的变形上看，两侧加宽在绝对沉降以及差异沉降上均小于单侧加宽。针对道路保通需求问题，制定了加高拓宽段路基施工工艺与交通组织方案，提出采用半幅先抬高、半幅保通的拼宽方式。通过对 4 种抬高方案的适用性论证，提出在中分带设置挡土墙支护半幅先抬高路基，制定了适用于不同抬高高度的路基临时支挡方案及临时安全措施。

关键词：道路改扩建；主线纵断抬高；路基拼宽方式；中分带挡土墙

0　引言

随着社会经济的快速发展，早期修筑的部分公路已不能满足日益增长的交通需求，大规模的改扩建势在必行。早期修筑的部分公路技术指标较低，路线纵坡指标已不能满足现行规范的要求、既有桥涵的净空也已不满足被交道路的净空需求。在进行改扩建时除了需要对道路进行拓宽外，还必须对既有路基进行相应的加高，以满足纵坡指标和桥涵净空的要求，出现拓宽后路堤的设计标高将高于拓宽前老路堤的设计标高的情况。

出于改扩建施工期间道路的保通需求，加高填筑的拓宽道路往往无法全断面施工，必须分幅进行加高拓宽。由于路基抬高高度较大，在选择加高拓宽段路基修筑方式上必须综合考虑道路保通、路基稳定性，以及路基分幅填筑时不对称堆载带来的路面下沉、开裂问题。

通过查阅已有文献发现，目前多数改扩建工程新旧路基纵断调整都不大，缺乏对于纵断抬高高度较大情况下道路的修筑方式研究。章定文等[1]采用参数分析方法探讨了不同加宽路堤宽度、不同软土层厚度、不同的新老路堤刚度比时加宽路堤的填筑对老路变形规律的影响。杨涛等[2]研究了老路基抬高加宽路基时的路表沉降、路表水平位移和地基土侧向位移。宋晓莉、王甲勇等[3-4]研究了主线路基抬高路段新旧路基结合部的处理方式、拓宽保通方式。范红英等[5]研究高速公路拓宽方式对路基沉降的影响。

作者简介：黄亚飞（1991—　），男，工程师，硕士，主要从事道路勘察设计及科研工作。

基金项目：国家重点研发计划项目（高陡边坡、高填及特殊路基的健康监测、全生命期安全评价和预警平台-2016YFC0802203）。

本文以惠盐高速深圳段改扩建工程为依托，采用数值模拟对比分析了路基单双侧拓宽的差异沉降，提出了纵断抬高段路基的拼宽方式、交通组织形式和新旧路基临时支挡措施。

1　依托工程概况

惠盐高速公路于1994年建成通车，近年来交通量增长迅速，局部路段高峰时段服务水平已明显降低，交通拥堵已成为常态，对现状惠盐高速公路的改扩建已迫在眉睫。

惠盐高速深圳段既有路基宽度24.5m，路基拓宽后宽度为41.0m。由于部分路段桥涵的净空提高和新增立交设置的需求，惠盐高速深圳段改扩建工程对路线纵坡进行了较大的调整，主线纵断面调整范围广、调整高度大。纵断调整段总长13.7km，路面最大抬高高度达5.13m。主线纵断调整路段见表1。

表1　　主线纵断调整路段一览表

序号	起讫桩号	长度/m	平均抬高/m	最大抬高/m
1	K34+200～K34+418	1218	1.95	3.58
2	K36+431～K37+113	982	1.50	2.55
3	K37+113～K38+692	1580	2.72	4.88
4	K40+454～K41+581	1127	3.50	5.13
5	K41+993～K44+589	2597	1.85	4.00
6	K44+589～K46+463	2054	1.97	4.56
7	K47+744～K49+195	1451	1.33	2.70
8	K49+471～K51+111	1640	1.76	3.09
9	K51+111～K52～235	1124	1.93	3.07

惠盐高速深圳段改扩建工程面临的主要难点有：①途经区域为经济较为发达的地区，道路交通量大、两侧城市化程度高、土地资源稀缺，要求改扩建过程中尽量减少对既有道路的交通干扰；②主线纵断调整涉及路基加高，考虑旧路保通的需要，路基无法全断面施工，必须分幅、分期对左右两幅道路进行拓宽抬高；③先期抬高的半幅路基与旧路之间存在较大的高差，必须采取临时支挡或特殊的路基形式。这些临时支挡不易拆除，残留在路基中会造成路面的不均匀沉降；若后期左、右幅路基拼接时接缝处理不好，易导致路面结构开裂。

惠盐高速深圳段改扩建工程主线纵断面调整范围广、调整高度大，由此带来的一系列问题是常规改扩建项目所未曾遇到的。因此，本项目在选择路基加高方式和拼宽方案时进行了充分论证。

2　路基单双侧加宽的变形特性分析

2.1　分析手段与模型参数

该项目建设里程短，互通式立交间距密，沿线城市化特征明显，建筑物密集，这使得改扩建工程征地受限，只能采取两侧拓宽或单侧拓宽等征地较少的方案。

选取本项目中某一地质不良且路基加高高度较大的路段作为典型分析对象，该路段既有路基高度 4.0m，路基抬高高度 4.0m，且地表浅层存在 2.9m 的软弱土，路基分幅抬高时可能会引起对向通车道路产生较大的附加沉降。该段路基属于全线路基中较为薄弱的一段，计算参数参考本工程勘察报告[6]和现场调查资料[7]，地质剖面及路基横断面如图 1 所示，路基及地基岩土参数见表 2。

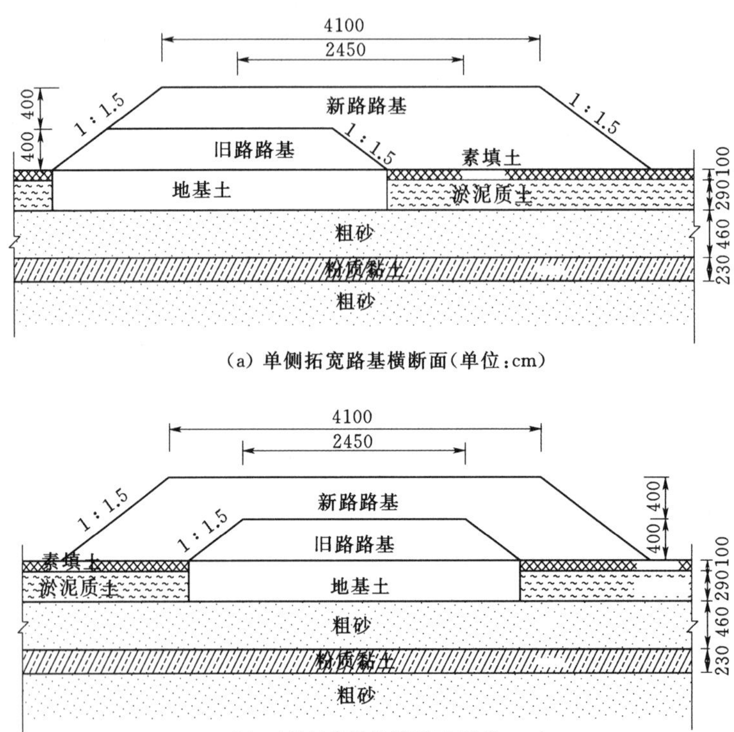

(a) 单侧拓宽路基横断面(单位:cm)

(b) 双侧拓宽路基横断面(单位:cm)

图 1　地质剖面及路基横断面

表 2　　路基及地基岩土参数

地层名称	天然密度/(g/m³)	弹性模量/MPa	泊松比 ν	内摩擦角 φ/(°)	黏聚力 C/kPa
素填土	1.85	12.0	0.35	15.0	10.0
淤泥质土	1.70	4.0	0.45	3.0	8.0
粉质黏土	1.80	16.0	0.35	15.0	15.0
粗砂	1.95	18.0	0.3	22.0	/
旧路基	2.00	40.0	0.3	30.0	22.0
旧地基	1.85	18.0	0.35	15.0	10.0
新路基	2.00	40.0	0.3	28.0	20.0
新地基	1.95	18.0	0.35	15.0	10.0

数值模拟的主要假设及边界条件如下：

（1）路基是带状构造物，其横向尺寸远小于纵向尺寸，因此可以把空间应变问题简化为平面应变问题来考虑。

（2）在建立分析模型时，路堤填土和地基土的本构关系采用理想弹塑性模型，材料的强度准则采用 Mohr－Coulumb 强度准则。

（3）模型计算宽度取 3 倍的拓宽路基底宽，地基计算深度取 55m。经计算，深度 55m 处附加应力与自重应力之比小于 0.1，符合 JTG/T D31－02—2013《公路软土地基路堤设计与施工技术细则》4.1.3“软土地基沉降应计算至附加应力与自重应力之比不大于 0.15 处”的规定。

（4）根据设计文件，拼宽路面结构层厚 100cm，为简化计算，将路面结构荷载简化为 20kPa 的均布荷载。Han 等[8]研究认为使用 10kPa 的均布荷载等效替代交通荷载对路面结构层的作用响应，计算所得变形结果与实测较为一致。因此，本文在计算中也将交通荷载等效为 10kPa 的均布静荷载。

（5）模型左、右侧边界水平方向约束，竖向自由。

惠盐高速经过 20 多年的运营，既有路基和地基的固结沉降已基本完成。因此，在进行改扩建工程沉降计算时，先对既有路堤与地基进行计算，该步计算完毕后将土体的变形与位移清零，但保留应力，作为改扩建沉降计算的初始应力状态；然后再分层填筑新路堤，计算拓宽路基的总沉降。

2.2　结果分析

路基的差异沉降是导致路面结构开裂的主要原因，因此此处重点分析拓宽路基的竖向位移。图 2、图 3 分别为单侧、双侧拓宽抬高路基在自重、路面及行车荷载作用下的竖向位移云图，图 4、图 5 分别为单侧、双侧拓宽抬高路基表面的变形曲线。

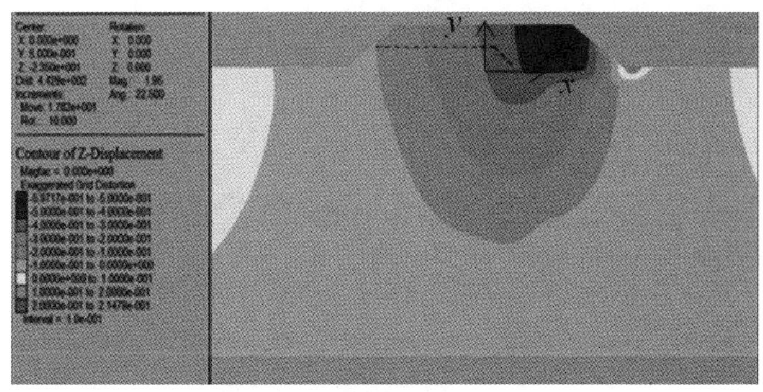

图 2　路基单侧拓宽竖向位移云图

从图 2、图 4 可以看出：①单侧拓宽路基表面的沉降曲线形态似一把“勺子”，沉降变化较为剧烈；②路基表面的横向差异沉降为 45cm，路拱横坡改变量达 1.3%。从图 3、图 5 可以看出：①双侧拓宽路基顶面的沉降曲线形态似倒扣“盆”形，新旧路基结合部两侧的沉降变化较大；②路基中部沉降变化较为平缓，路中与路肩差异沉降为 14cm，路拱横坡增加量为 0.7%。

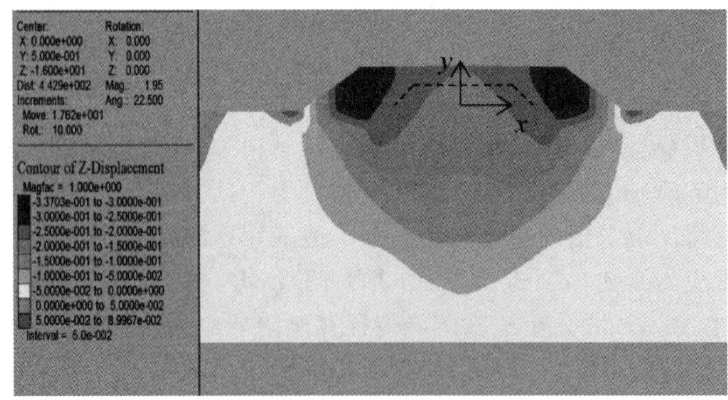

图 3　路基双侧拓宽竖向位移云图

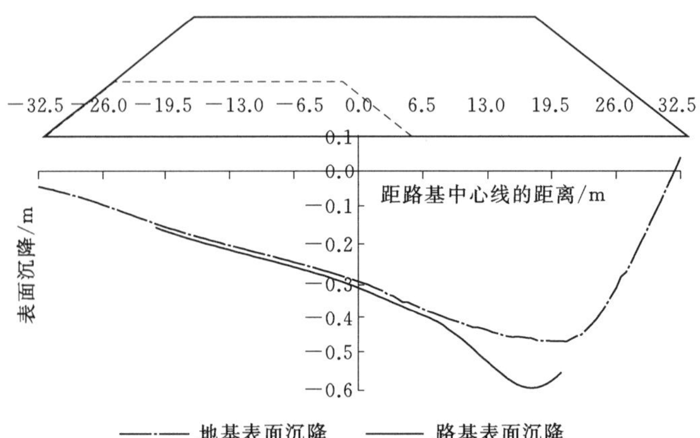

图 4　单侧拓宽路基表面沉降曲线

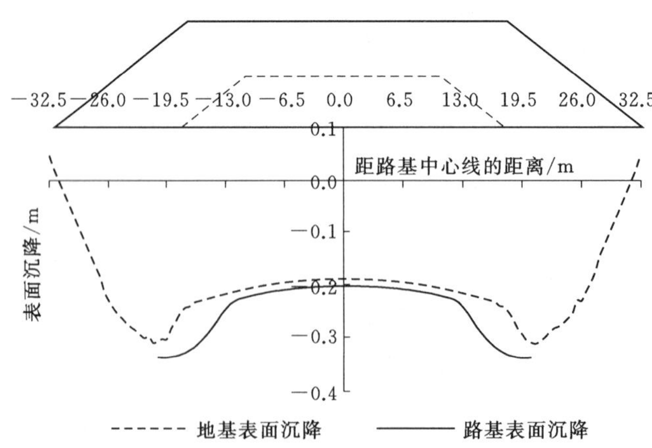

图 5　双侧拓宽路基表面沉降曲线

通过以上分析可以发现，两侧加宽较单侧加宽沉降变形平缓，且路基表面的工后差异沉降也远小于单侧拓宽，单侧拓宽路基表面出现反向横坡，对路基排水和行车不利。因此，惠盐高速深圳段改扩建工程采用在既有道路两侧拼宽的改扩建方案。

3 加高拓宽段路基改扩建方案

3.1 加高拓宽段路基施工工艺与交通组织

目前高速公路改扩建路基设计方案中，纵断抬高常用的方式是先老路两侧拓宽填筑至老路路面标高处，然后采用全断面整体分层填筑的方式进行施工。本项目由于道路的保通需求，路基无法全断面填筑，通过分析论证，采用分幅抬高、分期填筑的拼宽方式，如图6所示。抬高段路基施工要点和交通转换如下：

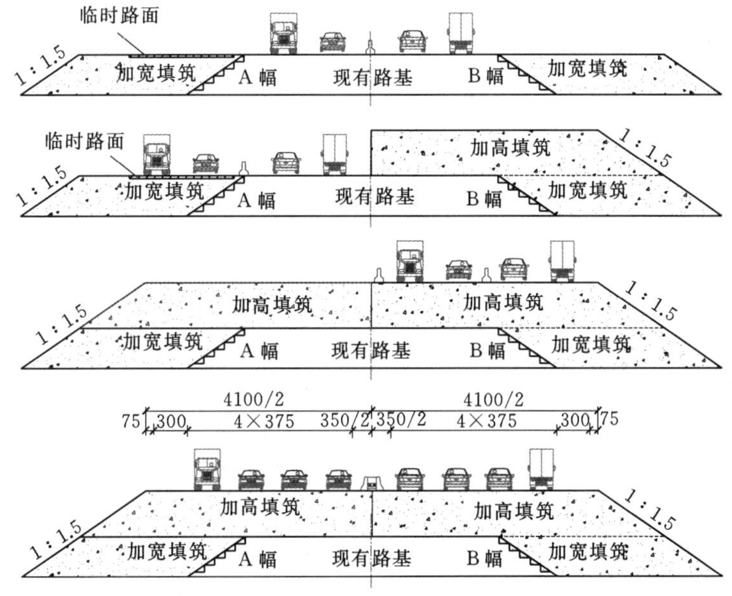

图6 加高拓宽段路基改扩建方案

(1) 施工两侧拓宽部分路基与旧路基高度平齐。对旧路基边坡自下而上开挖台阶，台阶宽1.5m，并设向内倾4%的斜坡，开挖一级及时填筑一级。新填筑路基填料宜选用与既有路堤相同，压实度提高一个百分点，每填高2m铺设一层土工格栅。路基两侧宜同时进行对称填筑，以避免两侧不对称填筑引起的侧向土压力推动既有路基发生水平滑移，同时也加快了施工进度。

(2) 挖除A幅老路基土路肩及路侧护栏，铺设临时路面，设置临时安全设施，将车辆全部转移至A幅通行。

(3) 封闭B幅道路，对B幅旧路面进行破碎，逐层填筑B幅路基至设计标高，完成路面及排水等设施，设置临时安全设施。

(4) 封闭A幅，将车量全部转移至B幅，对A幅旧路面进行破碎，逐层填筑A幅路基至设计标高，铺设A幅路面，施工中央分隔带及排水等设施。

(5) 恢复左右分幅行驶，完成改造。

由于左、右幅路基的拼接缝位于中央分隔带内，且左右两幅道路相对独立，因此，接缝两侧路基的差异沉降将不会两侧路面结构产生太大影响。

3.2 半幅加高路基临时支挡方案

如图 6 所示，B 幅路基在抬高施工期间，内侧路基与既有道路存在较大的高差，由于路线保通压力大，若采用放坡填筑将势必将占用较大的空间影响保通道路的通行，需采用直立填筑的形式才能尽可能减小对保通路的交通扰动。项目选取了泡沫轻质土路基、中分带悬臂式挡土墙、中分带钢板桩、桩板式无土路基四种路基（支挡）形式。在方案比选时遵循技术可行、经济合理的原则，得出以下结论：

（1）气泡混合轻质土路基自重轻、整体性好、直立性强，但造价较贵，目前的综合单价超过 360 元/m^3，大规模应用不经济。

（2）既有路基经过运营期间的长期碾压，密实度很高，钢板桩的打入比较困难。且钢板桩的打入切断了左右幅路基的整体性、拔出扰动较大，因此在中分带位置设置钢板桩的方案并不适用。

（3）桩板式无土路基结构上可以认为是无梁的板桥，在解决地基承载力不足、控制不均匀沉降、节约用地等方面具有一定优势，缺点是相较于填土路基造价相对较高。

（4）悬臂式挡土墙施工速度快、挡墙质量易控制，对地基承载力要求低，经济性较好。

综上所述，本项目采用在半幅抬高路基内侧中分带位置设置挡土墙的方法处理新旧路基的高差，挡土墙顶面直接作为中央分隔带混凝土护栏的基础（见图 7）。由于悬臂式挡土墙不易拆除，但由于设置在中央分隔带位置，残留在路基中也不会造成路面的不均匀沉降。本项目通过计算分析，提出以下适用于不同纵断抬高高度的路基临时支挡方案。

（1）路面抬高小于 1.5m 的路段，可在中分带位置设置素混凝土重力式挡墙。

（2）路面抬高大于 1.5m 的路段，可在中分带位置设置钢筋混凝土悬臂式挡土墙。

（3）中分带挡墙墙顶可作为防撞护栏的基础。

（4）对于纵断加高高度大于 1.5m 的路段，可在防撞护栏上增设防抛网。

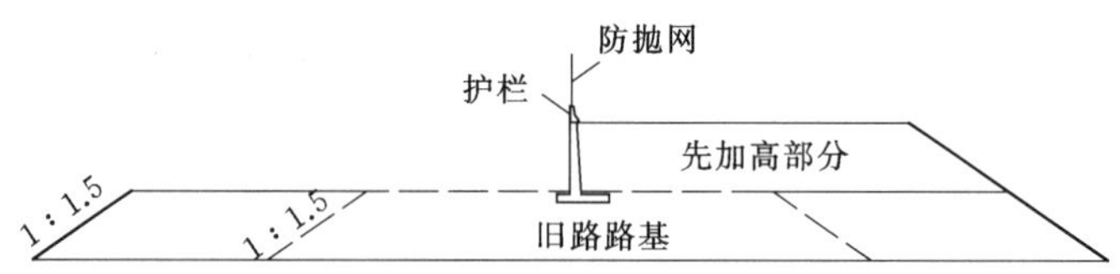

图 7 半幅加高路基临时支挡示意图

4 结语

依托惠盐高速公路深圳段改扩建工程，对纵断高抬高路基的拓宽方式、拼宽方案、新旧路基支挡方案进行了分析和论证，得到以下结论：

（1）采用双侧对称加宽时，路基表面的最大沉降为 34cm，路基表面的差异沉降为 14cm；采用单侧加宽，路基表面的最大沉降为 60cm，路基表面差异沉降可达 45cm。从路基和地基的变形上看，两侧加宽在绝对沉降以及差异沉降上均小于单侧加宽，单侧拓宽路基表面出现反向横坡，对路基排水和行车不利。

（2）改扩建高速公路主线纵断抬高段路基可采用半幅先抬高、临时路面的拓宽方式，左、右半幅路基的拼接缝位于中央分隔带内，有利于降低差异沉降对两侧路面结构的影响。

（3）路基分幅抬高时可采用在中分带位置设置挡土墙的方法处理新旧路基的高差。路面抬高高度小于 1.5m 时，可采用素混凝土重力式挡墙；路面抬高高度大于 1.5m 的路段，可采用钢筋混凝土悬臂式挡墙进行支挡。

（4）中分带挡墙墙顶可作为防撞护栏的基础。对于纵断加高高度大于 1.5m 的路段，可在防撞护栏上增设防抛网。

参考文献

[1] 章定文，刘松玉. 高速公路扩建工程中新路填筑对老路影响的参数分析 [J]. 公路交通科技，2006 (7)：31 - 34.

[2] 杨涛，阮一舟，张文彦，等. 老路基抬高的公路拓宽工程变形特性数值分析 [J]. 公路交通科技，2013，30 (7)：35 - 39.

[3] 宋晓莉，孙玉海，陈侠. 滨莱高速改扩建工程路基设计关键问题研究 [J]. 山东交通科技，2017 (1)：97 - 99.

[4] 王甲勇，刘超，程磊. 滨莱高速公路淄博西至莱芜段改扩建工程交通组织方案 [J]. 山东交通科技，2016 (2)：27 - 31.

[5] 范红英，折学森，边汉亮，等. 高速公路拓宽方式对路基沉降的影响 [J]. 交通运输工程学报，2012，12 (1)：13 - 18，37.

[6] 中交第一公路勘察设计研究院. 惠盐高速公路深圳段改扩建工程勘察设计详细工程地质勘察报告 [R]. 2018.

[7] 中交第一公路勘察设计研究院. 惠盐高速公路深圳段改扩建工程勘察设计两阶段施工图设计 [R]. 2018.

[8] Han J，Gabr M A. Numerical Analysis of Geosynthetic - Reinforced and Pile - Supported Earth Platforms over Soft Soil [J]. Journal of geotechnical and geo - environmental engineering，ASCE，2002，128 (5)：44 - 53.

真空联合覆水预压处理某江滩地基试验研究

龚永康　康　星　李　哲　赵丁凤

（中交上海航道勘察设计研究院有限公司，上海　200120）

摘　要：华东地区某江滩场地，表层有素填土，浅部存在软弱地基土且成层分布，下部有砂层，拟采用真空联合覆水预压地基处理。通过设置表层沉降板、分层沉降磁环、孔隙水压力计、真空表、测斜和水位等观测装置，对真空联合覆水的预压过程进行监测。同时，通过固结度计算和加固后十字板剪切试验及土工试验对加固效果进行评价，得出真空联合覆水预压处理该江滩地基固结度大于90%，6m内承载力特征值大于100kPa的结论。

关键词：真空联合覆水预压；固结度计算；软基处理

0　引言

真空联合堆载预压法在堆载材料容易获得时有其独特的优势：先进行真空预压处理，待土体强度有所提高后进行堆载，具有真空预压和堆载预压的双重加固效果，该方法具有工期短、造价低、工后沉降及不均匀沉降小和加固效果好等优点[1]。但是，在堆载材料不容易获得时，膜上覆水也可作为堆载材料的一种，起到真空联合堆载预压的效果。

直排式真空预压法一般采用粉细砂垫层代替传统工艺中的中粗砂垫层，将塑料排水板与真空滤管直接相连，使真空压力从滤管中直接传递到塑料排水板内[2]。为了减少真空度消耗，通过使用主管和支管（如钢丝软管）直接将塑料排水板与真空泵相连，消除了真空度传递过程中砂垫层、滤管、滤膜的阻尼作用，消除了真空荷载通过砂垫层、滤管、滤膜时的传递损失，提高了真空荷载的利用效率，提高了土体和排水板的压力差，增加了有效应力，缩短了加固时间，提升了加固效果；并且由于其取消了水平排水砂垫层，节约了大量的中粗砂资源[3]。地基的固结度的预测方法有双曲线法、三点法、Asaoka法及孔压固结度法等[4]，各方法计算结果有所差别。

本文通过华东地区某江滩场地的软基处理试验研究，运用直排式真空联合覆水预压的方法，通过固结度计算和加固后十字板剪切试验及土工试验分析对该方法的加固效果进行评价。

1　现场试验方案

1.1　工程概况及工程地质条件

该试验场地为华东地区某江滩滩涂场地，原场地环境为芦苇塘。地基处理前，塘内有

作者简介：龚永康（1983—　），男，高工，注册岩土工程师，从事岩土工程勘测设计研究。

冲填土，后在表层回填素填土及部分杂填土。排水板加固范围内主要有下面几层：$①_{0-2}$素填土、$①_{0-3}$冲填土、$①_2$淤泥质粉质黏土、$②_1$粉质黏土、$②_3$淤泥质粉质黏土；其下土层依次为$③_{1a}$粉砂、$③_1$粉砂等。其中，$①_{0-3}$冲填土主要由钻孔灌注桩的泥浆组成，回填时间超过7年，含水率高，$①_2$淤泥质粉质黏土和$②_3$淤泥质粉质黏土，灰色，流塑，局部为淤泥，夹粉砂薄膜，高压缩性。此3层为本次试验主要加固土层。加固前各土层物理指标统计表见表1。

表1　加固前各土层物理指标统计表

土　层	层厚 H /m	含水率 ω/%	密度 ρ /(g/cm³)	孔隙比 e_0	压缩模量 E_{s1-2} /MPa	固结快剪		k_v /(cm/s)	k_h /(cm/s)
						黏聚力 c/kPa	内摩擦角 φ/(°)		
$①_{0-2}$素填土	5.2～5.8	39.4	1.82	1.099	3.1	—	—	—	—
$①_{0-3}$冲填土	1.0～5.1	55.3	1.67	1.555	2.8	14.8	13.8	4.73×10^{-7}	3.42×10^{-7}
$①_2$淤泥质粉质黏土	1.9～9.0	41.3	1.79	1.162	3.1	11.3	17.5	1.69×10^{-7}	9.28×10^{-7}
$②_1$粉质黏土	2.1～6.0	32.2	1.89	0.900	8.1	10.0	21.8	2.82×10^{-7}	3.06×10^{-7}
$②_3$淤泥质粉质黏土	5.1～10.0	40.7	1.79	1.150	3.7	24.3	16.1	—	—

勘探深度范围内地下水主要赋存于松散沉积层中的孔隙潜水及微承压水，主要受大气降水、地表水下渗补给。实测的场地地下水水位埋深0.00～2.80m。

1.2　地基处理方案

软基处理后要求地面以下6m范围内形成硬壳层的地基承载力特征值 f_{ak} 不应小于100kPa，地基土的压缩模量 E_s 不宜小于4.0MPa，固结度不宜小于90%。为了加快深厚软土的固结速率，根据场地材料条件，拟采用真空联合覆水预压加固。加固区大致为矩形，长约500m，宽约255m。

场地平整至预设标高后，铺设厚度不小于30cm的中粗砂垫层作为工作垫层（含泥量小于5%），打设B型塑料排水板，深度进入$②_3$淤泥质粉质黏土层，距离$③_{1a}$粉砂、$③_1$粉砂层顶1.0m，塑料排水板间距1.0m，正方形布置。排水板与钢丝软管采用手型接头连接，密封膜采用二层厚度0.12～0.16mm的聚乙烯密封膜，膜下一层300g/m² 的土工布作为膜下保护层。膜下真空度不小于85kPa，周围一圈用黏土修筑挡水围埝，为上窄下宽的梯形断面，分三层夯筑，内侧铺设密封膜，膜上覆水厚度不小于1.5m。分级加载，如图1所示，加载采用水环真空泵房在区域外抽真空，通过主管和支管管路将真空度传递至场地内部的负压罐、主管、支管最后直达排水板中。加载过程中侧向位移速率控制在5mm/d以内，地表沉降速率控制在30mm/d以内。卸载标准为按实测沉降曲线计算的平均固结度不小于90%，连续5d地表沉降速率不大于1.5mm/d。

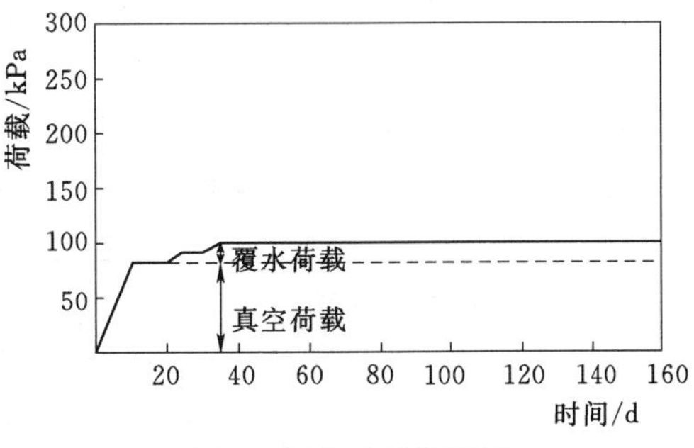

图1　加载过程曲线图

1.3 现场监测方案

现场分为 4 个区域（见图 2），每个区域布置 6～9 个地表沉降板，用以监测预压期地表沉降量；沉降板旁各布置 1 块膜下真空表，用以监测预压期膜下真空度变化情况。每个区域的中心位置各布置 1 组孔隙水压力计和 1 组分层沉降仪，每组孔隙水压力计布置 4 个测头，测头间距约 3m，用以监测不同深度处的孔压消散规律；每组分层沉降仪布置 6 个磁环，用以监测不同深度处土层的沉降情况。在区域边界处设置 4 处测斜与水位结合孔，用以监测边界处地基土向区域内的深层水平位移及地下水位情况。每个区域在预压结束后各布置 1 组现场载荷试验、十字板剪切试验及钻孔取土试验，用以检测地基土的加固效果。监测点平面及断面布置图如图 2 和图 3 所示。

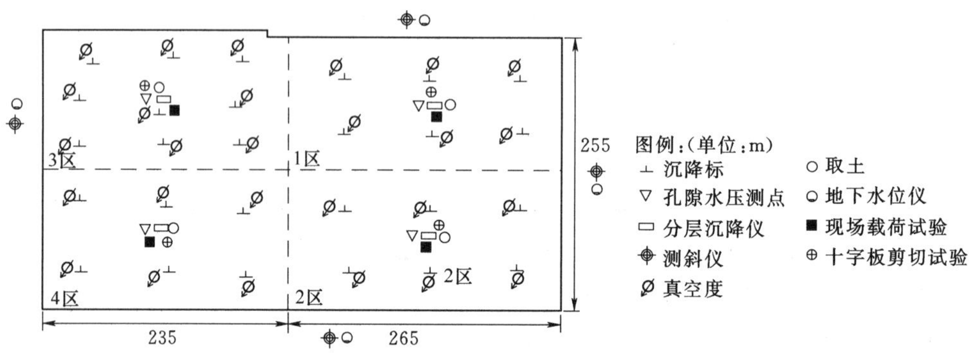

图 2　监测点平面布置图

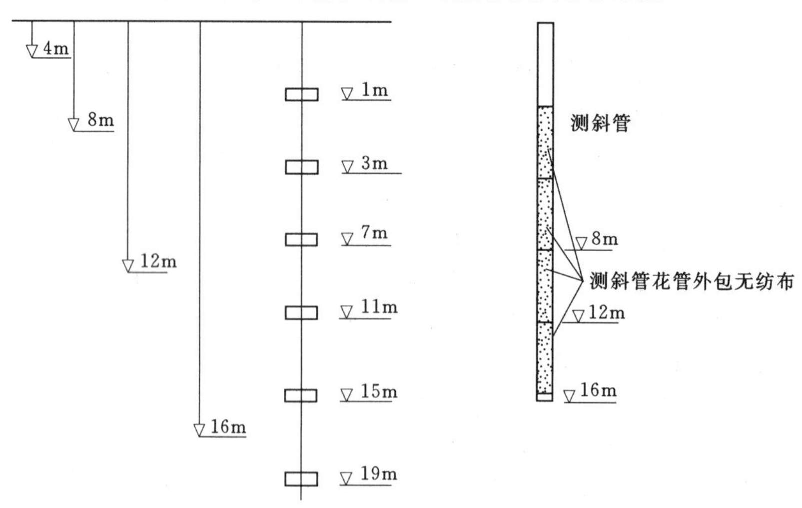

图 3　监测点断面布置图

2　试验结果分析

2.1　膜下真空度

图 4 为 2 区的膜下真空度随时间变化曲线图。其他区域的真空度变化情况与该区类似。抽真空 10d 内，膜下真空度从 0 上升至 60kPa 左右；抽真空 10～30d 内，膜下真空度保持在 85kPa 左右；抽真空 30d 后，膜下真空度基本保持在 90kPa 左右。整个抽真空维持 155d。膜上覆水对真空度的影响并不明显。预压结束后停泵，膜下真空度迅速归零。

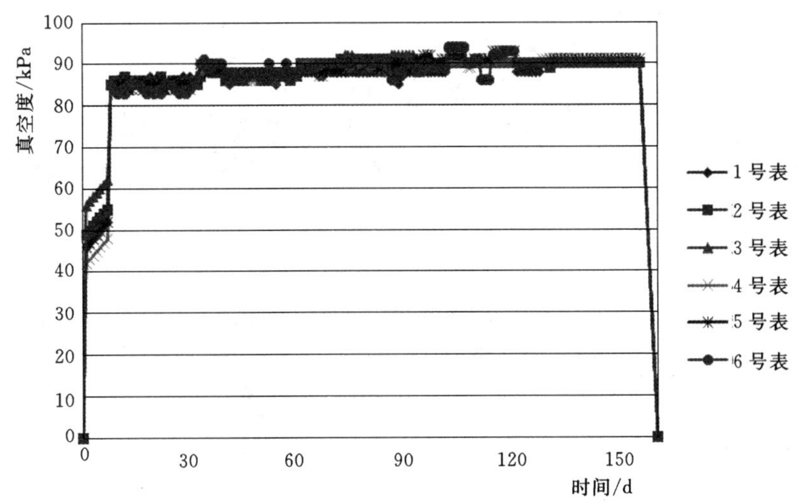

图 4　2 区膜下真空度随时间变化曲线图

2.2　沉降监测

在抽真空 120d 时，进行各区域的覆水厚度测量，覆水厚度云图如图 5 所示。水深较大的是场地西侧的 3 区和 4 区，3 区覆水深度最大点达 2.3m 左右，4 区最深点达 2m 左右，3 区和 4 区靠近 1 区和 2 区的边界处覆水厚度开始变薄，为 1m 左右；1 区和 2 区的覆水厚度较小，在靠近东部的边界处，覆水厚度接近 0～0.2m，原因为该区域经历过前期堆填，土体已经部分固结，1 区和 2 区其他部位的覆水深度普遍为 0.5～1.1m。

抽真空 155d 时，4 个区域的地表累计沉降量云图如图 6 所示。从图 6 中可以看出，1 区和 2 区的累计沉降量相比 3 区和 4 区的累计沉降量小，最靠近东部边缘处的最小，仅仅 530mm 左右，原因是该处存在先期堆载，土体已经提前固结；3 区和 4 区的大部分的累计沉降量接近 1200mm，在两个区域的交接处存在高点，累计沉降量仅 950mm 左右，可能与下部的土层性质有关，该处下部存在较厚的$②_1$层粉质黏土。整个场地总体沉降量表现为不均匀沉降。

覆水厚度、地表累计沉降量的变化规律与下部土层的性质和压缩情况是吻合的。2 区靠近边界处历史上有$①_{0-1}$杂填土堆载，上部大部分为$①_{0-2}$素填土堆载，预压前开挖施工至＋7.0m 标高；4 区上部基本无$①_{0-2}$素填土，表层有薄层的$①_{0-3}$冲填土，预压前回填施工至＋7.0m 标高；2 区、4 区地基处理的主要土层为$①_2$层的淤泥质粉质黏土和$②_3$层的

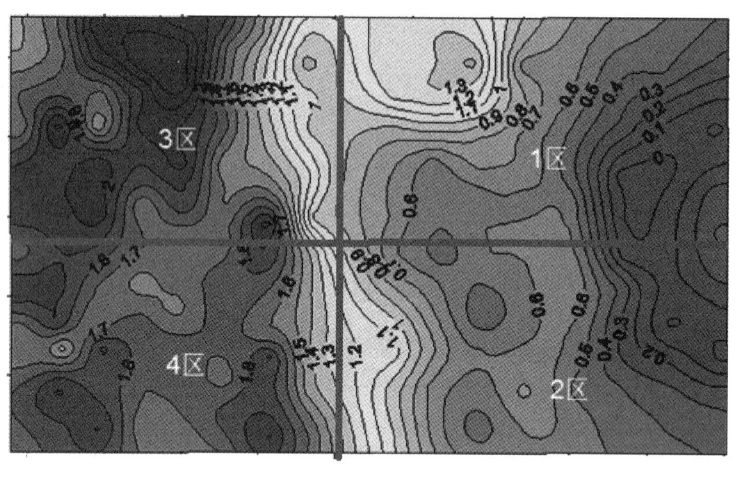

图 5　膜上覆水厚度云图（单位：m）

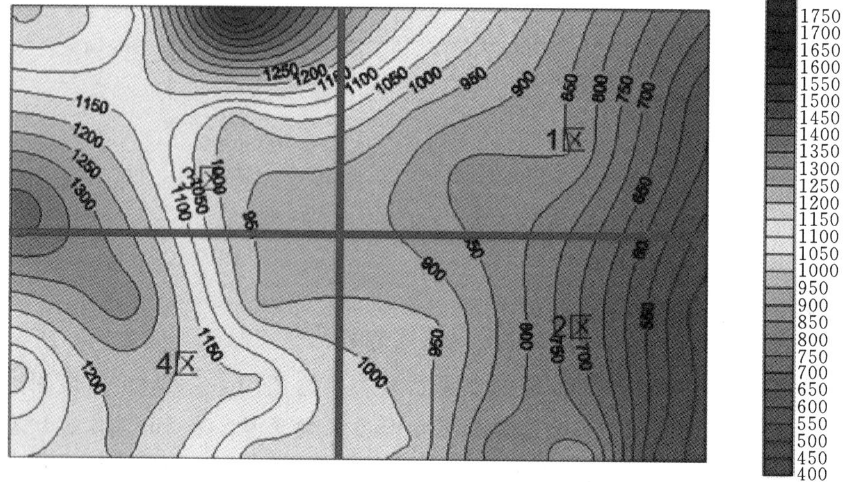

图 6　地表累计沉降量云图（单位：mm）

淤泥质粉质黏土，该两层为主要软弱土层和压缩土层；因上部存在①$_{0-1}$杂填土、①$_{0-2}$素填土堆载层，2 区的软弱土层厚度小于 4 区，且因①$_{0-1}$杂填土、①$_{0-2}$素填土存在时间达 10 年之久。因此，该区下部土层由于先期固结应力和应力历史的影响，产生了先期固结，2 区真空预压阶段沉降量较 4 区要小得多。同理，1 区、3 区的地质钻孔纵剖面也揭示了相同的规律。

分层沉降也和土层性质及压缩情况密切相关。如图 7 为 4 区各深度处磁环累计沉降量随时间变化曲线。磁环 01 所在的土层为①$_{0-3}$冲填土，压缩性高，该层的压缩量为 86mm；磁环 02 所在的土层为①$_2$ 淤泥质粉质黏土，压缩性高，该层的压缩量为 180mm；往下的磁环压缩量依次递减。虽②$_3$ 层的淤泥质粉质黏土较厚，但是在该层磁环的实测值却较小，原因可能是真空度在深度方向的传递有损耗。

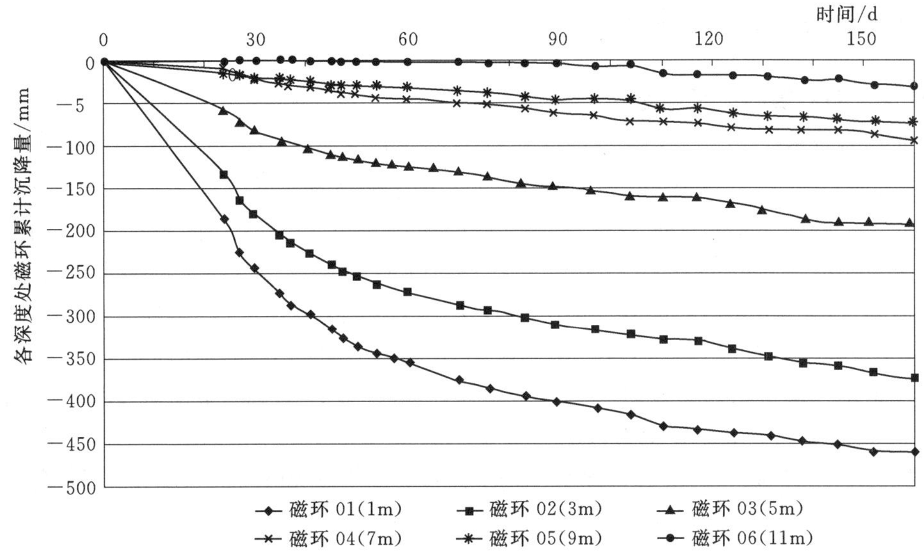

图 7　4 区各深度处磁环累计沉降量随时间变化曲线

2.3　孔隙水压力

在真空预压过程中超孔隙水压力均为负值，受膜下实际真空度、地下水位等因素的综合影响，超孔隙水压力呈现出较小幅度的波动变化[5]。图 8 为 4 区孔隙水压力累计消散量随时间变化曲线，4 区的 6m 和 9m 深度处的孔隙水压力计所在的土层基本接近②$_1$ 层粉质黏土，土体原本含水率较低，因此孔隙水压力消散较快，测头处的孔压累计消散量达 90kPa 左右，说明测头处的真空度传递较好；3m 处的孔隙水压力计所在的土层为①$_2$ 层淤泥质粉质黏土，土体原本含水率高，压缩性大，孔隙水压力消散较慢，孔压累计消散量在 70～80kPa 左右；12m 处的孔隙水压力计所在的土层为②$_3$ 层淤泥质粉质黏土，土体原本含水率高，压缩性大，孔隙水压力消散也较慢，孔压累计消散量为 40～50kPa。同时，因 12m 深度处的真空度传递明显小于 3m 处的真空度传递效果，因此，孔压累计消散量反映了真空度在土层不同深度处的传递效果。

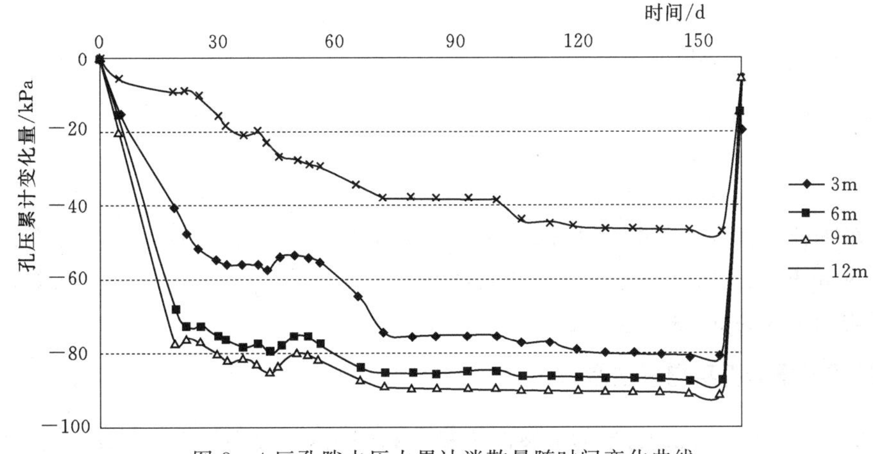

图 8　4 区孔隙水压力累计消散量随时间变化曲线

3　固结度计算及加固效果分析

3.1　理论计算推算平均固结度

根据勘察资料，①$_2$、②$_3$ 层淤泥质粉质黏土的固结系数综合取竖直 $C_V=1.35\times10^{-3}$ cm^2/s，水平 $C_h=1.35\times10^{-3}cm^2/s$，天然土层水平向渗透系数 $k_h=4.27\times10^{-7}cm/s$，厚度为 19m，涂抹区土层水平向渗透系数取 $k_s=1.42\times10^{-7}cm/s$，采用的塑料排水板为 B 型，截面宽度为 100mm，宽度为 4mm，塑料排水板间距 L 为 1m，塑料排水板距离③$_1$ 层砂层顶部 1m，呈正方形布置。从开始抽真空作为起点 0 计时，试抽真空 10d 加载至 85kPa（检查漏气情况及等待地基土强度恢复）；稳压 10d 后开始覆水堆载，分两级覆水，第 20d 开始第一次覆水，覆水堆载 7.5kPa，第 25d 终止；第 30d 后开始第二次覆水，覆水堆载 7.5kPa，第 35d 维持恒载。

根据文献［6］第 5.2.7 条，地基平均固结度计算公式为

$$\overline{U_t}=\sum_{i=1}^{n}\frac{\dot{q}_i}{\sum\Delta p}\left[(T_i-T_{i-1})-\frac{\alpha}{\beta}e^{-\beta t}(e\beta^{Ti}-e^{\beta T_{i-1}})\right]$$

考虑竖井井阻和涂抹影响［竖向增强体长度 19m，与当量换算直径 $d_P=\frac{2\times(100+4)}{3.14}=66mm$ 的比值为 19000mm/66mm=288 大于 140，应考虑竖井井阻和涂抹影响］。

有效排水圆柱体直径 $d_e=1.05L=1.05m$；井径比为 $n=\frac{d_\varepsilon}{d_p}=17.06$，$F_n=\frac{n^2\ln n}{n^2-1}-\frac{3n^2-1}{4n^2}=2.09$；塑料排水板性能参数可取 $q_w=k_w\times\frac{\pi d_w^2}{4}=25cm^3/s$，$F_r=\pi^2L^2k_h/(4q_w)=0.20$；$F_s=\left(\frac{k_A}{k_s}-1\right)\ln s=(3-1)\ln2.6=1.91$；

所以 $F=F_n+F_r+F_s=2.09+0.20+1.91=4.2$。

受压土层平均固结度包括两部分：径向排水平均固结度和竖向排水平均固结度，则 α，β 可得：

$$\alpha=\frac{8}{3.14^2}=0.81$$

$$\beta=\frac{8c_A}{Fd_\varepsilon^2}+\frac{3.14^2c_v}{4H^2}=\frac{8\times1.35\times10^{-3}}{4.2\times113^2}+\frac{3.14^2\times1.35\times10^{-8}}{4\times190.0^2}$$
$$=2.02\times10^{-7}L/s=0.017\ (L/d)$$

第一级加荷速率为 $\dot{q}_1=8.5kPa/d$，第二级加荷速率为 $\dot{q}_2=1.5kPa/d$，第三级加荷速率为 $\dot{q}_3=1.5kPa/d$。通过试算可知从开始抽真空作为起点 0 计时，第 155d 真空联合覆水预压后平均固结度为 93.3 %。

3.2　最终沉降量推算平均固结度

根据文献［6］第 5.2.12 条的最终沉降量计算公式 $s_f=\xi\sum_{i=1}^{n}\frac{e_{0i}-e_{1i}}{1+e_{0i}}h_i$ ，根据 4 个区

域的勘察资料，进行最终沉降量的计算，如表 2 所示。155d 时各区实测累计沉降量平均值及考虑先期固结和填土压缩等因素调整后的累计沉降量平均值如表 2 所示，理论推算固结度均大于 90%。

表 2　　固结度计算表

区域	最终沉降量/mm	实测累计沉降量平均值/mm	考虑先期固结和填土压缩等因素调整后的累计沉降量平均值/mm	理论推算固结度/%
1 区	1150	709	985	90.2
2 区	1100	757	942	90.2
3 区	1390	1228	1178	91.3
4 区	1330	1153	1103	91.3

3.3 实测沉降曲线推算平均固结度

根据文献［7］附录 B.0.1 条及 B.0.2 条的预压地基最终沉降量及固结度计算公式 $S_\infty=S_0+\frac{1}{\beta}$，$S_t=S_0+\frac{t}{\alpha+\beta t}$，以 4 区为例，将 4 区的累计沉降量平均并且光滑处理后如图 9 所示，选取满载后的某时刻作为起点（以 100d 时发现漏气后重新踩膜后再加载至满载为起点），将实测沉降曲线进行沉降曲线拟合，如图 10 所示，拟合曲线所得工后沉降量、最终沉降量及推算的固结度见表 3，平均固结度均大于 90%，满足设计要求。

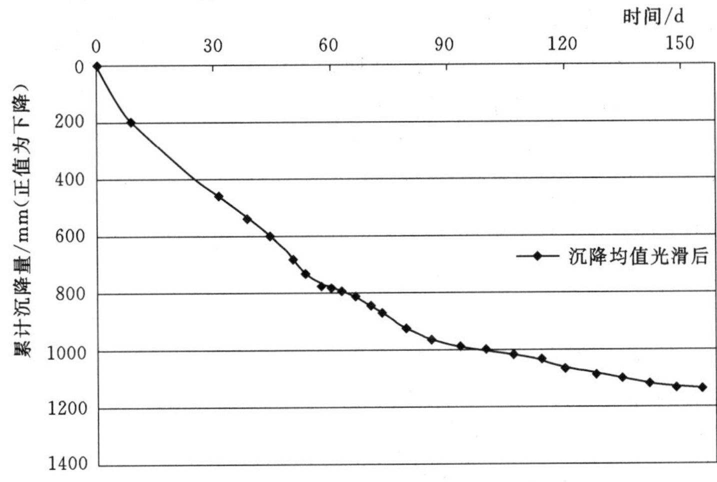

图 9　4 区累计沉降量光滑处理后随时间变化曲线

表 3　　固结度计算表

区域	最终沉降量/mm	实测平均累计沉降量/mm	实测沉降曲线法推算工后沉降量/mm	实测沉降曲线法推算最终沉降量/mm	实测沉降曲线法推算固结度/%
1 区	1150	709	57	766	92.6
2 区	1100	757	53	810	93.5
3 区	1390	1228	82	1310	93.7
4 区	1330	1153	91	1244	92.7

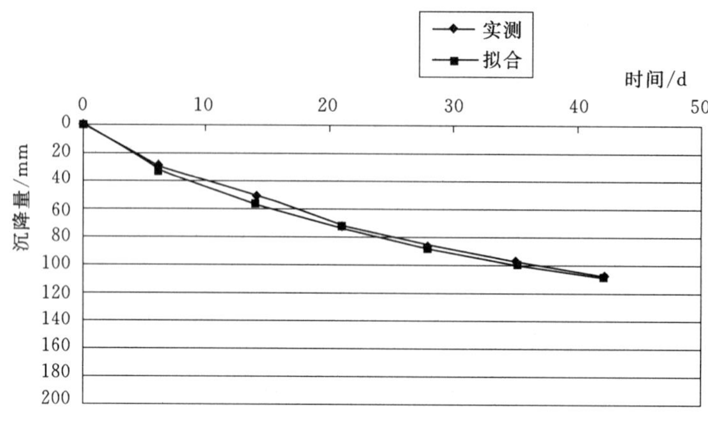

图 10　4 区满载后实测沉降曲线与拟合曲线图

3.4　加固效果检测

加固后进行了十字板剪切试验和取土试验检测。以 4 区为例，在深度 1m 处的原状土剪切强度平均值为 30kPa，下部土层的原状土剪切强度平均值基本处于 40～80kPa 之间，5m 深度以下十字板探头因土层太硬无法探入，终止试验。其他区域与 4 区的检测效果基本一致。这说明，浅层 6m 内的十字板原状土剪切强度平均值约 40kPa，地基承载力特征值平均值 f_{ak} 大于 100kPa，达到设计要求。同步钻孔取土进行试验检测，各地基土层的压缩模量 E_s 均大于 4.0MPa，达到设计要求，如图 11 所示。

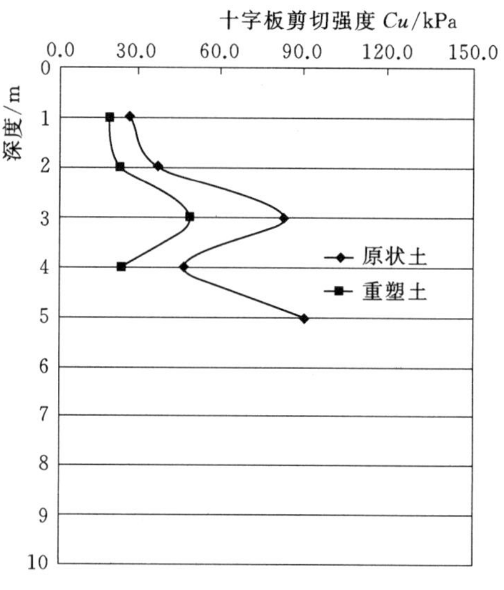

图 11　4 区十字板剪切试验成果图

4　结语

（1）本文首先介绍了直排式真空联合覆水预压方法的机理，进而介绍了该方法在华东地区某江滩地基处理试验工程中的运用。

（2）直排式真空联合覆水预压方法处理江滩地基，膜下真空度短时间内达到 85kPa 以上，覆水预压对膜下真空度的影响较小；加固区内的覆水厚度、地表及分层累计沉降量与下部土层的性质及压缩情况相关，是土层压缩情况的客观反映；不同深度处的孔隙水压力消散情况与该处的土层性质、真空度传递效果相关，覆水预压的影响较小。

（3）通过理论计算、最终沉降量、实测沉降曲线推算平均固结度三种方法，得出真空联合覆水预压处理该江滩地基后的平均固结度大于 90%的结论；同时，根据十字板试验及钻孔取土试验检测，得出 6m 内的地基承载力特征值平均值 f_{ak} 大于 100kPa 和地基土层的压缩模量 E_s 均大于 4.0MPa 的结论。

参考文献

[1] 侯勇，魏建雄，卢永昌. 真空联合堆载预压软基处理新技术应用［J］. 港工技术，2019，56（6）：99-102.

[2] 高志义. 真空预压法的理论与实践［M］. 北京：人民交通出版社股份有限公司，2015.

[3] 丁军霞. 直排式真空预压在吹填土地区的应用研究［J］. 铁道工程学报，2019（1）：21-25.

[4] 王天祥，励彦德，郭松. 4种真空预压土体固结度预测方法及其效果对比［J］. 水运工程，2019（S2）：125-129.

[5] 叶观宝，金培阳，张振. 真空预压联合堆载预压加固软土地基现场试验研究［J］. 工程地质学报，2015，56（6）：721-727.

[6] JGJ 79—2012 建筑地基处理技术规范［S］.

[7] GB 51064—2015 吹填土地基处理技术规范［S］.

土石混填高路堤快速施工试验研究

李　炜[1]　张留俊[2]　张发如[2]　杨　壮[1]

（1. 长安大学公路学院，陕西西安　710064；
2. 中交第一公路勘察设计研究院有限公司，陕西西安　710075）

摘　要：本研究以十堰市十堰北站至武当山机场公路（张湾区段）PPP项目为依托，设置两个试验段，在边坡坡面向内2m区域分别松铺4.5m、8m土石混合填料，填筑后强夯加固，以探讨研究土石混填高路堤的快速施工技术方法。对强夯后的路基反开挖检测压实度和地基承载力，通过检测数据分析可知，松铺4.5m试验段的压实度和地基承载力基本可以达到设计要求，部分压实度稍不理想，可在该层强夯完成后推平并振动碾压，在下层施工时将上下两层夯点错开设置，以提高夯棱处的压实度，达到高填路堤的快速施工和经济安全的目的；对于松铺8m试验段，4000kN·m强夯能级不能满足工程要求，可适当考虑提高强夯能级的措施，进一步进行试验验证。

关键词：土石混填路堤；压实度；地基承载力；快速填筑；强夯

0　引言

土石混填路堤是山区高速公路一种常见的结构型式[1]，尤其是土石混填高路堤被广泛地运用于山区及丘陵地区，具有抗剪强度高、稳定性好、承载力高、透水性强、抗冲刷能力好以及就地取材等优点，但因为土石混合料物质组成复杂、颗粒粒径变化大，碎石含量及尺寸特征均不尽相同，填料含水量极不均匀且较难压实，在实际工程中，会使得路堤施工困难，施工质量得不到可靠的保证，进而导致修筑的土石混填路堤出现大量的工后沉降和不均匀沉降，引起路面结构的过早破坏，影响公路运输及公路使用效率的发挥[2]，故在实际工程应用中有很多局限性。国内外对土石填料的研究较少，现行技术规范标准对于土石路基的技术要求比较笼统，没有形成一套完整的标准体系，这给土石混填路基的设计、施工以及检测带来较大的困难。《公路路基施工技术规范》（JTG/T 3610—2019）[3]对土石路堤的填料性质、基底处理、填筑要求、质量及外观标准做了规定，但对于土石路堤的具体施工参数未做规定。在山区及丘陵地区，大多采用“挖山填沟”的方式修筑路堤，且部分路堤填筑高度大、填方量多，为了能够安全、经济地完成路堤建设，有必要研究土石混填高路堤的快速施工技术。鉴于土石混填路堤的特性，往往采用高落距重锤动力夯实地基的强夯法处理[4]，从而提高地基承载力和压实度，减少沉降变形。本研究采用强夯法施工，分别以填料松铺厚度4.5m、8m修筑试验段，检测其压实度和地基承载力，探讨研

作者简介：李炜（1995—　），男，硕士，主要从事岩土工程和路基工程方面的工作。
基金项目：国家重点研发计划（2016YFC0802203）。

究土石混填高路堤的快速施工技术和方法。

1 依托工程概况

依托工程为十堰市武十高铁十堰北站至武当山机场公路（张湾区段）PPP项目起讫桩号为K10+500～K18+400，路线起点位于郧阳区与张湾区交界处南沟，与规划的“郧十武快速通道”郧阳段相接，路线向东南方向前行，在水提沟处跨武十高铁，经汉江物流园、李家院安置区至终点瓦房沟。主线采用设计速度80km/h、一般路基宽度55m、双向六车道加两辅道的一级公路标准，路面为沥青混凝土路面。该项目第HBSYJTP-001合同段高填方路堤共9处，最大填筑高度达80m，填方主要利用路基挖方中的白云岩、片岩等及其风化物作为路堤填料。试验段采用施工工艺为：分层分区填筑，边坡坡面向内2m宽及边坡坡比范围部分为填筑1区，边坡坡面向内2m内侧为填筑2区，两个试验段填筑2区每层松铺厚度分别为4.5m、8m，填筑后进行强夯加固，强夯采用两遍点夯处理，夯点间距4.0m，以最后两击平均夯沉量不大于5cm为收锤标准，采用的强夯能级为4000kN·m。

2 试验段填料特征

试验选取两个试验段，分别为K18+200～K18+400路段、K16+305～K16+640路段，填料均是来自于临近挖方段的爆破开山料，主要为土石混合料，其中石料含量为65%～80%。土料为黏性土，石料主要为中—弱风化和未风化的石英片岩，填料最小CBR值不得低于3%。为保证土石混填料高填方的填筑质量，要求填料中石料的最大粒径不超过60cm。

对现场取回的试样进行室内筛分试验，对于粒径大于60mm的碎石，采用等量替代法进行替代，其级配曲线如图1所示。松铺4.5m试验段和8m试验段的填料级配曲线很相似，现场填料中碎石土粒径大于2mm的颗粒分别占到了总重量的69%和68%，均属于工程中的典型碎石土填料[5]。填料试样的特征粒径及相关系数见表1，其颗粒粒径分布特征指标不均匀系数C_u分别为39.4、20，曲率系数C_c分别为0.28、0.8，虽满足$C_u>5$，但不满足$1<C_c<3$，属于级配不良的土。由此可见，临近挖方段的爆破开山料工程性质

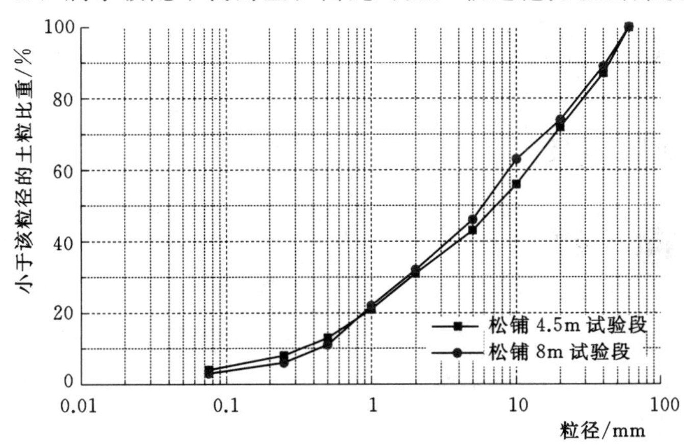

图1 填料试样粒径级配累计曲线

较差，对路堤建设质量影响较大。

表 1　　填料试样的特征粒径及相关系数表

试验段	d_{10}	d_{30}	d_{60}	C_u	C_c
松铺 4.5m	0.33	1.9	13	39.4	0.28
松铺 8m	0.45	1.8	9	20	0.8

3　试验方案及实施

3.1　路基强夯施工

在 K18＋200～K18＋400 路段和 K16＋305～K16＋640 路段分别进行松铺厚度 4.5m 和 8m 填筑试验，以标准路堤断面为示意，如图 2 所示，边坡坡面向内 2m 宽及边坡坡比范围部分为填筑 1 区，采用分层填筑、分层碾压的工法，每层松铺厚度不超过 1m；边坡坡面向内 2m 内侧为填筑 2 区，2 区填筑有两个试验方案，分别采用松铺厚度 4.5m 和 8m 填筑，1 区和 2 区同步施工。试验段 1 区碾压采用自重 26t 振动压路机先两边后中央平行操作，前后两次轮迹重叠 1/3 以上，路基两侧加宽碾压以保边坡密实。如图 3 所示，试验段 2 区强夯采用两遍点夯处理，夯点间距 4.0m，采用的强夯能级为 4000kN·m。每个夯点至少夯击 8 锤，至最后两击夯沉差不大于 5cm，强夯完成后进行反开挖检测下地基承载力及压实度，其中松铺厚度 4.5m 试验段依次开挖 1m、2m、3m，松铺 8m 试验段依次开挖 2m、4m、6m。如图 4 所示，每层各检测 5 个点，顺序依次是夯坑之间的棱、夯坑、夯坑之间的棱、夯坑、夯坑之间的棱，从左至右依次编号 1 号、2 号、3 号、4 号、5 号检测点，压实度采用灌砂法检测，地基承载力采用重型动力触探试验检测。

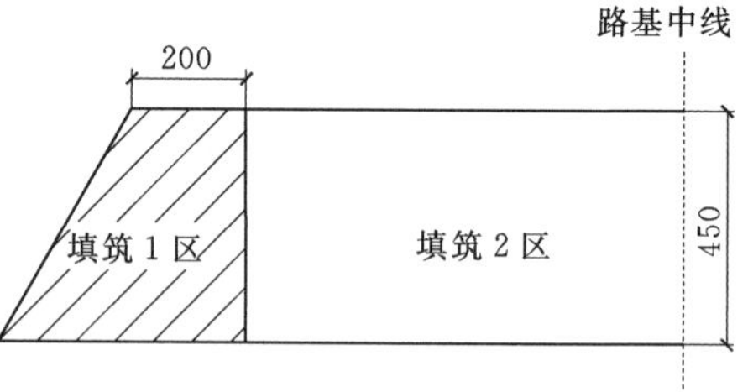

图 2　分区填筑施工示意图（单位：cm）

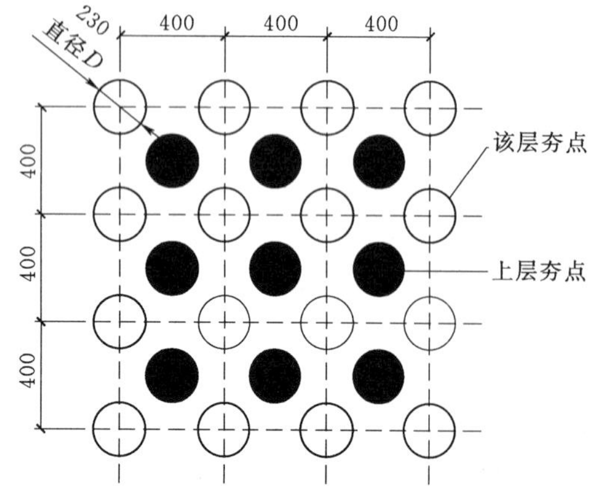

图 3　夯点点位示意图（单位：cm）

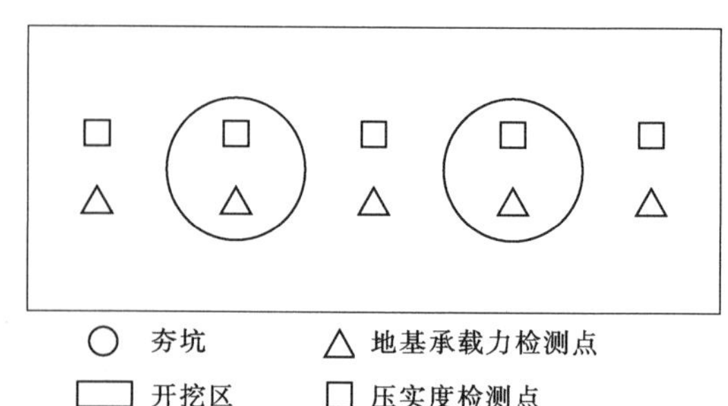

图 4　检测点平面示意图

3.2　压实度检测试验

压实度是路基质量的重要指标，如果压实度不达标，可能导致路基产生过大的工后沉降，甚至产生不均匀沉降变形，严重影响公路行车安全，不同等级的公路其压实度要求不同，依托工程采用一级公路标准，依照《公路路基设计规范》（JTG D30—2015）[6]其压实度应该大于93%。压实度为现场材料压实后的干密度与该材料的标准干密度之比，可用式（1）[7]表示。

$$K=\frac{\rho_d}{\rho_c} \tag{1}$$

式中　K——测点的实际压实度，%；

ρ_c——室内重型击实试验所得到的试样最大干密度，g/cm³；

ρ_d——现场测点的干密度，g/cm³。

压实度最常用的现场检测方法有环刀法和灌砂法，土石混合填料虽然粒径变化大，但经过强夯后的路堤没有较明显的空隙，故本研究采用灌砂法检测路堤压实度，所用主要仪器包括灌砂筒（ϕ200mm）和电子秤（ACS-30）。

3.3　重型动力触探试验

动力触探试验在岩土工程勘察中是十分重要的手段，其测试结果有较高的可靠性和代表性，在确定地基承载力方面有突出的优点[8]。《岩土工程勘察规范》（GB 50021—2001）[9]将动力触探分为轻型、重型和超重型三种。重型动力触探主要适用于中砂—碎石类土，具有设备简单、经济快速等优点。根据土石混填路基特点，现场选取重型圆锥动力触探，其技术指标见表2。本试验在图4所示部位进行重型动力触探试验，将63.5kg质量的穿心锤探头以自由落距76cm打入土中，根据重型动力触探锤击数$N_{63.5}$按表3[10]确定地基容许承载力。根据该工程的设计文件及相邻标段成功的施工经验，路堤的地基容许承载力值的合格标准为220kPa。

表2　　　　重型圆锥动力初探技术指标

类型	落锤		探头		探头直径/mm	加载速度/(击/min)	指标
	锤的质量/kg	落距/cm	直径/mm	锤角/(°)			
重型	63.5	76	74	60	42	15～30	贯入10cm的读数$N_{63.5}$

表3　　　　$N_{63.5}$与地基容许承载力关系表

击数$N_{63.5}$	3	4	5	6	8	10	12
地基容许承载力R/kPa	140	170	200	240	320	400	480

4　试验结果分析

本试验的现场检测结果见表4，其中填料试样的最大干密度采用重型击实试验所得，根据试验数据作了相同反挖深度范围内不同检测点的压实度及地基承载力的关系图，见图5～图6。

表 4　　试验段现场检测数据

试验段及桩号	压实度检测									地基承载力检测		
	点号	反开挖深度/m	检测深度/cm	含水量/%	湿土密度/(g/cm²)	干土密度/(g/cm²)	最佳含水量/%	标准干密度/(g/cm²)	压实度/%	检测深度/cm	锤击次数	地基容许承载力/kPa
4.5m 试验段 K18+200～K18+400	1	1	25.1	3.7	1.37	1.32	5.6	2.19	60.2	10	6	240
	2		25.2	4.3	2.31	2.21			100.9	10	7	280
	3		25.6	2.8	1.37	1.33			60.8	20	11	240
	4		24.9	4.2	2.52	2.41			110.2	20	11	240
	5		24.5	3.5	1.81	1.75			79.8	10	6	240
	1	2	24.8	7	1.8	1.67			76.4	10	6	240
	2		25.1	6.8	2.18	2.03			92.8	10	6	240
	3		25.4	7.1	2.24	2.08			95.0	10	6	240
	4		25	7.2	2.54	2.36			107.6	10	7	280
	5		25.6	5.1	1.69	1.60			73.2	10	6	240
	1	3	25.5	4.8	2.27	2.16			98.7	10	6	240
	2		25.4	6.5	2.29	2.14			97.8	10	6	240
	3		25.2	4.9	2.21	2.10			96.0	10	7	280
	4		25.7	5	2.57	2.44			111.5	10	8	320
	5		25.9	4.7	2.26	2.15			98.3	10	8	320
8m 试验段 K16+305～K16+640	1	2	24.7	4.2	1.7	1.63	6	2.16	75.4	10	5	200
	2		25.2	4.3	2.03	1.94			89.9	10	6	240
	3		25.3	4.2	1.94	1.86			86.0	10	5	200
	4		24.8	4.1	2.02	1.94			89.7	10	5	200
	5		24.5	4	1.36	1.31			60.4	10	5	200
	1	4	24.3	1.3	1.61	1.59			73.6	10	5	200
	2		24.7	2.8	2.08	2.02			93.6	10	6	240
	3		25.1	2.1	1.9	1.86			86.1	10	5	200
	4		24.9	1.8	2.08	2.04			94.6	10	6	240
	5		24.8	1.9	1.7	1.67			77.2	10	5	200
	1	6	24.4	3.2	2.18	2.11			97.7	10	7	280
	2		25.1	3.3	2.2	2.13			98.5	10	6	240
	3		24.6	3.1	1.95	1.89			87.5	10	7	280
	4		25	2.9	2.1	2.04			94.4	10	8	320
	5		24.7	3.1	2	1.94			89.7	10	7	280

由图 5（a）可知，反开挖 1m 时，只有夯坑底部的测点压实度符合要求，夯坑之间测点的压实度均不合格；反开挖 2m 基本与反开挖 1m 各测点的压实度变化规律相似，但部

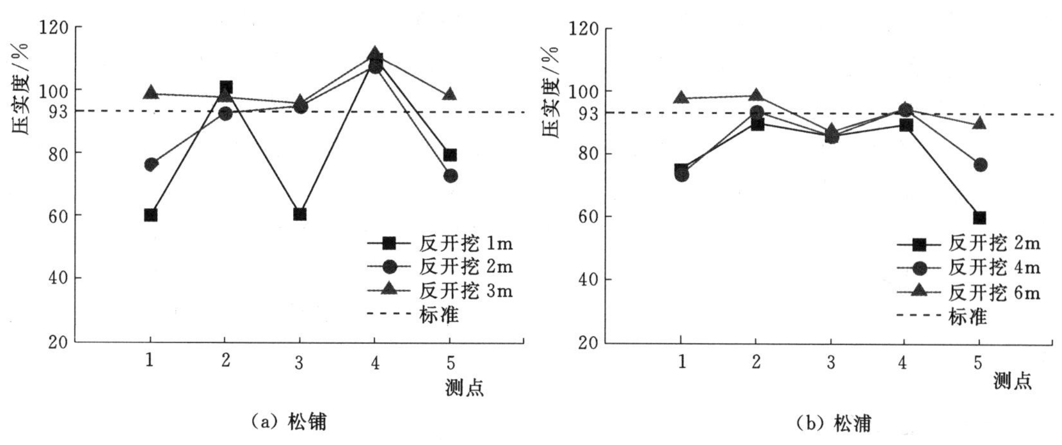

图 5　试验段各开挖平面检测点压实度

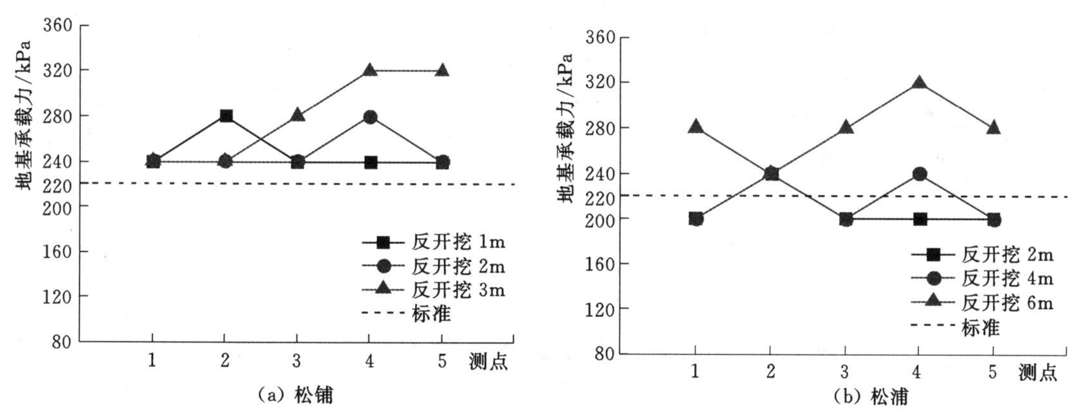

图 6　试验段各开挖平面检测点地基容许承载力

分夯坑之间测点的压实度合格，且各测点压实度的变化幅度较开挖 1m 小；反开挖 3m 时，各测点的压实度变化幅度很小，且全部合格。总体而言，随着反开挖深度增大，夯坑底部测点的压实度变化不大，且基本全部合格，而夯坑之间各测点随着反开挖深度增大，压实度逐渐提高，直到反开挖 3m 时各测点压实度全部合格。

图 5（b）中反开挖 2m 时各测点的压实度均不合格，夯坑底部的压实度均大于夯坑之间点的压实度；反开挖 4m 时各测点所表现出来的变化规律与开挖 2m 时相似，但变化幅度稍小，夯坑底部测点的压实度达到了标准要求；反开挖 6m 时各测点压实度有所提高，变化幅度较小，合格率为 60%。

图 6（a）中不同反开挖深度各测点的地基承载力均满足要求，合格率 100%；图 6（b）中只有反开挖 6m 时各测点的地基承载力都满足要求，而反开挖 2m、4m 时均有部分测点的地基承载力小于 220kPa，且夯坑之间测点的地基承载力均不合格，该试验段全部测点地基承载力的合格率为 53%。

综合分析，相对较浅反开挖平面内夯坑底部测点的压实度均明显大于夯坑之间测点的压实度，随着反开挖深度的增加，各测点的压实度有所增加，其中夯坑之间测点的压实度增加非常明显。根据相关研究，大颗粒填料在强夯后其周边有较小的隆起，在地表的隆起范围为1.5～2.0m，隆起部分大多为地表土体受振动后而松弛引起[11]，随着深度的增加，其径向周围隆起的范围会逐渐变小[1]。故两个试验段相对较浅开挖平面内，夯坑底部得到了充分的压实，其压实度相对于夯坑之间的测点较高，而夯坑之间由于强夯而发生隆起，土体甚至发生松弛，所以其压实度低，且均不合格。随着开挖深度增加，夯坑之间的区域得到有效压实，其压实度明显提高，和夯坑底部测点的压实度之差逐渐减小，其中松铺4.5m试验段反开挖3m平面各测点的压实度合格率达到100%。且随着反开挖深度的增加，同一检测平面内的地基承载力平均值有逐渐增加的趋势。

5 施工工艺优化

根据两个试验段的现场试验数据分析，强夯对夯坑底部的压实效果比较明显，而对夯坑侧部土体发生隆起，具有振松作用，使夯棱位置的压实度达不到要求。由于高填方路基土石方工程量大，土石料颗粒之间的作用使路基压实质量得不到保证，工后沉降和边坡失稳等问题多，所以高填方路基对压实工艺要求较高，且路面重力、自身重力以及汽车行车荷载较一般路基大，也要求地基具有较高的地基承载力。鉴于此有必要在路基的施工过程中对压实质量进行必要的控制，对施工工艺进行调整优化，调整后的施工工艺如图7所示，路基2区松铺填筑带规定厚度，按照规定的夯击能和夯间距进行强夯补强施工，采用二遍点夯处理，完成第一批次全部夯点点夯后，采用推土机将夯坑周围路基填料推至夯坑内使之平整，并间隔至少12h之后，方可进行第二批夯点施工；完成第二批次强夯施工后，将夯坑周围松散路基填料推至夯坑内，用25t的振动压路机将路基面整体碾压密实，再进行夯坑和夯棱位置的压实度检测，压实度不小于93%方可进行下一层施工。

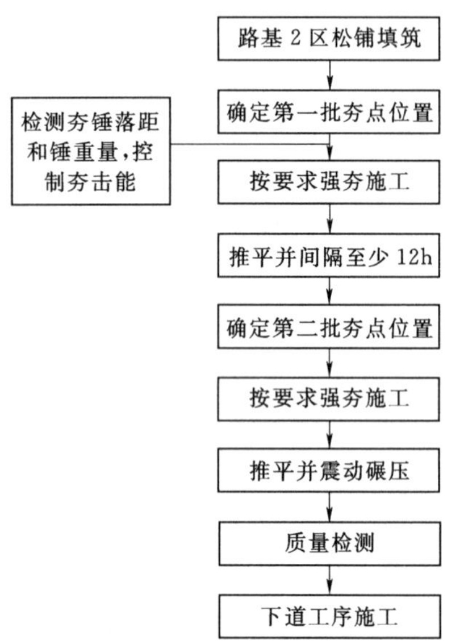

图7 路基填筑2区强夯施工工艺流程图

根据高一峰[12]、赵炼恒[13]等研究，强夯能级为3000kN·m的有效作用深度可达5.5m、5000kN·m的有效作用深度可达8m、8000kN·m的有效作用深度可达8.6～10m，可见强夯能级4000kN·m强夯有效作用深度可达6～8m。结合试验段的现场试验数据分析，对于松铺4.5m的路基，按照图7所示工工艺流程施工完成后，在下一层施工时根据填方断面提前布置夯点，上下两层夯点错开设置，使上层夯点与下层夯棱重叠，强夯施工可再次对夯棱位置进行压实，可有效避免夯棱压实度欠缺影响；对于路基松铺8m的方案，现有的4000kN·m强夯能级施工方案不能满足工程要求，可考虑采用更大能级的强夯施工方案，并进行压实度检测、重型击实等现场试验具体分析。

6 结论

通过对K18＋200～K18＋400高填路堤松铺4.5m试验段和试验段K16＋305～K16＋640高填路堤松铺8m试验段检测数据分析，可得出如下结论：

（1）松铺4.5m试验段，压实度和地基承载力基本可以达到设计要求，在第1～2m深度处夯坑之间的棱压实度稍不理想，可在完成两遍点夯后，将夯坑周围松散路基填料推至夯坑内，用25t的振动压路机将路基面整体碾压密实，再进行夯坑和夯棱位置的压实度检测，压实度不小于93%方可进行下一层施工。在下一层施工时根据填方断面提前布置夯点，上下两层夯点错开设置，使上层夯点与下层夯棱重叠，强夯施工可再次对夯棱位置进行压实，可有效避免夯棱压实度欠缺影响，达到土石混填高路堤的快速施工和经济安全的目的。但在路基第一级边即路面以下8m建议采取分层填筑、分层碾压的施工工法。

（2）松铺8m试验段的压实度和地基承载力不及松铺4.5m试验段，现有的4000kN·m强夯能级不能满足工程要求，可适当考虑提高强夯能级的措施，进一步进行试验验证。

参考文献

［1］何长明，李亮．强夯法补强加固土石混填路堤施工参数的确定［J］．路基工程，2009，142（1）：65-67.

［2］柴贺军，陈谦应，孔祥臣，等．土石混填路基修筑技术研究综述［J］．岩土力学，2004，25（6）：1005-1010.

［3］JTG/T 3610—2019 公路路基施工技术规范［S］.

［4］贾学明，杨建国．土石混填路基强夯法施工质量无损检测技术［J］．重庆交通大学学报（自然科学版），2008，27（S1）：945-947.

［5］JTG E40—2007 公路土工试验规程［S］.

［6］JTG D30—2015 公路路基设计规范［S］.

［7］邓小文，蔡迎春，郭成超．灌砂法检测高速公路路基压实度的几点体会［J］．路基工程，2007，135（6）：142-143.

［8］张淑杰．动力触探试验的分类及应用［J］．中国标准化，2017，490（2）：221.

［9］GB 50021—2001 岩土工程勘察规范［S］.

［10］GB 50007—2011 建筑地基基础设计规范［S］.

［11］何长明．强夯法加固高路堤的试验与研究［D］．长沙：中南大学，2006.

［12］高一峰，柴贺军，杨建国，等．土石混填路基强夯压实试验研究［J］．公路交通技术，2003（3）：8-11.

［13］赵炼恒，李亮，何长明，等．土石混填路堤强夯加固范围研究［J］．中国公路学报，2008，21（1）：12-18.

基于 t 分布变异粒子群神经网络的地基沉降预测模型 TPSO－BP

张留俊[1,3]　卢选民[2]　尹利华[1,3]　苏雅慧[2]　权　蓓[2]

（1. 中交第一公路勘察设计研究院有限公司，陕西西安　710075；
2. 西北工业大学电子信息学院，陕西西安　710072；
3. 陕西省公路交通防灾减灾重点实验室，陕西西安　710075）

摘　要： 地基沉降预测方法的研究具有重要的理论意义和工程实用价值。针对目前已有的地基沉降预测模型精度较低的问题，在 BP 神经网络及粒子群算法的基础上，提出一种自适应 t 分布粒子群 BP 神经网络预测模型 TPSO－BP，使预测精度显著提高，并用工程实例验证了模型的有效性和可靠性。

关键词： 沉降预测；BP 神经网络；粒子群算法；t 分布

0　引言

沉降预测是地基处理中的一项重要工作，根据沉降预测成果可以推算最终沉降量，计算工后沉降量，确定预压稳定后的卸载时间等，它是验证设计与指导施工的重要手段[1]。由于影响地基沉降的因素众多，且变化规律难以捉摸，很难将诸因素与沉降量表达为显式的数学公式；而人工神经网络通过模拟生物神经网络，按照不同的连接方式组织网络结构，构建计算模型，并以其良好的自适应、自学习以及非线性映射能力，能够较好地处理该类问题[2]。目前，该领域已有诸多成果：姚博[3]基于 BP 神经网络对煤矸石路堤沉降进行了预测及分析；王银岭[4]使用改进的 BP 神经网络对高速公路沉降监测和预测进行了研究；邹强[5]通过增加动量项和调节学习率优化神经网络，并应用于软土路基的沉降预测。

本文以 BP 神经网络为基础，针对该模型存在的不足进行改进，将粒子群优化算法引入，提出了一种自适应 t 分布变异粒子群神经网络地基沉降预测模型 TPSO－BP，并基于工程实例进行仿真分析，以验证模型的有效性和可靠性。

1　BP 神经网络算法

BP 神经网络采用的学习方式是有监督学习，BP 神经网络算法的本质是通过训练调整网络参数从而使误差函数达到最小值，网络权值阈值的调整是沿着梯度下降的方向来进行[6,7]。

作者简介： 张留俊（1962—　），男，博士，正高，主要从事公路路基结构及特殊地基处理方面的设计与研究工作。
基金项目： 国家重点研发计划（2016YFC0802203）。

BP 神经网络以其良好的非线性映射能力已被一些学者应用于地基沉降预测工程实例中并取得了一定的成果，其地基沉降预测流程如图 1 所示。

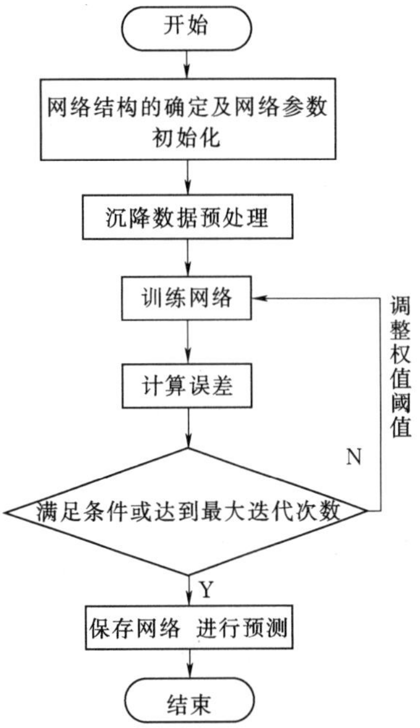

图 1　BP 神经网络地基沉降预测流程

算法调整的过程可分为两步：

（1）信号的正向传递。输入信号通过传递函数处理之后会产生一个输出，将此输出再作为下一层的输入，不断向后层传递，产生网络最终输出，并将实际输出与期望输出做对比。

（2）误差反向传递。计算网络的实际输出与期望输出之间的误差，按照信号正向传递相反的方向，以误差最小为原则来进行反向的权值阈值调整，直到达到原定的目标为止。

2　粒子群算法

2.1　标准的粒子群算法 PSO

粒子群算法（Particle Swarm Optimization，PSO）是由 Kennedy 和 Eberhart 于 1995 年提出的一种智能优化算法，通过模拟鸟群觅食的过程来寻找问题的最优解。该算法有诸多优点，包括概念简单易于理解，收敛速度较快，参数少，寻优能力强等[8]，尤其在处理连续非线性优化问题中有着杰出的表现。一经提出便受到了学者们的强烈关注，被广泛研究并应用于诸多领域[9]。

粒子群算法中的粒子根据自身信息以及群体信息不断调整速度与位置，通过多次迭代更新，最终向最优解靠拢。粒子的好坏与否可以通过适应度函数值判断，适应度函数可以选择目标函数也可以选择目标函数的变体。

粒子的速度更新公式与位置更新公式为：

$$v_{id}^{n+1}=wv_{id}^{n}+c_1r_1(p_{id}^{n}-x_{id}^{n})+c_2r_2(p_{gd}^{n}-x_{id}^{n}) \tag{1}$$

$$x_{id}^{n+1}=x_{id}^{n}+v_{id}^{n} \tag{2}$$

式中：n 为迭代次数；w 为惯性系数；c 为学习因子；r 为［0，1］之间的随机数；p_{id} 为第 i 个粒子的自身历史最优位置；p_{gd} 为群体的全局最优位置。

2.2　自适应 t 分布变异粒子群算法 TPSO

传统的粒子群算法在搜索寻优的过程中存在易早熟收敛，陷入局部极值等不足，为了解决上述问题，需要对粒子进行适当操作以帮助其跳出局部极值区域，提升种群的多样性。受同为智能优化算法的遗传算法（GA）启发，将遗传算法中的变异思想引入粒子群算法中，变异可以将处于局部极值区的粒子释放出来，使其在更广阔的空间内进行搜索寻优，其中使用较为广泛的是高斯变异以及柯西变异。高斯算子的概率密度表达式如式（3）：

$$f(x)=\frac{1}{\sqrt{2\pi}\sigma}\exp\left(-\frac{(x-\mu)^2}{2\sigma^2}\right) \tag{3}$$

式（3）可以记作 $x\sim N(\mu，\sigma^2)$。

式中：μ 为位置参数；σ 为尺度参数。

标准高斯分布可表示为 $N(0，1)$，其期望值是 0，方差值为 1。高斯变异的扰动范围较小，有着良好的局部开发能力。

柯西算子的概率密度表达式如式（4）：

$$f(x;x_0,\gamma)=\frac{1}{\pi}\left[\frac{\gamma}{(x-x_0)^2+\gamma^2}\right] \tag{4}$$

式（4）可以记作 $xC(\gamma，x_0)$。

式中：γ 为最大值一半处的一半宽度的尺度参数；x_0 为定义分布峰值位置的位置参数。

标准柯西分布可表示 $C(0，1)$，其期望值不存在，方差值为无限大。柯西变异的扰动范围较大，有着良好的全局探索能力[10]。

为了综合高斯变异以及柯西变异的优点，将 t 分布变异引入粒子群优化算法中。t 分布又称为 student 分布，即学生分布，其概率密度函数表达式如式（5）：

$$p_t(x)=\frac{\Gamma\left(\frac{n+1}{2}\right)}{\sqrt{n\pi}\,\Gamma\left(\frac{n}{2}\right)}\left(1+\frac{x^2}{n}\right)^{-\frac{n+1}{2}}$$

$$-\infty<x<\infty \tag{5}$$

式中，n 为自由度，当自由度较小时，函数较为平坦，中间值较低，两端值翘得较高；当自由度较大时，函数较为陡峭，中间值较高，两端值较低。当自由度 $n=1$ 时，t 分布即为柯西分布；当 n 趋向于无穷时，t 分布即为高斯分布。可见高斯分布和柯西分布是 t 分布的两个边缘例子，t 分布结合了高斯分布以及柯西分布的特点，通过选择合适的自由度值，可以平衡两者之间的关系，增强粒子群算法的性能。图 2 为 t 分布、高斯分布、柯西分布的曲线对比图。

t 分布变异的性能与其自由度有一定的联系，在粒子群算法的搜索前期，t 算子的变异尺度应相对较大，这样能够使粒子在更为广阔的区域进行搜索寻优，当寻优进入后期时，变异尺度应该相对较小，避免损失掉大量已找到的有效信息，因此将自适应加入 t 分布变异是很有必要的。

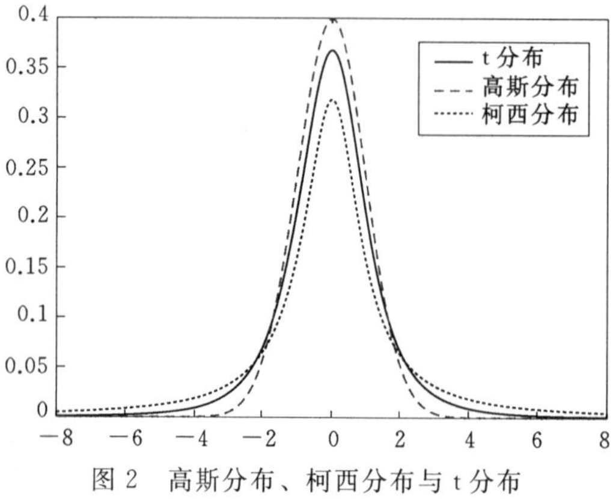

图 2　高斯分布、柯西分布与 t 分布

使用粒子群算法的迭代次数作为自适应 t 分布自由度的影响参数，迭代前期自由度较小，t 分布接近于柯西分布，具有良好的全局开发能力，提高了种群多样性；迭代的中期，t 分布介于柯西分布与高斯分布之间，平衡了全局探索与局部挖掘的能力；迭代后期自由度较大，t 分布接近于高斯分布，产生相对较小的扰动。在粒子种群中以一定的概率选中部分粒子执行自适应 t 分布变异操作，其数学表达式如式（6）：

$$x_i' = x_i + x_i t(n) \tag{6}$$

式中：x_i' 为变异后的粒子位置；x_i 为该粒子原本所处的位置；n 为粒子群算法当前的迭代次数；$t(n)$ 代表以迭代次数为自由度的 t 分布函数，通过迭代的过程中不断地改变自由度以达到自适应改变变异幅度的作用。

自适应 t 分布变异使得粒子群种多样性提升，粒子有机会跳出局部极值，寻得全局最优解，提升了算法性能。

3 地基沉降预测模型 TPSO-BP 及实例分析

3.1 地基沉降预测模型 TPSO-BP

将粒子群算法与 BP 神经网络相结合，可以改善传统 BP 神经网络存在的对初始值敏感，易陷入局部极值的缺点，从而提升网络的性能，使其更好地应用于实际的预测工作中。

粒子群算法优化 BP 神经网络的基本操作步骤如下：

使用粒子群算法优化 BP 神经网络的权阈值，能使网络训练变得更加的科学，从而有效地改善神经网络的收敛效果，提升其预测能力。将该模型应用于路基沉降预测中可以较好地反映路基沉降的规律和走势，获得更为准确的预测结果。

第一步：确定 BP 神经网络的结构和参数。

第二步：确定粒子群算法的参数，包括种群规模、惯性权重、学习因子、粒子最大速度、粒子位置范围、最大迭代次数、粒子维度等，根据 BP 神经网络的误差确定算法的适应度函数。每个粒子包含 BP 神经网络所有权值阈值。

第三步：根据适应度函数公式计算各粒子的适应度。

第四步：更新粒子群自身历史最优与全局最优位置。

第五步：各粒子按照速度更新公式和位置更新公式进行更新。

第六步：若满足了目标误差值或者达到了最大迭代次数则停止算法，否则转向第三步。

第七步：将粒子群算法的全局最优输出作为 BP 神经网络的初始权值阈值，再进行网络训练。

第八步：BP 神经网络训练结束，保存网络。

因此，本文将 TPSO 算法引入 BP 神经网络的优化中，建立了 TPSO-BP 神经网络路基沉降预测模型，如图 3 所示。首先通过自适应 t 分布变异粒子群算法寻优获得最优权值阈值并将其赋给 BP 神经网络，再对网络进行训练，最后使用训练完成的模型进行路基沉

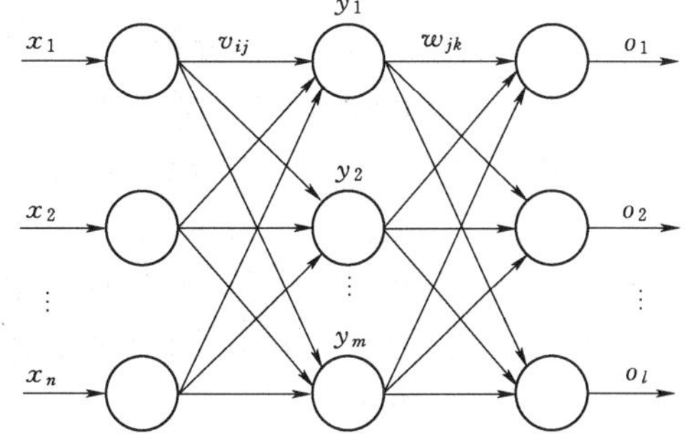

图 3 地基沉降预测模型 TPSO-BP

降预测。

由于地基沉降的变化趋势是非线性的，随着时间的推进，数据之间存在着某种数学联系并反映出地基沉降的内在规律。因此，将地基沉降历史监测数据作为 BP 神经网络的输入及输出，根据时间序列的神经网络采用直接建模的方式来进行地基沉降预测。

在地基沉降监测数据序列中，选前 m 个数据作为 BP 神经网络的输入，第 $m+1$ 个数据作为输出，依次进行，其数据形式见表 1。

表 1　　BP 神经网络数据输入输出形式

序号	输　　入	输出
1	x_1　x_2　x_3　…　x_m	x_{m+1}
2	x_2　x_3　x_4　…　x_{m+1}	x_{m+2}
3	x_3　x_4　x_5　…　x_{m+1}	x_{m+3}
…	…	…
$n-m$	x_{n-m}　x_{n-m+1}　x_{n-m+2}　…　x_{n-1}	x_n

其中，x_t 为时间为 t 时的地基沉降实测数据，n 代表沉降监测总期数，m 为输入神经元的个数，以 $m+1$ 个数据为一组进行训练，文中将 m 选取为 4。BP 神经网络模型结构为 4 - 10 - 1。

对输入及输出数据进行归一化预处理工作，使其值介于［-1，1］之间，归一化预处理使用到的函数为 Matlab 中的 mapminmax 函数，其数学表达式为

$$Y=\frac{2(x_t-x_{\min})}{x_{\max}-x_{\min}}-1 \tag{7}$$

式中：x_t 为原始沉降数据；$x_{\max}$为沉降最大值；$x_{\min}$为沉降最小值；Y 为归一化之后的沉降数据，可用于网络训练及预测中。

3.2　TPSO - BP 模型预测实例

本文使用吴堡—子洲高速公路试验工程进行路基沉降预测实例分析，其中 K33＋240 断面 65 期的路基沉降监测数据见表 2。

从 K33＋240 断面的路基沉降监测数据中可以看出，该处此段时间内路基沉降数值变化较大，且前期沉降速率很快，15 期之后沉降逐渐变缓。以该监测数据为样本，使用 BP 神经网络以及自适应 t 分布变异粒子群 BP 神经网络模型 TPSO - BP 进行预测；将前 55 期数据用来训练 TPSO - BP 模型，其拟合结果如图 4 所示。

使用训练好的 TPSO - BP 模型对后 10 期路基沉降数据进行预测，并与实测沉降值进行对比，其预测结果如图 5 所示。

从图中可以看出本文提出的 TPSO - BP 模型对于路基沉降数据的拟合效果更好，比起单一的 BP 神经网络和 PSO - BP 模型有了进一步的提升，该模型能够较好地贴近 K33＋240 路基沉降的规律。

详细的地基沉降实测值、预测结果以及预测绝对误差见表 3。

表 2　　**K33＋240 路基沉降监测数据**

监测期数	累计沉降/mm	监测期数	累计沉降/mm	监测期数	累计沉降/mm
1	0.02	23	97.29	45	103.01
2	0.33	24	98.05	46	103.05
3	1.26	25	98.02	47	103.75
4	2.75	26	98.02	48	103.74
5	4.73	27	98.03	49	103.01
6	7.17	28	98.18	50	103.70
7	10.05	29	98.46	51	104.10
8	16.16	30	98.81	52	104.24
9	17.16	31	99.27	53	104.35
10	21.31	32	100.08	54	104.42
11	33.27	33	100.82	55	104.46
12	44.08	34	101.11	56	104.50
13	51.81	35	101.12	57	104.55
14	63.04	36	100.10	58	104.59
15	79.22	37	101.75	59	104.66
16	82.65	38	100.07	60	104.77
17	84.06	39	100.60	61	104.92
18	84.07	40	101.35	62	105.21
19	88.15	41	102.10	63	106.06
20	89.97	42	102.65	64	107.05
21	92.12	43	102.98	65	107.59
22	94.72	44	102.99		

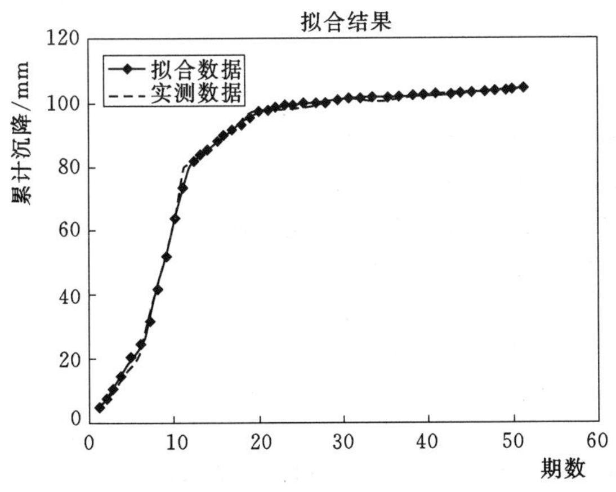

图 4　TPSO－BP 模型 K33＋240 拟合结果

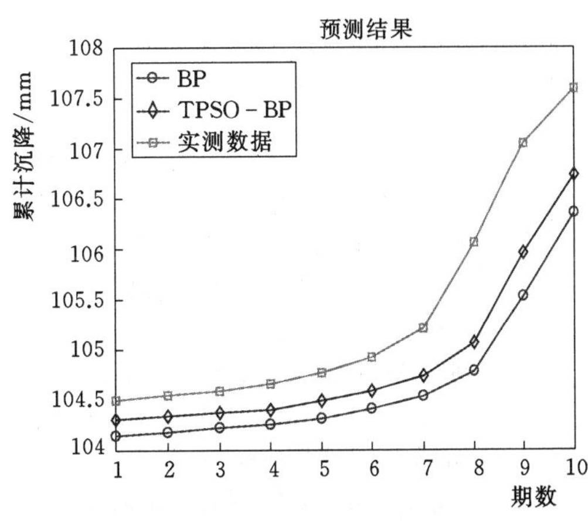

图 5　地基沉降预测结果

表 3　　地基沉降预测结果及误差

期数	实测值 /mm	BP 预测值 /mm	BP 预测误差 /mm	TPSO-BP 预测值 /mm	TPSO-BP 预测误差 /mm
1	104.50	104.149	−0.351	104.310	−0.190
2	104.55	104.182	−0.368	104.343	−0.207
3	104.59	104.227	−0.363	104.377	−0.213
4	104.66	104.258	−0.402	104.402	−0.258
5	104.77	104.316	−0.454	104.493	−0.277
6	104.92	104.412	−0.508	104.588	−0.332
7	105.21	104.536	−0.674	104.736	−0.474
8	106.06	104.782	−1.278	105.065	−0.995
9	107.05	105.528	−1.522	106.960	−0.090
10	107.59	106.356	−1.234	106.732	−0.858

从表 3 中可以看出 BP 神经网络的预测效果欠佳，误差相对较大，其中最大误差为 1.522mm，TPSO-BP 模型表现优秀，最大误差仅为 0.995mm。可见使用粒子群算法为 BP 神经网络寻得最优权值阈值可以提升其预测能力。

4　结论

自适应 t 分布变异可使粒子群种多样性提升，粒子有机会跳出局部极值，寻得全局最优解。

将改进后的粒子群算法引入 BP 神经网络的权值阈值优化中，能够有效提高提升 BP 神经网络模型的预测精度。地基沉降工程实例预测结果表明，预测值与实测值的误差减小，证明了模型的有效性和可靠性。

参考文献

[1] JTG/T D31-02—2013 公路软土地基路堤设计与施工技术细则 [S].

[2] 王永庆. 人工智能原理与方法 [M]. 西安：西安交通大学出版社，1998.

[3] 姚博. 基于 BP 人工神经网络的煤矸石路堤沉降预测分析 [D]. 长沙：中南林业科技大学，2018.

[4] 王银岭. 基于改进 BP 神经网络的地基沉降预测实例分析 [J]. 中国市政工程，2019 (4)：39-42，115.

[5] 邹强. CFG 桩处治软土路基的沉降预测 [D]. 长沙：中南林业科技大学，2019.

[6] Rumenlhart E.，Hinton E.，Williams J.. Learning representation by back propagation errors [J]. Nature，1986，3 (6)：899-905.

[7] 陈明，等. MATLAB 神经网络原理与实例精解 [M]. 北京：清华大学出版社，2013.

[8] Uhcitanchi S，Ali F，Stipidis E. Particle swarm optimization for adaptive resource allocation in communication network [J]. EURASIP Journal On Wireless Communications and Networking，2010 (4)：1-13.

[9] Kaveh A., Talatahari S., Particle swarm optimizer, ant colony strategy and harmony search scheme hybridized for optimization of truss structures [J]. Computers and Structures, 2009, 87 (5-6): 267-283.

[10] 王永骥，苏婷婷，刘磊. 基于柯西变异的多策略协同进化粒子群算法 [J]. 系统仿真学报，2018，30 (8): 2875-2883.

大面积真空预压在台州三山涂涂面整理工程中的应用

钱　彬[1]　黎远征[2]　佘义邦[1]　占鑫杰[1]　范明桥[1]　韦　凯[3]

（1. 南京水利科学研究院岩土工程研究所，江苏南京　210024；
2. 中核港航工程有限公司，广东广州　511458；
3. 江苏洋井石化集团有限公司，江苏连云港　361009）

摘　要： 真空预压法在填海造地、码头陆域、市政道路、水利堤防等各种地基较差的软基处理工程中应用越来越广泛，是处理软黏土地基最有效的方法之一，且软土加固效果亦被证实非常明显。本文以三山涂涂面整理陆域形成工程为例，对大面积真空预压在本工程地基加固中的应用进行了介绍与分析总结。通过对沉降和承载力的分析，发现真空预压法作为一种技术比较成熟的软基处理施工工艺，在本工程面积大、淤泥深、工期紧的地基处理中效果明显。施工时应加强过程管控，尤其塑料排水板深度控制，横向、竖向排水通道的顺畅以及对密封系统的把控，是确保软土地基加固效果取得成功与否的重要保障。应加强软基处理过程中的监测工作，及时发现施工中出现的异常现象，从而对施工形成有效指导，以便及时发现问题、解决问题、指导施工、保证质量。

关键词： 地基处理；真空预压；处理效果；大面积；沉降；承载力

0　引言

随着我国社会经济和城市化规模的发展，东南沿海城市现有的土地资源已经不能满足其自身城市发展的需要，更多地以填海造地成为沿海城市新的土地发展形式。而吹填土的特点是含水率较高、孔隙比较大、压缩性较大、强度低和透水性差，由于其强度低，地基承载力和稳定性往往不够，不能满足工程要求，因此，要对地基进行加固处理才能使用[1]，其中真空排水预压法是处理该地基的有效方法之一。

然而吹填土地基处理产生的沉降较大，对实际工程影响较大，需要对其进行沉降测量。目前工程沉降预测的计算方法主要分为两大类：一种方法是基于土的本构模型和固结理论进行数值计算，由于本构模型与工程实际存在一定差距，以及现场取样过程中土样的扰动，导致试验参数与实际参数偏差，因此按照此方法计算的结果不能精确对地基土层的实际变形规律进行描述，致使预测结果较难于指导施工实践。同时，地基沉降量的监测也是施工过程中进行稳定判断的一项重要工作，若对地基沉降有一定的预测，则大大有益于工程的进行，这样就能合理有效的指导施工[2]。另一种方法是根据现场实测地基沉降数

作者简介： 钱彬（1991—　），男，江苏镇江人，工程师，主要从事岩土工程、地基与基础方面研究。

据，从而建立沉降-时间关系预测模型，进行推算地基工后沉降，此方法具有一定的理论基础，方法操作且简单易行，又能充分利用实际现场的实测地基沉降结果[3-4]，其预测结果也较为理想，王天祥[5]用了4种真空预压土体固结度预测方法进行了效果对比，建议采用双曲线法进行评价，因此在工程实践中得到了广泛应用。真空预压法作为一种常用软基加固方法，以其工期短、施工安全、无污染环境、费用低等优点而广泛应用于码头、港口、机场、工业与民用建筑等工程建设，且在开山石、砂等堆载料越发难以获得的实际市场条件下，建设者们的目光更多地从堆载预压转到了真空预压的处理方法上[6]。

本文以台州三山涂涂面整理一期真空预压处理工程的监测和检测数据为实例，对大面积真空预压在本工程地基加固中的应用进行了介绍与分析总结。

1　工程概况

台州湾循环经济产业集聚区三山涂涂面整理一期工程位于浙江省台州湾循环经济产业集聚区东部新区，陆域形成工程范围为台州东部新区东方大道以南、聚洋大道以西区块，工程区域大致呈J形，西边界为规划聚金路及山海大道、东边界为聚洋大道，南边界为聚海大道及南侧规划道路，北边界为东方大道，总面积约267万m^2。本工程共划分为三个吹填区和一个回填区，从南向北分别为：吹填一区、吹填二区、吹填三区和回填区。山海大道以南为吹填一区，面积约148万m^2；山海大道以北至海景大道为吹填二区，面积约69.52万m^2；海景大道以北至海清路北侧约177m为吹填三区，面积约36.51万m^2；吹填三区以北至东方大道为回填区，面积约13.26万m^2。其中，吹填区面积包括规划河道及海清路及道路面积，总计10.55万m^2。

卸载标准：沉降速率连续10d平均量小于或等于3mm/d；地基处理控制标准：地块区0～1.5m深度范围内地基承载力特征值$f_{ak}\geqslant$50kPa；1.5m以下地基承载力特征值$f_{ak}\geqslant$30kPa。

2　地质情况

场地位于港湾式淤泥质海岸，勘探孔所在范围为滩涂，部分水深0.30～1.50m，泥面较平缓，向海域倾斜，坡度小于1°。场区微地貌形态为水下岸坡，相对较平坦。根据工程场地钻探揭露，结合野外静力触探工作，场地勘察深度（48.00m）范围内地基土可划分为4层9亚层。现自上而下分述如下：杂填土、素填土、淤泥质粉质黏土、淤泥质粉质黏土、淤泥质黏土、黏土、粉质黏土。本次吹填土利用台州东部新区外临时航道疏浚工程疏浚弃土，为淤泥、淤泥质黏土，天然重度为16.3～17.3kN/m^3，液性指数在1.33～1.75之间，根据疏浚土分级，确定为3级土，适宜开挖和管道输送，亦能满足后期地基处理的要求。

3　施工工艺

地块区处理方法[7]：采用无砂垫层真空预压地基处理方案，采用人工打板，处理范围主要为吹填土，采用B型塑料排水板，排水板间距为0.7m，正方形布置，排水板打设至原滩面，真空预压时间约为120天。

施工顺序为：①吹填疏浚土→②铺设工作垫层→③人工插塑料排水板→④铺设抽真空

设备→⑤埋设监测设备→⑥抽真空→⑦平整场地。

4　加固效果分析

4.1　地表沉降监测

本工程D-2区分为A1～A6共6个区域，共设置60个沉降标，具体测试曲线如图1～图6所示。

根据地表沉降曲线，监测时间从2018年5月1日开始，截至2018年9月2日，共历时123天，预压期沉降量为2828mm。截至2018年9月2日，连续10天实测沉降速率小于3mm/d，小于设计要求的3mm/d的控制指标，且根据实测沉降曲线用双曲线法推求固结度平均为86.6%，大于设计要求80%的固结度指标，满足设计要求的卸载标准。

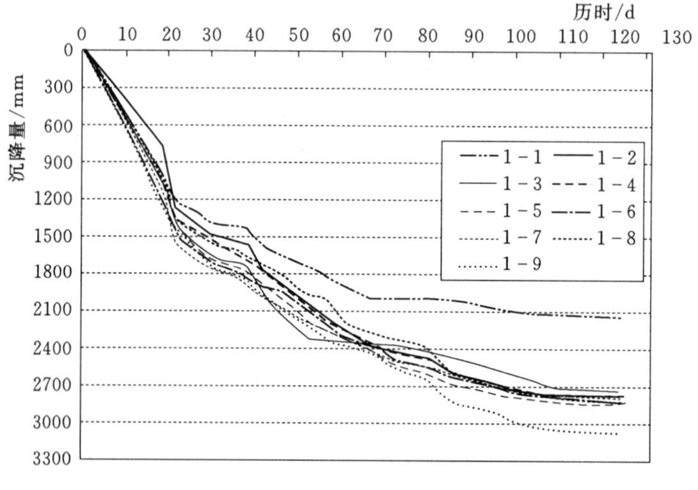

图1　D-2区A1（1-1～1-9）地块区沉降-时间过程线

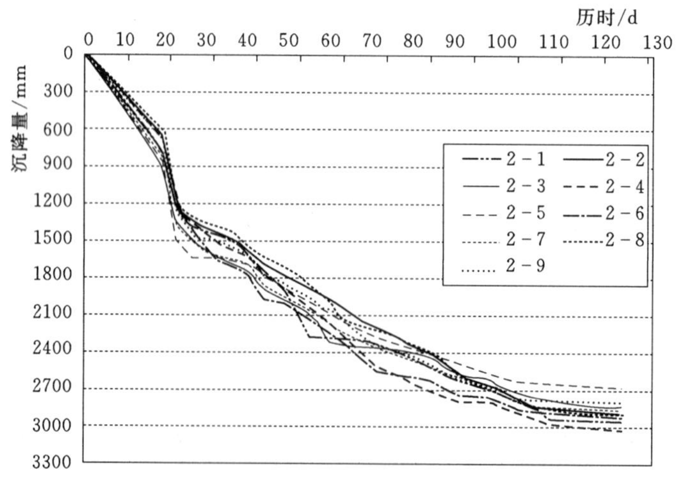

图2　D-2区A2（2-1～2-9）地块区沉降-时间过程线

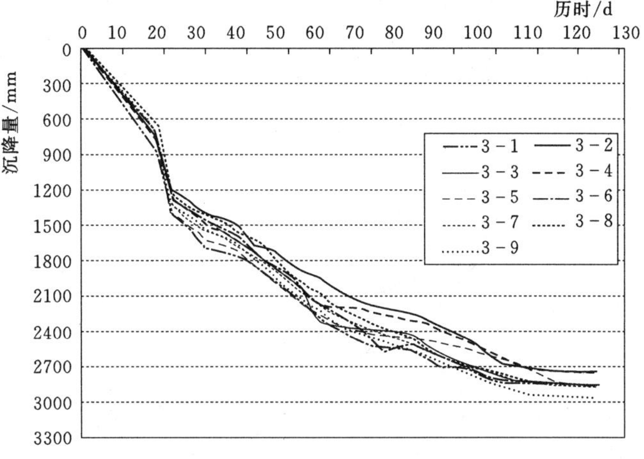

图 3 D-2 区 A3（3-1～3-9）地块区沉降-时间过程线

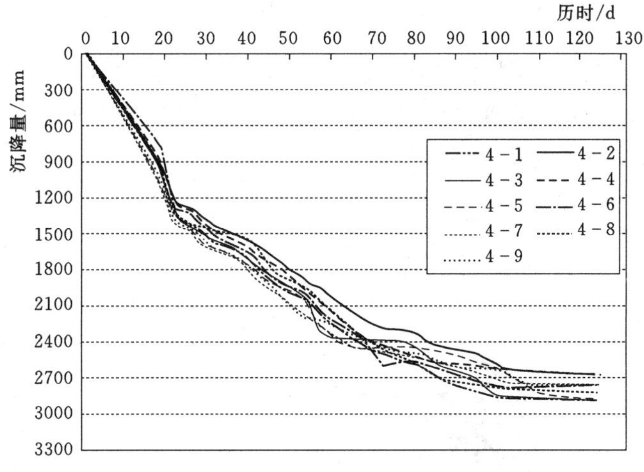

图 4 D-2 区 A4（4-1～4-9）地块区沉降-时间过程线

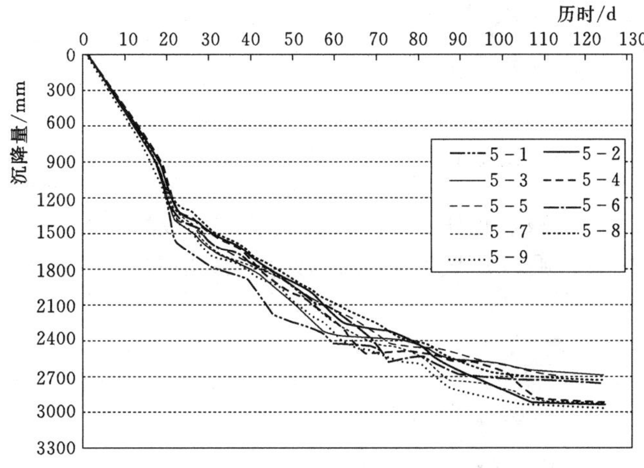

图 5 D-2 区 A5（5-1～5-9）地块区沉降-时间过程线

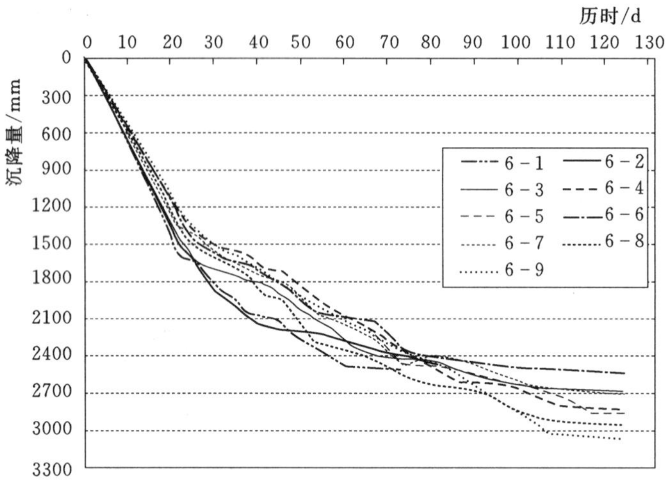

图 6　D-2 区 A6（6-1～6-9）地块区沉降-时间过程线

根据沉降曲线图 1～图 6 分析，D2 区地表沉降量在刚开始抽真空阶段沉降速率较大，在整个施工过程中，地基沉降速率缓慢减小，沉降曲线图斜率逐渐减小，趋于收敛，最终达到设计要求的卸载固结度及沉降速率。

4.2　钻孔取样土工试验

截至 9 月 3 日，吹填 2 区整个场地真空预压时间已满足设计要求 4 个月，于 9 月 3 日至 9 月 21 日进行自检。自检内容主要有：钻探取土室内土工实验、现场载荷板试验。室内土工试验：采用重锤少击或压入法取土，取样深度分别为 0.3m、0.9m、1.5m，1.5m 以下加固深度范围内取样间距为 1.0m，直到原海积层为止，每个小区块分别取 4 组土样进行室内土工试验。试验现场平面布置如图 7 所示，共计 72 组土样。

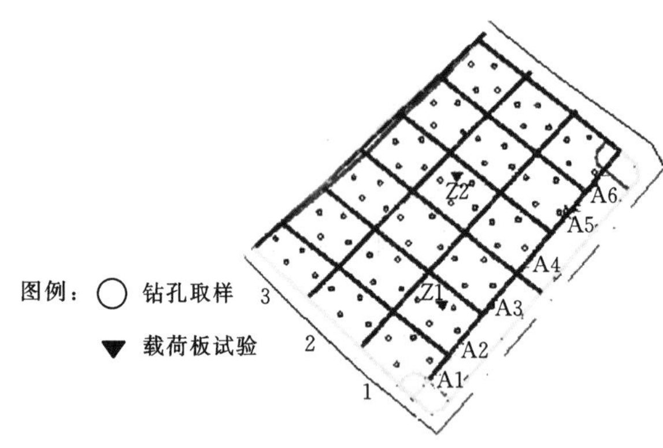

图 7　吹填 2 区场地分区与现场试验平面布置图

参照《工程地质手册》（第五版）[8]，假设基础受中心荷载，将地基土刚开始出现剪切破坏（即开始由弹性变形进入塑性变形）时的临界压力，乘以承载力修正系数 ξ 作为地基承载力特征值，其计算公式如下：

$$f_{ak}=\xi\left[\frac{\pi(\gamma_m d+c_k\cot\varphi_k)}{\cot\varphi_k+\varphi_k-\dfrac{\pi}{2}}+\gamma_m d\right]=\xi(M_d\gamma_m d+M_c c_k) \tag{1}$$

其中 M_d 和 M_c 为承载力系数，可根据 φ_k 分别按式（2）和式（3）计算：

$$M_d = 1 + \frac{\pi}{\cot\varphi_k + \varphi_k - \frac{\pi}{2}} \tag{2}$$

$$M_c = \frac{\pi}{\tan\varphi_k\left(\cot\varphi_k + \varphi_k - \frac{\pi}{2}\right)} \tag{3}$$

现场取样室内试验结果表明：经真空预压处理后土体含水率为37.1%～54.8%，含水率明显降低，地基处理效果显著；本次土工试验土样共288组，共608个土样，根据设计要求统计，结果见表1。

表1　　土工试验推算地基承载力统计表

深度	地基承载力设计值 f_{ak} /kPa	统计总数	不小于设计数量	不小于设计数量所占百分比 /%
0～1.5m	≥50	144	144	100
	≥35（70%）		144	100
≥1.5m	≥30	144	144	100
	≥21（70%）		144	100

结果表明：①统计值满足设计要求；②深度0～1.5m内不小于设计要求的数量为95%和深度≥1.5m不小于设计要求的数量为100%，均大于参加统计数量的70%；③不小于设计要求的70%的数量为100%，大于参加统计数量的95%。土工试验结果推算表层地基承载特征值均达到设计要求，符合合格标准。

4.3　载荷板试验

为进一步检验真空预压区的地基处理效果，达到真空预压时间之后，进行平板载荷试验，试验点按设计要求经项目部和监理工程师现场确定，加荷方式按规范要求的慢速法进行，载荷板面积为0.5m^2。本次对D-2区的2个浅层平板载荷试验点进行试验，剩余D-2区域浅层平板由另外一家进行监测检测。载荷试验曲线见结果见表2与图8～图9。从图上可以看出：各试验点 $p-s$ 曲线均为平缓的光滑曲线，取 s/b 等于0.02对应的压力，即 $s=14$mm时，所对应的荷载与最大加载值的一半相比，取较小值为该点地基承载力特征值。

表2　　载荷板试验数据结果

场地	编号	阶段	荷载/kPa	本级沉降/mm	累积沉降/mm
A2	Z1	1	20	1.94	1.94
		2	40	2.96	4.90
		3	60	6.41	11.31
		4	70	3.74	15.05
		5	80	7.45	22.50
		6	90	5.84	28.34
		7	100	8.20	36.54

续表

场地	编号	阶段	荷载/kPa	本级沉降/mm	累积沉降/mm
A4	Z2	1	20	1.79	1.79
		2	40	0.89	2.68
		3	60	2.35	5.03
		4	70	1.52	6.55
		5	80	3.02	9.57
		6	90	4.59	14.16
		7	100	5.17	19.33

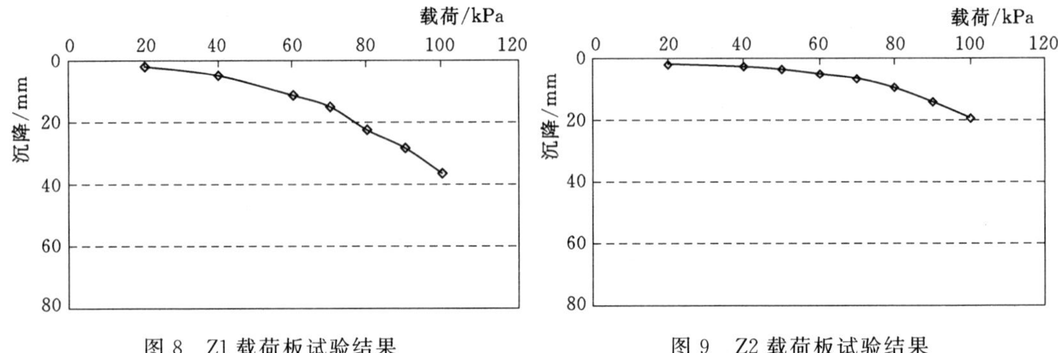

图 8　Z1 载荷板试验结果

图 9　Z2 载荷板试验结果

载荷试验结果表明：真空预压处理后的地基承载力≥50kPa，达到了设计文件要求的处理效果。综上所述，本区吹填土真空预压处理达到了设计要求，地基处理合格。

5　结语

通过对台州三山涂涂面整理工程中大面积真空预压地基处理的实例可以得知：

（1）真空预压法目前作为一种技术比较成熟的软基处理施工工艺，适用于面积大、淤泥深、工期紧的地基处理工程，且地基加固效果明显。

（2）施工时应加强过程管控，尤其塑料排水板深度控制，横向、竖向排水通道的顺畅以及对密封系统的把控，是确保软土地基加固效果取得成功与否的重要保障。

（3）应加强软基处理过程中的监测工作，及时发现施工中出现的异常现象，从而对施工形成有效指导，以便及时发现问题、解决问题、指导施工、保证质量。

参考文献

[1]　宋晶，王清，孙铁，等. 吹填土自重沉淤阶段孔隙水压力消散的试验研究［J］. 岩土力学，2010，31（9）：2935－2940.

[2]　汤连生，张庆华，廖化荣. 公路软基工后沉降研究进展［J］. 岩石力学与工程学报，2006（S2）：3449－3455.

[3]　王丽琴，靳宝成，杨有海，等. 黄土路基工后沉降预测模型对比研究［J］. 铁道学报，2008，30（1）：43－47.

［4］ 董川. 填海造地工程中的软基沉降预测研究［J］. 铁道科学与工程学报，2011，8（3）：51－56.

［5］ 王天祥. 4种真空预压土体固结度预测方法及其效果对比［J］. 水运工程，2019（S2）：119－123.

［6］ 杜虎. 真空预压法在某软基处理工程中的应用［J］. 福建交通科技，2019（2）：138－140.

［7］ JGJ 97—2002 建筑地基处理技术规范［S］.

［8］ 工程地质手册编写组. 工程地质手册［M］. 北京：中国建筑工业出版社，1982.

综合物探技术在九江某码头工程岩溶勘察中的应用

林剑锋　张　明　罗　辉　洪　安

（中交第二航务工程勘察设计院有限公司，湖北武汉　430060）

摘　要：灰岩、含碳泥灰岩区存在诸多隐伏岩溶，影响工程基础稳定性问题。文章依托九江某码头工程项目进行了专项研究，采用高密度电阻率法初步查明工程区岩溶分布位置；钻探基本查明钻孔位置溶洞垂向发育情况；跨孔弹性波 CT 查明两钻孔之间溶洞、溶蚀裂隙及软弱夹层；管波探测能准确查明钻孔中遗漏的小溶洞、钻孔周围 2m 范围溶洞的大小、形状及溶隙，是钻探结果、跨孔弹性波 CT 地质解析成果的有力补充。结果表明：综合高密度电阻率法、跨孔弹性波 CT、管波探测对于岩溶区隐伏溶洞调查成果有较高的精度和准确度，弥补了钻孔的不足，更清晰完整揭示工程区岩溶的空间分布特征。成果为该码头工程的建设提供了可靠的基础地质资料，对岩溶地区工程建设具有重大意义，可供同类工程借鉴。

关键词：岩溶勘察；高密度电阻率法；跨孔弹性波 CT；管波探测

0　引言

岩溶（又称喀斯特）是指碳酸盐类可溶岩石（石灰岩、白云岩、大理岩、碳酸质砂岩或碳酸质砾岩等）在地表、地下水的作用下，在漫长的地质历史中形成（溶解 $CaCO_3$ 及冲蚀）各种形态的沟槽、溶隙、空洞、管道等的地质现象。

基于岩溶的溶洞和溶隙，分布无序，形态各异，极为复杂多变，即使两孔相差不到 1m，结果可能完全不同。传统单一钻孔布置再密，也难以清楚查明岩溶的分布和形态；单一的勘探手段难以获取详尽的勘察成果资料。

本文总结了高密度电阻率法、跨孔弹性波 CT、管波探测综合物探技术与钻探相结合的手段，四位一体的方法探测九江某码头工程区隐伏的溶洞、溶隙发育情况。钻探与多种物探探测相结合，取长补短，相互印证，相辅相成，取得了良好效果。为准确判定岩溶工程区桩基持力层及桩周岩溶发育情况提供了新技术、新方法、新思路。

1　物探技术工作原理及方法

1.1　高密度电阻率法

高密度电阻率法是将电阻率测深技术与电阻率剖面法结合起来的勘查方法，主要是根据岩石、矿物等物质的导电性存在差异性为基础。根据供电极距探查勘探深度，采取不同距离电极距的电阻率参数，从而得到不同深度范围的电阻率。根据岩土层视电阻率大小，

作者简介：林剑锋（1971—　），男，大学本科，高级工程师，岩土技术室主任，主要从事岩土工程及工程地质勘察的研究工作。

解释推断岩土层分布。

1.2　跨孔式弹性波CT法

跨孔式弹性波CT法是利用弹性波穿过检测介质，利用弹性波能量衰减与走时的观测对检测体成像，并以此划分岩体的性质，确定可溶岩节理裂隙发育带、溶蚀情况、溶洞的空间展布。坚硬完整的岩体波速较高，而溶洞、空洞（或有充填物）、节理裂隙发育段则相对低速，出现波速异常。

跨孔式弹性波检测系统，以钻孔1作为激发发射孔，钻孔2为接收孔。在钻孔1按1.0m等深度间距为激发点，在钻孔2按1.0m间距设置接收点，保证在接收孔中全孔接收每一个激发点弹性波，如图1所示。

外业数据采集完成转为室内数据处理，流程如图2所示。跨孔式弹性波CT法成果为以波速影像图为背景，叠加钻孔资料及物探地质解释成果，绘制综合解释地质剖面。

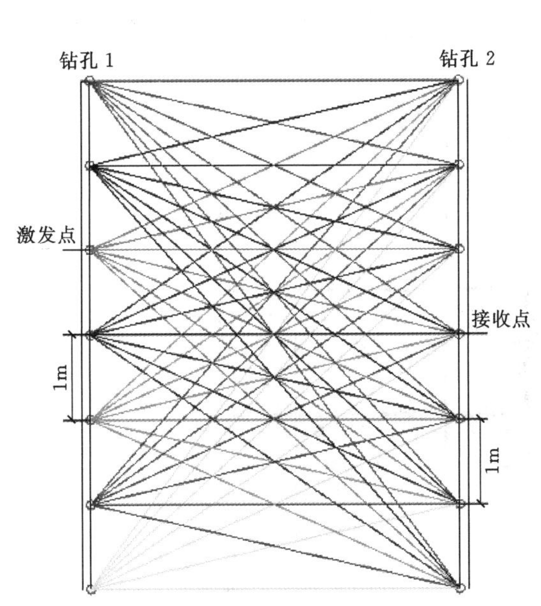

图1　跨孔式弹性波CT法探测系统示意图

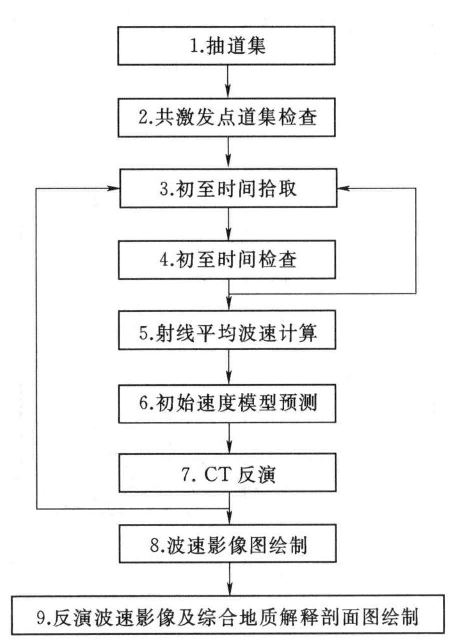

图2　数据处理流程示意图

1.3　管波探测

管波探测是广东省地质物探工程勘察院李学文、饶其荣于2003年发明的管波探测法。

当一种固体和另一种液体介质互相接触，流体的震动会在两种介质的分界面传播的界面波（即广义瑞雷波），瑞雷波在有充填液体的钻孔内沿孔的轴向传播，为管波，管波在孔液表面、孔径变化、孔底及在孔壁和孔液以外有效范围内沿钻孔轴向传播，遇到波阻抗变化就会产生反射。波阻抗的变化是由于钻孔旁存在不良地质体造成，根据管波反射波的变化来确定风化带、裂隙发育带、破碎带、溶蚀裂隙、软层、溶洞等不良地质体。由于管波传播速度与孔液纵波波速相近，管波衰减慢、能量强，采集的时间剖面上很容易识别信号。

2 工程实例

2.1 工程概况

拟建九江某综合枢纽码头工程位于长江中下游东北直水道进口段右岸一侧。工程规模为建设4个5000DWT集装箱泊位及陆域形成、地基处理及配套土建工程等。

勘区覆盖层主要为人工填土层（Q_4^{ml}）、冲积层（Q_4^{al}）、冲洪积层（Q_4^{al+pl}）；下伏基岩为石炭系中统灰岩或含碳泥灰岩，存在填土及风化岩等特殊性岩土，发育有岩溶不良地质作用。

其中码头综合楼及侯工楼区54个钻孔中共有9个钻孔揭示溶洞，见洞率16.6%，揭露单个溶洞洞身垂直高度为0.5～4.7m。场区溶洞多为空洞、无充填。

2.2 测试工作布置

（1）高密度电法测线10条（编号L1～L9、L12），测线总长7000m，其中L1线～L9线为9条10米等间距的平行线，覆盖了侯工楼及综合楼两栋楼；L12线为横穿侯工楼的横测线，如图3所示。

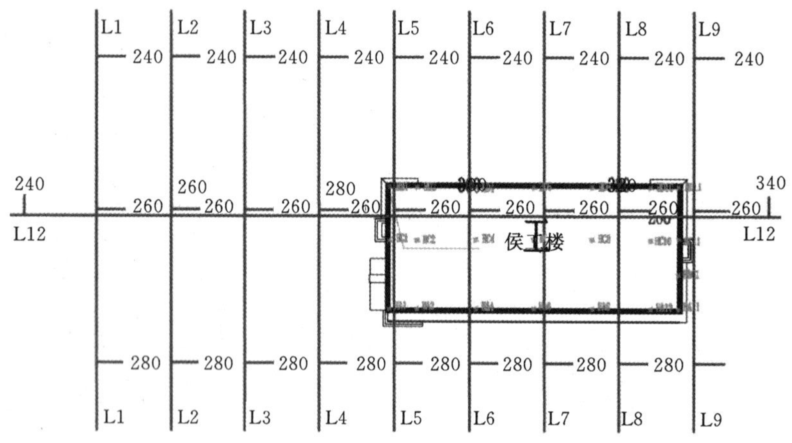

图3 高密度电法测线布置图

本文选择典型侯工楼HC1孔附近测试作为案例，L5线桩号262～272视深度41～51m在侯工楼HC1孔塌陷区域（见图4），结合区内综合地质资料，推测岩溶发育规模较大。

（2）针对高密度电法推测侯工楼HC1孔附近存在岩溶发育规模较大情况，沿HC1孔周围布置4个测试孔。在每个钻孔内进行管波探测，每两钻孔间进行跨孔弹性波CT探测。

2.3 仪器及装置选择

（1）高密度电法仪：DUK－2A型高密度电法仪及配套的多路电极转换器一台（套），采用温纳装置。每条测线采用120根电极，电极距为5m，测量剖面层数为38层，供电电压为320V。

（2）跨孔弹性波 CT 法使用 Geode 型浅层地震仪一台。Geode 型地震仪为外接计算机控制的全数字化信号增强型高分辨率工程地震仪。CT 工作使用的震源为 HX - DHH - 05B 大功率电火花震源。接收探头使用 CH3 型高灵敏度 12 道声波探头 2 套，每个接收探头均采用 20 倍集成运算放大器进行阻抗匹配、抑制道间串扰。

（3）管波探测法采用 TTS3 - A 型管波探测仪进行探测。

2.4　资料地质解释

2.4.1　高密度电法

根据高密度电法 L5 测线结果，电测剖面长 600m。浅部为含碎石黏土，下部为基岩。根据电阻率变化情况，结合钻探资料分析：L5 线桩号 253 视深度 55m、桩号 281 视深度 54m、桩号 289 视深度 44m、桩号 303 视深度 38m、桩号 322 视深度 40m、桩号 366 视深度 40m、桩号 380 视深度 41m 等 7 处低阻异常，推断此段岩溶发育，发育规模 2～5m；桩号 262～272 视深度 47～53m 段低阻异常，处于侯工楼 HC1 桩基塌陷范围，推测此段有较大岩溶发育。侯工楼物探解释岩溶发育平面位置（见图 4）、L5 线高密度电法推断解释成果图（见图 5）。

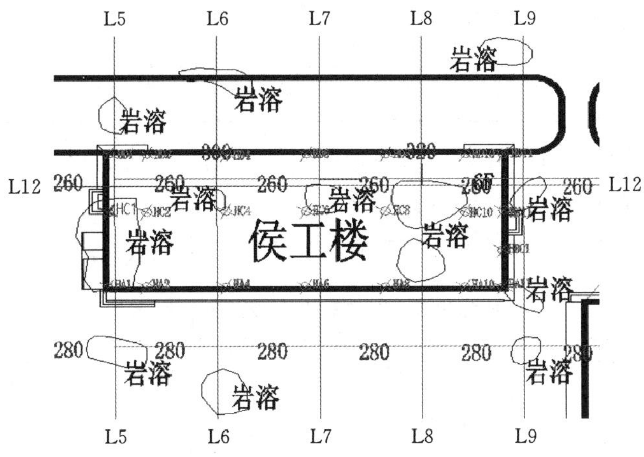

图 4　侯工楼物探解释岩溶发育平面位置图

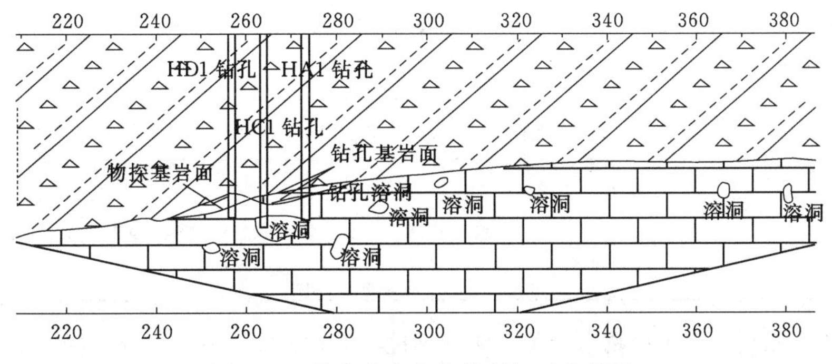

图 5　L5 线高密度电法推断解释成果图

2.4.2 钻探

根据高密度电法解释成果，以 HC1 孔为中心，半径 3.5m，垂直交叉布置 4 个钻孔，全程取芯，并进入中风化岩面 10m。在每个钻孔内进行管波探测，每两孔之间做跨孔弹性波 CT 探测（见图 6）。

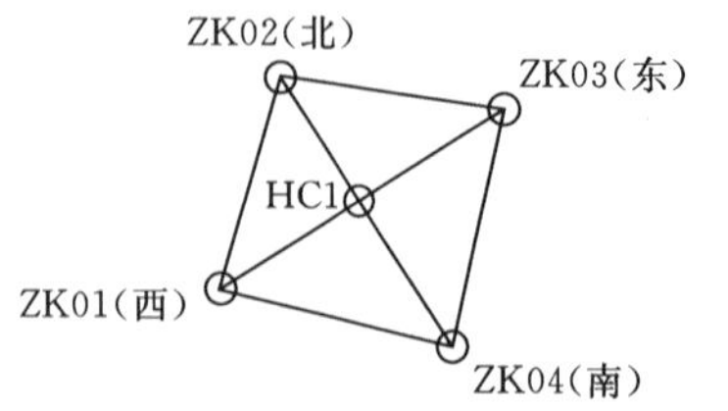

图 6 管波探测及跨孔弹性波 CT 平面位置图

根据钻探结果，揭示溶洞发育情况见表 1。

2.4.3 跨孔弹性波 CT 法

跨孔弹性波 CT 资料的地质解释，主要解释 CT 剖面中存在的溶洞、软弱夹层、裂隙发育带及中风化岩面，物探解释的原则如下：

（1）先对钻探资料及波速影像图进行充分的综合分析、对比，确定各类岩土层的波速范围及特征。

表 1　侯工楼 HC1 桩位揭示溶洞情况一览表

孔号	深度/m	标高/m	洞高/m	充填物
ZK02	56.1～57.7	－39.64～－41.24	1.60	空洞，漏水
ZK04	44.5～45.50	－23.60～－24.50	1.0	空洞，漏水
	48.0～53.30	－31.68～－36.98	5.30	空洞，漏水

（2）根据综合分析、对比确定的岩土层波速范围和特征进行岩土层分类。

（3）根据地层划分、波速影像解释地质情况。

根据上述解释原则，跨孔弹性波 CT 法将岩土层分类见表 2。

表 2　跨孔弹性波 CT 法对岩土层分类一览表

序号	物探分类	波速范围/(m/s)	工程特征	钻孔柱状图描述
1	土层	1500～2000	覆盖层，全、强风化岩，孤石	覆盖土层、全风化层、强风化岩层，部分包含溶洞充填物、土洞、规模较小的溶洞、裂隙发育带
2	岩溶发育区	1500～2500	宏观上表现为溶蚀裂隙及岩溶发育，部分包含较小的包含孤立的中风化岩块	溶洞、裂隙发育，见溶蚀现象、钻进漏水
3	溶蚀裂隙发育区	2000～4000	发育有小溶洞、有溶蚀现象、溶蚀裂隙发育	岩质较软，岩芯呈碎块状、较破碎，裂隙发育，存在溶蚀现象或半边岩溶，钻进漏水
4	完整基岩	4500～6000	坚硬，裂隙不发育，无溶蚀现象	岩芯较完整，多数为短柱状、长柱状，局部为碎块状

按物探解释原则及岩土层物探分类，跨孔弹性波 CT 法反演波速影像解释成果（见图 7）。

根据图 7 可知，完整基岩与岩溶发育区、溶蚀裂隙发育区及软弱夹层之间波速差异明显，反演的波速影像图中容易区分，其解释成果见表 3。

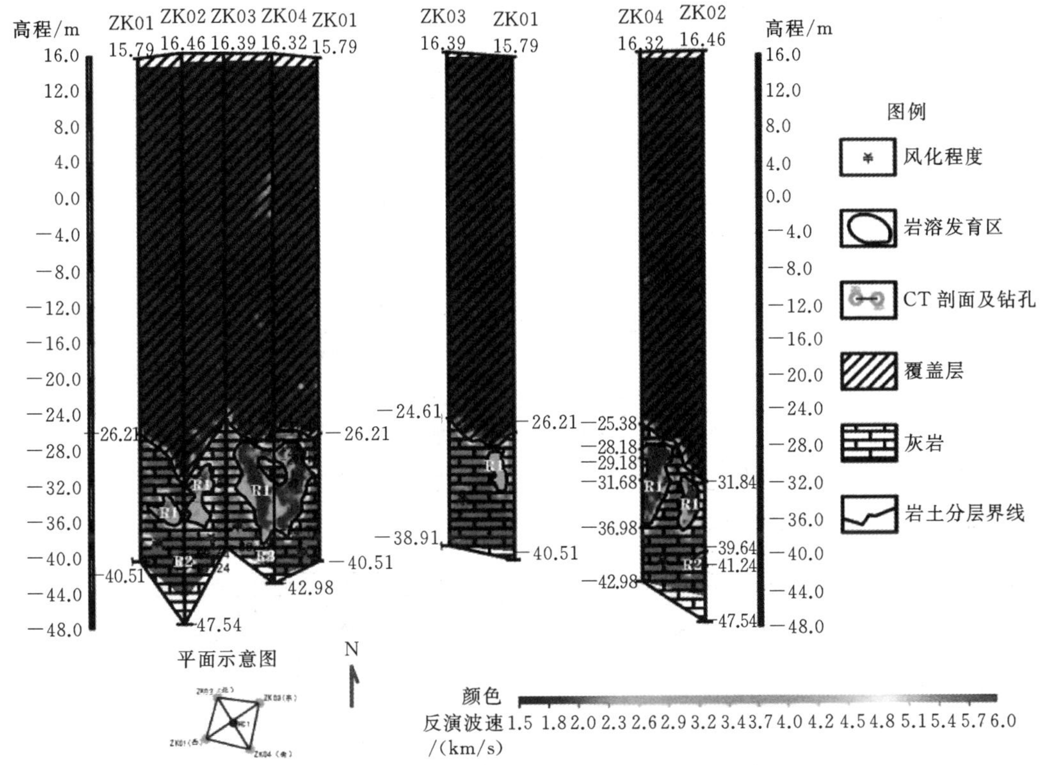

图 7 跨孔弹性波 CT 法反演波速影像解释成果图

表 3 跨孔弹性波 CT 法地质解释成果一览表

序号	岩土层分类	表现颜色	岩溶发育情况解释	反演波速影像中颜色变化
1	土层	蓝色	—	
2	基岩	红色	岩溶发育区	红色的基岩中出现蓝色区域
3			溶蚀裂隙发育区	红色的基岩中出现黄色及黄绿色区域
4			完整基岩	红色的基岩

2.4.4 管波探测

结合钻孔结果，对管波探测成果进行划分岩土层及软弱夹层边界、岩溶发育边界，其判别准则见表 4。

表 4 管波探测判别准则一览表

序号	岩溶发育情况	管波探测表现情况
1	孔旁岩石裂隙发育	存在振幅较小的倾斜反射波组的位置，同时直达波速度较小时（直达波同相轴向下弯曲）
2	钻孔穿过存在波阻抗差异较小的软弱夹层	存在振幅较小的倾斜反射波组的位置，同时直达波速度较大时（直达波同相轴平直）
3	孔中、孔旁溶洞的边界，或钻孔穿过波阻抗差异较大的软弱夹层	存在振幅较大的倾斜反射波组的位置
4	完整基岩段	无倾斜反射波组

管波探测法将岩土分类见表5。

表5　管波探测法对岩土层分类一览表

序号	物探分类	物探解释	地质柱状图描述
1	完整基岩段	基岩完整，岩质坚硬，无溶洞	中风化岩。岩芯采取率高，呈长柱状，完整
2	节理裂隙发育（密集）段	溶洞不大，岩体较完整，节理裂隙发育	节理裂隙发育，岩芯教破碎，多呈饼状、碎块状或短柱状
3	溶蚀裂隙发育段	裂隙发育，有溶蚀现象及小的溶洞存在	岩体裂隙发育、岩芯较破碎，多呈饼状、碎块状，钻进时漏水、存在溶蚀现象或半边岩溶
4	软弱夹层	较软	全风化、强风化岩，岩芯多呈土状、半土半岩状
5	岩溶发育段	岩溶、及溶蚀裂隙发育	溶洞或裂隙发育，存在溶蚀、钻进漏水
6	土层	第四系覆盖土层及强风化、全风化岩	覆盖土层、全风化、强风化岩，存在规模较小的岩溶、裂隙发育、溶洞充填物及土洞

管波探测法解释结果见图8。

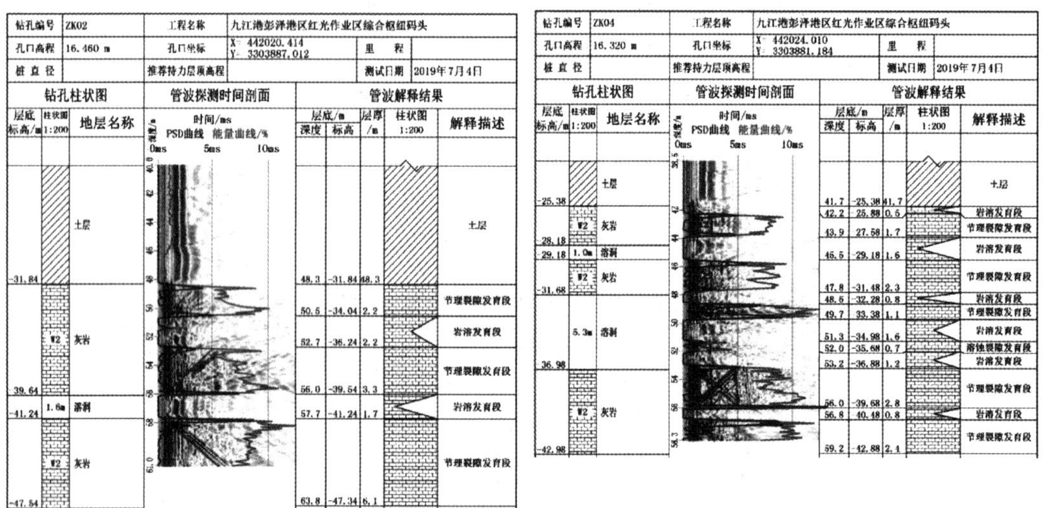

图8　管波探测法解释成果图

2.5　结果与分析

本次勘察针对HC1孔附近，采用钻探、高密度电阻率法、跨孔弹性波CT法、管波探测，查明岩溶发育区3个，编号为R1～R3。其中R1岩溶发育区规模较大，连通性强，洞高11.5m，洞跨8.6m。由相关剖面可见，编号R1的岩溶发育区由ZK03向ZK04倾斜，由ZK02向ZK04倾斜。

综合物探推断编号R1的岩溶发育区为一个北东向的溶槽，发育最大标高为－27.1m，最小标高为－38.6m，溶槽最低处在ZK04附近（见图9）。

3　结语

（1）高密度电阻率法可较好查明工程区岩溶发育的整体分布范围和形态、水平方向变

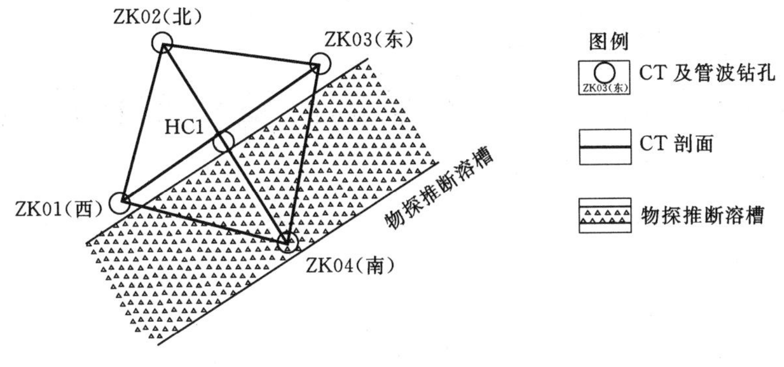

图 9　综合解释成果图

化趋势和沿深度变化的情况。

（2）跨孔弹性波 CT 法有效揭示了测试孔间岩溶的空间展布形态，比单纯钻探更详尽揭示地层情况，更详尽探明基岩起伏和溶洞分布，从而减少人力、物力消耗，节约了时间，保证了工程设计和施工进度。

（3）管波探测揭示钻孔周围 2m 范围的溶洞、溶蚀裂隙及软岩破碎等特征，弥补跨孔弹性波 CT 及钻探在钻孔部位的“盲区”，可监督检查钻孔质量，杜绝可能出现的假相，并对钻探资料起到了验证和补充作用。

（4）高密度电阻率法、跨孔弹性波 CT、管波探测与传统钻探，各有优缺点，综合物探技术与钻探相结合，优势互补，取长补短，相互印证，相辅相成，方可取得良好效果。

参考文献

[1] 中交第二航务工程勘察设计院有限公司. 九江港彭泽港区某作业区综合枢纽码头一期岩土工程勘察报告 [R]. 武汉：中交第二航务工程勘察设计院有限公司，2017.

[2] 李学文，饶其荣. 管波及其工程应用 [J]. 物探与化探，2005 (5)：463-466.

[3] 李学文，郭金根，饶其荣. 桩位岩溶探测新技术——管波探测法 [J]. 工程地球物理学报，2005，2 (2)：2-6.

[4] 程东海，王怀志，吴辉. 管波探测法在广州地铁中的应用 [J]. 工程地质学报，2006：1-5.

[5] 程博，熊彬. 高密度电法在桂林岩溶地区桥址勘探中的应用 [J]. 工程勘察，2018 (7)：50-54.

[6] 龚选波，张继伟，周玉凤，等. 综合物探技术在深圳地铁 16 号线岩溶勘察中的应用 [J]. 工程勘察，2018 (7)：62-67.

[7] 程勃，丁彦礼，徐志峰. 统计学建模法在面积性高密度电阻率数据反演中的应用 [J]. 桂林理工大学学报，2016，36 (3)：452-457.

[8] 郑智杰. 地形起伏对高密度电法探测地下岩溶管道的影响试验研究 [J]. 工程地质学报，2011，25 (1)：230-235.

[9] 罗彩红，邢健，郭蕾，等. 基于井间电磁 CT 探测的岩溶空间分布特征 [J]. 岩土力学，2016，37 (S1)：669-673.

港珠澳大桥沉管隧道沉降变形规律研究

李　斌[1,2,3]　张嘉莹[1,2,3]　高　潮[1,2,3]

（1. 中交天津港湾工程研究院，天津　300222；
2. 港口岩土工程技术交通行业重点实验室，天津　300222；
3. 天津市港口岩土工程技术重点实验室，天津　300222）

摘　要：本文以港珠澳大桥沉管隧道为研究对象，根据沉管隧道沉降监测资料以及各类地基基础载荷试验数据，确定各管节组合基床和地基沉降量，总结分析沉管隧道基础瞬时沉降和固结沉降发展规律；确定沉管隧道地基的临界荷载，分析沉管隧道沉降机理；总结归纳了不同地基刚度下沉管隧道沉降变形规律，并可为以后类似工程提供借鉴。

关键词：沉管隧道地基沉降；深水载荷板试验；瞬时沉降；回弹再压缩；临界荷载

0　引言

港珠澳大桥是连接香港特别行政区、珠海市与澳门特别行政区的重要交通枢纽，是国家规划的珠三角区域环线的重要组成，隧道采用沉管下沉式方案。港珠澳大桥隧道沉管段沉降控制是港珠澳大桥岛隧工程的重点和难点之一，而沉管段的地基基础处理结果将直接影响隧道沉管的施工质量。

日本已经建成的海底沉管隧道沉降量一般较大，而我国港珠澳大桥沉管隧道项目沉降量仅为50～100mm，这也创造了沉管隧道建设历史上的沉管隧道沉降控制的奇迹。分析其原因，在临界荷载设计法指导下提出的组合基床以及复合地基设计法功不可没。以块石、碎石为主要材料的组合基床以及按照“刚度过度”理念设计的复合地基形式值得在港口和海洋工程中推广和应用。

1　研究背景

港珠澳大桥跨越珠江口伶仃洋海域，采用桥隧组合方案，主体工程总长约35km。沉管隧道总长6700m，其中，沉管段长5664m，东西人工岛暗埋段及敞开段长1036m。沉管管节布置由东向西依次为E33、E32、E31、…、E2、E1，其中E28～E33位于半径为5500m的平曲线上，其余位于直线段。标准管节长180m，由8个长度为22.5m的节段组成。

综合地质纵剖面图和工程地质剖面图显示，整个隧道沉管段底板持力层跨越了不同的工程地质单元层，场地内有大面积的软土分布，软土层与下伏地层强度变化较大，第三大

作者简介：李斌（1984—　），男，博士，高级工程师，主要从事地基基础等方面的研究。

层黏土层局部夹有砂土，第四大层砂土层局部夹有黏土，基岩面局部起伏较大，沉管段基础为不均匀地基。

沉管隧道西人工岛的 E1S1～E1S2、东人工岛的 E33S7～E33S8 隧道底板埋深浅，底板下地层主要为流塑-软塑黏土层，厚度大，基础采用高压旋喷改良地基方式进行基础处理。沉管隧道 E1S3～E4S3、E31S4～E33S6 的底板埋深由浅至深，底板下地层分布有能满足承载力要求的土层，采用挤密砂桩＋水下堆载预压方案进行地基处理。沉管隧道 E4S3～E6、E30S4～E31S3 采用高置换率挤密砂桩方案进行地基处理。沉管隧道 E7～E30S3 的底板埋深起伏变化相对较小，底板下地层均为满足承载力要求的非软土层，采用天然地基基础方案。具体处理方式见表 1。

表 1　　沉管隧道地基处理方式汇总表

管节/节段	地基处理方式	管节/节段	地基处理方式
E1S1～E1S2	高压旋喷改良地基	E30S4～E31S3	高置换率挤密砂桩
E1S3～E4S3	挤密砂桩＋水下堆载预压	E31S4～E33S6	挤密砂桩＋水下堆载预压
E4S3～E6	高置换率挤密砂桩	E33S7～E33S8	高压旋喷改良地基
E7～E30S3	天然地基		

港珠澳大桥沉管隧道在地基基础上采用开挖基槽后块石夯平，在此夯平层上铺设碎石垫层形成组合基床后安放沉管，由于基槽开挖后海底抛块石经过夯平处理，可认为块石抛石夯平层消除了基槽开挖时的施工扰动，且不发生沉降，基于此开展沉管隧道沉降变形规律分析[1]。

2　沉管隧道沉降监测特点

沉管隧道各管节沉降曲线走势大体趋于一致，在沉管安放后一段时间内，沉管隧道沉降速率和沉降量都较显著，而后逐渐趋于稳定。分析沉管隧道沉降的发生原因主要有两方面：一是块石夯平层和碎石垫层组成的组合基床，块石夯平层由于经过夯平船的夯平，可认为不再发生沉降，故而组合基床沉降主要由碎石垫层受力后碎石重分布以及挤密所产生的沉降；另外一部分则是地基基础沉降，地基沉降主要是由于各种地基在受到沉管荷载时产生地基土体的回弹再压缩或者正常固结引起[2]。

根据工程地质勘察报告、挤密砂桩水下载荷试验和高压旋喷改良地基载荷试验以及不同管节不同工况下的沉降监测数据；对沉管隧道沉降监测数据进行整理分析并综合载荷试验和水下堆载预压的成果，计算不同施工工况下组合基床、天然地基和复合地基的沉降量，明确沉降的组成和所占比例，为以后沉管隧道工程沉降控制提供参考。考虑新近施工的沉管隧道沉降不完全，本次研究只考虑 E1～E15 管节的沉降量。根据施工记录以及沉管隧道监测数据，各管节底部荷载和沉降见表 2。

3　沉管隧道沉降监测特点

由于沉管隧道地基形势复杂易导致不均匀沉降的发生，在此情况下提出复合地基处理方式。在港珠澳大桥隧道下部存在有挤密砂桩复合地基、高压旋喷改良地基、刚性桩复合

表 2　　沉管隧道管节底部荷载汇总表

管节	节段	荷载/kPa	首端沉降量/mm	尾端沉降量/mm
E1	S1	104.5	88.55	40.19
	S2	72.9		
	S3	32.8		
	S4～S8	36.8		
E2	S1～S3	37.6	48.69	54.08
	S4～S7	45.5		
E3	S1～S8	46.8	63.66	61.72
E4	S1～S8	47.2	70.26	75.11
E5	S1～S8	46.2	73.29	64.24
E6	S1～S8	46.8	61.87	57.74
E7	S1～S3	46.8	55.92	61.33
	S4～S8	33.1		
E8	S1～S8	33.1	49.03	60.13
E9	S1/S3/S6/S8	33.1	60.85	47.59
	S2/S4/S5/S7	63.2		
E10	S1/S3	33.1	46.46	39.84
	S2/S4/S5	63.2		
	S7	38.8		
E11	S1～S8	63.2	40.71	50.5
E12	S1～S8	63.2	40.76	39.2
E13	S1～S8	63.2	45.98	45.89
E14	S1～S8	63.2	40.35	56.45
E15	S1～S8	63.2	41.30	50.6

地基三种复合地基形式。复合地基在减小沉管隧道不均匀沉降的发生起到重要作用[3]。复合地基的设计采用“刚度过度”理念，在满足沉管隧道沉降控制、保证施工质量的前提下达到降低施工成本的目的。

3.1　挤密砂桩复合地基

为获得挤密砂桩复合地基沉降特性，进行挤密砂桩载荷试验，试验采用锚桩反力梁法进行。第一级荷载为 2000kN，其余每级荷载为 1000kN。采用慢速维持荷载法，对沉降量进行实时观测。荷载稳定标准为每小时沉降量不超过 0.25mm，且连续出现两次。各级荷载作用下，沉降 $p-s$ 曲线如图 1 所示。

E1S3～E6 沉管隧道过渡段隧道地基采用水下挤密砂桩进行处理。沉管过渡段堆载预压处理地基在当前荷载下已完成大部分固结沉降，固结度达到 90%以上；E4S4～E6 沉管管节下卧淤泥较薄，拟采用高置换率挤密砂桩处理软土层并清除隆淤，无需堆载预压即可满足要求；E1S3～E4S3 淤泥深厚，采用挤密砂桩＋水下堆载预压处理，利用挤密砂桩作为排水通道，E1S3～E4S3 挤密砂桩桩顶标高在－16.4～－22.7m，桩底标高在－34.4～－37.0m。挤密砂桩段复合地基沉降将使用挤密砂桩载荷试验 $p-s$ 曲线进行计算，经过堆载预压的挤密砂桩复合地基沉降使用再压缩曲线计算。

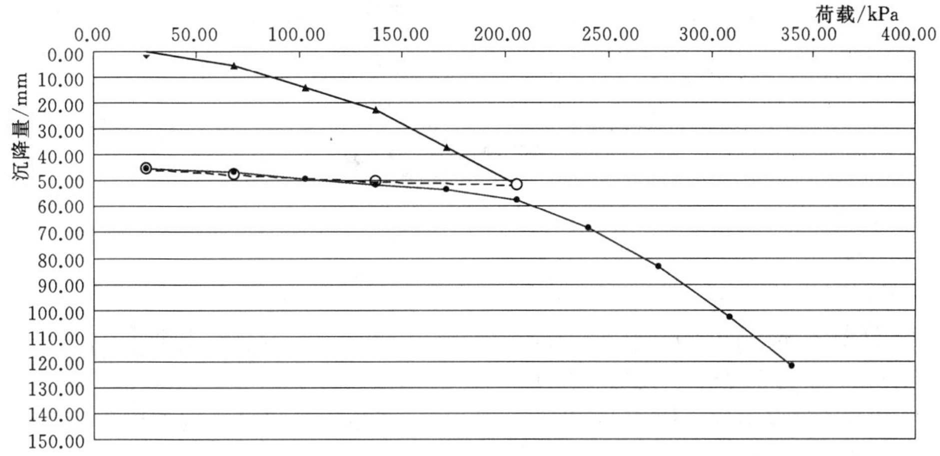

图 1　挤密砂桩载荷试验 $p-s$ 图

E1S3 管节上部荷载 32.8kPa，E1S4～E1S8 管节上部荷载 36.8kPa，E2S1～E2S3 管节上部荷载 37.6kPa，E2S4～E2S7 管节上部荷载 45.5kPa，E3 管节上部荷载 46.8kPa，E4 管节上部荷载 47.2kPa，E5 管节上部荷载 46.2kPa，E6 管节上部荷载 46.8kPa。挤密砂桩段各管节荷载以及沉降汇总见表 3。

表 3　　**挤密砂桩段管节荷载及沉降汇总**

管节	节段	荷载/kPa	挤密砂桩沉降量/mm	监测沉降量/mm	所占比例/%
E1	S3	32.8	1.08	62.65	1.72
	S4～S8	36.8	1.21	54.5	2.22
E2	S1～S3	37.6	1.24	50.37	2.46
	S4～S7	45.5	1.50	53.2	2.82
E3	S1～S8	46.8	1.54	62.7	2.46
E4	S1～S3	47.2	1.56	67.33	2.32
	S4～S8	47.2	3.85	66.76	5.77
E5	S1～S8	46.2	3.77	58.64	6.43
E6	S1～S8	46.8	3.82	59.7	6.40

3.2　高压旋喷改良地基

根据试验与实际产生的地基附加应力相似原则（试验荷载产生的地基附加应力平均值与实际使用荷载产生的地基附加应力平均值相等），通过近似原型载荷试验得到高压旋喷改良地基沉降量，并获得地基沉降参数，验证该地基是否能够满足作为沉管隧道基础的使用要求。为了推测最终沉降量，沉降点拟合曲线采用双曲线型式，静力水准平均沉降 $s-t$ 曲线拟合情况如图 2 所示。

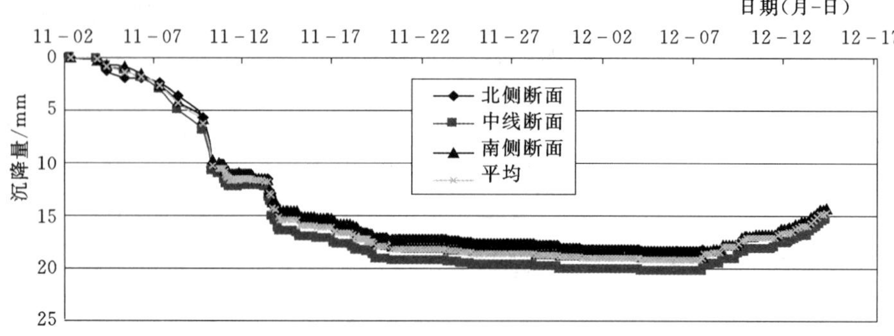

图 2　高压旋喷改良地基静力水准沉降曲线

E1S1 管节上部荷载 104.5kPa，E1S2 管节上部荷载 72.9kPa。根据沉管隧道沉降监测报告知 E1 管节这两个节段的总沉降量分别是 88.55mm 和 75.3mm，根据高压旋喷改良地基原型载荷试验可知，E1S1 和 E1S2 节段高压旋喷改良地基最终沉降量为 19.5mm，占总沉降量的 22%和 25.9%。

3.3　组合基床沉降

在沉管隧道基槽开挖时，不可避免的将产生开挖扰动，组合基床技术的提出能减少沉管隧道基础开挖时产生的施工扰动，组合基床一共分为两层，下部为抛石夯平层，块石抛至开挖层后由整平船进行块石夯平；上部为碎石（带垄沟）垫层，夯平层上部覆盖按照一定级配要求的带垄沟的碎石垫层。

除 E1 和 E33 管节采用满铺的碎石垫层外，其他桩基段和天然地基段均采用带垄沟的碎石垫层结构，桩顶碎石垫层厚 0.6m，单垄垄顶宽 1.8m，坡率 1∶1.5 自然休止。

为获取组合基床设计参数以及沉降特性，进行组合基床荷载试验，本次试验考虑了碎石级配、碎石垫层铺设厚度、碎石垄构造尺寸、碎石垫层基底材料等因素对碎石垫层沉降的影响。最终试验 $s-t$ 曲线如图 3 所示。综合考虑沉管隧道碎石基床上部荷载以及组合基床试验数据，并根据组合基床荷载试验 $s-t$ 曲线，可推导组合基床不同管节的沉降量。

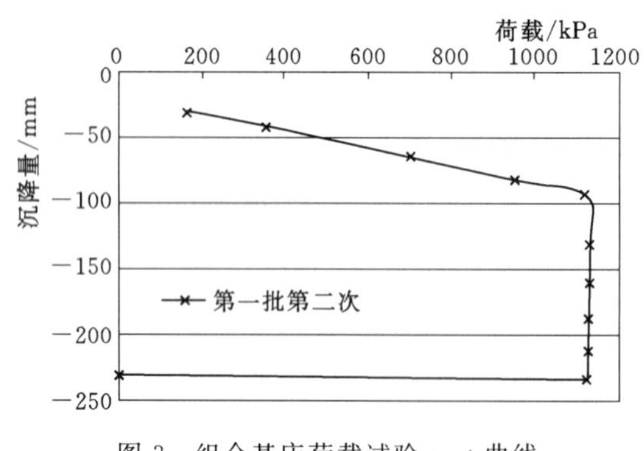

图 3　组合基床荷载试验 $s-t$ 曲线

组合基床载荷试验时并未铺设垄沟，考虑到实际情况，应根据沉管隧道实际施工时隧道底板受力面积对试验时受力面积进行换算，通过计算换算系数应为 5/3。根据施工记录以及载荷试验数据，各管节组合基床沉降量见表 4。

由计算结果可知，组合基床的沉降量是沉管隧道隧道沉降的主要组成部分，占总沉降量的 28.86%～79.1%。

表 4　　沉管隧道组合基床沉降汇总表

管节	节段	荷载/kPa	碎石基床沉降/mm	监测沉降量/mm	所占比例/%
E1	S1	104.5	57.59	88.6	65.0
	S2	72.9	40.18	75.3	53.4
	S3	32.8	18.08	62.6	28.8
	S4～S8	36.8	20.28	54.5	37.2
E2	S1～S3	37.6	20.72	50.4	41.1
	S4～S7	45.5	25.08	53.2	47.1
E3	S1～S8	46.8	25.79	62.7	41.1
E4	S1～S3	47.2	26.01	67.3	38.6
	S4～S8	47.2	25.76	66.7	38.6
E5	S1～S8	46.2	25.46	58.6	43.4
E6	S1～S8	46.8	25.79	59.7	43.2
E7	S1～S3	46.8	25.79	51.1	50.4
	S4～S8	33.1	18.24	48.8	37.4
E8	S1～S8	33.1	18.24	48.8	37.3
E9	S1/S3/S6/S8	33.1	18.24	48.9	37.3
	S2/S4/S5/S7	63.2	34.83	45.6	76.4
E10	S1/S3	33.1	18.24	47.8	38.1
	S2/S4/S5	63.2	34.83	47.5	73.4
	S7	38.8	21.38	38.1	56.2
E11	S1～S8	63.2	34.83	47.3	76.8
E12	S1～S8	63.2	34.83	47.2	76.8
E13	S1～S8	63.2	34.83	47.1	76.8
E14	S1～S8	63.2	34.83	47.2	76.8
E15	S1～S8	65.2	35.93	47.5	79.1

3.4　深水载荷板试验

为研究不同处理方式的沉管隧道基础沉降特性，进而为沉管隧道施工提供沉降变形数据依据，进行了港珠澳大桥沉管隧道基础深水载荷试验。试验采用 4.5m×9.0m 承压板，通过自主设计的试验系统，进行了若干组水下载荷试验，试验深度最深位于水下 40m 深处。试验获得了不同荷载级别作用下（60kPa/100kPa）不同处理方式的隧道基础沉降量。同时获得了沉降时程曲线，部分试验点沉降时程曲线图如图 4 所示。

根据沉管隧道深水载荷试验沉降时程曲线统计分析发现，试验总沉降量的 80%是在荷载施加后的 10～15min 内完成的，沉降量的 90%～95%是在荷载施加之后的 2h 内完成的且沉降速率很快。最后 5%的沉降量也在荷载施加后的 5～6 个小时内基本完成。

各试验点沉降数据见表 5。根据计算分析可知，沉管隧道沉降由对应荷载作用下的碎石垫层沉降量与地基基础沉降共同组成。

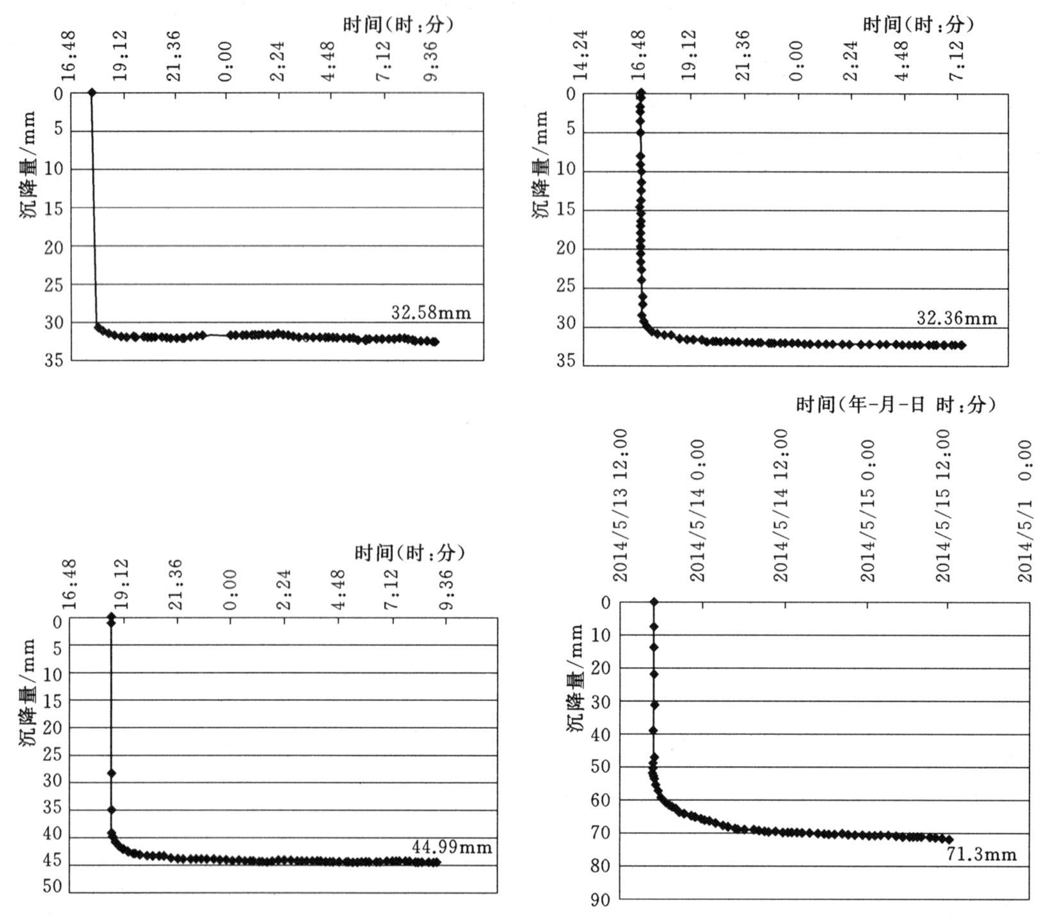

图 4 部分试验点沉降时程曲线

根据沉管隧道深水载荷试验沉降时程曲线统计分析发现，试验总沉降量的 80%是在荷载施加后的 10～15min 内完成的，沉降量的 90%～95%是在荷载施加之后的 2h 内完成的且沉降速率很快。最后 5%的沉降量也在荷载施加后的 5～6h 内基本完成。

各试验点沉降数据见表 5。根据计算分析可知，沉管隧道沉降由对应荷载作用下的碎石垫层沉降量与地基基础沉降共同组成。

表 5　　沉管隧道深水载荷试验沉降汇总表

荷载/kPa	管节	水下载荷试验总沉降量/mm	对应荷载的碎石垫层模型试验沉降量/mm	地基基础沉降量/mm
60	E12	32.58	33	1.78
	E4	44.99	33	1.62
	E4	33.69		
	E6	32.36		
	E6	32.13		

续表

荷载/kPa	管节	水下载荷试验总沉降量/mm	对应荷载的碎石垫层模型试验沉降量/mm	地基基础沉降量/mm
100	E15	68.2	55	3.0
	E15	71.3		
	E12	60.8		
	E12	83.6		
	E4	72.8	55	2.7
	E4	88.8		
	E6	77.1		

4　标题沉管隧道沉降变形分析

4.1　瞬时沉降

根据港珠澳大桥沉管隧道沉降数据显示，在沉管安放完成后，每当沉管上部施工导致荷载增加时，在沉管监测的沉降-时间曲线上都会有明显沉降发生，而当沉管隧道无工程作业时，沉管隧道沉降基本保持稳定。沉管安放完成后都要经过锁定回填、管顶回填和压舱混凝土等施工过程，从不同管节的沉降监测资料上看，每当沉降量明显增大时都是沉管进行回填或上部荷载增加的工况，根据这一现象，可以判定沉管安放以及回填施工时，有沉降发生。

日本交通省地基规范中规定，对于长方形均布荷载作用下的地基基础沉降，长方形的四角点地表产生的沉降量可利用式（1）进行计算。

$$P_Z = PB\frac{1-V^2}{E}I_p \tag{1}$$

式中：I_p 为对沉降量的影响值，是长方形尺寸比（L/B）的函数；P 为均布荷载，kN；V 为泊松比；E 为土的弹性模量，kPa。

根据沉管隧道瞬时沉降现象，考虑沉管安放时间对沉管隧道沉降量的影响，选取沉降已较为稳定的E15之前管节，选取管节从安装到2016年1月31日沉降量进行分析。在对各个管节瞬时沉降量进行统计时，按照施工组织设计要求，沉管隧道沉放安装完成后先后经历锁定回填、顶部回填、压舱混凝土以及部分管节防撞回填施工。为便于沉降量分析，将施工期内沉管隧道产生的沉降量按瞬时沉降考虑，由于施工工期持续时间较长，此种考虑方法将导致瞬时沉降量偏大。

港珠澳大桥沉管隧道天然地基段各个管节瞬时沉降量见表6。计算瞬时沉降量占监测总沉降量的48.8%～68.9%，相比监测瞬时沉降量占监测总沉降量的70%～80%略小，究其原因首先是因为监测瞬时沉降量时选取的是施工期内的一段时间，这段时间内不可避免地存在一定程度的回弹再压缩、下卧层的固结沉降或者次固结沉降，使得监测瞬时沉降量取值稍大。另外一点就是瞬时沉降的理论计算时，由于理论存在一定的假设，加上计算参数的选取也存在一定程度的误差，这些也会导致理论计算值偏小。

表 6　　沉管隧道各个管节瞬时沉降量统计表

管节	沉管隧道监测瞬时沉降量/mm	沉管隧道计算瞬时沉降/mm	监测总沉降量/mm	计算瞬时沉降占比/%
E3	41.7	30.6	62.7	48.8
E4	57.3	30.5	67	45.5
E5	53.3	30.7	58.6	52.4
E6	37	30.8	59.7	51.6
E7	36.3	30.4	49.1	63.0
E8	37	31.5	48.8	64.6
E9	40	31.7	48.9	64.8
E10	24.3	31.8	47.5	67.0
E11	35	31.5	47.3	66.6
E12	32	31.8	47.2	67.4
E13	29	31.6	47.1	67.1
E14	32.3	31.4	47.2	66.5
E15	40	32.7	47.5	68.9

4.2　沉管隧道回弹再压缩

砂土地基回弹再压缩沉降计算公式[4]：

$$\begin{cases} S = C_1 C_2 \Delta p \sum_{n=1}^{n} \left(\dfrac{I_z}{E}\right)_i \Delta Z_i \\ C_1 = 1 - 0.5\left(\dfrac{p'_0}{\Delta p}\right) \\ C_2 = 1 + 0.2\lg\left(\dfrac{t}{0.1}\right) \end{cases} \tag{2}$$

式中：Δp 为基础静压力；p'_0为基础深度处土的有效自重压力；I_z 为应变影响因数，根据实际工况港珠澳大桥工程取 0.4；C_1、C_2 为校正因数，由应力和时间控制。

由于砂性土取原状土很困难，建议采用静力触探和标准贯入试验[4]。应用式（3）计算弹性模量：

$$E = 2p_s \tag{3}$$

式中：p_s 为静力触探探头承载力，其值可以根据标准贯入试验标贯击数确定。

当砂土为干净细沙到中砂、粉砂时静力触探探头承载力为 3.5 倍 N63.5 标贯击数。

本节针对港珠澳大桥沉管隧道天然地基的 E7 管节至 E15 管节，运用分层总和法对沉管隧道地基基础的回弹再压缩沉降量进行理论计算。由于复合地基已经经过各种施工工艺的加固，所以不存在地基的回弹再压缩问题，故本节也不再考虑。

根据工程地质勘察报告，收集天然地基基础各管节对应的静力触探 CPTU 参数和标准贯入试验的标贯击数，根据式（3）计算相应管节地基土体弹性模量；根据港珠澳大桥沉管隧道施工变形监测数据可知相应管节监测时间，并根据式（2）和式（3）计算地基基础沉降量见表7。

表7 地基回弹压缩理论计算表

管节	土层情况	N63.5标贯击数(N)	弹性模量/MPa	开始监测日期/(年-月)	回弹再压缩沉降/mm
E7	5m黏土+35m砂层	28.5	199.5	2013-12	9.6
E8	5m黏土+35m砂层	25.3	177.1	2014-01	10.3
E9	5m黏土+35m砂层	24.4	170.8	2014-02	10.5
E10	40m砂层	24.2	169.4	2014-03	7.6
E11	40m砂层	25.2	176.4	2014-07	7.2
E12	40m砂层	24.2	169.4	2014-08	7.4
E13	40m砂层	24.9	174.3	2014-09	7.2
E14	5m黏土+35m砂层	26.0	182.0	2014-10	9.9
E15	5m黏土+35m砂层	20.7	144.9	2015-03	11.2

根据计算分析，沉管隧道天然地基基础管节的回弹再压缩量为7.2～11.2mm，砂土回弹再压缩沉降小于黏土回弹再压缩沉降。

5 临界荷载设计法

沉管隧道现阶段沉降由荷载施加短期时间内的瞬时沉降、荷载施加一段时间后的回弹再压缩以及正常固结沉降组成。根据隧道沉降变形的一般规律，提出临界荷载的概念以区分瞬时沉降、回弹再压缩和正常固结沉降，定义在沉管隧道地基基础设计中，地基附加应力为前期固结压力时的荷载为临界荷载。界定当荷载未超过临界荷载时沉管隧道总沉降量由瞬时沉降、回弹再压缩组成；当超过临界荷载时沉管隧道总沉降量由瞬时沉降、回弹再压缩和正常固结沉降组成。

在港珠澳大桥岛隧工程中，对于深挖基槽后组合基床以及沉管安放过程地基基础的前期固结压力远大于沉管安放时组合基床以及沉管、上部回填荷载的总和，故而在港珠澳大桥岛隧工程中沉管隧道地基基础并未发生正常的固结沉降，沉管段沉降主要由瞬时沉降和回弹再压缩组成。根据港珠澳大桥沉管隧道沉降的监测数据以及分析，港珠澳大桥沉管隧道沉降主要由组合基床的碎石垫层和复合（天然）地基基础沉降两部分组成，应主要针对这两部分沉降提出控制措施和建议。

临界荷载设计法的提出使得沉管隧道地基处理由原来增加地基基础刚度的设计方向转到“刚度协调”地基沉降控制的方向上，只需控制瞬时沉降量和回弹再压缩量即可。在地基基础上部荷载不超过“临界荷载”时，基础处理仅需控制地基及土体的瞬时沉降和回弹再压缩沉降即可；当上部荷载大于“临界荷载”时，需要进行地基处理时，应考虑土体固结对地基的影响。

6 结语

（1）为研究不同处理方式的沉管隧道基础沉降特性，分别针对挤密砂桩复合地基、高压旋喷改良地基、刚性桩复合地基进行了现场载荷试验，获得了不同类型地基沉降参数。

（2）对沉管隧道不同管节施工期的沉降进行了现场监测，同时使用理论计算方法对沉管瞬时沉降量和回弹再压缩量进行了计算，得到沉降的组成和所占比例，明确了沉管隧道的地基沉降特性。

（3）提出使用临界荷载设计法界定沉管隧道瞬时沉降、回弹再压缩和正常固结沉降，使得对港珠澳大桥沉管隧沉降控制更有针对性，有效控制了港珠澳大桥沉管隧道沉降量过大的发生，可为今后沉管隧道工程沉降控制提供参考。

参考文献

［1］ 朱晓璇，徐伟．块石层对组合基床附加应力传递影响分析［J］．福建交通科技，2017（6）：26－28.

［2］ 岳夏冰．外海大回淤沉管隧道软基沉降特征与控制计算研究［D］．西安：长安大学，2014.

［3］ 李建宇，卢永昌，林佑高，等．复合地基及组合基床在港珠澳大桥沉管隧道中的应用［J］．水运工程，2019（9）：273－278.

［4］ 钱家欢，殷宗泽．土工原理与计算［M］．北京：中国水利水电出版社，1996.

人工湿地及其在污水厂尾水净化工程中的应用研究进展

吴月龙　孙　宇　何　东　曾佳楠　李传龙

（南京瑞迪建设科技有限公司，江苏南京　210029）

摘　要：人工湿地是一种生态污水处理工艺，可作为水体深度处理的生态治理方式，进一步减少污水厂尾水对环境的污染。本文基于文献报道，梳理了人工湿地的净化机理、结构形式及基本载体的研究现状；分析了在污水厂尾水处理工程中的应用规模、效果及费用，设计指导规范性文件的发展现状。为我国人工湿地作为污水厂尾水深度处理工艺段的理论研究以及实际工程应用提供参考。

关键词：人工湿地；净化机理；结构形式；基本载体；污水厂尾水

0　引言

湿地为水陆交汇之处，人工湿地继承此概念，加入人的因素，由人工建设而成，是半自然的水处理生态系统[1]。英国约克郡在1903年建成了世界上第一个用于污水处理的人工湿地。1953年德国的Seidel博士发现芦苇及其他挺水植物可以去除污水中大量有机物、无机物、重金属和碳水化合物，并于20世纪60年代中期，与其他学者联合发布了“根区理论”，其后人工湿地从实验室研究被推广到大规模试验，20世纪70年代也成为人工湿地大规模研究和应用阶段。1996年9月在奥地利维也纳召开的第四届国际研讨会上，专家们总结了人工湿地污水处理技术在各国的工程经验，并提出了关于人工湿地对污水处理的净化机理以及人工湿地处理系统建设参考设计指南及数据。这标志着人工湿地作为一种独特的新型污水处理系统正式进入水污染控制领域。我国进行人工湿地处理系统的研究起步相对较晚，直到“七五”期间才开始了对人工湿地较大规模的研究。天津市环境保护研究所于1987年建成我国首例芦苇床人工湿地示范工程，处理规模为1400m^3/d，占地6万m^2。

人工湿地这样一种生态处理方式[2,3]，可用于生活污水、工业废水、农业废水、污水处理厂尾水处理，河流湖泊等水体的生态修复及小流域综合整治等。其中，作为污水厂尾水的深度处理工艺是一项重要的工程应用[4]。对当前已有相关研究调研发现，国内污水厂二级生物处理后污水中N、P浓度仍处于较高水平，即使尾水出水的N、P达到《城镇污

作者简介：吴月龙（1982—　），男，江苏高淳人，硕士，高级工程师，主要从事水环境综合治理及环境岩土方面的研究工作。

基金项目：南京水利科学研究院院基金：长江保护与绿色发展研究创新团队项目（Y220011）。

水处理厂污染物排放标准》(GB 18918—2002)中的一级A标准，与《地表水环境质量标准》(GB 3838—2002)相比，尾水仍是造成水体污染的潜在威胁之一。2018年中国生态环境状况公报显示，全国设市城市污水处理能力1.67亿m^3/d，累计处理污水量519亿m^3[5]。如此巨大的排放量，必然增加城市受纳水体的水环境负荷。因此，对污水厂尾水进一步的净化，减少出水中污染物含量，是水环境保护目前亟须解决的问题。

本文基于文献报道，梳理了人工湿地的净化机理、结构形式、基础载体的研究现状；分析了在污水厂尾水处理工程中的应用规模、效果，设计指导规范性文件的发展。为我国人工湿地作为污水厂尾水深度处理工艺段的理论研究以及实际工程应用提供参考。

1 净化机理及数学模型研究进展

1.1 净化机理

目前，主流理论认为：人工应用生态系统中物种共生、物质循环再生原理，结构与功能协调原则，模拟天然湿地，由基质和植物、微生物、原生动物构成人工生态系统，通过沉淀、离子交换、过滤、基质吸附、微生物分解转化、植物吸收等途径实现对污水中污染物的去除[6]。在促进污水中污染物质良性循环的前提下，充分发挥资源的生产潜力，防止环境的再污染[7]。

但人工湿地除污机理相当复杂，很多化学过程、生物化学过程至今尚未完全弄清或存在不同观点，有机物、N、P元素等去除的深层次机理尚不明确，需要进一步深入研究。人工湿地对污染物的主要去除机理见表1。

表1　人工湿地对污染物的主要去除机理[6]

机理		污染物去除机理						描　述
		SS	CS	BOD	RO	N	P	
物理	沉积	P	S	I	I	I	I	重力沉降
	过滤	S	S	I	I	I	I	通过基质、根区时颗粒被过滤
	吸附		S					颗粒间吸引力（范德华力）
	挥发					S		在高pH值时氨氮的挥发
化学	沉淀						P	沉淀或共沉淀为不溶性物质
	吸附				S		P	吸附在基质或植物表面
	分解				P			不稳定化合物通过紫外辐射、氧化和还原等分解
生物	细菌代谢		P	P	P	P		通过悬浮和附着的微生物降解胶状或溶解性有机物；硝化/反硝化
	植物代谢				S			植物吸收和代谢有机物
	植物吸收				S	S	S	在适当条件下有相当数量的污染物会被植物摄取

注　SS—可沉降固体；CS—胶状固体；RO—难降解有机物；P—主要作用；S—次要作用；I—偶然作用。

1.2 数学模型

人工湿地在尾水处理中的广泛应用，也必然要求相对应的数学模型的发展和进步，而人工湿地系统中水流流态和污染物降解行为涉及错综复杂的物理、化学和生物过程，因此其模型要比常规污水生物处理更复杂。目前，数学模型大致可分为三代[8]，第一代模型有负荷法和衰减方程；第二代模型有一级动力学 k - C* 模型及其改进型模型；第三带模型有 Wynn 箱式动力学模型和 CW2D 模型。其中，第一、二代模型为非机理性模型；第三代为机理性模型。

负荷法是从不同气候和地理位置、处理不同类型废水的人工湿地运行数据获得的，以水力负荷、水力停留时间、污染负荷为基本参数的计算方法。《人工湿地污水处理工程技术规范》（HJ 2005—2010）[9]采用这种方式。衰减方程将处理湿地系统视为"黑箱"，通过对进、出水浓度或负荷的统计，依据人为定义的线性或幂次方程对数据拟合，获得进、出水指标间的关系。如 Kadlec[10] 依据美国水平潜流湿地得到 TP 的衰减方程 $C_{out}=0.23q^{0.6}C_{in}^{0.76}$。在这个模型中，系统的其他水动力学条件，诸如湿地填料的材料和规格、系统的几何尺寸等因素被忽略，这致使设计中存在着大量的不确定因素。

在对衰减方程的研究上，US EPA[11] 提出了被广泛接受和使用的人工湿地设计模型一级动力学方程 k - C* 模型。该模型假设：①湿地系统处于稳态即进、出水流量和浓度不随时间变化；②污染物降解服从一级反应动力学；③水流流态呈理想推流。其后，基于此假设存在稳态和理想推流的缺陷，一些学者提出了改进型模型，Mitchell[12] 提出推荐使用 Monod 设计模型，即在相对低浓度条件下反应动力为一级，而在高浓度下呈零级。Marsili - Libelli[13] 根据在不同水平潜流人工湿地中示踪实验获得的停留时间分布提出了个基于不等体积的串并联的与理想推流反应器组合的水力模型与一级动力学或方程联立，用纯数学方法评估了所有参数的置信区域，最终获得了在不同条件下的最适模型及其参数。

2001 年，Wynn[14] 引入湿地箱式机理模型对一级动力学方程模型的假设：进行了修正，提出了机理模型。模型由 6 个彼此关联的模块组成，分别为碳循环、氮循环、水平衡、氧平衡和异养细菌及自养细菌的代谢。Langergraber[15,16] 借鉴了活性污泥模型（ASM）对生化反应过程的描述，提出基于将污染物多组分划分，涉及不同组分传质、降解多项过程的 CW2D 模型。机理模型为人工湿地数学模型发展建立了框架性的基础，但依旧存在水动力子模型仍不够准确和尚无有成熟的实验方法测定模型参数等问题。

分析上述数学模型发展的三个阶段，可以看出贯穿的 3 条研究主线：①系统基本状态稳态/非稳态；②反应动力学表观机理；③水动力学均匀流/非均流。尽管尚不完美，在对上述问题的不断研究中，数学模型必将成为人工湿地理论研究、工程设计的强有力工具。

2　结构形式及基本载体的研究进展

人工湿地结构形式及其两项基本载体基质和植物的研究是人工湿地应用不断发展创新的基础。

2.1　结构形式

按照水流方式，人工湿地的三种基本结构形式是表面流人工湿地（Surface flow constructed wetland）、水平潜流人工湿地（Horizontal subsurface flow constructed wetland）、垂直潜流人工湿（Vertical flow constructed wetland）。三种基本类型人工湿地

各有优劣，潜流去污能力大于表流；水平潜流的底部含氧量低，微生物处于厌氧状态，反硝化能力强；垂直潜流基质内部含氧量呈梯度分布，平均含氧量高于水平潜流，同时具备较好的硝化、反硝化条件，水力负荷及污染负荷较高。通过不同流态人工湿地工艺组合，有利于提高人工湿地系统运行的稳定性，提高对气候变化的适应性。应用最广泛的几种组合工艺有：潜流与表面流人工湿地组合工艺[17]，水平潜流与垂直潜流人工湿地组合工艺[18]、多级垂直流人工湿地组合工艺[19]等。

为了进一步提高人工湿地的脱氮除磷效率，研究人员逐步开发多种形式的人工湿地，如潮汐流人工湿地[20]、折流人工湿地[21]等；借鉴其他工艺发展成果，强化微生物作用将人工湿地与其他水处理工艺相耦合，如微曝气人工湿地[22]、微生物燃料电池人工湿地[23]、新型虹吸补氧湿地[24]等。

2.2 湿地基质

基质是人工湿地的重要组成部分，是结构的主体，也是人工湿地区别与天然湿地的关键因素之一。国内外对于基质的研究主要集中在基质对于水体污染物的贡献机制[25]；各种不同基质去除废水中污染物的效果，尤其是脱氮除磷的效果；基质的选取原则；基质的堵塞；再生相关技术这几个方面。

基质对于人工湿地去除水体污染物贡献机制非常复杂，既有物化反应，又会参与部分生物化学循环。物化机制对污染物作用方式主要受到材料自身的物理化学特征影响[26]。物理特性包括粒径、孔隙率、比表面积、机械强度、导电性及水力学特性等。赵林丽等[27]比较了以不同粒径下的沸石、砾石和无烟煤基质构建湿地基质层的除污效率，结果发现基质粒径差异导致COD、TN和TP的去除率变化显著。化学特性包括表面电性、化学稳定性、离子交换特性等[28]。崔理华等[29]指出在阳离子交换点位上不同的占位原子交换 NH^{4+} 的能力存在差异，研究证实交换优先级由强到弱排序为 $Na^{+}>K^{+}>Ca^{2+}>Mg^{2+}$。生化机制[30]主要表现在基质为微生物提供了生存的载体，微生物在基质表面聚集形成生物膜，通过自身代谢降解污染物。

传统湿地基质主要有土壤、砂、砾石等，在人工湿地的发展中沸石、炉渣、蛭石、页岩等具有更多优良理化性能的新基质逐渐出现，并进入了研究人员的视线。柯德峰[31]研究了沸石、砾石、页岩、陶粒的除磷效果，并总结了人工湿地基质的筛选原则，具有一定机械强度、适宜的粒径、化学成分，良好的生物、化学、热力学稳定性，对生物膜影响性小，价格适宜。丁怡等[32]研究了不同基质在人工湿地脱氮中的应用，指出不同基质对脱氮性能存在较大差异，沸石和蛭石是目前研究中脱氮效率较高的两种基质。王媛媛[33]选择了沸石、草炭、蛙石、页岩、砂子等基质，研究基质种类、深度、运行方式及运行时间等因素对污水处理效果的影响。随着研究的深入，玉米芯、薏米、生物碳等[34,35]增强生物反应的生物类基质；铁碳、MnO_2 等[36,37]添加活性物质增强化学发反应的矿物类基质也有了长足的发展。

基质由于在人工湿地中体量巨大，且运行多年后，常常会发生堵塞或达到饱和状态，而使得污水处理效果大幅度下降，需要更换或者重新激活。基质达到饱和后更换基质从资源、经济、工程和环境角度都具有一定的局限性，首先会消耗大量的材料，其次会大幅度提高运行成本，这就促进了基质再生技术的发展[38]。根据实施方法，可分为物理、化学和生物再生。其中物理再生是通过原位休作或异位风干、粉碎、搅拌等物理方法来完成。物理再生的效果不稳定[39]，但是其原位实施时操作简便。化学再生是通过投加高剂量化学再生剂，解附基质表面已交换离子，进而实现基质吸附容量的恢复[40]。化学再生受基质种类和再生试剂的影响较大[41]。生物再生通过植物的吸收、微生物的降解或同化等生物作用转化吸收污染物，从而释放基质的吸附点位。生物再生成本低廉、生态友好，但速率慢、效率低[42,43]。

2.3　湿地植物

在人工湿地净化污水厂尾水过程中，植物主要有直接吸收污水中可利用的营养物质、吸附和富集重金属和一些有毒有害物质；为根区好氧微生物输送氧气；增强和维持介质的水力传输等方面的作用。陈永华[44]归纳和总结了人工湿地植物的主要应用类型：①水生类型，包括挺水植物（常见有芦苇、荸荠、莲、水芹、茭白、荷花、香蒲等），浮水植物（槐叶萍、凤眼莲和浮萍等），浮叶植物（睡莲、荇菜、菱、中华萍蓬草等），沉水植物（苦草、金鱼藻、狐尾藻、黑藻等）；②湿生类型，包括湿生草本植物（玉带草、姜花、海芋、美人蕉、文珠兰、水仙等），湿生木本植物（水杉、水松、垂柳）等；③陆生类型，包括陆生草本植物（五月菊、金盏菊、香石竹、金鱼草、虎耳草等），陆生木本植物（夹竹桃、木槿、女贞等）。

国内外学者对于人工湿地植物的研究，目前主要集中对不同植物、不同季节的净化效果的研究。Munch 等[45]研究芦苇植物根系在湿地污水净化中的作用，提出大面积根系可提高对 N 的去除率。Kuusemets[46]指出生物质的积累与 N、P 的去除显著正相关。Schmid[47]研究指出了植物的茎对悬浮物的沉积具有加速作用，建立了植物对悬浮物运输、沉积的数学模型。Kuschk 等[48]监测分析了水平流潜流湿地氮去除的周年变化，春、秋季节 N 的去除效果与 N 的负荷呈直线相关，冬夏季去除效果相差极其显著，1 月、8 月的平均去除率分别为 11%、53%，总体上与进水中氮负荷无关；同时，探讨了植物气体交换、根际输氧的重要性及其效果。张荣社等[49]对潜流人工湿地中不同植物对 N、P 的吸收去除效果、植物收割、根系对水压条件的影响等进行了研究，在潜流湿中，收获植物带走的 N、P 只占植物系统 N、P 去除总量的 5%。而收获植物最佳时期是每年的 9—10 月。陈永华等[50-52]指出除华南地区外，中国其他地区到了冬季就会出现绝大多数水生草本植物地上部冻死的现象，由于冬季植物效应的丧失，进而影响冬季人工湿地系统净化污水的能力与稳定性。在潜流人工湿地中，引入木本陆生植物来解决目前冬季大部分草本水生植物地上部分枯死的问题，利用潜流人工湿地运行水位在表面填料的 10～20cm 以下的特点，经过根系驯化诱导试验已经初步证实是行之有效的措施。

由此，许多学者总结概括人工湿地植物筛选的 4 项原则[53,54]如下：

（1）适应性：综合考虑抗逆性强、净化能力强，生物量较大，生长周期长的植物种类；

（2）景观性：从群落配置、合理布局与景观美学等方面对植物进行调控和配置，以使其与周围景观融合成一体；

（3）多样性：每种植物对营养物质的去除存在差异，最好做到乔灌草结合；

（4）多用途：湿地植物的多用途可以减少植物收获的二次污染，因此种植植物时可考虑有经济价值等多用途的植物。

3 污水厂尾水处理的工程应用进展

3.1 工程应用的规模及效果

随着社会对生态治理的关注，对人工湿地的研究热情也是与日俱增，人工湿地技术已在全球广泛应用。尤其是2009年以后，人工湿地英文发文数量每年迅速增加，截至2018年，人工湿地累计英文发文量超过10000篇[2]，如图1所示。李小艳等[55]统计了1990—2015年我国人工湿地用于处理污水类型，其中，农村与城镇生活污水比例分别为31.35%和17.83%；用于尾水的占比为11.88%；处理河水占比为18.08%；处理湖水和工业废水的人工湿地数量相近，均在5%左右，处理其他类型污水的人工湿地数量占比均小于3%。可见人工湿地是污水厂尾水三级深度处理不可忽视的重要工艺之一。

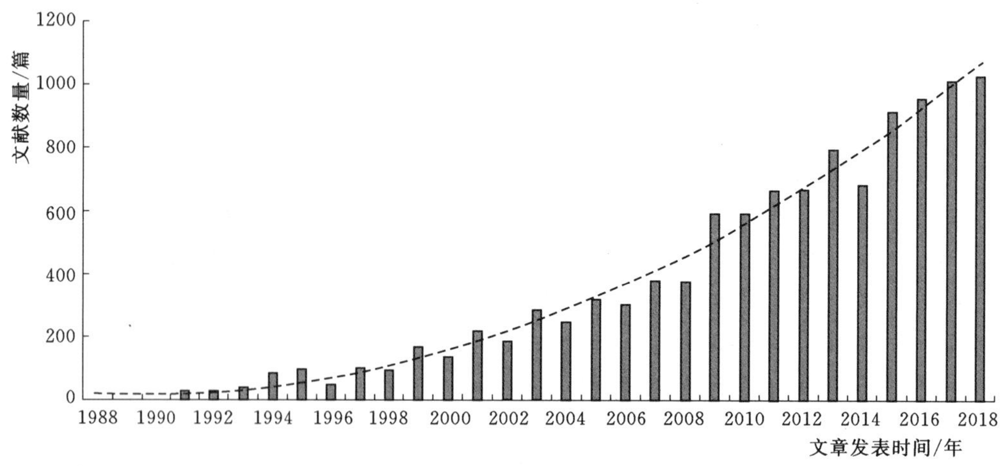

图1 人工湿地英文文章数量[2]

针对人工湿地对污水厂尾水的处理，查阅相关文献、招投标公示及网络报道等，统计近年江浙地区慈溪、南通、洪泽等20家污水厂尾水湿地工程，分析进出水处理效果、基本建设费用及运行费用见表2。从表中可以看出，人工湿地处理污水厂尾水进出水指标主要集中在一级A至地表Ⅳ；吨水造价在1500～3000元/m³；运行成本集中在0.2～0.5元/m³。

表2 人工湿地处理污水厂尾水效果费用统计

进水类型	出水类型	数　量	吨水造价/(元/m³)	运行成本/(元/m³)
一级B	一级A	3	400～600	0.05～0.1
	地表Ⅳ	2	2000～3000	0.14～0.5
一级A	地表Ⅴ	5	1500～2000	0.1～0.3
	地表Ⅳ	8	1500～3000	0.2～0.5
	地表Ⅲ	2	2000～4000	0.2～0.91

3.2 设计规范类文件的发展

人工湿地大规模的应用必然要求设计水平的提高，设计指导、规范类文件的编制也要满足工程应用的需求。我国自 2009 年至今，共编制行业性规范 3 部，地方性规范 8 部，见表 3。

表 3　　人工湿地类规范统计表

序号	编号	规　范　名　称	行业/地方
1	JT/T 1147.2—2017	公路服务区污水处理设施技术要求 第 2 部分：人工湿地处理系统	交通部
2	HJ 2005—2010	人工湿地污水处理工程技术规范	环境保护部
3	RISN-TG006—2009	人工湿地污水处理技术导则	住房与城乡建设部标准定额研究所
4	DB23/T 2483—2019	河岸带湿地生态修复-面源污染消减技术规程	黑龙江
5	DB37/T 3394—2018	人工湿地水质净化工程技术指南	山东
6	DB37/T 3393—2018	人工湿地水质净化工程竣工环境保护验收技术规范	山东
7	DB32/T 3405—2018	生态修复型人工湿地中植物配置技术规程	江苏
8	DB44/T 1995—2017	水解酸化-人工湿地无动力污水处理工程技术规范	广东
9	DB11/T 1376—2016	农村生活污水人工湿地处理工程技术规范	北京
10	DB63/T 1350—2015	河湟谷地人工湿地污水处理技术规范	青海
11	DB53/T 306—2010	高原湖泊区域人工湿地技术规范	云南

（1）从规范的编制的行业和地方范畴可看出，人工湿地建设指导性的规范不多，且受地域气候的影响较大地方性规范的比重大于全国性、行业性规范，对于各地的分类指导性更强。

（2）从规范编制的时间可看出，2015 年以后规范 8 本；2015 年以前规范 3 本。全国对于人工湿地的建设规模、质量在“十三五”以后更加重视，各种规范、指南相继出台，与国家“十三五”的政策相关性较大。

4　小结与展望

（1）人工湿地作为一种污水生态治理措施，在全球范围内，尤其是我国应用于污水厂尾水的处理越来越广泛。

（2）人工湿地净化机理相当复杂，很多化学过程与生物化学过程至今尚未完全弄清或存在不同观点，有机物、磷素、氮素等去除的主要机理尚不明确，需要进一步的研究。数学模型需要在机理性模型方面进一步加强，使其成为人工湿地理论研究、工程设计的强有力工具。

（3）对于基质需从对于水体污染物的贡献机制；不同种类基质、新型基质去除废水中污染物的效果，尤其是脱氮除磷的效果；基质的堵塞；再生相关技术等不断加强研究。植物筛选对于应对不同的气候、提升湿地处理效果的稳定性有极其重要的作用。对这两项基本载体的研究是人工湿地应用不断发展创新的基础。

（4）我国人工湿地处理污水厂尾水工程应用规模、效果均达到一定的规模，需要进一步规范、加强设计指导类文件的编制，进一步降低人工湿地的造价及运行的费用，提高经济性。

参考文献

[1] 成水平，王月圆，吴娟. 人工湿地研究现状与展望[J]. 湖泊科学，2019，31（6）：1489-1498.

[2] 王志国，蓝梅. 人工湿地系统污水净化机理及其影响因素研究[J]. 人民珠江，2016，37（5）：90-92.

[3] 顾晨，李海翔，刘杰，等. 人工湿地净化废水中污染物的机理研究进展[J]. 广东农业科学，2011（24）：128-131.

[4] 周卿伟. 人工湿地强化技术及其效能研究[D]. 北京：中国科学院大学，2017.

[5] 中华人民共和国生态环境部. 2018年中国生态环境状况公报.

[6] A HD. Constructed Wetlands for Wastewater Treatment [J]. Michigan：Lewis Publishers Inc，1989：5-20.

[7] 成水平，吴振斌，况琪军. 人工湿地植物研究. 湖泊科学，2002，14（2）：179-184.

[8] 闻岳. 水平潜流人工湿地净化受污染水体研究[D]. 上海：上海同济大学，2007.

[9] HJ 2005—2010 人工湿地污水处理工程技术规范[S].

[10] Kadlec RH，Knight RL，Vymazal J，et al. Constructed wetlands for pollution control：processes，performance，design and operation [M]. Scientific and Technical Report No. 8. London，UK：IWA Publishing，2000.

[11] US EPA. Manual：Constructed wetlands treatment of municipal wastewaters. Cincinnati，Ohio. EPA/625/R-99/010，2000.

[12] Mitchell C，McNevin D. Altemative analysis of BOD removal in subsurface flow constructed wetlands employing Monod kinetics [J]. Water Research，2001，35（5）：1295-1303.

[13] Marsili-Libelli S，Checchi N. Identification of dynamic models for horizontal subsurface constructed wetlands [J]. Ecological Modelling，2005，187：201-218.

[14] Wynn TM，Liehr SK. Development of a constructed subsurface-flow wetland simulation model [J]. Ecological Engineering，2001，16：519-536.

[15] Langergraber G. Development of a simulation tool for subsurface flow constructed wetlands. Wiener Mitteilungen 169，Vienna，2001.

[16] Langergraber G. Simulation of subsurface flow constructed wetlands-results and further research needs [J]. Water Science and Technology，2003，48（5）：157-166.

[17] 胡洁，许光远，胡香，等. 组合式人工湿地深度处理小城镇污水处理厂尾水[J]. 水处理技术，2018（11）：120-122，132.

[18] Mander，Antti T，Mauring T et al. Performance dynamics of a LWA-filled hybrid constructed wetland in Estonia [J]. Eco-hydrology & Hydrobiology，2007，7（3/4）：297-302.

[19] 唐孟煊，吴娟，代嫣然，等. 组合式垂直流人工湿地工艺及其污水处理效果[J]. 环境工程学报，2016，10（3）：1017-1022.

[20] 陈建勇. 潮汐流人工湿地处理生活污水研究[D]. 南昌：南昌大学，2011.

[21] 张国珍，尚兴宝，武福平，等. 废砖基质折流式垂直流人工湿地处理二级生化尾水[J]. 中国给水排水，2019，35（9）：100-105.

[22] 孔柏顺. 微曝气人工湿地的污染物去除效果及机理研究[D]. 重庆：重庆大学，2018.

[23] 姜家山. 微生物燃料电池型人工湿地去除四环素机理研究[J]. 环保科技，2019，25（3）：6-9.

［24］ 宋希冉．新型虹吸补氧湿地系统的构建及其优化运行研究［D］．济南：山东大学，2019．

［25］ 张镭、刘福兴、蒋媛等．人工湿地去除污染物的作用基质研究进展［J］．上海农业学报，2019，35（2）：121－126．

［26］ NGUYEN X C，CHANG S W，NGUYEN T L，et al. A hybrid constructed wetland for organic－material and nutrient removal from sewage：Process performance and multi－kinetic models［J］. Journal of Environmental Management，2018：222，378－384.

［27］ 赵林丽，邵学新，吴明，等．人工湿地不同基质和粒径对污水净化效果的比较［J］．环境科学，2018，39（9）：4236－4241．

［28］ YANG Y，ZHAO Y，LIU R，et al. Global development of various emerged substrates utilized in constructed wetlands［J］. Bioresource Technology，2018：261，441－452.

［29］ ZHU W L，CUI L H，OUYANG Y，et al. Kinetic Adsorption of Ammonium Nitrogen by Substrate Materials for Constructed Wetlands［J］. Pedosphere，2011，21（4）：454－463.

［30］ WANG R，TAI Y，WAN X，et al. Enhanced removal of Microcystis bloom and microcystin－LR using microcosm constructed wetlands with bioaugmentation of degrading bacteria［J］. Chemosphere，2018（210）：29－37.

［31］ 柯德峰．人工湿地基质的筛选及其除磷机理研究［D］．武汉：武汉理工大学，2016．

［32］ 丁怡，宋新山，严登华．不同基质在人工湿地脱氮中的应用及其研究进展［J］．环境污染与防治，2012，34（5）：88－91．

［33］ 王媛媛．不同基质垂直流人工湿地对生活污水的净化效果分析［D］．武汉：华中农业大学，2006．

［34］ 刘毛．人工湿地玉米芯生物炭基质净化效果与处置研究［D］．武汉：武汉大学，2018．

［35］ 李帅．薏米人工湿地对含铬（Ⅵ）污水的净化机理研究［D］．南宁：广西大学，2016．

［36］ 田开放．铁碳微电解耦合人工湿地系统对混合农药的去除研究［D］．桂林：广西师范大学，2016．

［37］ XIE H，YANG Y，LIU J，et al. Enhanced triclosan and nutrient removal performance in vertical up－flow constructed wetlands with manganese oxides［J］. Water Research，2018（143）：457－466.

［38］ 武俊梅、徐栋、张丽萍，等．人工湿地基质再生技术的研究进展［J］．环境工程学报，2015，9（11）：5313－5321．

［39］ Pratt C.，Shilton A.，Haverkamp R. G. et al. Assess－ment of physical techniques to regenerate active slag filters removing phosphorus from wastewater［J］. Water Research，2009，43（2）：277－282.

［40］ 刘静，彭剑峰，宋永会，等．铵饱和天然钙型沸石的化学再生效果［J］．环境科学研究，2009，22（11）：1341－1345．

［41］ 付融冰，杨海真，顾国维．人工湿地中沸石对铵吸附能力的生物再生研究．生态环境，2006，15（1）：6－10．

［42］ 卢少勇，桂萌，余刚，等．人工湿地中沸石和土壤的氮吸附与再生试验研究［J］．农业工程学报，2006，22（11）：64－68．

［43］ 黄忠良，胡曰利，吴晓芙，等．人工湿地污水处理系统的蛭石缓冲单元及缓冲能力生物再生研究［J］．环境科学学报，2007，27（12）：2006－2013．

［44］ 陈永华、吴晓芙、郝君，等．人工湿地植物应用现状与问题分析［J］．中国农学通报，2011，27（31）：88－92．

［45］ Munch C H，Kuschk P，Roske I. Root stimulated nitrogen removal：Only a local effect or important for water treatment［J］. Water Science and Technology，2005，51（9）：185－192.

［46］ Kuusemets Valdo，Lohmus，Krista. Nitrogen and phosphorus accumulation and biomass production by Scirpus sylvaticus and Phragmites australis in a horizontal subsurface flow constructed wetland

[J]. Journal of environmental science and health, 2005, 40 (6/7): 1167-1175.

[47] Schmid B H, Stephan U, Hengl M A. Sediment deposition in constructed wetland ponds with emergent vegetation: laboratory study and mathematical model [J]. Water science and Technology, 2005, 51 (9): 307-314.

[48] Kuschk P, Wiessner A, Kappelmeyer U, et al. Annual cycle of nitrogen removal by a pilot-scale subsurface horizontal flow in a constructed wetland under moderate climate [J]. Water Research, 2003, 37 (17): 4236-4242.

[49] 张荣社，李广贺，周琪. 潜流湿地中植物对脱氮除磷效果的影响中试研究 [J]. 环境科学，2005，26 (4): 83-86.

[50] 陈永华，吴晓芙，蒋丽鹃，等. 处理生活污水湿地植物的筛选与净化潜力评价 [J]. 环境科学学报，2008，28 (8): 1549-1554.

[51] 陈永华，吴晓芙，陈明利，等. 人工湿地污水处理系统中的植物效应与基质酶活性 [J]. 生态学报，2009，29 (11): 6051-6058.

[52] 陈永华，吴晓芙，陈明利，等. 人工湿地污水处理系统冬季植物的筛选与评价 [J]. 环境科学，2010，31 (8): 1789-1794.

[53] 杨华. 浅析人工湿地植物的选择原则 [J]. 广东水利水电，2010 (11): 101-102.

[54] 李连发，冯义龙，马跃. 人工湿地植物的选择 [J]. 南方农业，2010，10 (4): 46-50.

[55] 李小艳，丁爱中，郑蕾，等. 1990—2015年人工湿地在我国污水治理中的应用分析 [J]. 环境工程，2018，36 (4): 11-18.

水生植物对城市微污染水体净化效果分析

张　红[1]　祁　锋[1,2]　赵士文[1,2]　吴月龙[1,2]

（1. 南京瑞迪建设科技有限公司，江苏南京　210029；
2. 南京水利科学研究院，江苏南京　210029）

摘　要：本文探讨分析了水生植物在水生态修复中的机理、影响因素及应用研究进展，并结合工程实例，分析水生植物对微污染水体的净化效果。对于城市微污染水体，水生植物可有效去除水体污染物，提升水质和水域透明度及景观功能，修复受损的水生态系统，其中，沉水植物对水体透明度和水质指标改善效果显著。水生植物修复后，水体透明度大大提高，近岸清澈见底，离岸水域常态保持在80cm以上。水质监测结果表明，水生植物进入运维期后，对NH_3-N、TP浓度降低明显，COD和TN浓度降低一般。另外，水生植物修复技术与其他修复技术组合的综合治理技术，在微污染水体净化方面占有优势，后期可作为研究推广应用选择。

关键词：水生植物；微污染水体；NH_3-N；TN；透明度

0　引言

随着城市化、工业化进程的不断加快，水产养殖过度发展、农业面源污染、农村生活污水未经处理直接排放等原因，河流、湖泊等水体水质污染严重、蓝藻水华现象频发，水生生态系统结构破坏严重，城市水体生态系统承受的压力也越来越大。

城市水体涵盖了溪流、水库、湖泊、泉水及湿地等诸多生态载体，在人口数量和经济活动不断水体增加的压力下，由于城市水体流动性差、水面面积小、深度较浅及自净能力低等特点，其生物多样性降低的生态问题不容忽视。

目前国内外水污染治理和水生态修复的主流方法有控制内源污染的底泥疏浚、底泥覆盖、化学药剂固定营养盐，利用水动力学的调水活水、跌水曝气、机械扰动等技术[1]，相对于上述物理化学方法，利用水生植物群落净化水质，修复退化水生态系统的方法，因其投资低、低能耗、生态性高等优点得到各国学者的青睐[2]。水生植物被广泛应用于湿地修复、水体净化、景观水系建造、护坡护岸等工程中。近年来城市河湖生态修复已经成为水环境治理领域研究和应用的热点。

1953年德国的Seidel[3]发现芦苇能够去除水体中的有机物、无机物和细菌（大肠菌、肠球菌、沙门氏菌）。20世纪90年代后期，丹麦、德国、英国等欧洲国家开始大量兴建潜流湿地[4]。1992年，中国“八五”科技攻关课题利用水生植物进行湖泊生态，有效控制了东湖3个湖区的富营养化现象[5]；李文朝[6]利用常绿性水生植物搭配组合，有效增强

作者简介：张红（1982—　），女，硕士研究生，高级工程师，主要从事河湖底泥及微污染水体综合治理的研究与设计工作。

了实验水体对外来污水的缓冲能力。由于人工构建和配置的水生植物抗干扰能力和稳定性远不如自然状态下的水生态系统[7]，因此，合理构建和配置水生植物也是利用水生植物进行水生态修复的关键，同时，水生植物后期的管理和运维对水体净化也起到重要作用。

自 1820 年开始，国外植物学家便开始了利用水生植物修复水体的研究[8]。然而，我国利用水生植物修复受损水体的研究起步较晚，多用于富营养化水体的修复治理工程。

本文在查阅近年来国内外河湖生态治理的相关研究基础上，主要探讨水生植物修复机理、影响因素，结合两个湖泊水体的实际修复案例，深入研究分析水生植物对微污染水体的净化效果，以便为后期微污染水体综合治理和科学管理提供一定的依据和支撑。

1　水生植物修复机理及影响因素

1.1　水生植物对水体修复净化机理

水生态修复是指在遵循自然规律的前提下，采取各种工程、生物和生态措施使水体恢复自我修复功能，强化水体的自净能力，修复被破坏的水生态系统，使之既可最大限度为人类所利用，又可使系统达到自维持状态[9-10]。水生植物是水生态系统的重要组成部分，在物质循环和能量传递方面其调控作用。

水生植物修复是指通过水生植物对水体中污染物的吸收、降解以达到去除水体中污染物浓度的目的的一种水体修复技术。原理就是利用植物自身的根系以及茎叶的吸收、富集、降解或固定水环境中的污染物，以达到消除水中污染物的作用。水生植物对水体的净化机理：

（1）化感作用。指植物或其他生物的分泌物体对周围其他生物所引发的有利或不利作用。而部分水生植物能够利用释放的化感物质来克制浮游生物的产生。

（2）同化作用。水体植物能够将从水体中和污泥中吸取的氮、磷元素同化为自身所需的营养物质。该种同化作用对受污染水体中的氮、磷等营养物质的净化具有加快功效，但是对营养元素的吸收占全部净化量极小的一部分，为 2%～5%。

（3）硝化作用。挺水植物根部的周围由于处于底质周围，一般处于缺氧状态，这就为反硝化细菌创造了良好的生存条件，在厌氧环境下反硝化细菌可以与硝酸氮反应产生氮气，以达到将氮元素从水中去除的目的。

水生植物的生长繁殖能够提高土壤持水性、改善土壤结构、减少水力侵蚀、改善河道底质条件。

按照水生植物的生长特点，应用在水生态修复中的水生植物主要分为挺水植物、沉水植物和浮水植物等三大类，水生植物在水生态修复中的系统机理见表 1。

1.2　水生植物在水生修复中的影响因素（即生态因子）

水生植物在水生态修复中容易受到以下因素的影响：

（1）光照。光照是水生植物生长的必要条件，对水生植物健康生长有着重要作用[7]。当水底光强不足入射光强的 1%时，沉水植物将无法存活，可见透明度也是植物生存的影响因素之一。不同种类沉水植物对光照的适应性是不同的，苏文华等[11]（2004）研究了穗花狐尾藻、金鱼藻、苦草、菹草和黑藻光合作用对光照的响应，比较了它们的光合能力及光合特征，发现 5 种沉水植物中，苦草对光的需求最低，适于在低光照条件的水下生长，不耐强光；穗花狐尾藻和金鱼藻对光的需求最高；菹草和黑藻对光的需求介于中间。

表1 水生植物污水处理系统机理

类型	方式或地点	处理范围	典型代表	污染物去除机制	备注
挺水植物	人工、天然河水或天然湿地	城镇污水的三级处理、河道修复、暴雨径流	芦苇、香蒲、菖蒲、富贵竹、美人蕉、水葱、灯心草等	微生物的代谢、植物吸收（以是否收割而定）	
沉水植物	天然河水	沉水植被恢复、受污染水体修复	苦草、马来眼子菜、金鱼藻、狐尾藻和黑藻等	对氮磷的短期储存、控制富营养化	
浮水植物	强化氧化塘系统、天然河水	城镇污水三级处理、暴雨径流、受污染天然水等	凤眼莲、浮萍、槐叶萍、黄花水龙、铜币草、满江红等	植物吸收、微生物的代谢	

（2）营养盐浓度。营养盐浓度的提高促进了植物与藻类之间的竞争，高浓度的营养物质也会对植物本身产生胁迫，消除其营养限制，从而限制植物生长。研究者发现，沉水植物富集过量氮磷后，其生物量、生长速率明显下降。亦有研究表明木底泥营养盐丰富能导致植物分枝多、根系少、植株矮。导致富营养化湖泊沉水植物的衰退，底泥理化性质的变化起着重要作用。

（3）pH值。水体中无级碳源的含量直接影响植物的光合速率，而水体中无机碳源的存在主要受pH值的影响。对水质变化、水处理效果、水中溶解物能否生成沉淀物，水生生物生长繁殖以及农作物生长等产生影响的重要因素。研究表明，不同植物对水体pH耐受性差异较大，Stanley和Naylor（1972）[12]指出，苦草和狐尾藻对碳源有很强的利用能力，比较能耐受高pH条件，具有较强的耐受水体高pH的能力。金鱼藻光合作用最适合的pH值是7.0～8.0，伊乐藻的光合作用最适合的pH值为6～7[7]。

（4）温度。水体的温度直接影响植物的季节生长，决定植物的萌芽和休眠期，也对植物的代谢活动有一定的影响，温度对不同植物的光合速率影响也有较大的差异。每种水生植物都有其适宜生长的温度范围，低于或高于其适宜温度，水生植物会生长不良甚至死亡。

（5）水位和水流。水位是决定水生植物分布、生物量和物种结构的主导因素，水位决定了各类水生植物的分布格局。挺水植物根系发达，不受1年度水位下降影响；水位变动是浮水植物生物量的主要控制因素；沉水植物生物量与水深存在相关性，浅水清澈的湖泊通常具有很高的生物量，而那些浊度大、滩涂多的湖泊仅有少量甚至没有沉水植物。

流动水体中，水流对水生植物个体、种群及群落结构都有重要影响。

2 水生植物修复应用研究进展

近年来，有关于各种水生植物净化污水的报道已有不少，水生植物用于污染水体生态修复的工程应用已越来越广泛。

2.1 挺水植物的应用研究

挺水植物是指植物的根、根茎生长在底泥之中，茎叶挺出水面，常分布于0～1.5m

的浅水处，挺水植物能吸收水体及底泥的氮、磷等营养物质，促进自身的生长，通过竞争的方式抑制水体中同样需要氮、磷等营养物质的藻类。

刘建伟等[13]研究表明，美人蕉、黄菖蒲和水葱对水体中COD的去除率分别为30.2%、31.7%和29.4%，对氨氮的去除率分别为82.1%、87.5%和60.2%，对TN的去除率分别为48.6%、70.1%和30.2%，对TP的去除率分别为72.4%、35.7%和32.5%。仇涛等考察了水芹、鱼腥草、香根草对微污染景观水体净化效果，TN、TP、COD的去除率范围分别为52.4%～64.3%，46.8%～58.4%，69%～84%，经7周净化后可使Ⅳ类水变为Ⅲ类水。可见，挺水植物对污染水体的净化效果明显。

2.2 沉水植物的应用研究

沉水植物是指整个植株沉入水中，根茎生于泥中，具有发达的通气组织，有利于进行气体交换。叶多为狭长或丝状，能吸收水中部分养分，在水下弱光的条件下也能正常生长发育。沉水植物整个植株都处于水中，根、茎、叶等都可以对水中的营养物质进行吸收，在营养竞争方面占据了极大的优势，沉水植物可通过光合作用向水体输送氧气，从而提高水体中溶解氧的量，促进水体中的微生物分解营养物质，但其对水质有一定的要求，因为水质浑浊会影响植物的光合作用。

任文君等[14]研究表明篦齿眼子菜、马来眼子菜、金鱼藻和黑藻所在的生长体系对水体中TP的去除能力大于4.68μg/(d·g)，去除率大于83%，对水体中氨氮的去除能力大于10.75μg/(d·g)，去除率大于70%，对TN的去除能力大于37.69μg/(d·g)，去除率大于79.4%。吴建勇等[15]用沉水植物对城市河水进行了生态工程修复实验，3个月后水中NO_3^-－N、NO_2^-－N、PO_4^{3-}－P、氨氮、TN、TP和COD的含量分别下降82.8%、74.1%、90.1%、92.6%、71.8%、95.6%和48.6%，DO含量提高了65.3%，与对照区相比差异显著。

2.3 浮水植物的应用研究

浮水植物是指生长于浅水中，叶浮于水面，根长在水底的植物，浮水植物的根状茎发达，花大，色艳，无明显的地上茎或茎细弱不能直立，叶片漂浮于水面上，仅在叶外表面有气孔，叶的蒸腾非常大，根一般缺乏氧气，所以由于无氧呼吸可以产生醇类物质，叶柄也能通过叶提供氧气。浮水植物对水体中的营养物质有很强的吸附作用，能直接吸收水体中的有毒物质和过剩营养物质，而且其繁殖能力强，可更好地净化水体。

娄敏等[16]发现浮水植物对去除富营养化水体中的TN、TP效果显著，同时对增加水体中的DO有明显效果。

潘保原等[17]研究结果表明凤眼莲对水体中的氮、磷的去除率分别为50%～78.46%，68.16%～89.56%，水芙蓉对水体中的氮、磷的去除率分别为57.58%～76.87%，72.28%～76.47%，莲花竹对水体中的氮、磷的去除率分别为0.6%～10.8%，2.48%～10.04%。

3 对水体净化效果实例分析

水体生态修复，是以水体生态系统恢复为主要目标，水体生态系统的修复除对水环境进行修复外，还应包括对生态系统自我恢复能力的修复，而对于浅水水体，实现这一目标的关键则是大型水生植物，尤其是沉水植物群落的恢复或者构建。针对城市内微污染水体，结合各生态因子对水生植物的影响作用，以沉水植物为主，辅以挺水植物和浮水植物的“水下森林”生态修复技术应用越来越广泛。

沉水植物是水体恶化与否的主要标志之一。当水体恶化时，沉水植被逐渐消失，即藻型浊水态；当水体健康时，沉水植物不断丰富，即草型清水态。因此，恢复水体生态系统的重点便是如何恢复沉水植被，只有重建了以沉水植物为核心的水生植物系统，才能实现由藻型浊水的富营养状态向草型清水的中营养状态的跃变，达到生态恢复的目的。

本文以南京市内两个典型微污染水体为研究对象，重点分析水生植物在水体净化方面的显著效果。

3.1　工程应用一

3.1.1　水体概况及存在问题

南京市某小型封闭水体，水域面积约 13500m^2，多年未进行治理，存在问题较为严重：

(1) 潭底淤积严重，多年未实施清淤，淤泥呈现黑色，底泥 TP、TN 及 TOC 含量较高，底泥污染严重。由于长期缺乏维护，局部荷花杆茎长期未清理收割，腐烂于潭内，加剧淤泥有机质污染。

(2) 潭体现状水质较差，根据《地表水环境质量标准》(GB 3838—2002) 的要求，北侧水域 TP、TN、NH_3-N、COD、BOD 等指标均超标，南侧水域 TP 和 TN 超标，现状水质指标基本在劣Ⅴ类。治理前水质采样检测指标见表 2。

表 2　治理前水质指标分析表　　单位：mg/L

序号	项目	南侧水域						北侧水域	
		1号点		2号点		3号点		4号点	
		采样检测值	地表水分类	采样检测值	地表水分类	采样检测值	地表水分类	采样检测值	地表水分类
1	pH值（无量纲）	7.98	满足	8.03	满足	8.07	满足	7.93	满足
2	DO	9.62	Ⅱ类	9.41	Ⅱ类	9.36	Ⅱ类	2.75	Ⅴ类
3	COD_{Mn}	3.51	Ⅱ类	5.57	Ⅲ类	5.82	Ⅲ类	8.32	Ⅳ类
4	COD_{Cr}	14	Ⅱ类	21	Ⅳ类	23	Ⅳ类	33	Ⅴ类
5	BOD_5	3.39	Ⅲ类	6.64	Ⅴ类	7.65	Ⅴ类	12.9	劣Ⅴ类
6	NH_3-N	0.646	Ⅲ类	0.657	Ⅲ类	0.854	Ⅲ类	5.72	劣Ⅴ类
7	TP	0.134	Ⅴ类	0.218	劣Ⅴ类	0.208	劣Ⅴ类	1.5	劣Ⅴ类
8	TN	2.01	劣Ⅴ类	2.23	劣Ⅴ类	2.6	劣Ⅴ类	6.16	劣Ⅴ类

(3) 水体污浊透明度差，局部透明度基本在 20cm 左右，其他水域透明度在 30～50cm。

(4) 属于封闭水体，水体交换和自我净化能力弱，加剧了水质变差。

(5) 水生态系统薄弱，水体富营养化现象严重，北侧水域被大量浮萍覆盖，水体自我修复能力较差。

3.1.2 水体治理思路及主要措施

综合治理目标是切实提升水质，将现状Ⅴ类、劣Ⅴ类水质主要指标提升到《地表水环境质量标准》（GB 3838—2002）规定的Ⅳ类水要求（氨氮、总磷、高锰酸盐指数、溶解氧）。提高水体生态自净功能，有效消减与控制内源、外源污染，水体生态系统得到恢复，非特殊工况下，大部分时期，水体透明度达到1m以上。遵循“追本溯源、控源截污、水质提升、生态修复、功能提升、科学运维”的思路，采取了以下治理措施：清淤、挡墙整治与防渗、原位活水水质提升、溢流堰、泵站及管道、水生态修复、运行维护等。

水生态修复治理中主要通过沉水、挺水、浮水等水生植物的种植，吸收稳定底泥和水体中的污染物，为微生物降解提供栖息场所，辅以水生动物，提高动物种群的多样性，形成完备的水体生态系统，完善生态功能，通过科学的维护保障来促进水生态系统重建及修复，实现“生态修复”和“长效治理”。

3.1.3 水生植物配置

根据水深、水质指标、水体周边情况，及南京市水文气象，从水体净化效果及易于运维管理角度出发，同时根据前人研究成果，选择优势本地品种，以沉水植物为主结合景观效果，进行水生植物配置。

挺水植物：湖岸分散栽种梭鱼草、再力花、菖蒲、千屈菜、梭鱼草、水葱、香蒲华、花叶芦竹、水生美人蕉等，覆盖率约10%；沉水植物：矮化苦草（耐寒型）、金鱼藻、轮叶黑藻等，覆盖率约70%；浮水植物：睡莲等，覆盖率2%。

3.1.4 水生植物不同阶段

结合项目实际情况，水生植物实施分为三个时期：种植期、休眠生长期、运维期。

图1 水体治理前后效果对比图

图2 水生植物生长期图（生长阶段）

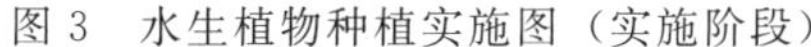

图3　水生植物种植实施图（实施阶段）

图4　水生植物运维期图（运维阶段）

不同阶段对8个点位水质进行了取样检测，水质指标结果如图5所示。

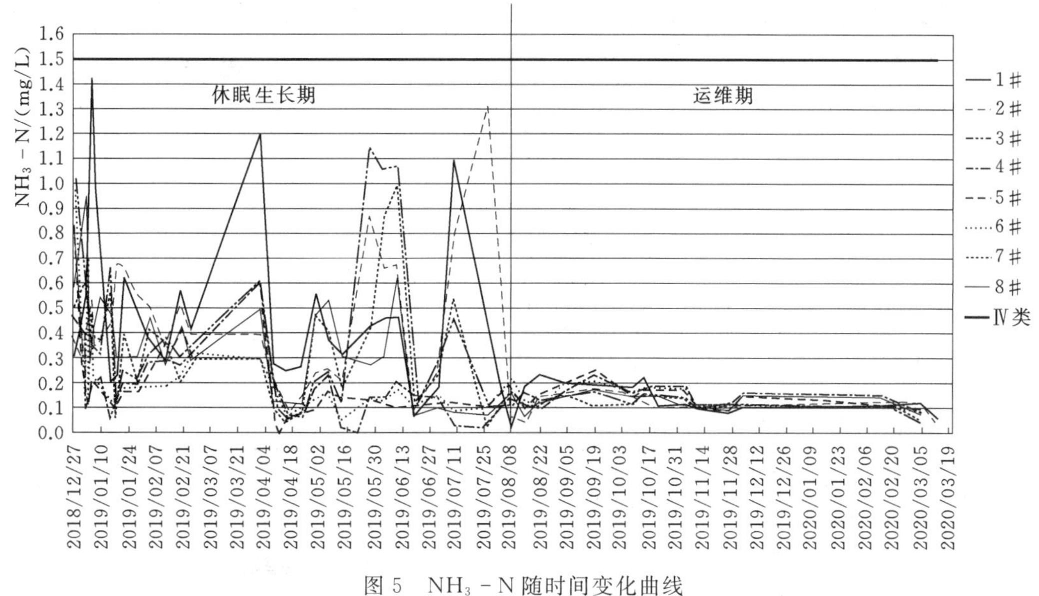

图5　NH_3-N随时间变化曲线

3.1.5　效果分析

根据早期测试数据，治理前，北侧小湖面的COD_{Cr}和NH_3-N处于Ⅴ类或劣Ⅴ类，全湖面的TN、TP大部分处于劣Ⅴ类。

2018年11月水生植物栽植实施，之后进入冬季休眠期及生长期，并进行补种维护等相关内容，该阶段由于活水系统维护、周边雨污分流施工、暴雨天气及其他客观因素影响，水质指标波动变化较大，且数值较高，从2019年8月开始进入运维期，NH_3-N、TP、COD数值明显降低且趋于稳定，满足项目目标的Ⅳ类水要求指标。

本项目中，水生植物对水质改善的效果，按影响因子降低程度从大到小排序，对NH_3-N、TP浓度降低明显，COD和TN浓度降低一般。

说明水生植物系统处于较为稳定健康状态，发挥对水体中污染物削减，净化水体的效果。水生植物修复后，水体透明度大大提高，近岸清澈见底，离岸水域常态保持在80cm

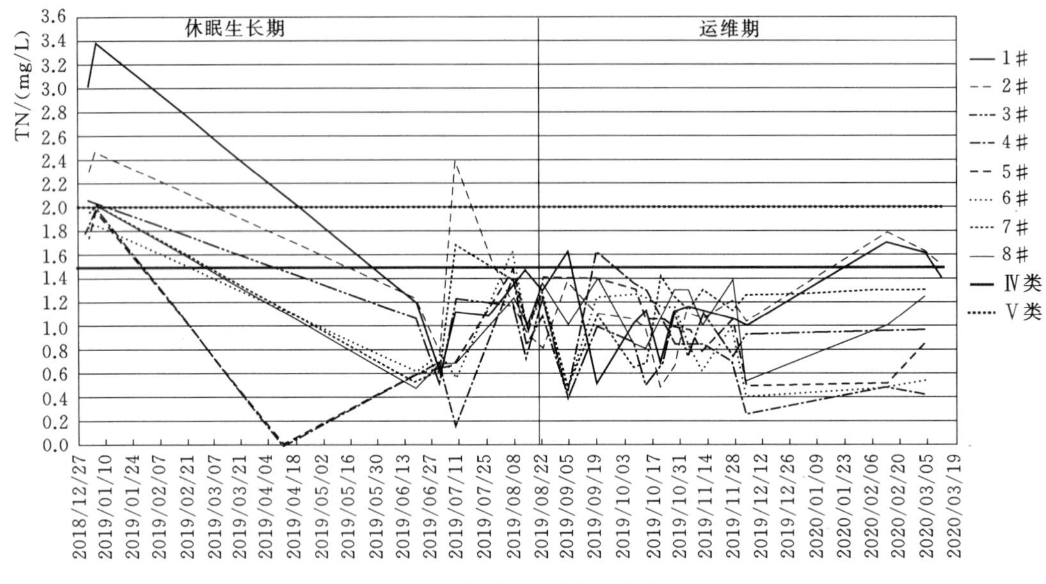

图6　TN随时间变化曲线

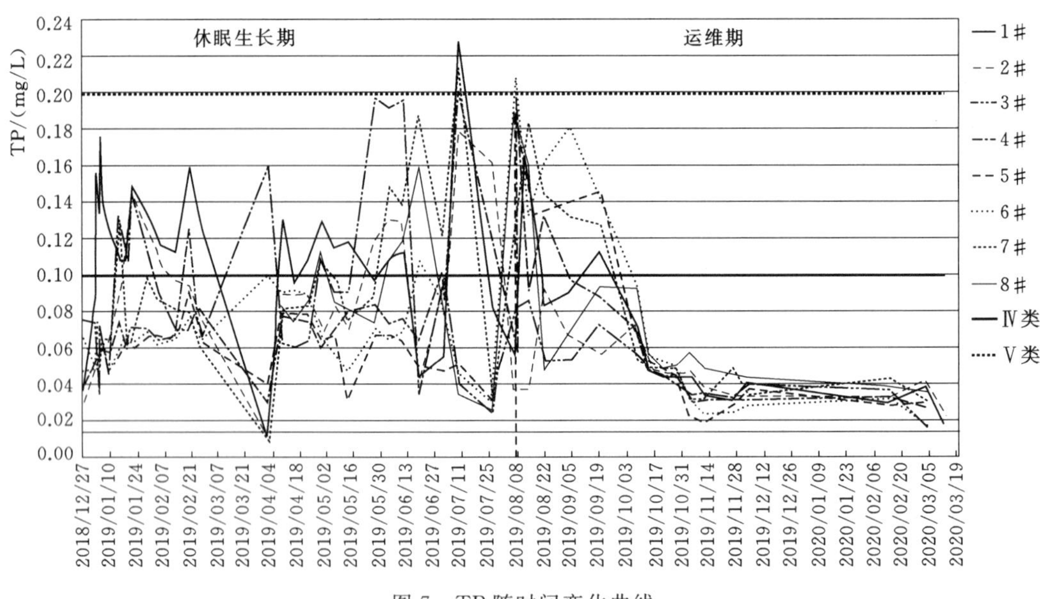

图7　TP随时间变化曲线

以上。

3.2　工程应用二

3.2.1　湖泊概况及存在问题

南京市某湖泊水体，为国家重点景观湖，属于城市天然小型浅水湖泊，水面约3.78km^2。湖水最浅0.3m，主要分布于湖的周边及绿岛近岸，湖水最深为2.3m，一般深度为1.2～1.8m。

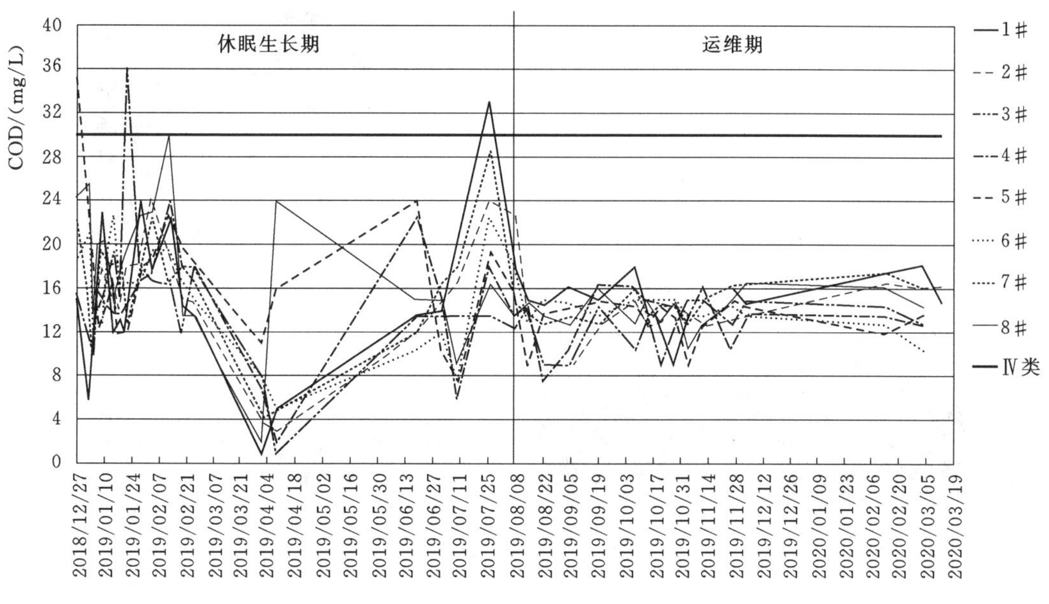

图 8　COD 随时间变化曲线

其中东南湖区存在以下问题：①植物单一，容易产生生态灾害；②生态系统脆弱，生物单一性，影响整体景观；③根据近两年监测数据，东南湖部分水质不能满足Ⅳ类水质标准要求，该区域主要超标因子为 TP 和 COD，属于富营养化水体。

图 9　水体修复前水体现状图

近年来随着分区持续的生态治理，蓝藻水华爆发、水草疯长的现象得到了全面控制，水质得到了有效提升，但未治理区域水环境仍十分脆弱。

3.2.2　治理措施

治理目标：生态修复区内水质满足《地表水环境质量标准》（GB 3838—2002）中Ⅲ类水水质标准。

为了构建水体生态系统，充分利用水生植物的生长和收获，吸收、转化水体的营养物，削减总氮和总磷等，在东南湖部分区域靠近岸边设置了生态修复区，种植水生植物，净化水质同时增加湖泊生物多样性。

生态修复区内布置挺水植物、沉水植物及浮叶植物等，构建以沉水植物为主的“水下森林”系统。①以金鱼藻、苦草、黑藻以及狐尾藻等沉水植物为主，覆盖率 80%；②结合美人蕉、黄花鸢尾、千屈菜、梭鱼草、再力花、香蒲等挺水植物点缀，覆盖率 10%，围绕沿岸种植，既可以净化水质使得水更为清澈，更使得湖体多出许多绿色的生机；③生态修复区中间种植浮水植物，以荷花、睡莲等为主，覆盖率 3%。

经过植物生长期，进入正常运维期日常养护管理后，生态修复区内水生植物有效提升

图 10 水生植物修复后的水体现状图

了水体自净能力，大大提高了透明度，透明度达到 80～120cm，水质指标均达到地表Ⅳ类水要求。

大量沉水植物的存在有效地降低了颗粒性物质的含量，使得布置沉水植物的修复区围隔内的水体颜色明显浅于大湖水体，围隔内修复区水体透明度较对照大湖水体显著提高。

沉水植物生长态势健康良好，改善了水环境质量，最终达到水清、水活、水美的景观效果。

4 小结与展望

（1）水生植物修复对城市微污染水体的净化表现明显的效果，且水体透明度较高，景观性能好。

（2）水生植物对微污染水体的净化效果显著，透明度大幅提高，净化效果方面沉水植物具优势。

（3）水生植物对水质改善的效果，按影响因子降低程度排序，对 NH_3 - N、TP 浓度降低明显，COD 和 TN 浓度降低一般。

（4）水生植物生长依靠太阳能为主，具有成本低、没有二次污染的优点，对水生态修复效果显著，生态环保，且投资相对减少，后期管理简单。

（5）水生植物修复兼具生态功能和景观功能，结合水体周边及水质特点，针对性进行植物配置，达到水体净化和景观提升的双重功效。

（6）水生植物修复与其他修复技术组合，在微污染水体净化方面占有优势，今后可重点从综合治理角度来研究和应用等。

参考文献

[1] 张维昊，张锡辉，肖邦定，等. 内陆水环境修复技术进展 [J]. 上海环境科学，2003 (11)：811 -

816，849.

［2］种云霄，胡洪营，钱易，等. 大型水生植物在水污染治理中的应用研究进展［J］. 环境污染治理技术与设备，2003（2）：36-40.

［3］SEIDEL K. Abbau von Bacterium coli durch hohere Wasserpflanzen［J］. Naturwissen schaften，1964，51（16）：395.

［4］白晓慧，王宝贞，余敏，等. 人工湿地污水处理技术及其发展应用［J］. 哈尔滨建筑大学学报，1999（6）：88-92.

［5］陈燕平，陈小波，徐程，等. 水体富营养化植物控制工程技术方法［J］. 人民珠江，2018，39（6）：41-46.

［6］李文朝. 潜型富营养湖泊的生态恢复——五里湖水生植被重建实验［J］. 湖泊科学，1996（SI）：1-10.

［7］程娜，刘来胜，徐建新，等. 中国水生植物群落构建与优化配置研究进展［J］. 人民珠江，2019，12：90-96.

［8］张萌，刘足根，李雄清，等. 长江中下游浅水湖泊水生植被生态修复种的筛选与应用研究［J］. 生态科学，2014，33（2）：344-352.

［9］管永，冯智，张聪，等. 水生植物在河道生态修复工程中应用研究［J］. 重庆工商大学学报（自然科学版）2011，28（4）：398-400.

［10］Wang Z，Zhang Z，Zhang J，et al. Large - Scale Utilization of Water Hyacinth for Nutrient Removal in Lake Dianchi in China：The Effects on the Water Quality，Macrozoobenthos and Zooplankton［J］. Chemosphere，2012，89（10）：1255-1261.

［11］苏文华，张光飞，张云孙，等. 5种沉水植物的光合特征［J］. 水生生物学报，2004（4）：391-395.

［12］Stanley R A，Naylor A W. Photosynthesis in eurasion watermilfoil（Myriophyllum spicatum L.）. Plant Physiology，1972，50：149-151.

［13］刘建伟，周晓，吕臣，等. 三种挺水植物对富营养化景观水体的净化效果［J］. 湿地科学，2015，3（1）：7-12.

［14］任文君，田在锋，宁国辉，等. 4种沉水植物对白洋淀富营养化水体净化效果的研究［J］. 生态环境学报，2011，20（2）：345-352.

［15］吴建勇，温文科，吴海龙，等. 可调式沉水植物网床净化河道中水质的效果［J］. 湿地科学，2014，12（6）：777-783.

［16］娄敏，廖柏寒，刘红玉. 3种水生漂浮植物处理富营养化水体的［J］. 中国生态农业学报，2005，13（3）：194-195.

［17］潘保原，杨国亭，穆立蔷，等. 漂浮植物对富营养化水体中氮磷去除效果研究［J］. 植物研究，2015，35（3）：462-466.

大面积真空预压沉降预测方法研究及工程应用

牛　飞[1,2]　邱青长[1,2]

（1. 中交四航工程研究院有限公司，广东广州　510230；
2. 中交交通基础工程环保与安全重点实验室，广东广州　510230）

摘　要： 在大面积真空预压的早期，常见的沉降预测方法难以适用。通过大量的工程案例总结发现：大面积真空预压的沉降与时间对数曲线图上中间有一段较长的直线段，位于该直线段的沉降数据与时间对数可拟合成一条直线，线性相关性强。时间对数法能够在真空预压施工的早期、中期较准确的预测真空预压后期某时刻的沉降量；采用双曲线法、指数曲线法、Asaoka法能够在真空预压施工的中期较准确的预测真空预压后期某时刻的沉降量。时间对数法具有较大的推广应用价值。

关键词： 真空预压；沉降预测；时间对数法；双曲线法；指数曲线法

0　引言

在广州、深圳、天津、连云港等滨海地区，由于海陆交互沉积的作用，淤泥广泛分布，而滨海地区通常是工程建设最为活跃的区域，因工程建设的需要，需对软土进行地基处理，大面积软土地基处理一般采用预压法。近年来，随着砂石料价格的飞涨，真空预压法展现出巨大的经济优势，已成为大面积软土地基处理的主要方法。

真空预压法需要稳定的密封系统和通畅的排水系统；泥浆搅拌墙施工质量、密封膜质量、水平排水系统与竖向排水系统的搭接质量、排水板施工质量、排水板后期弯折情况、真空荷载维护情况均会对真空预压施工质量产生影响[1]。在真空预压施工过程中，若某个施工环节出现问题，不能及时发现，将影响真空预压的施工质量，从而影响项目的成本及工期。

软土在真空荷载的作用下排出孔隙水，体积变小，有效应力增大，强度增长。沉降是真空预压法加固软土的主要外在表现形式，能够反应土体的固结进程，通过实测土体的沉降数据，可以计算固结度，从而评估土体的最终沉降量、残余沉降量及有效应力增长情况。

在真空预压施工的初期，通过实测沉降数据，建立合适的沉降预测模型，推测软土在真空预压后期的沉降量及沉降速率，并与设计计算的沉降量进行比对，若推测沉降量与设计计算沉降量差别较大，则应及时排查问题，解决问题，从而节约项目的成本及工期。

常见的沉降预测方法有：双曲线法、指数曲线法、星野法、Asaoka 法等。在大面积

作者简介： 牛飞（1988—　），男，硕士研究生，工程师，主要从事地基处理、桩基等方面科研。
基金项目： 广州市珠江科技新星专项资助（201906010068）。

真空预压的初期，推测真空预压后期的沉降量及沉降速率，这些传统的预测方法便显得不太适用，通过大量的工程案例总结、实践，时间对数法沉降预测模型在大面积真空预压工程中具有良好的适用性。

1　常见沉降预测方法

1.1　双曲线法

大量的实测沉降数据表明，软土在真空预压、堆载预压过程中，其沉降过程曲线与双曲线相接近，假定的曲线数学表达式为[2]

$$s_t = s_0 + \frac{t - t_0}{a + b(t - t_0)} \tag{1}$$

式中　s_t——t 时刻沉降量；

s_0——初期沉降量；

a、b——荷载恒定后，根据实测数据求得的回归系数。

采用双曲线法预测沉降，从 $S-t$ 曲线的后部分取任意两点（此时，沉降变形基本稳定或变化很小），便可较理想地计算出最终沉降量及任意时间的沉降量，单如果沉降曲线还处于双曲线的前段，若采用该方法将会有较大的偏差。

1.2　指数曲线法

根据一维固结理论，固结度的理论解普遍表达式为[3]

$$U_t = 1 - A\mathrm{e}^{-Bt} \tag{2}$$

式中　A、B——常数。

采用该方法进行沉降预测，需在沉降曲线上选取 3 点，并使 $t_2 - t_1 = t_3 - t_2$，3 点的时间间隔应尽可能大。

1.3　星野法

星野根据现场实测值证明了总沉降量是与时间的平方根成正比，其沉降计算公式为[4]

$$S_t = S_0 \frac{AK\sqrt{t - t_0}}{\sqrt{1 + k^2(t - t_0)}} \tag{3}$$

式中　S_t——t 时刻沉降量；

S_0——初期沉降量；

A、K——常数。

采用该方法预测需要较长时间的沉降监测数据。

1.4　Asaoka 法

Asaoka 根据一维固结方程，推导出[5]：

$$S_t = S_\infty - (S_\infty - S_0)\mathrm{e}^{a_t t} \tag{4}$$

式中　S_t——t 时刻沉降量；

S_0——初期沉降量；

S_∞——最终沉降量；

a_t——常数。

采用该方法进行预测，易产生较大的偏差。

2　大面积真空预压沉降规律

下面以广州港南沙港三期工程 D22 区的沉降数据为例，研究大面积真空预压沉降-ln*t* 曲线的规律，D22 区沉降-ln*t* 曲线如图 1 所示。在试抽真空阶段（0～7d），沉降曲线为一段不规则的抛物线，各沉降点的沉降量差别较小，该阶段沉降量占施工期总沉降量的 20%～27%；在恒载维护阶段 1（7～90d），沉降曲线近似为一条直线，不同沉降点的沉降量差别极大，该阶段沉降量占施工期总沉降量的 73%～79%；在恒载维护阶段 2（90～100d），沉降曲线逐渐趋于平缓，沉降量较大的点收敛相对较慢，该阶段沉降量占施工期总沉降量的 1%～2%。

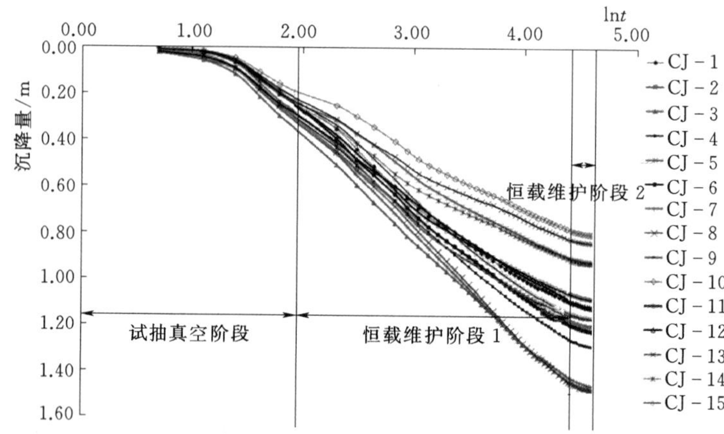

图 1　南沙港三期工程 D22 区沉降-ln*t* 曲线

该加固区的真空预压施工总工期为 100d，抽真空期间沉降量累计沉降量为 0.807～1.479m，平均沉降为 1.154m，卸载前固结度推算值为 90.1%～95.0%。加固后软弱土的平均含水率为 46.1%；平均孔隙比为 1.248；平均液性指数为 1.26；平均压缩模量为 2.71MPa；软弱土层的平均标贯击数为 3.6 击，软弱土层的平均十字板强度为 35.4kPa。真空预压施工达到了设计预期的沉降及强度要求。

3　时间对数法沉降预测模型

选取 3 个代表性的沉降点 CJ-8、CJ-10、CJ-12，其在恒载维护阶段 1（7～90d）的沉降数据均可拟合成一条直线，线性相关性强（见图 2）。线性方程可表达为

$$S_t = A\ln t + B \tag{5}$$

式中　S_t——抽真空期沉降量；

t——抽真空时间，d；

A、B——常数。

若能求出 A、B 常数的值，便可计算恒载维护阶段 1（7～90d）任意时间点的沉降量。在真空预压施工的初期，通过一定量的实测沉降数据，建立沉降预测模型，便可推测

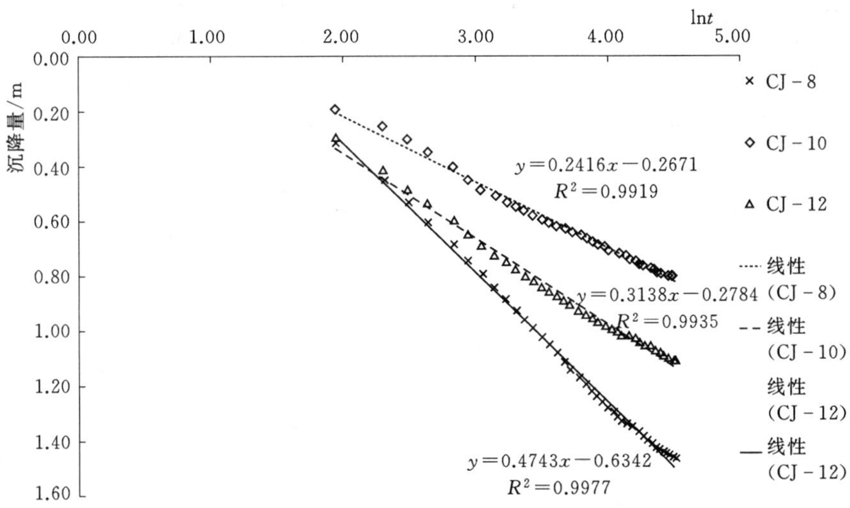

图 2　CJ-8、CJ-10、CJ-12 沉降-ln$t$ 线性相关

该沉降点在真空预压后期的沉降量及沉降速率。

根据 CJ-8、CJ-10、CJ-12 在抽真空 7～17d 的沉降数据，建立三个点的沉降预测模型，预测沉降点在抽真空 90d 的沉降量，预测沉降量与实测沉降量相接近（见图 3），时间对数法沉降预测模型能够较准确地预测沉降点的沉降量。

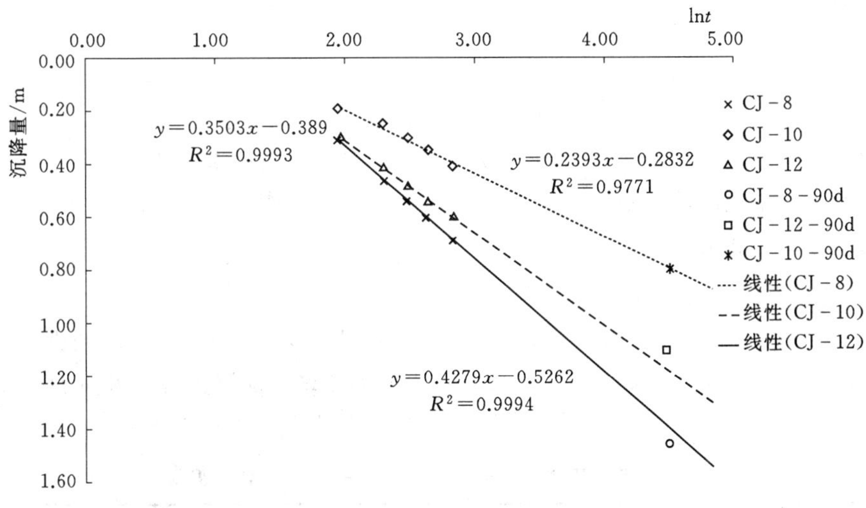

图 3　CJ-8、CJ-10、CJ-12 沉降预测与实测数据

4　多种沉降预测方法对比分析

根据大面积真空预压施工初期的沉降实测数据，分别采用双曲线法、指数曲线法、星野法、Asaoka 法、时间对数法预测大面积真空预压后期的沉降量及沉降速率，并与现场实测数据进行比对。

4.1 根据真空预压早期实测数据预测

根据 D22 区 CJ－8、CJ－10、CJ－12 沉降点在抽真空 7～17d 的沉降数据，分别采用双曲线法、指数曲线法、星野法、Asaoka 法、时间对数法预测沉降点在抽真空 90d 的沉降量，根据抽真空 90d 的实测数据计算相对误差，比对结果见表 1。

表 1　不同沉降预测方法沉降预测对照表（抽真空 17d）

预测方法	沉降点编号	预测 90d 沉降量/m	实测 90d 沉降量/m	相对误差/%
双曲线法	CJ－8	1.248	1.465	15
	CJ－10	1.825	0.800	128
	CJ－12	0.972	1.107	12
指数曲线法	CJ－8	1.008	1.465	31
	CJ－10	1.755	0.800	119
	CJ－12	0.795	1.107	28
星野法	—	—	—	—
Asaoka 法	CJ－8	0.916	1.465	37
	CJ－10	0.763	0.800	5
	CJ－12	0.700	1.107	37
时间对数法	CJ－8	1.399	1.465	4
	CJ－10	0.794	0.800	1
	CJ－12	1.107	1.107	7

从表 1 可以看出，采用双曲线法、指数曲线法、Asaoka 法，根据真空预压早期的沉降数据预测真空预压后期的沉降量时有较大的相对误差；采用星野法无法根据预压早期的数据进行预测；采用时间对数法，根据真空预压早期数据能够较准确的预测真空预压后期某时刻的沉降量，相对误差为 1%～7%，均小于 10%。

4.2 根据真空预压中期实测数据预测

根据 D22 区 CJ－8、CJ－10、CJ－12 沉降点在抽真空 7～50d 的沉降数据，分别采用双曲线法、指数曲线法、星野法、Asaoka 法、时间对数法预测沉降点在抽真空 90d 的沉降量，根据抽真空 90d 的实测数据计算相对误差，比对结果见表 2。

表 2　不同沉降预测方法沉降预测对照表（抽真空 50d）

预测方法	沉降点编号	预测 90d 沉降量/m	实测 90d 沉降量/m	相对误差/%
双曲线法	CJ－8	1.469	1.465	0
	CJ－10	0.808	0.800	1
	CJ－12	1.092	1.107	1
指数曲线法	CJ－8	1.559	1.465	6
	CJ－10	0.799	0.800	0
	CJ－12	1.123	1.107	1

续表

预测方法	沉降点编号	预测 90d 沉降量/m	实测 90d 沉降量/m	相对误差/%
星野法	—	—	—	—
Asaoka 法	CJ－8	1.448	1.465	1
	CJ－10	0.790	0.800	1
	CJ－12	1.035	1.107	7
时间对数法	CJ－8	1.512	1.465	3
	CJ－10	0.851	0.800	6
	CJ－12	1.178	1.107	6

从表 2 可以看出，采用双曲线法、指数曲线法、Asaoka 法、时间对数法，根据真空预压中期数据均能够较准确地预测真空预压后期某时刻的沉降量，相对误差为 0～7%，均小于 10%。采用星野法，仍无法根据预压中期的数据进行预测。

5　时间对数法的工程应用

根据大面积真空预压现场早期实测数据，采用时间对数法对真空预压后期某时刻的沉降量及沉降速率进行预测的方法已在南沙港、新沙港、高栏港等多个大面积真空预压施工项目中成功运用，预测值与实测值的相对误差一般情况下小于 10%，最大不超过 20%。

根据真空预压早期监测数据，运用时间对数法，及时把现场施工情况与设计资料相比对，不仅能够复核设计结果，还能够及时发现真空预压施工过程中存在的问题。时间对数法具有较大的推广应用价值。

6　结论

本文以大面积真空预压现场沉降实测数据为依据，通过研究分析，提出了时间对数法沉降预测模型，并与其他常用的沉降预测方法进行了对比分析。主要得出以下结论：

（1）大面积真空预压的沉降－ln$t$ 曲线主要分为三段：抛物线段、直线段、趋于水平线段。

（2）在真空预压恒载维护阶段 1 的沉降数据与 ln$t$ 可拟合成一条直线，线性相关性强。

（3）在真空预压的早期，采用时间对数法，能够较准确的预测真空预压后期某时刻的沉降量。

（4）在真空预压的中期，采用双曲线法、指数曲线法、Asaoka 法、时间对数法，均能够较准确地预测真空预压后期某时刻的沉降量。

（5）采用时间对数法，预测值与实测值的相对误差一般情况下小于 10%，该方法具有较大的推广应用价值。

参考文献

［1］　娄炎．真空排水预压法加固软土技术［M］．2 版．北京：人民交通出版社，2013.

[2] 李国维，杨涛，宋江波. 公路软基沉降双曲线预测法的进一步探讨 [J]. 公路交通科技，2003，20 (3)：18 - 20.

[3] 李镜培，何长根. 地基沉降的预测方法 [J]. 上海公路，2001 (3)：2 - 6.

[4] 王立忠. 岩土工程现场监测技术及其应用 [M]. 杭州：浙江大学出版社，2000.

[5] Asaoka A. Observational procedure or settlement prediction [J]. Soil and Foundations，1978，18 (4)：87 - 101.

长江下游东流水道6.0m水深航道整治工程岸坡稳定分析及治理措施

林剑锋

（中交第二航务工程勘察设计院有限公司，湖北武汉　430060）

摘　要：针对长江下游东流水道6.0m水深航道存在的碍航问题，依据河道地形、水文资料及岩土勘察成果，分析了东流水道工程地质条件及航道条件，对该河段航道整治存在的主要工程地质问题，分别进行了深入分析与探讨，并提出了处理措施，为设计及施工提供了可靠地质依据，对工程顺利实施具有一定的指导意义。

关键词：岩土勘察；工程地质；航道整治

1　研究背景

东流水道是长江干线武汉至安庆段6.0m水深航道整治工程重点水道之一，水道上起华阳河口，下至吉阳矶，全长31km，属多分汊河型。河段内自上而下分布有上滩群（老虎滩、天心洲）与下滩群（天沙洲、玉带洲、棉花洲等），将河道分为莲花洲港、天玉窜沟、西港、东港四个汊道，西港为主航道所在。

从华阳河口至老虎岗，进口段河道窄深，河床相对稳定，该段河道中存在由老虎滩、天沙洲、玉带洲、棉花洲及大片低滩组成的带状滩群，将东流水道分为三汊，从左到右分别为莲花洲港、西港、东港，莲花洲港为本水道汛期主汊，西港为枯季主汊，东港为支汊。东流水道航道在枯季复杂多变，航道条件较差。由于主流周期性易位，西港与莲花洲港两汊作为航道交替使用。当西港作为航道时，在枯水中前期易出现浅滩碍航；当莲花洲港作为航道时，在枯季水位较低的一段时间内易出现浅滩碍航，并易发生船舶搁浅及海损事件，枯季航道维护十分困难，在部分不利水文年中航道难以达到规定的维护尺度，须进行对重点碍航滩段进行航道整治，遏制滩槽格局向不利方向发展趋势，维持较好的通航条件。为遏制老虎滩、玉带洲及稠林矶岸坡冲刷后退，达到稳定航槽目的，采取高滩守护及护岸加固措施。

东流水道航道整治工程方案主要包括5个部分（见图1）。采取的整治工程措施主要有：高滩守护及护岸加固、窜沟控制及疏浚挖槽等，本文着重分析评价该区高滩守护及护岸加固工程。

本文首先阐述工程区现状、影响岸坡稳定性因素、分析了东流水道工程地质条件及航道条件，对该河段航道整治存在的主要工程地质问题，分别进行了深入分析与探讨，并提出了处理措施，提出新型斜坡式护岸结构，为设计及施工提供了可靠地质依据，对工程顺

作者简介：林剑锋（1971—　），男，本科，高级工程师，从事岩土工程及工程地质勘察的研究工作。

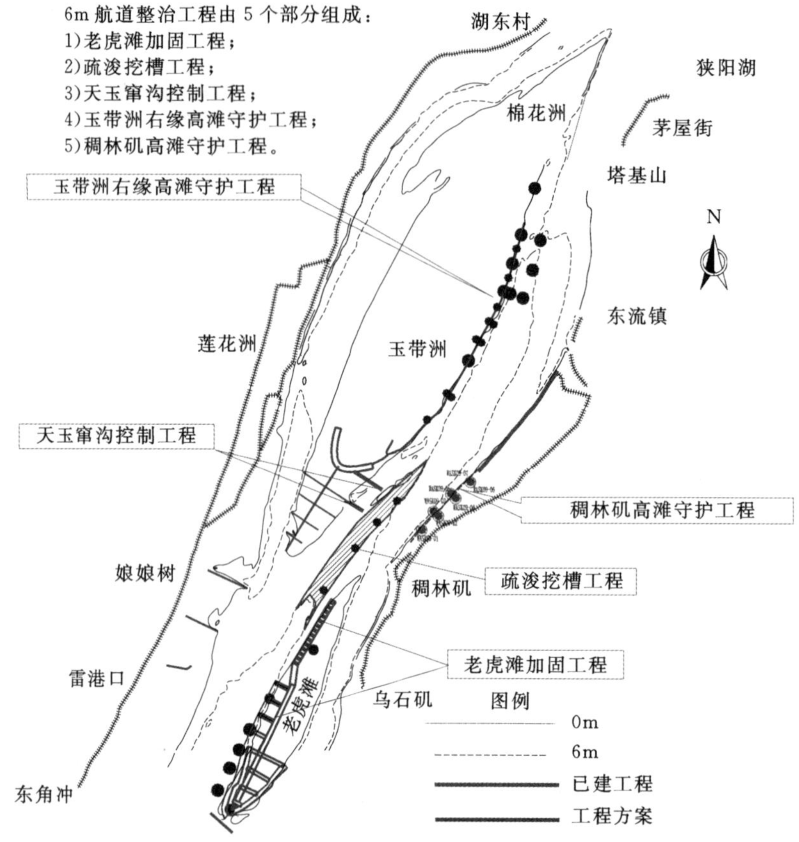

图1　东流水道航道整治工程方案图

利实施具有一定的指导意义。

2　工程概况

工程区场地岩土主要为第四系全新统冲积（Q_4^{al}）砂土层及黏性土层、卵石、砾砂土层，下伏基岩主要下第三系（E_2）泥质粉砂岩、砾岩。

区内的地下水可分为孔隙潜水和季节性承压水，地下水受长江水位涨落影响较大，岸坡上地下水位距地表在洪水季节不足2m，枯水季节为2m多，枯水季节地下水位变化严重滞后于长江江水的变化。

3　岸坡地质结构特征及岸坡变形破坏模式

（1）岸坡地质结构特征。东流水道根据工程区岸坡物质组成、岸坡稳定影响范围内黏性土与砂性土分布的相互关系，将该区岸坡地质结构划分为三大类，结构示意图见图2～图4，具体见表1。

（2）岸坡稳定性因素[2]及工程地质环境因素[3]。影响岸坡稳定性因素复杂众多，有外因和内因，即自然的与人为的，主要是岸坡结构类型、岩土类型和性质、地质构造、风化、水的作用、地震和人类活动等。

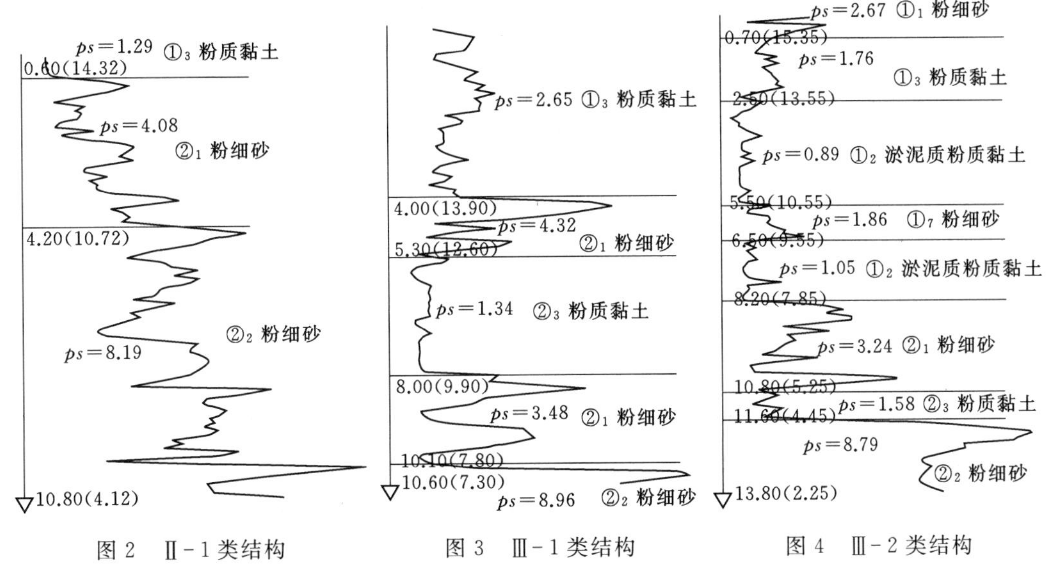

图 2　Ⅱ-1 类结构　　图 3　Ⅲ-1 类结构　　图 4　Ⅲ-2 类结构

表 1　　东流水道护岸及护岸加固段岸坡地质结构分类表

地质结构类别	地质结构特征	分布地段
Ⅰ类（单层结构）	岸坡物质组成以单一的黏性土层或者砂层为主	老虎滩加固工程
Ⅱ-1 类（二元结构）	岸坡物质组成上部以粉质黏土为主，厚度 2～5m，偶夹砂层透镜体，下部为砂层	玉带洲右缘高滩守护工程
Ⅲ-1 类（多层结构）	岸坡上部物质组成为粉质黏土、淤泥质土夹砂层，下部为较厚砂层，其中局部夹淤泥质土且厚度小于 2m	玉带洲右缘高滩守护工程部分地段
Ⅲ-2 类（多层结构）	岸坡上部物质组成为粉质黏土、淤泥质土夹砂层，下部为较厚砂层，其中淤泥质土厚度大于 2m	稠林矶高滩守护工程

长江下游地形地貌主要为上迭式阶地或高漫滩为陆域，基岩埋藏较深，第四系全新统覆盖层较厚，地下水埋深浅，丰水期、枯水期引起长江岸坡地下水位变化，对岸坡的稳定影响较大。长江下游的次生地质环境主要有：顺岸滑塌、河流冲蚀与洲滩淤积。

长江下游航道整治的人为地质环境是航道整治过程中人为产生的最新地质环境。常见的有人工开挖边坡、疏浚、抛石等。

(3) 岸坡变形破坏模式。根据岸坡变形破坏特征可分为侵蚀型、崩塌型与局部滑移型三类（见图 5～图 7）。

4　工程结构选型

影响岸坡结构选型的条件有地质、水深、潮差、波浪等自然条件以及石料来源、使用要求和施工条件等因素。

斜坡式护岸结构可分为堤式护岸和坡式护岸两类，本工程区主要选用坡式护岸，坡式护岸是对陆域已有的自然岸坡或陆域向水侧回填形成的自然岸坡进行防护，斜坡式护岸一般由堤身、护肩、护面、护脚等结构组成。

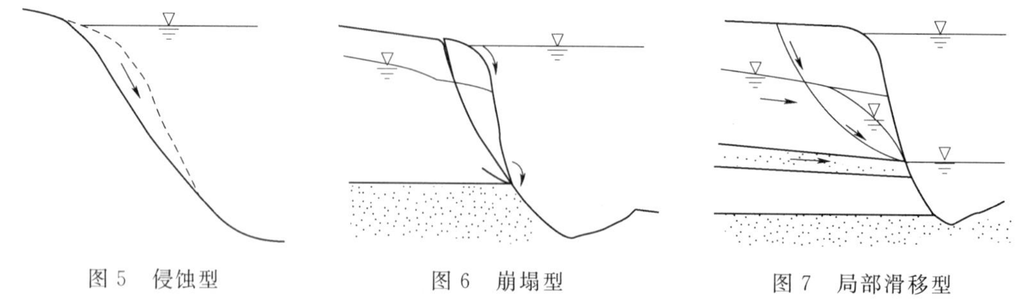

图5　侵蚀型　　图6　崩塌型　　图7　局部滑移型

5　航道整治对策分析

（1）航道整治思路。根据前述分析结果，结合本河段存在的问题，结合今后的发展趋势，本河段的总体整治思路为“攻守结合、疏堵并存”，主要以“守”为目的的护洲、固滩为主，对碍航浅区以“攻、疏”进行疏浚，对窜沟进行“堵”控制。

考虑到东流水道的碍航特性及外部制约条件，本河段的航道治理将在保证东港达到建设目标实现近期通航的前提下，适当对东港的分流进行限制，增强西港水流动力，促进西港航道条件逐步改善。对于东港进口段浅区，采取疏浚措施实现建设标准，对于西港浅区改善，主要通过在东港中下段布置潜坝适当减小东港分流比，并采取工程措施缩窄老虎滩左汊航道宽度、限制莲花洲港发展，必要时对老虎滩左汊及西港浅区进行疏浚；针对老虎滩进行护滩加固，玉带洲右汊中下段浅区，主要对玉带洲右缘岸线及低滩进行守护、对稠林矶高滩进行守护。

（2）岸坡稳定分析及治理措施。岸坡的形态、地质结构等，使岸坡具有不同的物理力学性质（包括透水性），决定了岸坡变形破坏的范围、程度；而近岸水流条件、江水的冲刷、水位的涨落等则构成了岸坡变形破坏的外在因素。护岸建筑物大多在河漫滩上及岸坡坡脚，工程区岸坡上部缓、下部陡，且上覆土层含水量大，土质较差，且厚度大，岸坡不利的地形地貌及地质特征是岸坡失稳的主要原因。

1）老虎滩加固工程。老虎滩加固工程岸坡顺直，岸坡地质结构为单层Ⅰ类砂性土结构岸坡，工程区水下地形坡度1°～3°为主，总体上较为平整，水下整体稳定性较好，仅存在局部冲刷问题。主要工程地质问题为表层粉细砂抗冲刷能力差，存在基础抗冲刷稳定问题，该段岸坡下部受水流冲刷形成崩塌现象严重，存在岸坡稳定性问题，同时护岸工程脚槽位于松散砂层之中，存在脚槽的抗冲刷稳定问题。根据老虎滩岸坡变形破坏特征，其岸坡变形破坏为侵蚀型（见图5）。

治理措施：水下部分采用D型连锁软体排，排上抛石加固；陆上部分采用单元排，排上铺石，排与排之间铺护面砖，边沿预埋放冲块石。

2）玉带洲右缘、稠林矶高滩守护工程。工程区长江深泓线靠近长江右岸，玉带洲右缘高滩守护沿线岸坡为自然岸坡，自然岸坡未加固处，存在崩岸现象，崩岸程度较严重，崩岸以小型条崩为主，条宽0.5～1m，岸坡坡脚较陡，后缘崩高约0.5～3.0m的陡坎，近直立状，总体上工程区岸坡稳定性差。工程区为河流冲刷区，岸坡为Ⅱ-1类（二元结构）或Ⅲ-1类（多层结构），岸坡坍塌现象较严重，表现为下部粉细砂层不断被水流冲刷带走，使得岸坡变陡，引起上部多层产生崩塌，岸线后退，玉带洲右缘高滩守护工程区存在岸坡稳定问题，岸坡变形破坏为崩塌型（见图6）。

稠林矶工程区在江水冲刷作用强烈地段，岸坡存在沿一圆弧面产生较大规模的滑移失稳。分布在迎流顶冲、深泓逼岸处，具有规模较大、突发性、危害性较强等特点，直接造成岸线后退。工程区为河流冲刷区，岸坡为Ⅲ-1类或Ⅲ-2类（多层结构），岸坡坍塌现象较严重，表现为下部粉细砂层不断被水流冲刷带走，使得岸坡变陡，引起上部多层产生崩塌或滑移，岸线后退，稠林矶高滩守护工程区存在岸坡稳定问题。岸坡变形破坏为崩塌型（见图6）及局部滑移型（见图7）。

治理措施：枯水平台陆上护坡采用钢丝网格护面、生态护坡砖或无砂混凝土空心六角块护面，并设置排水盲沟、反滤层、截水沟、排水沟；水下部分采用D型连锁软体排，排上抛石，抛石镇脚。该区岸坡浅层土体分布有一定厚度的以软塑、流塑状为主淤泥质粉质黏土，属于高压缩性土，具有流变性特点，施工期间脚槽开挖过程中的基坑坍塌问题可采取必要的简易支护措施，并对岸坡坡面修筑排水沟，岸坡土体增设排水设施，增强岸坡土体强度，提高岸坡整体稳定性。在进行削坡施工时，由于该段存在软土，必要时采取人工削坡的方式，以确保工程的顺利进行。

施工时，应先进行抛石镇脚加固后才能进行岸坡削坡工作，严禁“先削坡后抛石镇脚”，岸坡削坡的土体严禁就地堆放在岸坡顶部，影响边坡的稳定性。

6 工程效果

洲滩形态得到初步稳定，莲花洲港发展得到有效控制。航道整治工程的实施，基本遏制了老虎滩冲刷后退、稳定了玉带洲洲头低滩位置，缩窄了莲花洲港进口的宽度，抑制了莲花洲港的发展。遏制玉带洲右缘、稠林矶冲刷后退，使东流水道形成较稳定和完整的上、下滩群，基本稳定了西港过渡段的平面位置。遏制滩槽格局向不利方向发展趋势，维持较好的通航条件。

7 结语

（1）为了东流水道航道整治方案顺利实施，应着重现场工程地质调查与测绘工作，采用综合勘察手段，详细查明场区工程地质及水文地质条件，针对可能引起岸坡失稳的原因、河流对岸坡侵蚀、冲刷的不利影响，采取必要的工程措施，确保岸坡的稳定性。

（2）东流水道岸坡地质结构多样，涉及单层结构、二元结构及多层结构，护岸建筑物大多在河漫滩上及岸坡坡脚，工程区岸坡上部缓、下部陡，且上覆土层含水量大，土质较差，且厚度大，岸坡不利的地形地貌及地质特征是岸坡失稳的主要原因；近岸水流条件、江水的冲刷、水位的涨落等则构成了岸坡变形破坏的外在因素。

（3）针对东流水道岸坡稳定的有效整治工程措施有：枯水平台陆上护坡采用钢丝网格护面、生态护坡砖或无砂混凝土空心六角块护面，并设置排水盲沟、反滤层、截水沟、排水沟；水下部分采用D型连锁软体排，排上抛石，抛石镇脚。

（4）在航道整治工程中对于河床滩地冲淤、岸坡稳定、护滩（底）带的基础抗冲刷稳定问题，在设计与施工中应采取必要的防护处理措施。尤其是软土的流变问题、流沙（流土）及管涌问题以及施工现场砂层扰动后液化问题，须引起高度重视，必要时采取针对性支护及排水措施。

参考文献

[1] 中交第二航务工程勘察设计院有限公司．长江干线武汉至安庆段 6 米水深航道整治工程东流水道初步设计阶段岩土工程勘察报告［R］．武汉：中交第二航务工程勘察设计院有限公司，2018.

[2] 李智毅，杨裕云．工程地质学概论［M］．武汉：中国地质大学出版社，2002.

[3] JT/J 240—1997 港口工程地质勘察规范［S］．北京：人民交通出版社，2009.

[4] 雷雪婷，李有为，周林．长江下游东北水道河床演变与 6.0m 航道整治思路［J］．航道科技，2018（11）：145 - 150.

[5] 史卿，王华俊，刘杰．长江下游安庆水道近期航道演变的发展与枯水期的航道维护对策［J］．水运工程，2018（5）：1 - 6.

[6] GB 50330—2013 建筑边坡工程技术规范［S］．北京：中国建筑工业出版社，2014.

根据现场监测数据反演固结系数

鲁旺达　周俊辉　黄一凡　熊慧娴

（中交第三航务工程勘察设计院有限公司，上海　200032）

摘　要： 深厚软土上高填方路堤需进行地基加固以解决稳定、变形、承载力问题，组合型复合地基作为一种新方法逐渐被应用，成为处理软土地基的发展趋势。本文以某国际机场扩建工程为依托，针对高填方路堤回填过程中深厚饱和超软土地基的固结特性以及沉降等关键技术问题，开展砂桩联合排水板处理深厚饱和超软基的现场试验研究。通过理论分析和参数反演，获得了砂桩联合排水板复合地基平均固结度和固结系数，并与室内试验数据进行对比分析。同时，根据监测数据得出孔压增长率和加荷速率之间的关系，以此优化堆载速率，确保工程安全稳定施工。研究成果可供其他类似工程参考借鉴。

关键词： 高填方；超软土；地基处理；参数反演

0　引言

在软土地区进行高填方施工时，由于软土高含水率、低强度和高压缩性的特点，需进行地基加固以解决稳定、变形、承载力问题。随着地基处理理论、地基处理材料、新机械和新工艺不断发展，组合型复合地基作为一种新方法逐渐被应用，成为处理软土地基的发展趋势。组合型复合地基可以结合多种地基处理工法的优点，创造更好的学术和经济价值。砂桩联合排水板组合型复合地基集中了排水板和砂桩的优点，处理深度深，且加载迅速，十分适用于深厚超软土地基上的高填方工程。

然而，深厚超软土地基经加固后，在巨大的路堤荷载作用下，仍然会发生明显的变形甚至失稳破坏。因此，在深厚超软土地基上进行高填方工程，地基沉降预测和稳定性控制成为该类工程成败的关键因素之一[1]。本文以某国际机场扩建工程为依托，开展砂桩联合排水板处理深厚饱和超软基的现场试验及监测分析研究。根据现场第一手监测数据进行反演分析，获得了高填方路堤回填过程中深厚饱和超软土地基平均固结度和固结系数。同时，根据孔压增长率和加荷速率之间的关系，提出加载速率的控制指标，以确保工程安全稳定施工。研究成果可供其他类似工程参考借鉴。

1　反演方法简介

1.1　基于沉降数据

基于沉降监测数据反演地基固结参数是先将地基沉降近似看成按某种特定的曲线规律

作者简介： 鲁旺达（1991—　），男，助理工程师，从事岩土工程设计、监测、咨询工作。

变化的过程，对实测沉降数据进行拟合，建立相适应的曲线模型，采用适当的优化方法，反推出计算公式中所需要的参数，运用于后期的沉降预测和最终沉降预测[2-5]。该类方法参数较少宜确定，在工程中得到了广泛的应用。目前常用的曲线拟合法有双曲线法[6]、指数曲线配合法（三点法）[7]、Asaoka 法[8]等。在获取最终沉降后，采用改进的太沙基法[9]计算土层平均固结度 $\overline{U}$，通过与实测沉降曲线对比，反演径向固结系数 c_h 值。

1.2 基于孔隙水压力数据

曾国熙[10]于 1959 年提出，各种排水条件下土层平均固结度的理论解可以归纳为普遍的表达式 $\overline{U}=1-\alpha e^{-\beta t}$。根据基于孔压定义的固结度，预压过程中任意时刻 t_1 和 t_2 的孔压 u_1 和 u_2 存在以下关系：$u_1/u_2=e^{\beta(t_2-t_1)}$，并可由该式解得 β。为减少人为取值随意性带来的误差，应将预压时间分为若干段，并将每段时间间隔获得的 β 求取平均值作为反演结果，随后通过公式 $\beta=(8c_h)/[F(n)d_e^2]$ 求出地基径向固结系数 c_h。

2 工程概况及监测方案

工程场地位于南美洲东北部的圭亚那，属于沿海平原区域，未发育软土区域由白砂覆盖，软土发育区钻探揭露的主要土层为腐殖质土、灰色淤泥、青灰色黏土和灰白色中细砂，其主要物理力学参数见表 1。本机场跑道扩建工程在现有跑道东北侧延长 710m。其中跑道末端安全区长约 250m，位于深厚超软土地区，软土最大厚度超过 20m（见图 1）。由于场地原始标高过低，安全区需要填高 12～16m。经对技术、经济、施工等方面综合比较，最终确定采用砂桩联合排水板加固软土，回填砂形成路堤的方案。路堤两侧边坡区域施打砂桩和排水板，解决稳定和变形问题，砂桩置换率为 10%，桩径 800mm，正方形布置，间距 2.24m，成桩材料为中细砂。砂桩与砂桩之间打设排水板，间距 2.24m。中心区域为排水板处理区，排水板间距 0.9m，如图 2 所示。

表 1　　土层主要物理力学参数表

土层名称	天然含水量 W/%	天然孔隙比 e	天然重度 γ/(kN/m^3)	黏聚力 c_u/kPa	内摩擦角 φ_u/(°)	层厚 /m
腐殖质土	—	—	—	—	—	4～5
灰色淤泥	94.6	2.36	14.8	15.1	0.0	0～22
青灰色黏土	41.2	1.20	18.2	27.3	3.9	4～7
灰白色中细砂	—	—	18.5	0	28	—

本工程为典型的高填方，且回填区域下方存在深厚的超软土。为确保路堤在施工期与使用期的稳定性，并了解地基加固过程中地基平均固结度和固结系数的变化情况，在路堤顶部和边坡区域设置了监测点，如图 2、图 3 所示。

3 监测结果分析

3.1 沉降数据反演结果

堆载过程中分层沉降管和沉降磁环相继失效，因此，无法推求不同深度土体的固结度和固结系数。本节仅根据地表沉降数据进行反演，推求地基平均固结度和综合固结系数。

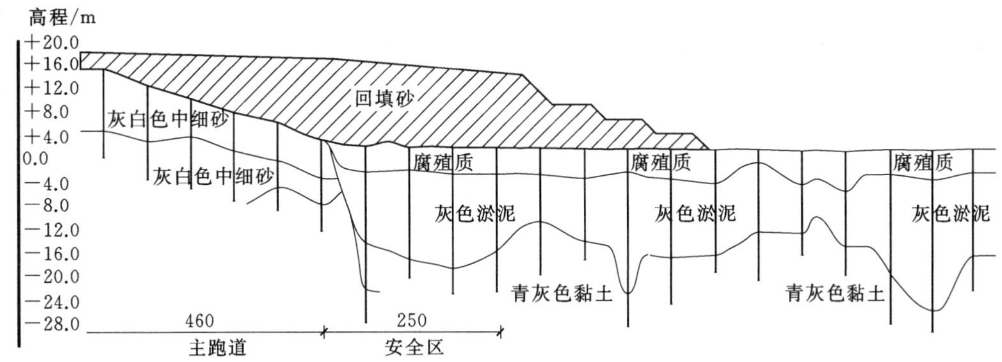

图1　地质剖面图

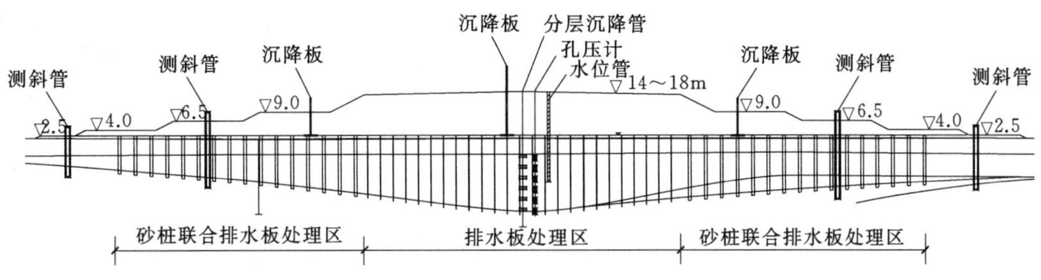

图2　监测点剖面图

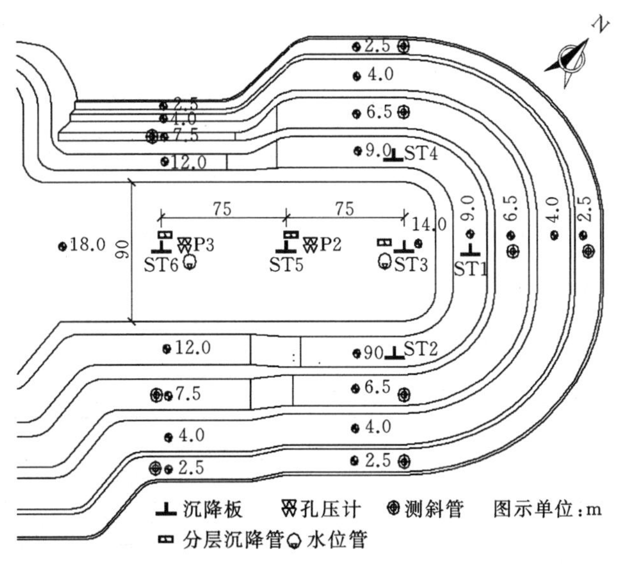

图3　监测点平面图

分别采用双曲线法、三点法和 Asaoka 法预测最终沉降量，计算结果见表 2。已有研究表明，双曲线法和指数曲线法收敛较慢，适合于短、中期预测，不适合进行长期预测，否则预测结果将大大偏离实际沉降。结合本工程土体特性和拟合曲线的模型特征，采用双曲线法进行短、中期沉降预测，Asaoka 法进行长期沉降预测。

表 2　　最终沉降量预测

监测点	双曲线法/mm	三点法/mm	Asaoka 法/mm
ST1	2194.46	1773.86	2071.64
ST2	1641.11	1256.26	1442.33
ST4	2629.31	2193.81	2300.65
ST3	3732.21	3512.03	3537.34
ST5	3104.53	2731.30	2930.51
ST6	3230.70	2169.26	2348.50

由 Asaoka 法预测的最终沉降，结合改进的太沙基法对沉降发展进行拟合，反演获得地基固结参数。图 4（a）、（b）为 ST1 和 ST3 监测点的拟合结果，其余监测点拟合结果类似，不再赘述。表 3 列出了反演获得的地基径向固结系数，可以看出地基不同位置的固结系数反演结果差异不大，但不同荷载作用下的固结系数差异明显。地基径向固结系数随着上部荷载的增加有所减小，这和室内固结试验中获得的土体固结系数随着固结压力的增大而减小的规律一致。

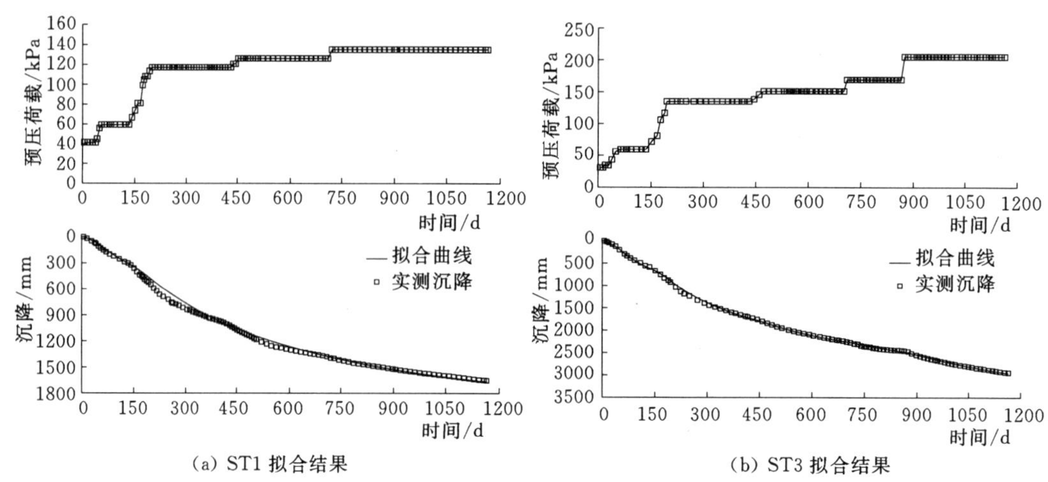

图 4　各监测点拟合结果

表 3　　固结系数反演

监测点	c_h/(m²/d)			地基平均固结度/%
	50kPa	100kPa	200kPa	
ST1	0.009	0.003	—	79.74
ST2	0.009	0.003	—	78.15
ST4	0.009	0.003	—	81.55
ST3	0.007	0.004	0.002	83.27
ST5	0.006	0.004	0.002	78.61
ST6	0.007	0.005	0.002	75.92

3.2　孔压数据反演结果

图 5 是位于高填方路堤中心区域 P3 孔压监测点不同深度孔压发展情况。基于孔压数据反演的地基径向固结系数见表 4。从表 4 中可以看出，孔压数据反演获得的不同荷载作用下地基平均径向固结系数与基于沉降数据的反演结果较为接近，两者相互印证了监测数据的可靠性。和勘察报告提供的固结系数进行对比可以发现，反演值与室内土工试验获取的径向固结系数非常接近，反映了室内土工试验的准确性。

表 4　　孔隙水压力反演 c_h

监测点	孔压计深度/m	$c_h/(m^2/d)$		
		50kPa	100kPa	200kPa
P2	−5.2	0.008	0.003	0.002
	−14.2	0.015	0.004	0.003
P3	−4.8	0.006	0.002	0.001
	−10.8	0.013	0.003	0.002

表 5　　不同方法径向固结系数对比

获取方法	$c_h/(m^2/d)$		
	50kPa	100kPa	200kPa
沉降数据反演	0.006～0.009	0.003～0.005	0.002
孔压数据反演	0.006～0.015	0.002～0.004	0.001～0.003
土工试验平均值	0.011	0.004	0.002

3.3　加载速率优化分析

对于软土地基而言，荷载施加后首先会引起孔隙水压力的增长。随着超孔隙水压力的减小，土体内有效应力不断增大，土体发生固结。若土体内孔隙水压力增长过快，土体强度会降低，容易发生地基稳定性问题，因此，实际工程中需要严格监控孔隙水压力的发展情况。土体中孔隙水压力增长快慢与外荷载的加荷速率有一定联系。图 6 反映了孔压增长

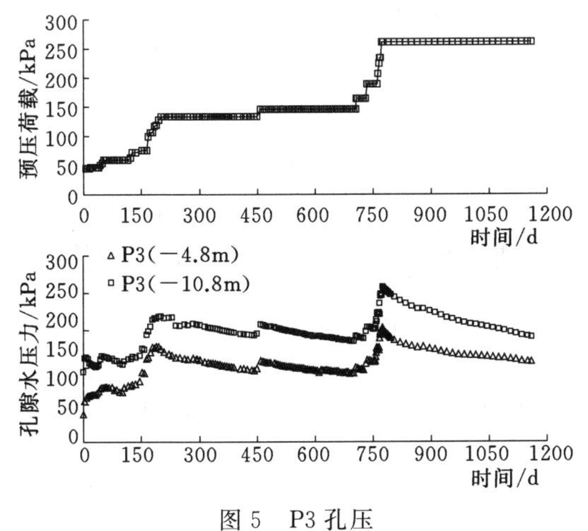

图 5　P3 孔压

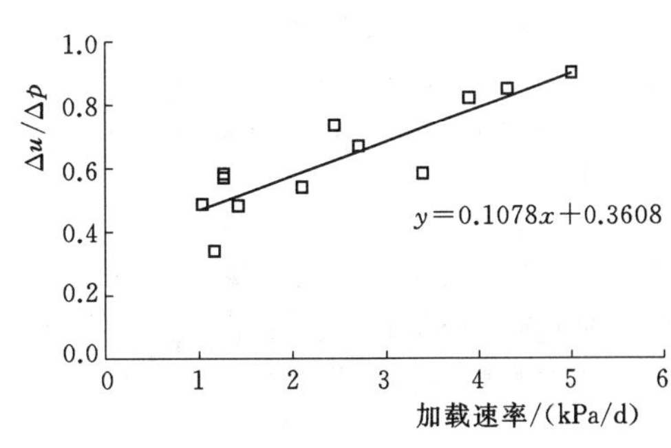

图 6　孔压增长率与加载速率关系

率与加载速率的关系。可以看到，孔压增长率随着加荷速率的加快而加快。因此，现场施工的整体协调和加载速率的控制对于减小孔压增长及控制地基稳定具有重要作用。对于本工程，要求孔压增量与荷载增量的比值（$\Delta u/\Delta p$）控制在 0.5 以内。通过对图 6 的数据点进行拟合，加载速率应控制在 1.0～1.3kPa/d。

4 结语

（1）由于岩土体本身特有的空间变异性和物理力学指标的离散型，采用室内试验指标无法准确判断沉降发展趋势和地基稳定性。基于监测数据的反演分析能够较好地反映地基土的实际情况和预测沉降发展规律，是实现施工过程中动态监测、指导施工的必要手段，可为后续工程的施工、场区的使用提供重要的依据。

（2）分别采用双曲线法、三点法和 Asaoka 法进行沉降预测。通过对比，并结合本工程土体特性和拟合曲线的模型特征，本工程采用双曲线法进行短、中期沉降预测，Asaoka 法进行长期沉降预测。

（3）基于沉降数据的反演结果和基于孔压数据的反演结果相互印证了监测数据的可靠性。反演结果表明，地基径向固结系数随着上部荷载的增加有所减小，和室内固结试验中获得的土体固结系数随着固结压力的增大而减小的规律一致。

（4）根据现场孔压增长率与加载速率的关系，当加载速率控制在 1.0～1.3kPa/d 之间时，孔压增量与荷载增量的比值（$\Delta u/\Delta p$）控制在 0.5 以内。

参考文献

[1] 徐明，宋二祥．高填方长期工后沉降研究的综述 [J]．清华大学学报（自然科学版），2009，49（6）：770-773.

[2] 张宇，陈善雄，余飞，等．南水北调高填方渠道沉降过程计算方法研究 [J]．岩石力学与工程学报，2014，33（增刊 2）：4367-4374.

[3] 朱才辉，李宁，刘明振，等．吕梁机场黄土高填方地基工后沉降时空规律分析 [J]．岩土工程学报，2013，35（2）：293-301.

[4] 马闫，王家鼎，彭淑君，等．黄土贴坡高填方变形破坏机制研究 [J]．岩土工程学报，2016，38（3）：518-527.

[5] LIU S C. Study on settlement of high fill embankment on rock slope under complicated stress conditions [J]. Advanced Materials Research，2012：368-373，874-880.

[6] 魏汝龙．从实测沉降过程推算固结系数 [J]．岩土工程学报，1993，15（2）：12-19.

[7] 曾国熙，王铁儒，顾尧章．砂井地基的若干问题 [J]．岩土工程学报，1981，3（3）：74-81.

[8] ASAOKA A. Observational procedure for settlement prediction [J]. Soils Found，1978，18（4）：87-101.

[9] Terzaghi，K. Theoretical soil mechanics [M]. Wiley：New York，1943：286-289.

[10] 曾国熙，杨锡龄．砂井地基沉陷分析 [J]．浙江大学学报，1959（3）：37-72.

[11] 叶观宝，饶烽瑞，张振，鲁旺达，等．基于监测数据反演的软土高填方地基性能分析 [J]．岩土工程学报，2017，39（S2）：62-66.

港珠澳大桥基槽开挖隆起再压缩规律分析

李　斌[1,2,3]　高　潮[1,2,3]　张嘉莹[1,2,3]

（1. 中交天津港湾工程研究院，天津　300222；
2. 港口岩土工程技术交通行业重点实验室，天津　300222；
3. 天津市港口岩土工程技术重点实验室，天津　300222）

摘　要： 本文主要针对港珠澳大桥基槽开挖隆起再压缩问题，通过采用理论计算得到沉管隧道在安装回填完成后地基再压缩量，同时结合现场实际监测数据总结了沉管隧道再压缩规律，明确沉管隧道地基基础所产生的沉降可分为由弹性形变而导致的瞬时沉降和非弹性的地基回弹再压缩沉降，揭示了沉管隧道深基槽开挖隆起再压缩对沉管沉降的影响。

关键词： 沉管隧道；瞬时沉降；回弹再压缩；地基沉降

1　工程概况

港珠澳大桥的海底沉管隧道是目前世界上最长的沉管隧道，其采用节段式管节，且具有管节长度长、水深大、管顶回淤厚度大、地基不均匀、沉降控制难、岛隧结合部受力和施工复杂等施工特点。港珠澳大桥沉管隧道的基础垫层施工最大水深接近 50m，穿越五种不同地层，沿轴线方向隧道基础具有水深条件不同、基底地层物理力学性质差异性大、隧道上覆的荷载及工况复杂等特点，在国内外沉管隧道界尚属首例。港珠澳大桥的海底沉管隧道地质条件如图 1 所示。

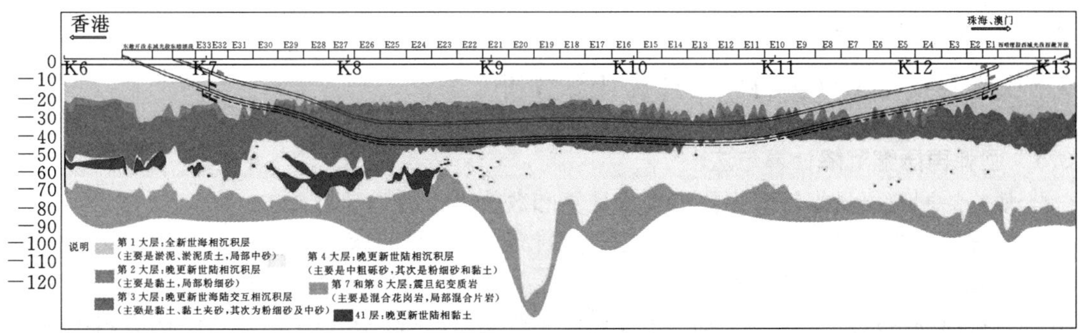

图 1　港珠澳大桥海底沉管隧道地质条件

综合地质纵剖面图和工程地质剖面图，整个隧道沉管段底板持力层跨越了不同的工程地质单元层，基岩面局部起伏较大，沉管段基础为不均匀地基。主要为高压旋喷改良地

作者简介： 李斌（1984—　），男，博士，高级工程师，主要从事地基基础等方面的研究。

基、挤密砂桩＋水下堆载预压方案进行地基处理以及高置换率挤密砂桩等地基处理形式。

港珠澳大桥沉管隧道深基槽开挖时，从海底泥面深挖15～20m后至黏土夹砂层或砂层作为沉管隧道基础持力层，相当于将沉管隧道地基基础土体上部荷载移除，由于基础持力层承受上部泥土和海水荷载，地基土将不可避免地发生土体回弹；当施工进一步进行，组合基床施工、沉管安放、回填以及回淤发生后，地基土体上部荷载逐渐增大后将发生土体再压缩。

地基的回弹再压缩问题，一直受到岩土工程界的重视，地基的回弹再压缩沉降计算也有了较大的进展，然而计算方法的准确程度取决于不同受力情况下土体的模量，而土体的模量尤其是土体的回弹再压缩模量的确定是一个非常复杂的问题，至今仍然无法准确计算地基的变形量[1]。目前人们对大回淤复杂地质条件下海底沉管隧道的基坑开挖地基回弹及工后沉降特性研究较少，而随着人们对交通快捷方便的要求，水下沉管隧道的建设会越来越多，研究地质条件复杂，施工完成后仍有大量回淤的沉管隧道地基回弹再压缩机理具有很强的工程经济及社会意义。

2 地基的回弹再压缩机理

陆上基坑土体开挖相当于在基坑底部施加均布负荷载，基坑开挖前场地地面是一边界面，地面以下为半空间无限体，基坑开挖之后局部地面由水平面变为由坑壁和坑底组成的下凹状曲面边界。因基坑底部上覆荷载的卸除，则基底以下一定深度内土体因卸荷失去的自重压力，相当于在基础底面施加拉力，理论上在此拉应力作用下基底以下土体都要发生回弹变形，但因随着地基深度的增加，土体的自重应力将逐渐增大，向下的自重应力会抵消一部分拉力的作用，直到某点处拉应力为0，此深度即为回弹变形的临界深度，临界深度以上土体会发生回弹变形。

随着施工进行，基础上部建筑物逐渐形成，相当于在基础底面施加压力，地基附加应力影响范围内的土体将发生压缩变形，随着荷载逐渐增大，基础底面下土体压缩变形量逐渐增大，这就是地基的再压缩变形[2]。

3 沉管隧道基槽回弹再压缩理论计算分析

3.1 回弹再压缩沉降计算方法

地基的回弹再压缩计算主要有理论计算和数值模拟两类计算方法。

传统的沉降分析理论采用将开挖卸荷当作等量卸载问题进行分析，利用Boussinesq或Mindlin公式，将该问题转化为均布荷载作用在一定深度内或半空间表面上的沉降计算方法进行回弹或沉降量计算，通过传统勘察手段和室内试验获取土体参数，然后利用传统的分层总和法与弹性理论等常规方法计算回弹再压缩沉降量；这种方法是计算回弹再压缩的常用方法，但需获得可信的计算参数[3]。另一种数值模拟计算方法易于操作，通过实验手段获得不同受力情况下土体的变形模量，尤其确定土体的弹性模量是一个非常复杂的问题，直接影响地基的变形量计算的准确性[4]。

分层总和法是目前最常用的地基回弹再压缩沉降量的计算方法。其基本原理是分别计算基础中心点下各个分层土的压缩变形量 S_i，认为基础的平均沉降量 S 等于各个分层土

S_i 的总和；计算 S_i 时假设土层只发生竖向压缩变形（一维压缩），没有侧向变形。

当地基土为黏土时计算公式如式（1）所示。

$$\begin{cases} S_i = \dfrac{e_1 - e_2}{1 + e_1} H \\ S = \sum_{n=1}^{n} S_i \end{cases} \tag{1}$$

式中：e_1、e_2 分别为土层压缩前后土体孔隙比；H 为当前土层厚度；S_i 为当前土层计算沉降量；S 为地基总沉降量。

在港珠澳大桥沉管隧道工程中，天然地基黏土均处于超固结状态，根据《土工原理与计算》[5]第四章所述，地基土体仅受上部荷载再压缩作用，此时计算地基土沉降应使用黏土土体的再压缩后孔隙比变化值。

当地基土为砂土时，根据模型试验在砂土地基内部测量位移的结果，以及非线性材料有限单元分析得到砂土中的应力分布，都与线弹性体的计算很接近。表明砂性土中应变分布的形状与弹性体中的应变分布相似，但是最大垂直应变的位置略低，约在深度等于基础宽度一般的地方。《土工原理与计算》第四章中详细论述了砂土地基回弹再压缩沉降应用式（2）计算：

$$\begin{cases} S = C_1 C_2 \Delta p \sum_{n=1}^{n} \left(\dfrac{I_z}{E}\right)_i \Delta Z_i \\ C_1 = 1 - 0.5\left(\dfrac{p'_0}{\Delta p}\right) \\ C_2 = 1 + 0.2\lg\left(\dfrac{t}{0.1}\right) \end{cases} \tag{2}$$

式中：Δp 为基础静压力；p'_0为基础深度处土的有效自重压力；I_z 为应变影响因数，根据实际工况港珠澳大桥工程取 0.4；E 为土层弹性模量；C_1 和 C_2 为校正因数，由应力和时间控制。

《土工原理与计算》第四章中详述了弹性模量的取值，由于砂性土取原状土很困难，建议采用静力触探和标准贯入试验。应用式（3）计算弹性模量：

$$E = 2p_s \tag{3}$$

式中：p_s 为静力触探探头承载力，其值可以根据标准贯入试验标贯击数确定。

当砂土为干净细砂到中砂、粉砂时，静力触探探头承载力为 3.5 倍 $N_{63.5}$ 标贯击数。

3.2　回弹再压缩计算分析

本节针对港珠澳大桥沉管隧道天然地基的 E7 管节至 E15 管节，运用分层总和法对沉管隧道地基基础的回弹再压缩沉降量进行理论计算。由于复合地基已经经过各种施工工艺的加固，所以不存在地基的回弹再压缩问题，故本节也不再考虑。

根据港珠澳大桥隧道区工程地质勘察报告以及相关设计文件所述，天然地基基础，组合基床直接分别作用在砂层以及黏土层上，对于地基基础作用在砂层上的管节，可认为地基土体是由 40m 砂层构成，例如 E10 管节、E11 管节、E12 管节和 E13 管节。E7 管节、E8 管节、E9 管节、E14 管节和 E15 管节虽然也采用天然地基基础，但组合基床作用在厚

3.5～5m 黏土层上，下部由 35m 砂层构成。根据工程地质勘察报告，收集天然地基基础各管节对应的静力触探 CPTU 参数和标准贯入试验的标贯击数，根据式（3）计算相应管节地基土体弹性模量；根据港珠澳大桥沉管隧道施工变形监测数据可知相应管节监测时间，并根据式（2）和式（1）计算地基基础沉降量，见表 1。

表 1　　　　地基沉降理论计算表

管节	土层情况	$N_{63.5}$标贯击数	弹性模量/MPa	开始监测日期	回弹再压缩沉降/mm
E7	5m 黏土＋35m 砂层	28.5	199.5	2013 年 12 月	9.6
E8	5m 黏土＋35m 砂层	25.3	177.1	2014 年 1 月	10.3
E9	5m 黏土＋35m 砂层	24.4	170.8	2014 年 2 月	10.5
E10	40m 砂层	24.2	169.4	2014 年 3 月	7.6
E11	40m 砂层	25.2	176.4	2014 年 7 月	7.2
E12	40m 砂层	24.2	169.4	2014 年 8 月	7.4
E13	40m 砂层	24.9	174.3	2014 年 9 月	7.2
E14	5m 黏土＋35m 砂层	26	182	2014 年 10 月	9.9
E15	5m 黏土＋35m 砂层	20.7	144.9	2015 年 3 月	11.2

根据计算分析，沉管隧道天然地基基础管节的回弹再压缩量为 7.2～11.2mm；砂土回弹再压缩沉降小于黏土回弹再压缩沉降。根据理论分析，地基土的瞬时沉降其实是地基土回弹再压缩特性中表现为弹性形变的部分，也就是说地基土瞬时沉降应为基槽开挖回弹再压缩的一部分。

4　沉管隧道瞬时沉降与回弹再压缩

根据港珠澳大桥沉管隧道沉降监测数据显示，在沉管安放完成后，每当沉管上部施工导致荷载增加时，在沉管监测的沉降-时间曲线上都会有明显沉降发生，而当沉管隧道施工作业完成后，沉管隧道沉降速率缓慢且沉降量较小。图 2 所示为部分管节沉降-时间曲线，沉管安放完成后都要经过锁定回填、管顶回填和压舱混凝土施工这些施工过程，从不同管节的沉降监测资料上看，每当沉降量明显增大时都是沉管进行回填或上部荷载增加的工况，根据这一现象，可以判定沉管安放以及回填施工时，有瞬时沉降发生。

施工完成后一段时间后，沉降-时间曲线呈现缓慢下降趋势，沉降速率较缓且沉降量较小，随时间推移逐渐趋于稳定。根据地质勘察结果，地基持力层土处于超固结状态，地基上部荷载并未超过地基土的前期固结压力，持力层土体并未发生正常固结沉降，所以经过分析此段沉降-时间曲线呈现的是地基基础的回弹再压缩沉降。

由此可知沉管隧道地基基础所产生的沉降为瞬时沉降和地基回弹再压缩沉降的非弹性部分。

选取港珠澳大桥单位沉管长 180m、宽 37.95m 隧道单一管节为研究对象，根据设计要求和施工记录大部分沉管隧道管节的组合基床上部荷载 47.2kPa，计算其碎石垫层沉降和荷载的附加应力作用下地基基础的瞬时沉降。

根据港珠澳大桥隧道区工程地质勘察报告，天然地基段地基基础存在少量软黏土层，其弹性模量根据标贯击数获得，泊松比同取0.3。碎石垫层沉降量由碎石垫层物理模型试验获得，地基基础瞬时沉降由日本国土交通省地基规范规定的瞬时沉降计算公式计算获得，公式如下所示：

$$P_Z = pB\frac{1-V^2}{E}I_p \tag{4}$$

式中：I_p 为对沉降量的影响值，是长方形尺寸比（L/B）的函数；p 为均布荷载，kN；V 为泊松比；E 为土的弹性模量，kPa。

根据沉管隧道单一管节尺寸 I_p 取1.0。沉管隧道监测沉降量为组成管节的各节段沉降量的均值。各管节瞬时沉降量计算结果见表2。

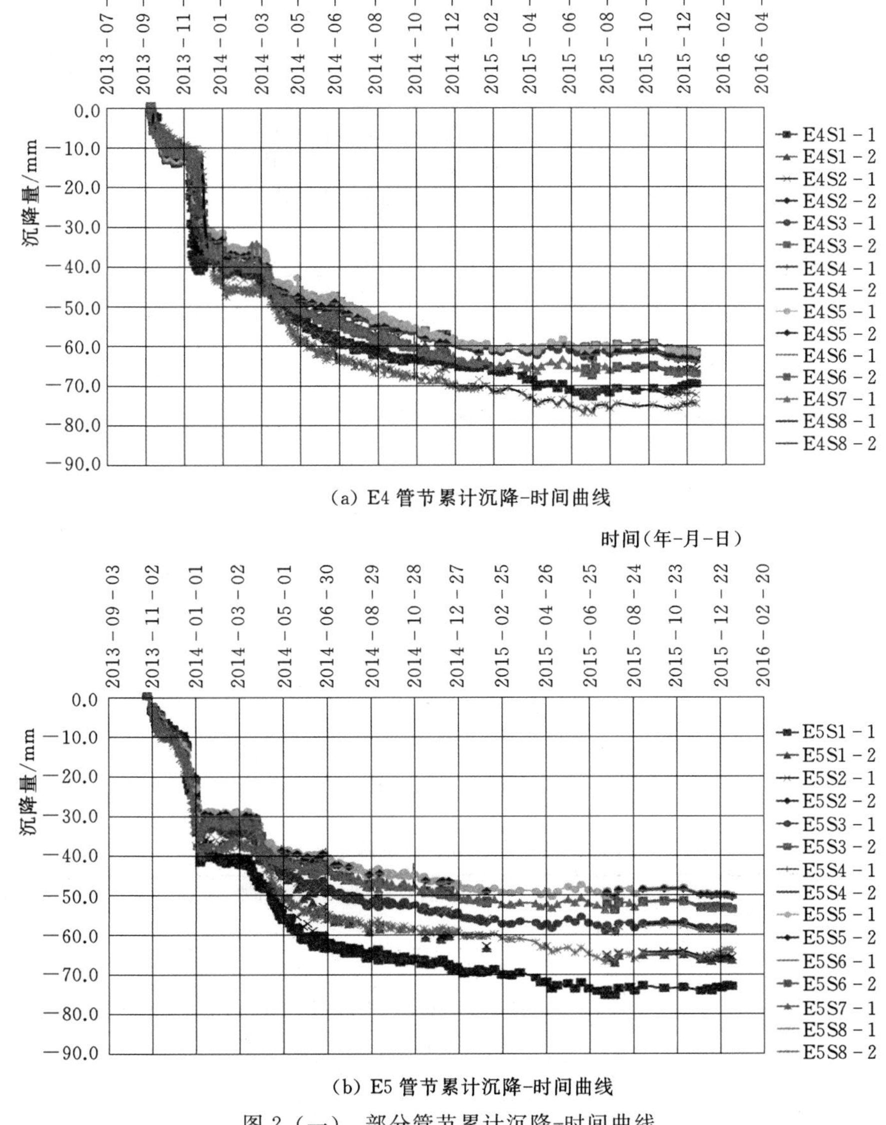

(a) E4管节累计沉降-时间曲线

(b) E5管节累计沉降-时间曲线

图2（一）　部分管节累计沉降-时间曲线

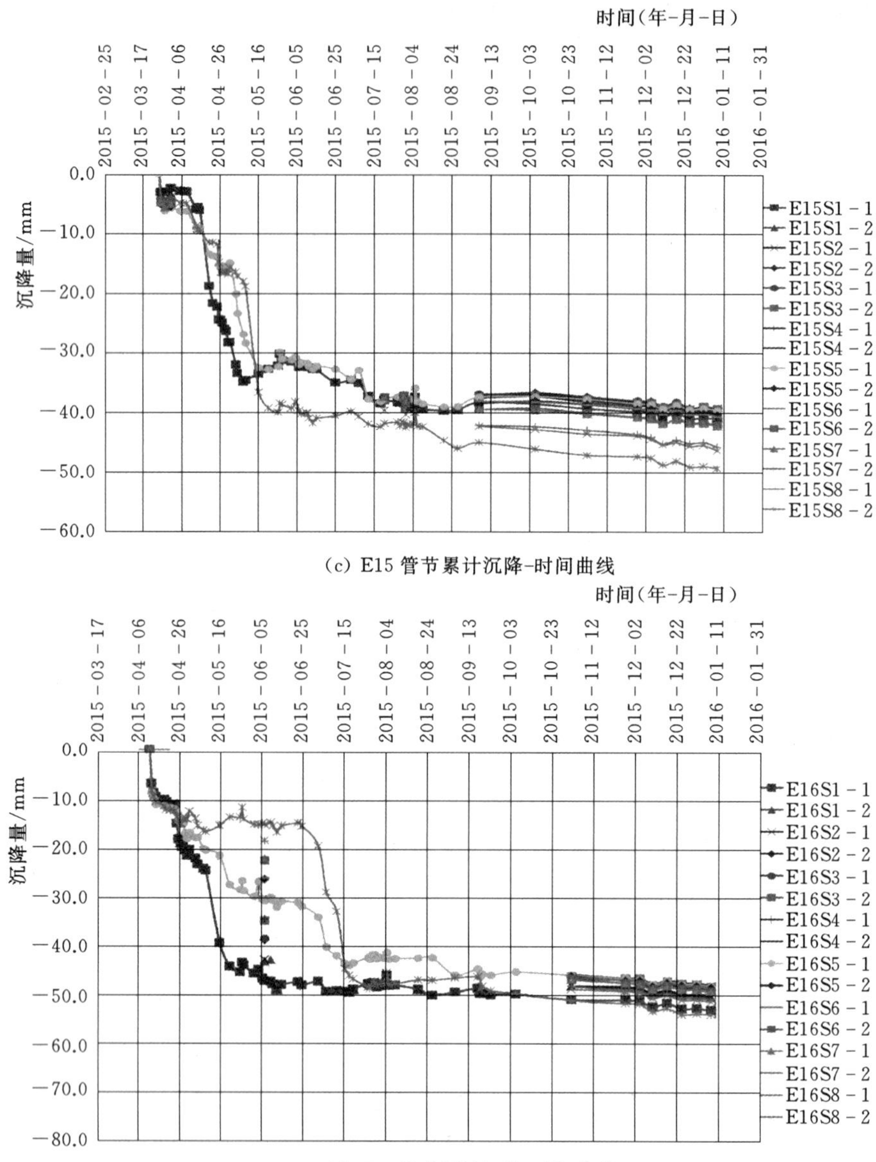

(c) E15 管节累计沉降-时间曲线

(d) E16 管节累计沉降-时间曲线

图 2（二） 部分管节累计沉降-时间曲线

表 2　　沉管隧道各个管节瞬时沉降量统计表

管节	节段	荷载/kPa	监测总沉降量/mm	碎石垫层沉降/mm	地基基础瞬时沉降/mm	回弹再压缩沉降/mm
E7	S1-S8	47.2	49.12	26.01	4.9	9.6
E8	S1-S8	47.2	48.8	26.01	5.5	10.3
E9	S1-S8	47.2	48.9	26.01	5.7	10.5
E10	S1-S8	47.2	47.5	26.01	5.8	7.6
E11	S1-S8	47.2	47.3	26.01	5.5	7.2

续表

管节	节段	荷载/kPa	监测总沉降量/mm	碎石垫层沉降/mm	地基基础瞬时沉降/mm	回弹再压缩沉降/mm
E12	S1 - S8	47.2	47.2	26.01	5.8	7.4
E13	S1 - S8	47.2	47.1	26.01	5.6	7.2
E14	S1 - S8	47.2	47.15	26.01	5.4	9.9
E15	S1 - S8	47.2	47.45	26.01	6.7	11.2

根据计算结果，截至 2016 年 1 月 31 日，可知沉管隧道天然地基段瞬时沉降量为 4.9～6.7mm。根据第三节理论计算天然地基段回弹再压缩量为 7.2～11.2mm，这也证明了地基土瞬时沉降为基槽开挖回弹再压缩的一部分。

根据瞬时沉降量和回弹再压缩量计算，天然地基沉管隧道的计算沉降量小于沉管隧道监测沉降量。分析其原因主要是因为在沉管隧道沉降计算中并未考虑基槽开挖对隧道基础施工扰动的影响，施工扰动将对地基表层一定深度范围内土体密实程度产生影响；另外沉管安放完成一段时间后沉管顶部不可避免的产生回淤现象，这必然导致沉管上部荷载的增加，由此导致沉降量的增大。最后不可忽略的一点就是理论计算中存在模型假设，这些假设与工程实际情况不可能完全吻合，理论计算参数的选取也会跟实际情况存在差异，这也会导致误差的产生。

5　结论

本文分别采用理论计算和现场监测方法，同时结合模型试验数据对港珠澳大桥回淤复杂地质条件下沉管隧道的基坑开挖地基回弹及工后沉降特性进行了研究，得到以下几点结论：

（1）沉管隧道地基基础所产生的沉降可分为由于弹性形变而导致的瞬时沉降和地基回弹再压缩沉降的非弹性部分；

（2）理论计算方法结果显示，沉管天然地基段回弹再压缩沉降量为 7.2～11.2mm，且黏土回弹再压缩量比砂土地基的回弹再压缩量大；

（3）通过对比发现天然地基沉管隧道的理论计算沉降量小于现场监测沉降量，这主要是由于理论计算中未考虑施工扰动影响、顶部回淤导致上部荷载增大和计算参数选取存在差异等原因导致的。

参考文献

[1]　潘林有，胡中雄．深基坑卸荷回弹问题的研究［J］．岩土工程学报，2002，24（1）：101 - 104.

[2]　李建民，滕延京．从不同土的室内压缩回弹试验分析基坑开挖回弹变形的特征［J］．建筑科学，2011，27（1）：72 - 77.

[3]　李德宁，楼晓明，杨敏．基坑回弹变形计算方法研究及应用［J］．岩石力学与工程学报，2012，31（9）：1921 - 1927.

[4]　毕港，韦健飞，牛红梅．基于 FLAC3D 的土体回弹变形的实现［J］．中国水运，2016，16（7）：305 - 307，309.

[5]　钱家欢，殷宗泽．土工原理与计算［M］．北京：中国水利水电出版社，1996.

PCC桩在堆取料机轨道基础设计中的应用

邢树军　范莹莹　戚志慧

（中交第一航务工程勘察设计院有限公司，天津　300222）

摘　要： 本文介绍了某港口专业化散货堆场下，报道了PCC桩用于堆取料机轨道基础复合地基的实例，包括设计方案、施工方案和检测结果。工程实例结果表明，PCC桩复合地基方案具有总沉降和不均匀沉降较小、施工速度快、施工现场整洁文明等特点，PCC桩成桩质量良好，施工过程中的振动作用对桩间砂性土起到了一定的密实作用，有利于桩间土强度和桩身强度的提高。

关键词： PCC桩；堆取料机；轨道基础；复合地基

0　引言

在传统的港口堆取料机轨道基础复合地基设计中，通常采用的是柔性桩或半刚性桩复合地基，如水泥搅拌桩、振冲碎石桩、CFG桩等，这种复合地基具有应用广泛、适应性强等优点，但也存在后期总沉降和不均匀沉降较大的问题。

刚性桩复合地基多用于建筑单体、罐区等位置，刚性桩主要包含低标号混凝土桩、预应力管桩、现浇混凝土大直径管桩（PCC桩）等，刚性桩复合地基具有桩身强度高、后期沉降和不均匀沉降小等特点。

本工程在港口堆场内的堆取料机轨道基础下应用了PCC刚性复合地基方案。已应用在约3000m轨道梁基础下，部分轨道梁已经试投产，经过变形观测，相同条件下的PCC桩复合地基比同场地下CFG桩复合地基的总沉降和不均匀沉降上均有较大优势。

1　概述

1.1　PCC桩简介

PCC桩全名为现浇混凝土大直径管桩，成桩为素混凝土空心管桩，外直径为1.0～1.25m，壁厚0.12～0.15m。施工时在设备底盘和龙门支架的支撑下（见图1），依靠上部振动头的振动力，将内外双层套管所形成的空心圆柱腔体（见图2）及焊接成一体的下部活瓣桩靴（见图3）的保护下沉入地基，到达设计深度后，在腔体内灌注混凝土，然后分段振动拔管，在桩芯土体与外部土体之间形成管桩。进料口见图4。

PCC桩在砂型土地基中，较其他类型的桩复合地基，有以下几个特点：

作者简介： 邢树军（1979—　），男，高级工程师，从事港口地基处理及堆场道路设计工作。

图 1　施工设备

图 2　腔体

图 3　活瓣桩靴

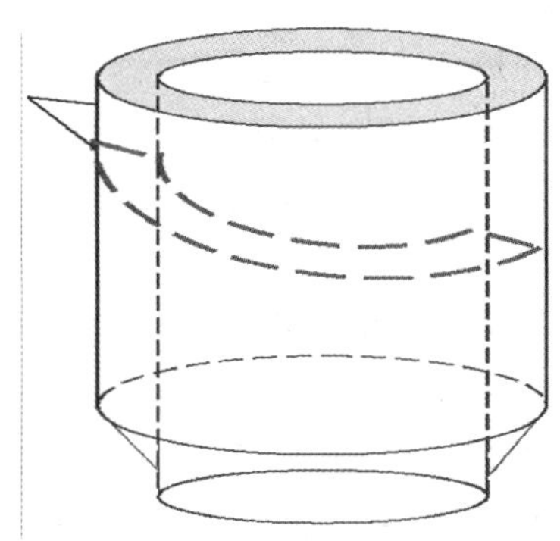
图 4　进料口

（1）模板作用：在振动力的作用下环形腔体模板沉入土中后浇筑混凝土，当振动模板提拔时，同时混凝土从环形腔体模板下端注入环形槽孔内，空腹模板起到了护壁作用，因此不会出现缩壁和塌壁现象。保证了混凝土在槽孔内良好的充盈性和稳定性。

（2）振捣作用：环形腔体模板在振动提拔时，对模板内及注入槽孔内的混凝土有连续振捣作用，使桩体充分振动密实。同时又使混凝土向两侧挤压，管桩壁厚增加。

（3）挤密作用：现浇混凝土薄壁管桩在施工过程中由于振动、挤压和排土等原因，可对桩间土起到一定的密实作用。挤压、振密范围与环形腔体模板的厚度及原位土的性质有关。

1.2　工程概况

堆场内共布置 11 条料堆，共布置 11 条堆取料机轨道基础，部分场地位于吹泥区，部分场地位于吹砂区，场地均进行了地基处理，其中吹砂区进行强夯法处理，表层地基承载力达到 150kPa，深层土层地基承载力为 90～130kPa。吹砂区拟进行 PCC 桩复合地基，复合地基承载力要求达到 200kPa。

1.3　地质情况

勘察结果表明，区域内岩土层分布较有规律，在勘察深度范围内自上而下主要有：

（1）人工填土层（Q^{ml}）：$①_1$ 素填土（粗砾砂）、$①_2$ 素填土（粗砾砂）、$①_3$ 冲填土（淤泥质黏土）、①$_4$ 冲填土（粗砾砂）、①$_5$ 冲填土（粗砾砂）、①$_6$ 冲填土（粉土）和①$_7$ 冲填土（粉质黏土）等。

（2）海相沉积层（Q_4^{ml}）：②$_1$ 淤泥质黏土、②$_2$ 黏土、②$_3$ 粉质黏土。

（3）残积土和燕山晚期风化花岗岩（γδ35）：④$_1$ 全风化岩、④$_2$ 强风化岩、④$_3$ 碎块状强风化岩。

现对各岩土层分布特征分别叙述如下：

（1）人工填土层（Q^{ml}）：

①$_1$ 素填土（粗砾砂）：灰黄色，松散—稍密状，土质不均，夹黏性土，夹圆砾和角砾。

①$_2$ 素填土（粗砾砂）：黄褐色，灰黄色，中密状，土质不均，含黏粒，局部夹黏性土，局部夹角砾。

①$_3$ 冲填土（淤泥质黏土）：黄灰色，灰褐色，流塑—软塑状，高塑性，土质不均，含砂粒，夹粉土团，局部夹粉土薄层。

①$_4$ 冲填土（粗砾砂）：黄褐色，稍密—中密状，土质不均，含黏粒，局部夹黏性土，局部夹角砾。

①$_5$ 冲填土（粗砾砂）：黄褐色，松散—稍密状，土质不均，含较多黏粒，局部夹黏性土。该层分布于大部分钻孔中。

①$_6$ 冲填土（粉土）：灰黄色，稍密状，含砂粒，夹黏性土薄层，土质不均。

①$_7$ 冲填土（粉质黏土）：灰黄色，可塑—硬塑状，中塑性，土质不均，含砂粒，夹砂团，局部夹砂薄层，土质不均。

（2）海相沉积层（Q_4^{ml}）：

②$_1$ 淤泥质黏土：灰黑色，软塑状，高塑性，含少量砂粒，土质不均。

②$_2$ 黏土：灰褐色，青灰夹黄褐斑，软塑状，高塑性，含少量砂粒，夹锈斑，土质不均。

②$_3$ 粉质黏土：灰褐色，青灰夹黄褐斑，可塑—硬塑状，中塑性，含少量砂粒，夹锈斑，土质不均。

（3）燕山晚期风化岩（γδ35）：

④$_1$ 全风化岩：黄褐色，原岩结构较可见，大部分矿物风化变异，遇水软化崩解，岩块手捻易碎，岩芯呈土状。

④$_2$ 强风化岩：黄褐色，灰褐色，暗褐色，原岩结构清晰，主要矿物成分为石英、长石、云母等，其他矿物大部分风化，岩芯多呈砂状，局部夹碎块状，遇水易软化崩解。

④$_3$ 碎块状强风化岩：黄褐色，灰褐色，原岩结构较清晰，主要矿物成分为石英、长石、云母等，其他矿物成分大部分风化，遇水软化崩解，岩芯主要呈碎块状。

2 设计方案

设计方案应依据上部荷载条件和根据工程地质情况，进行复合地基承载力计算、复合地基沉降计算、复合地基软弱下卧层承载力和沉降验算，桩身强度验算等。

2.1　设计荷载及设计要求

（1）设计荷载：堆取料机轨道承受大机轮压荷载，工作轮压最大为每轮 300kN，轮间距 0.85m，线荷载为 353kN/m，轨道梁底宽度 1.7m，考虑轨道梁下垫层扩散作用，复合地基承载力要求达到 200kPa。

（2）沉降要求：根据上部大机设备走行要求，使用期间轨道梁沉降不超过 200mm，不均匀沉降不超过千分之一，即 10mm/10m。

2.2　设计方案

（1）持力层选择：根据规范要求，持力层应选择载中、低压缩性土层作为桩端持力层。结合本工程地质，并考虑桩长，综合确定采用①$_7$ 冲填土（粉质黏土）或冲填土（中砂）作为桩底持力层。值得说明的是，因本工程较硬土层埋藏较深，桩身承载力主要考虑由侧摩阻力提供，因此，桩端持力层只要不存在软土层即可。

（2）桩身材料选择：根据规范要求，桩身材料混凝土强度等级不宜低于 C15，考虑到本工程场地地下水对混凝土结构具有中腐蚀性，参照水运工程混凝土结构设计规范，基于耐久性要求的海水环境水下区素混凝土强度不低于 C25，因此桩身混凝土设计强度采用 C25。

1）桩间距及布置方式：PCC 桩用于大面积地基处理时桩间距宜取 2.5～4 倍桩径。本工程为长条形轨道梁基础下的复合地基，要求轨道梁下带状范围复合地基强度达到要求，并应满足轨道梁下桩布置的对称性以保证轨道梁横向稳定。综合以上考虑，拟采用单、双桩间隔梅花形布置的布桩方式，如图 5 所示。

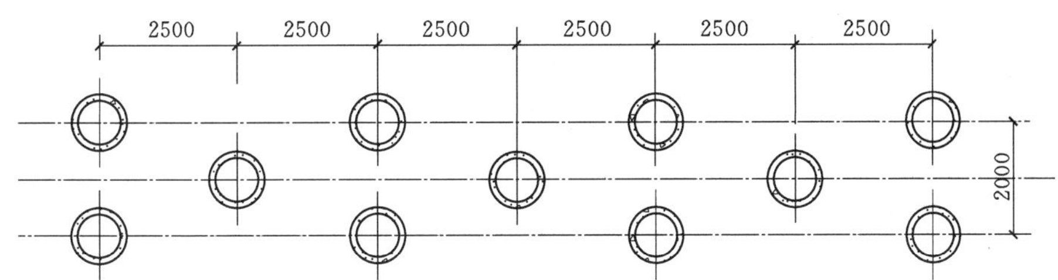

图 5　PCC 桩布置图

2）桩长及单桩承载力确定：本工程场地土层多为软土，除表层约 3m 范围内土层地基承载力达到 150kPa 之外，其余土层均在 90～130kPa。桩侧极限摩阻力在 28（粉质黏土）～40kPa（粗砾砂）。

本工程要求轨道梁下复合地基承载力达到 200kPa，复合地基承载力 f_{spk} 按照式（1）计算：

$$f_{spk}=m\frac{R_a}{A_p}+\beta(1-m)f_{sk} \tag{1}$$

本工程置换率计算方法与大面积处理略有不同，考虑处理有效宽度 3.0m 计算，置换率为 15.7%，桩间土承载力折减系数取 0.8，反算可得单桩承载力特征值 R_a 应达到 700kN。

单桩竖向极限承载力标准值 Q_{uk} 按照式（2）计算：

$$Q_{uk}=\mu\sum_{i=1}^{n}q_{sik}l_i+\varepsilon_p q_{pk}A_p \tag{2}$$

单桩竖向承载力特征值 R_a 的取值按照式（3）计算：

$$R_a=\mu\frac{1}{K}Q_{uk} \tag{3}$$

安全系数 K 取 2，则单桩竖向极限承载力特征值 Q_{uk} 应达到 1400kN。

3）桩帽和褥垫层的确定：PCC 桩属于刚性桩，相对于土体，桩身刚度远大于土体强度。为防止桩体作用期间刺入褥垫层，需要进行桩帽和加筋层的设置。桩帽采用钢筋混凝土结构，尺寸为 0.2m×1.5m×1.5m。桩帽施工之前应将桩间土夯实，施工之后首先铺设一层高强复合土工加筋层，之后方可铺设级配碎石褥垫层，级配碎石厚 200～300mm，级配碎石上部铺设一层土工格栅。

4）桩身混凝土强度验算：桩身混凝土强度应满足式（4）：

$$R_a\leqslant\psi_c A'_p f_c \tag{4}$$

已知 $R_a=700$kN，代入 C25 混凝土强度设计值等参数，得到 $\psi_c A'_p f_c=2356$N＞1400kN，满足要求。

5）复合地基最终沉降量计算：最终沉降量由桩处理深度内复合加固层的沉降 S_1 和下卧层沉降量 S_2 组成。

最终沉降：

$$S=S_1+S_2$$

$$S_1=\varphi_s S'_1=\varphi_s\sum_{i=1}^{n}\frac{p_0}{\varepsilon E_{si}}(z_i\overline{a}_i-z_{i-1}\overline{a}_{i-1})$$

$$\varepsilon=\frac{f_{spk}}{f_{ak}}$$

$$E_s=\frac{\sum A_i}{\sum\frac{A_i}{\varepsilon E_{si}}}$$

经计算，总沉降量在 120mm。公式代表的含义见规范：JGJ/T 213—2010《现浇混凝土大直径管桩复合地基技术规程》。

3 施工

PCC 桩复合地基施工工法包括：振动沉模工艺、现场混凝土浇筑工艺、拔管工艺、穿越硬土层工艺、桩端封口、桩帽和加筋垫层等工艺，具体施工步骤如图 6～图 10 所示。

4 效果检测

成桩效果检测主要采用外观检测及单桩载荷试验检测。

成桩 14 天后开挖桩芯土，观察桩体成形质量和量测壁厚，开挖深度不小于 3m。经检测，外观质量达到要求。检测如图 11 和图 12 所示。

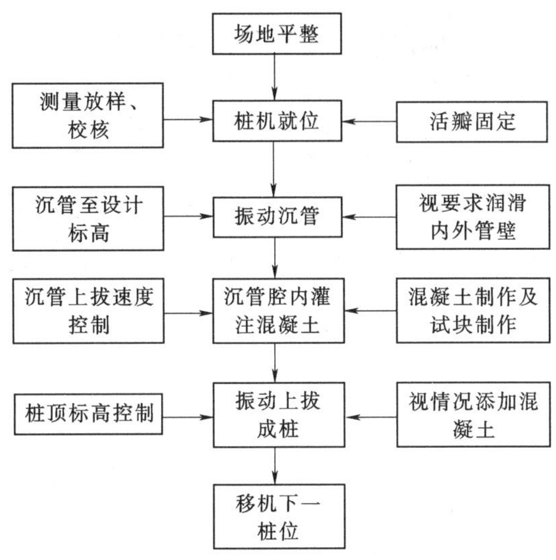

图 6　PCC 桩施工流程图

图 7　PCC 桩施工现场图

图 8　成 PCC 桩图

图 9　施工完桩芯混凝土图

图 10　施工完桩帽图

图 11　外观检测

图 12　开挖桩芯检测

单桩载荷试验采用慢速维持荷载法，试验方法按照《建筑地基处理技术规范》（JGJ/T 79—2012）进行，具体检测结果汇总见图 13～图 14。

本图所检测桩顶沉降为 8.77mm。

根据多个单桩载荷试验结果，加载设计单桩承载力特征值的 2 倍，即加载到 1400kN 时，检测结果中桩顶平均沉降 11.39mm，远小于规范要求的 40mm，桩身完整无破坏。

分析原因为，在 PCC 桩施工过程中的振动作用，对粗砾砂层、细砂层也起到了振动密实作用，从而实际侧摩阻力比勘察得到的结果要大。因此，PCC 桩相对于 CFG 桩等施工方法，对于桩间土的地基承载力提高有更积极的作用。

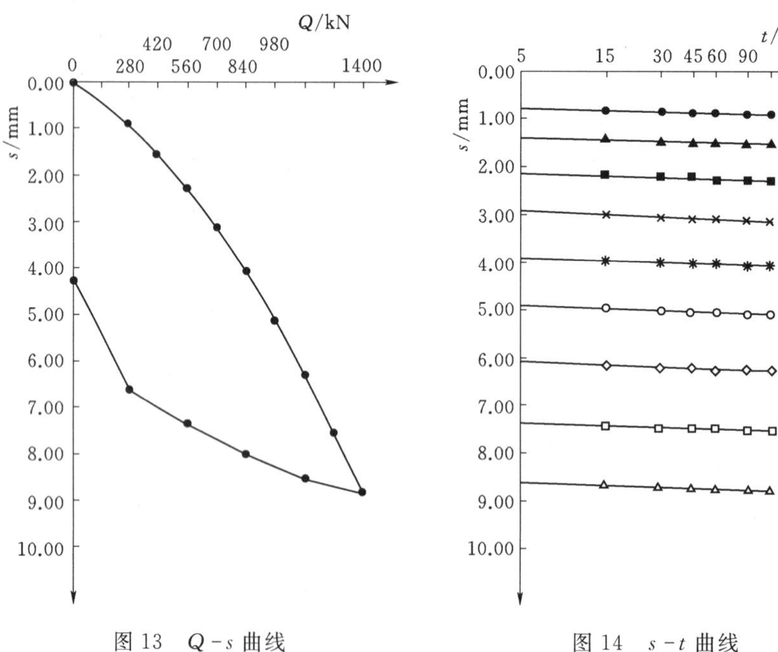

图 13　$Q-s$ 曲线

图 14　$s-t$ 曲线

5　结论

针对本工程堆取料机轨道基础使用要求，在当地首次采用了 PCC 桩复合地基处理方案，并获得较好的工程效果。

相比其他类型的复合地基，本设计方案具有总沉降和不均匀沉降较小、施工速度快、施工现场整洁文明等特点，且造价和柔性、半刚性复合地基持平，基本不增加造价。

经检测，PCC桩成桩质量良好，且单桩承载力好于预期，分析原因为施工期间的振动作用对桩间砂性土起到了一定的密实作用，从而侧摩阻力有所提高。

综上所述，PCC桩复合地基较适合部分含泥夹层的砂性土场地，对于相似的工程，可进行参考使用。

参考文献

[1] JGJ/T 213—2010 现浇混凝土大直径管桩复合地基技术规程［S］.

[2] 地基处理手册编写委员会. 地基处理手册［M］. 北京：中国建筑工业出版社，2000.

真空预压法在深厚碱渣处理工程中的应用

朱宏伟

（天津市北洋水运水利勘察设计研究院有限公司，天津 300000）

摘　要： 结合实际工程介绍了真空预压法在深厚碱渣处理工程中的应用，对处理效果进行了评价，分析了各分区间处理效果差异的原因，提出了施工过程中的注意事项，为今后类似工程提供参考。

关键词： 真空预压；深厚碱渣；地基处理

0　引言

碱渣是氨碱法制碱过程中排放的废渣。我国氨碱法制碱可达421万t/年。由于氨碱法纯碱生产工艺的特点，每生产1t纯碱要向外排放0.3t的碱渣。一般情况下，碱渣采取地表堆积的处理方式，大量的碱渣沉积后形成一片“白海”，造成了周围海域的污染。

碱渣是以$CaCO_3$、$CaSO_4$、$CaCl_2$等钙盐为主要组分的废渣，还含有SiO_2等成分；碱渣溶液偏碱性，pH值在10左右。碱渣颗粒是由细小的颗粒团聚而成，其成分以文石为主以及$Mg(OH)_2$、$CaSO_4$等结晶物。通过扫描电镜分析，碱渣由粒径在2～5μm的颗粒团聚而成，团聚体粒径大部分在0.01～0.074mm，属于粉粒范围[1]。团聚体表面结构复杂，有孔隙，但连接紧密，其结构不易破坏。碱渣团聚体的这些特性决定了碱渣的宏观性质：团聚体表面的孔隙对孔隙水有强烈的吸附作用，这是碱渣含水量非常大的根本原因。团聚体表面的孔隙以及团聚体间孔隙的存在，使得碱渣的孔隙比非常大，但是用于压缩时，团聚体内部的孔隙不被破坏[2]。

1　工程概况

天津某碱渣山地块位于新港七号路北侧、吉运四道南侧、北港路西侧、天津振华海晶物流有限公司东侧，规划总用地面积为133343m^2。

该地块原为天津碱厂一期排渣场，从20世纪90年代开始直至2004年一直用于堆存碱渣。经过多年堆存，形成一座巨大的碱渣山。在2013—2017年，碱渣山进行了搬迁。搬迁后根据环保要求，在碱渣表面覆盖了50cm素土。

搬迁前，本项目所在地块西侧150m靠近碱渣山边缘，堆高较低，为8.6～9.2m；东侧部分堆高较高，为18.0～20.6m。经过碱渣山搬迁，现状平均高程约为6.3m。

作者简介： 朱宏伟（1981—　），男，硕士研究生，高级工程师，主要从事港口工程和岩土工程的设计与研究。

2　地质条件

根据本次勘察资料和DB/T 29－191—2009《天津市地基土层序划分技术规程》，该场地埋深约23.00m范围内，地基土按成因年代可分为以下4层，按力学性质可进一步划分为6个亚层，现自上而下分述之。

（1）人工填土层（Q^{ml}）。全场地均有分布，厚度4.90～7.50m，底板标高为0.49～－1.43m，该层从上而下可分为2个亚层。

第一亚层，碱渣（地层编号①$_1$）：厚度一般为4.60～7.50m，S4、04号厚度较小，为1.00m，呈白色，膏状，手捻有滑腻感，呈白色，流塑状态，无层理，0.5m以上为素填土，属高压缩性土。局部夹素填土透镜体。

第二亚层，素填土（地层编号①$_2$）：厚度一般为1.30m，其中S4、04号厚度较大，为4.60m。呈褐—黄褐色，可塑—软塑状态，以黏性土为主，属高压缩性土。仅在S04、02、04号孔附近分布。填垫年限小于10年。

（2）全新统中组海相沉积层（Q_4^2m）。厚度14.10～15.00m，顶板标高为0.49～－1.43m，该层从上而下可分为2个亚层。

第一亚层，淤泥质黏土（地层编号⑥$_1$）：厚度一般为7.90～8.80m，呈灰色，流塑状态，有层理，含贝壳，属高压缩性土。局部夹淤泥、粉土、淤泥、淤泥、淤泥、淤泥、粉土、粉土、粉质黏土透镜体。

第二亚层，粉质黏土（地层编号⑥$_2$）：厚度一般为5.70～7.10m，呈灰色，软塑状态，有层理，含贝壳，属中压缩性土。局部夹粉土、淤泥质黏土、淤泥质黏土、淤泥质黏土、淤泥质黏土透镜体。

本层土水平方向上土质尚均匀，分布尚稳定。

（3）全新统下组沼泽相沉积层（Q_4^1h）。厚度0.50～2.30m，顶板标高为－14.26～－15.72m，主要由黏土（地层编号⑦）组成，呈浅灰色，软塑—可塑状态，无层理，含有机质，属中压缩性土。

本层土水平方向上土质较均匀，分布较稳定。

（4）全新统下组陆相冲积层（Q_4^1al）。本次勘察钻至最低标高－17.65m，未穿透此层，揭露最大厚度1.90m，顶板标高为－15.74～－17.15m，该层从上而下可分为2个亚层。

第一亚层，粉土（地层编号⑧$_1$）：厚度一般为0.90～1.10m，呈灰黄色，中密—密实状态，无层理，含锈斑，属中（偏低）压缩性土。其中在06号孔附近缺失该层。

第二亚层，黏土（地层编号⑧$_2$）：本次勘察未穿透此层，揭露最大厚度1.00m，呈灰黄—黄灰色，可塑状态，无层理，含铁质，属中压缩性土。

本层土水平方向上土质较均匀，分布稳定。

3　地基处理方案

由于本工程北侧、东侧距离道路很近，为减小对道路的影响，同时保证加固效果，在北侧、东侧边界20m范围内拟采取真空堆载联合预压法进行处理。本工程根据处理方法可以分为两个大区，分别为真空预压区和真空堆载联合预压区。真空预压区细分为Z1～

Z6 区，真空堆载联合预压区细分为 L1～L5 区。其中，Z1 区和 Z6 区位于碱渣山搬迁前堆高较低的西侧区域，Z2～Z5 区位于碱渣山搬迁前堆高较高的东侧区域。

3.1 真空预压区

Z1～Z6 区为真空预压区，要求膜下真空度稳定保持、不小于 85kPa，有效抽真空天数约 100 天，具体满载预压天数根据现场实际情况确定。铺设厚 300mm 中粗砂作为水平排水通道；竖向排水通道采用塑料排水板，采用正方形布置，打设间距为 0.9m，打设底标高为－10.5m。真空预压区周边设置黏土帷幕墙，各分区之间设置压膜沟。

3.2 真空堆载联合预压区

L1～L5 区为真空堆载联合预压区，要求膜下真空度稳定保持、不小于 40kPa，真空满载稳定大于 10 天后，开始进行堆载施工，采用钢渣作为堆载料，总堆荷 45kPa，有效满载天数约 70 天，具体满载预压天数根据现场实际情况确定。铺设厚 300mm 中粗砂作为水平排水通道；竖向排水通道采用塑料排水板，采用正方形布置，打设间距为 0.9m，打设底标高为－10.5m。真空堆载联合预压区各分区之间设置压膜沟。

3.3 卸载标准

真空预压区和真空堆载联合预压区均应达到以下卸载标准：

（1）按实测沉降曲线推算的固结度大于 90%。

（2）连续 5 天实测沉降速率不大于 1.5mm/d。

4 处理效果

地基处理各区域的沉降量见表 1 和表 2。

表 1　真空预压区沉降量统计表

区号	插板期间沉降量/mm	预压期沉降量/mm	累计沉降量/mm	最后 5 天沉降速率/(mm/d)
Z1 区	155	436	591	1.1
Z2 区	91	200	291	1.3
Z3 区	112	198	310	1.0
Z4 区	103	235	338	0.6
Z5 区	109	177	286	0.8
Z6 区	300	529	829	0.9

表 2　真空堆载联合预压区沉降量统计表

区号	累计沉降量/mm	最后 5 天沉降速率/(mm/d)
L1 区	227	0.7
L2 区	128	0.1
L3 区	101	0.6
L4 区	139	0.3
L5 区	110	0.6

采用双曲线法进行固结度计算分析，各区由地表实测沉降曲线推算的固结度见表3。按式（1）、式（2）计算：

$$S_{\infty}=S_0+\frac{1}{\beta} \tag{1}$$

$$U_t=\frac{S_t}{S_{\infty}}\times 100\% \tag{2}$$

式中　S_{∞}——最终沉降量，mm；

S_0——满载开始时的实测沉降量，mm；

S_t——满载 t 时间的实测沉降量，mm；

U_t——t 时间地基（应变）固结度，%；

β——由实测资料确定的待定系数。

表3　　各区固结度表

区号	固结度/%	区号	固结度/%
Z1	90.8	L1	90.4
Z2	90.3	L2	90.2
Z3	90.1	L3	90.2
Z4	90.0	L4	90.5
Z5	90.1	L5	90.1
Z6	90.4		

从表中数据可以看到，西侧先期固结压力较小的Z1区和Z6区沉降量较大，东侧先期固结压力较大的Z2～Z5区沉降量较小。真空堆载联合预压区沉降量较小，分析是由于边缘地带受周围土体限制造成的，同时由于临近周边道路，在道路路基处理时已经对该区域土体产生了一部分加固效果。

5　结论

（1）工程案例中深厚碱渣的厚度为4.60～7.50m，处理效果良好，可见真空预压法在深厚碱渣处理工程中有较好的适用性。

（2）工程案例中的碱渣场地在碱渣山搬迁前堆高差距较大，先期固结压力不同，是造成处理效果差异的主要原因。

（3）由于碱渣黏聚力很小，使用真空预压法进行地基处理时，容易因为水平向收缩产生裂缝，影响后续处理效果。在施工过程中应密切注意。如采用真空堆载联合预压，此现象会有较好的改善。

参考文献

[1]　陈少青，张吉．高含水量深厚碱渣地基处理及效果评价［J］．山西建筑，2017，43（18）：52－53.

[2]　黄泰坤，庞然，闫树旺，等．天津港碱渣搬迁治理方案［J］．港工技术，2013，50（6）：44－46.

增压式真空预压在深基坑中的应用

郑明明　钱　明　王敏超　王小东

（江苏鑫泰岩土科技有限公司，江苏宜兴　214200）

摘　要：目前软土地基在国内沿海地区大范围存在，然而如何使这些极高含水率且基本没有承载能力的淤泥尽快排水固结，便成为一大技术难题。地基的承载力要求均比较高，特别是工后沉降要求控制在20cm以内。在传统真空预压技术短期难以实现的基础上，提出了增压式真空预压法对软土地基进行加固。采用增压技术：加大土体压差、实现超载预压。通过直连技术：取消砂垫层，节约大量资金。使用防淤堵技术：控制滤膜孔径、达到最佳泥水分离效果。

关键词：增压式真空预压；防淤堵排水板；增压技术；增压管；直连技术；淤堵

0　引言

我国围海造地、滩涂区域的地基处理工程，直接关系着后续工程整体建设进度的快慢和工程质量的好坏，其中地基处理技术发挥着关键作用。

本文介绍的工程位于连云港灌云县燕尾港镇，交通较为便捷。场地原为岩滩，地貌上属滨海淤积平原。该工程建设场地用作垃圾焚烧飞灰安全填埋场，场地建成后为深－7～－5.5m深基坑，坡度1：1，若不进行软土加固，如此深的基坑无法保证安全，边坡肯定会失稳，基坑底部由于基坑四周土压力过大，造成基坑底部软土隆起。

针对以上情况，我公司组织有关科研力量，采集了类似淤泥质土样进行深入分析，采用我公司的专利产品和地基处理专利技术，对模型土样进行多次新技术新材料的预压固结实验，取得了良好的加固效果，并于天津、连云港、温州、福建沿海等地进行了大量的工程应用，取得了广泛的认可。

1　基本原理

在预处理地基中插入防淤堵塑料排水板，利用手形接头连接相邻两根排水板，用螺旋钢丝软管将手形接头按照一定顺序相连接组成真空支管管路，每相邻3条真空支管管路通过专用四通汇集至相应的真空主管，构成膜下真空管网；在指定位置插入增压管，每1000m^{2}为一个增压单元，增压单元中各条增压管相互连接，各增压单元相互独立、各自出膜；待真空管网、增压管网及不倒翁集水井安装完毕后，再铺设一层编织土工布和一层无纺土工布，最后覆盖两层不透气的真空膜作为密封，用真空输送管连接水环式真空泵和不倒翁集水井进行抽真空，抽真空至中后期，表层土体达到一定固结度时，开始对每个增

作者简介：郑明明（1992—　），男，江苏徐州人。

压单元进行间歇式增压施工，利用压缩气体扰动一定深度范围内的土体，打破抽真空时土体的相对平衡状态，使该范围内更多的孔隙水向周围排水板作定向移动，再利用真空负压将该部分水排出，从而使土体固结的一种软土地基加固方法。OVPS 软基处理原理如图 1 所示。

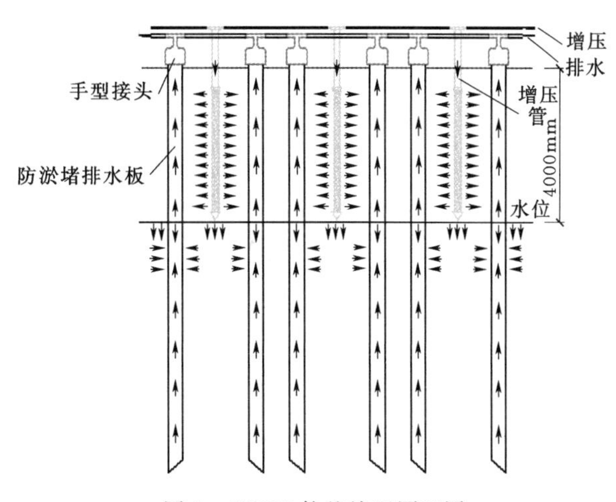

图 1　OVPS 软基处理原理图

2　使用范围

（1）处理饱和匀质黏性土及含薄层砂夹层的黏性土，特别适用于软黏土、吹填土、淤泥质土地基的加固。

（2）公路、铁路、港口工程中的软基加固。

（3）河流、湖泊污泥的生态修复。

（4）生活污泥的减量化。

3　优缺点

3.1　优点

（1）无需砂垫层，采用手形接头直连技术与真空支管相连接，减少了真空度沿程损耗，保护环境，符合国家可持续发展战略。

（2）采用新型防淤堵排水板，防止排水板倒齿、折断、淤堵问题，保证排水通道畅通。

（3）采用土体增压技术，排出土体增压管范围内更多孔隙水，提高工后承载力，减小工后沉降量。

（4）采用不倒翁集水井技术，更好地解决了真空度不均匀分布问题。

（5）抽真空选用节能型水环式真空泵，并配备自动控制系统，既安全，又节能。

3.2　缺点

（1）施工步骤繁琐，各施工阶段均需认真对待。

（2）排水板、真空管网的连接，用工量大。

4　施工工艺

4.1　施工程序

施工工艺程序见图 2。

4.2　施工特点

（1）施工中无需砂垫层，节省工期，节约成本，不破坏生态环境。

（2）直通技术减少真空压力在传递过程中的沿程损耗，使得真空压力可以直接作用于

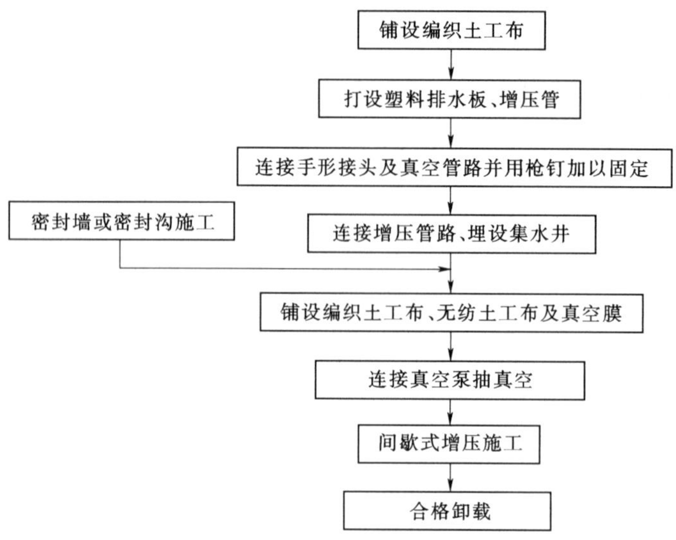

图 2　施工工艺程序图

土体，有利于土体的排水固结。

（3）塑料排水板采用防淤堵技术，防止了土体中排水板表面起皮现象的产生。

（4）施工中采用增压技术，加速了土体 3～5m 范围内水分的排出，有利于固结度的提高。

（5）采用节能型水环式真空泵抽真空，不仅抽气速率高，而且节省电能。

4.3　排水板施工

排水板施工工艺流程见图 3。

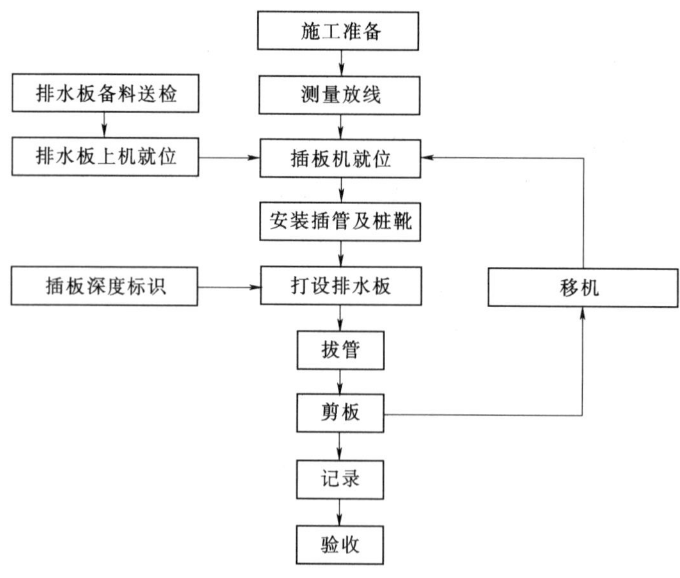

图 3　排水板施工工艺流程图

4.4　增压系统施工

（1）增压管按9根排水板围成的正方形中间放置1根，施工时由人工插设至指定深度，垂直度偏差不大于1.5cm/m。

（2）每$1000m^2$为一个增压单元，每一增压单元的形状宜为正方形。

（3）增压管路连接接头选用优质的快插三通。

（4）增压管路连接时，不宜过紧，应留有一定的伸缩量随后期土体变形而用。

（5）增压管路连接完成后，应及时检查每个增压单元的密封性，确保后期增压施工的有效性。

（6）增压时间的确定，一般在抽真空周期的中后期，周平均沉降量小于60mm时，开始增压施工。

（7）增压采用间歇式方式，每次增压时间控制在1.5～2.0h，增压时气压不小于0.4MPa。

（8）每次增压停止时间的确定，增压过程中观测真空表的压力，当真空度下降10～15MPa时，停止本次增压。

（9）增压施工一般往复循环15次左右，周平均沉降量小于35mm时，增压施工结束。

4.5　管路系统施工

（1）手形接头应放置在两根相邻排水板的中间位置。

（2）排水板与手形接头连接时，板头应剪平整，严禁斜口板头插入手形接头。

（3）排水板板头应插入手形接头的底部。

（4）手形接头连接完成后，排水板、手形接头应贴近地面。

（5）真空支管宜延加固区域的短边方向布置。

（6）真空支管与手形接头连接时，支管中的钢丝严禁剪断。

（7）真空主管宜延加固区域的长边方向布置，且主管两侧的支管长度不应大于40m。

（8）所有接头及管网连接完成后，用木工枪钉进行固定。

（9）不倒翁集水井宜延加固区域的长边方向均匀分布在真空主管之间。

（10）不倒翁集水井埋设时的坡度不应过大，埋设堆填料宜用黏土、可塑性淤泥。

（11）不倒翁集水井埋设完成后，应及时进行封口处理，避免杂物进入罐体。

4.6　密封墙或密封沟施工

（1）一般按双排桩施工，成墙宽度1.2m，单桩直径700mm，施工时相互搭接200mm。

（2）粘粒（粒径＜0.005mm的颗粒）掺入量不低于25％，膨润土掺入量不小于5％，膨润土粒度：150～300通过率＞90％。

（3）泥浆比重为1.3。

（4）密封墙隔断充填袋段黏粒（粒径＜0.005mm的颗粒）含量不小于30％，一般段粘粒含量不小于15％，密封墙渗透系数K小于5×10^{-6}cm/s。

（5）开挖：密封沟开始宽度，四周不小于1.0m，中间区域宜控制在1.2～1.5m。

（6）深度：密封沟深度至少应挖至不透水、不透气层顶面以下 0.5m，一般不应小于 1.0m。

4.7 铺设编织土工布、无纺土工布及真空膜

（1）编织土工布、无纺土工布拼接采用手提工业缝纫机缝合，缝合尼龙线强度≥150N，缝合搭接宽度≥10mm。

（2）铺设时宜超越加固区域边线 0.4m。

（3）密封膜一般在工厂一次热合成型。

（4）铺膜应在白天进行，选择无风或风力较小的天气，分两层铺设密封膜。当风力大于 5 级时，不宜铺膜。

（5）所有上膜操作人员必须光脚或穿软底鞋，以防滑破密封膜。

（6）真空泵可选用 55kW 的水环式真空泵或 7.5kW 的射流泵，但必须保证能产生不低于 96kPa 的真空度，本工法优先选用 55kW 的水环式真空泵。

（7）选用 ϕ75mmPVC 管连接不倒翁集水井和水环式真空泵，连接时所有接头必须做密封处理，避免抽真空时水进入管内，影响真空的传递效果。

4.8 施工注意事项

（1）施工前应按要求设置观测点、观测断面，每一断面上的观测点布置数量、观测频率和观测精度应符合规范要求，观测基桩必须置于不受施工影响的稳定地基内，并定期复核校正。

（2）挖密封沟时，如果表层存在良好的透气层或在处理范围内有充足水源补给的透水层时，应采取有效措施隔断透气层或透水层。

（3）铺设密封膜时，要注意膜与软土接触要有足够的长度，保证有足够长的渗径；膜周边密封处应有一定的压力，保证膜与软土紧密接触，使膜周边有良好的气密性。

（4）地基在加固过程中，加固区外的土层向着加固区移动，使地表产生裂缝，裂缝断面扩大并向下延伸，也逐渐由加固区边缘向外发展。将拌制一定稠度的黏土浆倒灌到裂缝中，泥浆会在重力和真空吸力的作用下向裂缝深处钻进，泥浆会慢慢充填于裂缝中，堵住裂缝达到密封的效果。

5 加固效果

5.1 检测数据

十字板试验成果见图 4。土工试验成果见图 5。

5.2 效果图

效果图如图 6 所示。

6 结论

本工程经过增压式真空预压处理后，地基承载力特征值达到了 82kPa，满足了设计要求 80kPa；淤泥层的十字板强度由预压前的 16.2kPa 提升至 29.3kPa，增长幅度为 46%；表层黏土层的锥尖阻力由预压前为 0.3MPa，预压后增长为 0.8MPa，增长了 167%；淤

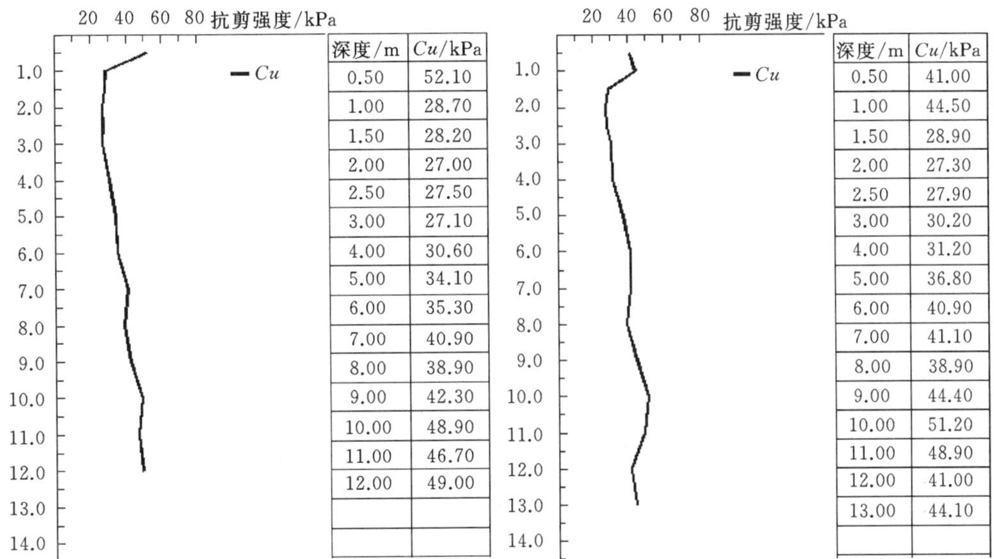

深度/m	Cu/kPa
0.50	52.10
1.00	28.70
1.50	28.20
2.00	27.00
2.50	27.50
3.00	27.10
4.00	30.60
5.00	34.10
6.00	35.30
7.00	40.90
8.00	38.90
9.00	42.30
10.00	48.90
11.00	46.70
12.00	49.00

深度/m	Cu/kPa
0.50	41.00
1.00	44.50
1.50	28.90
2.00	27.30
2.50	27.90
3.00	30.20
4.00	31.20
5.00	36.80
6.00	40.90
7.00	41.10
8.00	38.90
9.00	44.40
10.00	51.20
11.00	48.90
12.00	41.00
13.00	44.10

图 4　十字板实验成果

野外土样编号	取样深度 /m	含水率 w/%	密度 ρ	干密度 ρ_d	比重 G_s	孔隙比 e_0	饱和度 S_r /%	液限 w_L /%	塑限 w_p /%	塑性指数 I_p /%	液性指数 I_L /%	压缩系数 a	压缩模量 E_s	固快(Cq)黏聚力 c /kPa	内摩擦角 ϕ /(°)	快剪(q)黏聚力 c /kPa	内摩擦角 ϕ /(°)
A6-1	0.3~0.6	36.4	1.85	1.36	2.73	1.013	98	38.1	21.3	16.8	0.9	0.73	2.76	30.5	14.4		
A6-2	0.8~1.1	38.8	1.82	1.31	2.73	1.082	98	39.2	22.9	16.3	0.98	0.64	3.25				
A6-3	1.3~1.6	42.7	1.76	1.23	2.74	1.222	96	43.6	24	19.6	0.95	0.99	2.24				
A6-4	1.8~2.1	40.5	1.78	1.27	2.74	1.163	95	41.4	23.1	18.3	0.95	1.06	2.04	26.9	9.7		
A6-5	2.3~2.6	44.1	1.75	1.21	2.74	1.256	96	45.9	21.3	24.6	0.93	0.96	2.35				
A6-6	2.8~3.1	45	1.73	1.19	2.74	1.297	95	45.8	23.5	22.3	0.96	1.03	2.23	23.6	11.5		
A6-7	3.3~3.6	43.5	1.72	1.2	2.74	1.286	93	47.2	27.4	19.8	0.81	1.10	2.08				
A6-8	4~4.3	44.4	1.75	1.21	2.74	1.261	96	45.2	26.3	18.9	0.96	0.97	2.33				
A6-9	5~5.3	47.8	1.71	1.16	2.74	1.368	96	48.1	29.9	18.2	0.98	1.03	2.30	20.4	11.9		
A6-10	6~6.3	44.9	1.74	1.2	2.74	1.282	96	45.5	22.8	22.7	0.97	1.17	1.95				
A6-11	7~7.3	47.5	1.72	1.17	2.74	1.35	96	49.9	26.1	23.8	0.9	0.99	2.37				
A6-12	8~8.3	49.8	1.7	1.13	2.74	1.414	96	50.3	27.9	22.4	0.98	1.18	2.05				
A6-13	9~9.3	44.3	1.76	1.22	2.74	1.246	97	44.9	24.6	20.3	0.97	1.05	2.14				
A6-14	10~10.3	41.1	1.78	1.26	2.74	1.172	96	43.8	25.1	18.7	0.86	0.93	2.34	24.3	9.8		
A6-15	12~12.3	44.6	1.73	1.2	2.74	1.29	95	45.6	23.8	21.8	0.95	1.04	2.20				
A6-16	13~5-13.8	44.5	1.72	1.19	2.74	1.302	94	47.5	28.9	18.6	0.84	1.13	2.04				
A6-17	15~15.3	49.3	1.7	1.14	2.74	1.406	96	50.6	31.5	19.1	0.93	1.26	1.91				

图 5　土工试验成果

图 6　效果图

泥层由欠固结图变为超固结土，满足基坑开挖需要，保证坡面稳定性。

参考文献

[1] 乐超，徐超，吴雪峰，等. 两种 PVD 滤膜淤堵特性试验研究 [J]. 岩土力学，2014 (9)：2529-2534.

[2] 龚济平，徐超，金亚伟. 采用改进真空预压技术加固软土地基的试验研究 [J]. 港工技术，2012，49 (3)：50-53.

秸秆（降解）排水板技术工法及后桩间土与工程桩的协同应用

常　雷[1]　李德光[2]　袁国清[3]

（1. 深圳厚坤软岩科技有限公司，广东深圳　518031；
2. 江苏中联路基工程有限公司，江苏建湖　224700；
3. 五邑大学土木建筑学院，广东江门　529020）

摘　要： 如何使深厚软基、吹填造地及高填方土地基处理后沉降小（可控）、差异沉降小（可控稳定），如何使处理后的复合地基整体稳定、整体抗水平推力大、整体高承载力，造价低、工期短，是团队一直在潜心研究、工程实践、创新，验证后创立的一套可行、可靠的技术及施工工法，其主要核心：①先采用秸秆（降解）排水板技术工法对深厚软地基进行处理，使深厚软基地基承载力特征值达到大于等于70kPa，工后秸秆排水芯板在预设定时间内自动降解、芯板排水通道功能失效停止再排水，解决了多年来采用塑料排水板处理后还在排水、水泥搅拌桩施工易缠机的困局；②当深厚软基处理后地基承载力特征值达到大于等于70kPa时，再采用大直径刚性复合桩基施工刚柔层协同作用后形成具有承载力高、抗水平力大、整理稳定的刚柔复合厚壳层复合地基，现场可减少软基出土量70%以上，以上两项技术的叠加应用可为投资方节约综合成本20%以上，“变废变宝”省材又环保。

关键词： 秸秆（降解）排水板；桩与桩间土的协同作用；深厚软基复合地基；大直径刚性复合桩；软淤泥变废为宝

0　引言

当前我国基础建设及软地基处理项目仍处持续发展时期，在对待10m及以上深厚软弱地基处理时，往往受现有规范[1-7]的约束，另一方面施工方受发包方的约束，施工单价低。现阶段施工单位“均能”按图施工，但现实反映的结果是质量不达标、工程事故频发、偷工减料、工期一延再延、成本一增再增，且工程“均验收通过”。当验收的工程项目开始使用一段时间后，地基及构筑物沉降逐渐开始增大、差异沉降变大（超标），严重影响了工程使用和社会效应，甚至刚使用不久就大修、大补、返工。

团队经过大量现场的试验、科研、施工、工程应用，总结出一套可行可用的实操方法，那就是依据现场实际地质条件变化，动态的依据现有规范[1-7]去创新、设计施工方案，在深厚软基处理中先采用秸秆（降解）排水板技术工法处理，使其地基承载力特征值达到70～120kPa时，再植入大直径长短刚性复合桩基，使桩间土与大直径桩基效果叠

作者简介： 常雷（1963—　），男，岩土高级工程师，董事长，现主要从事深厚软基础的科研、专利研发、顾问、施工、创新研究工作。

加，形成具有承载力高、抗水平力大、整体稳定的刚柔复合厚壳层复合地基，其工后沉降小于等于100mm（可控）、差异沉降小于等于1/800（可控稳定），复合地基整体稳定、整体抗水平推力大、整体高承载力（200～500kPa），造价低、工期短的目标。

1　深厚软基中水与土的关系

深厚软基土是指天然含水量大孔隙比大于等于1.5，60%～200%空间为水所占据的一种软土，其中：①60%～70%为自由水；②20%～30%为吸附水；③5%左右为结晶结合水。海滨深厚软基处理滨淤泥的黏土矿物以蒙脱石（微晶）和伊利石为主，湖河淤泥则是以高岭石和伊利石为主包含有机质，所以说深厚软基土中的自由水、吸附水必须通过不同的方法排除掉它，才能保障工后地基承载力特征值达到70kPa以上，才能使工后的复合地基沉降值小、差异沉降值小，才能避免复合地基位移、滑坡、垮塌事件的发生。

2　秸秆（降解）排水板技术和工法

2.1　秸秆（降解）排水板创新与研发

秸秆（降解）排水板是在国家大环保“绿水青山就是金山银山”的战略方针引导下，是在国内大量过剩植物秸秆被焚烧污染环境的困境下，是在多年生产塑料排水板的基础上，经团队各科研人员通过多年的不断研发、创新和数百次试验，成功开发出的一款世界级可降解无污染环保型植物秸秆排水板（秸秆排水板国际专利申请号：[P00201912513]、秸秆排水板国内专利申请号：[ZL201930385742.4]），并具备自主产权的第一台世界级秸秆排水板自动化生产线（320型秸秆排水板生产线设备国内专利申请号：[ZL201910688340.0]），如图1所示。

图1　320型秸秆排水板生产线设备现场图

2.2　秸秆（降解）排水板主材料及工艺

秸秆（降解）排水板主体芯板为粉碎后的植物秸秆短纤维、废木材短纤维，加上植物胶复合粘接压制成型，如图2所示，芯板正反面设有口琴状齿槽，外置大孔径防淤堵热熔土工布，形成抗压、抗弯、抗折强度大，纵向排水量大于等于40cm^3/s的整体热熔排水板，如图3所示。秸秆排水板在设定的降解期（1年、2年、3年、5年……）内降解掉，失去再排水功能。

图 2　秸秆排水板秸秆原材料及粉碎后短绒纤维图

图 3　秸秆可降解大孔径热熔整体排水板图

2.3　秸秆（降解）排水板的特点

秸秆（降解）排水板在打入到软弱土层早期具有很好的排水功能，约在一年以后自身降解破损停止继续排水功能，解决了传统排水板加固地基后继续排水固结沉降的技术隐患，能很好地满足水泥土搅拌桩、预制管桩及其他基础工程施工的便利快捷要求。

2.4　秸秆（降解）排水板的生产线及检测报告

秸秆（降解）排水板通过不同地区超软土的试验效果良好，该产品已通过权威机构的检测，其物理和力学性能指标符合国家技术规范标准，且成本低于传统产品的 10%以上，生产线如图 4 所示。

2.5　秸秆（降解）排水板技术工法及应用领域

（1）在深厚软基或吹填造地上建造港口、堆载码头、高速公路、高铁、市政道路、机场陆域，需占用大片土地，这就要求地基基础承载力及工后沉降各指标均能满足上部工程使用功能的要求。然而建造前，深厚软基或吹填造地的地基基础承载力及沉降指标均不能

图4　秸秆可降解大孔径热熔整体排水板生产线

满足上部工程使用功能的要求，这就需对深厚软基或吹填造地进行地基处理。若采用各类桩型在其上植入施工，其地基承载力特征值必须满足大于等于70kPa的指标，否则直接植入桩体就会造成桩基施工失败，土体就会加剧沉降、移位、垮塌。解决上述问题的方案之一，就是在深厚软基或吹填造地上地基处理上，采用稳定、可靠、性价比高的方案，秸秆（降解）大孔径热熔整体排水板施工工法即为无砂秸秆（降解）排水板真空预压处理工艺。

（2）采用秸秆（降解）大孔径热熔整体排水板真空预压施工后的效果示意如图5、图6所示。

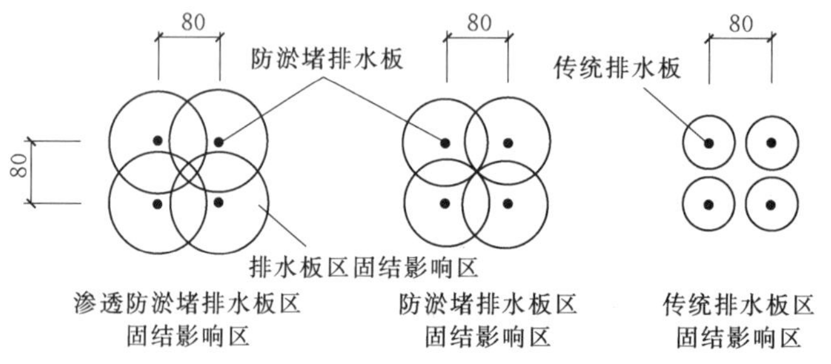

图5　秸秆大孔径热熔整体排水板与传统排水板固结影响区的比较

图6　秸秆（降解）大孔径热熔整体排水板真空预压后现场图

3　秸秆（降解）排水板与桩间土的关系

（1）采用秸秆（降解）大孔径热熔整体排水板真空预压施工，使深厚软基、吹填造地处理前的液限范围值土（土体为流动状态）如图7所示，处理后转变为塑限范围值土（开挖土体不流动）如图8所示。

（2）采用秸秆（降解）大孔径热熔整体排水板真空预压施工处理后的原位深厚软基土

图 7 深厚软基土处理前为液限值的土（土体为流动状态）

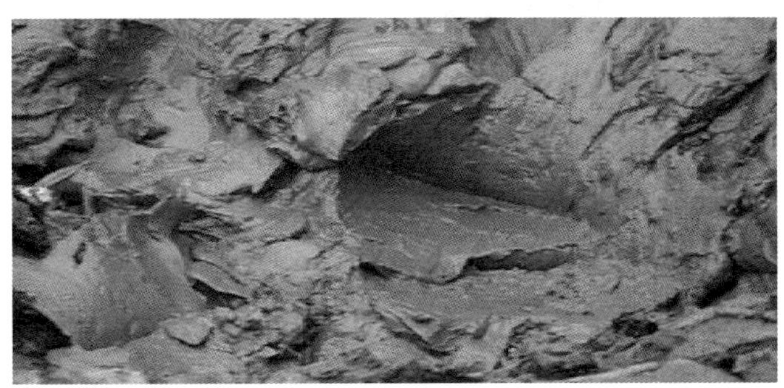

图 8 深厚软基土处理后为塑限值范围的土（开挖土体不流动）

或疏浚吹泥吹填深厚软基土层地基承载力特征值达 70～120kPa，工后沉降在小于等于 10～20cm，十字板抗剪强度大于等于 22～28kPa。

（3）当秸秆（降解）大孔径热熔整体排水板打入深厚软基地下完成排水地基固结度 U_t 达到设计要求值后，芯板在预定期内（1 年、2 年、3 年……）降解破损与桩间土融为一体，排水功能丧失，解决了传统塑料排水板加固地基工后芯板继续排水的工程隐患。

（4）秸秆（降解）排水板具有自然降解性，为深厚软基处理的工程后期如：基坑开挖，搅拌柱，预制管桩的施工提供了非阻碍不绞缠的工地，提高了施工效率。

4 深厚软基工程中植入桩失败的原因

深厚软基工程中，往往地基未做处理或处理后地基承载力特征值小于 40kPa 时就开始植入桩，此时桩周土未能提供足够摩擦力去支撑固住桩身，使桩身发挥不出自身高的承载力，再加之植入的是挤土桩，加快了工后大沉降、大位移、垮塌事件的发生，究其原因是深厚软基中的“水”处理不到位，植入桩时产生的施工附加应力和能量藏在深厚软基中未能及时有效地释放，造成桩基施工失败，如图 9 所示。

5 如何发挥出深厚软基中桩与桩间土的协同作用

5.1 深厚软基工程地基物理指标的要求

（1）当在深厚软基、吹填造地上及高填方土地基上建造港口、堆载码头、高速公路、

图 9　深厚软基中失败的桩基现场图

高铁、市政道路、机场路基时，除需占用大片土地建设之外，更重要的是要求复合地基承载力特征值大于等于 200kPa，工后沉降指标小于等于 20cm。

（2）当上述一块生地交给设计单位进行设计时，地基处理部分设计人员依据工程的使用功能、原位的地质勘探报告、现有规范[1-7]，进行地基承载力设计、抗沉降抗拔桩设计和基础方案的比选，对深厚软基地基的处理，包括真空预压处理、刚柔复合地基施工处理等方案。

（3）在深厚软基工程中桩与土是刚柔协同的关系，对深厚软弱淤泥土、疏浚吹填软泥土、高填方土，均要进行地基预处理，处理后的地基承载力特征值要大于等于 70kPa，工后才能使桩与桩间土协调作用达相应高的复合地基特征值 200kPa 以上，达到工程设计、使用功能、质量、安全、稳定的要求。

5.2　深厚软基处理后纯柔性厚壳层与工程的关系

（1）当软基地基承载力特征值为大于等于 40kPa、工后沉降小于等于 50cm 的仅供现场工程材料车运输承载力使用。

（2）当软基地基承载力特征值为大于等于 50kPa、工后沉降小于等于 40cm 的仅供一层轻型厂房承载力使用。

（3）当软基地基承载力特征值为大于等于 60kPa、工后沉降小于等于 30cm 的可供二层轻型厂房承载力使用。

（4）当软基地基承载力特征值为大于等于 70kPa、工后沉降小于等于 20cm 的可供五层轻型厂房承载力使用。

5.3　刚柔复合厚壳层复合地基形成的原理

深厚软基刚柔复合厚壳层复合地基是由处理后的深厚软基纯柔性复合厚壳层＋大直径非挤土长短刚性复合桩＋疏桩顶设置桩帽盖板＋碎石褥垫层＋土拱共同协同作用后形成具有承载力高、抗水平力大、整理稳定的刚柔复合厚壳层复合地基，如图 10 所示。

5.4　刚柔复合厚壳层复合地基形成后的作用

（1）当深厚软基地基处理后地基承载力特征值为大于等于 70kPa、工后沉降小于等于 20cm 时，植入非挤土桩或少挤土桩的大直径刚性复合桩，穿透软基层后使其形成具有承载力高、抗水平力大、整理稳定的刚柔复合厚壳层复合地基，其地基承载力特征值在

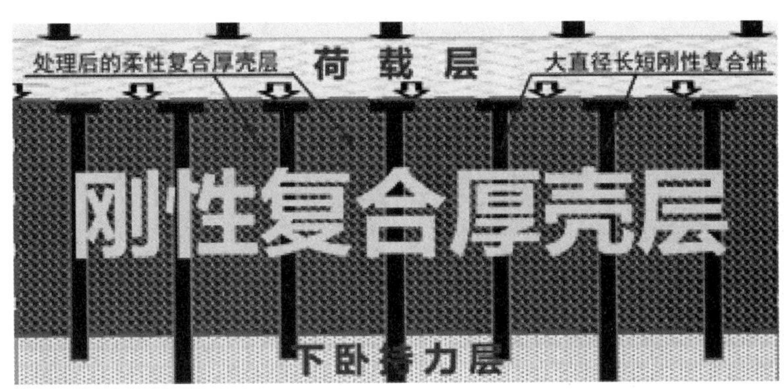

图 10　刚柔复合厚壳层复合地基形成机理图

200～500kPa，工后沉降在 3～100mm。

（2）刚柔复合厚壳层复合地基形成后起到有序传递合理分配上部荷载、承上启下纽带作用，大直径刚性复合桩承受着大部分竖向压力和水平推力，大大降低了桩间土因超荷载带来的不利影响、导致复合地基沉降和差异沉降过大、移位和垮塌事件的发生。

（3）刚柔复合厚壳层复合地基形成后无需再进行二次回填土、预超压，既省钱、省时、省力、省地、费用低又环保避免二次清淤运输再污染环境，还为日后复合基础的补修节省了大量时间和费用。

5.5　刚柔复合厚壳层复合地基的设计及应用的领域

（1）深厚软基刚柔复合厚壳层复合地基的设计就是依据工程地质报告及规范[1-7]进行软地基处理设计，深厚软基处理后，再依据新地质报告中各项指标，依据桩顶以上所有附加荷载、功能和使用要求，参照 GB/T 50783—2012《复合地基技术规范》，参照 JGJ/T 213—2010《现浇混凝土大直径管桩复合地基技术规程》，参照 JGJ/T 327—2014《劲性复合桩技术规程》等规范制定出植入大直径刚性复合疏桩单桩承载力、桩距、桩长的计算、沉降及下卧层验算，最终确定出复合地基和桩基各自的持力层，来满足不同工程的需要。

（2）刚柔复合厚壳层复合地基技术及工法已在珠江三角洲环形高速公路西二环段成功的应用，已取得显著的经济及社会效益，详见广东省交通运输厅评审通过的“广东高等级公路软基大直径现浇薄壁筒桩地基处理设计及受力性状研究”科研成果[8]内容，结论：本次项目“科研成果总体达到国际领先水平”。该项目处于珠江三角洲水网发达地区，工程地质复杂多变，软基密布，全线需处理的软基段达 20 多 km，最深处理深度达 18～25m，填土厚高达 6～8m 荷载，沿线两旁多为底洼水溏渔溏等影响因素，如图 11 所示。

（3）当深厚软基处理后地基承载力特征值达到 70kPa 以上时，植入大直径长短非挤土刚性复合桩，待刚性桩身混凝土强度达到 70%时，在刚性桩顶上浇筑钢筋混凝土桩帽盖板，使桩间土之上高达 6～8m 的路基填土荷载及路面荷载，通过“土拱”石垫褥层把 80%的荷载传递给桩帽盖板接力，再传递给大直径刚性复合桩，使大直径刚性复合桩桩群＋处理后的桩间土＋碎石垫褥层＋土拱共同协同作用，形成具有承载力高、抗水平力大、整理稳定的刚柔复合厚壳层复合地基满足不同工程的需要，现场桩帽盖板和“土拱”如图 12 所示。

图 11　刚柔复合厚壳层复合地西二环应用现场图

图 12　大直径刚性复合桩顶设置桩帽盖板施工图

（4）采用刚柔复合厚壳层复合地基应用后的原位试验数据及图形，如图 13 所示。

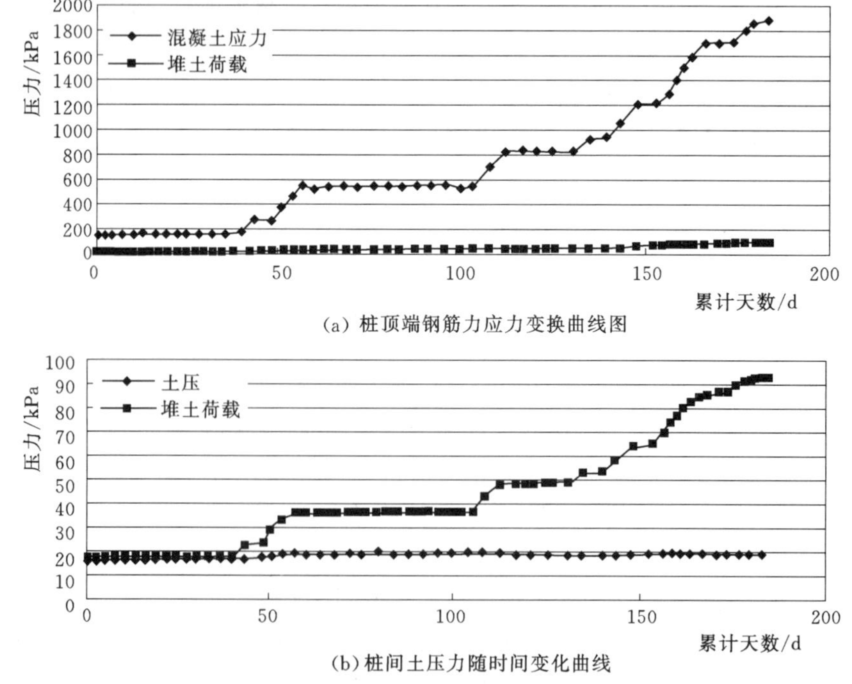

(a) 桩顶端钢筋力应力变换曲线图

(b) 桩间土压力随时间变化曲线

图 13　大直径刚性桩顶应力及桩间土压力随附加荷载变化曲线图

图 13（a）揭示出植入的大直径非挤土刚性复合桩在不破坏原位桩间土时附加荷载大部分由其承担即承担 80%～90%的附加荷载，图 13（b）揭示随附加荷载的不断增加桩间土压力曲线从开始到施工结束始终变化稳定平缓，说明外附加荷载未超桩间土本身的承载能力，让桩间土只承担 10%～20%的附加荷载，做到桩中有土、土中有桩相互协调平衡作用。这种工艺能大大发挥出大直径刚性复合桩疏桩最佳承载能力，也能大大降低桩间土因超荷载带来的不利影响，避免工后沉降和差异沉降过大带来的移位和垮塌事件的发生。

（5）刚柔复合厚壳层复合地基形成后应用的领域，如图 14 所示。

图 14　刚柔复合厚壳层复合地基形成后应用的领域图

6　结论

（1）深厚软基刚柔复合厚壳层复合地基技术，是先采用秸秆（降解）大孔径热熔整体排水板真空预压施工处理后，使深厚软基、吹填造地处理前的液限范围值土（土体为流动状态），处理后转变为塑限范围值土（开挖土体不流动），后再植入大直径刚性复合桩，既不破坏桩间原位土同时又改良提高了桩间原位土的物理指标性能，增大了桩间土的摩擦力，大大增强了桩身承载力的发挥，桩与桩间土协同作用后形成具有承载力高、抗水平力大、整理稳定的刚柔复合厚壳层复合地基，工后沉降值在 3～100mm（可控）、差异沉降值变小于等于 1/800（可控），可避免工后复合地基土体位移、滑坡、垮塌事件的发生。

（2）刚柔复合厚壳层复合地基技术提供的是一种质量稳定安全、新型、环保、省材、省力省时、综合成本低、“0”伤亡的技术和工艺。此技术可广泛应用在港口、码头货运堆场、高速公路高填方路基、机场货运场，海边石化储油基地中，为典型的绿色环保工艺及施工工程。

参考文献

[1]　GB/T 50783—2012 复合地基技术规范［S］. 北京. 中国计划出版社，2010.

[2]　HB/T 20578—2013 真空预压法加固软土地基施工技术规程［S］. 北京. 中国计划出版社，2014.

[3]　JGJ/T 213—2010 现浇混凝土大直径管桩复合地基技术规程［S］. 北京. 中国建筑工业出版社，2010.

[4]　JGJ/T 327—2014 劲性复合桩技术规程［S］. 北京. 中国建筑工业出版社，2014.

[5]　JTS 147—2017 水运工程地基设计规［S］. 北京. 人民交通出版社股份有限公司，2018.

［6］ JTJ 017—96 公路软土地基路堤设计与施工技术规范［S］. 北京. 人民交通出版社，1997.
［7］ GB/T 51064—2015 吹填土地基处理技术规范［S］. 北京. 中国计划出版社，2015.
［8］ 鲁昌河，曾坚坚，常雷. 广东高等级公路软基大直径现浇薄壁筒桩地基处理设计及受力性状研究［R］. 广州：广东省公路建设有限公司南环段分公司，2013.

一种新型可测深光纤塑料排水板

左佳佳　李　悦　李　强

（连云港港口工程设计研究院有限公司，江苏连云港　222042）

摘　要： 采用单模塑包石英玻璃光纤嵌入排水板作为一种新型可测深光纤塑料排水板。新型可测深光纤排水板打设深度检测可在不影响正常施工的情况下，在排水板塑料芯板的长度方向设置光纤芯，与塑料排水板形成不可分割的整体，从而依据光纤可测量的特性，利用专用设备即时测量，应用于水运工程塑料排水板的检测、监控。

关键词： 排水板；光纤芯；即时测深

0　引言

近年来，我国对沿海地区大量的海滩进行了开发，在围堤造地的施工过程中，大量采用塑料排水板材料进行软基处理施工。

针对连云港地区海域的海港疏浚形成的淤泥成分含水量，地质情况复杂，设计普遍采用了塑料排水板真空预压处理软土地基的方法，缩短了施工工期，提高了地基承载力。从近年的施工沉降观测来看，沉降稳定，达到预期承载力标准[1]。证明塑料排水板具有施工方便、速度快、费用低等优点，因此逐渐越来越广泛被应用在我国的港口建设地基处理中。

塑料排水板别名塑料排水带，有波浪形、口琴形等多种形状。中间是挤出成型的塑料芯板，是排水板的骨架和通道，其断面呈并联十字，两面以非织造土工织物包裹作滤层，芯带起支撑作用并将滤层渗进来的水向上排出。

塑料排水板由芯板及滤膜构成（见图 1），其中芯板采用聚丙烯（PP）和聚乙烯（PE）混合掺配制，其具聚丙烯的刚性和聚乙烯的柔性及耐候性，滤膜是采用长纤热扎无纺布组成。

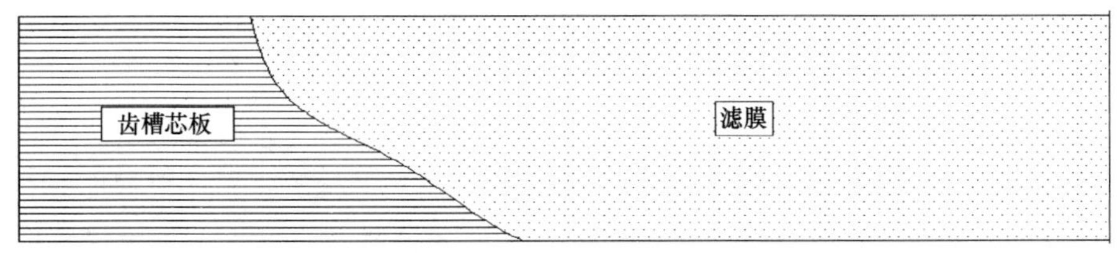

图 1　塑料排水板构成图

作者简介： 左佳佳（1982—　），男，本科学历，工程师，副总经理，主要从事港口工程建设。

塑料排水板加固软土地基具有渗透性、整体性、耐久性、耐水浸性好，抗拉强度和抗拉模量高、排水量大、施工方便等优点，由于滤水性好，故排水畅通，保证排水效果。材料有良好的强度和延展性，能适合地基变形能力而不影响排水性能。排水板断面尺寸小，施打排水板过程中对地基扰动小，可以在超软弱地基上进行插板施工[2]。施工快、工期短，对于深厚的软土地基采用排水固结法进行加固时，从技术上和经济上考虑，采用排水板几乎是唯一经济、有效、可行的方法。

1　背景现状

1.1　质量难题

目前在港口建设过程中，在淤泥土质软基处理中大量使用排水板，一个港口堆场场地排水板用量动辄要达到数百万米，为了确保其施工质量，各参建单位均需对其质量进行严格控制。由于排水板的打设深度属于地下作业，测量措施不健全，且施工单位在施工中偷工减料的情况时有发生，造成后期严重的施工质量缺陷。为确保工程施工质量、保护业主方的利益，建设、监理单位在管理过程中经历了许多尝试，以往施工质量控制手段主要靠监理人员旁站记录旁站、抽样检验、抽出测量已打设的排水板长度等，但这些方法大多存在着人为记录误差以及多记、漏记等现象，故而不能有效体现实际打设长度，无法保证施工质量。因此业主和监理在施工过程中一直投入更多的精力管控排水板的施工质量，是一直困扰业主、设计、监理等工程技术和管理人员的一个重大难题。

1.2　传统方法

如今对排水板施工测量方法主要有五种：数字刻度测量法、钢丝抽出测量法、导线电阻测量法、低压脉冲反射法（电容测量法）、施工自动记录仪法等。

（1）数字刻度测量法。在排水板的生产过程中，在排水板上印上“米”单位的刻度线，并加上数字。施工时按照排水板刻度数字次序打插，这样监理旁站人员可以根据每次排水板相邻板接头上的数字相减计算出施工打插长度。在实际施工中，使用每卷 200m 长度的排水板，打设量大，还要进行累加处理，很难保证施工人员时时刻刻都认真记录，难以保证数据真实性。若施工单位不按次序打插排水板，监理人员就难以通过计算相邻板头上的数字判断实际施工打插的深度。如果施工单位事先将排水板剪断拼接，进行板头数字搭配，在施工中进行表面埋设，露出板头数字弄虚作假，监理人员便难以识别，给质量保证带来漏洞。还有就是人工操作记数，只要有主观因素加入，就难以从根本上杜绝人为修改数字的现象发生，从而很难保证排水板的施工质量，影响地基处理效果。

（2）钢丝抽出测量法。排水板中加入钢丝，钢丝随排水板流水线加入后，在将排水板打入与淤泥层后，通过抽检的方法，抽出排水板中钢丝长度检测每根插板深度。该方法存在较明显的缺点，一般排水板埋设深度达到 5m 时，钢丝抽拉难度大，批量检测的劳动强度大，很难通过每次都把钢丝抽出来检验其实际埋深。这种检测是破坏性检测，检测后无法再次核实检测数据。

（3）导线电阻测量法。电阻法可测量深度的塑料排水板，由无纺布、芯板、两根绝缘金属丝构成，两根绝缘金属丝置于滤膜层无纺布的搭头合缝中或置于塑料板预埋加工在排水板芯板中，且与芯板为一整体。导线两根，测量在排水板中的两根绝缘金属丝的电阻值根据欧姆定律来计算换算成金属丝的长度，从而确定出排水板长度的方法。该方法技术上要求排水板在施工时底部的两根电阻导线必须认真焊接为一体，使两根导线牢固连接，这样电阻导线接口处的电流才能稳定，测量出的电阻值和对应的排水板长度才能和实际相符。无疑，这种检测方法理论上是可行的，但也存在一些缺点。首先，在插板机插塑料排水板的过程中，金属电阻线可能会断裂，导致无法稳定测量电阻值。其次，电阻导线的焊接工耗时量大，使施工过程中增加一道要求严格的工序工作，影响施工插打排水板的效率和施工速度。再次，如果施工人员人为对电阻导线焊接不到位或者采用相互绕接连接线的方法，将导致测量出的电阻值严重失真，测量的数据不稳定、不可靠，无法使用。但该方法但由于排水板插入淤泥地表以下，由于地下水的分解作用，金属丝极易腐蚀或者氧化，以及因为淤泥地下水位不同、环境复杂恶劣，造成测量明显误差，极大地限制了导线电阻测量法的应用范围，不能满足实际的计算精度。

(4) 低压脉冲反射法（电容测量法）。该方法是在塑料排水板内部设置两根铜线，将排水板插入地基中，将排水板裸露在外的两根铜线与测量探头连接，将两根铜线看成两根平行导体，由于两根铜线不连接且铜线间距离极小，可看成是电容的两个电极，铜线的长短不同相当于电容的极板面积大小不同，也就是铜线间的电容不同，铜线间的电容大小随铜线的长度增加而增加，通过测量探头测量铜线之间的电容值从而间接测量铜线长度。低压脉冲反射法是导线电阻测量法的变种，采用的是电容测量法，对于它的缺点治理不再赘述。

(5) 施工自动记录仪法。该测深技术是在排水板打桩机套管的顶部进板口处安装电子记录仪，通过记录进板和退板的长度差显示施工打插的深度。地基处理施工环境条件不稳定，时有恶劣天气，电子记录仪安装在插板机上，过程中插板机的震动以及恶劣天气雨水侵蚀，从而难以保证电子记录仪正常度数。若电子记录仪出现明显误差，施工人员未采用正确调整，如改装记录仪的滚轴直径或者手动的转动滚轴，记录仪测定的每根排水板实际长度误差明显，将导致地基处理施工质量下降，影响工程整体效果，可能会导致后期建筑物或堆场不均匀沉降。

2　技术介绍

为提高软基处理施工效率和精度，如何找到一种人为干预小、测量精度高、施工难度低的可测深排水板，显得尤为重要。

现有的可测深塑料排水板中间加的大都是金属丝，依靠测量电阻换算成长度，由于环境千差万别，导致精度低、不可靠。在对软基处理工程的实际施工中，通常利用塑料排水板对所处理的软基进行质量监控，为了达到更好的监控水平，其检测措施的高效、易行特别关键。随着科学技术水平的提升，也需要在传统的检测技术上改进、革新。

本文介绍的是采用单模塑包石英玻璃光纤嵌入排水板作为一种新型可测深光纤塑料排水板。

2.1　传统光纤

光纤是光导纤维的简写，是一种由玻璃或塑料制成的纤维，可作为光传导工具。其传输原理是“光的全反射”，光纤通信就是基于该原理而形成的。而通信中所用光纤一般是极其普通的石英光纤，石英的化学名称叫二氧化硅（SiO_2），也是日常房建工程中所用的砂子的主要成分。光纤裸纤一般分为三层：中心高折射率玻璃芯，中间为低折射率硅玻璃包层，最外是加强用的树脂涂层。

光纤分类根据不同光纤的分类标准的分类方法，同一根光纤将会有不同的名称。按光纤的材料分类，可分为石英光纤和全塑光纤、复合材料光纤。按光纤性质分类，可分为单模光纤和多模光纤，其中单模光纤指在工作波长中，只能传输一个传播模式的光纤，通常简称为单模光纤（Single Mode Fiber SMF）。单模光纤传输距离为120km，而多模光纤传输距离仅为5km。在有线电视和光通信中，单模光纤是应用最广泛的光纤。

光纤具有重量轻、抗干扰能力强、工作性能可靠、成本低等优点。光纤非常细，单模光纤芯线直径一般为4～10μm，外径也只有125μm，加上防水层、加强筋、护套等，加上光纤是玻璃纤维，比重小，使它具有直径小、重量轻的特点，安装十分方便。

由于光纤的基本成分是石英，只传光不导电，不受电磁场的干扰，通过光纤传输的光信号不受电磁场的影响，故光纤传输对电磁干扰、工业干扰有很强的抵御能力。

光纤设备的寿命都很长，无故障工作时间达50万～75万h，光纤工作的可靠性有所保证。而制作光纤的材料（石英）来源十分丰富，随着技术的进步，成本将会逐步降低，反观电缆所需的铜原料有限，价格将有上涨趋势。显然，今后光纤传输将占绝对优势。

全塑光纤是一种通信用新型光纤，尚在研制、试用阶段。这种将纤芯和包层都用塑料（聚合物）作成的光纤。早期产品主要用于装饰和导光照明及近距离光键路的光通信中。由于塑料光纤（Plastic Optical Fiber）的纤芯直径为1000μm，比单模石英光纤大100倍，接续简单，而且易于弯曲施工容易。近年来，加上宽带化的进度，最近，在汽车内部LAN中应用较快，未来在家庭LAN中也可能得到应用。全塑光纤具有损耗大、纤芯粗（直径100～600μm）、数值孔径（NA）大（一般为0.3～0.5，可与光斑较大的光源耦合使用）及制造成本较低等特点。全塑光纤适合于较短长度的应用。

2.2 光时域反射仪OTDR

光时域反射计（optical time - domain reflectometer，OTDR）是针对光纤通信系统测试智能化光纤测量仪器。主要用于测量各类光纤、光缆的长度、损耗、接续质量等参数；能够对光纤链路中的事件点、故障点准确定位，在光纤施工或维护中能快速、高效的排查出故障点。广泛应用于光纤通信系统的工程施工、维护测试、紧急抢修、研制开发与生产测量中。

光时域反射仪（见图2）是通过对测量曲线的分析，了解光纤的均匀性、缺陷、断裂、接头耦合等若干性能的仪器。它根据光的后向散射与菲涅耳反向原理制作，利用光在光纤中传播时产生的后向散射光来获取衰减的信息，可用于测量光纤衰减、接头损耗、光纤故障点定位以及了解光纤沿长度的损耗分布情况等，是光缆施工、维护及检测中必不可少的工具。

光时域反射仪会打入一连串的光突波进入光纤来检验。检验的方式是由打入突波的同一侧接收光讯号，因为打入的讯号遇到不同折射率的介质会散射及反射回来。反射回来的光讯号强度会被量测到，并且是时间的函数，因此可以将之转算成光纤的长度。

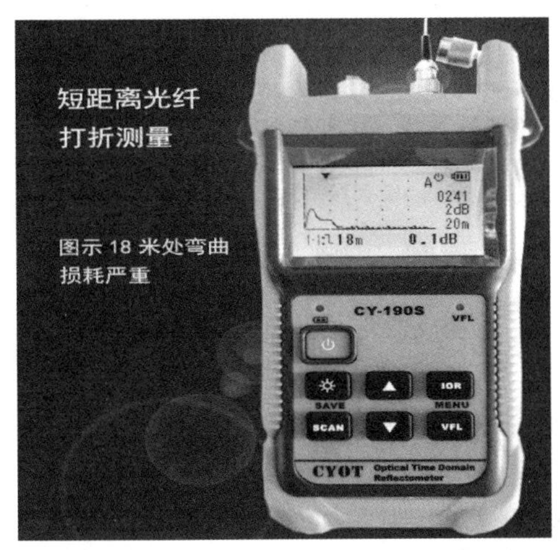

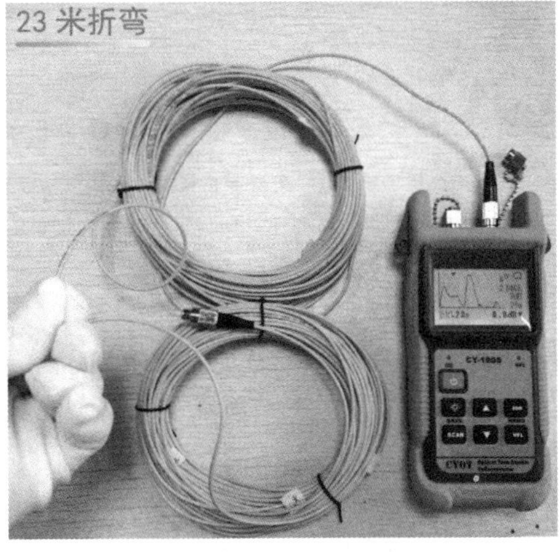

图 2　手持式光时域反射仪测量图

从发射信号到返回信号所用的时间，再确定光在玻璃物质中的速度，就可以计算出距离。OTDR 测距按式（1）计算：

$$d=\frac{ct}{2(IOR)} \tag{1}$$

式中　c——光在真空中的速度，m/s；

t——信号发射后到接收到信号（双程）的总时间，即两值相乘除以 2 后就是单程的距离，s；

IOR——折射率。

因为光在玻璃中要比在真空中的速度慢，所以为了精确地测量距离，被测的光纤必须要指明折射率（IOR），IOR 由光纤生产商来标明。

光时域反射仪可以用来量测光纤的长度、衰减，包括光纤的熔接处及转接处皆可量测。在光纤断掉时也可以用来量测中断点[3]。

3　研究方法

本项目主要结合对连云港徐圩港区某成品堆场基础设施工程检测过程中用到的塑料排水板在制作及质量检测方面的研究与探讨，在此基础上提出了提高检测效率的措施，希望在传统的检测技术基础上有所进步。

3.1　技术原理

新型可测深光纤塑料排水板，是由塑料芯板、透水无纺布和光纤芯组成（见图 3），可实地测量塑料排水板打入地下的深度。沿排水板的塑料芯板长度方向加入两根光纤芯，一根测量一根校验，光纤芯可以是一根，也可以是任意间隔设置多根，且任何形状和构造的排水板都可以使用。使用时将排水板打入地下数十米深处，通过检测置嵌入在排水板内部的光纤芯，利用光时域反射仪（OTDR 检测仪），精确测量其光纤芯的长度，从而得出排水板打入地下的深度。

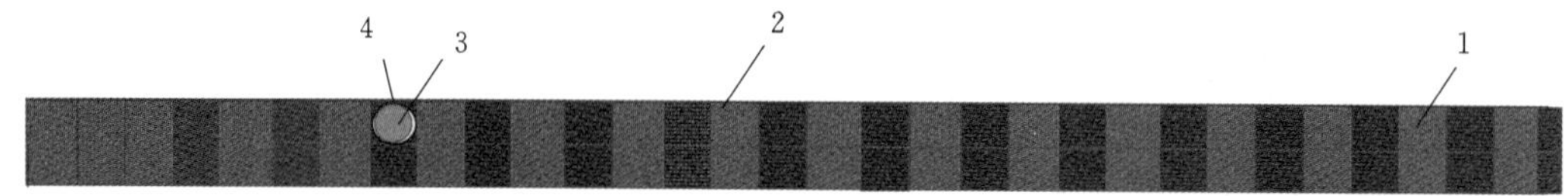

图3　嵌有光纤芯的塑料排水板主剖视结构示意图

1—原有塑料排水板；2—透水无纺布；3—光纤套；4—光纤芯

3.2　技术特点

排水板测深可在一根排水板或相邻排水板之间完成，光纤线具有绝缘、耐潮、耐腐蚀的性能，并且将光纤线置于保护槽内，可有效防止光纤线断裂，起到很好的保护作用，而且使排水板长度的测量更加准确。

（1）适用性强。在不影响排水效果的前提下，0.5mm光纤芯可承受20N的力，在排水板打设过程中保持光纤芯不易折断，保证其机械强度。

（2）可靠性好。光纤芯包裹在塑料护套中，使得它能够弯曲而不至于断裂；排水板可内置多根光纤芯，所测长度可进行校验，获得可靠的测深数据。

（3）精准度高。光时域反射仪（OTDR检测仪）检测精度较高，测量精度在毫米级，目前已广泛应用于通信光纤的施工。

（4）识别度高。光纤芯身外包彩色光纤套，在加入到排水板材料中很容易识别，在施工测量时便于查找。

（5）成本低廉。光导纤维成本极低，0.5mm塑料光纤芯的成本每米仅几分钱，易于推广。

3.3　项目实操要点

（1）排水板嵌入光纤芯。采用带有一定刻度的塑料排水板，在排水板中嵌入0.5mm光纤芯（PVC材质光导纤维），光纤芯成本为0.09元/m，为验证可测深光纤排水板的最低精准度，本项目仅嵌入一根光纤芯。嵌有光纤芯的塑料排水板如图4和图5所示。

图4　嵌有光纤芯的塑料排水板制作成果图

（2）打设可测深光纤排水板。选用连云港徐圩港区某成品堆场基础设施工程项目，堆场土质为淤泥，已有塑料排水板插板机，打设三组可测深光纤塑料排水板作为验证点，并在地面预留一定长度的排水板。打设可测深光纤塑料排水板现场如图 6 所示。

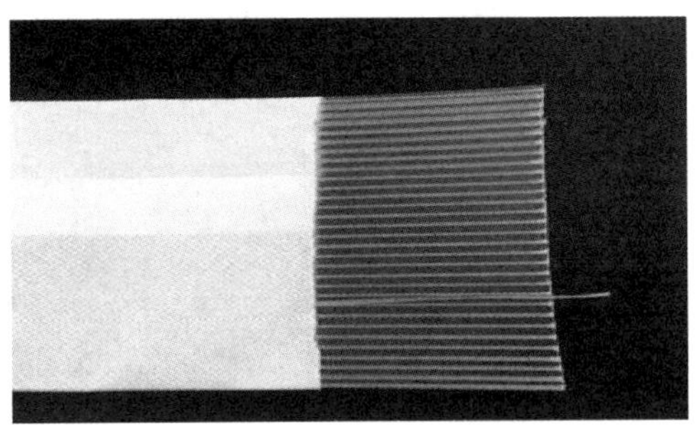

图 5　嵌有光纤芯的塑料排水板细样图

3.4　打设成果检测及数据分析

（1）打设成果检测。为了保证测量精度，光纤必须保证一定的长度：预留 155.1m 光纤芯作为尾纤，与 OTDR 检测仪形成一个整体，检测和监测排水板打设深度，如图 7 所示。

图 6　打设可测深光纤塑料排水板现场图

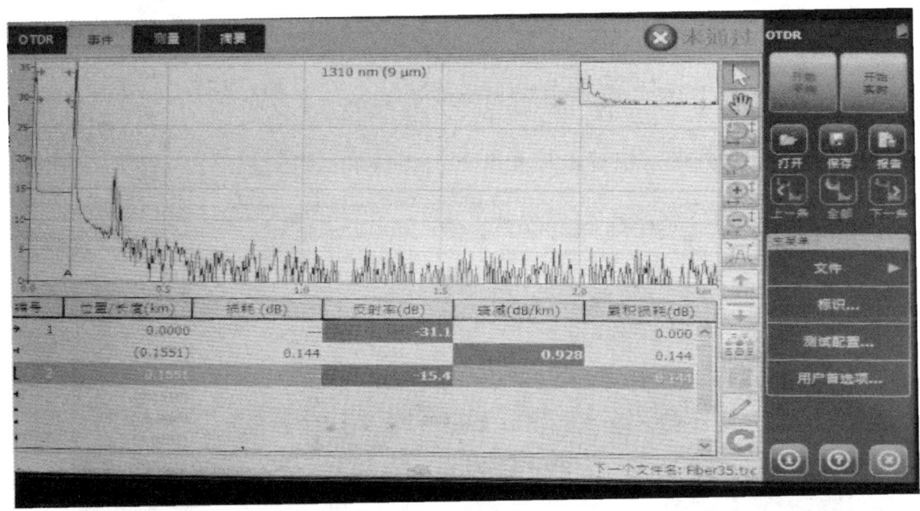

图 7　尾纤 OTDR 检测仪生成图

熔接尾纤与第一个打设点位排水板光纤芯，测量第一个打设点位，如图 8 所示。

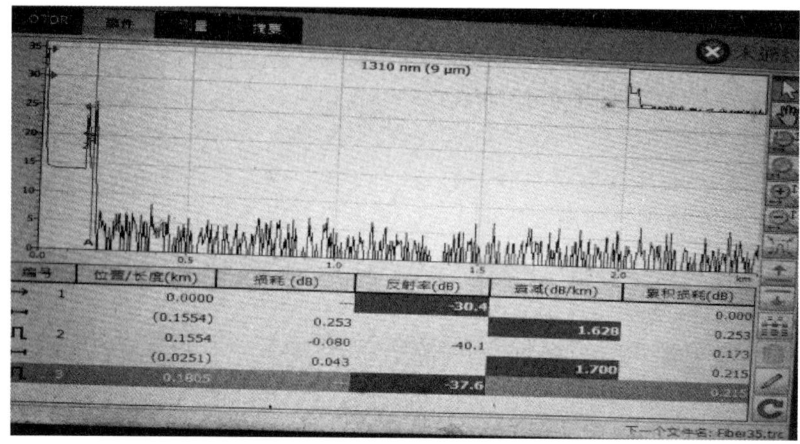

图 8　第一个打设点位 OTDR 检测仪生成图

熔接尾纤与第二个打设点位排水板光纤芯，测量第二个打设点位，如图 9 所示。

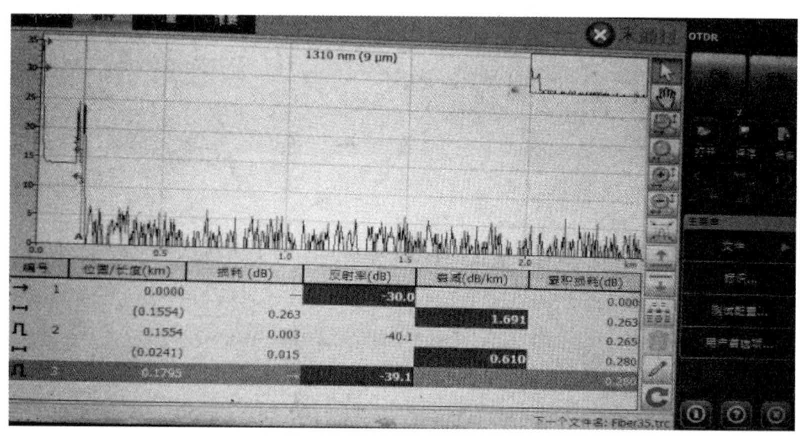

图 9　第二个打设点位 OTDR 检测仪生成图

熔接尾纤与第三个打设点位排水板光纤芯，测量第三个打设点位，如图 10 所示。

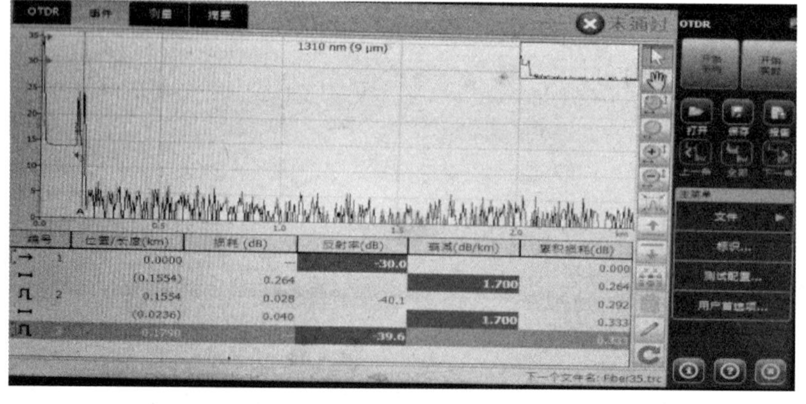

图 10　第三个打设点位 OTDR 检测仪生成图

（2）数据分析。三个打设点位数据汇总见表1。

表1　现场可侧深光纤塑料排水板长度测试记录表

序号	测试参数						备注
	前端尾纤长度/m	含尾纤总长度/m	尾纤与排水板熔接长度/m	排水板实测总长/m	地面排水板余长/m	止水板在地下深度/m	
1	155.1	155.1					
2	155.1	180.5	155.4	25.1	1.8	23.30	第一个点位
3	155.1	179.5	155.4	24.1	1.1	23.00	第二个点位
4	155.1	179.0	155.4	23.6	0.8	22.80	第三个点位

比对传统排水板测量刻度法，三个打设点位读数分别是25.1m、24.1m、23.6m，与打设点位OTDR检测仪生成数据吻合。

4　结语

（1）与传统测深方法的区别：首先，新型排水板即时测深，减少打设排水板过程中人为干扰因素，检测便捷、误差小，提高排水板施工可靠度，巩固港口地基处理效果；其次，加入光纤芯的新型排水板，实现传统检测方法的改进，满足参建单位对现场生产情况的实时了解，对提高港口地基处理施工效率提供了新的思路。

（2）新型排水板优势：第一，相比较传统排水板，新型可测深排水板可显著压缩人力资源成本，降低人工检查时的设备空转能耗；第二，在塑料排水板中加入光纤芯，可以简化传统排水板检测难度，实时检查打入深度，可以达到有效控制塑料排水板打设深度和质量的目的。

（3）推广前景：新型排水板制作过程中即可嵌入光纤芯，无需增加制作流程，改造费用小，几乎不增加成本，易于推广。

参考文献

[1]　徐朝阳，刘明，胡舒之．真空-堆载联合预压地基的数值计算及加固机理探讨［J］．广东工业大学学报，2017（1）：31-39.

[2]　杨光，高铭，张双鹏．塑料排水板打设施工技术研究［J］．天津建设科技，2015（Z1）：42-43.

[3]　肖平平，袁睿．OTDR波形分析及在光纤测量中的应用［J］．光通信技术，2010（4）：42-44.

水下真空预压在连云港海滨新区潮间带区域软基处理工程中的应用

翟光鹏　张广娟　郭玉昌

（连云港港口工程设计研究院有限公司，江苏连云港　222042）

摘　要：水下真空预压技术应用于海滨潮间带区域软基处理工程，具有明显的经济和技术优势。本文介绍了水下真空预压技术在连云港海滨新区金海三期软基处理工程中潮间带的大面积应用，进一步论证了潮间带水下真空预压技术应用的可行性，对软基加固过程中地基沉降、孔压消散和强度增长进行了现场监测和分析，为类似工程的设计和施工提供参考。

关键词：水下真空预压；潮间带；软土地基处理；现场监测

0　引言

在港湾建设中，软黏土地基必须先行加固处理，否则在开挖过程中可能导致滑坡，施工后会由于沉降或位移导致上层结构的桩、梁、板变形或开裂等问题。水下真空预压法是真空预压法技术的加深和推广，该技术的运用可以解决上述问题。

凡是能形成负压边界条件的软黏土地基就可以用水下真空预压法来加固，目前的抽真空设备在水深10m的条件下可以在膜下砂垫层中形成明显的负压边界，加固效果显著。该方法可用于码头岸坡、防波堤和围埝等地基的加固工程，尤其是在解决用堆载预压等方法很难解决的码头岸坡稳定问题，其技术优势和经济效益更为显著。所以水下真空预压技术不仅可以为港口工程施工领域的拓展提供行之有效的方法，同时更可以获得巨大的经济效益。

中交一航局天津港湾研究所于2002年将水下真空预压可行性作为技术开发基金项目加以研究，得到了较好的试验结论，认定该技术是完全可行的。但是由于当时各种原因，没有经过合适的依托工程验证，该技术并未得到很好的推广和运用。本论文的目的就是通过对本工程的进一步推广，验证该项技术的可行性和和实际应用效果，使该技术能大规模运用到港湾工程建设中，为水下地基处理开辟新的领域。

1　工程概述

连云港市海滨新区位于市区东北的海滨，北起临洪河口，南至西墅村，规划总面积48.88km^2，其中用海17.65km^2。

海滨新区防波堤内侧规划宽90m海滨大道，道路先期需进行路基处理工程，由东向

作者简介：翟光鹏，连云港港口工程设计研究院有限公司。

西分为金海一期、金海二期及金海三期三个区段，以新城闸及开泰闸两个闸口为分界点。

连云港海滨新区金海三期软基处理工程陆域范围内为潮间带区域，淤泥顶标高−1.72～2.4m（国家85高程，下同），淤泥底标高为−17.08～−10.1m。采用水下真空预压联合堆载加固。地基加固面积为40.04万m^2，包括宽90m道路及宽22.6m堆载边坡。

2　地质情况

据勘探资料，场区在勘探深度范围内揭露地层为第四纪松散堆积物，按其形成时代、成因类型、岩性特征及其物理力学指标从上至下共分为5个工程地质层，现对前两层淤泥层工程地质层特征分述如下：

②-2b—淤泥（Q_{4m}）：灰色，饱和，流塑。土质均匀细腻，局部含少量贝壳碎片及粉土团块。该层在本段均有揭露、普遍分布。层底标高−10.38～−7.66m，平均标高−8.93m；厚6.30～10.80m，平均厚度7.93m。

该层主要物理力学指标：含水量$w=74.7\%$，天然密度$\rho=1.58g/cm^3$，天然孔隙比$e=2.030$，塑性指数$I_P=26.0$，液性指数$I_L=1.98$，压缩系数$a_{0.1-0.2}=1.83MPa^{-1}$，压缩模量$E_s=1.66MPa$，快剪黏聚力$C=5kPa$，内摩擦角$\varphi=0.0°$，固结快剪黏聚力$C_g=13kPa$，内摩擦角$\varphi_g=7.8°$，三轴不固结不排水剪内聚力$C_{uu}=13kPa$，内摩擦角$\varphi_{uu}=0.60°$，三轴固结不排水剪内聚力$C_{cu}=6kPa$，内摩擦角$\varphi_{cu}=11.2°$，垂直渗透系数$k_v=1.30\times10^{-7}cm/s$，水平渗透系数$k_h=1.56\times10^{-7}cm/s$，静探锥尖阻力$q_c=0.17MPa$，侧壁摩阻力$f_s=3.60kPa$。

②-3b—淤泥（Q_{4m}）：灰色，饱和，流塑。土质均匀细腻，局部含少量贝壳碎片及粉土团块。该层在本段均有揭露、普遍分布。层顶埋深6.30～10.80m，平均埋深7.93m；层底标高−17.08～−10.16m、平均标高−12.41m；厚2.00～6.70m、平均厚度3.48m。

该层主要物理力学指标：含水量$w=81.4\%$，天然密度$\rho=1.54g/cm^3$，天然孔隙比$e=2.251$，塑性指数$I_P=32.1$，液性指数$I_L=1.59$，压缩系数$a_{0.1-0.2}=2.96MPa^{-1}$，压缩模量$E_s=1.11MPa$，快剪黏聚力$C=14kPa$，内摩擦角$\varphi=0.6°$，固结快剪黏聚力$C_g=11kPa$，内摩擦角$\varphi_g=7.7°$，三轴不固结不排水剪内聚力$C_{uu}=16kPa$，内摩擦角$\varphi_{uu}=0.79°$，三轴固结不排水剪内聚力$C_{cu}=12kPa$，内摩擦角$\varphi_{cu}=8.10°$，垂直渗透系数$k_v=0.93\times10^{-7}cm/s$，水平渗透系数$k_h=0.95\times10^{-7}cm/s$，静探锥尖阻力$q_c=0.45MPa$，侧壁摩阻力$f_s=8.90kPa$。

3　水下真空预压地基处理方案

水下真空预压联合堆载法为在淤泥层表面铺设SS20型土工格栅，铺设一层厚60cm砂被袋，部分区域需铺设第二层厚60cm砂被袋，待铺设完工后，插打B型塑料排水板打设深度为进入黏性土1.5m（部分下层为砂层，打至砂层上50cm即可），间距为1.0m，正方形布置，插板完成半个月后，铺设滤管与铺设180g/m^2编织布，再继续铺设两层密封膜（每层膜需采用0.2mmPVC真空密封膜），开始抽真空并进行浅层真空维护；抽真空有效时间为180天，完成总固结度在85%以上方能卸载。当膜下真空度稳定到80kPa以后，抽真空30天左右可在上部铺设一层200g/m^2无纺土工布与吹填砂被袋40cm并在围堤向内真空预压联合区堆载四～五级堆载开山土石（含土量＜10%，石料粒径不大于40cm）至陆域形成设计标高，加载速率为每级堆载/月。

4 监测项目及检验内容

为确保软基加固施工质量，及时掌握被加固土体的固结、各土层沉降变形，判断被加固土体的物理力学指标改善效果，确保达到设计要求，对施工过程进行了全面的监测和检验工作，监测项目和检验内容：分层沉降观测，孔隙水压力观测，真空压力传递观测，侧向位移观测，加固前后现场十字板强度检验。

4.1 沉降分析

4.1.1 地表沉降

地表沉降为打设塑料排水板期间的沉降和在预压荷载作用下产生的沉降之和，由于打板期间沉降数据遗失，因而本文只对预压沉降进行分析，各区在预压期间的沉降曲线如图1所示。

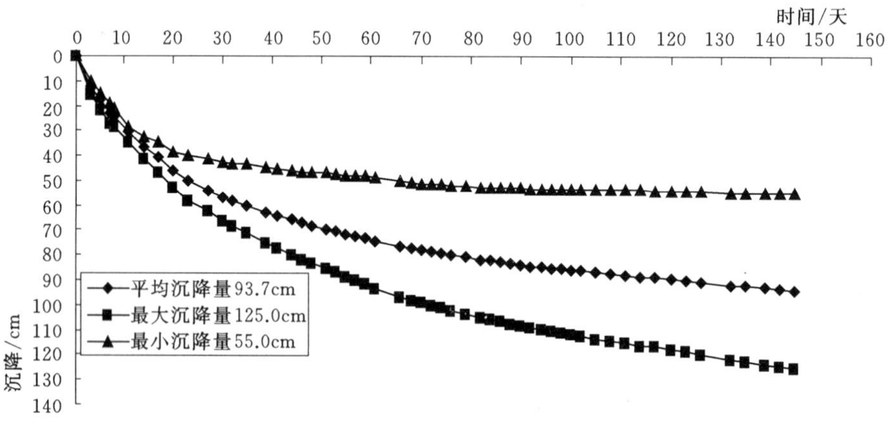

图1 预压期间的沉降曲线图

根据公式（1）和公式（2）推算地基土的固结度，该固结度可反映出地基的总体加固效果，推算结果见表1。

$$S_{\infty}=\frac{S_3(S_2-S_1)-S_2(S_3-S_2)}{(S_2-S_1)-(S_3-S_2)} \tag{1}$$

$$U_t=S_t/S_{\infty} \tag{2}$$

式中 S_1、S_2、S_3——时间 t_1、t_2、t_3 所对应的沉降量，且 $t_3-t_2=t_2-t_1$；

S_{∞}——根据实测沉降量推算的地表最终沉降量；

U_t——用实测沉降量表示的对应 t 时刻的固结度。

表1 卸载时各区地表沉降固结度分析

分 区	预压平均沉降量/cm	计算最终沉降量/cm	固结度/%	残余沉降量/cm
Ⅰ	93.7	105.1	89.2	11.4
Ⅱ	126.6	146.2	86.6	19.6

4.1.2　深层分层沉降

打设塑料排水板后，在加固区各埋设了一组深层分层沉降仪，以便推算地基的综合固结度和各层土的固结度，深层分层沉降仪观测曲线如图 2 所示，利用公式（1）计算各土层最终沉降量及各土层固结度，见表 2。

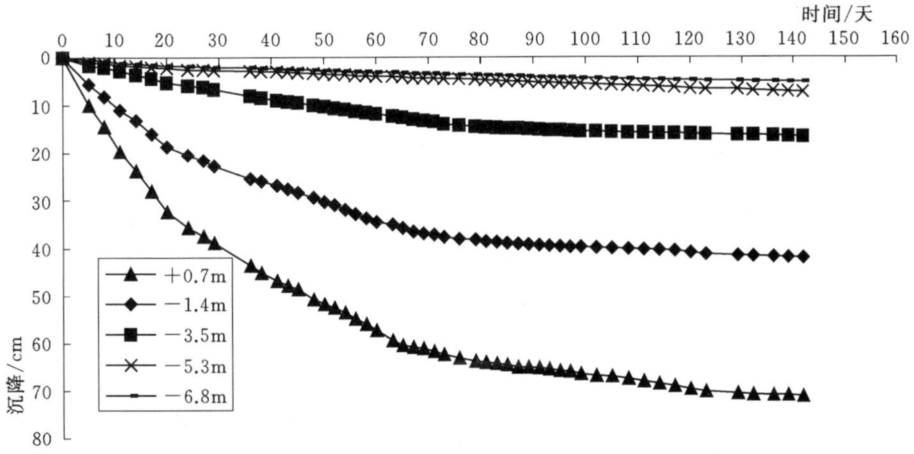

图 2　分层沉降仪观测曲线

表 2　各层土沉降固结度分析

序号	土层标高 /cm	预压沉降量 /cm	最终沉降量 /cm	固结度 /%	残余沉降 /cm
1	+0.68～-1.43	29.3	33.3	88	4.0
2	-1.43～-3.48	24.9	27.4	91	2.5
3	-3.48～-5.29	9.9	11.9	83	2.0
4	-5.29～-6.77	2.2	2.6	85	0.4
5	-6.77 以下	5.1	5.8	88	0.7
合计		71.4	81.0	综合固结度 88%	9.6

4.2　孔隙水压力

孔隙水压力随时间变化曲线如图 3 所示。

由图 3 可知，孔隙水压力消散过程曲线与土体沉降变形具有相似规律，土体中各点的孔隙水压力随真空预压时间增加而逐渐消散。

真空预压时所引起的负孔隙水压力，称之为负超静水压力，实测孔隙水压力反映了该测点的总压力，即包括原静水压力和负超静水压力之和。本文中所给出的孔隙水压力是指负超静水压力。

根据预压期间孔隙水压力消散量（孔隙水压力降低值）计算各点的固结度结果见表 3。

从表 3 中可以看出，各测量点计算的固结度均在 90%左右，说明地基土被有效的加固处理，孔隙水压力推算的固结度与沉降推算的固结度存在偏差，符合两者的理论关系。

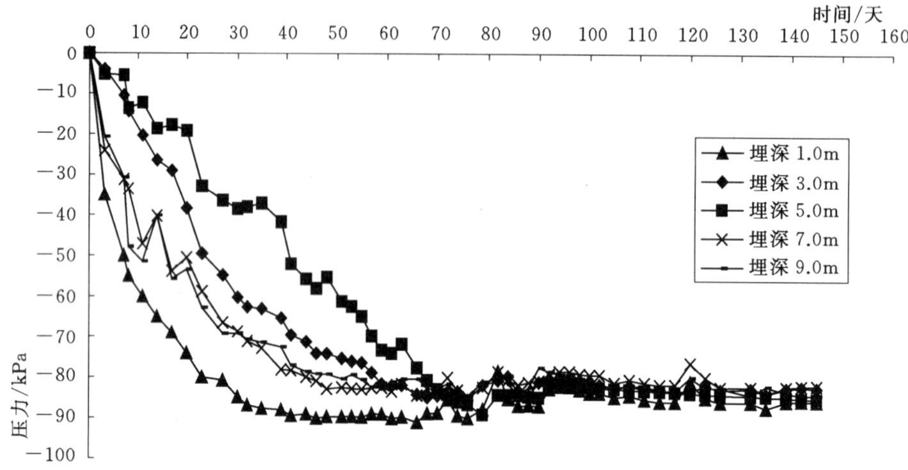

图 3 孔隙水压力随时间变化曲线

表 3 孔压计算各点固结度

序号	测头埋深/m	真空荷载/kPa	孔压消散值/kPa	固结度/%
1	1.0	90.0	85.6	95
2	3.0		82.4	92
3	5.0		85.0	94
4	7.0		81.7	91
5	9.0		84.0	93

4.3 加固过程中竖向排水体内真空压力变化分析

在加固区的一个竖向排水体内埋设一组真空压力仪以便观测压力沿竖向排水体的传递情况，分析真空压力的有效加固深度，真空压力传递观测结果见图 4。

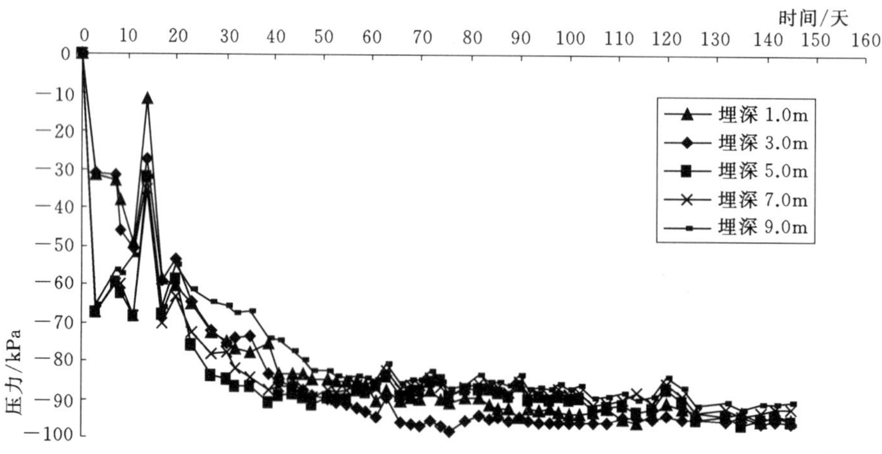

图 4 真空压力传递随时间变化曲线

观测结果表明：在真空预压过程中，真空压力沿着竖向排水体的传递效果良好，基本在 80kPa 以上，预压过程中一直表现稳定。

4.4 加固过程中土体水平位移变化分析

在Ⅰ区西侧埋设一根侧斜仪以便观测加固区外的土体位移情况，侧向位移观测结果如图 5 所示。

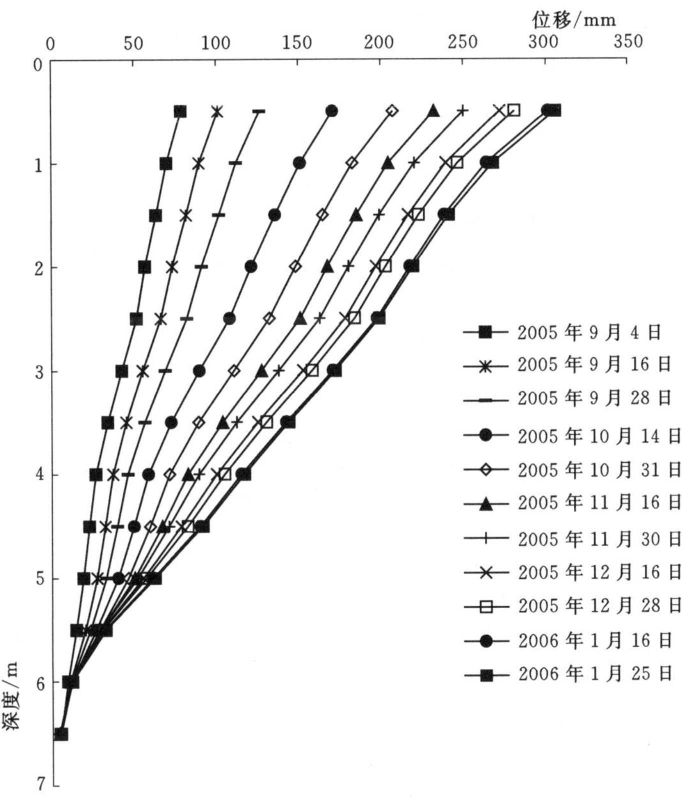

图 5 测向位移曲线图

观测结果表明：在真空预压过程中，土体逐渐向加固区内移动，预压前期位移较大，而后逐渐稳定。

4.5 加固后土性变化分析

加固前、后各进行了钻孔取土，十字板强度试验，下面根据钻孔检验资料对加固效果进行综合分析。加固前后十字板抗剪强度对比结果如图 6 所示，加固后土的抗剪强度有较大的提高，土体的强度增长是非常显著的。

4.6 加固后各土层土性变化

加固前后各土层物理力学指标对比结果见表 4。由表 4 可知，加固后塑料排水板打设范围内土的含水量，孔隙比有明显降低，土的容重、三轴强度都有显著提高。

4.7 地基强度

根据加固后各区内十字板孔试验结果，地基容许承载力按 JTJ 240—97《港口工程地

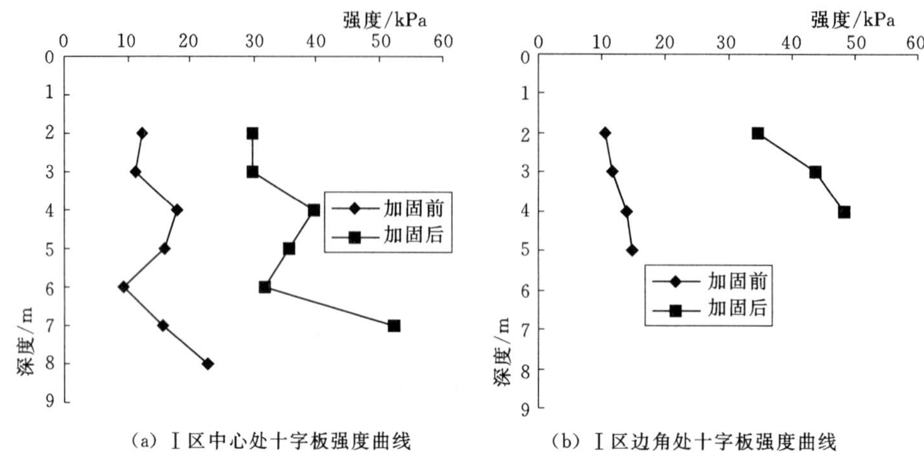

(a) Ⅰ区中心处十字板强度曲线

(b) Ⅰ区边角处十字板强度曲线

图 6　十字板强度曲线

质勘察规范》中公式 $f=3C_u+\gamma D$ 计算，不考虑基础埋深修正时，$f=3C_u$，计算结果见表 5。

表 4　　　　**土力学性指标**

土层		土层厚度	含水率	密度	干密度	孔隙比	液限	塑限	塑性指数	液性指数	压缩系数	压缩模量	直剪试验		三轴试验		固结系数垂直 C_v			
																	50	100	200	400
			ω	ρ	ρ_d	e_0	w_L	w_P	I_p	I_L	a_{v1-2}	E_{s1-2}	c_q	Φ_q	c_{uu}	Φ_{uu}	$\times10^{-3}$			
		m	%	g/cm^3	g/cm^3		%	%			MPa^{-1}	MPa	kPa	度	kPa	度	cm^2/s			
淤泥	前	2	65.8	1.63	0.98	1.816	49.6	23.0	26.6	1.62	1.58	1.85					0.37	0.33	0.53	0.60
淤泥质黏土	后	2	53.6	1.70	1.11	1.494	50.8	23.3	27.5	1.10	1.36	1.83	13.7	6.4						
淤泥质黏土	前	1	49.7	1.74	1.16	1.349	34.2	18.5	15.7	1.99	1.14	2.06	4.4	1.0			0.57	0.69	1.14	1.21
	后	1	47.3	1.76	1.19	1.310	44.1	21.4	22.7	1.14	0.86	2.67	19.8	5.5						
淤泥	前	5	72.2	1.60	0.93	1.985	54.5	24.4	30.1	1.61	1.62	1.85	6.5	0.5	2.9	4.0	0.30	0.41	0.55	0.67
	后	4	59.1	1.67	1.05	1.628	53.3	24.1	29.2	1.20	1.42	1.82	15.8	2.1	15.0	6.1				

表 5　　　　**地基承载力标准值**

分　　区	十字板强度/kPa	容许承载力/kPa
边角处	42.3	132.8
中心处	36.6	114.9

5　结语

水下真空预压加固潮间带软土地基具有加固效果好、工程工期短、见效快、费用省等特点。本工程采用水下真空预压法加固处理后，淤泥（土）的物理和力学性能指标得到明显的提升，达到了缩短工期、确保安全稳定的工程目的，并取得了满意的经济效益和社会效益。

本次试验得到了以下几个方面的成果或结论：

(1) 水下真空预压的预压荷载等于预压前的孔隙水压力和预压后（完全固结）的孔隙水压力之差，当膜下砂垫层中的孔隙水压力小于 0 时，膜上水可全部作为预压荷载起作用。

(2) 在膜上覆水小于 4～5m 的情况下，水下真空预压的预压荷载等于膜上水压和膜下真空度之和。

(3) 陆上抽真空设备在水下 4～5m 以内可以形成大于 80kPa 的抽真空能力，可以应用于水下真空预压的施工。

(4) 在水下真空预压的过程中，加固区边界外的水产生向边界内渗流不会引起土体破坏。

(5) 在水深小于 4～5m 情况下，膜下的真空度受海水涨落潮影响较小。

利用植物加固疏浚土并农用复垦的设想

王德咏[1,2,3]　王　婧[1,2,3]　毕世明[1]　邱青长[1,2]

（1. 中交四航工程研究院有限公司，广东广州　510230；
2. 中交交通基础工程环保与安全重点实验室，广东广州　510230；
3. 南方海洋科学与工程广东省实验室（珠海），广东珠海　519082）

摘　要： 针对常规排水固结法处理疏浚土存在的成本高、无法去污的问题，提出了利用先锋植物生态固化疏浚土的设想。拟通过开展先锋植物对纳泥区疏浚土的生态加固机理和应用技术研究，探索一种改良疏浚土的生态固化方法，一方面为河道疏浚土提供经济而环保的处理措施，避免二次污染的可能；另一方面为疏浚弃土的快速复垦提供技术支撑，实现疏浚土的农用地资源化利用。基于这一设想，提出了相应的研究实施思路，包括主要研究内容、拟解决的关键技术问题、主要创新点和可行性分析等。

关键词： 先锋植物；疏浚土；生态固化；复垦

0　引言

我国仍处于交通基础设施大规模建设阶段，水运建设规模仍将保持较高水平，江河湖海疏浚总量不断攀升，每年数据量多达 50 亿 m^3。依据传统做法，大部分疏浚土直接外抛到指定水域或排泥场，不仅使疏浚土资源遭到浪费，更容易对水资源造成二次污染，不符合当前的国家环保要求。另外，当前我国土地资源日趋紧张，如何将疏浚土资源化是值得我们思考的问题。科学、环保、高效利用疏浚土成为形势所需，也将进一步推动我国水运工程实现可持续发展的必然要求。

一般疏浚土具有含水率高、黏粒含量高、透水性差等特点，新近疏浚土吹填淤泥表层承载力几乎为 0，根本无法承载任何人机设备。如果进行人机作业，疏浚土必须经过处理，若完全通过晾晒的话，需要的时间较长，影响工程建设工期。利用工程措施或化学措施固化疏浚土的话，工序复杂，费用较高，且无法处理疏浚土中可能存在的有机质、重金属等，不利于土地农用资源化。因此，如何高效、环保处理疏浚土，成为实现资源再利用的关键。

1　植物固土的设想及意义

针对常规排水固结法处理疏浚土存在的成本高、无法去污的问题，拟提出一种先锋植物固土的设想。

作者简介： 王德咏（1982—　），男，高级工程师，博士，主要从事地基处理及边坡方面的研究。

基金项目： 广州市珠江科技新星专项资助（编号 201906010068）。

所谓的先锋植物，是指在群落演替中最先出现的植物。固土乃至复垦所选的先锋植物，应满足：①可存活于高含水率土中，在春夏期间快速吸水生长，先期可固化表层土壤，在秋冬期间（温度0℃以下）植物停止生长、甚至冻坏；②根系发达，可对土壤加筋；③冻坏或收割的植物根茎叶埋入土中，可增加土壤肥力。

天然植物作为优良的加筋材料，在岩土工程中已有一定的应用。植物在边坡生态防护方面已有大量的理论[1]和实践基础[2]。

不少专家学者进行了植物在水土保持、土性改良及污染修复方面的研究[3-5]。

除了植物的根系加筋作用能加固周围土体外，草本植物被收割或自然死亡后，经人为深翻后，埋于土中的植物茎叶纤维也能加固土体。利用植物纤维替代传统的土工合成材料增强材料的可持续性已显示出巨大的潜力，并日益受到岩土工程的重视[6,7]。

由于天然植物纤维具有易降解特性，天然植物纤维其作为加筋材料埋在土壤中，其降解后增加土体的有机质含量，并释放氮、磷、钾等营养元素，使土壤生态化。如秸秆直接还田既能改善土壤中养分供给状况，又具有改良土壤物理性质，提高土壤肥力的作用[8-10]。

先锋植物固土并进行土地复垦在理论上也是可行的，主要体现在：①植物根系对土体有“加筋”作用；②植物蒸腾对土体起“排水”作用；③植物吸收净化土体中的有机物、重金属等；④先锋植物枯萎后，可增强土壤肥料，利于复垦农用。

此外，利用先锋植物固土具有施工便捷、经济、绿色环保、可持续发展等优势，符合国家环保政策。但有几个关键问题需要解决：①疏浚土含水率高，什么样的植物能够存活在这种高含水率的土中？同时又能在短期内起到固化土壤的作用？这就需要研究其固化机理。②如何在高含水率的疏浚土中施种和养护先锋植物？③先锋植物死后，纳泥区是否可以达到复垦的标准，如何评估？需要根据国家标准，结合实际情况制定相应的标准。

2　主要研究内容

针对存在的关键技术问题，拟开展基于先锋植物的疏浚土生态固化机理和应用技术研究，包括以下3个部分：

（1）先锋植物快速复垦纳泥区的生态固化机理研究。

1）先锋植物选型：研究不同先锋植物对疏浚土性能改善的效果，优选出1～2种能在高含水率疏浚土中存活、短期内可固化疏浚土、可大面积种植的先锋植物。

2）先锋植物的生态固化机理研究：通过室内试验，研究先锋植物改良疏浚土性能及主要影响因素，探索先锋植物快速复垦纳泥区的生态固化机理。

（2）先锋植物与疏浚土特性的适配性及先行处理技术研究。

1）先锋植物与疏浚土特性的适配性研究：针对先锋植物的生长状况及对土壤固化改善的效果进行比对试验，分析先锋植物与疏浚土特性的适配性。

2）纳泥区先行处理技术研究：根据研究得出的先锋植物最佳生长的土壤含水量范围，提出纳泥区在种植先锋植物之前的先行处理技术方案。

（3）先锋植物在纳泥区快速复垦技术研发及评价标准。

1）先锋植物快速复垦纳泥区技术研发：通过现场试验田、试验区的先锋植物种植和加固效果测试，结合相关标准提出先锋植物在纳泥区快速复垦技术。

2）纳泥区快速复垦技术评价标准研究：对先锋植物种植前后土体的力学、生态等关键指标对比分析，结合农用复垦方面的规范标准，提出纳泥区疏浚土快速复垦技术评价标准。

3 研究方法及技术路线

研究拟以引江济淮工程（安徽段）某航道疏浚土处置及农用地资源化利用为依托，采用文献调研、现场调查、室内外试验、理论分析、归纳总结等研究方法，探索先锋植物对纳泥区疏浚土的生态加固机理；通过现场试验、现场监测和工程实践，揭示先锋植物的生态加固技术；并建立科学的疏浚土快速生态固化及复垦评价体系。技术线路如图1所示。

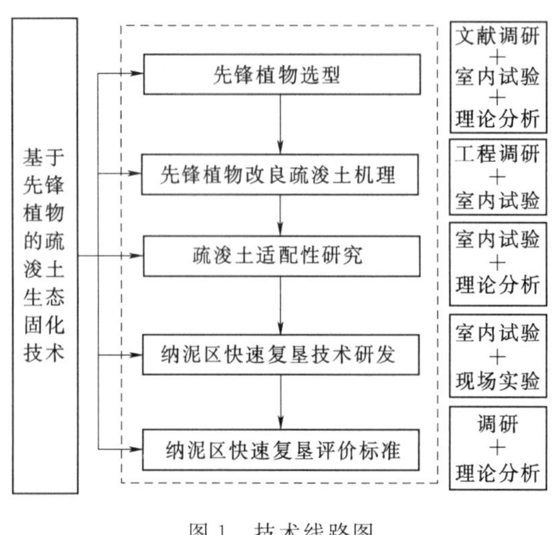

图1　技术线路图

具体的研究路线如下：

（1）调研我国河湖疏浚土的处置、处理技术，疏浚土的资源化利用途径，不同疏浚土处理技术的适用性、优缺点以及经济成本，尤其是农田土地利用的相关方法、措施、政策和标准等。

（2）结合文献调研、工程类比，研究3～5种植物种植对依托工程疏浚土的改善效果，选出1～2种可大面积种植的先锋植物。

（3）基于现场试验田研究，通过先锋植物种植前后的土体性能（加筋效果、承载特性、重金属及有机物等）比较，研究其改良土体性能及主要影响因素（如种植间距等），初步探索改良疏浚土的内在机理。

（4）归纳总结先锋植物对应疏浚土特性的适配性，进而提出相应的疏浚土初步处理措施。

（5）通过现场实践与测试，在依托工程选取0.5亩试验区进行先锋植物种植，验证其大面积复垦技术的可行性。基于先锋植物种植前后疏浚土特性测试（土体、环境、生态等因素）的对比，结合现有国家和行业标准，再进行常见农作物的种植，对大面积先锋植物效果进行评价。基于实践提出纳泥区的快速生态复垦技术手册和评价标准。

4 关键核心技术及创新性

拟突破的关键核心技术有：①研究不同先锋植物与疏浚土的适配特性，优选出既能在高含水率土壤中存活又能快速固化土壤的先锋植物；②在土壤高含水率条件下，研发一种基于先锋植物的疏浚土生态加固技术，包括高含水率疏浚土中先锋植物的种植及养护技术；③建立吹填疏浚土场地生态固化及复垦效果评价方法，为疏浚弃土大面积复垦提供技术依据。

主要创新点有：①创新性研发一种基于先锋植物的纳泥区快速复垦技术，综合生态固化河道疏浚土，达到复垦农用标准，弥补现有疏浚土脱水固化费用高、且对环境造成一定污染的不足。②基于先锋植物修复纳泥区的影响因素，提出吹填纳泥场地快速生态固化及复垦评价标准，为纳泥区大面积复垦提供技术依据。

5 现场试验方案

安徽某湖泊航道疏浚工程，疏浚量高达 1000 万 m^3，湖水生态质量要求高；沿线纳泥区地下 1m 范围内可承受 $4t/m^2$ 的荷载，且满足复垦要求。为了进行疏浚土固化的先锋植物选型和关键工艺参数确定，在工程现场选取了试验田进行试验研究，目的是：①验证先锋植物在该地区气候条件下的适应性；②确定不同植物的固化效果；③确定先锋植物的种植间距和种植方法；④比较固化前后疏浚土土力学性质的变化，确定本技术的可行性。

现场选取了皇竹草、香蒲草、玉米 3 种先锋植物，采用了不同的种植方式（种子、管节等）和种植间距（0.1m，0.3m，0.5m，0.75m，1.0m）等，现场试验田如图 2 所示。

图 2 现场试验田

试验中的监测项目包括：先锋植物成活率、株高、分蘖数；土壤的含水率、土体承载力。用到的主要设备有米尺、静力触探仪、简易载荷板、轻型动力触探仪、火焰原子吸收分光光度计等。具体见表 1。

通过现场试验，比较固化前后疏浚土土力学性质的变化，最终确定本技术的可行性以及固化效果的检测和验收方法；进而为疏浚土固化大面积施工提供参考依据。

表 1　　监测项目及方法

序号	检测项目	检测方法	检测频率
1	成活率	观测统计	1 次/月
2	株高	米尺	1 次/月
3	分蘖数	观测统计	1 次/月
4	土壤含水率	称重法	2 次/月
5	土体承载力	静力触探仪	视植物生长情况

6 结语与展望

提出了一种基于先锋植物生态固化疏浚土以达到快速复垦农用的思路。其主要特点是：生态环保、简单经济。针对其中的关键技术问题提出了研究思路，预计可达到的技术经济指标有：

（1）提出基于先锋植物生态加固的快速复垦技术，指导工程实践，提高河道疏浚土的综合处置与利用效果，节约工程成本。

（2）利用先锋植物对疏浚土进行生态固化进而达到复垦要求，减少土壤流失和二次污染。

（3）建立吹填疏浚土场地快速生态固化及复垦评价标准，对快速处理方法进行综合评价，为纳泥区大面积复垦提供技术依据。

参考文献

[1] 吴宏伟. 大气-植被-土体相互作用：理论与机理［J］. 岩土工程学报，2017，39（1）：1-47.

[2] 刘东明，林才奎，等. 高速公路边坡绿化理论与实践［M］. 武汉：华中科技大学出版社，2010.

[3] 黄善明，刘毓氚. 乔木根系吸水对软土路基影响机理研究［J］. 中国农村水利水电，2012（7）：137-140.

[4] 蒋必凤，王海飙，李淑敏. 草本植物根系对土体加筋的效应［J］. 东北林业大学学报，2017，45（7）：51-54，68.

[5] 程洪. 香根草在我国的应用及研究综述［J］. 水土保持通报，1998，18（3）：77-81.

[6] 高文杰，董思文，陈思奇. 基于天然植物纤维材料的土体加固技术［J］. 城市建设理论研究，2019（8）.

[7] 沈庆双. 草本植物加固边坡的试验探究［D］. 北京：中国地质大学（北京），2018.

[8] 李玮，张佳宝，张丛志. 秸秆掩埋还田对黄淮海平原耕层土壤温度及作物生长的影响［J］. 生态环境学报，2012，21（2）：243-248.

[9] 路文涛. 秸秆还田对宁南旱作农田土壤理化性状及作物产量的影响［D］. 杨凌：西北农林科技大学，2011.

[10] 慕平，张恩和，王汉宁，等. 不同年限全量玉米秸秆还田对玉米生长发育及土壤理化性状的影响［J］. 中国生态农业学报，2012：291-296.

第四部分　港口工程技术与实践

自由贸易港背景下新横沙的功能布局研究

薛晓晓　周玉华　曹凤帅　刘晓玲

（中交水运规划设计院有限公司，北京　100007）

摘　要：上海作为我国全方位对外开放先行先试的地区，在自贸区建设和运营方面累积了丰富的经验。随着国家全方位对外开放、“交通强国”等战略的深入推进，上海建设自由贸易港是大势所趋。横沙浅滩位于我国“黄金海岸”和“黄金水道”交汇处，是上海港拓展新空间，发展自由贸易港的绝佳之地。本文借鉴典型自由贸易港的发展经验，全面分析了上海建设自由贸易港的发展机遇、功能定位及产业重点，并结合横沙浅滩的围填海范围，提出新横沙自由贸易港的功能布局和港区平面布置方案。

关键词：自由贸易港；上海国际航运中心；横沙深水新港；功能布局

0　引言

自由贸易试验区被称为我国改革开放的“新试验田”，作为我国第一个自贸试验区，上海自贸试验区自2013年设立以来，在投资、贸易、金融等领域先行先试、大胆创新，取得了一系列成果。2017年，党的十九大报告明确指出，要“赋予自由贸易试验区更大改革自主权，探索建设自由贸易港”。自由贸易港是设在一国（地区）境内关外、货物资金人员进出自由、绝大多数商品免征关税的特定区域，是目前全球开放水平最高的特殊经济功能区。因此，自由贸易港也被赋予了更高的战略定位，探索建设中国特色的自由贸易港，打造开放层次更高、营商环境更优、辐射作用更强的开放新高地，对于促进开放型经济创新发展具有重要意义。

上海作为我国全方位对外开放先行先试的地区，在自贸区建设和运营方面累积了丰富的经验，其改革创新理念和制度创新成果已分领域、分层次在全国推广。随着国家全方位对外开放、“交通强国”、区域一体化发展战略的深入推进，上海港作为“一带一路”建设的重要支点，面临新的发展机遇，上海港要在国家全面扩大开放中发挥更大作用，建设自由贸易港是大势所趋。未来上海港国际影响力和枢纽地位的提升、国际航运中心建设的实质性突破都需要自由贸易港建设的激励。

上海横沙浅滩地处我国海岸线与长江黄金水道的交叉点，通江达海，交通便利，且空间独立，便于管理，具备建设自由贸易港的先天优势条件，成为上海港拓展新空间，进一步扩大开放力度，发展自由贸易港，实现港口、物流、产业、城市一体化发展的绝佳之地。

作者简介：薛晓晓（1986—　），女，高级工程师，硕士，主要从事港口与航道规划工作。

基金项目：上海市科学技术委员会科研计划项目（18DZ1206600）。

1 典型自由贸易港发展经验

1.1 香港自由贸易港

香港港是我国天然良港，远东的航运中心，在珠江口外东侧，香港岛和九龙半岛之间。香港港是全球最繁忙和最高效率的国际集装箱港口之一，也是全球供应链上的主要枢纽港。

香港自由贸易港的发展经历了三次转型、四个阶段，分别为转口贸易型、加工贸易型、综合型、跨区域综合型。第一次转型：转口贸易型向加工贸易型转变。传统转口贸易受20世纪50年代国际对华禁运打击，香港凭借劳动力成本与低地价优势承接产业转移，由转口贸易转向加工贸易。第二次转型：加工贸易型向综合型转变。香港借助大陆对外开放、亚太区域经济一体化等机遇，向珠三角转移劳动密集型制造业，发挥管理、技术、资金等优势，发展为航运、贸易、旅游、金融中心。第三次转型：综合型向跨区域综合型转变。香港回归，借助全球贸易自由化浪潮，积极缔结双边自由贸易协定，促进区域经济一体化。与之相伴，香港的空间结构也从港口型、港口与工业区结合的港区型、与城市结合的港城型，向跨区域一体化发展。香港自由贸易港范围覆盖全域，包括整个香港地区，由香港岛、九龙和新界组成，逐步由单一的转口贸易港发展成为经济结构多元化的自由港[1]。

1.2 新加坡自由贸易港

新加坡地理位置优越，扼守马六甲海峡的咽喉地带，被誉为“世界十字路口”。1819年，英国的到来使新加坡开始成为转口贸易的中转站。1969年，新加坡在裕廊工业区裕廊码头建立了第一个自由贸易区。裕廊海港自贸区属于转口贸易为主、加工为辅的综合型自由贸易港。

目前，新加坡逐渐成为一个高度开发的自由贸易港口，是亚洲地区重要的金融、贸易和航运中心。新加坡毗邻港口和机场共设立了8个“自贸区（Free Trade Zone）”，为全世界的商品进出新加坡提供免税优惠和便捷的物流服务。这些“自贸区”分别由3家企业经营管理。其中，新加坡港务集团（PSA）负责管理位于Brani码头、Keppel物流园、Pasir Panjang码头、Sembawang码头和Tanjong Pagar码头的5个“自贸区”；樟宜机场集团负责管理位于机场物流园和樟宜机场货物中心的2个“自贸区”；裕廊港公司负责管理位于裕廊港的1个“自贸区”。

新加坡自由贸易港非常重视基础设施建设，拥有全球最繁忙的集装箱码头、服务最优质的机场以及亚洲最广泛宽频的互联网体系和通信网络。稳定的政治环境，优越的地理位置，完善的基础设施，高效的通关服务，开放的投资环境，使得新加坡以贸易发展带动产业优化，实现自由贸易港和所在区域的协调发展，成为亚洲地区重要的金融、贸易和航运中心。

1.3 自由贸易港建设经验

目前全球有100多个自由贸易港。实行自由贸易港政策，已成为分享全球自由贸易权利、提升国际竞争力的有效手段[2]。总结典型自由贸易港发展经验，主要有以下启示：

(1) 选择合适的产业发展。选准产业是自由贸易港发展的根本，自由贸易港从转口贸易、出口加工走向现代服务业，从单一功能走向综合功能。世界上成功的自由贸易港一般都选择服务业，特别是国际服务贸易和离岸贸易。

(2) 利用地缘政治优势。自由贸易港或自由贸易园区，都具有比较明显的地缘政治优势，具体表现为：区域重要或特殊，临近广袤的市场腹地，与大国、强国具有特殊关系或在本国（地区）中具有特殊的战略地位等。

(3) 具备港口与边境条件。自由贸易港主要发展国际服务贸易和国际投资加工，一般需要开放口岸，因此，对自然环境的要求是具有深水海港资源，可以建设国际海港，以方便货物、人员往来。如果没有海港建设条件，可依托航空港、陆港等条件。

(4) 坚持国际文化融同。自由贸易港是顺应国际贸易和投资自由化便利化的产物，必然需要有与之相适应的文化形态。这种文化形态既包括对经济制度、法律的认同，也包括对各种民族、文化的认同，也就是最大限度地做到文化包容。

(5) 港-产-城融合发展。自由贸易港不断扩大腹地的产业类型，引入综合性的商业配套，逐步形成了自由贸易港、产业、城市融合发展的局面。这种“港-产-城”融合发展的模式也成为许多新自由贸易港开发的新理念[3]。

2　新横沙自由贸易港的发展前景

2.1　新横沙自贸港的发展机遇

上海港位于我国海岸线与长江“黄金水道”交汇点，毗邻全球东西向国际航道主干线，以广袤富饶的长江三角洲和长江流域为主要经济腹地，地理位置得天独厚，集疏运网络四通八达，是我国沿海主要港口和集装箱干线港之一。依托长江黄金水道，上海港为腹地经济社会的发展提供了重要支撑，2019 年，上海港完成集装箱吞吐量 4330 万 TEU，已连续多年位居世界集装箱港口第一位。

随着“一带一路”“交通强国”、区域一体化发展战略的深入推进，要求上海进一步强化对于国家对外开放的服务保障能力，提升国际门户枢纽地位，成为世界一流港口和具有全球竞争力的国际海港枢纽。上海港肩负着服务上海建设国际经济、金融、贸易、航运中心的重任。但目前上海港发展面临的通过能力偏紧、深水岸线不足、土地资源短缺、市内交通紧张、港城矛盾加剧的问题日益突出[4]。上海港急需拓展发展新空间，以顺应国家、区域、城市发展的新形势和新要求。

上海横沙浅滩地处我国海岸线与长江黄金水道的交叉点，通江达海，航道资源优势明显，南贴长江口北槽深水航道，北靠北港规划航道，西接长江黄金水道，东临东海 10～20m 深水区域，既能满足船舶大型化发展趋势，又可为长江及内河船舶提供服务，实现江海联运的零距离无缝对接，大大降低江海转运成本，进一步提升长江黄金水道的效益和价值。因此，新横沙无疑是上海港拓展新空间、建设自由贸易港的绝佳之地。

2.2　新横沙自贸港的功能定位

新横沙作为上海港承载国家战略和城市发展战略使命、实现长远和可持续发展的接续性港区，是上海港建设国际物流枢纽、国际航运中心实现全球资源配置的重要支撑。结合自由贸易港的发展趋势，新横沙自由贸易港的功能定位为：①打造世界级贸易枢纽；②打造世界级航运枢纽；③打造世界级自由经济基地。

2.3 新横沙自贸港的产业重点

自由贸易港的功能也日趋“综合化”，除了运输枢纽、加工制造等传统功能外，正逐步发展成为国际贸易和物流信息的资源配置中心，成为商品流动、人才往来、信息交换、资金融通和技术转换的快速通道，提高了全球贸易开发程度。自由贸易港由早期的单一转口贸易枢纽，进一步发展为加工制造的园区，到目前已经形成了集贸易、工业制造、科技研发、服务等于一体的综合性功能区[5]。根据典型自由贸易港发展经验，综合上海市和现有自贸区的产业定位，新横沙自由贸易港适宜发展综合型自由贸易港，二、三产业融同发展，重点发展产业主要包括：

（1）国际物流。打造国家进口商品集散中心，高水平开展国际仓储、国际中转、国际物流配送、国际采购、供应链管理、配套精制造加工等配套高附加值业务，全面拓展和提升国际物流增值功能水平，服务上海港国际集装箱中转业务的开展和商贸功能的升级。

（2）国际贸易。针对我国居民境外消费旺盛、消费市场供需错配现实问题，建设国家进口商品贸易基地、跨境电商平台，创新生产性设备、关键零部件、人民群众生活用品等进口贸易；开展国际分销、展示、交易，发展壮大国际转口贸易、离岸贸易、服务贸易（数字贸易、医疗服务、文化服务、技术产品、信息通信等）新型业态和功能。

（3）高端服务。国际航运服务。探索沿海捎带、国际船舶登记、国际航权放开，提高对国际航线、货物资源的集聚和配置能力。开放发展国际结算、外汇交易、保险、融资租赁、证券、基金、离岸金融等业务，提升人民币跨境金融服务能力；配套发展国际物流金融、保险等高附加值业务，提升国际物流业务高端服务能力和水平。

（4）高端制造及研发。一方面，配套国际物流、贸易的开展，发展流通加工、精制造加工高附加值环节；另一方面，发展壮大集成电路、人工智能、生物医药、民用航空、环保、数控机床、发电及输变电设备、大型物流装备及工程机械、再制造等高端制造和前端研发产业，吸引跨国公司设立离岸研发和制造中心，建设前沿技术高地。

3 新横沙自由贸易港的功能布局

3.1 新横沙成陆范围

新横沙开发总规划面积 480km^2，按成陆开发时序可分三大区域，如图 1 所示。

（1）2020 年可完成成陆区：现代农业区，规划面积 106km^2，位于新横沙的西部，主要以特色型、功能性的旅游休闲项目和生态农业项目为抓手，打造成为横沙岛生态休闲旅游的特色区块。

（2）2020 年后可规划成陆区：新横沙港城发展区，规划面积 303km^2，位于横沙岛的东端，是围绕港口及港口周边区域形成的核心区，集航运服务、临港工业、战略性新兴产业以及商务办公、商业娱乐、文化休闲、餐饮酒店、公共服务等多功能于一体，是未来横沙岛的功能核心区。

（3）预留区：南侧坝田区，开发面积 71km^2。该区域涉及到北槽深水航道，敏感性较

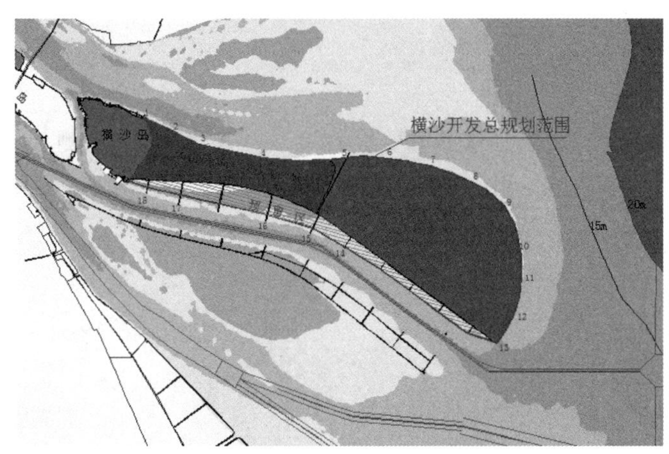

图 1　新横沙范围示意图

强，作为预留区。

3.2　新横沙功能布局

自由贸易港不断扩大腹地的产业类型，引入综合性的商业配套，逐步形成了自由贸易港、产业、城市融合发展的局面。“港—产—城”融合发展的模式也成为许多新自由贸易港开发的新理念。其中：“港”是窗口，为产业和城市提供必要的通道，“产”是核心，是动力系统，可促进城市经济发展，“城”是载体，反过来能为港口和产业发展提供更为优良的服务和持久支撑。

本次结合新横沙自由贸易港的定位和产业体系，按照港口、产业、城市一体化发展的思路，提出新横沙港城片区的“一港、两带、三片区”总体功能布局（见图 2），形成港口建设、产业发展、新城崛起的综合发展示范区。其中：一港指横沙深水新港区；

两带指生态湿地景观带和深水航道景观带；

三片区指国际贸易区、高端服务区、高端制造及研发区。

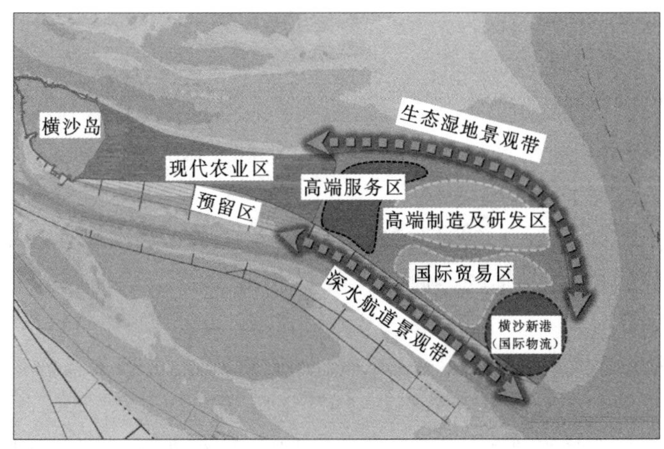

图 2　新横沙功能布局示意图

4 横沙新港区总平面方案

4.1 新港区规划范围

横沙新港是新横沙自由贸易港的重要组成部分，位于新横沙东侧，紧邻长江口深水航道。根据横沙大道外延工程、T形护滩堤等工程，确定新港区的四至范围，以横沙大道外延工程和南北护滩堤为港区的南边界和西边界，如图3所示。

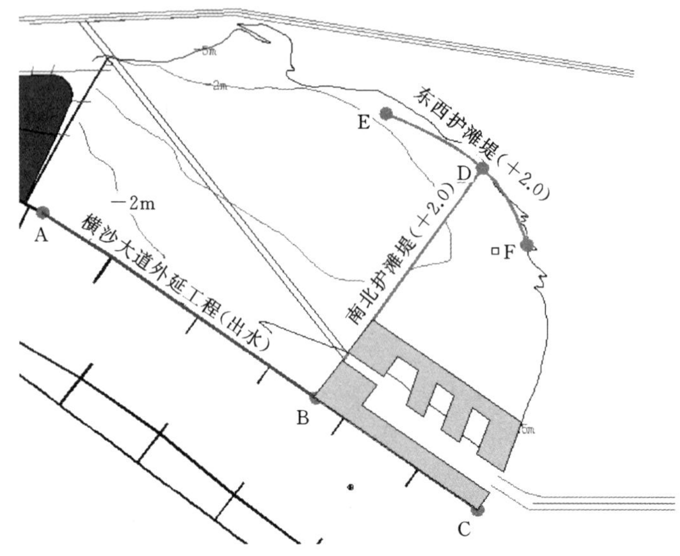

图3 横沙深水新港区范围

4.2 新港区功能划分

横沙深水新港位于新横沙东侧，充分利用长江口外海的深水资源，避开河口拦门沙、减少泥沙回淤，规划具有20m水深进港航道。同时，充分利用横沙浅滩的滩涂资源，规避外海恶劣的自然条件影响，在东南侧−5m等深线附近规划挖入式港池，实现江海直达运输。

目前，已经建成横沙大道23km，如续建26km将横沙大道延伸至北导堤头，可为横沙东滩成陆和深水港区的发展奠定基础。依托横沙大道和北侧现有陆域规划港区总面积约43km^2，其中：陆域面积和水域面积分别为28km^{2}和15km^2。规划码头岸线长度26km，可布置65个泊位，通过能力约3.5亿t。

根据新港区的服务范围、吞吐量预测、功能定位、水深及集疏运条件，可将港区划分为：管理辅建区、集装箱作业区、通用作业区、液散及危险品作业区、预留发展区。其中：

港区南部与湾底形成顺直岸线，岸线总长度约10km，可布置集装箱泊位及支持系统岸线；

港区北部则形成反E形港池，岸线长度约16km，可布置通用和液体散货及LNG作业区。

5　结论

随着国家全方位对外开放、“交通强国”、区域一体化发展战略的深入推进，上海港作为“一带一路”建设的重要支点，面临新的发展机遇，上海港要在国家全面扩大开放中发挥更大作用，建设自由贸易港是大势所趋。

上海横沙浅滩地处我国海岸线与长江黄金水道的交叉点，通江达海，实现江海联运的零距离无缝对接，大大降低江海转运成本，进一步提升长江黄金水道的效益和价值。因此，新横沙无疑是上海港拓展新空间、建设自由贸易港的绝佳之地。

借鉴国际典型自由贸易港发展经验，新横沙自由贸易港将重点发展国际物流、国际贸易、高端服务、高端制造及研发产业，基于港口、物流、产业、城市一体化发展的理念，形成“一港、两带、三片区”的总体布局。

横沙新港是新横沙自由贸易港的重要组成部分，位于新横沙东侧，紧邻长江口深水航道。横沙新港的平面方案、人工航道选线等可结合新横沙吹填造陆工程的实施逐步深化。

参考文献

[1]　陈会珠，孟广文，高玉萍，等. 香港自由港模式发展演化、动力机制及启示［J］. 热带地理，2015，35（1）：70－80.

[2]　陆剑宝. 全球典型自由贸易港建设经验研究［M］. 广州：中山大学出版社，2018.

[3]　赵利平. 中国特色自由贸易港研究［M］. 杭州：浙江人民出版社，2018.

[4]　吴澎，曹凤帅，刘晓玲，等. 长江经济带建设与上海港发展［C］∥中国土木工程学会港口工程技术交流大会第十届工程排水与加固技术研讨会论文集. 中国土木工程学会港口工程分会，2017，292－297.

[5]　胡方. 国际典型自由贸易港的建设与发展经验梳理［J］. 学术前沿，2019（10）：30－37.

新时代横沙深水新港的战略定位及发展路径研究

刘晓玲*[1]　曹凤帅[1]　王　桃[1]

（中交水运规划设计院有限公司，北京　100007）

摘　要：新时代，多重国家重大战略实施对上海港可持续发展提出新要求，国家全方位对外开放深入实施，上海创建自由贸易港是大势所趋。而上海港港口设施面临供给能力偏紧和港城矛盾日益突出等多重问题，深水岸线资源开发殆尽，亟须拓展新的发展空间。横沙浅滩具有发展港口的难得区位和空间优势，发展港口功能有利于最大化发挥其价值。本文全面分析了新时代上海港面临的形势及要求，剖析了上海港发展存在的问题，结合横沙浅滩的优势，提出建设横沙深水新港的功能定位和发展路径，冰对横沙深水新港港口功能、新横沙自由贸易港产业体系构建提出建议。

关键词："一带一路"；交通强国；长三角区域一体化发展；上海国际航运中心；横沙深水新港；自由贸易港

0　引言

上海港地处我国长江经济带和沿海经济带的交汇点，拥有长江入海口和黄金海岸线中部的区位优势，是我国沿海主要港口和集装箱干线港之一，同时也是国家综合运输体系的重要枢纽和长三角地区现代物流中心的组成部分，肩负着服务上海建设国际经济、金融、贸易、航运中心的重任。

依托长江黄金水道，上海港为腹地经济社会的发展提供了重要支撑，但目前上海港发展面临的通过能力偏紧、深水岸线不足、土地资源短缺、市内交通紧张、港城矛盾加剧的问题日益突出[1]。新时代面对国家推进"一带一路"倡议、建设交通强国和上海市打造全球城市等更高要求，上海港急需拓展发展新空间，以顺应国家、区域、城市发展的新形势和新要求。

上海横沙浅滩地处我国海岸线与长江黄金水道的交叉点，通江达海，航道资源优势明显，南贴长江口北槽深水航道，北靠北港规划航道，西接长江黄金水道，东临东海10～20m深水区域，既能满足船舶大型化发展趋势，又可为长江及内河船舶提供服务，实现江海联运的零距离无缝对接，大大降低江海转运成本，进一步提升长江黄金水道的效益和价值。从国民资源的优化配置来看，横沙深水新港无疑是上海港拓展新空间的绝佳之地。

作者简介：刘晓玲（1987—　），女，工程师，主要从事水运技术经济领域项目研究。

基金项目：上海市科学技术委员会科研计划项目（18DZ1206600）。

1　上海港总体发展方向

1.1　新时代上海市港口建设面临的形势及要求

上海港不仅仅是上海市的港口，更是国家新一轮对外开放战略和长江经济带、长三角地区发展战略的核心依托，在积极贯彻落实国家重大发展战略中承担义不容辞的责任。

（1）国家全方位对外开放深入推进，要求上海港进一步强化对于国家对外开放的服务保障能力，提升国际门户枢纽地位。

当前，我国经济实力和国际地位快速上升，正处于全面深化改革的关键时期。国家提出“一带一路”倡议，从跨国产业体系、综合运输及物流服务体系等方面着手，构建全方位对外开放战略框架体系，旨在全面提升我国国际竞争力和影响力。

上海港是“一带一路”建设的重要支点，是我国全方位对外开放的核心支撑力量。面对国家全方位对外开放的要求，上海港亟须由服务对外贸易的运输门户向国际化战略的综合平台和服务基地转变，要求上海港进一步提升在服务、保障全国全方位对外开放中的地位和能力，提升在国际物流体系中的枢纽地位和影响力、控制力，内因外联、引领国家高效、低成本、安全的物流体系的构建。

（2）区域一体化发展深入推进，要求上海港进一步发挥在区域一体化发展中的引领带动作用。

2014年9月，国务院发布《关于依托黄金水道推动长江经济带发展的指导意见》；2019年12月，中共中央、国务院印发《长江三角洲区域一体化发展规划纲要》，提出“发挥上海龙头带动作用，苏浙皖各扬所长，加强跨区域协调互动；提升上海服务功能，围绕国际经济、金融、贸易、航运和科技创新‘五个中心’建设，着力提升上海大都市综合经济实力、金融资源配置功能、贸易枢纽功能、航运高端服务功能和科技创新策源能力”。

建设一体化综合交通体系是长三角区域一体化发展的先行和引领，纲要中提出“推动港航资源整合，加强沪浙杭州湾港口分工合作，做大做强上海国际航运中心集装箱枢纽港”。

可以看出，上海港在上海国际航运中心建设中始终处于龙头地位，肩负着建设上海国际航运中心枢纽港的重任。无论是长江经济带还是长三角区域的一体化发展对上海港的总体定位都是进一步提高外向型发展能力和对内、对外沟通水平，提升在世界航运体系和全球资源配置网络中的地位，货类上也更倾向于更高端的集装箱。

（3）交通强国建设，要求上海港进一步提高全球竞争力，建设成为世界一流港口和具有全球竞争力的国际海港枢纽。

党的十九大报告提出“交通强国”战略。为了更好地诠释交通强国，2019年9月，中共中央、国务院印发《交通强国建设纲要》，提出依托京津冀、长三角、粤港澳大湾区等世界级城市群，打造具有全球竞争力的国际海港枢纽，提高换乘换装水平；大力发展枢纽经济；提高海运的全球连接度，建设世界一流的国际航运中心。

港口行业层面，2019年11月，交通运输部等九部门联合发布《关于建设世界一流强港的指导意见》，提出以枢纽港为重点，建设安全便捷、智慧绿色、经济高效、支撑有力、世界先进的世界一流港口。

上海港目前发展已经取得了较好成效，集装箱规模位列世界第一，但距离交通强国建设的要求、距离世界一流强港仍有一定差距，需要进一步提高软硬件实力，加强国内外枢纽作用，助力全社会物流成本降低和全程物流链整体效率提高，助推制造业强国建设、贸易强国等建设。

(4）腹地工业化和城镇化建设进一步推进，带动水运需求在未来较长一段时期内仍将保持增长趋势，要求上海港适度超前、进一步提高能力适应度。

上海港背靠长江经济带广大腹地，2019 年长江经济带九省二市以全国 21%的土地、43%的人口完成全国 45%的 GDP、44%的外贸额，是我国综合实力最强、发展潜力最大的区域之一。

上中下游区域经济发展各有侧重，长三角地区大部分城市正处在工业化后期向后工业化过渡的发展阶段，初步预计长三角地区将在 2020 年后进入后工业化；长江中上游地区将在 2030 年后开始进入后工业化。随着工业化建设和区域一体化发展的推进，尤以中上游地区广阔腹地蕴含的巨大内需潜力将得到释放，货运需求在未来较长一段时期内仍将保持增长趋势，对上海港同步提高运输保障能力提出更高要求。

(5）上海建设全球城市，要求上海港进一步增强辐射能力，提高保障能力和高端服务水平。

多年来上海市始终在全国大局中思考和谋划自身发展，深刻理解、全面落实中央对上海发展的战略定位和要求，当好全国改革开放排头兵、创新发展先行者。《上海市城市总体规划（2016—2040)》将城市性质表述为上海至 2040 年建成卓越的全球城市。

全球城市的基本内涵包括全球资源配置、全球网络关键节点，需要发挥全球资源配置的特殊功能，引导和它相连接的其他城市、地区进入世界市场的枢纽通道。上海市要建成全球城市、建设国际金融中心、贸易中心、航运中心的根本支撑和核心竞争力在于港口服务，在于上海港能够提供多大辐射范围、多强功能的持续服务，要求上海港进一步提高对内、对外枢纽作用和辐射、保障能力，提升高端服务水平，提升在全球航运网络中的地位。

1.2 对上海港发展的基本认识

(1）上海港的战略价值。结合前述新时代国家战略、交通强国建设、区域经济和上海市发展的新形势、新特点分析，系统梳理各层面对上海港发展的内外部要求，得出上海港的战略价值主要体现在：支撑我国交通强国建设和高水平对外开放的门户枢纽；长江经济带和全国融入全球经贸体系的资源配置平台；长三角一体化发展、建成上海国际航运中心的高端引领；上海市建设全球城市的核心资源[2]。

(2）上海港既有资源对未来发展的适应性。近年来，上海港集装箱码头新增能力只有洋山港区四期一阶段，而集装箱吞吐量逐年增长，相对不断增长的需求，上海港集装箱码头能力不足的现象日益突出。主要体现在以下两个方面：

1）硬件设施刚性不足，深水岸线资源紧缺。从集装箱码头存量来看，上海港已建集装箱码头设计年通过能力 2815 万 TEU，2019 年完成集装箱吞吐量 4330 万 TEU，综合考虑装备技术进步、船舶大型化等因素，核算上海港合理通过能力，认为上海港 2019 年底码头能力适应度约 0.92，处于供给紧平衡的状态。从集装箱码头增量来看，随着洋山港区四期码头设备逐步配套，集装箱通过能力将小幅增长，但仍难以满足集装箱吞吐量进一步增长的要求。黄浦江沿岸港区退出，将进一步削弱上海港集装箱运输能力。尤其需要注意的是，深水岸线资源紧缺已经成为上海港发展不得不考虑的现实问题，据预测，上海港 2025 年、2035 年集装箱吞吐量至少将达到 5000 万 TEU、6000 万 TEU，随着洋山港区通过能力逐步饱和，深水岸线资源将成为上海港建设世界一流港口、具有全球竞争力的国际海港枢纽的瓶颈。

2）适应未来发展的能力有限。国家战略实现、上海市全球城市建设都对上海港提出增强全球资源配置能力的要求，国际航运中心的建设也要求增强对国际航线的吸引集聚能力和服务水平，日益宽松的对外贸易政策和上海的先行先试为上海港进一步提升国际航运地位创造了机遇，建设自由贸易港是大势所趋，而上海港国际航运地位的提升和自由贸易港的建设必将伴随着国际中转业务规模的较大扩张，这对上海港既有的岸线和空间资源都将是一大挑战。

2　横沙深水新港的优势

上海港作为国家战略、区域发展、上海国际航运中心和上海城市建设的重要依托，既有港区能力不足，水深条件有限，难以适应未来可预见的发展需求，亟须拓展新的发展空间。

洋山港区是上海港开辟发展新空间的很好探索，但不可忽视存在江海换装的问题，虽近年部分江海直达航线陆续开辟，仍存在大量的集装箱需经过穿梭巴士港内或港间倒运至洋山港区，增加了作业环节、时间和费用，同时，江海直达船建造、运营费用均高于内河船舶。洋山港区距离长江口较远，客观上并非长江流域进出海的最佳节点，无形之中增加了长江流域的综合物流成本。

横沙东滩处于长江口界面，是上海市域范围内具备适应船舶持续大型化基本条件的唯一可能港址，也是腹地江海联运综合物流成本较低的港址。横沙深水新港距离国际习惯航线近，距离外海－20m 深水区只有 17km，又横跨长江口－12.5m 深水航道，出海进江、江海转运极为方便，是国内、国际市场的极佳接轨点。

横沙深水新港既可为 10 万～40 万 t 级散货船和 6000～18000TEU 集装箱船甚至更大规模集装箱船提供大型深水泊位服务，又可为各类长江散货船、驳船和内河集装箱支线船提供服务，能够更方便快捷地实现江海联运的零距离对接。

另外，横沙深水新港四周由水围绕，空间相对独立，十分便于管理，具备建设自由贸易港的先天优势条件。

3　横沙深水新港战略定位和发展路径

（1）战略定位。结合上海港的发展方向和使命、上海港既有港区的现实情况，综合考虑横沙深水新港的优势，提出横沙深水新港在上海港未来建设发展中能够发挥的价值主要体现在：上海港承载国家战略和城市发展战略使命、实现长远和可持续发展的接续性港区；上海港建设国际物流枢纽、国际航运中心实现全球资源配置的重要支撑。

（2）发展路径。从运输的经济性来看，横沙深水新港是最佳的江海换装节点，因而有潜力发展成为江海联运中心，但考虑长三角区域一体化发展的要求，上海港实现与宁波舟山港、南京等长江下游港口的错位发展是必然趋势，结合上海港发展的现实情况，更宜定位为集装箱等高端货类、高端业务，提出横沙深水新港的发展路径为：近期，充分发挥有利的地理区位优势，发展港口中转运输、物流、船舶配套服务业务（如保税燃供等），中转市场立足全国、辐射亚太、面向全球；中远期，借鉴国际先进地区发展经验，加强体制机制创新，进一步扩大开放力度，发展自由贸易港，实现港口、物流、产业、城市一体化发展。

4 新横沙自由贸易港功能定位和产业体系构建

4.1 新横沙自由贸易港功能定位

上海作为我国全方位对外开放先行先试的地区，在自贸区的建设上已经进行了多年的实践探索，2013 年 9 月，国务院发布《中国（上海）自由贸易试验区总体方案》；2019 年 7 月，国务院发布《中国（上海）自由贸易试验区临港新片区总体方案》，对上海自贸区新拓展区临港新片区建设进行总体部署。各阶段对自贸区建设主要目标见表 1。

表 1　上海自由贸易试验区、临港新片区建设目标

上海自贸区方案、发布时间	主　要　目　标
《中国（上海）自由贸易试验区总体方案》2013 年 9 月	经过两至三年的改革试验，加快转变政府职能，积极推进服务业扩大开放和外商投资管理体制改革，大力发展总部经济和新型贸易业态，加快探索资本项目可兑换和金融服务业全面开放，探索建立货物状态分类监管模式，努力形成促进投资和创新的政策支持体系，着力培育国际化和法治化的营商环境，力争建设成为具有国际水准的投资贸易便利、货币兑换自由、监管高效便捷、法制环境规范的自由贸易试验区，为我国扩大开放和深化改革探索新思路和新途径，更好地为全国服务
《中国（上海）自由贸易试验区临港新片区总体方案》2019 年 7 月	到 2025 年，建立比较成熟的投资贸易自由化便利化制度体系，打造一批更高开放度的功能型平台，集聚一批世界一流企业，区域创造力和竞争力显著增强，经济实力和经济总量大幅跃升。到 2035 年，建成具有较强国际市场影响力和竞争力的特殊经济功能区，形成更加成熟定型的制度成果，打造全球高端资源要素配置的核心功能，成为我国深度融入经济全球化的重要载体

横沙深水新港建港条件和空间资源优越，具备作为上海市进一步扩大开放水平、建设自由贸易港重要载体的条件，本着对接国家战略要求、巩固拓展既有自贸区功能、进一步提升上海自贸区开放水平和发展能级的原则，提出新横沙自由贸易港的功能定位如下：

（1）打造世界级贸易枢纽。利用新横沙自由贸易港的区位和制度优势，对内打造进口产品集散基地，服务长江经济带、辐射全国；对外打造服务亚太地区、辐射全球的贸易枢纽，建设在全球具有话语权的资源配置中心，构建全球经济一体化的制度平台、反对贸易保护主义的开放平台、深化经济技术交流的合作平台。

（2）打造世界级航运枢纽。大力提升集装箱中转业务水平和能力，突出新横沙自由贸易港对“21 世纪海上丝绸之路”的战略支撑作用，服务于“21 世纪海上丝绸之路”沿线国家和地区之间的贸易往来；加强高端航运要素集聚，构建与国际接轨的现代航运服务体系，打造世界级航运枢纽，突出新横沙自由贸易港在全球航运体系中的地位。

（3）打造世界级自由经济基地。借助投资贸易自由化便利化制度体系的进一步开放和创新，加速新横沙自由贸易港高端制造业、服务业发展，吸引总部经济集聚，吸引国内外经营群体涌向横沙，打造全球新兴自由经济基地。

4.2 全球典型自由贸易港产业发展案例

选准产业是自由贸易港发展的根本。总结美国纽约港、巴拿马科隆港、德国汉堡港、荷兰鹿特丹港、韩国釜山港、中国香港港、新加坡港、迪拜港等全球典型自由贸易港，其主导产业见表2。

表2　　全球典型自由贸易港的产业发展情况

典型自贸港	成立时间	区　位	主　导　产　业
美国纽约港	1979	美国东北部纽约州，濒临大西洋西侧	综合性自贸港，美国面积最大的自由贸易港之一，以转口和进出口贸易为主的自由贸易区和以出口加工为主的自贸区融合发展。自贸区包括9个活跃的子区域：制造业、制药业、石油产品、特种化学品、香水和手表等
巴拿马科隆港	1948	科隆市东北部，巴拿马运河大西洋入海口	主要发展转口贸易，典型的转口集散型自贸港，主要进出口商品为药品、服装鞋袜、电子产品、香水和护肤品。允许企业从事各种商品、制成品、原材料、容器的运入、储存、展出、开包、制造、包装、装配、精制、净化、混合、改型、调配等业务，并带动外资银行及分支机构40多家。商品大多发自亚洲，采购商来自中、南美，是全球第二大转口站
德国汉堡港	1888	中欧，途经基尔运河可达到整个波罗的海地区	二、三产业融同发展，主要发展货物商业性加工、物流（货物集散转运）、船舶建造等产业，同时发展金融、保险、商贸、中介等第三产业和服务贸易。汉堡自由港是欧洲发展最快的物流基地，在汉堡约有5700家物流企业；自由贸易港内大量的加工企业生产加工咖啡、茶叶、纸张、可可等高附加值产品；临港工业包括航空工业、电子、精密机械与光学仪器、机械制造和化工等高科技产业
荷兰鹿特丹港	—	莱茵河和马斯河汇合处	转运港、保税仓储物流业务，欧洲最重要的石油、化学品、集装箱、铁矿、食物和金属的运输港口，大力发展物流园区和配给中心，进行储运、再加工和配送；工业联合体，拥有一条以炼油、石油化工、船舶修造、港口机械、食品等工业为主的临海沿河工业带；金融、贸易、保险、信息、代理和咨询等服务业也很发达
韩国釜山港	2003	欧亚大陆横穿列车的终点站和始发站，通向太平洋、印度洋和大西洋的东北亚关口	目标是发展成为东北亚商业中心，分区域发展港湾物流产业、观光休闲产业、教育与医疗产业；物流产业方面，不仅具备简单的货物处理功能，还与组装、分类、包装、加工等多种产业相结合，创造产业高附加值
新加坡港	1969	马六甲海峡沿岸，扼太平洋及印度洋之间的航运要道	全域性综合型自由贸易港，亚洲最大的中转贸易港，具备中转和储备功能、展示和交易功能、调整和加工功能；坚定不移发展制造业，在石化、机械制造等传统制造业的基础上，致力于高科技战略，发展生物制药、电子及精密工程等新兴产业；服务业方面，在发展金融服务业、旅游服务业、零售批发业、运输及物流业、资讯通信业等的基础上，积极发展医疗保健服务业、教育服务业、会展、创意、法律服务等

续表

典型自贸港	成立时间	区　　位	主　导　产　业
迪拜自由港	1985	波斯湾海湾地区中心，临近霍尔木兹海峡，亚欧非三大洲交汇点	典型的拓展版自由贸易港，“1＋N”型自由贸易港。“1”即围网内的自由贸易港，N即周边的几个产业城“迪拜金融城、迪拜互联网城、迪拜媒体城”。自贸港定位为低投资、低运营成本的工贸结合型自由贸易港，专注于物流贸易供应链管理、加工制造再出口等相关业务，自贸港内75%的公司从事仓储、物流和分销业务，22%的公司从事工业生产，3%的公司从事服务行业

可以看出，自由贸易港是享受全球化利益的平台，其内涵在不断发展，从转口贸易、出口加工走向现代服务业，从单一功能走向综合功能。世界上成功的自由贸易港一般都离不开服务业，特别是国际服务贸易和离岸贸易，是自由贸易港发展的重点[3]。

4.3　新横沙自由贸易港产业体系构建

根据国际典型自由贸易港发展经验，对接上海市和现有自贸区产业发展定位，综合考虑新横沙自由贸易港的特点，研究认为新横沙自由贸易港适宜发展综合型自由贸易港，二、三产业融同发展，建议重点发展产业如下：

（1）国际物流。打造国家进口商品集散中心，高水平开展国际仓储、国际中转、国际物流配送、国际采购、供应链管理、配套精制造加工等配套高附加值业务，全面拓展和提升国际物流增值功能水平，服务上海港国际集装箱中转业务的开展和商贸功能的升级。

（2）国际贸易。针对我国居民境外消费旺盛、消费市场供需错配现实问题，建设国家进口商品贸易基地、跨境电商平台，创新生产性设备、关键零部件、人民群众生活用品等进口贸易；开展国际分销、展示、交易，发展壮大国际转口贸易、离岸贸易、服务贸易（数字贸易、医疗服务、文化服务、技术产品、信息通信等）新型业态和功能。

（3）高端服务。国际航运服务。探索沿海捎带、国际船舶登记、国际航权放开，提高对国际航线、货物资源的集聚和配置能力；建设完善国际航运补给服务体系，开展航运融资、航运保险、航运结算、航材租赁、船舶交易、船舶检验、航运仲裁、航运信息等业务，吸引高端航运服务集聚。

金融。开放发展国际结算、外汇交易、保险、融资租赁、证券、基金、离岸金融等业务，提升人民币跨境金融服务能力；配套发展国际物流金融、保险等高附加值业务，提升国际物流业务高端服务能力和水平。

信息服务。借助云计算、物流网、车联网、互联网＋等新一代信息技术应用，不断提高技术手段、完善信息系统，建设电子管理平台、跨境电商平台、数据交换平台、公共服务平台等，提供软件信息、数据服务等专业化信息服务，保障新横沙自贸港庞大的信息处理需求和境内外数据流动需求，运用科技手段提升新横沙自贸港服务水平和监管能力。

专业性服务。包括文化创意、教育、卫生、医疗健康、传媒、咨询、法律、检测、认证及其他城市配套服务等。

（4）高端制造及研发。一方面，配套国际物流、贸易的开展，发展流通加工、精制造加工高附加值环节；另一方面，发展壮大集成电路、人工智能、生物医药、民用航空、环保、数控机床、发电及输变电设备、大型物流装备及工程机械、再制造等高端制造和前端研发产业，吸引跨国公司设立离岸研发和制造中心，建设前沿技术高地。

5　结论

国家战略、区域经济和城市发展以及上海港自身转型升级的需要，都要求上海港继续提高港口设施能力，补足短板，立足长江经济带、面向亚太、辐射全球，进一步强化对外国际竞争力和对内辐射带动能力的塑造，提高全球影响力和话语权。而上海港既有港区布局和岸线资源条件越来越稀缺，水深条件有限，难以满足国家战略、区域发展和上海全球城市建设的要求。

横沙东滩是上海市域范围内具备适应船舶持续大型化基本条件的唯一可能港址，距离国际习惯航线近，水深条件好，且出海进江、江海转运极为方便，是国内、国际市场的极佳接轨点，具备发展港口功能的绝佳资源，相对其他港区具有明显优势。建议横沙浅滩开发港口功能，优化上海港运输体系和功能布局，积极探索自由贸易港建设和产业体系构建，发展综合型自由贸易港，成为国家建设自由贸易港的重要载体。

本文研究由上海市科学技术委员会科研计划项目（18DZ1206600）支持。

参考文献

[1]　吴澎，曹凤帅，刘晓玲，等. 长江经济带建设与上海港发展［C］∥中国土木工程学会港口工程技术交流大会第十届工程排水与加固技术研讨会论文集. 中国土木工程学会港口工程分会，2017，292－297.

[2]　孙翰冰，刘长俭. 上海市港航发展战略方向［J］. 港口科技，2018（9）：48－52.

[3]　陆剑宝. 全球典型自由贸易港建设经验研究［M］. 广州：中山大学出版社，2018.

海船闸总体布置分析

刘盈斐[1]　曹凤帅[2]

（1. 中国水利水电科学研究院，北京　100044；
2. 中交水运规划设计院有限公司，北京　100007）

摘　要： 海船闸为通航海轮的船闸，通常建在海和内河航道边界上，或建在海港港池和外海分界处用来避免港池内潮差变化的船闸。本文通过分析国外海船闸相关工程实例和设计指南，对海船闸总体布置应满足的技术要求进行了研究，提出了海船闸建设规模、平面尺度、平面布置的具体建议，可为相关工程建设提供参考。

关键词： 海船闸；建设规模；总体布置

0　引言

海船闸可以消除潮汐对港口和通航运河的影响，保持恒定的水位。这时码头和堤岸的高度仅取决于船舶的吃水，而在船闸上游不需要考虑潮汐的影响。恒定水位还使装卸作业得到简化。海船闸的其他优点是能够减少港池的淤积，并可以大大地减少海水入侵，无潮汐港口内停靠建筑物的维修费用少，因为港池内通常不需要挖泥疏浚，或是只需要很少的疏浚。一般情况下，建海船闸所能节省的港口造价和港口维护费用比建造海船闸本身的造价还要大。此外，通过建设海船闸形成闭合的港池内船舶泊稳条件良好，可以安全地进行装卸作业，在使用方面也有很多优点。因此，欧洲许多潮差较大地区的港口都采用海船闸建成闭合的港池这种型式。在通航海轮河道也必须通过建设海船闸来克服水位差的影响，如巴拿马运河船闸。

1　国内外海船闸建设情况

1.1　巴拿马运河海船闸

巴拿马运河始建于一个多世纪以前，是世界上最具有战略和经济意义的人工水道之一。巴拿马运河于1914年正式通航，使得当时往返于太平洋和大西洋的货船不必再绕道南美洲的合恩角，可缩短1.5万km的航程。

由于20世纪初期船舶的操纵性能不是很好，最初的巴拿马船闸采用了火车头牵引船舶过闸，船舶进出闸的位置可以得到较好的控制，因此闸室平面尺度和通航最大船舶尺度比较接近，比值在1.04左右。其中通航最长的散货船，长度达296.57m，比值为1.028。最宽船舶宽32.92m，比值为1.018。目前，只有巴拿马船闸采用这种由岸上车辆牵引过

作者简介： 刘盈斐（1980—　），女，高级工程师，主要从事水利技术研究工作。

闸的方式，其余海船闸基本采用自航或者拖轮牵引过闸的方式。

对于新建的三线巴拿马船闸，由于船舶操纵性能的提升，研究分析认为采用拖轮辅助可以确保船舶安全过闸，从而节省成本。由于拖轮的尺度和牵引操纵所需的尺度，闸室平面尺度和通航最大船舶尺度比值在1.15左右。最终巴拿马船闸尺度是通过通航模拟试验研究确定的。巴拿马船闸明确给出了可通过船舶的尺度，见表1。

表1　　巴拿马船闸和运行通过最大船舶尺度

巴拿马船闸			巴拿马新船闸		
船闸尺度	船舶尺度	比值	船闸尺度	船舶尺度	比值
304.8m	294.1m	1.036	427m	366m	1.167
33.5m	32.3m	1.037	55m	49m	1.122
12.8m	12.04m	1.063	18.3m	15.2m	1.204

1.2　欧洲利用海船闸建设闭合式港池

闭合式港口的建造一般都在潮差较大的海峡或海湾河口内，欧洲英吉利海峡正是符合这样的条件，因此，英国、法国、比利时、德国、荷兰等国家较多的采用这种闭合式港[1]，其主要尺度见表2。

表2　　国外海船闸尺度情况表

序号	船闸名称	最大水头/m	闸室尺度 长×宽/m	最小槛上水深/m	运营年份
1	鲍杜因（安特卫普）	5	360×45	10.50	1955
2	赞德福勒特（安特卫普）	5.35	500×57	12.40	1967
3	卡洛（埃斯科）	5.50	360×50	11.50	1981
4	泽布勒赫港	5.00	500×57	14.00	1983
5	特纽曾（根特-特纽曾运河）	6.00	290×40	6.85	1968
6	瓦梯尔（敦刻尔克）	6.70	280×40	8.00	1947
7	特里斯特拉姆（敦刻尔克）	6.70	170×25	5.00	1955
8	戴高乐（敦刻尔克）	6.70	364×50	13.50	1970
9	法兰西1号（勒阿弗尔）	8.00	401×67	14.50	1971
10	卢贝特港池（布洛涅）	8.80	126×25	5.50	1972
11	第四口门（威廉港）	4.10	390×57（60）	11.70	1962
12	渔港船闸（考克斯港）	4.00	192×25	9.50	1964
13	皇家普特伯里港池（不列斯托）	14.60	366×42.70	5.50/17.70	1976
14	工业港船闸（不莱梅）	5.90	249×48.80	8.25	1982

2　国外海船闸设计标准

闸室内有效长度、门槛处的宽度以及水深应该足以保证所有进入港池和在运河上航行的船舶可以安全过闸。这样门槛水深就取决于引航道现有的或规划的尺度。内港的水深是决定位于大船运河附近的港口内门槛水深的一个标准。这为规定平均低水位时的闸槛水深提供了依据。

2.1 国际航运协会《国际船闸研究委员会报告》

国际航运协会《国际船闸研究委员会报告》(1986 年) 中指出：在船舶每边留的净宽应该是船舶最大宽度的 10%，船舶龙骨与闸槛之间应该有 1m 的安全裕量[2]。根据早期船型统计数据得出海船闸宽度和长度的计算公式如下：

$$W=3.35(T+uc)-5.25 \tag{1}$$

式中：W 为口门宽度；T 为船舶最大吃水；uc 为龙骨下富裕深度。

在计算海船闸长度时候，还应考虑过闸作业需要 2～6 艘拖轮 (每艘长 25～35m)，其具体数里取决于船舶的尺度及其本身的操纵能力。对于拖缆，还要附加大约 10m 长度。根据上述情况，闸室的长度 KL 由下列公式计算：

$$KL=300\ln(T+uc)-1.5 \tag{2}$$

式中：T 为船舶的最大吃水；uc 为龙骨下富裕深度。

2.2 国际航运协会《船闸设计创新》

国际航运协会《船闸设计创新》(2009 年) 中指出：通常海船闸要满足不同种类和尺度的船舶通航，其尺度都比较大，所有没有一个方便的表格可以给出船型尺度和海船闸尺度的关系，很多的指南中都只给出了船型尺度。通常海岸区域的条件要比内河区域恶劣，因而海轮在航行中受到的影响也更大，推荐通过模拟来确定海船闸的尺度[3]。

采用实时或快速模拟来确定海船闸尺度之前，可按以下规定先给出尺度的初始值：闸室长度可取 1.1 倍设计船型长度。闸室宽度可取 1.25 倍设计船型宽度。

当船闸设计在长度或宽度方向上可容纳 2 艘船舶，闸室长度可取 $L_{\text{chamber}}=L+(L\times 1.1)$。宽度可取 $B_{\text{chamber}}=B+(B\times 1.25)$。

上述的初始闸室宽度没有考虑船舶由拖轮辅助进出闸。当采用拖轮或其他辅助设施时，船舶所需的宽度可减小，船闸宽度和设计船舶宽度比为 1.15。

给定船闸尺度模拟船闸能力的时候，不仅要考虑设计船型，而要考虑一系列的过闸船型。小型船舶可在没有拖轮辅助的情况下进出船闸，这对船舶过闸周期有明显影响。

海船闸的门槛水深应由过闸设计船型的最大吃水和闸室的最低通航水深确定，并保证龙骨下的静水深为至少为 1m。船闸的最低通航水位由运行和使用标准确定，主要取决于船闸两侧水位的变幅和频率。

3 海船闸建设情况分析

3.1 海船闸建设规模

由于海船闸的对通航条件有所限制，其通过能力往往成为港口和航道能力的瓶颈，随着港口或航道货运量的增加，通常还需要建设新的海船闸。比利时安特卫普港已相继建成 7 座海船闸，还有 1 座正在施工中，法国的敦刻尔克港港建有 3 座海船闸，巴拿马运河上的新船闸也已经建成运营，并预留了四线船闸的位置。由于海船闸对通过能力的限制，许多港口新建深水码头不再采用通过海船闸建设闭合港池这种型式，如法国的勒哈弗尔港。

因此，采用建设海船闸形成闭合港池必须充分考虑未来发展的需求，并与传统港口建设进行经济性论证。因此，在通航海轮航道上修建海船闸要充分考虑到未来货运量和船型尺度发展需求，给远期发展留有余地，可取较长的设计水平年限。

海船闸的建设规模应根据所在航道等级、近期远期运量、船型发展、工程地质、水位及施工条件等进行分析论证。海船闸通过能力应满足设计水平年内各期的货运量和船舶过闸量的要求，海船闸的设计水平年可根据不同的适用条件采用建成后的 20～30 年，对于闭合式港池的海船闸，建议采用更长的设计水平年。

3.2 海船闸建设尺度

海船闸的有效长度、有效宽度和门槛最小水深，必须满足船舶安全进出闸和停泊的条件，通过能力要满足设计水平年内各阶段过闸船舶总吨位数量和货运量的要求。

国外相关这儿指南中都只给出了船型尺度，并给出了海船闸在规划设计阶段的建议取值，具体的尺度都指出要通过船闸操纵模拟论证研究确定。从我国《内河通航标准》中给出的内河船舶尺度和代表船型尺度的数据分析来看，船闸长度与船舶（队）长度的比值在 1.05～1.11，船闸宽度与船舶（队）宽度的比值在 1.06～1.08。欧洲内河船闸的规定尺度中，闸室长度与船舶长度比和闸室宽度与船舶宽度之比均在 1.1 左右。

通过对比分析国外的相关规定，建议海船闸闸室长度可取 1.1 倍设计船型长度，闸室宽度可取 1.15 倍设计船型宽度。对于闸室内在横向或纵向方向上停泊两列船舶时，闸室的富裕宽度可取较大船舶船宽的 0.1 倍，闸室的富裕长度可取较大船舶船长的 0.15 倍。采用拖轮辅助过闸的闸室尺度还应考虑拖轮作业需要的尺度。采用牵引辅助过闸的闸室尺度，经过论证可采用小于上述尺度。

船闸的槛上水深包括推移波引起的船舶航行下沉量和安全富裕水深，其中安全富裕水深包括非恒定流引起的水面波动和船舶不触底的安全富裕两部分。对于海船闸内船舶航行下沉量需要进行深入研究，海船闸可不考虑非恒定流引起的水面波动，船舶不触底的安全富裕两部分可取 0.1 倍的船舶吃水。

海船闸的门槛水深应由过闸设计船型的最大吃水和闸室的最低通航水深确定，并保证龙骨下的净水深为至少为 1m，在设计论证阶段可取 1.2 倍的设计船舶吃水（巴拿马新船闸为 1.204）。

海船闸通航船舶尺度差异较大时，可在闸室内布置中间闸门，从而提高通过效率，降低耗水量。

3.3 海船闸平面布置

国外建成海船闸的导航墙在布置上差异较大。有些船闸在口门处没有导墙，例如，勒阿弗尔的弗朗科斯一号船闸，其口门的位置是经过选择的，使有潮港池和无潮港池之间的航道是一条直线（见图 1）。

还有的船闸在其下游边有导墙，导墙靠船的一面和下闸首的一边在一条直线上，以便使船舶在船闸口门处正确地确定它们的位置。例如，敦刻尔克的高莱船闸有一条长 210m 的导墙，它是下闸首北面的延长部分（见图 2）。巴拿马运河上船闸也采用这样的布置。

多数闭合式港池上的海船闸在港池一侧没有布置导航墙。有些还船闸在上、下闸首附

图 1　勒阿弗尔港海船闸布置

图 2　敦刻尔克港高莱船闸布置

近布置了靠船墩，以便帮助船舶正确地确定自身的位置。

还有的船闸仅在其下游端部有两条完整的导墙。例如，安特卫普的赞德夫烈特船闸是通过一条长 800m 的喇叭形口门段与河流相连，口门段的宽度从船闸处的 57m 增加到与河流相连处的 350m（见图 3）。

图 3　安特卫普港海船闸下游口门布置

大型船舶进出海船闸时，闸室内的富裕宽度较小，需要将船舶航线调整很正的位置，因此对于船舶自航进出船闸的情况，海船闸引航道应有足够的长度，可取5倍的设计船长。对于有拖轮辅助进出闸的海船闸还应留有供拖轮操纵的水域，其引航道长度需进行研究论证。对于通航条件（水流、风、能见度等）较好，海船闸可不设置导航墙。

4　结论

海船闸通过能力应满足设计水平年内各期的客货运量和船舶过闸量要求。船闸的设计水平年应根据船闸用途和增建船闸的难易程度分析确定，一般情况可取船闸建成后20～30年。

海船闸有效尺度应满足最大代表船型安全进出船闸和停泊的要求。船闸的有效长度可取过闸船舶长度与富裕长度之和，其中当一闸次只有一个船舶时，过闸船舶长度为设计最大船舶的长度；当一闸次有两个或多个船舶纵向排列过闸时，过闸船舶长度为一次过闸船舶长度之和的最大值；富裕长度可取一闸次内最大船舶长度的0.10倍。海船闸的有效宽度可取同闸次船舶并列停泊于闸室的最大总宽度与富裕宽度之和，其中富裕宽度可取一闸次内最大船舶宽度的0.15倍。采用拖轮辅助过闸的闸室尺度还应考虑拖轮作业需要的尺度。采用牵引辅助过闸的闸室尺度，船闸有效尺度可进一步降低。进出闸布置条件和水流条件较好的船闸，通过实船试验，可取较小的富裕长度和富裕宽度。海船闸门槛最小水深不应小于代表船型最大吃水的1.2～1.5倍。

海船闸工程布置应满足与主航道平顺连接的要求。连接段的水流流速和流态不应影响过闸船舶的安全航行。引航道应避免出现影响船舶航行和停泊安全的波浪、泄水波、乱流等不良水流条件。引航道内及口门区不应布置影响船舶和船队过闸的建筑物。

参考文献

[1]　田增林，陈水龙. 关于建设闭合式港的探讨 [J]. 中国港口，2005 (7).

港城融合新模式的探寻
——以长江巴东港旅游客运码头项目为例

刘尹祯

（中交第二航务工程勘察设计院有限公司，湖北武汉　430070）

摘　要：近年来，巴东港水上旅游客运量呈现快速发展的良好势头，新建旅游客运港是巴东旅游必不可少的配套建设项目，是加快开发巴东旅游资源、促进巴东旅游和经济快速发展的需要。由于码头等交通基础设施落后，制约了旅游服务功能，以致成为巴东旅游快速发展的瓶颈。以长江巴东港旅游客运码头项目为例，通过港城融合新模式的探寻，为三峡库区的其他城市开拓思路。

关键词：旅游码头；PPP＋EPC＋O；绿色发展；生态旅游

0　引言

巴东县位于湖北省恩施土家族苗族自治州东北部，西与重庆市巫山县接壤，东与宜昌市秭归县、兴山县、长阳县、五峰县为邻，北与神农架林区相接，是进出鄂西和川渝的重要交通要地，是湖北省西部重要的水上运输门户。巴东港是巴东县物资集散口岸，也是恩施土家族苗族自治州六县二市通江达海唯一水上门户。依托良好的区位优势，其腹地覆盖巴东县、建始县及恩施土家族苗族自治州的其他县和秭归、巫山的临近地区。巴东港已经成为恩施土家族苗族自治州及周边长江沿线地区物资转运及对外物资运输的重要窗口。巴东港客运量近年来呈快速增长趋势，预计2025年巴东港客运量将达到600万人次，现有旅游港口基础设施落后，成为制约巴东旅游和经济快速发展的瓶颈。2016年印发的《长江经济带发展规划纲要》倡导长江经济带走出一条生态优先、绿色发展之路，让中华民族母亲河永葆生机活力，真正使黄金水道产生黄金效益。目前长江有世界内河旅游最先进的游轮，然而，三峡沿线客运码头基础设施普遍落后，还面临着“有好马无好鞍”的尴尬。客运码头普遍存在功能单一、基础设施落后的问题。本工程的建设优化码头功能，提升服务能级，为内河游轮提供良好的硬件基础，是响应国家战略，服务长江经济带建设的有力抓手。同时希望通过港城融合新模式的探寻为三峡库区的其他城市开拓思路，找到双赢的制胜方法。

1　旅游客运码头建设方案

根据《巴东港总体规划》（修编）（2015—2030），巴东港分为3个港区：巫峡港区、主城港区和宝塔河港区。其中主城港区作为库岸整治工程的重点，重点发展江滩休闲景观

作者简介：刘尹祯（1986—　），男，高级工程师，硕士研究生，主要从事风景园林与规划设计工作。

带，岸线基本规划为生态岸线。只保留原有旅游、旅游客运泊位及保障性泊位。工程所在岸线属于主城港区长渡河西壤口作业区，巴东县的长江南岸，港区的性质主要为旅游泊位和支持系统泊位。主要功能是为巴东县的旅游事业提供服务，以生态保护为主。长渡河西壤口作业区规划建设5个旅游泊位，占用岸线610m，陆域纵深100m。

本工程选址在规划的长渡河西壤口作业区，西壤坡客运码头位置依次向上游三个泊位，其中2个300客位旅游船泊位，1个570客位旅游船泊位。

根据旅客年吞吐量和船型资料，本工程拟建设3个泊位，其中2个300客位旅游船泊位，1个570客位旅游船泊位。对于旅客上下船工艺，本工程中提出了如下方案：

3个泊位布置从上游至下游依次为300客位旅游船泊位、570客位旅游船泊位、300客位旅游船泊位。每个泊位设置1座浮趸船用于船舶停靠泊和旅游上下船平台。游客上下船采用斜坡道客运缆车的方式，本工程共设置2套客运缆车系统，2套客运缆车均与中间570客位泊位趸船相连接，缆车斜坡道靠陆域侧设置上下船平台及缆车操控室。两端两个300客位趸船通过活动钢联桥与中间570客位趸船连接，以便实现游客上下船。在2套缆车系统之间设置斜坡道人行踏步，以便于缆车故障或者应急状态下人员的上下。

2　旅游市场分析

2.1　旅游人口特质

据统计，2017年巴东县完成地区生产总值1055734万元，按可比价格计算，同比增长5.3%。其中：第一产业增加值191765万元，同比增长4.2%；第二产业增加值432839万元，同比增长2.7%，其中工业增加值380820万元，同比增长4.8%，建筑业增加值52019万元，同比下降11.7%；第三产业增加值431130万元，同比增长8.5%。产业结构持续优化。三次产业构成由2016年的18.9∶41.1∶40.0调整为18.2∶41.0∶40.8，第一产业和第二产业比重继续下降，第三产业比重持续提高。按常住人口计算，2017年全县人均GDP达到24609元，同比增加2083元，增长9.2%。

2017年巴东县全年接待游客719.5万人次，同比增长10.3%。实现旅游综合收入550800万元，同比增长21.4%。2018年累计接待游客869万人次实现旅游综合收入66.64亿元，同比分别增长20.8%、21.2%。依据三峡游船旅游者调查，从年龄分布来看，其年龄分布的差异较大，其中25岁以下的游客比例约为6%，25—44岁的游客比例为37%，45—65岁的游客比例为40%，65岁以上的游客比例为17%。其中中老年旅游人口占比为57%，游轮客流主要以中老年为主，这个年龄段有一定的经济实力，追求回归自然，放松心情和体验健康的旅游体验。

根据巴东港旅客吞吐量统计采用趋势预测法、回归预测法、弹性系数法等几种典型方法对规划水平年巴东港客运量进行预测，而后根据历年统计公报提供数据对全县游客总量进行预测，再根据各级旅游规划与交通分流情况确定未来水路分流比例，推算出相应年份的水运客运量。最后通过比较、分析不同的预测结果校对后确定未来巴东港客运需求量。结合巴东港旅游码头现状及规划情况，进行综合平衡，最终确定本工程客运吞吐量。

根据近年来巴东县港口客运吞吐量统计数据（见表1），分析得，2005—2010年巴东县港口客运吞吐量年均增长21.15%；2010—2015年巴东县港口客运吞吐量年均增长

29%。依保守估算原则，预计到2015—2025年巴东县港口客运吞吐量年均增长10%。建立数学模型预测2025年巴东县港口客运吞吐量低值在900万人次左右。详见表2。

表1　　巴东县港口客运吞吐量增长率表

时间段	增长率/%	备注
2005—2010年	21.15	统计值
2010—2015年	29.00	统计值
2015—2025年	10	预测值

表2　　巴东港客运吞吐量预测表　　单位：万人

预测方式	模型公式	R^2	2025年
线性回归	$y=46.512x-70.49$	$R^2=0.7804$	906
二次多项式	$y=7.2941x^2-39.431x+96.956$	$R^2=0.9809$	2486
增长率法	2015—2025年均增长率按10%计		1439

旅游业是巴东经济的支柱产业之一，由于三峡工程建设需要进行大量的移民搬迁、淹没复建工作，巴东旅游业受到一定影响，但近年来巴东县接待旅游人数增长迅速，特别是三峡工程完工后旅客人数增长迅速明显。这给巴东带来前所未有的机遇和挑战。

三峡游轮船票包含了自助三餐，购买船票时订的舱房，同时还包含了一些相关景区的费用，因此，在沿线景点普遍缺乏深度消费体验的前提下，游客用于景区游览上的费用占到了72%以上，其次是购物和餐饮，由于游轮提供了住宿的条件，因此对于住宿的商业需求并不高，旅客总体消费在2600元左右，现有游轮停靠到巴东的比较少，时间段主要为上午和下午小半天的时间段，因此，在后续的规划中需要完善巴东旅游港口的服务和休闲设施，争取半日游和游轮夜间游的机会，在有限的时间内给游客带来深刻的印象，促使游客在巴东未来的二次深度旅游消费。巴东旅游资源丰富，但水上旅游占比优势不明显，通过完善和升级巴东港旅游客运配套设施，是整合港口旅游客运岸线资源，满足巴东港水上旅客运量快速发展的重要途径。

2.2　旅游人口预测

根据《巴东县旅游业发展“十三五”规划》《巴东县旅游发展规划（2015—2030）》，2016—2020年巴东旅游游客数量年均增长率为12%，到2020年游客接待人次达到950万人次；2021—2030年巴东旅游游客数量年均增长率为5%，到2030年游客接待人次达到1500万人次。依此按增长率法推算，到2025年巴东游客接待人次在1212万人次左右。

综上，预测到2025年巴东县游客接待量在1260万人次左右，见表3。

表3　　2025年巴东县接待游客预测表　　单位：万人次

预测方式	模型公式	R^2	2025年
线性回归	$y=71.061x+28.351$	0.9811	1307
增长率法	2020—2025年均增长率按5%计		1212
综合结果			1260

据统计，巴东县近年来水路接待旅客占游客总数的50%。根据《巴东县旅游业发展“十三五”规划》，“十三五”期间，巴东县重点推进两条旅游廊道建设，一为209—巴鹤公路廊道，二为长江廊道。保守预计未来水路旅客所占比例在50%左右。

综上，根据巴东县历年旅游接待人数，预测到2025年巴东港接待游客约630万人次。

根据巴东景区旅游接待人数和水上客运量近几年增长速度及未来的发展趋势，到2025年巴东水上客运量将达到630万人次，本工程作为巴东各景区旅游航线的重要节点，为该航线游客提供集散服务，考虑到巴东港各旅游码头能力和所占份额，预计到2025年本工程旅游客运量将占到巴东港总客运量的20%，即本工程旅游客运量达到120万人次。本工程旅游客运吞吐量见表4。

表4　　本工程旅游客运吞吐量预测表　　单位：万人次

项　目	小　计	进　口	出　口
旅游客运量	120	60	60
合计	120	60	60

3　复合开发模式

3.1　港城融合的综合旅游集散枢纽

坚持生态立县，强化生态支点，正确处理好经济发展同生态环境保护的关系，绝不以牺牲环境为代价去换取一时的经济增长。以项目为引擎，针对性的衍生发展其他相关配套服务产业，形成对片区、组团的功能支持和完善。挖掘巴楚文化内涵，增强文化认同感和凝聚力，提升文化软实力，打造具有巴东特色的文化品牌，建设文化强县。在项目的各功能片区之间主导功能互补，形成对整个地区发展概念的支持，并通过功能元素的不断丰富、提升开发价值的最大化。

目前巴东整体城市形象识别度良好，但与沿岸线码头等设施可达性弱，城市商业外立面形象缺失，商业配套服务半径不足，未形成具有高度凝聚性的消费吸引力。这样就无法有效的与新建旅游客运码头产生联动。针对以上问题应进行对应的改造措施：

（1）基于现状增设旅游电瓶车及人行步道，将现状的节点串联起来。让游客可以更加方便的到达。

（2）现状建筑外立面改造，打造网红打卡地，吸引人流，丰富周边景观及屋顶绿化，丰富建筑内部功能。

（3）增设游步道与现状商业街区串联，沿步道增设沿岸商业配套设施与现状商业成片，新增沿岸公共空间，新增具有高度识别度的构筑物和景观，弱化现状住宅楼造成的视线干扰。

3.2　城市活力休闲娱乐阳台，巴东魅力展示窗口

根据游船停靠时间规划旅游产品组织，打造不同时段和不同主题的旅游线路。提升城市的吸引力，可以打造特色商业风情街，文化展示长廊，绿色健康体验功能植入，形成活力功能空间。首先，完善旅游码头设施，完善旅游码头设施至东部商业设施的交通连接，

完善东部商业设施和环境的整治，较快的提升东部已建设地区的休闲购物旅游魅力。形成良好的基础，集聚人气。其次，完善旅游文化设施的配套建设，打造巴东的历史文化和创意文化等文化品牌，树立巴东文化商业旅游的新形象。同时为了加强与镇江阁文化广场的连接，沿滨江界面打造富有游览趣味的慢行滨江绿道。通过以上的文化引力，滨江亲水界面的趣味性，来刺激不断完善该地区基础设施和旅游服务设施内核品质，打造富有巴东特色的文化旅游品牌。最后，完善西部滨江慢行交通的与游客中心的连接，同时加强滨江沿线景观和山体生态景观的整治建设，加强滨水的生态旅游休闲环境的打造。

3.3 探寻开发新模式（PPP＋EPC＋O）

PPP＋EPC 不是 PPP 的一种具体模式，而是在解决资金问题上融合社会资本，建设上采用 EPC 模式的组合。PPP＋EPC＋O 模式是在 PPP＋EPC 模式上又一个新的衍生模式尝试。第一步应该政府主导，政府部门作为主导机构，负责项目的统筹规划、土地调整、管理协调、进度推进等工作，加快推动项目落地。第二步国企建设，依托大型基建央企，在基础设施投资建设运营领域的优势，由其作为开发建设主体，负责港区和后方旅游项目的投资建设工作。第三步市场化运作，项目建成后，可以租赁、转让或合作经营的方式，将后方的商业和旅游等设施交给企业，由园区内企业进行自主经营和市场化运作。最后社会参与，吸引社会资本，通过合资合作、参股入股等方式吸纳各方资本参与到该项目的投资、开发、建设、运营，提高资金保障。该模式具有以下优点：

（1）提高生产效率。由政府财政单独投资并进行经营管理的生产方式往往缺乏效率，比如财政资金是共有资金，使用财政资金是在花别人的钱办别人的事，难免缺乏效率。采取 PPP 项目模式则将花别人的钱办别人的事，转变为企业花自己的钱办自己的事，必将提高生产效率。

（2）政府支持力度增加。PPP 模式项目在施工过程中，业主、地方政府对项目建设的支持力度相当大，包括协调国土、电力、水利等部门方面尤为突出。

（3）企业更加注重成本控制。因本项目为投资型项目，从施工现场管控方面，施工单位在保证安全、质量的前提下，会更加注重成本控制。

（4）有助于提升管理人员综合素质。在 PPP 模式下结合 EPC 模式，设计院设计本工程时，在某些工程部位的设计不能直接套用以前的设计模式，而需要在满足符合规范的情况下更精细经济的设计规划。因此要求施工企业在设计阶段与设计单位深入沟通、密切合作，这样对企业管理人员综合能力的提高具有极大的推动作用。

（5）降低了资金回收风险。投资型项目，资金是否能够按期回收成为企业最大的隐忧。但就项目而言，当地政府为了保证施工企业能够如期得到工程款，以有完全处分权的房产作为抵押财产在某种程度上降低了资金回收风险。

4 结论

本文以巴东港旅游客运码头项目为切入点，针对长江三峡库区段港口与城市关系进行探讨与规划，希望通过项目找寻一种行之有效的开发模式，本模式可以被借鉴和运用到其他的项目上。主要得出以下结论：

（1）时代之大势，响应国家长江经济带发展战略，积极完善旅游服务设施建设，大力发展生态旅游产业是重要的切入点。

（2）项目在建设时不能只考虑项目本身，应把视野放在多角度去考虑不同人群的需求，最终达到政府和群众以及商业资本的关系共赢，文化、商业、娱乐的蓬勃发展。

（3）依托机遇和资源优势，有效对接目标客群，消解现状不良问题，促进港城一体化的旅游发展新格局。

（4）坚持“弹性控制、滚动开发、风险可控”，待项目整理完毕，土地收入款回流后，再继续滚动进行后续开发。

（5）要提高开发品质，以高水平高质量的规划为引领，提升并完善总体策划、城市设计、交通规划等系列规划，为片区高品质开发提供解决问题的实施蓝图。

参考文献

[1] 周健，崔积弘，贾敏才，等. 静力触探试验的离散元数值模拟研究 [J]. 岩土工程学报，2007，29（11）：1604-1610.

[2] He Shenjing，Lin George C. S.. Producing and consuming China's new urban space：State，market and society [J]. 2015，52（15）.

[3] 沈镭，郎一环. 区域开发与持续发展——以长江中游沿江地区开发为例 [J]. 长江流域资源与环境. 1994（4）.

[4] Yang Hongxing，Zhao Dingxin. Performance Legitimacy，State Autonomy and China's Economic Miracle [J]. 2015，24（91）. 64-82.

[5] 赵周杰. PPP+EPC模式的实现路径及相关思考 [J]. 中国工程咨询，2018（2）.

[6] Shen J.. Scale，state and the city：Urban transformation in post-reform China [J]. 2007，31（3）. 303-316.

[7] 叶晓甦，吴书霞，胡丽. 三峡库区小城镇建设与旅游产业要协同发展 [J]. 城乡建设，2004（12）.

干散货码头雨污水收集措施研究

郑瑞东

（中交第三航务工程勘察设计院有限公司，上海　200032）

摘　要：很多已建的干散货码头，其码头和引桥面雨污水基本未采取收集措施，直接排入水体，导致水体污染，应对干散货码头雨污水加以收集处理。各地没有统一的码头雨污水改造标准，笔者对已建码头改造中相关问题，通过收集、研究相关资料，对码头雨污水收集方式、措施进行优化研究，总结出适用不同形式码头的雨污水收集措施，取得了良好的效果，为今后类似码头改造项目提供借鉴参考。

关键词：固体散货码头；雨污水；收集措施

0　引言

由于散货码头在进行煤炭、矿石等物料的装卸作业过程中，容易产生严重的粉尘污染，从而在遇到降雨时，雨水冲刷码头面，产生了大量的含矿雨污水，其悬浮物含量有时可高达 1000～3000mg/L[1]，如直接排入水体，将对对环境造成严重的污染[2]。我国港口设计的相关规范明确规定对煤炭、矿石等散货码头含矿雨污水进行收集和处理[1]。为有效改善港口水环境质量，各地政府部门相继出台了环保改造要求。已建码头如何改造，各地没有统一的改造标准。针对这一现状，作者对码头雨污水收集方式、措施进行优化研究，总结出适用不同形式码头的雨污水收集措施。

1　背景

很多建于 20 世纪 70 年代、80 年代甚至 90 年代的长江中下游散货码头，由于当时经济发展水平限制，环保要求相对较低，码头和引桥面雨污水未采取收集措施，导致雨污水通过码头泄水口、护轮坎缺口等间隙，直接排入水体，污染水域环境。

21 世纪初建设的一些散货码头一般都配套了雨污水收集设施，但引桥面均未考虑收集，导致引桥面产生的雨污水对水域环境也造成了一定的污染。

2　典型案例分析

近几年以来，笔者参与了众多已建码头的环保改造，在此，选择其中规模较大的、有

作者简介：郑瑞东，男，硕士，工程师，主要从事港口给排水、环保设计工作。

代表性的一个码头从其现状情况、制约因素、改造方案入手，分析已建码头雨污水收集改造的一些模式，总结改造的一些指导原则。

2.1　东南沿海某矿石码头

2.1.1　工程概况

东南沿海某矿石码头是浙北海域乃至我国在开敞海域建设 20 万 t 级超大型泊位的案例之一，该码头主要承担进口铁矿石中转业务，一期工程于 2002 年 5 月建成投产，包括 25 万 t 级卸船泊位 1 个，3.5 万 t 级装船泊位 1 个。二期工程 2007 年 9 月投产，含 30 万 t 级卸船泊位 1 个，5 万 t 级装船泊位 1 个，矿石码头年吞吐量超过 5000 万 t，是我国建设最早，目前也是亚洲最大的铁矿石中转基地。

该码头一期、二期引桥原设计无雨污水收集设施，引桥面初期雨水和冲洗污水通过泄水口、护轮坎缺口、人孔等间隙直接排入大海；二期跨海廊道原有雨污水收集设施腐蚀严重堵塞，明沟已被矿粉填满，起不到排水作用，使该系统无法正常运转，造成引桥及廊道内含矿污水直接排入大海，影响海域生态环境，不符合现有国家的相关政策和港口环境保护设计规范。

2.1.2　现状调查

一期、二期引桥。一期、二期引桥原设计无雨污水收集装置，引桥面初期雨水和冲洗污水通过泄水口、护轮坎缺口、人孔等间隙直接排入大海，如图 1 所示。

2.1.3　改造方案

(1) 码头面或引桥面高程高于陆域（一期后引桥改造方案）。一期后引桥雨污水收集系统考虑利用原引桥面中间高两侧低的设计，在引桥东西两侧近护轮坎处钻孔并设置 ϕ100mm 排水管，通过排水管将污水排入新建在下墩台的集污池内，集污池间距约 60m，共新建 7 座集污池。每座集污池尺寸 5.7m×3.8m×2.5m，设泥浆泵 1 台，雨污水经污水泵送至陆域污水处理站。靠近陆域斜坡段引桥雨污水排至陆域明沟，靠近 2 号转运站部分引桥段雨污水排至 2 号转运站内的集污池，通过集污池内的泥浆泵压力输送至陆域生产污水处理站，如图 2 所示。

图 1　引桥面现状图

(2) 一期前引桥改造方案。引桥面原标高 9.50m，通过改造，将引桥排水由向东西两侧放坡改为沿纵向方向排水，在距码头约 23m 处抬高引桥面至标高 9.65m，在引桥面布置南北向排水坡，南侧将污水排向码头，由码头处集污池收集，北侧将污水排入 9 号廊道二期下引桥墩台下新建 1 号集污池进行排污。

1 号集污池储存一次雨污水量，其总有效容积约为 200m^3，经污水泵送至陆域污水处理站。

污水池考虑设泥浆泵 1 台，到达启泵水位后，污水池泥浆泵启动抽吸雨污水，通过廊道压力流污水管输送至后方陆域污水调节池。

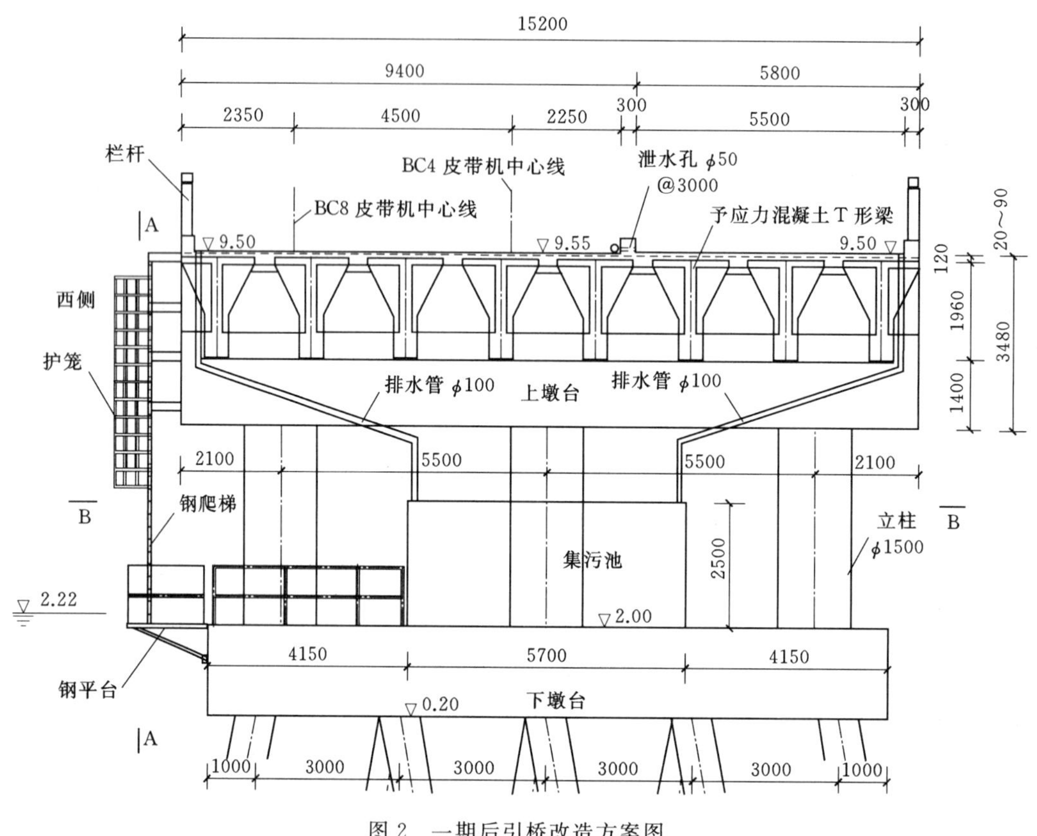

图2　一期后引桥改造方案图

（3）二期引桥改造方案。在引桥一侧设置钢板明沟，收集引桥面雨污水，通过明沟汇至1号集污池。由于在该侧已有一条给水管道，需对这条管道进行移位改造。

3　改造措施总结

由上述典型案例分析可以得出，对已建码头进行雨污水收集改造有几个步骤，分别如下。

3.1　雨污水收集量计算

雨水流量公式参考GB 50014—2006《室外排水设计规范》[3]。

污水收集池容量计算公式为

$$V=\varphi HF \tag{1}$$

式中　V——径流雨水量，m^3；

φ——径流系数，码头及引桥码头为混凝土面层，取0.9；

H——降雨深度，m；

F——汇水面积，m^2。

关于降水深度，固体散货码头，应全部收集；对于全部收集的雨污水，取多年最大日降雨深的最小值，同时满足不小于港区排水设计重现期对应的降雨深度[1]。

由于很难查到多年最大日降雨深的最小值的数据，一般采用一年一遇降水深度值代替，可参考规范 GB 50400—2016《建筑小区雨水控制及利用工程技术规范》。

计算出码头面雨水量后，收集池的容积也相应确定。综合考虑码头布置形式及均匀汇水原则，收集池一般设置成多个，由于码头结构的原因，容积不会太大，为 10～50m^3，池内水深一般在 1.5～2.5m 以内。收集池结构形式有钢结构或混凝土结构，可设置于两根横梁之间，考虑保温防腐及结构安全因素，推荐采用混凝土结构，而对于部分旧码头，由于很难改变其结构状态，可采用钢结构，并用支架进行固定[4]。收集池底部宜设置一定的坡度，便于沉淀于其中的煤渣或矿渣集中在污水泵的吸入口处，有利于沉淀物的排除。

3.2 雨污水收集改造措施

进行码头改造前，应将码头、引桥上所有护轮坎缺口、泄水孔、人孔均采用混凝土封堵，上下人孔增设挡坎。由于码头的挡坎高度一般为 300mm，密封好的码头可以保证确保设计重现期内雨污水不溢流入海。

3.2.1 改造方案 1

对于顺岸码头，可仅改造面层找坡，码头面不设明沟、集污池或者仅设置明沟，在靠近码头的陆域设置明沟、集污池。该方案的优势是改造范围小，把明沟、集污池设置在陆域节省投资，便于施工，如图 3 所示。

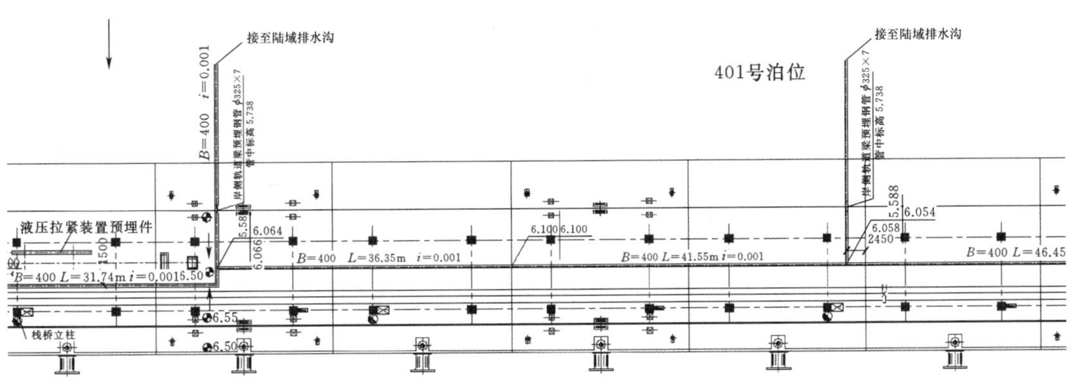

图 3　顺岸码头排水平面图

3.2.2 改造方案 2

对于引桥标高高于陆域的情况，可采用重力流方案。具体方案如下，在引桥一侧设置钢明沟，在护轮坎每隔一定距离开孔，引桥面雨污水通过明沟重力流流至陆域，在陆域设置集污池。有海堤和长江大堤的情况需特殊考虑。该方案的优点是不需要在水域设置集污池和水泵，把集污池设置在陆域可节省投资，便于施工，如图 4 所示。

3.2.3 改造方案 3

在码头面增设排水明沟，明沟宽 $B=400$mm 或 300mm，在码头每隔 50～100m 设集污池一座，码头冲洗污水和初期雨水经明沟汇流至集污池。

有些码头轨道是明轨，轨道之间或者轨道与护轮坎之间的雨污水无法排入明沟，这种情况需要在两轨之间布置明沟，在码头结构伸缩缝处设置明沟。

集污池内配备潜污泵，将污水提升经压力污水管输送至陆域。该方案的优点是改造彻

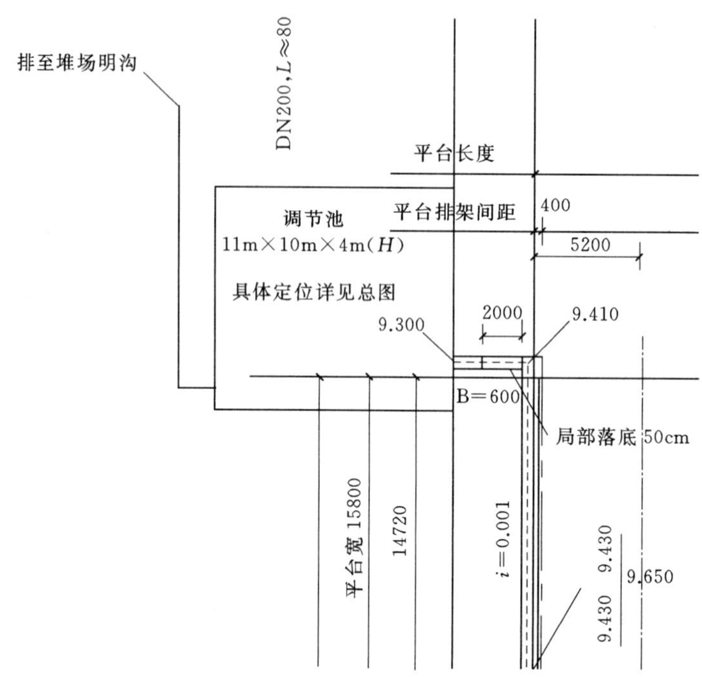

图4　重力流排水方案平面图

底，雨水可以快速排除，缺点是投资较大，对码头正常运营会有影响，如图5所示。

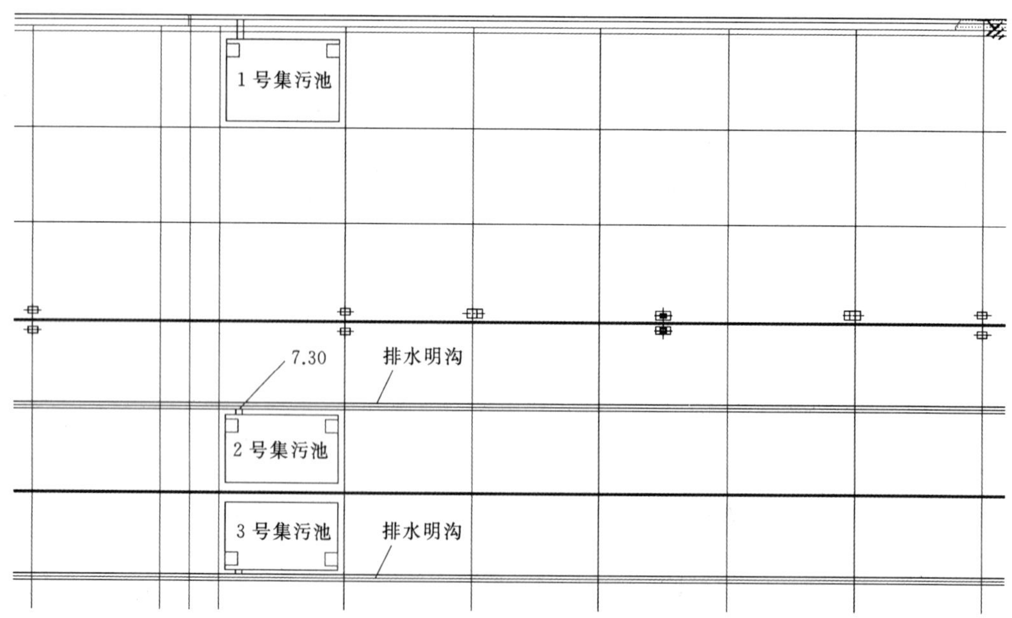

图5　码头面增设排水明沟平面图

3.2.4　改造方案4

在码头后沿设钢排水明沟，明沟宽 $B=300\sim400$mm，在码头后沿每隔50～100m设集污池一座，码头冲洗污水和初期雨水经明沟汇流至集污池。集污池内配备潜污泵，将污水提升经压力污水管输送至陆域。该方案的优点是投资较小，对码头运营影响小；缺点是码头面需要重新找坡，明沟的日常维护清理不方便，如图 6 所示。

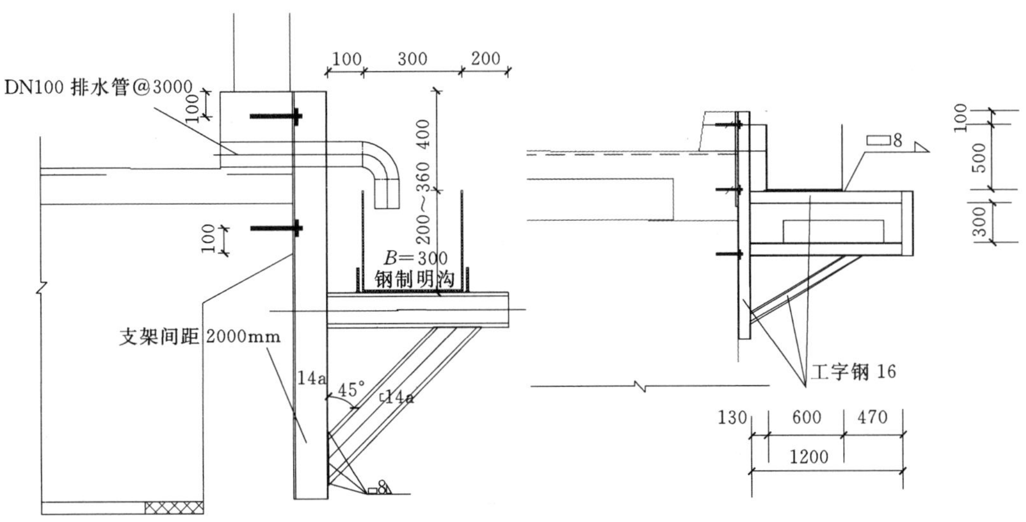

图 6　码头后沿明沟剖面图

3.2.5　改造方案 5

在码头面利用泄水孔或者设置地漏，通过管道引至码头后沿，在码头后沿设置集污池，码头冲洗污水和初期雨水经地漏汇流至集污池，该方案的优点是对码头面的改动较小，只需要在码头后沿新建集污池，集污池内配备潜污泵，将污水提升经压力污水管输送至陆域；缺点是管道容易堵塞，日常维护清理不便，如图 7 所示。

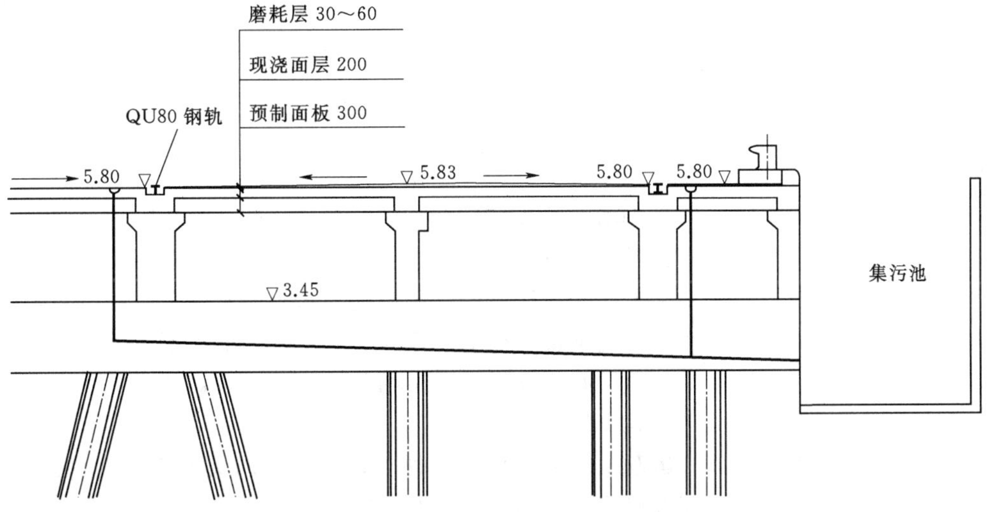

图 7　码头后沿设置集污池剖面图

3.3 各改造方案优缺点比较

表1　改造方案比较

序号	改造方案	适用条件	优点	缺　点
1	面层改造找坡，码头面不设明沟、集污池	顺岸码头、重力式码头	改造范围小，节省投资	码头面较宽，码头坡向复杂时，面层改造难度大；码头面有积水现象
2	码头后沿、引桥一侧设钢明沟，雨污水通过重力流排至陆域	码头、引桥标高高于陆域，且流行距离不长	改造范围小，对生产影响小	引桥较长时不适用，排水沟穿越防汛墙时需特殊处理；码头面有积水现象
3	码头面设纵向排水沟，每隔一定距离设集污池	所有码头	改造彻底，改造后排水流畅	投资大，影响码头生产运营
4	面层改造找坡，码头后沿设钢明沟，每隔一定距离设集污池或钢板水箱	码头后沿没有电缆桥架的码头	码头面层改动小，对生产影响小	钢明沟清理维护困难，码头面宽找坡难度大
5	码头面利用泄水孔或设地漏，通过管道排至码头后沿新建的集污池	码头面轨道较多，且为明轨	可以有效排除轨道间雨污水	暗管容易堵塞，且排水管在码头纵梁下方，清通维护困难

3.4 管道敷设方式选择

（1）当码头只有外侧需要停靠船舶，且码头后沿护轮坎上可以固定支架时，明装的方式最合适，是最常用的方式。当码头内、外两侧均需停靠船舶时，由于船舶需要贴近码头，在码头后沿就不适合明装敷设管道。

（2）当码头上部设有皮带运输机时，由于皮带运输机本身就需要钢架支撑，架空安装是最合适的安装方式，皮带机架空时，可以将管道固定在廊道下方；皮带机贴地敷设时，可以将管道明装在皮带机一侧。

（3）当码头内外两侧均需停靠船舶且上部没有皮带运输机时，可以采用管沟和暗装的方式。对于老旧码头的改造，这两种敷设方式均需对码头结构进行较大的改造，应根据具体项目进行分析。

4 结论

（1）目前各地没有统一的码头雨污水改造标准。作者对已建码头改造中相关问题，通过收集、研究相关资料，对码头雨污水收集方式、措施进行优化研究，总结出适用不同形式码头的雨污水收集措施，基本上涵盖了所有散货码头的雨水收集改造方案。

（2）方案比选的原则是在尽可能不影响码头运营及节省造价的前提下，通过在码头上增设明沟、码头后沿增设明沟、面层改造及增设污水调节池等方式，对原码头上产生的雨污水及冲洗污水进行收集，实现码头污水“零排放”[5]。

（3）在尽可能不影响码头运营及节省造价的前提下，通过在码头上增设横纵向明沟、面层改造及增设污水调节池等方式，对码头上产生的全部雨污水进行收集，取得了良好的效果，对类似工程具有较大的参考价值。

（4）建设污染应从源头上改进，例如改进装卸工艺系统减少散落料、皮带机采用封闭廊道，从而减少污染物的产生。

随着水环境保护形势的严峻，我国对港口工程中各类污水的收集处理要求越来越严格。设计规范及各项目环境影响评价文件对码头面雨水的收集处理均有明确的要求。如何最大限度地减少散货码头面雨水对环境的影响，是码头设计施工及运营中要重点考虑的问题。笔者根据多年设计经验对散货码头面雨水的收集、输送进行了探讨和分析。后期需要通过实际工程进一步总结经验，优化设计方案，不断提高港口工程环境保护的设计水平。

参考文献

[1] JTS 149—2018 水运工程环境保护设计规范［S］.

[2] 郑瑞东. 港口初期雨水收集量探讨［J］. 市政技术，2012，30（3）：81-83.

[3] GB 50014—2006 室外排水设计规范［S］.

[4] 姜昱. 散货码头初期雨水收集系统的设计［J］. 中国水运，2013，13（6）：271-272.

[5] 宋光敏，皮洪章. 旧码头煤污水收集系统的设计［J］. 中国水运，2010，10（4）：138-139.

水运工程全流程信息化研究及应用

王　坚[1]　刘盛杰[2]　王铃媛[3]

（1. 江苏苏州港集团有限公司，江苏苏州　215000；
2. 太仓港港务集团有限公司，江苏太仓　215400；
3. 太仓港港务集团有限公司，江苏太仓　215400）

摘　要：为了推进太仓港智慧港口建设，全面提升项目信息化管理水平，着眼提升各参建单位管理与审批工作效率，实现在线审批留痕，推进无纸化低碳环保项目建设管理理念，作为江苏省水运重点项目，太仓港四期工程着力研究开发水运工程全流程项目管理总控系统。本项目从工程项目管理、工程文件流转、工程档案验收的角度，探索开发一套能够集成项目管理中合同、质量、进度、安全、计量支付各项业务的全流程总控管理系统，结合信息化的工程结构划分到具体工序一级，实现底层数据业务处理的采集信息化，能够实现一数一源，做到各项工程管理数据互联互通。系统采用统一的水运工程建设管理表格和填报顺序，报批过程，与工程实际业务流程相一致的记录，整个过程形成一个闭合的流程。本项目配套开发了符合国家发改委和国家档案局《建设项目电子文件归档和电子档案管理暂行办法》的电子归档系统，采用经过CA认证的电子签章，对电子资料进行签认，形成合规合法的电子文件，方便电子文件的整理和归档。系统对最终形成的电子文件进行自动整理，完成预归档工作，为工程交竣工验收提供完整有序的电子资料文档。

关键词：太仓港；水运工程；全流程信息化；智慧港口建设

0　引言

0.1　项目的背景和意义

建设工程档案是反映工程项目管理的综合性资料，目前，大部分建设工程档案依然使用纸质文件管理形式，纸质文件在多次使用后容易造成残损现象，不仅不利于档案的长期保存，管理过程中也很难做到技术便捷的互相调用，也不利于日后的检索与查询。随着互联网的发展与电子信息的普及，电子信息化技术已经被广泛应用到社会各行各业中，工程管理行业也不例外。电子信息技术在工程管理工作中的应用，极大地革新了工程管理的模式和方法，显著提高了工程管理工作的规范性、系统性与标准性。

在建设项目的信息化过程中，如何做到将项目管理全过程与工程档案管理过程有机整合，并在信息系统运行过程中，体现工程建设全过程各个方面管理体系的运行

作者简介：王坚（1969—　），男，大学本科，高级工程师，现任江苏苏州港集团有限公司副总经理兼太仓四期建设项目指挥部指挥长。全面负责太仓港四期工程建设管理工作及苏州港集团工程建设管理和安全环保管理工作。

以及管理过程中的数据实时展现，并将数据实时展现给管理部门和监管部门，真正体现可查询可管理可追溯。使得项目管理信息化不再是项目建设结果式的数据汇总。采用经过CA认证的电子签章，对电子资料进行签认，形成合规合法的电子文件。并在建设项目结束之际自动生成相关归档的工程档案，也是本次信息化系统研究的重要考量。

0.2　国内外研究现状分析与评价

0.2.1　建设领域信息化现状

济青高铁北胶新河特大桥工程中，使用桥墩二维码获取该桥墩的设计图纸、施工进程等数据。南昌地铁在建设过程中，将工程质保资料与工程结构部位相关联。通过内业信息系统监督工程质量检验的情况，并最终生成档案。贵州夹岩水利枢纽工程采用互联网技术，将各合同段的质量报验、安全检查、计量支付、进度情况等数据，统一录入工作平台。

深圳外环高速项目，采用视频监控技术、无线网络传输技术，集成管理平台、多平台一体化办公模式，构件成适合路桥建筑施工的智慧化管理系统。实现对建筑施工现场人员、设备、物资、质量、安全、成本等全方位的动态管理和监控，最大限度避免人为管理的弊端，提高数据采集的及时性和真实性。

0.2.2　当前信息化应用的分析与评价

目前的工地质量安全管理工作，大多还采用传统的管理模式，辅以信息化技术手段，属于信息化的“传统管理”。存在信息传递渠道不通畅、反馈不及时等现象。尽管一些建设项目对现场施工管控、试验检测数据采集等方面进行了信息化建设工作的探索与实践，但就目前而言，施工现场的信息化工作尚未形成体系，信息化数据缺少统一的格式与标准，造成信息化成果使用效率不高，普遍存在“信息孤岛”现象，无法实现后续的“大数据”分析。

0.3　主要研究内容

与一般的交通工程建设相比，水运工程具有工艺更加复杂多样，隐蔽性和不确定性工程更多，建设管理难度更大等特点。而在水运工程全流程信息化管理中，质量、进度、费用、安全等都是建设管理不可缺少的部分，而在工程结构范围上由于水运工程涉及的面也很广泛。在信息化系统中也主要针对依托工程的结构内容进行研究，在系统研发时，为了适应研究成果在水运行业的通用性，在系统结构上充分考虑后续的可扩展性，将系统设计成一个开放性的结构，在实际应用中，使新增工程结构内容或添加新工艺变得更加便捷。

研究开发应用软件系统用于水运工程全流程信息化的管理工作，主要用于且满足于各参建单位业务处理需要，包括质量检验、测量、合同、资料管理，为相关的各岗位人员工作开展，监理单位抽检、合同、资料管理提供应用系统，以及便于业主相关的审批岗位使用。系统管理成果数据将可用业主管理查询平台辅助管理、辅助决策应用，以及为上级监管平台提供基础数据支撑。

1 项目研究思路及技术方案

1.1 研究与实施思路

实现工程管理全覆盖的过程管控的精细化，信息化，实现质量、安全、费用、归档等工作的信息化，所以首先要解决的数据格式统一的问题，其次研究成果要具备通用性和方便的可复制性，能够快速地应用到同类水运项目中去。具体研究内容如下：

（1）质检表格的具体化和精细化。本研究项目的首要任务，是将表格根据各个施工工序制定与其对应的具体质检用表。根据《水运工程质量检验标准》，将不同分项（见图 1）所用到的表格单独进行分类和细化，再按照不同施工工艺所需要的检验项目具体制定完全适应工序检验的专用表格。

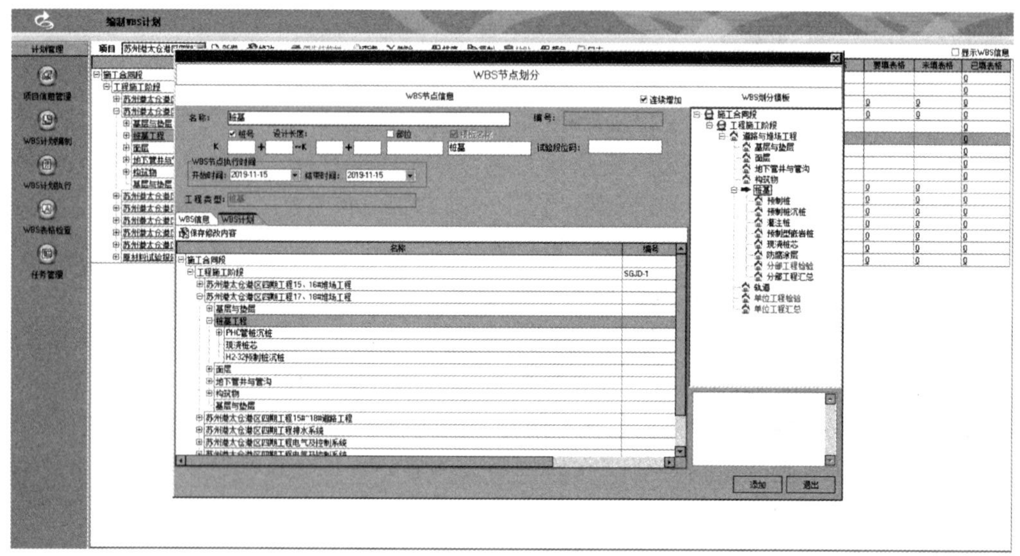

图 1 分项工程细化图

（2）梳理质检相关表间的逻辑关系。质检用表其检验数据是存在逻辑关系的（见图 2），例如质量评定是依照工程质量检验所得数据进行，而工程质量检验数据又是由施工原始记录获得。因此，需要正确梳理相关表格质检的印证关系和引用关系，确保表格数据一致，符合工程逻辑。

（3）质检工作流程的确定。在用表规范的研究中，质检工作报验签批流程往往容易被忽视。但属于质检工作管理规范化的必要条件。质检工作流程首先要考虑满足质量检验程序的要求，任何违反质量检验制度的工作流程都必须予以改正。但同时质量检验程序又必须尽量减少环节以便提高效率。本项目需要研究并找出这其中的平衡点，如图 3 所示。

（4）实现应用型信息系统的开发。在水运工程质量管理全流程信息化工作中，质量检验管理体系梳理的精细程度，工作流程制定的标准程度，管理制度的可执行性等，均关系着信息化管理工作的成效。因此，质量管控体系的信息化过程是全流程信息化管理的关键问题之一，质检信息记录图如图 4 所示。

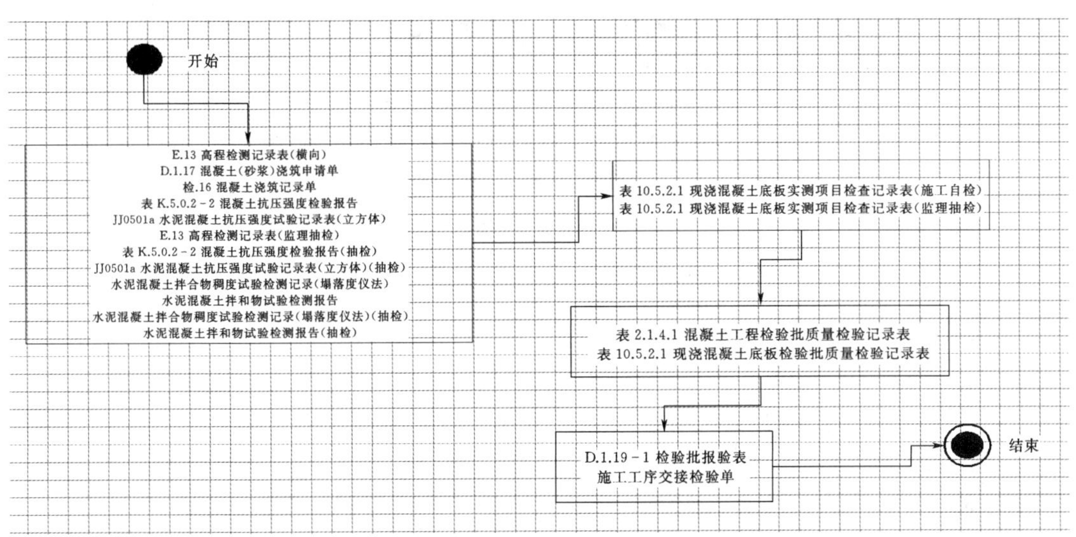

图 2　质检用表逻辑图

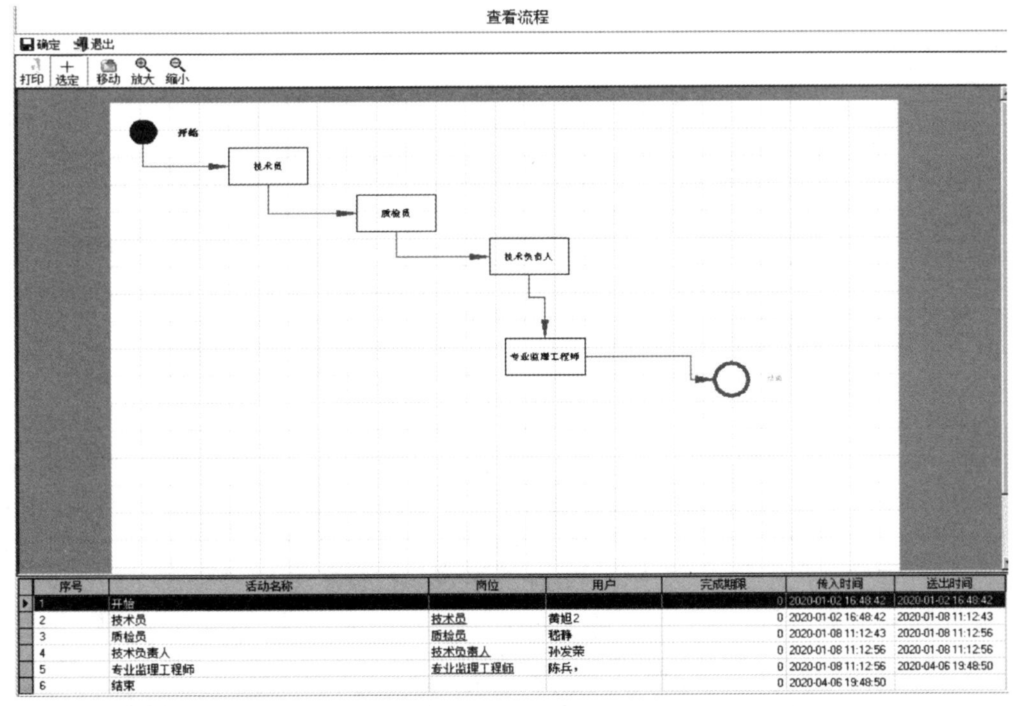

序号	活动名称	岗位	用户	完成期限	传入时间	送出时间
1	开始			0	2020-01-02 16:48:42	2020-01-02 16:48:42
2	技术员	技术员	黄旭2	0	2020-01-02 16:48:42	2020-01-08 11:12:43
3	质检员	质检员	嵇静	0	2020-01-08 11:12:43	2020-01-08 11:12:56
4	技术负责人	技术负责人	孙发荣	0	2020-01-08 11:12:56	2020-01-08 11:12:56
5	专业监理工程师	专业监理工程师	陈兵,	0	2020-01-08 11:12:56	2020-04-06 19:48:50
6	结束			0	2020-04-06 19:48:50	

图 3　质检流程图

(5) 打通质量管理体系和计量支付系统。按照合格工程量计量的原则，计量支付需要引用质量管理体系中相关质检数据作为支撑材料，通过打通质量管理体系和计量支付系统，能够实现计量过程中随时调用相关质检资料，系统引用清单进行新增中间计量单的界面，以清单数据为基础，结合质检文件的完成情况进行计量，有效地防止超计漏计，同时

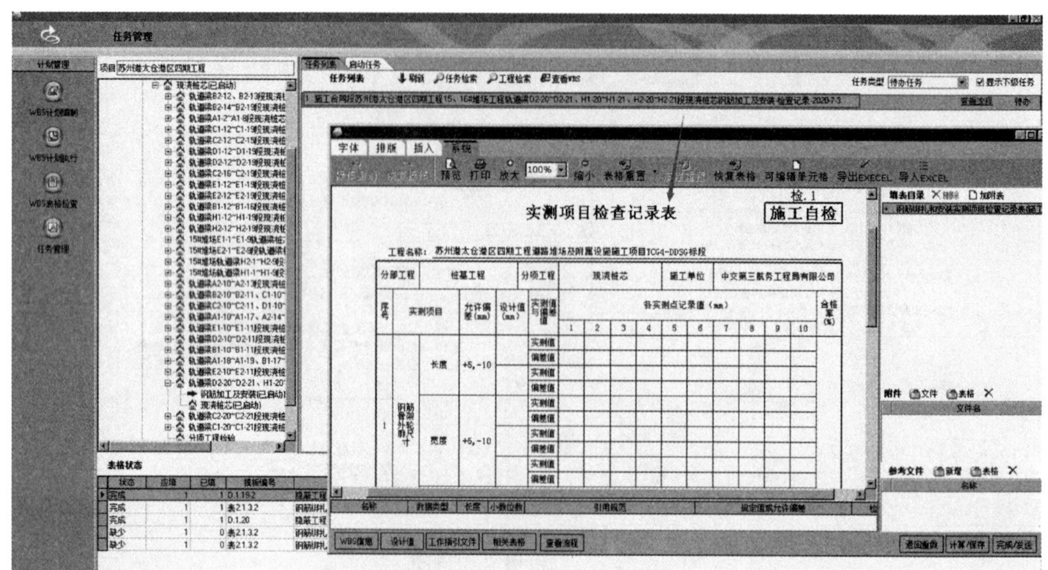

图 4　质检信息记录图

方便审核人员查阅审核，如图 5、图 6 所示。

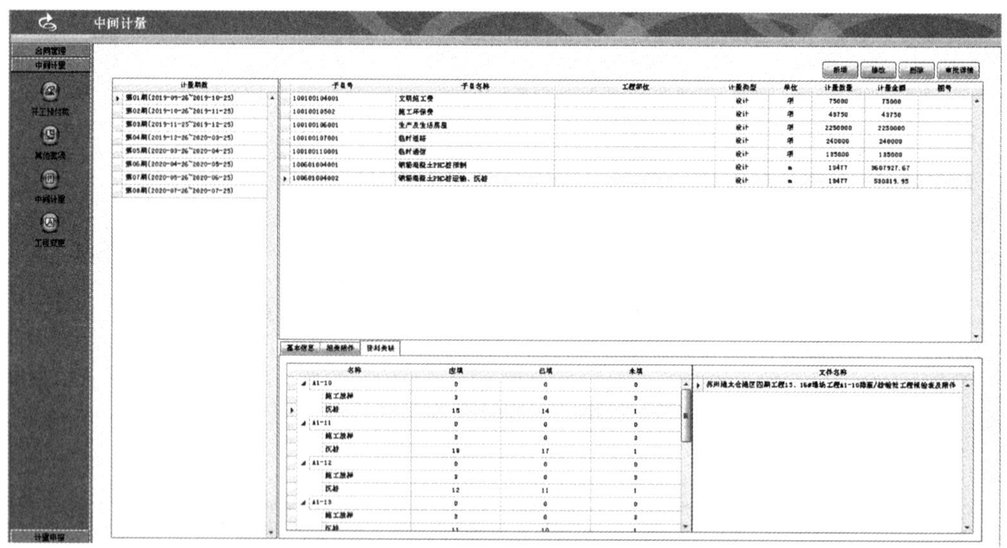

图 5　计量支付记录图

（6）研究安全管理系统开发。系统内置详细的规范工程结构划分（WBS）模板、标准流程控制，实现工程划分标准化，通过对建设工程项目最小的组成单元工序进行日常安全工作和安全行为的监管，来保证整个项目安全生产工作的稳定。内置完整的安全生产管理标准、工作流程、通过 WBS（工作分解结构）、OBS（组织分解结构），确定各个岗位人员的安全责任和任务，形成安全协同管理，实现安全管理精细化。所有的安全管理以业务为主，通过将过程业务信息化处理，实现安全管理信息数据化同时，自动生成相应的安

查看文件

附录E 锤击沉桩施工记录表

施工单位：中交第三航务工程局有限公司

工程名称	苏州港太仓港区四期工程			工程地址	苏州港太仓港区浮桥作业区			打桩顺序号	1
管桩外径	600 mm	管桩壁厚	110 mm	接头形式	焊接	桩尖类型	无	管桩生产厂	苏州三和
桩位编号	AI-10-12	型号	PHC600(110)	桩机型号	DD10.3	桩机类型	锤击桩机	单桩承载力特征值	1200 KN

锤击记录

桩节顺序（从底至顶）	节长（m）	锤落距（m）	锤击起止时间			每米沉桩锤击数															累计总数	电焊起止时间
			日	时	分	1	2	3	4	5	6	7	8	9	10	11	12	13	14	15		
第一节	10	1.5	9	9	35	3	5	6	6	6	6	6	6	6	5						56	9:43-9:55
第二节	12	1.5	9	9	59	4	4	5	5	6	6	6	7	7	7	7	7				71	10:11-10:23
第三节	12	1.5	9	10	27	7	7	7	7	7	8	8	8	8	8	8	8				91	10: 36-10: 42
第四节	12	1.6	9	10	47	8	9	9	10	10	12	12	13	13	14	15	16				141	

收锤记录

收锤时间	2019年10月9日10点53分			锤落距	0.6 m	最后贯入度	625	mm/10击	
配桩长度	46 m	送桩深度	0 m	桩入土深度	45.49 m	桩高出自然地面	0.51 m	桩顶情况	无破损
经灯光或孔内摄像检查后的基本情况	情况良好					用开口桩尖时，管内进土高度	5.5 m	天气	阴
								填表日期	2019-10-09

图 6　工程计量记录图

全日志、报表、安全管理资料等，减轻项目管理人员工作，如图 7 所示。

图 7　安全管理信息化

通过对上述关键问题的梳理与解决，本项目以质量、计量、安全管理等活动中的各项工作流为主要研究对象，由工作流串联、结合上述管理特点，形成动态的、可控的、内驱动的全流程信息化管理体系。将工程施工参建各方的工程项目管理活动均纳入此管理体系，进行统一要求、统一管理。

系统开发首先要理清水运工程建设项目的质量、计量支付、安全管理制度；理清建设程序的相关要求；理清参建各方内部管理原则；理清各项管理工作的工作流程；理清各层级中关键岗位的工作职责和权限；理清水运工程管理的特殊性和不同点，理清水运工程管理各工序需要检验的内容、参数及对应用表。

1.2　技术方案

开发过程中首先需要考虑系统必须适应水运工程的质量、费用、安全等管理内容，要涵盖水运工程主要结构物的质量检验工作、工程计量、安全管理工作；其次，要符合水运工程施工固有的工作模式和行为习惯。要使相关信息系统尽可能的贴合施工操作实际，但同时又要制约不规范的、随意性的操作行为。信息系统还要在工程管理工作的全面性上进行改造。现有信息化系统或内业资料系统，更多的是侧重于报验活动本身或内业资料形成方面。本项目"全流程信息化"管理就是要把工程整个质量、费用、安全等管理活动全纳入信息化管理系统，要求信息系统具备全流程管理能力。因此，需要把开工报告、首件工程、技术交底、中间计量、设计变更、安全管理等建设程序性管理活动纳入信息系统；把隐蔽工程验收、工序交接等个性化管理特点纳入信息系统；把工程评定、竣工资料管理纳入信息系统。稳步实现信息化模式下的全流程项目管理，如图 8 所示。

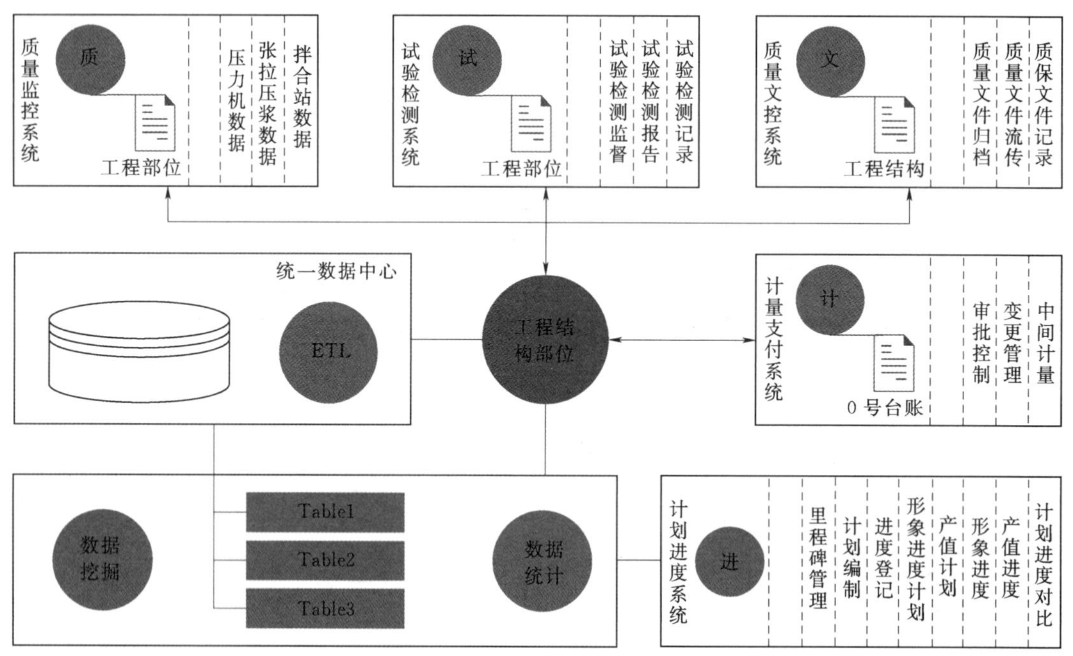

图 8　信息化全流程管理图

通过对"水运工程标准用表"的细化（见图 9），融入工地质监、费用、安监管理体系和工作流程，形成一整套水运工程规范用表，为水运品质工程建设提供质量、费用、安全等管理抓手，为施工、监理单位带来节约成本和其他业务处理的信息化便利，为项目信息化管理、电子签名以及电子归档提供行之有效的全套表格，实现信息化的数据格式统一；建立交通建设工程"出生证"制度，统筹项目全寿命周期大数据，为打通各级管理机构信息数据孤岛、构建具有底层数据来源的信息化工程提供有力支撑，推进"智慧工程"建设。

2　项目应用情况

太仓港四期工程全流程建设管理系统预设进度统计模块、工程计量模块、质量管理模块、安全管理模块等四大主要功能以及合同、标准化和综合管理等辅助功能，如图 10 所示。

质量管理模块（见图 11）实现了以工程单元划分为核心，按照质量管理办法形成统

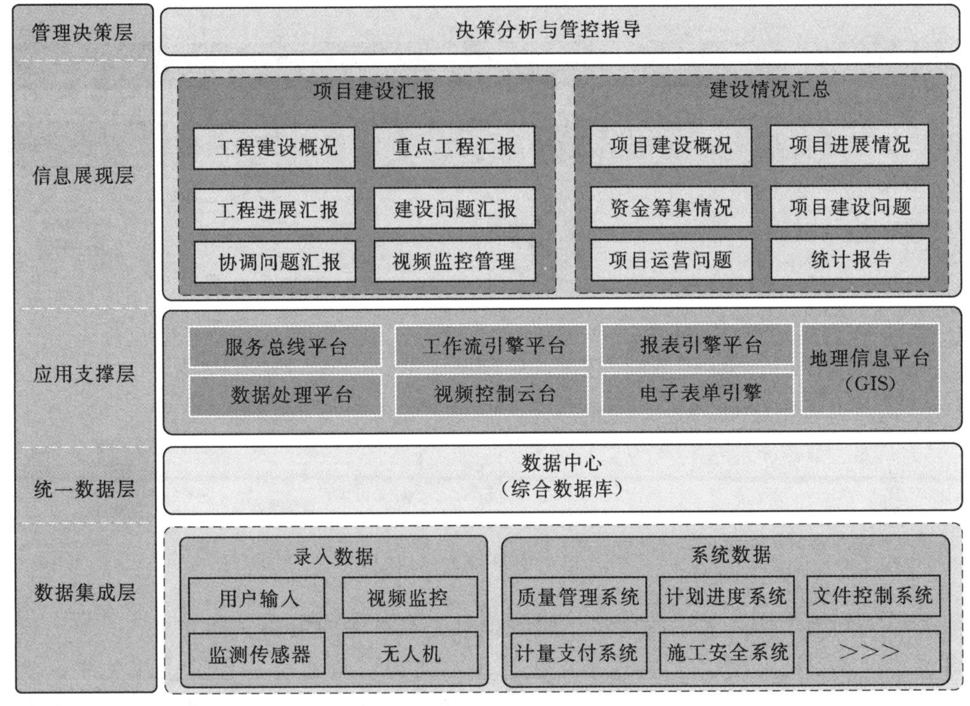

图 9　水运工程标准用表细化图

图 10　太仓港四期工程全流程建设管理系统图

一、标准的工序质检用表体系。水工码头标段已陆续完成 6000 多个工序，24000 多张表格的填写、审批工作。该标段即将完工，已进入整理档案阶段，文档一体化归档系统已开发、测试完成，已于 2019 年 12 月份正式上线，具备扫描上传归档和利用系统文件归档的功能。

道堆和房建系统已完成项目划分、角色权限分配等资料填写的前期工作。目前，道堆已完成项目划分以及 726 多个工序，5600 多张表格的填写、审批工作。房建完成了 100 多张的资料填写工作。本工程采用经过 CA 认证的电子签章，对电子资料进行签认，形成合规合法的电子文件。方便电子文件的整理和归档。系统对最终形成的电子文件进行自动

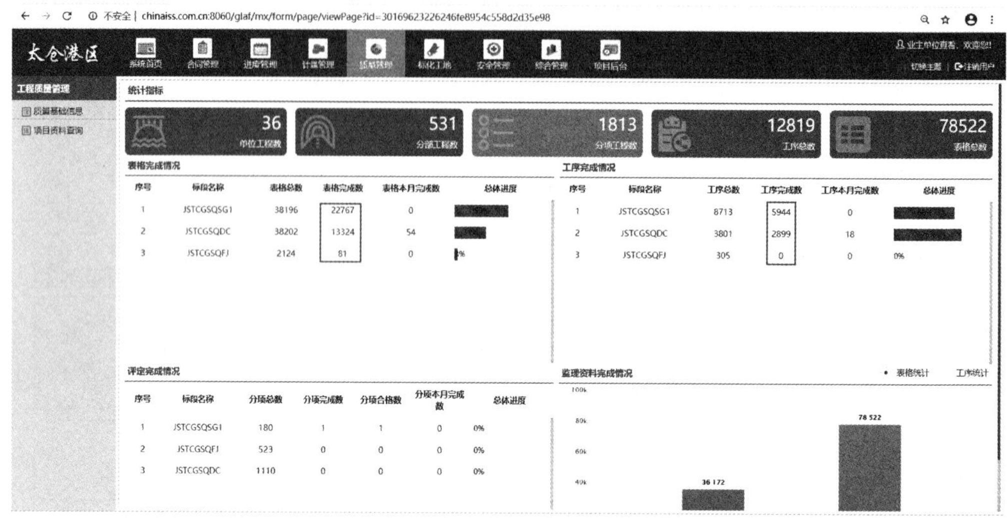

图 11　质量管理模块图

整理，完成预归档工作，为工程交竣工验收提供完整有序的资料文档。

计量管理模块（见图 12）实现了工程计量与质检资料通过工程部位相关联，为计量审核快速提供质检合格依据。系统还能提供质检资料完成率，自动过滤出具备计量条件的工程部位或构件，提高计量审核工作效率。系统自动生成计量台账，台账数据均来源于各期计量，能够准确统计、计算，确保台账准确，进而避免超计、漏计现象的发生。

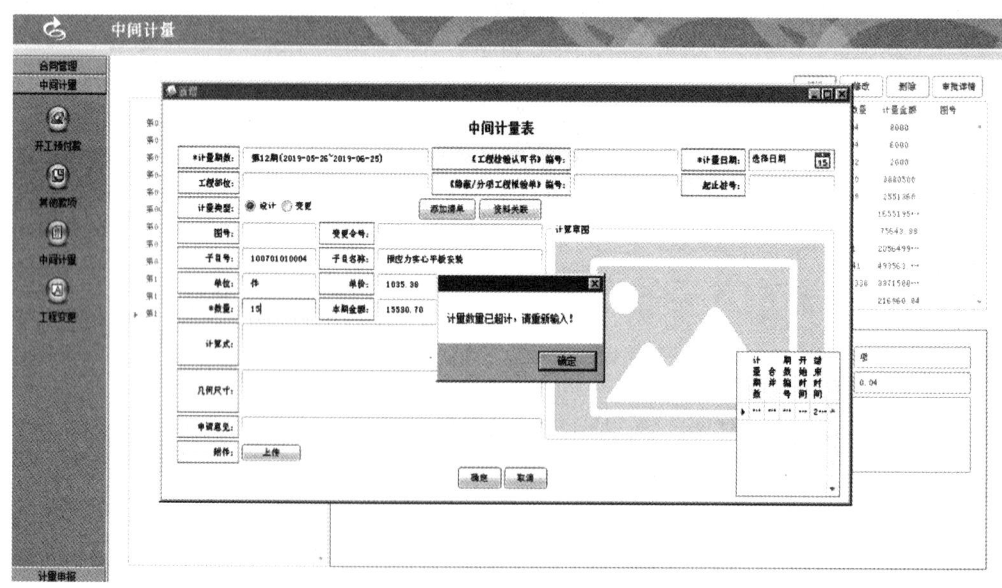

图 12　计量管理模块

进度管理模块（见图 13）实现了一线人员根据现场施工情况，实时登记完工工程量。通过系统可以自动汇总、统计月度工程进度数据，进而自动生成月进度报表。

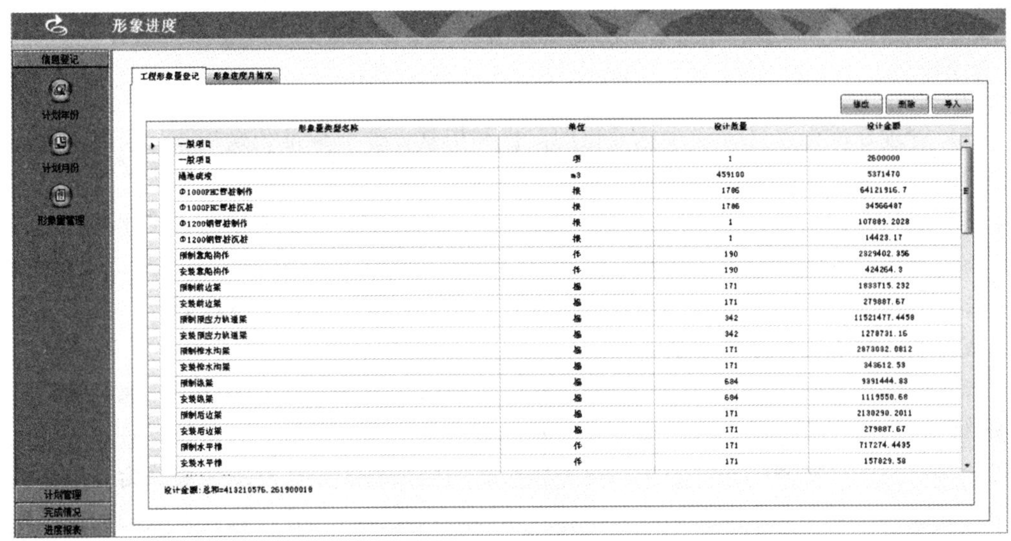

形象量类型名称	单位	设计数量	设计金额
一般项目			
一般项目	项	1	2600000
港池疏浚	m3	459100	5371470
Φ1000PHC管桩制作	根	1786	64121916.7
Φ1000PHC管桩沉桩	根	1786	34566487
Φ1200钢管桩制作	根	1	107889.2028
Φ1200钢管桩沉桩	根	1	14423.17
预制靠船构件	件	190	2829402.356
安装靠船构件	件	190	424264.3
预制前边梁	榀	171	1833715.232
安装前边梁	榀	171	279887.67
预制预应力轨道梁	榀	342	11521477.4458
安装预应力轨道梁	榀	342	1278731.16
预制管水沟梁	榀	171	2873032.0812
安装管水沟梁	榀	171	343612.53
预制纵梁	榀	684	9391444.83
安装纵梁	榀	684	1119550.68
预制后边梁	榀	171	2130290.2011
安装后边梁	榀	171	279887.67
预制水平撑	件	171	717274.4495
安装水平撑	件	171	157829.58

设计金额：总和=413210576.261900018

图 13　进度管理模块

安全管理模块（见图 14）实现了以项目建设为中心，搭建一个多方参与的安全监管体系，实现施工安全管理的过程信息收集、风险识别、监督检查和评价分析。为一线人员提供相应工程部位的安全隐患检查清单，制定相应的方案和检查计划。并利用移动终端实时采集现场安全管理数据，形成闭环管理。

设备检查内容　设备验收记录内容　施工人员检查内容　专职安全员检查内容　电工检查内容　设备管理员检查内容　安全技术交底内容　岗位风险告知卡内容

序号	考评内容	标准分	实得分	扣分原因	整改措施	扣分
01	新进场人员未到项目部登记备案、未参加进场安全教育或未参加安全技术交底直接进入施工现场作业。	10	10			
02	生产工人进入施工现场未戴安全帽。	3	3			
03	戴安全帽不系扣帽带的，视同未戴安全帽。	3	3			
04	作业人员穿拖鞋、着装不整、赤膊。	4	4			
05	违章作业、冒险作业，不服从安全指令。	6	6			
06	酒后进入施工现场作业。	4	4			
07	将装载机、压路机等场内机械设备当交通工具乘坐。	3	3			
08	特种作业人员未持证上岗，无证上岗或串岗作业。	6	6			
09	非专职电工随意接电，不听劝告私自乱拉乱接电线。	5	5			
10	2米以上高处临空作业，不系扣安全带或安全带系挂不规范。	4	4			
11	私自在宿舍烧电炉等大功率电器。	3	3			
12	利用高强照明设施在宿舍取暖、烘烤衣服。	3	3			
13	在木工场、油库及氧气乙炔瓶仓库吸烟。	4	4			
14	非木工人员擅自动用电锯电刨和其他危险木工机械。	4	4			
15	氧气、乙炔放置不规范、不分类、使用中不分开安全距离或离开明火距离达不到安全要求，气瓶热切割作业时，乙...	5	5			
16	使用液化气代替乙炔使用，进行电焊作业。	4	4			
17	使用安全防护装置损坏、缺失或失灵的设施、设备。	4	4			
18	高处作业随意投掷器物的，传递工具直接抛投。	5	5			
19	未经项目部同意擅自破坏、拆除、挪用安全防护设施。	5	5			
20	场内机动车辆不按照场内限速标志超速行驶。	5	5			

施工安全管理系统
欢迎您，李浩
通知公告 5条
待办任务 6条
过期任务 2条
近期使用
扫一扫
特种工查询
安全检查
HUAWEI

图 14　安全管理模块

项目对促进水运建设项目现代化、信息化、标准化、规范化管理以及实现全省水运工程建设数据格式统一方面都有着重大意义。为水运工程在新时期、“互联网＋”、大数据时代下的建设、管理探索一条高效之路。改变了目前水运建设项目以劳动密集型、生产机械化为主的劳作模式，创新探索施工智慧化、工作职能化的管理新思维、新理念、新方法，为今后水运工程建设树立榜样和标杆。

3 结论

(1) 管理标准化是工程建设标准化的前提和根基；作业标准化是工程建设标准化的表现和结果；而数据与信息的标准化则是衡量这两项工作达标与否的规则与标准。建立以工序级别的统一工作对象为主线的过程管理体系；因此，结合工程实际的信息化研究不是单纯的信息技术手段的研究，需要从工程本身出发，研究以下实际内容：建立以工序级别的统一工作对象为主线的过程管理体系；研究行业相关规范标准间的深度融合，并以此为基础形成标准化的表格体系和数据格式。

(2) 通过对太仓港集装箱码头四期工程全流程信息系统的开发与应用，通过梳理并夯实项目信息化管理的基础手段，如梳理表式、融合规范标准要求、信息数据对比等。进而实现费用、进度、质量、安全各不同业务领域之间的关联。以工程结构划分为基础，实现费用、进度、质量、安全不同的业务领域之间的关联关系，让各个业务领域的数据不再孤立，避免因信息不畅通而引起的质量、安全隐患。通过质量与费用的关联，实现计量业务的辅助在线审批，通过进度、费用的关联，实时统计产值。在实现了业务流及信息流的互联互通，全流程在线申请审批；实现了建设过程中数据追踪、溯源的基础之上，做到了本项目建设单位、监管部门对施工过程控制中大数据的收集、管理与应用。信息化管理在辅助管理和辅助决策方面得到了很好的利用和展现，推进了太仓港智慧港口建设，对江苏省水运工程全流程信息化管理起到了示范作用。

(3) 与《江苏省交通工程质量安全监管信息平台》预留接口，为省平台提供基础数据支撑，并形成一个可复制和推广的模式，一个关于工程建设底层数据管理与应用的模式。提升了江苏省水运工程信息化管理水平，在江苏省交通水运工程中具有推广价值。同时，系统的研发还在电子文件、电子档案方面遵循和落实交通部交发办2010（382号）文件要求，利用信息系统实现工程文件材料三同步，采用经过CA认证的电子签章，对电子资料进行签认，形成合规合法的电子文件，方便电子文件的整理和归档，自动形成电子文档。响应交通部及国档局重大工程电子归档的要求，为新时期工程建设管理提供新思路。

参考文献

[1] 秦爱冬，季周荣. 自动化信息化系统建设中的风险管理与实践 [J]. 工业控制计算机，2016 (7).

[2] 晏小英. 铁路工程建设信息化研究及示范应用 [J]. 铁路计算机应用，2016 (6).

[3] 宋香杰，刘红明. 全过程工程质量管控系统模型的应用 [J]. 计算机与网络，2016 (9).

[4] 周镭，单锋，刘鹏，等. 基于供应链的企业信息化评价模型的建立 [J]. 西安工程大学学报，2015 (6).

[5] 张凯，闫蓝海，李萌，等. 我国金融监管软件体系结构 [J]. 计算机系统应用，2015 (8).

[6] 李存斌，宋易阳. 基于AHP-熵权法的电力企业信息化应用效果模糊综合评价 [J]. 陕西电力，2015 (7).

[7] 赵云，张朝晖，蔡捷，等. 借助信息化手段实现垃圾发电的环保过程监管 [J]. 工业控制计算机，

2015 (1).
[8] 李降宇，郭晓明，刘化总，等. 关于高校信息化项目品质管理的思考 [J]. 计算机光盘软件与应用，2014 (23).
[9] 陈敏. 分析信息化项目建设中的全过程评价 [J]. 计算机光盘软件与应用，2014 (22).
[10] 李鹏. 论企业信息化建设项目中的质量管理 [J]. 计算机光盘软件与应用，2014 (19).

工程总承包（EPC）模式推进港口转型升级
——以南通港为例

季红军

（南通港集团建设投资有限公司，江苏南通　226006）

摘　要： 工程建设模式对港口发展有重要影响，南通港是长江中下游地区能源、原材料中转和外贸运输的重要中转港，本文针对南通港发展现状，探讨了南通港的工程建设模式和新出海口战略定位，对比分析了 EPC 模式与施工总承包模式的利弊，认为 EPC 模式能够降低代理成本、提高业主效益，最后提出了南通港实现转型升级、高质量可持续发展的具体路径。

关键词： 南通港；EPC 模式；转型升级；效益

0　引言

港口是货物海陆联合运输的纽带，也是集国际货物储存、集散和分拨等功能于一体的运输基地。南通港是长江中上游地区能源、原材料中转和外贸运输的重要中转港，是长江三角洲地区集装箱运输支线港和长江口北岸发展现代化物流的重要港口，同时也是我国发展综合运输的沿海主枢纽港。

2018 年 11 月 29 日，李克强总理视察南通，要求“以国际一流标准，规划建设好通州湾港口，把通州湾建设成为长江经济带战略支点”。2019 年 2 月 12 日，江苏省委、省政府召开交通强省暨现代综合交通运输体系建设推进会议，提出“苏通联合打造江苏新出海口”。2019 年 12 月 1 日，中共中央、国务院正式印发《长江三角洲区域一体化发展规划纲要》（以下简称为《纲要》），《纲要》明确“规划建设通州湾长江集装箱运输新出海口”。今年 1 月，江苏省政府工作报告提出，统筹推进通州湾长江集装箱运输新出海口建设。近年来南通港口产业发展趋势迅速，但也面临着巨大的内外部挑战，如何进一步推动南通港转型升级是亟待解决的关键问题。

1　南通港发展环境分析

1.1　南通港概况

作为江苏唯一滨江临海城市，南通市江海联运功能凸显，具备打造长江集装箱运输新出海口的天然优势，通过江海水铁联运，溯江而上服务长江全流域，顺江而下通达全球，发挥海进江、江出海的双向集散优势，南通港真正为长江沿线城市江出海、海进江提供高效便捷的新通道，打造长江经济带战略支点。

作者简介： 季红军（1972—　），男，从事港口建设、运营研究、咨询和管理工作。

近年来，南通市通过桥、港、隧多管齐下，联接长江南北、过江通道能力正在逐步满足新的集疏运体系建设；同时，完善沟通苏中、苏北高速公路、国省干线网络，一批疏港公路、陆运通道正在抓紧规划建设；纵贯东西的铁路格局已然形成，南通港通海港区至通州湾港区铁路专用线一期工程正在加快建设，北沿江高铁即将开工建设；多条江海直达的内河航道正在规划建设，有利于发展江海河联运；南通新机场的规划建设，进一步丰富和完善各类运输方式配套衔接的集疏运体系，加快构建便捷高效的港口集疏运体系新格局。

1.2　南通港发展现状

2018年以来，南通港（口）集团开始全面退出临近市区的狼山港区，退港还城，解决长期存在的港城发展矛盾。同时，积极实施优江拓海工程，加快建设沪通铁路上游横港沙现代化散货基地，精心运营苏通长江大桥下游的通海港区集装箱码头，谋篇布局通州湾长江集装箱运输新出海口，着力推进优江拓海、江海联运，沿江沿海港口协调共进，港口建设框架全面拉开，逐步打造全新的港口集疏运体系。

为打造长江港口高质量发展新标杆，近年来南通港多措并举：

(1) 打造横港沙现代化散货基地。横港沙现代化散货基地一期项目位于南通港天生港区横港沙作业区、沪通铁路大桥上游北岸，一期项目岸线长436.5m，计划投资13.9亿元，建设年吞吐能力800万t，通过6.5hm的“空中廊道”连接码头前沿以及后方陆域6个大跨度仓库、18个转运站和自动化包装车间，廊道全封闭货物不落地，以期实现长江沿线绿色环保、高效一流、现代化程度最高的散货专业码头，预计今年三季度可建成投产。

(2) 运营通海港区集装箱中转基地。通海港区位于苏通大桥东侧、长江下游徐六泾河段北岸，紧邻长江12.5m深水航道，港区通过疏港公路与G15、G40高速公路相连，宁启铁路海门站规划预留支线直达港区，新江海河规划三级航道与港区毗邻，直接为港区今后的“公水联运、水铁联运、水水中转”提供优质便利的集疏运条件。以原狼山港区集装箱业务转移为契机，有序实施外贸航线集并，“天祥集”号轮顺利靠泊通海集装箱码头，标志着通海港区正式开展外贸集装箱船舶作业。2019年，通海港口公司完成集装箱113.58万标箱，同比增长70.9%。

2　EPC模式在南通港建设中的应用及优势

在南通港推进转型升级的吕四作业区“2+2”码头工程中，即采取了EPC模式。为加快长江集装箱运输新出海口建设，打造国家战略新高地，构建通江通海的新通州湾，促进南通沿海港口发展，做大南通海港建设规模，做强通州湾集装箱港口实力，根据南通港“大通州湾”港区开发建设决策部署，项目建设主体紧扣“2个10万吨级集装箱泊位和2个10万吨级通用泊位”今年6月底开工建设，2021年底具备开港条件两个核心节点全力推进。为确保该工程快速规范高效推进实施，通过对比分析工程EPC总承包模式与施工总承包模式，摸索出一条既符合工程招投标程序规范要求，又能够有序快速推进重大工程建设、符合时间进度和节点要求的工程推进方式。

2.1 工程总承包模式对比分析

(1) 目前工程领域两种不同的总承包模式。EPC模式，即集工程“设计-采购-施工”一体化的工程总承包模式。承包商在总价合同条件下，对其所承包工程的质量、安全、造价和进度负责。EPC模式中的设计、采购、施工不仅包括一般意义上的具体工作，而且包括整个合同承包范围内各方面工作的总体策划与协调。

施工总承包模式，是指工程建设单位将施工任务整体发包给具有相应资质条件的施工总承包单位。总承包单位负责对整个项目工程施工管理，参与项目的业主、设计单位、承包商等各方在合同约定下履行各自的权利和义务[1-3]。

(2) 两种工程总承包模式对比分析。

1) EPC模式利弊分析。有利的方面主要包括以下几个方面：一是在招标阶段，EPC招标只需完成工程立项（或备案）即可开展，且建设单位只需进行一次招标，选择一个或多个EPC总承包商或联合体，无需分别进行设计、施工招标，招标工作启动较早、时间较短；二是EPC项目同时涉及设计和施工，对投标人资质、业绩、项目负责人等方面有更高要求，有利于招标确定更高水平的承包商。在实施阶段，EPC有效解决设计与施工衔接问题及施工方案中实用性、技术性、安全性之间的矛盾，建设单位多方协调工作量减少，有利于整个项目统筹规划与协同推进；三是合同总价和工期固定，建设单位投资明确，能促进总承包单位充分利用自身资源，以最快速高效方式开展设计，通过工程设计、采购、施工各阶段合理交叉与充分协调，实现施工统筹安排，有利于把控工程进度，提升项目综合效益。

同时，也存在以下几个不利的因素：一是招标前期准备工作耗时较长，EPC模式主要适用于大型复杂项目，在进行招标时，建设单位需准备充分的前期资料，并给予投标人尽可能充足的时间了解项目情况，编制投标文件；二是EPC总承包商选择性有限，建设单位通过EPC合同将项目建设风险转移给EPC承包商，而能够承担EPC大型项目的承包商数量较少，建设单位选择受限，项目可能由于承包商管理与财务问题面临一定风险，央企风险相对较小；三是EPC模式工程造价水平相对偏高，EPC总承包商在承接工程时会综合考虑管理投入成本、利润和风险等因素进行报价；四是对工程质量把控力度不强，建设单位主要通过EPC合同对EPC承包商进行监管，工程实施过程参与程度不高，项目质量基本取决于EPC项目承包商的能力、经验和水平。

2) 施工总承包模式利弊分析。有利的方面主要包括以下几个方面：一是有利于控制工程投资，施工总承包一般以经审批的施工图设计及相应的工程量清单为投标报价的基础，投标人投标报价较有依据且可控；二是合理地分担了工程建设风险，业主处于项目管理核心地位，项目参与各方履行各自职责，施工合同和实际合同分开签订，有效减少了相应的盲点与漏洞。

同时，也存在以下几个不利的因素：一是不利于工程进度控制，工程建设项目须按照线性顺序依次完成设计、施工招标，无法交叉统筹安排，可能导致建设周期拉长；二是设计、施工协调难度较大，独立设计方案无法结合工程施工特点及施工单位优势进行设计，施工承包商无法参与设计工作，可能增加工程设计变更量；三是建设单位协调工作量加大，从而导致施工周期延长，管理成本增加（详见表1）。

表 1　　EPC 模式与施工总承包模式对比分析

要素模式	EPC 模式	施工总承包模式
应用范畴	规模较大的工程投资项目	一般房屋建筑工程和土木工程，适用范围广泛
主要特征	总承包商承担设计、采购、施工，可合理进行交叉	设计、采购、施工由不同的承包商依次进行
发挥设计的主导地位	相对容易	相对较难
设计、采购、施工三者协调	以总承包商为主的内部协调	以业主为主的外部协调
工程成本	相对较低	相对较高
投资效益	相对较好	相对较差
设计进度与施工进度	能实现深度交叉	难以协调控制
招标方式	多采用邀标或议标	公开招标
投标的准备工作	相对较难	相对较易
承担的风险	主要由承包商承担风险	主要由业主承担风险
对承包商的专业要求	对承包商资质、业绩、项目负责人等要求很高	一般无需特殊要求
承包商的利润	相对较高	相对较低
业主的管理工作量	相对较多	相对较少
业主的管控深度	相对较低	相对较高

随着政府、社会和企业对重大工程建设要求的不断提高，EPC 模式作为一种新兴的工程承包与项目管理模式，具有层次分明、责任明确、灵活多变、管理多样性及先进性等特点。EPC 模式在我国水运水利工程领域已得到广泛应用，近两年，宁波舟山港、广西防城港、广东湛江港、河北曹妃甸港、杭州东洲港、江苏徐州港、广东惠州金门塘等港口工程均有采用 EPC 模式委托开展码头新建、改造工程成功的范例。

2.2　吕四港作业区一期工程采用 EPC 模式的适用性分析

省时高效是研究确定本工程总承包招标模式需考虑的首要因素。由于中天项目开工建设对吕四港配套功能的要求和吕四港集装箱码头与南通港总体规划修编衔接问题，吕四港码头起步工程报批、建设规模尚未明确。采用施工总承包模式须逐步完成初步设计及审查、施工图设计及审查，才能开展施工招标。鉴于当前吕四港码头起步工程报批规模不确定性，采用传统的施工总承包模式推进吕四港作业区码头一期工程，难以满足工程 2020 年上半年开工建设的时序节点要求。

若选用 EPC 模式，可立即开展招标文件编制工作。该工程总投资估算约 46 亿元，属重特大投资工程，南通港集团具备丰富的江港开发建设经验，但海港码头建设经验缺乏，面对沿海复杂变化的建港条件，建设主体需依托更高水准的专业设计、施工团队提供工程建设管理支持。同时，EPC 模式在管理上的多样性及先进性，也更能有效满足工程在建设期进度要求。

通过分析发现，通过采用工程 EPC 模式，及早启动招标，节约工程前期时间，实现时间可控、关键节点可控，是实际工程建设中可操作实施的一种科学方式。EPC 模式在工程中的运用优势是显而易见的，可以发挥总承包单位管理的协调能力、缓解建设管理单位管理人员、管理能力不足的矛盾；最大限度地转移建设单位的工程风险，使建设项目的质量、造价、工期、安全具有更大的确定性。

3 南通港转型升级的实现路径

3.1 明确新出海口战略定位[4-6]

通州湾新出海口战略定位，集中体现为四个“新”：

（1）“一带一路”对外开放新门户。发挥“一带一路”交汇点枢纽作用，依托通州湾港区开辟新出海口，融入21世纪海上丝绸之路，做好经略海洋文章，放大向东开放优势；依托三洋铁路及陇海线，实现江苏东部沿海与欧亚大陆新贯通，全面参与丝绸之路经济带建设。

（2）长江经济带江海联运新枢纽。通过江海水铁联运，溯江而上服务长江全流域，顺江而下通达全球，发挥海进江、江出海的双向集散优势，真正为长江沿线城市江出海、海进江提供高效便捷的新通道，打造长江经济带战略支点。

（3）长三角高质量发展新样板。发挥独特的区位和资源优势，更好承接长江沿线及长三角中心区城市的重大产能转移升级，打造沿海绿色临港产业基地和现代物流基地，为江苏高质量发展走在全国前列激发新动能、注入新内涵、形成新增长极。

（4）上海国际航运中心新支撑。坚持系统化思维、自主性发展，在全面融入长三角一体化发展中充分发挥江苏“各扬所长”作用，集聚和传导扩散上海龙头带动效应，实现港口功能协同发展，建设长三角港口群重要枢纽、上海国际航运中心北翼核心港口。

3.2 推进新出海口四大区块建设

具体项目建设上，按照近、中、远期相结合的原则，以吕四港作业区为起步港区、通州湾作业区为主体港区，配合临港产业落地情况，近期建设任务主要集中在通州湾新出海口四大区块、八大工程。

（1）新出海口起步区块——吕四作业区“2+2”码头工程。紧扣通州湾集装箱新出海口战略布局，吕四港作业区起步码头工程拟建设2个10万t级通用泊位和2个10万t级集装箱泊位（吕四“2+2”码头工程），设计通过能力140万TEU/a、散杂货710万t，占用岸线长度1368m，工程估算总投资46亿元。

（2）绿色精品钢服务区块——通州湾矿石码头及配套工程。通州湾新出海口北部港区位于通州湾港区三港池，近期为满足中天钢铁、南钢铁矿石原料转运需求，远期为通州湾招引大产业和大物流提供有力支撑，拟建设三大工程：10万t级网仓洪航道：全长41km。近期服务中天配套矿石码头工程；远期升等为20万t级矿石专业化码头。三港池矿石码头：建设2个10万t级矿石卸船泊位和1个5万t级装船泊位，水工结构预留20万t级，新出海口一期通道作为疏港通道。

（3）临港产业配套区块——通州湾一港池及航道工程。通州湾新出海口中部港区位于通州湾港区一港池，为满足中天钢铁项目5万t级矿石船进出港需要，带动后续一港池整体开发及后方产业发展，拟建设三大工程。小庙洪航道工程：该航道为通州湾一港池进港航道，全长25.5km，总投资约16.7亿元。一港池码头工程：该工程拟新建2个5万吨级通用泊位，总投资约10亿元，建成后带动一港池后续整体开发及产业招引项目发展，计划年底具备开工条件。三夹沙南支航道工程：该航道为东灶港及三夹沙进港航道，全长约9.2km，总投资约8.5亿元，为东灶港中天钢铁及三夹沙临港产业服务。

（4）多式联运区块——疏港铁路专用线一期工程。该工程是国家《推动长江干线港口铁水联运设施联通的行动计划》中12条长江干线重点铁水联运、设施联通项目之一。工程线路全长约24.6km，铁路等级采用Ⅳ级设计标准，投资概算29.54亿元，建设工期2.5年。

4　结论

南通港新出海口建设将在全省、全市港口一体化、一盘棋的思路框架下，引进专业战略投资者，大力发展优江拓海、江海联运，创新新出海口工作机制，统筹协调推进新出海口建设，创新通州湾新出海口工作机制，发挥EPC模式在港区工程建设中的优势，将进一步有力推动苏南、苏中、苏北融合发展，着力形成南通港转型发展新局面。

参考文献

[1]　刘东海，宋洪兰．面向总承包商的水电EPC项目成本风险分析［J］．管理工程学报，2012，26（4）：119－126．

[2]　杜清智．EPC总承包模式在水利工程中的应用［J］．低碳世界，2015（3）：83－84．

[3]　李小宁．EPC工程总承包全过程项目控制［J］．国际经济合作，2000（6）：41－46．

[4]　朱容正．新形势下我国港口转型升级的选择［J］．中国港口，2017（6）：7－9．

[5]　刘阳阳．协同创新背景下山东港口转型升级路径研究［J］．港口经济，2017（4）：44－47．

[6]　施春红，赵茂林．新常态下广州港口经济转型升级策略研究［J］．重庆科技学院学报（社会科学版），2017（11）：54－56，62．

化工码头升级改造持续推动高质量发展

范平易[1,2]　曹宏生[1,2]　钱　伟[2]　江世海[2]

（1. 南京水利科学研究院，江苏南京　210029；
2. 南京瑞迪建设科技有限公司，江苏南京　210029）

摘　要：本文以泰州港化工码头为例，通过码头建设和持续改造，规模从靠泊 4 万 t 级液体化工船提升到靠泊 5 万 GT 液化气（LPG）船，实现了岸线资源的持续增值，以工程实践推动港口的高质量发展。在此基础上，对码头持续升级改造背景进行系统分析，并对后续港口发展方向进行研究和展望。

关键词：化工码头；升级改造；高质量发展

0　引言

随着经济社会的快速发展，资源约束问题逐步凸显，加快港口结构调整和资源整合，实现水运高效、低碳、高质量发展势在必行[1]。对老码头进行加固改造，提升码头的靠泊能力，提高岸线利用率，是深化交通运输供给侧结构性改革，充分挖掘存量资源潜力，转变港口发展方式的重要途径。随着《交通强国建设纲要》《关于建设世界一流港口的指导意见》的发布，对港口发展提出了更高要求，明确要求切实提高港口的高质量发展水平。

本文以泰州港化工码头为例，通过码头建设和持续改造，规模从靠泊 4 万 t 级液体化工船提升到靠泊 5 万 GT 液化气（LPG）船，实现了岸线资源的持续增值，以工程实践推动港口的高质量发展。

1　方案介绍

本次介绍的工程实例泰州化工码头迄今为止经过三个建设阶段：2005 年初始建设、2012 年加固改造和 2017 技术改造。经过两次改造后，码头规模从原设计的 4 万 t 级液体化工品泊位提升为 5 万 GT 液化气（LPG）船泊位，码头通过能力也从初始的 170 万 t 提高到 240 万 t。

（1）化工码头建设阶段一：2005 年初始建设。码头于 2005 年开始建设，规模为 1 个 4 万 t 级液体化工品泊位，设计年通过能力为 170 万 t。码头泊位总长度为 234m，中间布置码头作业平台长 88m、宽 20m，通过 1 座引桥与后方相连，引桥长 315.2m、宽 9m。平台上、下游两侧各设两座系缆墩，最上游系缆墩与上游液体化工品泊位共用，平面尺度

作者简介：范平易（1985—　），女，硕士研究生，高级工程师，主要从事港口工程设计和咨询工作。

基金项目：南科院创新团队项目-长江保护与绿色发展研究创新团队（Y220011）。

为 12m×12m，其他三座系缆墩平面尺度均为 8m×8m（依次编号 1 号、2 号和 3 号、4 号），系缆墩之间以及系缆墩与平台之间的距离均为 29m，采用人行钢便桥连接，桥宽 2m。系缆墩中心线距码头前沿线均为 14m。

码头水工建筑物由靠船作业平台、系缆墩等组成，如图 1 所示。

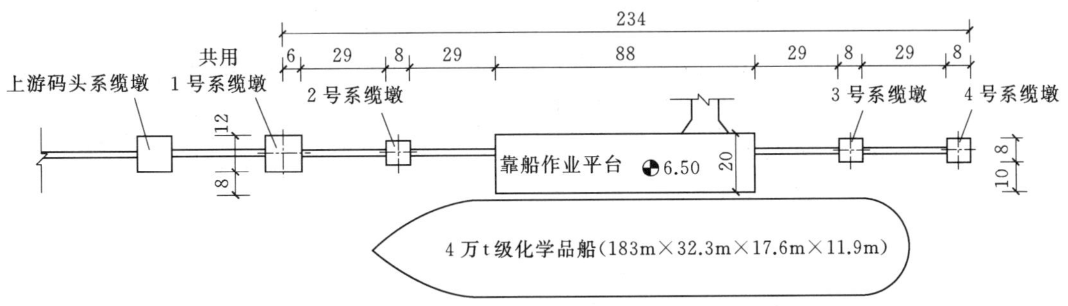

图 1 化工码头建设阶段一：4 万 t 级液体化工品泊位

(2) 化工码头建设阶段二：2012 年加固改造（见图 2）。随着国民经济的增长，船舶大型化趋势的加速发展，以及 12.5m 深水航道建设的不断推进，港口码头实际靠泊能力和港口生产需要大型船舶到港的矛盾越发突出。为了解决这一矛盾，充分利用港口岸线资源，码头于 2012 年进行了加固改造。经加固改造后，码头可以满足 1 艘 5 万 t 级化学品船满载靠泊，并可同时靠泊 2 艘 1000t 级化学品船。此次改造，码头泊位长度维持 234m 不变，码头前沿线和码头面使用荷载维持不变，原码头作业平台新增 3 处系靠设施，并在原码头作业平台上下游顺接作业平台。

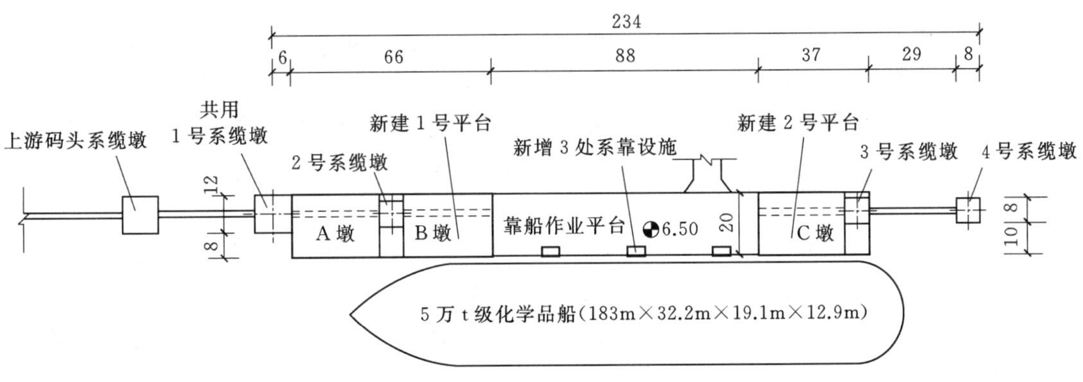

图 2 化工码头建设阶段二：改造为 5 万 t 级液体化工品泊位

此方案拆除原码头作业平台前沿的局部面板、前边梁、走道板及纵向水平撑等构件后，横梁前端局部扩大墩台，增设 3 处靠船构件，更换系靠设施。拆除原码头作业平台上、下游钢便桥（上游两座、下游一座），分别在原码头作业平台上下游顺接 66m×20m 和 37m×20m 作业平台，并设置相应的系靠设施。

新建平台的建设，可以更好地满足企业的生产作业需要，经济效益显著。

(3) 化工码头建设阶段三：2017 年技术改造（见图 3）。根据企业生产要求，需要新增 LPG 物料乙烷和丙烷，建设单位需要靠泊 5 万 GT 液化气（LPG）船。为了满足大型船舶的停靠要求，船舶靠泊时借用上游化工码头作业平台44m岸线，并进行相应的结构改造。经过码头改造后，泊位总长度为278m。

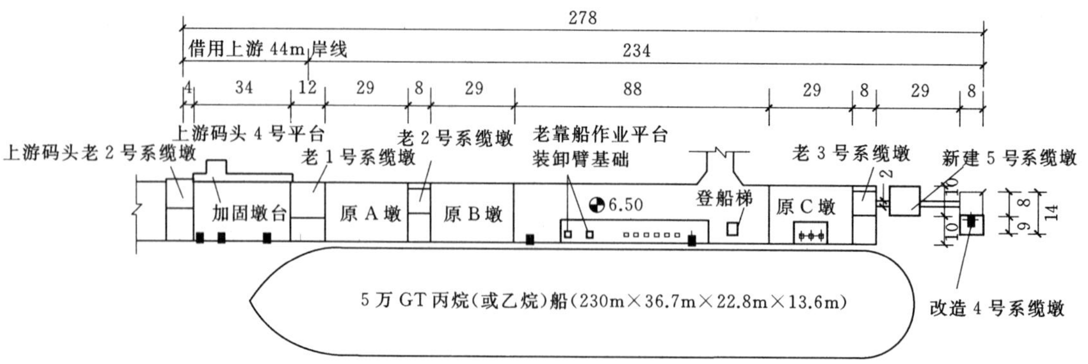

图3 化工码头建设阶段三：改造为靠泊5万GT液化气（LPG）船泊位

此方案新建下游5号系缆墩1座，改造下游4号系缆墩，新建快速脱缆钩若干，并为了满足装卸需要和生产要求，新建装卸臂、登船梯等。同时，根据结构受力需要，对上游码头的4号靠船作业平台进行改造。为了减小对上游码头的影响，4号靠船作业平台改造在码头后沿进行。经过码头改造后，可以满足5万GT液化气（LPG）船的靠泊要求。

因涉及到借用上游码头岸线，上下游码头企业签订了合作协议，明确了码头维护、管理等多方面的权利与义务，保证了码头运营安全。

2 码头持续改造升级背景分析[2]

（1）经济结构调整和转型升级新形势。转型升级是近些年我国经济面临的新常态和基本要求，在这种新形势下需要港口等重大交通基础设施提供强有力的支撑，加快水运结构调整步伐是新形势对水运发展的客观要求。需要加快港口结构调整和资源整合，改善港口集疏运体系，大力发展港口现代物流和现代航运服务业，提升港口信息化水平，推动沿江沿海港口转型升级。

（2）资源约束加剧。随着长江岸线的开发利用，可供建设的深水岸线资源日益稀缺，因此对老码头进行结构加固改造以适应大型船舶靠泊，是提高岸线资源利用率的有效方法，同时，对原码头进行加固改造可以提高码头通过能力，提升企业市场竞争能力，降低物流运输成本。

（3）深水航道建设工程推进。2012年8月，长江南京以下12.5m深水航道工程正式开工建设，一期工程在太仓至南通约56km河段建设深水航道，于2015年12月通过竣工验收进入运行；二期工程2015年6月开工，在南通至南京约227km河段建设深水航道，于2016年7月5日起初通，2019年5月通过竣工验收并投入运行。

本码头2017年改造为靠泊5万GT液化气（LPG）船泊位时，航道条件已较大改善。通过对码头进行加固改造，可以进一步发挥长江口深水航道的优势，提高长江江苏段货运通过能力，提升长江国际航运功能。

（4）船舶大型化发展。随着长江流域经济带的发展和世界航运市场的变化，船舶大型化已成为航运界的发展趋势，大宗船舶在海运船队中数量不断增加，载重吨位不断提高。为适应运输船舶大型化的需要，2009年交通运输部在2006年沿海港口靠泊能力核查工作基础上发出关于沿海港口码头结构加固改造有关事宜的通告，对有关码头加固改造工作提出了明确的要求。通过对码头进行加固改造，使码头结构具备靠泊更大吨级船型的能力，满足船舶大型化的发展要求，保障港口运营的安全。

（5）企业自身发展需要。工程建设单位为了满足企业自身发展及市场需要，部署生产新产品，进口丙烷、乙烷作为生产原料，形成上、下游产业链。新产品的生产为企业增加新的经济增长点，对提高企业新产品品牌形象、增强企业发展后劲具有重要作用，也有利于扩大企业在市场经济中的竞争力，增强企业市场应变和抗风险能力。

3　码头改造升级的启示

（1）遵循高质量发展原则。习总书记在2018年4月召开的深入推动长江经济带发展座谈会上指出，新形势下推动长江经济带发展，关键是要正确把握整体推进和重点突破、生态环境保护和经济发展的关系，坚持新发展理念，坚持稳中求进工作总基调，坚持共抓大保护、不搞大开发，以长江经济带发展推动经济高质量发展。要在保护长江的总要求下，对码头资源进行整合，充分挖掘存量资源潜力，对资源节约集约利用，实现高质量发展。

（2）加强合作，建设一流强港。随着《交通强国建设纲要》《关于建设世界一流港口的指导意见》的发布，对交通发展、港口发展提出了更高要求，绿色发展、高质量发展将是工作的总基调和重要遵循。目前，南京以下12.5m深水航道工程已全线贯通，为大型船舶到港提供了更优质的条件，为一流港口的建设奠定了航道基础。受现状岸线资源限制，本工程借用上游码头岸线改造后靠泊大型船舶的经验具有参考意义。码头主体单位要加强合作，强化管理，推动一流港口的建设。

4　结论

本文以泰州港化工码头为例，通过码头建设和持续改造，规模从靠泊4万t级液体化工船提升到靠泊5万GT液化气（LPG）船，实现了岸线资源的持续增值，以工程实践推动了港口的高质量发展。同时，本文还对码头持续改造升级背景进行了系统分析，并对后续港口发展方向进行了研究和展望。

参考文献

［1］ 李辉. 江苏沿江港口老码头结构加固改造方法和途径［J］. 中国水运，2013（5）：42-43.

［2］ 顾宽海，李增光，程泽坤，等. 码头结构加固改造方法和施工技术［J］. 水运工程，2016（6）：174-182.

生态护岸在航道整治工程中的研究与应用

王　淮

（江苏省苏州市航道管理处 工程管理科，江苏苏州　215007）

摘　要：党的十八大明确提出建设美丽中国，实现中华民族可持续发展的要求。生态护岸作为一项新型生态护岸技术，其推广使用将是我国内河航道建设的大趋势。本文在对比传统护岸与生态护岸的优缺点的基础上，给出生态护岸在不同航段的结构选型建议。文中就杨林塘航道整治工程中运用的生态护岸技术进行介绍，对其优越性进行分析，深入探究生态护岸在航道整治工程中的应用。

关键词：护岸；生态护岸；航道整治；应用

1　护岸介绍

1.1　传统护岸技术及特点

所谓传统护岸，就是指按照水力学的理论和观点，将水力半径的最优化作为方案设计的中心和基础，同时，严格按照水力学输送水量原则对护岸的结构设计与原材料进行选择，所追求的是断面的渠化程度以及水利糙率最小化，最终目的是提高护岸的使用性能，使防洪排涝作用能够得到充分发挥和长期保持[1]。

传统护岸结构型式可分为直立式、斜坡式或斜坡式与直立式组合的结构型式[2]。直立式护岸是采用现浇混凝土、浆砌块石、混凝土方块、石笼、板桩、加筋土岸壁、沉箱、扶壁及混凝土、砖和圬工重力挡水墙等结构型式。斜坡式护岸又可分为堤式护岸和坡式护岸。混合式护岸则是兼容如上两型式特点，一般在墙体较高的情况采用[3]。

传统护岸工程具有防洪、排涝、引水和航运的基本功能，更加适用于内河航运管理的需求，保障航道及其设施符合标准和技术要求，做到保尺度、保航标、保畅通才是内河航运管理的首要任务。传统护岸在过去相当长的一段时间里在工程建设的结构选择上占绝对优势，人们热衷选择使用看上去更加坚固的用钢筋、混凝土、大块石等材料来构筑“硬质护岸”。但随着时间的推移，传统护岸的弊端越来越显现：

（1）航道淤积严重，行洪能力堪忧。建造传统护岸的钢筋材料容易由于长期受到水位变化的侵蚀、船行波的淘刷和船舶碰撞等，岸坡不断坍塌，致使河道滨岸带脆弱的生态系统遭到破坏，水土流失或淤积航道，行洪能力减弱，特别是如果城镇区段淤积容易给人民群众的生命财产带来难以估量的损失。

作者简介：王淮（1980—　），男，工程硕士，高级工程师，江苏省苏州市航道管理处工程管理科副科长，主要从事项目管理工作。

（2）航道生态系统破坏严重。过去“平面化”“直线化”的航道整治工程，“裁弯取直”改变了河流的原有流向。虽然，一定程度上缩短了运距，满足了大范围、大吨位运输船舶的航行安全，加快了水运的发展，但这种改变河流自然流态，航道的坡度增加，流速加快，水位下降，泥沙淤积更为严重。同时，这种完全割裂了水体与土壤的联系，不但容易造成护岸坍塌，影响泄洪、排涝，更直接的是导致滨岸带生态功能弱化，严重破坏了航道的生态系统。

（3）采用混凝土、块石等硬化材料，虽然坚固、耐久，但是其建设成本过高，建筑材料的需求巨大，人们需要开山爆破取得碎石，通过一系列碳排放极大的化学活动制造水泥、石灰等建筑材料，对给整个环境来说也是一个巨大负担。

（4）航道经过城镇等人口聚居的地区，两岸本应该是人民群众锻炼、休闲、玩耍的好去处，但传统护岸人工痕迹太过明显，不符合景观等缺点日渐明显。

1.2　生态护岸技术及特点

所谓生态护岸，就是将水利工程学、生物科学、生态科学、环境科学等多学科综合为一体的，具有很强的针对性、综合性地将自然环境、生态环境融为一体的科学技术手段[1]，优化后的传统护岸结构如图1所示。“可渗透性”是其一个鲜明特点，可以充分保证河岸水体与土壤两者进行有效的融合，具有能够促进水体、土体中生物健康生长的作

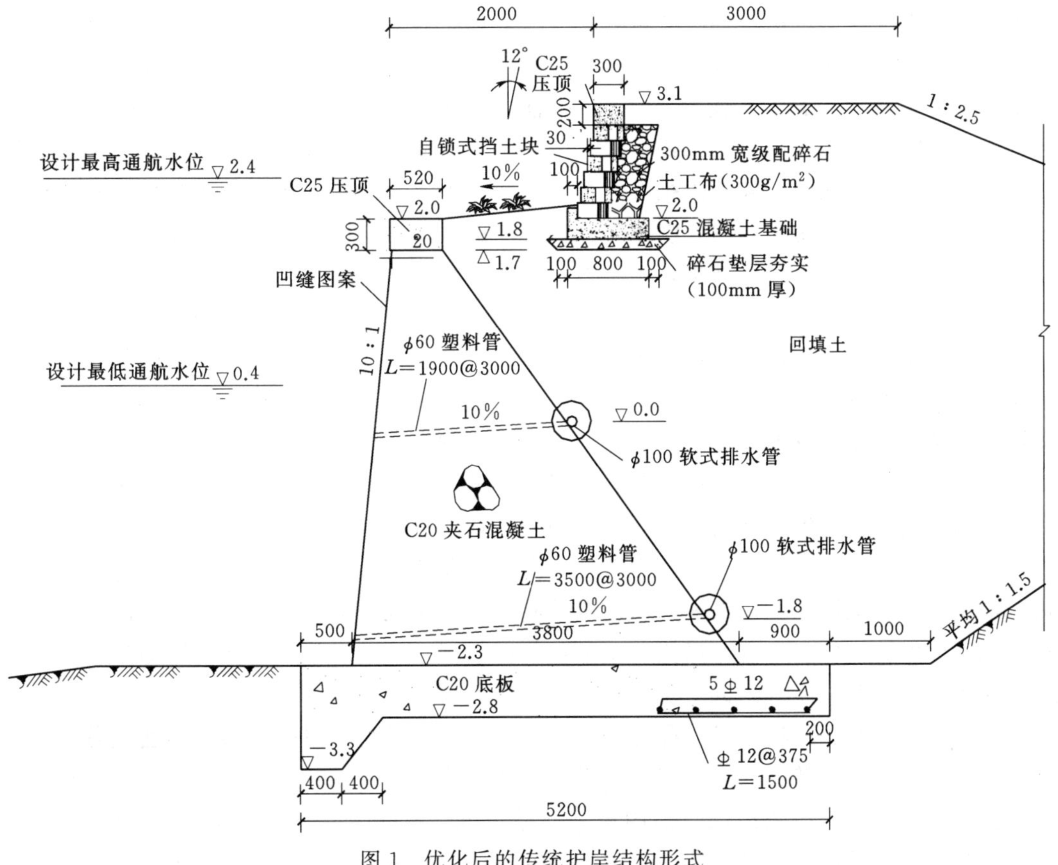

图1　优化后的传统护岸结构形式

用。生态护岸按断面形式可分为斜坡式生态护坡[4]和直立式生态护岸两种。按照护岸材料可分为自然型、半自然型和人工型等三类生态护岸技术[5]。

其具有如下特点：

(1) 生态环保自净功能。生态护岸与周边环境相互协调，与原有的生物群落融为一体，构成一个完整的生态系统。生态护岸是土壤和河流生态系统之间的过渡带，充当介质媒介。生态护岸本身和边坡上的植被可以减缓水的流速，为一些水生动物提供觅食、栖息的地方，对保持生物多样性起到了一定的作用。此外，生态护岸主要是天然材料建造的，而且可以废物利用，在一定程度上无须破坏环境，同时，避免了传统护岸建筑材料中大量的化学添加剂对水环境的危害。当污染物排入河流，细菌和真菌把其作为养分先吸收部分，有机物分解为无机物，氮、磷等无机物作为营养盐类被浮游植物吸收，浮游植物又被浮游动物鱼、虾等作为食物；真菌、细菌被原生动物吞噬；生态护坡上种植的柳树、芦苇等水生植物，能从水中吸取无机盐营养物，其庞大的根系还是大量微生物吸附的介质，可减少岸坡上的营养物质流入河流[6]；斜坡式护坡上建设的浅滩，巨石等位置，地表水的湍流，空气中的氧气更多的溶入到水中，增加水的氧含量，从而有利于鱼类、虾等动物存活，鱼类和虾等浮游动物又加速清理浮游植物，按此循环，加快水体自净，这一系列的化学、物理反应被称为水体的自净。

(2) 整体性防洪功能。生态护岸作为一种新型的护岸，本身就具备抵御洪水的能力[6]。采用天然材料，形成一种“可呼吸”的界面，并利用这个“可呼吸”的界面来调节地表和地下的水。相比与传统护岸完全“分割”陆地与航道之间的水循环系统不同，生态护岸促进了水循环系统的“沟通交流”，使整个水循环途径发生了根本的变化。丰水期，河水通过坡面植被向堤中大量渗透储存，缓解洪灾，起到延滞径流的作用；枯水期，储存在大堤中的水反渗入河，起着缓枯补枯的作用。生态护岸中可以种植固土植物，植物根系发达，充分利用了生态护岸的孔隙率，达到固土的效果，防止水土流失，从而使堤岸的抗冲性能大大加强。同时，局部损坏不会造成整体失稳，具有整体性防洪功能。

(3) 景观功能。生态护岸岸线景观资源相当丰富，当航道流经城市或者城镇，在保障航道使用功能的基础上，改变过去人们对航道护岸“生硬”“整齐划一的河道断面和笔直的河道走向”的看法，利用新材料、新工艺、新技术、新设备等手段，结合周围环境、人文景观、城市规划等方方面面，使生态护岸与景观护岸相融合。

对岸线进行仿自然河流生态造景：浅滩和深潭，河岸线弯弯曲曲，呈不规则的自然形式，护岸陡缓错落有致，堆放景观石，因地制宜地设置一些亲水设施……通过保护和建立丰富的生态系统形成河水清澈见底、鱼虾洄游、水草茂盛的自然生态景观。生态护岸与景观护岸相结合，适用了现代人类回归自然的潮流，成为人们休闲、娱乐、休息的场所，提升了城市形象的形象和品位，强化了城市功能区划识别，让现代人“亲水”通过生态护岸这一载体的灵活变化而得到进一步的升华，促进人与自然的和谐发展。

(4) 柔韧性好、经济性强、种类繁多、施工灵活。生态护岸能够很好地适应各种外力对岸坡的破坏，如地基土的冻胀沉降和隆起、船舶撞击等。相较于传统护岸，生态护岸的一次性投入较小、养护费用低、加固修补简单方便，几乎无岁修成本，长期经济效益明显。同时，生态护岸施工灵活性高，汛期或非汛期都可以方便地施工，航道工程建设工期得到保障。

2　生态护岸适用型式

生态护岸是在传统护岸基础上的改进，是护岸基本功能的延伸。大多数生态型护岸在给环境带来绿色、改善周边生态系统的同时，相比于传统护岸，需要更多的用地。因此，生态护岸的实施还要与土地规划有机结合起来，选取合适的生态护岸型式，只有这样才能使生态护岸的含义得到进一步延伸。通过对江苏航道生态护岸实施的大量成功和失败案例的分析，本文对生态护岸的适用型式进行了归纳总结。

2.1　城镇区段

航道流经的城镇区段大多属于寸土寸金经济高度发达的地区，具有航道拓宽的难度较大、建筑面积受到极大的限制、拆迁费用高昂等的特点。直立式护岸占地面积较小，具有可同时满足城市空间规划、交通运输要求的优点，因此在综合考虑减少拆迁量、节约土地资源、降低工程费用等方面实际要求的基础上，同时为了满足人民群众的亲水要求，构建具有亲水理念的人文景观护岸，营造清新宜人的滨水景观，城镇区段适宜采用直立式生态护岸。

2.2　乡村区段

航道流经的乡村区段具有土地面积限制较小的特点，考虑到直立式生态护岸在亲水性、透水性方面存在诸多不足[8]，因此在水面较开阔处的乡村区段航段宜选择斜坡式或平台式生态护岸。斜坡式生态护岸虽然占地范围广，施工中土方开挖及需堆土区面积也较大，但其生态效果是最明显的：碧水蓝天、坡绿岸荫、鱼虾洄游、水草茂盛，这种生态护岸工程真正达到人与自然地和谐统一，这些都是“生硬”的传统护岸无法给予的。斜坡式或平台式生态护岸是利用植物发达的根系深深抓住土壤，护坡固土，防止船行波冲刷，造成水土流失，满足航道使用功能需要，增加航道两侧景观。乡村区段土地资源丰富，护岸选型不受土地资源的限制，因此宜采用生态效果更为明显的斜坡式生态护岸。

3　生态护岸在航道整治工程中的应用

3.1　项目概况

杨林塘航道起自申张线上的巴城镇，流经苏州昆山市、太仓市，至长江杨林口结束，整治前全长约41km，是江苏省干线航道网规划中“二纵四横”中连申线苏南段的重要组成部分，沟通长江和申张线，连接苏州港太仓港区。

3.2　生态护岸应用

通过对江苏航道生态护岸实施的成功和失败案例的分析，可以看出，水位变化、土质、施工期质量控制等因素都可能成为生态护岸实施成功与否的关键。杨林塘航道整治工程常年水位在1.0～1.3m，因此船行波和水位变化对生态护岸的影响是有限的；另一方面，该工程部分航道通过太仓几个古镇区，特别是通过景色秀丽的金仓湖公园，地方人民群众有强烈的环境需求，也是建设生态护岸一个重要因素。

2010 年开始江苏省交通运输厅航道局正在全省范围内对生态护岸的实施进行大胆尝试，本工程作为杨林塘航道整治工程的启动工程，也在生态航道方面做了安排：设计了两种生态护岸形式：杞柳模袋式生态护岸（D 型护岸）和金属丝网箱生态护岸（C 型护岸）。其结构断面图分别如图 2 和图 3 所示。

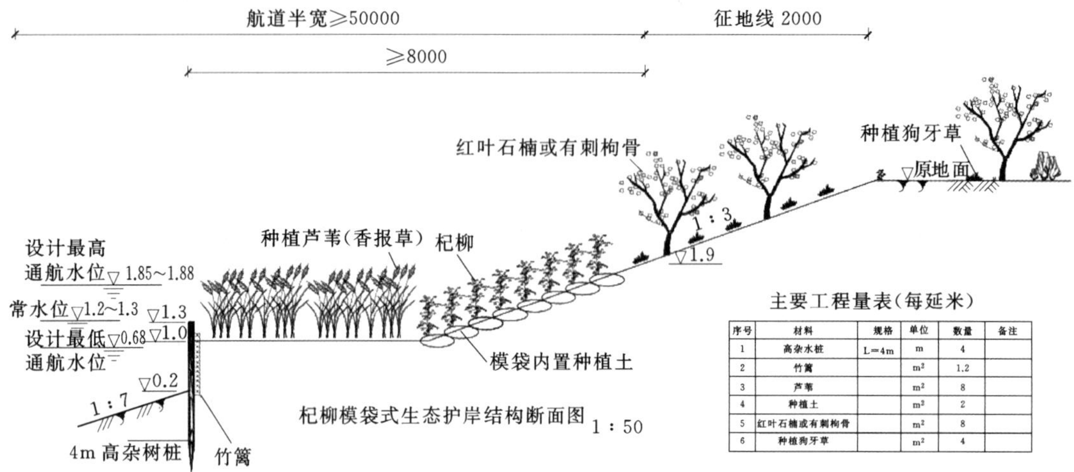

序号	材料	规格	单位	数量	备注
1	高杂水桩	L=4m	m	4	
2	竹篱		m^2	1.2	
3	芦苇		m^2	8	
4	种植土		m^2	2	
5	红叶石楠或有刺枸骨		m^2	8	
6	种植狗牙草		m^2	4	

图 2　杞柳模袋式生态护岸结构断面图

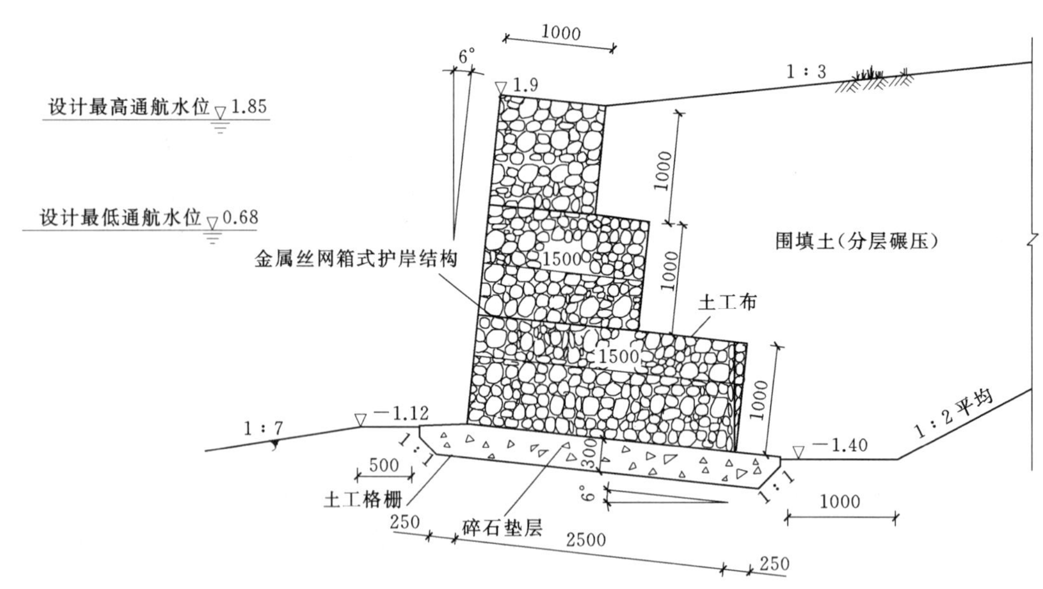

图 3　金属丝网箱生态护岸结构断面图

杞柳模袋式生态护岸（D 型护岸）施工图中设计了 450m，而且严格的限定了使用范围：岸线距离航道中心线大于 50m 的乡村区护岸段；而金属丝网箱生态护岸（C 型护岸）初步施工图设计中仅仅设计了 119m。

以金属丝网箱生态护岸（C 型护岸）为例，将其与传统的重力式护岸进行了造价对比，其结果见表 1。

表 1　　重力式护岸与金属丝网箱生态护岸造价对比

章节	项　目		单位	粉喷桩地基处理传统重力式护岸			金属丝网箱生态护岸		
				数量	估算单价	费用/万元	数量	估算单价	费用/万元
	工程部分								
200	施工围堰		延米	1227	60	7.362	1227	45	5.522
200	基坑降排水		延米	1227	50	6.135	1227	50	6.135
300	水上土方开挖		延米	1227	230	28.221	1227	320	39.264
300	土方填筑		延米	1227	70	8.589	1227	90	11.043
400	地基处理		根	3068	300	92.040	…	…	0
500	C25混凝土结构工程	墙身	m^3	4356	500	217.800	…	…	0
		压顶	m^3	184	550	10.120	…	…	0
		底板	m^3	1656	430	71.208	…	…	0
600	砌筑抛石工程		m^3	…	…	0	6135	300	184.050
	合计					441.475			234.971

由上表可以看出，金属丝网箱生态护岸在经济上有较大的优势，按照2010年当时市场价格的估算，金仓湖航段采用金属丝网箱生态护岸比传统重力式护岸（包括地基处理）要节约投资206.5万元，只需要原重力式护岸造价的53.29%，大大节约了建设成本。同时，相比于传统的重力式护岸，金属丝网箱生态护岸施工较为方便，大大缩短了工期，工程实施完成后，比原计划（重力式护岸）工期提前了半年。

4　结论

生态护岸是现阶段及将来护岸建设的发展趋势和新要求，它也预示着我国的水利工程建设已经发展到了“要还自然于河道”的一个重要历史阶段。在当前大力提倡崇尚自然、重塑生态河道的形势下，越来越多的河道护岸工程要求达到人与自然的和谐统一，既要满足行洪防洪的最基本需要，又尽可能地从生态的、可持续发展的角度来处理河道护岸工作。随着“柔性化”设计概念的提出，考虑航道与周边历史环境、社会环境、生态环境以及人文环境相统一的设计理念越来越得到重视。各种新型的护岸型式凭借其生态、美观、变形能力强、抗震性能好等特点很好地适应了现阶段国家水运发展的理念，具有广阔的推广应用前景。

参考文献

[1]　徐大建．航道整治工程中生态护岸技术应用探讨［J］．中国水运（下半月），2015，15（9）：157－158．

[2]　中交水运规划设计院．港口及航道护岸工程设计与施工规范［M］．北京：人民交通出版社，2001．

[3]　钟春欣，张玮．传统型护岸与生态型护岸［J］．红水河，2006（4）：136－139．

[4]　王卫国，姜玮．浅谈宾格网箱生态护岸的工程实践及质量控制［J］．江苏水利，2014（B2）：33－35．

[5] 黄奕龙. 日本河流生态护岸技术及其对深圳的启示 [J]. 中国农村水利水电，2009 (10)：106-108.

[6] 唐国滔，姚焕玫，胡湛波. 生态护岸技术的研究及其发展趋势 [J]. 水产科技情报，2010，37 (4)：198-202.

[7] 刘厚昌，俞晓冬. 传统护岸与生态护岸的比较与展望 [J]. 现代交通技术，2011，009 (A1)：78-81.

[8] 董玉兰，石祥增. 传统护岸向生态护岸的过渡 [J]. 珠江水运，2015 (20)：66-67.